I0988590

Jahrbuch für Wirtschaftsgeschichte BEIHEFT 9

Im Auftrag der Herausgeber
des Jahrbuchs für Wirtschaftsgeschichte
herausgegeben von Reinhard Spree

Stephanie Tilly

Arbeit – Macht – Markt
Industrieller Arbeitsmarkt 1900–1929

Deutschland und Italien im Vergleich

Akademie Verlag

ISBN-10: 3-05-004233-8
ISBN-13: 978-3-05-004233-6

© Akademie Verlag GmbH, Berlin 2006

Das eingesetzte Papier ist alterungsbeständig nach DIN/ISO 9706.

Alle Rechte, insbesondere die der Übersetzung in andere Sprachen, vorbehalten.
Kein Teil dieses Buches darf ohne schriftliche Genehmigung des Verlages in irgendeiner Form – durch Photokopie, Mikroverfilmung oder irgendein anderes Verfahren – reproduziert oder in eine von Maschinen, insbesondere von Datenverarbeitungsmaschinen, verwendbare Sprache übertragen oder übersetzt werden.

Einbandgestaltung: Ingo Ostermaier, Berlin
Druck und Bindung: Druckhaus „Thomas Müntzer“, Bad Langensalza

Printed in Germany

Inhalt

Verzeichnis der Tabellen im Text

Verzeichnis der Abbildungen

Vorwort

Bei diesem Buch handelt es sich um die überarbeitete Version meiner Dissertation, die ich im November 2004 an der Ruhr-Universität Bochum abgeschlossen habe.

Promovieren gilt als „einsames Geschäft". Trotzdem sind meist viele Personen involviert, deren Hilfe in entscheidendem Maße zum Abschluß der Arbeit beiträgt. An dieser Stelle möchte ich allen danken, die mich bei meinem Projekt unterstützt haben:

Die vorliegende Studie wurde im Rahmen des Graduiertenkollegs „Industrielle Ballungsregionen im Vergleich. Strukturwandel und Perspektiven" an der Ruhr-Universität Bochum erarbeitet. Ohne das Promotionsstipendium und die Förderung von Archivstudien in Italien durch das Kolleg hätte die Arbeit nicht entstehen können. So gilt mein Dank an dieser Stelle zunächst den Trägern und Stiftern des Kollegs im allgemeinen sowie der Westfalenbank im besonderen, die dieses Promotionsvorhaben mit dem „Westfalenbank-Stipendium" gefördert hat.

Meinen „Doktorvätern", Prof. Dr. Wolfhard Weber und Prof. Dr. Dr. h.c. Wolfgang Schieder, möchte ich für die zuversichtliche und ermutigende Unterstützung des Vorhabens herzlich danken. Ihrer Beratung verdanke ich viele wichtige Hinweise. Zudem danke ich Prof. Dr. Peter Hertner für seine Hilfe bei der Orientierung in der italienischen Archivlandschaft. Die Auswahl der Unternehmensarchive für den deutsch-italienischen Vergleich geht im wesentlichen auf seinen Vorschlag zurück. Vielfältige kritische Anregungen und wichtige methodische Vorschläge verdanke ich der Diskussion mit Prof. Dr. Klaus Tenfelde und Prof. Dr. Dieter Ziegler, die stets die Zeit fanden, sich mit konzeptionellen Fragen auseinanderzusetzen. Dem Herausgeber der „Beihefte" des Jahrbuchs für Wirtschaftsgeschichte, Prof. Dr. Reinhard Spree, danke ich für die Aufnahme in die Reihe.

Darüber hinaus möchte ich allen Mitarbeitern und Mitarbeiterinnen in den Archiven und Bibliotheken, in denen ich Materialien für diese Studie sammeln durfte, meinen Dank für Beratung und Hilfe bei der Recherche aussprechen – insbesondere Prof. Dr. Horst A. Wessel und seinem Team vom Mannesmann-Archiv, Dr. Alessandro Lombardo, Maura Micheli und Alfonso Caprara vom Ansaldo-Archiv in Genua, Herrn Dipl. VW Müther und Herrn Dr. Hohensee vom Historischen Archiv Krupp sowie Dr. Carolina Lussana vom Historischen Archiv Dalmine in Dalmine/Bergamo. Weiterhin danke ich Dr. Manfred Böcker, Georg Korte (M.A.) sowie Dr. Mechthild Hempe für die Mühsal des Korrekturlesens, aus der hilfreiche Korrekturvorschläge hervorgingen. Für praktische Hilfe auch Dank an Eva-Maria Roelevink.

Schließlich möchte ich auch meiner ganzen Familie herzlich danken. Besonderer Dank gilt dabei meinem Vater Rich für seine kontinuierliche Beratung, Ermutigung und anregende Kritik. Meinem Mann Frank Huy danke ich sehr für seine liebevolle Unterstützung und die Geduld, mit der er das viele Energie- und Zeitressourcen bindende Projekt unterstützt hat.

Ohne die Hilfe all dieser Personen hätte die Arbeit nicht fertiggestellt werden können.

Köln, im Frühjahr 2006,

Stephanie Tilly

I. Einleitung

1. Untersuchungsgegenstand

„Es ist kaum zuviel gesagt, wenn wir behaupten, es gebe keine wichtigere wirtschaftliche und soziale Frage als die des Arbeitsverhältnisses. An ihr hänge die Zukunft unserer Gesellschaftsverfassung. Die richtige Ausgestaltung und Fortbildung aller einschlägigen Institutionen sei, wenn nicht die erste, so doch eine der wichtigsten Aufgaben der Gegenwart und Zukunft."[1]

Der industrielle Arbeitsmarkt markiert ein zentrales Bindeglied zwischen Wirtschaft, Gesellschaft und Staat. Der „Markt für Arbeit" spiegelt nicht nur wirtschafts- und sozialgeschichtliche Entwicklungstendenzen wider, sondern läßt sich darüber hinaus als Schnittstelle verschiedener kollektiver Interessen und als Schauplatz für Verteilungskonflikte interpretieren. Hier vollzieht sich der Ausgleich zwischen Angebot und Nachfrage nach dem Produktionsfaktor „Arbeit", hier stehen sich die organisierten Arbeitnehmer und Arbeitgeber als „Arbeitsmarktparteien" gegenüber. Wirtschaftliche Boomphasen und Flauten drücken sich in der Regel im Beschäftigungsstand einer Volkswirtschaft aus. An Arbeitsmarktfragen muß sich meist die Qualität der Wirtschaftspolitik messen lassen, während ungelöste Arbeitsmarktprobleme gesellschaftspolitisches Konfliktpotential bergen.

Im Zuge des Wachstums der industriellen Arbeitsmärkte im ausgehenden 19. Jahrhundert entstanden allmählich institutionelle Arrangements auf dem Arbeitsmarkt, die Mängel des Marktes korrigierten und seit ihrer Entstehung einer wechselvollen Entwicklung unterworfen waren. Was Gustav von Schmoller zu Beginn des 20. Jahrhunderts prognostizierte, berührte somit den Grundtatbestand einer modernen Industriegesellschaft: Aus dem wachsenden Gewicht von Erwerbsarbeit in Folge der Industrialisierung leitete er die zentrale Bedeutung von arbeitsbezogenen Institutionen für die gesellschaftliche Ordnung ab. Damit verband er einen staatlichen Gestaltungsanspruch, der ihm – wie anderen Vertretern der jüngeren historischen Schule der Nationalökonomie – das Etikett des „Kathedersozialisten" einbrachte.[2] Wenn in jenen Jahren auch heftig über den Reformbedarf gestritten wurde, so zeigte sich daran doch zugleich, daß ein sozioökonomischer Transformationsprozeß im Gange war, der sich auf den industriellen Arbeitsmärkten prägnant ausdrückte und den Marktteilnehmern den Druck

1 Schmoller, Grundriß, 306.

2 Vgl. zu Schmoller Plumpe, Schmoller, 252-275.

zur Anpassung aufnötigte. Dieser Umstand ist der Ausgangspunkt für die vorliegende Studie, die den Arbeitsmarkt des industriellen Sektors in Deutschland und Italien von der Jahrhundertwende bis zum Beginn der Weltwirtschaftskrise vergleichend betrachtet.

Ziel der Arbeit ist es, die Beschaffenheit, aber auch die Veränderung der industriellen Arbeitsmärkte in Deutschland und Italien mit Blick auf ihre strukturellen und institutionellen Merkmale zu untersuchen. Dabei steht ein Zeitraum im Fokus, der in wirtschaftshistorischer Sicht durch widersprüchliche und krisenhafte Entwicklungstendenzen gekennzeichnet ist. Das gilt für die deutsche und italienische Geschichte gleichermaßen. Vor dem Ersten Weltkrieg waren sowohl im wilhelminischen Deutschland als auch im liberalen Italien viele Herausforderungen des säkularen gesellschaftlichen Wandels noch unbewältigt, gesellschaftspolitische Spannungen nur leidlich überbrückt.[1] Das zeigte sich auch auf den Arbeitsmärkten. Der Druck des Krieges forcierte strukturelle und institutionelle Transformationen mitsamt den damit verbundenen Gegensätzen. Nach Kriegsende verdichtete sich die Dynamik von Demobilisierung, Inflation und Stabilisierungskrisen in Deutschland und Italien zu ähnlichen Problemlagen, die sich auf dem Arbeitsmarkt in Ungleichgewichten niederschlugen. Die Arbeitslosigkeit, zutreffend als die „soziale Achillesferse der Weimarer Republik"[2] identifiziert, erreichte nach 1914 zuvor unbekannte Ausmaße und entwickelte sich erstmalig zu einem Massenphänomen. Vor dem Hintergrund der dichten Abfolge von Krisen zeichnete sich in dieser Periode das Zeitalter des europäischen Faschismus mit seinen paradigmatischen nationalgeschichtlichen Ausprägungen in Deutschland und Italien ab.[3]

Dies sind die umrahmenden Überlegungen, an denen die Fragestellung der Untersuchung ansetzen möchte: Im Fokus stehen die Herausforderungen an die industrielle Arbeitsmärkte, die darauf entstandenen Antworten, die spezifischen Arbeitsmarktprobleme und ihre Überwindung. Was bewirkten die krisenhaften Umbrüche auf den industriellen Arbeitsmärkten? Gelang es den wachsenden Industriegesellschaften, diese Umbrüche langfristig zu meistern? Dafür ist ein Bearbeitungsmuster, das der additiven Reihung von „Problem", „Rezept" und „Lösung" folgt, jedoch wenig praktikabel. Zu komplex erscheint das Geflecht der wechselseitigen Wirkungszusammenhänge. Arbeitsmarktprozesse drücken sich nicht nur in einer Variation von Erwerbsquoten und Arbeitslosenziffern aus, sondern werden durch die Akteure des Arbeitsmarktes bestimmt. Diese interagieren, reflektieren in ihren Handlungen die sozioökonomischen, institutionellen und technischen Rahmenbedingungen, wirken aber auch auf diese ein. Mithin sind Strukturmerkmale von Arbeitskräften und Arbeitsplätzen, das arbeitsmarktpolitische Engagement des Staates, aber auch Konfliktpotentiale zwischen Arbeitgebern und Arbeitnehmern arbeitsmarktrelevante Fragen. Es gilt, das Arbeitsmarktgeschehen

1 Vgl. dazu Schieder, Geburt des Faschismus, 159ff.

2 Abelshauser, Wohlfahrtsstaat, 23.

3 Vgl. zu diesem Zusammenhang Wippermann, Faschismustheorien. Vgl. zur Faschismusforschung in Deutschland und Italien Petersen/Schieder, Faschistisches Italien, 9ff.; vgl. auch Schieder, Faschismus als soziale Bewegung.

als interdependenten sozialen Prozeß transparent zu machen.

Dafür ist die vergleichende Perspektive ein wichtiges analytisches Instrument, das es möglich macht, über den „Tellerrand" des jeweiligen Fallbeispiels hinauszuschauen. Der komparative Ansatz gestattet, die „Betriebsblindheit" der jeweiligen Nationalgeschichte zu überwinden – denn er macht es erforderlich, Fragen zu entwickeln, die sich nicht nur aus der Entwicklungslogik des eigenen Landes heraus ergeben, sondern für die übergeordnete Perspektive kommensurabel sind.[1] Man wird im Vergleich vermutlich klarer ausmachen, daß das Arbeitsmarktgeschehen zugleich Aushandlungsprozesse um gesellschaftliche Machtfragen widerspiegelt. Vergleichend lassen sich somit sowohl die Singularität als auch die Typik von Handlungszusammenhängen aufzeigen. Diesem methodischen Vorzug der vergleichenden Perspektive stehen gleichwohl gewisse Bedenken entgegen. Die Konzeptualisierung des Vergleichs muß sich mit methodischen Stolpersteinen auseinandersetzen, wie z.B. dem Problem der Entsprechung beider Vergleichsobjekte. Was an der Auswahl der zu vergleichenden Untersuchungsgegenstände problematisch sein kann, läßt sich mit der sprichwörtlich wenig ergiebigen Gegenüberstellung von „Äpfeln" und „Birnen" veranschaulichen. Die vergleichende Perspektive erfordert einen dritten Bezugspunkt, das *tertium comparationis*, das als umrahmende Fragestellung die Vergleichbarkeit sicherstellt: Auch Äpfel und Birnen lassen sich vergleichen, „wenn man Obst untersucht".[2]

So erscheint der Vergleich der industriellen Arbeitsmärkte in Deutschland und Italien trotz mancher methodischer Einschränkung reizvoll. Studien zum deutsch-italienischen Ländervergleich haben in der Geschichtswissenschaft eine feste Tradition.[3] Dafür sprechen zahlreiche Parallelen in der deutschen und italienischen Nationalgeschichte, von der späten nationalen Einheit bis hin zur Entfaltung faschistischer Diktatur im 20. Jahrhundert.[4] Aus wirtschaftshistorischer Perspektive scheinen die Argumente zunächst weniger anregend für ein vergleichendes Vorhaben. Tatsächlich dürfen die unterschiedlichen Voraussetzungen beider Länder im Hinblick auf ihre ökonomische Entwicklung nicht übersehen werden. Ein Vergleich soll jedoch keinesfalls bedeuten, möglichst viele gleichartige Entwicklungen in ein starres Schema zu pressen. Die „Jagd nach Ähnlichkeiten", die die „Originalität" der betrachteten Vergleichsfälle vernachlässigt, kann als beinahe klassische Gefahr der historischen Komparatistik gelten.[5] Es soll vielmehr darum gehen, unter Beachtung der spezifischen Eigenarten beider Länder unterschiedliche Lösungsmuster für ähnliche Probleme zu kontrastieren. So können die spezifischen Va-

1 Vgl. zum Vergleich: Haupt/Kocka, Vergleich, 9-45; vgl. zur Methodendiskussion auch Elwert/Kocka/Rammert, Vergleich, 239-254; Daum/Riederer/von Seggern, Fallobst, 1-21; Kaelble, Vergleich, 7-25.

2 Haupt/Kocka, Vergleich, 25.

3 Vgl. dazu z.B. Dipper, Italien und Deutschland, 485ff. Zentrales Thema des deutsch-italienischen Vergleichs ist nach wie vor der Faschismus, vgl. z.B. den Sammelband von Reichardt/Nolzen, Faschismus, sowie ders., Kampfbünde.

4 Dipper, Nachbarn, 1ff.

5 Bloch, Geschichtsbetrachtung, 138.

rianten des Krisenmanagements auf dem Arbeitsmarkt hervortreten. Eine optimale Form, einen *one best way* zur Bewältigung des Anpassungsdrucks, gab es weder in Deutschland und Italien noch in anderen europäischen Ländern.[1] Alle Instrumente zur Korrektur der Marktergebnisse – die Regeln, Organisationen und politischen Steuerungsversuche des Arbeitsmarktes – waren letztlich das Ergebnis eines konfliktbeladenen Ausgleichs verschiedener gesellschaftlicher Interessen und besaßen damit Kompromißcharakter. Gerade strukturelle Unterschiede beider Länder können für die Entwicklungslogik der Arbeitsmarktgeschichte und ihrer Spielregeln aufschlußreich sein und nicht zuletzt dabei helfen, das mittlerweile zum Klischee geronnene Motiv der italienischen „Rückständigkeit" (Gerschenkron) differenziert zu beurteilen.

Mit Blick auf die gravierenden Beschäftigungsprobleme in vielen europäischen Gesellschaften in der Gegenwart besitzt das Thema „Arbeitsmarkt" auch einen aktuellen Bezug. Die vorliegende Studie erhebt nicht den Anspruch, „Lehren aus der Geschichte" aufzuzeigen. Sie spürt jedoch den Entwicklungspfad und Funktionswandel von institutionellen und strukturellen Merkmalen der industriellen Arbeitsmärkte in Deutschland und Italien für einen Zeitraum auf, in dem sich die Arbeitsmärkte und ihre Regelsysteme herausbildeten und die Erfahrung von krisenhaften Störungen allmählich ein arbeitsmarktpolitisches Problembewußtsein entstehen ließ. Diese Perspektive mag sowohl die Historizität von Arbeitsmarktproblemen als auch die vielfältigen Blockaden bei ihrer Überwindung veranschaulichen.

Die Untersuchung von Arbeitsmarktzusammenhängen wurde in den deutschen Wirtschafts- und Sozialwissenschaften lange Zeit „stiefmütterlich" behandelt.[2] Ähnliches galt auch für die historische Arbeitsmarktforschung, ein sowohl in Deutschland als auch in Italien in den Geschichtswissenschaften nicht allzu gängiges Forschungsprogramm. Für die deutsche Arbeitsmarktgeschichte sind nach wie vor Pierenkempers theoretische Vorüberlegungen[3] grundlegend, die diesen Gegenstand zum ersten Mal systematisch präzisiert haben. Für die italienische Seite setzten Tomassinis Studien[4] zum Arbeitsmarkt in Krieg und Nachkriegszeit wichtige Akzente. Von einem „Randdasein" von Arbeitsmarktfragen in den Geschichtswissenschaften kann nun nicht mehr die Rede sein. Die allseits präsente und wichtige Diskussion um die „Zukunft der Arbeit" rückt auch die Frage nach der Geschichtlichkeit von Arbeitsmarktproblemen in ein neues Licht.[5] Der im Folgenden entwickelte Vergleich kann sich somit auf eine Reihe von Forschungen stützen, die ausgewählte Aspekte der Arbeitsmarktgeschichte bearbeitet

1 Siehe auch Didry/Wagner/Zimmermann, Arbeit und Nationalstaat, 17.

2 Pierenkemper, Beschäftigung, 243.

3 Pierenkemper, Arbeitsmarktforschung, 9-36. Vgl. auch ders., Arbeitsmarkt und Angestellte.

4 Tomassini, Mobilization and the Labour Market, 59-87; ders., Il mercato del lavoro, 323-337.

5 Siehe die Aufsatzsammlungen z.B. von Kocka/Offe, Geschichte sowie Didry/Wagner/Zimmermann, Arbeit.

haben: Arbeitsverwaltung und Arbeitsmarktpolitik[1], Arbeitslosigkeit[2] sowie weibliche Erwerbstätigkeit[3] sind einschlägige arbeitsmarkthistorische Themen. Zudem steht der polyvalente Untersuchungsgegenstand „Arbeitsmarkt" auf der Schnittstelle verschiedener historischer Forschungsfelder. So ist die Arbeitsmarktforschung auf Impulse aus Arbeitergeschichte,[4] Unternehmens- oder Industriegeschichte[5] angewiesen. Forschungen zur Rolle von Gewerkschaften und Industrieverbänden[6] haben eine nahezu unübersichtliche Breite erreicht. Sowohl in Deutschland als auch in Italien verlagerte sich das Forschungsinteresse von strukturorientierten Ansätzen der Klassenanalyse auf die kleinräumige Untersuchungsperspektive.[7] Die für die italienische Arbeitergeschichte der 1970er und 1980er Jahre typische ideologische Prägung[8] wich in den 1990er Jahren einer stärkeren Berücksichtigung des Arbeiteralltags, der Beziehungen und täglichen Interessenkonflikte am Arbeitsplatz.[9] Ein wichtiger Teil des Arbeitsmarktgeschehens vollzieht sich in den industriellen Arbeitswelten der Unternehmen.[10] Trotz der breiten

1 Faust, Arbeitsmarktpolitik im Kaiserreich; ders., Vermittlungsmonopol; ders., Die Entstehung der öffentlichen Arbeitsvermittlung; ders., Fürsorge.

2 Vgl. Lewek, Arbeitslosigkeit Für die Vorgeschichte der Arbeitslosenversicherung vgl. Führer, Arbeitslosigkeit Siehe auch z.B. Petzina, Arbeitslosigkeit, vgl. auch die Beiträge in Evans/Geary, Unemployed.

3 Rouette, Sozialpolitik; Daniel, Arbeiterfrauen; Kassel, Frauen. Für Italien: Curli, Italiane.

4 Einen informativen Überblick zur Arbeitergeschichte in Italien geben die Forschungsberichte von Musso, Operai; Cartiglia, Proletariato sowie Piva, Classe operaia. Siehe für die ältere Literatur außerdem die kommentierte Bibliographie von Peter Hertner in ders., Italien 1850-1914 sowie ders., Italien 1915-1980.

5 Zur Unternehmensgeschichte in Italien vgl. Bigazzi, Storia d'impresa, 7-54. Siehe auch Amatori, L'impresa,; ders./Toninelli, Introduzione.

6 Aus der Fülle von Studien hier nur eine Auswahl: Ritter/Tenfelde, Arbeiter; Abelshauser, Korporatismus, Feldman, Saxony,; ders./Homburg, Industrie und Inflation; ders./Steinisch, Industrie und Gewerkschaften; ders., Disorder; Bähr, Schlichtung; Weisbrod, Schwerindustrie.

7 Als Beispiel für microstoria vgl. Gribaudi, Mondo operaio. Zum „linguistic turn" und seine Auswirkungen für die Arbeitergeschichte vgl. Musso, Operai, XXXIVff. mit Anm. 93. Zu den anderen Bereichen mit entsprechenden Verweisen ebd., XIXf., siehe auch Cartiglia, Proletariato, 269ff..

8 Klassische Themen der marxistisch inspirierten Arbeitergeschichte waren Klassenbildung, Klassenbewußtsein, Protestverhalten, Arbeitertypologien, Dequalifizierung usw. Vgl. für eine Übersicht über die ältere Forschung Hunecke, Literatur; siehe auch Hertner, Italien 1850-1914, 731. Zum operaismo auch Cartiglia, Proletariato, 261, 281.

9 Die Dimension des Unternehmens als Ort der Kooperation (und nicht nur des Konflikts) im betrieblichen Alltag betont Musso, Operai, XLIf., als wichtige Erweiterung der unternehmensgeschichtlichen Perspektive. Musso liegt hier ganz auf der Linie der Argumentation von Welskopp, Betrieb, 130ff.

10 Für eine differenzierte Abbildung der Unternehmensperspektive vgl. diverse Beiträge im Sammelband von Lauschke/Welskopp, Mikropolitik; sowie Plumpe, Mitbestimmung. Vgl. einige Beiträge im Sammelband von Plumpe/Kleinschmidt; vgl. als Positionsbestimmung der italienischen Unternehmensgeschichte Amatori, L'impresa; siehe auch ders., L'industria, 691-756; ders./P. Toninelli, Introduzione. Bigazzi, Portello; Berta, Conflitto industriale.

Palette an Studien, die sich mit Fragen industrieller Erwerbsarbeit beschäftigen, ist der arbeitsmarkthistorische „Kernbestand“ jedoch erstaunlich schmal. Ein Großteil der skizzierten Schwerpunkte kreist das Arbeitsmarktgeschehen ein, ohne ausschließlich oder mit arbeitsmarkttheoretischer Rückbindung auf Arbeitsmarktprozesse Bezug zu nehmen. Für den hier interessierenden Untersuchungszeitraum liegen weder für die deutsche noch für die italienische Seite systematische, theoriegestützte Arbeitsmarktstudien vor. Die vorliegende Studie versucht, eine Schneise zu schlagen und in vergleichender Perspektive ein Stück Arbeitsmarktgeschichte von Deutschland und Italien nachzuzeichnen.

Für die wirtschaftshistorische Analyse von Beschäftigung und Arbeitsmarkt steht eine weit gefächerte Palette unterschiedlicher Quellentypen zur Verfügung. Zu nennen wären zunächst verschiedene zeitgenössische Statistiken zum Erwerbsleben – für das deutsche Fallbeispiel etwa die Daten des statistischen Reichsamtes, der berichtenden Arbeitsnachweise, der Krankenkassen oder der Gewerkschaften.[1] Grundlegende erwerbsstatistische Informationen liefern für die deutsche Seite die Volks-, Berufs- und Gewerbezählungen des Deutschen Reichs, die jeweils im Abstand von einigen Jahren durchgeführt wurden, so daß diese Quelle vor allem für die langfristige Perspektive aufschlußreich ist.[2] Vielfältige Daten zur Arbeitsmarktlage in Deutschland, vor allem aber Statistiken der unterschiedlichen Arbeitsvermittlungseinrichtungen bietet darüber hinaus das „Reichsarbeitsblatt“.[3] Für die italienische Seite stellt das *Bollettino dell'ufficio del lavoro* als Organ des italienischen Arbeitsamtes ein geeignetes Pendant dar.[4] Auch für Italien liegen mit Volks- und Berufszählungen diverse Zensusdaten vor, deren Informationsgehalt mit der Erhebungsgrundlage schwankt. Für eine qualitative Skizze der Arbeitsmarktmerkmale sind die vorhandenen Daten in Kombination mit anderen Infor-

1 Den verschiedenen berufsstatistischen Quellen liegen unterschiedliche Erfassungskriterien zu Grunde: Während die Gewerkschaftsstatistik nur die gewerkschaftlich organisierten Mitglieder erfaßt, bezieht die die Krankenkassenstatistik nur die versicherungspflichtigen Beschäftigungsverhältnisse ein. Genauer zu den Vor- und Nachteilen der Krankenkassenstatistik vgl. Rouette, Sozialpolitik, 55ff., Daniel, Arbeiterfrauen, 36ff.; Willms, Frauenerwerbstätigkeit, 8*ff.

2 Für den Untersuchungszeitraum sind vor allem die Zählungen von 1882, 1895, 1907, 1925 und 1933 relevant. Volkszählungen erfaßten auch vorübergehend erwerbslose Personen, während Betriebszählungen den Status Quo der Beschäftigungsverhältnisse in den befragten Unternehmen widerspiegeln. Kritisch anzumerken ist hier, daß die Erhebungsgrundlage durch den veränderten Gebietsstand variierte. Zur Problematik der Reichsstatistik vgl. Willms, Frauenerwerbstätigkeit, 11*ff. sowie Kassel, Frauen, 26ff.

3 Neben den Angaben der berichtenden Arbeitsnachweise wurden im Reichsarbeitsblatt auszugsweise Daten verschiedener Träger (z.B. Erwerbslosenstatistik der Gewerkschaften, Reichsamt für Arbeiterstatistik, der Krankenkassen) reproduziert. Das Blatt bietet eine Mischung aus quantitativen und beschreibenden Arbeitsmarktinformationen, wobei die Großindustrie tendenziell unterrepräsentiert ist.

4 Bollettino dell'ufficio del lavoro, Bd. 6-24, Rom 1909-1914, fortgeführt als Bollettino del lavoro e della previdenza sociale 32-38, Rom 1919-22.

mationsquellen jedoch aufschlußreich.[1] Abgesehen von behördlichen Quellen liefern darüber hinaus für beide Länder zeitgenössische Periodika[2] und Studien zu arbeitsmarktbezogenen Fragestellungen arbeitsmarktrelevante Daten.[3] Auch aus Arbeitsordnungen und Tarifverträgen lassen sich Basisinformationen zum Arbeitsmarktgeschehen herauslesen.[4] An unpublizierten Quellen spielen vor allem die Archivalien einiger lokal bedeutsamer Unternehmen eine wichtige Rolle: so wurde Quellenmaterial aus den Unternehmensarchiven von Krupp, Mannesmann, Ansaldo und Dalmine der Untersuchung zugrundegelegt.[5]

An dieser Stelle ist allerdings darauf hinzuweisen, daß die offiziellen Statistiken für Italien aufgrund diverser Unstimmigkeiten und Lücken nur mit Vorbehalten zu benutzen sind. Die Unzuverlässigkeit der italienischen Statistik bis in die 1920er Jahre hinein ist in der wirtschaftshistorischen Forschung stets beklagt worden.[6] Ein rein an quantitativen Daten orientierter Vergleich wird sich also nicht führen lassen. Jedoch läßt das verfügbare Material eine Interpretation von Entwicklungstendenzen und Veränderungen zu und kann vor allem relative Wandlungsprozesse aufzeigen.

Grundsätzlich orientiert sich die Darstellung am analytischen Instrumentarium der Arbeitsmarkttheorie. Die theoretische Rückbindung erscheint erforderlich, um den komplexen und sperrigen Untersuchungsgegenstand für den Vergleich zu operationalisieren. So steht am Anfang der Analyse eine Erläuterung der arbeitsmarkttheoretischen Grundbegriffe, die die Kategorien, die die Untersuchungsfolie „Arbeitsmarkt" mit sich bringt, definiert und problematisiert. Von der theoretischen Warte aus wird ein besonderes Verständnis von Arbeitsmarktprozessen nahegelegt, das den folgenden Gang der Untersuchung prägt.

Auf die einleitenden Ausführungen folgt eine systematische Charakterisierung der industriellen Arbeitsmärkte in beiden Ländern, wie sie sich seit Beginn des letzten Jahrhunderts bis zum Ersten Weltkrieg entwickelt haben. Dieses Grundlagenkapitel liefert zugleich eine Momentaufnahme des „Status Quo" in Deutschland und Italien vor dem Ersten Weltkrieg. Erst auf Basis einer fundierten Grundanalyse wird die spezifische Beschaffenheit der beiden Arbeitsmärkte verständlich. Im Anschluß an diese Basischarakteristik stehen in chronologischer Folge die Variationen des Grundthemas im Mittel-

---

1 Vgl. für eine ausführliche Quellenkritik der diversen italienischen Zensusdaten unten, II. 2.1.

2 Siehe die zeitgenössischen Periodika im Literaturverzeichnis.

3 Im Literaturverzeichnis wird das Schrifttum vor 1945 separat aufgeführt.

4 Vgl. die umfangreiche Sammlung der „Pubblicazioni Minori" in der Nationalbibliothek Florenz (BNCF), die sog. „opuscoli", d.h. kleinere Schriften, Broschüren u. ä. archiviert. Hierbei sind v.a. die Dokumente der Abteilung „Società" (gemeint sind Unternehmen, Verbände, Vereine u.ä.) relevant, die nach Städten (Gesellschaftssitz, Publikationsort) gegliedert ist.

5 Historisches Archiv Krupp (HA Krupp); Mannesmann-Archiv (MA); Fondazione Ansaldo (FA); Fondazione Dalmine (FD). Da das Dalmine-Archiv derzeit neu geordnet wird, sind Abweichungen in den Signaturen und in der Gruppierung der Archivalien nicht auszuschließen.

6 Vgl. für viele z.B. Federico, Italy 1850-1940, 766. Siehe für den Industriezensus auch die Hinweise in Cainelli/Stampini, Censimenti, 217-242.

punkt: der Problemdruck auf den Arbeitsmärkten in Krieg und Demobilmachung, im Zeichen von währungspolitischen Unsicherheiten und Stabilisierungskrisen. Daran schließt ein systematisches Kapitel an, das sich mit den Akteuren des Arbeitsmarktgeschehens und folglich stärker mit den relationalen Aspekten des Arbeitsmarktes beschäftigt.

2. Der Arbeitsmarkt: Ökonomische Grundbegriffe und theoretische Vorüberlegungen

In den Wirtschaftswissenschaften versteht man unter einem Markt den gedachten ökonomischen Ort des Tausches, an dem sich durch das Zusammenspiel von Angebot und Nachfrage nach einem bestimmten Gut die Preisbildung vollzieht.[1] Also fungiert der Begriff „Arbeitsmarkt" in der ökonomischen Theorie als ein gedankliches Konstrukt, das den Ausgleich zwischen Angebot und Nachfrage nach dem Produktionsfaktor „Arbeit" unter bestimmten Rahmenbedingungen kennzeichnet. Dabei wird als Arbeitsangebot die Gesamtheit aller Individuen verstanden, die einen Arbeitsplatz innehaben oder einnehmen möchten, während die Nachfrage aus den vorhandenen Arbeitsplätzen besteht.[2] Der Arbeitsmarkt übernimmt also „die Funktion, Arbeitskräfte und Arbeitsplätze in einer optimalen Weise zusammenzuführen".[3]

Die systematische Analyse des Arbeitsmarktgeschehens ist in gewisser Weise durch seinen doppelten *sozio-ökonomischen* Gehalt erschwert.[4] Die folgenden Ausführungen sollen diesen Befund etwas genauer erläutern. Die ökonomische Dimension des Arbeitsmarktes zu beleuchten, ist Aufgabe der „Arbeitsmarktökonomik". Hierbei handelt es sich um eine vergleichsweise junge Disziplin innerhalb der Volkswirtschaftlehre.[5] Ihr Anliegen besteht vor allem darin, die spezifischen Bestimmungsfaktoren von Arbeitsangebot und Arbeitsnachfrage zu analysieren und damit mögliche Wirkungszusammenhänge theoretisch zu rekonstruieren. Dabei geht es nicht zuletzt um die Ursachen von Arbeitslosigkeit, deren Höhe und Persistenz ein Phänomen darstellt, das spätestens seit den 1980er Jahren unsere Gegenwart dauerhaft bestimmt. (Mikro-)Ökonomische Standardansätze beziehen sich im Rahmen der Analyse von Güter- und Faktormärkten ausgehend von preistheoretischen Mechanismen auf „Arbeit" als einen Produktionsfaktor, der – neben anderen – die Produktionsfunktion der Unternehmung determiniert. Die Nachfrage des Unternehmens entfaltet sich auf dem Faktormarkt für „Arbeit". Neben

1 So die Standarddefinition, vgl. z.B. die Ausführungen von Schumann, Theorie, 23f.

2 Pierenkemper, Arbeitsmarktforschung, 11.

3 Dabei ist das „Optimale" noch bestimmungsbedürftig, siehe Franz, Arbeitsmarktökonomik, 3.

4 Franz, Arbeitsmarktökonomik, 11.

5 In den 1970er Jahren fehlte für die „Labour Economics" noch das deutsche Pendant, vgl. Freiburghaus, Kontroversen, 71. Bevor diese Teildisziplin an Profil gewann, wurde das Arbeitsmarktgeschehen häufig innerhalb allgemeinerer ökonomischer Bestimmungsmodelle abgehandelt.

dem unternehmerischen Kostenkalkül und den Substitutionselastizitäten der einzelnen Produktionsfaktoren spielen Determinanten wie „technischer Fortschritt" und „Arbeitszeit" eine wichtige Rolle. Analog dazu werden die Bedingungen für das Angebot der Haushalte untersucht, die eine Entscheidung über ihre „Zeitallokation" treffen und Arbeit anbieten oder nicht.[1] Dabei gehört u.a. die Investition in das Humankapital – also beispielsweise eine zielgerichtete Ausbildungs- und Fortbildungsaktivität – zu den zentralen Bestimmungsfaktoren des Arbeitsangebots.

Die Variable, die das Arbeitsangebot der Haushalte und die Arbeitsnachfrage der Unternehmen koordiniert, ist der Lohnsatz.[2] Gesamtwirtschaftlich betrachtet, kann es – je nach Produktivität – zwischen dem Lohnniveau einer Volkswirtschaft und dem Beschäftigungsstand eine enge Korrelation geben. Die Lohnbildung selbst ist – wie die Arbeitsökonomik zeigt – ein vielschichtiger Prozeß, der durch spezifische Lohnstrukturen oder Lohnrigiditäten bestimmt sein kann.[3] Die Koordinationsfunktion des Arbeitsmarktes zwischen „Angebot" und „Nachfrage" nach Arbeit gewinnt durch die Analyse des sogenannten „*Matching*-Prozesses" an Kontur. Ein Match ergibt sich in Folge von Suchprozessen, Kontakten und schließlich „Kontraktschlüssen", die bei unterschiedlicher Information, Anreizen und Mobilität zustande kommen können.[4] Die Fehlleistung dieser Prozesse hemmt die Koordinationsleistung des Marktes und führt zum sogenannten *Mismatch* – eine wichtige Ursache von Arbeitslosigkeit, die häufig mit dem Schlagwort „strukturelle Arbeitslosigkeit" etikettiert wird.

Ein „Arbeitsmarkt" im engeren Sinne bildete sich erst im Zuge der Industrialisierung aus, als sich grundlegende Voraussetzungen wie beispielsweise Freizügigkeit und Gewerbefreiheit in zunehmendem Maße durchsetzten.[5] Wie die ökonomische Dogmengeschichte zeigt, entwickelte sich eine Theoretisierung des Arbeitsmarktes jedoch mit gewisser Verzögerung. So existierte in der klassischen Wirtschaftstheorie des Liberalismus noch kein eigenes Modell zur Erklärung der arbeitsmarktrelevanten Variablen Lohnsatz und Beschäftigungsvolumen, die in die Gesamtanalyse eingebettet waren.[6] Vereinfacht gesagt, prognostizierte sie, wenn auch in verschiedenen Varianten und Gewichtungen, die anhaltende Armut der unteren Gesellschaftsschichten.[7]

1 Vgl. Franz, Arbeitsmarktökonomik, 17-97.

2 Dieser entspricht – gemäß preistheoretischer Annahmen – dem „Grenzprodukt" der Arbeit. Für die Erläuterung solcher „Grenznutzenüberlegungen" vgl. unten die Erklärung der Grundbegriffe des neoklassischen Modells.

3 Vgl. Franz, Arbeitsmarktökonomik, 269-336.

4 Vgl. Franz, Arbeitsmarktökonomik, 191ff. Siehe auch Chris und Charles Tilly, Work, 180ff.

5 Faust, Arbeitsmarktpolitik im Kaiserreich, 1. Zugleich löste sich in zunehmendem Maße die Arbeitskraft vom Besitz an Produktionsmitteln, die den Warencharakter von Arbeit ausmacht und sie somit erst „marktfähig" werden läßt. Dönhof, Arbeitsmarktproblem, 9f.

6 Pierenkemper, Beschäftigung, 244.

7 Kernelemente der klassischen Theorie sind, basierend auf den Smith'schen ökonomischen Erklärungsmustern des späten 18. Jahrhunderts, die Lohntheorie Ricardos und das Malthus'sche Bevölkerungsgesetz im frühen 19. Jahrhundert. Vgl. dazu z.B. Külp, Lohntheorie, 76.

Die „Neoklassik" machte – wie ihre Vorläufer – das Streben nach Marktgleichgewicht zum Ausgangspunkt ihrer Überlegungen und interessierte sich in einer bewußt statischen Modellwelt eher für kurzfristige Preisbildungsprozesse, die auf „Grenznutzenüberlegungen" basierten.[1] Das neoklassische Konzept des Arbeitsmarktes lief im Wesentlichen darauf hinaus, dieses Prinzip für die Bestimmung des Lohnes zu adaptieren.[2]

Darüber hinaus beruht das neoklassische Arbeitsmarktmodell auf einer Reihe von elementaren Annahmen über die Merkmale des Marktes und das Verhalten der Akteure, die als gegeben vorausgesetzt werden. Hierbei ist zunächst die Vorstellung vom „homo oeconomicus", dem rational handelnden, gewinn- oder nutzenmaximierenden Individuum zu nennen. Gemäß dieser Annahme wird der industrielle Arbeitgeber in seiner Nachfrage nach Arbeitskräften durch das rationale ökonomische Kalkül des maximalen Gewinns geleitet. Auch der Arbeiter folgt diesem Grundsatz, da er in der Theorie seine Arbeitskraft dann anbietet, wenn der Lohnsatz – bzw. die dafür erhältlichen Konsumgüter – dem „Grenznutzen" der entgangenen Freizeit entspricht. Darüber hinaus unterstellt die neoklassische Modellwelt eine Homogenität des Arbeitskräfteangebots, Markttransparenz und vollständige Information, einen vollkommenen Wettbewerb, eine atomistische Arbeitsmarktstruktur und schließlich die uneingeschränkte Mobilität. Ausgehend von diesen Grundannahmen lassen sich die Verlaufskurven von Angebots- und Nachfragefunktion des Faktors „Arbeit" sowie der markträumende Gleichgewichtslohnsatz bestimmen.[3] Da in diesem Konzept der Arbeitsmarkt (ebenso wie andere Güter- und Faktormärkte) immer zum Gleichgewicht strebt, herrscht in der modellhaften Wirtschaft immer Vollbeschäftigung. Das Phänomen der Arbeitslosigkeit beruht demnach auf Freiwilligkeit oder ergibt sich aus einer Einschränkung oder Störung des Marktmechanismus.[4] An diesem Punkt werden die Grenzen des neoklassischen Ansatzes hinsichtlich der Abbildung und Erklärung von realen Wirtschaftsprozessen, wie sie die Arbeitsmarktgeschehnisse darstellen, augenfällig.[5] Hier setzten die Überlegungen von John Maynard Keynes an, der für den Arbeitsmarkt die Möglichkeit anders gearteter

---

1 Pierenkemper, Beschäftigung, 244. Durch den Begriff des Grenznutzens (Hans Heinrich Gossen) wird der Wert eines Gutes über den Nutzen determiniert, den eine zusätzliche Einheit dieses Gutes zu stiften vermag. Den für den Gütermarkt entwickelten Preismechanismus übertrug die Neoklassik auf den Arbeitsmarkt, indem sie den Lohnsatz aus dem Grenzprodukt der Arbeit ableitete.

2 Das bedeutet, daß ein Unternehmer als Arbeitgeber so lange Arbeit nachfragen wird, „bis der Lohnsatz dem zusätzlichen Beitrag einer weiteren Arbeitskraft zum Gesamtprodukt" entspricht. Vgl. Pierenkemper, Beschäftigung, 244.

3 Ein Überblick über den Arbeitsmarkt in der klassisch-neoklassischen Theorie mitsamt der Herleitung der Angebots- und Nachfragefunktionen findet sich in Felderer/Homburg, Makroökonomik, 70ff.

4 Vgl. den klassischen Lehrsatz der Neoklassik, das sogenannte Say'sche Theorem (verkürzt: jedes Angebot schafft sich seine eigene Nachfrage), das für den Arbeitsmarkt Vollbeschäftigung impliziert. Siehe dazu Felderer/Homburg, Makroökonomik, 84ff.

5 Schon die Grundannahmen können in der Realität niemals erfüllt sein, Pierenkemper, Arbeitsmarktforschung, 21.

Wirkungsprozesse, so auch das Fortbestehen von Ungleichgewichten, einräumte. Vor allem hat Keynes erkannt, daß auf dem Arbeitsmarkt offenbar ein ureigenes, gesondert zu analysierendes Regelsystem existiert.[1] Die weitere Entwicklung der Wirtschaftstheorie reflektierte die Impulse dieser beiden dominanten Theoriestränge insofern, als eine Spaltung in „neoklassisch" und „keynesianisch" inspirierte Ansätze charakteristisch blieb. Grob vereinfacht läßt sich zusammenfassen, daß sich neue neoklassische Varianten stärker für die Allokation der Produktionsfaktoren interessierten, während Theorieansätze der keynesianischen Tradition sich um eine Erklärung von Beschäftigungsfragen bemühten.[2]

In diesem kursorischen Überblick über die ökonomischen Standardmodelle und ihre Herangehensweise an den Arbeitsmarkt sind gewisse „Besonderheiten" des Arbeitsmarktes im Vergleich zu anderen Märkten angeklungen, die anscheinend eine Theoretisierung erschweren oder aber die Aussagekraft des Modells für die Wirklichkeit beeinträchtigen. Worin unterscheidet sich der Arbeitsmarkt von anderen Märkten? Der kritische Punkt liegt in dem „Handelsgut" Arbeit, das auf dem Arbeitsmarkt getauscht wird. Weitere Eigenheiten und analytische Stolpersteine des Arbeitsmarktes haben hier ihre Wurzel. In diesem Aspekt kommt zudem die *soziale* Dimension des Arbeitsmarktes zum Vorschein. Die Bestimmung des Tauschobjektes auf dem Arbeitsmarkt ist nicht unumstritten. Während einigen Ansätzen zufolge die menschliche „Arbeitskraft" im Mittelpunkt steht,[3] bevorzugen andere Modelle den Begriff der „Arbeitsleistung".[4] Jedoch suggeriert die letztgenannte Definition, daß bereits in Produkte umgewandelte Arbeit getauscht würde, was die Hierarchie des Arbeitsverhältnisses, das etwas mit Herrschaft und Unterordnung zu tun hat, vernachlässigt.[5] In der Realität aber kreist das Marktgeschehen um Arbeitspotentiale, die nicht vorab konkret definiert werden können und sich unter Aufsicht und lenkender Einflußnahme des Arbeitgebers vollziehen.[6] Nach wie vor eignet sich der Marx'sche Begriff der „Arbeitskraft" als „Inbegriff der physischen und geistigen Fähigkeiten, die in der Leiblichkeit eines Menschen existieren"[7] – im Sinne von Leistungsvermögen, das unter kapitalistischen Produktionsbedingungen erst in Arbeit umgewandelt wird – also durchaus zur Kennzeichnung des auf dem Arbeitsmarkt gehandelten Objektes. Über die Definition des gehandelten Gutes hinaus bereitet die mechanische Übertragung des klassisch modellierten Tauschvorgangs auf den Arbeitsmarkt gewisse Schwierigkeiten. Im Unterschied zum üblichen

1 Auch bei einem Gleichgewicht auf den Gütermärkten läßt das Modell unter besonderen Umständen (z.B. bei starren Löhnen, Begrenzung des Arbeitsangebots bei hohen Löhnen) ein Unterbeschäftigungsgleichgewicht zu, vgl. Pierenkemper, Beschäftigung, 245; Felderer/Homburg, Makroökonomik, 148ff.

2 Siehe auch Felderer/Homburg, Makroökonomik, 28f.

3 Vgl. z.B. Altvater, Arbeitsmarkt, 48.

4 Vgl. Willeke, „Arbeitsmarkt", 321.

5 Vgl. Pierenkemper, Arbeitsmarktforschung, 10.

6 Vgl. Pierenkemper, Arbeitsmarkt und Angestellte, 23.

7 Marx, Kapital, 181.

Handel materieller Güter, der – bei gegebenem Preis – auf freiwilliger Basis erfolgt, impliziert die unauflösliche Bindung der Arbeitskraft an ihren „Verkäufer" – den Menschen – die Aufhebung gerade dieser entscheidenden Voraussetzung. Werden andere Einkommensquellen ausgeschlossen, so hat das Individuum keine andere Wahl, als zur Sicherung seiner Existenz seine Arbeitskraft anzubieten und zu verkaufen. Dementsprechend sind sämtliche Bedingungen für ein Angebot von Arbeit – z.B. die Menge, die Qualität, der Ort und der Zeitpunkt – nur begrenzt variabel.[1] In diesem Punkt wird der Herrschaftsaspekt von Arbeit besonders deutlich. Im Gegensatz zum Gütermarkt herrscht auf dem Arbeitsmarkt Angebots- und Verkaufszwang, was bei der Heranziehung des Marktmodells als einschränkende Bedingung zu berücksichtigen ist. Außerdem ist die so definierte „Ware Arbeitskraft" alles andere als homogen, sondern vermutlich so heterogen und vielfältig wie seine Träger.[2]

Insgesamt ist die Vorstellung eines einheitlichen, homogenen Arbeitsmarktes eine theoretische Fiktion, der in der neueren Arbeitsmarkttheorie auch die Vorstellung von segmentierten Arbeitsmärkten entgegengesetzt wurde. Der Segmentationsansatz will der Vielschichtigkeit Rechnung tragen, indem er die Gesamtschau verläßt und von vielen Teilarbeitsmärkten ausgeht, die sich durch Kriterien wie Alter, Geschlecht und Qualifikation unterscheiden und voneinander abgrenzen lassen.[3] Innerhalb dieses Segments sind grundlegende Bedingungen – z.B. die Beschäftigungsformen und Erwerbschancen für bestimmte Arbeitnehmergruppen – allerdings relativ ähnlich und verdeutlichen insgesamt die jeweiligen Besonderheiten und Gesetzmäßigkeiten des Segments im Vergleich zu anderen Teilen des Arbeitsmarktes. Die Durchlässigkeit dieser Segmente zu anderen Teilarbeitsmärkten ist begrenzt. Beispielsweise können auch Großunternehmen ein eigenes Segment auf dem industriellen Arbeitsmarkt konstituieren.[4]

Keine Theorie vermag jedoch die komplexen realen Beziehungen auf dem Arbeitsmarkt wirklichkeitsgetreu abzubilden.[5] Allein die flüchtige Zusammenschau der Interpretationsangebote des Arbeitsmarktes in der ökonomischen Theorie hat gezeigt, daß es offenbar Schwierigkeiten bei der Theoretisierung gibt, die mit der bereits geschilderten Problematik um das gehandelte Tauschobjekt Arbeitskraft und dem inhärenten Herrschaftsaspekt von Arbeit zusammenhängen und auf die eingangs thematisierte soziale Dimension des Arbeitsmarktgeschehens verweisen. Die klassisch-neoklassische Vision der „unsichtbaren Hand" weist gegenüber den spezifischen Eigenarten des Arbeitsmark-

1 Zur Besonderheit des Arbeitsmarktes vgl. z.B. Franz, Arbeitsmarktökonomik, 11f. und Pierenkemper, Arbeitsmarktforschung. 10f.. Zur geringeren Anpassungsmöglichkeit des Produktionsfaktors Arbeit im Vergleich zum Faktor Kapital in quantitativer, qualitativer, räumlicher und zeitlicher Hinsicht siehe Eger/Weise, Entstehung des Arbeitsrechts, 279f.

2 Jedoch sind Beispiele denkbar, die der Idee des homogenen Gutes „Arbeit" sehr nahe kommen, z.B. stark formalisierte oder stereotype, leicht meßbare Tätigkeiten.

3 Vgl. dazu Tilly/Tilly, Work, 170ff.

4 Vgl. dazu Gensior/Krais, Erklärungsmuster, 95ff.; Sengenberger, Arbeitsmarkt. Vgl. auch Pierenkemper, Interne Arbeitsmärkte, 3-18.

5 Vgl. Pierenkemper, Beschäftigung, 244.

tes erhebliche Blindstellen auf, da der soziale Kontext der Arbeitswelt völlig ausgeblendet ist.[1] Hier schien die Beschreibung durch Karl Marx den realen Verhältnissen näher. Auch die jüngere historische Schule der Nationalökonomie – vertreten vor allem durch Gustav von Schmoller, der die Nationalökonomie bekanntlich eher als Sozialwissenschaft denn als Naturwissenschaft verstanden wissen wollte – leistete detailreiche und präzise Beschreibungen der zeitgenössischen sozialen Arbeitsverhältnisse. Vor diesem Hintergrund plädierten die sogenannten „Kathedersozialisten" nachdrücklich für ein Eingreifen des Staates in den Wirtschaftsprozeß.[2]

In der Geschichtswissenschaft kreisten Studien, die sich mit industrieller Erwerbsarbeit und ihrer Vermarktung auseinandersetzten, häufig klassenanalytisch um das Machtverhältnis zwischen Kapital und Arbeit. Obwohl diesem Ansatz zweifelsohne eine stimmiger „kontextualisierte" Abbildung als den vom ökonomischen Liberalismus inspirierten neoklassischen Interpretationsansätzen gelingt, so eröffnen sich doch andere Leerstellen. Auch die klassenkampftheoretische Vorstellung von antagonistischen Arbeitsmarktparteien erscheint starr und deterministisch, weil sie die Interaktion der Akteure in mechanistischer Form schematisiert. Dabei kann die Orientierung auf den sozialen Konflikt zu einer Vernachlässigung oder Simplifizierung der ökonomischen Logik des Marktgeschehens führen.[3] Die strukturelle Konfliktträchtigkeit des Arbeitsmarktgeschehens, die in der liberalen Doktrin mit ihrem Fokus auf Märkten und Wettbewerb blaß geblieben war, offenbarte sich in der klassenanalytisch orientierten Arbeitergeschichte jedoch in anschaulicher Weise.

In der historischen Perspektive erscheint es wenig sinnvoll, die Tatsache auszublenden, daß der Arbeitsmarkt nur selten wie ein „Gütermarkt" funktioniert und zusätzliche Koordinations- und Regulierungsformen kennt. Zu zahlreich wären die Phänomene, die keine Entsprechung in der Modellwelt haben und demzufolge ausgeklammert würden, zugleich aber sehr *historisch* sind. Schließlich ist die Existenz von Institutionen und Organisationen eine weitere Besonderheit auf Arbeitsmärkten, die in den oben skizzierten Standardansätzen vernachlässigt oder tendenziell abwertend als Markthemmnis oder Störfaktor beurteilt worden ist. Zur Erklärung dieses Faktums wurden statt dessen meist die bewährten *außerökonomischen* Konzepte von Macht, Tradition und Kultur herangezogen. Mit den Ansätzen der sogenannten „Neuen Institutionenökonomik" (NIÖ), die sich nach dem zweiten Weltkrieg allmählich aus der neoklassischen Theorie heraus entwickelte, wurden jedoch neue Wege aufgezeigt, diese zuvor exogenen Einflußfaktoren in die Analyse einzubeziehen und die Existenz von Institutionen auch *ökonomisch* erklärbar zu machen.[4] Die Forschungsrichtung der NIÖ repräsentiert kein fest umrissenes Theoriemodell, sondern ist „eher [als] ein sich weiterentwickelnder Denkansatz" zu

1 Vgl. Tilly/Tilly, Work, 13f.

2 Vgl. zu Schmoller Schellschmidt, Institutionenanalyse, 79ff.

3 Plumpe kritisiert z.B. die Bewertung des Betriebsrätegesetzes durch Zeitgenossen und Historiker als zu „statisch". Vgl. ders., Mitbestimmung, 11f., 19.

4 Vgl. Schmid, Ökonomie, 387.

verstehen, der wichtige Impulse für die Neuorientierung der Wirtschaftsgeschichte geliefert hat.[1] Auch für historische Arbeitsmarktstudien erscheint diese erweiterte Perspektive fruchtbar. Tatsächlich ist der Arbeitsmarkt durch diverse nicht-marktliche Regulierungen geprägt, die das Marktgeschehen und das Verhalten der Akteure bestimmen – und deren Entstehungsgeschichte in den hier relevanten Untersuchungszeitraum hineinragt. So bietet dieser Theoriezweig auch für eine historische Analyse des Arbeitsmarktes eine Reihe von Anknüpfungspunkten, wobei im wesentlichen zwei Hauptrichtungen der NIÖ von Belang sind: die auf marktrelevante Institutionen, Marktakteure und ihre Vertragsbeziehungen verdichtete Perspektive auf der einen, die auf den politischen Bereich konzentrierte Sichtweise auf der anderen Seite.[2] Dabei liegt all diesen methodischen Ansätzen ein *weiter* Institutionenbegriff zugrunde, der Institutionen als ein Gefüge von Regeln und Normen definiert, das den Wirtschaftsprozeß oder – allgemeiner gesprochen – die menschliche Interaktion ausgestaltet.[3] Mithin bilden Institutionen ein System von „Spielregeln" für die handelnden Personen. Diese Regelsysteme stellen „formlose" oder „formgebundene" Handlungsbeschränkungen dar, die das Verhalten der Akteure bestimmen. Als „formlose" Determinanten des ökonomischen Verhaltens lassen sich kulturell geprägte Konventionen oder „Verhaltenskodizes" verstehen, während mit „formgebundenen" Restriktionen demgegenüber z.B. Gesetze, Verträge, politische oder wirtschaftliche Bestimmungen – beispielsweise Eigentumsregeln – erfaßt werden.[4] Gegenüber diesem System von „Spielregeln" bezieht sich der Begriff der „Organisation" auch auf die „Spieler" und umschreibt die Gruppenbildung von Akteuren, die ein gemeinsames Ziel verfolgen. Hierzu gehören beispielsweise Parteien, Verbände, Behörden, Unternehmen o.ä.[5]

In dieser Perspektive tritt hervor, daß vielfältige Regelsysteme das Arbeitsmarktgeschehen prägen und regulieren – dazu gehören beispielsweise Maßnahmen für den Arbeiterschutz, Tarifverträge, Modalitäten der Arbeitsvermittlung, Arbeitskampfrechte und -gepflogenheiten oder verschiedene Varianten der Mitbestimmung – und daß sich die Arbeitsmarktparteien in Gewerkschaften und Unternehmerverbänden organisiert

---

1 Wischermann, Kooperation, 79.

2 Zur vertragstheoretischen Richtung gehören z.B. die Prinzipal-Agententheorie und die Theorie unvollständiger Verträge. Zur „NIÖ des politischen Sektors" rechnen die Property-Rights-Theorie, die Neue Politische Ökonomik, die Theorie des institutionellen Wettbewerbs, die Konstitutionenökonomik und die evolutionäre Theorie des institutionellen Wandels, vgl. die zusammenfassende Übersicht über die NIÖ in Apolte/Vollmer, Institutionenökonomik, 14ff.

3 Vgl. hierzu North, Theorie, 207ff. sowie ders., Institutionen, 3ff.; Richter/ Bindseil, Institutionenökonomik, 133.

4 Dabei ist „der Unterschied zwischen formlosen und formgebundenen Beschränkungen (...) ein gradueller." Vgl. North, Institutionen, 55; ausführlich zu beiden Formen der Beschränkungen ebd., 43ff., 55ff.

5 Schon Gustav Schmoller hat in der „Organbildung" die „persönliche Seite der Institution" gesehen, während er die Institution als eine handlungsleitende „Ordnung des Gemeinschaftslebens" interpretierte, vgl. Richter/Bindseil, Institutionenökonomik, 133. Zur Erläuterung des Organisationsbegriffs vgl. North, Institutionen, 5f., 87ff.

haben.

Das Vorhandensein und die Funktion von Arbeitsmarktinstitutionen lassen sich ökonomisch mit Hilfe einer Erweiterung der methodischen Grundannahmen erklären. Eine Schlüsselfunktion für die ökonomische Analyse institutioneller Regelsysteme spielt die Aufhebung wesentlicher theoretischer Prämissen des neoklassischen Modells. Betrachtet man z.B. die Annahme der „vollständigen Information" oder der „vollständigen Markttransparenz" näher, so haben wir mit dem Arbeitsmarkt einen Prototyp für den Fall *asymmetrischer Information* vorliegen, in dem die Information über die Qualität des Produkts fallweise entweder schwierig, unmöglich oder sehr teuer sein kann. Wie bereits erwähnt, ist die Unterstellung eines homogenen Faktors „Arbeit" eine drastische Vereinfachung, denn in Wirklichkeit kann es für ein Unternehmen sehr schwer sein, die Fähigkeiten und Begabungen eines Arbeitnehmers festzustellen. Diese Asymmetrie kann zu Marktversagen führen.[1] Ebenso kann die sachgerechte Information über die Arbeitsmarktverhältnisse für jeden einzelnen Arbeitnehmer unter Umständen mit so hohen Kosten verbunden sein, daß ein Vorteil besteht, wenn die Arbeitnehmerorganisationen für diesen Aspekt Sorge tragen. Weiterhin kann der einzelne Arbeitnehmer, der aufgrund des Angebotszwanges gegenüber dem Arbeitgeber in einer schwächeren Verhandlungsposition ist, durch die Organisation sein wenig wirksames individuelles Drohpotential (etwa die Ablehnung eines Arbeitsplatzangebotes oder die Abwanderung zu einem anderen Arbeitsplatz) in ein weitaus überzeugenderes kollektives Drohpotential umwandeln. Im Unterschied zur neoklassischen Interpretationsschiene werden somit Gewerkschaften[2] nicht mehr ausschließlich als kostenverursachende Anbieterkartelle betrachtet. Vielmehr erkennt die erweiterte Sicht im Gegenteil sogar an, daß solche Organisationen – oder andere Formen von Organisation – unter bestimmten Bedingungen effizienzsteigernd sein können.[3] Eine Gewerkschaft kann die wichtige Funktion übernehmen, bei der Bildung von Vertrauen mitzuwirken, was für die Interaktion der Arbeitsmarktparteien eine wichtige Grundvoraussetzung darstellt. Auch Vertrauen ist eine Kategorie des ökonomischen Verhaltens, die dazu beitragen kann, potentielle Kooperationsvorteile zu erkennen und zu realisieren – und zugleich aufwendige Kontrollverfahren zu umgehen.[4]

Durch das Theorem der „Transaktionskosten" – das in der NIÖ paradigmatische

1 Dies geschieht z.B. über das Szenario einer Negativauslese (adverse selection): Wegen der hohen Informationskosten kann ein qualitativ schlechtes Produkt ein Qualitätsprodukt verdrängen. Siehe auch das „moral hazard"-Szenario, das auftritt, wenn der Anreiz zur Sorgfalt mangelhaft ist.

2 Gewerkschaften gehören inzwischen zum Gegenstand der modernen Arbeitsmarktökonomik, die Theoriebildung ist jedoch noch dünn, vgl. dazu Franz, Arbeitsmarktökonomik, Kapitel V, 231ff., hier 249.

3 Ein anderes Beispiel ist die - institutionenökonomisch begründete - Erkenntnis, daß Mitbestimmung in einem Unternehmen für beide Seiten vorteilhaft sein kann. Vgl. z.B. Nutzinger, Arbeitsrecht, 307-349.

4 Vgl. zum Thema „Vertrauen" als ökonomische Kategorie und Determinante der Arbeitsbeziehungen Wischermann, Kooperation, 86ff. Siehe auch Fiedler, Vertrauen, 576-592.

Qualität erreicht hat – lassen sich zuvor annahmegemäß ausgeschlossene Aspekte bewerten und für die ökonomische Methode operationalisieren.[1] Um wirtschaftliche Transaktionen ertragreich zu gestalten, können unter Umständen bestimmte Institutionen oder Organisationen besser geeignet sein als preisliche Koordinationsformen des Marktes. So kann es beispielsweise von Vorteil sein, Transaktionskosten durch die Gründung eines Unternehmens zu internalisieren. In den Austauschbeziehungen ist allerdings immer die Möglichkeit des opportunistischen Verhaltens des stärkeren Vertragspartners („Ausbeuterposition") angelegt. Gewinnbeteiligungsmodelle, Mitbestimmungsregelungen und Effizienzlöhne oder ähnliche Arrangements sind institutionenökonomische Ansätze, die über die Veränderung von Anreizkonstellationen opportunistisches Verhalten zu verhindern suchen.[2] Auch die Ford'sche Maxime: „Zahlt den Arbeitern mehr, dann arbeiten sie auch besser!" läßt sich mit Hilfe dieses Interpretationsmusters als rationale Verhaltensstrategie deuten.[3]

Auf dem Arbeitsmarkt treten verschiedene Akteure auf, die verschiedene Ziele verfolgen und dabei miteinander interagieren. Arbeitgeber, Arbeitnehmer und Staat stehen in komplexen Beziehungen zueinander, die durch Regelsysteme und Organisationszusammenhänge bestimmt sind, welche das Verhalten prägen. Das Arbeitsmarktgeschehen läßt sich als ein variables, interdependentes Netzwerk von Beziehungen deuten, die zwischen den Akteuren bestehen und das Arbeitsmarktverhalten bedingen.[4] Auf dieses Bezugssystem können auch Einflüsse einwirken, die außerhalb der unmittelbaren „Arbeitswelt" anzusiedeln sind – so spielen beispielsweise Familien- und Nachbarschaftsbeziehungen unter Umständen für die Erwerbsentscheidung und Beschäftigungschancen eine Rolle.[5]

---

1 Unter Transaktionskosten werden Kosten verstanden, „die nicht direkt mit der Produktion oder der Nutzung von Gütern und Dienstleistungen zu tun haben", sondern durch „Austauschbeziehungen" entstehen – wie z.B. Kosten von Informationsbeschaffung, Kontrolle und Koordination, vgl. Schmid, Ökonomie, 387.

2 Eine grundlegende Rolle spielt für die Analyse der (gedachten) Vertragsbeziehungen die Prinzipal-Agenten-Theorie, die von einer Informationsasymmetrie zwischen beiden Vertragspartnern oder Spielern ausgeht, was künftiges Verhalten und andere Merkmale anbetrifft. Dabei ist ein Spieler – der Agent – vollständig informiert und kennt sein Verhalten, der andere – der Prinzipal – jedoch nicht. Das führt dazu, daß die Verträge in ihrer Ausgestaltung eine andere Risikoverteilung vorsehen als bei Informationssymmetrie, vgl. Apolte/Vollmer, Institutionenökonomik, 14f.; North, Wandel, 208.

3 So Henry Ford 1914. Hier zitiert nach Schmid, Ökonomie, 399. Siehe aber auch Franz, Arbeitsmarktökonomik, 318 und Raff/Summers, Henry Ford, 57-86.

4 Vgl. den Begriff der „industriellen Beziehungen". Damit sind alle Formen von Beziehungen gemeint, die sich zwischen den jeweiligen Arbeitsmarktakteuren entfalten (d.h. je nach Untersuchungsebene z.B. Arbeitnehmer, Unternehmer, Gewerkschaften, Arbeitgeberverbände etc.). Damit werden meist überbetriebliche Verbandsbeziehungen umschrieben, mit dem ähnlichen Terminus Arbeitsbeziehungen die betriebliche Interaktion zwischen Arbeitgeber und Arbeitnehmer. Vgl. Plumpe, Industrielle Beziehungen, 390. Siehe auch ders., Kapital und Arbeit, 178-199.

5 Vgl. dazu auch Tilly/Tilly, Work, 128ff.

Das Unternehmen stellt eine wichtige „Organisation“ des Arbeitsmarktes dar, die einen Teil der Beziehungen zu einem Netz verknüpft. So wird das Arbeitsmarktgeschehen teilweise auch durch unternehmensinterne Prozesse konstituiert.[1] Hier gehen Arbeitnehmer und Arbeitgeber „Verträge“ ein, die explizit den Aufgabenbereich, die Arbeitsumstände und den dafür zu erwartenden Lohn spezifizieren, in der Regel aber noch mehr implizieren. Das institutionenökonomische Konzept des „unvollständigen Arbeitsvertrages“ versucht gerade diese impliziten, schwer theoretisierbaren Determinanten der betrieblichen Arbeitsbeziehung zu beschreiben und zu integrieren.[2] In diesem Modell wird der Arbeitsvertrag insofern als „unvollständig“ konzeptualisiert, als sich die darin getroffenen Regelungen auf die bloße Bereitstellung von Arbeitskraft beschränken, während die tatsächliche Umsetzung und Gestaltung – etwa die Qualität der geleisteten Arbeit – naturgemäß offen bleibt. Diese vorab nicht regulierbare Lücke erklärt beispielsweise, weshalb sich „Dienst nach Vorschrift“ als wirksames Druckmittel bei Arbeitskämpfen bewähren konnte. Verhaltensrelevante Aspekte wie Motivation und Kooperationsbereitschaft erhalten eine Schlüsselfunktion. Da es häufig nicht funktioniert, allein mit Zwang oder Lohn für das gewünschte Mit-Arbeitsverhalten Anreize zu schaffen, muß ein informeller zweiter Vertrag geschaffen werden, der die Lücken des ersten vervollständigt. In diesem Zusammenhang spielen nicht vertraglich spezifizierbare Phänomene eine Rolle, die mit Schlagworten wie Unternehmenskultur oder *corporate identity* eines Unternehmens zu umreißen sind. Auch in diesem Punkt offenbart sich „Vertrauen“ als eine ökonomische Kategorie.[3]

Der Arbeitsmarkt ist also durch eine Vielfalt von expliziten und impliziten Vertragsbeziehungen gekennzeichnet. Dementsprechend entfalten die Arbeitsmarktakteure ihre Strategien und Verhaltensmuster, die ihrerseits wieder mit dem Umfeld und den Regelsystemen in einer Wechselwirkung stehen. Als Anbieter von Arbeitskraft können die Arbeitnehmer prinzipiell zwischen verschiedenen Handlungsmöglichkeiten wählen. Sie können sich an die vorhandenen Regeln anpassen oder aber diese brechen – in institutionenökonomischer Lesart also „opportunistisches Verhalten“ an den Tag legen. Dies ist beispielsweise dann der Fall, wenn Arbeitnehmer weniger leisten, als sie könnten.[4] Darüber hinaus können die Arbeitnehmer auch ihren *Widerspruch* gegenüber bestehenden Regelsystemen offen zum Ausdruck bringen – durch Beschwerden oder andere

---

1 Für unternehmensgeschichtliche Analysen ist diese Perspektive fruchtbar. Vgl. dazu das betriebssoziologische Mikropolitik-Konzept, siehe die theoretische Problematisierung in Lauschke/Welskopp, Mikropolitik sowie Welskopp, Betrieb, 118-142.

2 Kurze Erläuterung dieses Konzepts z.B. bei Plumpe, Mitbestimmung, 20-22 sowie bei Berghoff, Unternehmenskultur, 174f.

3 Bei näherer Betrachtung läßt sich in diesem Konzept eine Analogie zu Marx erkennen, der die Umwandlung von „Arbeitspotentialen“ in „Arbeitsleistung“ betont hat. Es gibt einen direkten Rezeptionsstrang von Marx zur NIÖ: über Coase zu Richter/Furobotn, vgl. Nutzinger, Arbeitsrecht, 313.

4 Bezogen auf die Arbeitgeberseite wäre ein opportunistischer Regelbruch, wenn der Arbeitgeber für die geleistete Arbeit weniger zahlt, als zuvor vereinbart wurde.

Formen des Protestes – oder aber durch ihre *Abwanderung* deutlich machen, daß sie den gegebenen Bedingungen und Regeln nicht zustimmen.[1] So läßt sich eine hohe Fluktuation in einigen Industriezweigen unter Umständen als eine Kritik an den bestehenden Arrangements deuten.

Demgegenüber streben industrielle Arbeitgeber häufig nach längerfristigen Arbeitsbeziehungen, nach einer Bindung der Arbeitnehmer an den Arbeitsplatz oder an den Betrieb. Für die Leistungsfähigkeit des Unternehmens ist die unternehmensinterne Kooperation von zentraler Bedeutung. Diese kann zum einen auf gemeinsamen Interessen,[2] Wertvorstellungen oder „Vertrauen" beruhen.[3] Andererseits kann sie von den Arbeitgebern durch Repression und Kontrolle „erzwungen" oder durch gezielte Anreize erwirkt werden. „*Compensation, coercion, commitment*" sind drei elementare Mechanismen des Arbeitsmarktes, an denen Arbeitgeber ihre Arbeitsmarktstrategien orientieren.[4] Dabei werden sie von dem Ziel geleitet, die Effizienz zu steigern, die Qualität der Unternehmensleistung zu gewährleisten und den Fortbestand des Unternehmens als Organisation – und damit ihre Macht – zu sichern.[5]

Auch der Staat ist ein wichtiger Akteur des Arbeitsmarktes, da ein Teil der arbeitsbezogenen Institutionen durch Gesetze und politische Eingriffe geschaffen und gesichert wird. Mit Anreiz- und Repressionsmechanismen hat er die Möglichkeit, die Geltungskraft der Verträge zu stärken und einen Ausgleich der Interessen herbeizuführen. Zudem kann der Staat die Zugangschancen auf den Arbeitsmarkt regulieren.

Das Arbeitsmarktgeschehen kann somit als Ergebnis eines hochkomplexen Interaktionsprozesses betrachtet werden, an dem viele handelnde Personen mit ihren jeweiligen Zielen und Strategien direkt und indirekt beteiligt sind. Die Arbeitsmarktprozesse vollziehen sich auf verschiedenen, interdependenten Ebenen und werden von ihren institutionellen Regelsystemen, Organisationen und den daraus entstehenden Bezügen geprägt.

Durch die Einblendung der Beziehungen zwischen den Wirtschaftssubjekten liefert die Vertragsperspektive der NIÖ somit mehr Anknüpfungspunkte für die Arbeitsmarktanalyse als die neoklassische Theorie. Auch der versteckte Dualismus des Arbeitsmarktgeschehens, der zwischen der strukturell angelegten Konfliktsituation der Arbeitsmarktparteien und kooperativen Aspekten besteht, erhält eine schärfere Kontur. Kooperatives Verhalten von Vertragspartnern mit eigentlich gegensätzlichen Interessen

---

1 Die Handlungsalternativen „Abwanderung" und „Widerspruch", im Original: „exit and voice" gehen auf A. Hirschman zurück, vgl. ders., Abwanderung und Widerspruch, 3f.

2 Beispielsweise läßt sich ein freiwilliger Lohnverzicht der Arbeitnehmer in einem Unternehmen, dessen Existenz gefährdet ist, als ein kooperatives Verhalten interpretieren, das auf dem gemeinsamen Interesse von Arbeitgebern und Arbeitnehmern beruht, den Fortbestand des Unternehmens zu sichern.

3 Vgl. dazu Wischermann, Kooperation, 86f.

4 Vgl. dazu Tilly/Tilly, Work, 88, 96ff., 121ff., 134.

5 Mit den Begriffen „efficiency, quality, power" lassen sich nach Tilly/Tilly, Work, 121f., 134 die zentralen Unternehmensziele umreißen.

muß nicht mehr als Atavismus einer vorindustriell verfaßten, vormodernen Arbeitsbeziehung erscheinen und als solche negativ präjudiziert werden, sondern läßt sich auch als rationale und effiziente Arbeitsmarktstrategie verstehen. In einigen Aspekten weisen die Erklärungsansätze der NIÖ sowohl über die Statik des realitätsnahen, deskriptiven Klassenmodells als auch über die artifiziell-analytische Modellwelt des neoklassischen Theoriegebäudes hinaus.[1]

Dennoch ließ sich bereits aus den Rahmenbedingungen des Arbeitsmarktes, aus den Motiven und Zielen des Arbeitsmarktverhaltens der verschiedenen Akteure herauslesen, daß ökonomische Effizienzkriterien nur einen Teil der Arbeitsmarktgeschichte erfassen können. So zeigte die historische Entwicklung beispielsweise, daß bestimmte Regelsysteme oder Organisationen des Arbeitsmarktes – einmal etabliert – eine gewisse Eigendynamik entfalten konnten. Manche institutionellen oder organisatorischen Arrangements wurden auch dann nicht abgebaut, als sie in einer gewandelten Umwelt ihre nutzbringende Funktion verloren hatten.[2] Anders formuliert, konnten auch tendenziell ineffiziente Institutionen ein enormes Beharrungsvermögen an den Tag legen. In Anbetracht von Traditionen und dem „Gewicht des Bestehenden" tendieren etablierte Strukturen dazu, sich zu reproduzieren. Dies hat etwas damit zu tun, daß z.B. Organisationen neben Effizienzvorteilen auch andere Bestimmungsgründe besitzen, da organisatorische Beständigkeit auch im Hinblick auf Machterwägungen für die beteiligten Akteure erstrebenswert ist.[3] Organisationen lassen sich als soziale Gruppen verstehen, die nach Selbsterhalt streben. Gerade aus der Arbeitsmarktperspektive läßt sich dieser Umstand sehr deutlich fassen – insofern, als die „Institutionen" und „Organisationen" auf dem Arbeitsmarkt die Interessenpolitik der Arbeitsmarktparteien zum Ausdruck bringen.[4] Je nach organisatorischer Stärke, Grad der Verflechtung zwischen ökonomischer und politischer Sphäre und Marktposition der Organisationen kann damit auf einem „vermachteten" Arbeitsmarkt (Homburg) ein langwieriger Prozeß des Interessenausgleichs entstehen und Arbeitsmarktprozesse politisieren.

Die „Machtressourcen" der Arbeitnehmer- und Arbeitgeberseite sind dabei unterschiedlicher Natur. Für die Arbeitnehmer stellt sich zunächst die Frage, inwieweit ihr Humankapital – ihre arbeitsbezogenen Fähigkeiten, Qualifikationen und Erfahrungen – auf dem Arbeitsmarkt ein knappes Gut darstellt. Ein gehobenes Qualifikationsprofil kann somit Marktmacht konstituieren. Darüber hinaus spielt eine Rolle, welche organisatorischen Möglichkeiten für die Erwerbstätigen bestehen.[5] Demgegenüber besitzt die

1 „Die neoklassische Wirtschaftstheorie kann erklären, wie sich Menschen verhalten, die in ihrem persönlichen Eigeninteresse handeln. (...) Sie kann jedoch nicht die Kehrseite dieser Erscheinungen glaubhaft erklären, nämlich jenes Verhalten, dessen Triebkraft nicht das berechnete Eigeninteresse ist", North, Theorie, 11.

2 Vgl. auch Schmid, Ökonomie, 402.

3 Vgl. auch Tilly/Tilly, Work, 121ff.

4 Vgl. auch die Ausführungen von Avner Greif in Wischermann, Kooperation, 79.

5 Vgl. Tilly/Tilly, Work, 124.

Arbeitgeberseite als Nachfrager von Arbeitskraft ohnehin einen strukturellen Vorteil, den sie mit der Arbeitsmarktlage noch ausbauen kann – von den ökonomischen und wirtschaftspolitischen Einfluß- und Gestaltungsmöglichkeiten, die – je nach Leistungsfähigkeit und Bedeutung des Unternehmens oder Industriezweiges innerhalb der nationalen Wirtschaft – die Führung eines Unternehmens mitbringen kann, einmal abgesehen.

Arbeiter- und Unternehmensgeschichte zeigen also hier wieder die charakteristische doppelte sozio-ökonomische Dimension. Dabei stellen Effizienzerwägungen *eine* wichtige Triebfeder und Gestaltungskraft der historischen Entwicklungsprozesse dar, Machtaspekte eine weitere.[1] Für die Arbeitsmarktgeschichte, die wesentliche Aspekte der beiden historischen Disziplinen zusammenführt, sind somit beide Bestimmungsfaktoren zentral. Für die historische Perspektive bedeutet das, beide Erklärungsstränge zu berücksichtigen. Sowohl inhaltlich als auch methodisch ergibt sich daraus eine anspruchsvolle Problemstellung.

Die theoretischen Vorüberlegungen haben veranschaulicht, inwieweit generell ein ökonomischer Ansatz stärker zur Modellierung von Funktionsweise und Mechanismen des Arbeitsmarktes tendiert, was stringente Erklärungsmuster bereitstellen kann, aber mitunter so stark von den realen Bedingungen abstrahiert, daß die Aussagekraft des Modells leidet. Demgegenüber neigt ein historischer Ansatz naturgemäß eher zur Deskription und erreicht hier möglicherweise eine größere Realitätsnähe und höhere Komplexität, büßt dementsprechend aber an Allgemeingültigkeit ein und läuft Gefahr, ökonomische Zusammenhänge zu vernachlässigen – oder, wie es Ronald Coase, der Vater der Neo-Institutionalisten hämisch formulierte, als er sich über die sogenannten alten (amerikanischen) Institutionalisten äußerte: Diese hätten „nichts anderes zu übermitteln als eine Menge deskriptiven Materials, das auf eine Theorie oder auf den Ofen wartete".[2]

Für die Konzeption eines historischen Arbeitsmarktvergleichs in Deutschland und Italien sind beide Argumente relevant.[3] Wer im Folgenden eine quantitativ-evaluierende Analyse im Stile aktueller ökonometrischer Arbeitsmarktforschung erwartet, sei hier auf die praktischen Grenzen der Machbarkeit angesichts der Datenlage hingewiesen.[4] Es soll vielmehr darum gehen, auf der Basis der verfügbaren Quellen eine integrative Darstellung der Strukturen und Institutionen beider Arbeitsmärkte zu entwickeln und dabei als dynamisches Moment die zeitgenössischen Arbeitsmarktprobleme und die

---

1 Vgl. ebd., 134.

2 So Coase 1984, zitiert nach Schmid, Ökonomie, 388.

3 Vgl. auch Carter/Cullenberg, Labor Economics, 85-121. In einem Streitgespräch zwischen „Clio" und „Hades" (als Fürsprecher der Cliometrie) werden elementare Theoreme der Arbeitsmarktökonomik diskutiert, was die Spannung zwischen ökonomischer Theoretisierung und historischer Kontextualisierung veranschaulicht.

4 Vgl. allerdings Huberman/Lewchuk, Integration, 3-41. Hier wird die Entstehung von arbeitsmarktbezogenen und sozialpolitischen Institutionen mit Blick auf die Globalisierung interpretiert und für 17 europäische Länder ein ökonometrischer Index von Arbeitsmarktregulationen erstellt.

Ansätze zu ihrer Überwindung zu untersuchen. In diese Skizze wird sowohl die ökonomische als auch die soziale Dimension des Arbeitsmarktes eingehen. Nach Möglichkeit soll die historisch-deskriptive Methode also mit Denkansätzen ökonomischer Logik verbunden werden. Die Doppeldimension des Arbeitsmarktes ist ein entscheidender Aspekt für die Entwicklungslogik seiner institutionellen Arrangements. Nicht nur aufgrund sozialpolitischer Erwägungen, sondern auch von der ökonomischen Warte aus betrachtet lassen sich Arbeitsmarktregulierungen nicht grundsätzlich als „Markthemmnis" verurteilen – wie es paläoliberale Deregulierungsforderungen bisweilen nahegelegt haben.[1] Diese Regelsysteme können die wichtige Funktion übernehmen, „individuelle Informationsmängel und damit verbundenes Marktversagen" zu korrigieren.[2]

Für die nun folgende Untersuchung historischer Arbeitsmarktprozesse lassen sich die hier vorgestellten theoretischen Vorüberlegungen auf nachstehende Kernpunkte konzentrieren:

1. Zugrundegelegt wird ein weiter Arbeitsmarktbegriff, der die Beziehungen zwischen den Akteuren und die jeweiligen Rahmenkonstellationen des Arbeitsmarktgeschehens berücksichtigt. Die neoklassische Vision der „unsichtbaren Hand" wird abgelehnt.
2. Arbeitsmarktprozesse werden durch institutionelle Regelsysteme – die „sichtbare Hand" – entscheidend bestimmt. Hierzu gehören beispielsweise die Formen der Interessenvertretung auf dem Arbeitsmarkt, die Praktiken des Interessenausgleichs, rechtliche und gesetzliche Regulierungen des Erwerbslebens, diverse formelle oder informelle Regelungen im Arbeitsbereich, Formen des Matching-Prozesses sowie Verhaltensmuster der beteiligten Akteure.
3. Für den Vergleich zwischen Deutschland und Italien ist somit zunächst nach den Strukturmerkmalen der beiden industriellen Arbeitsmärkte zu fragen, nach den bestehenden Formen der Institutionalisierung des Arbeitsmarktgeschehens sowie nach den Arbeitsmarktstrategien von Angebot und Nachfrage. Weiterhin ist zu klären, wie sich diese Aspekte unter dem Druck von Krieg und Nachkriegszeit veränderten. Standen die etablierten Regelsysteme des Arbeitsmarktes zur Debatte, wurden neue

---

1 Vgl. die Kritik an Carl Christian von Weizsäcker durch Nutzinger, Arbeitsrecht, 328ff.

2 Feld, Wettbewerb, 290. Typische Beispiele für ein allokatives „Marktversagen" in ökonomischer Theorie sind: externe Effekte, natürliche Monopole, öffentliche Güter, Gerechtigkeits- und Verteilungsprobleme. Vgl. dazu Watrin, ‚Marktversagen', 3ff.; vgl. auch Varian, Mikroökonomik, 519ff., 541ff. Unter „externen Effekten" lassen sich Begleiterscheinungen der marktvermittelten Tauschakte verstehen, die i.d.R. Kosten verursachen (Beispiel: Umweltverschmutzung), für die es aber keinen Markt gibt. Beispiele für „öffentliche Güter" oder „Kollektivgüter" wären demgegenüber Umweltschutzmaßnahmen, Landesverteidigung, Verkehrserschließung, Verkehrsregeln usw. Diese Güter werden nicht automatisch über den Markt bereitgestellt, weil eine Dilemmasituation vorliegt: Da der freiwillige Einsatz dafür sich nur lohnt, wenn alle mitziehen, ist es für die Wirtschaftssubjekte angesichts der Unsicherheit über das Verhalten der anderen rational, sich dagegen zu entscheiden, obwohl alle von dem Gut profitieren würden. Bei öffentlichen Gütern besteht die Gefahr des „Trittbrettfahrerproblems".

gefunden, wie entwickelten sie sich weiter, wie wirkten sich gegebenenfalls Veränderungen aus? Welche Krisenlösungsstrategien ließen sich im Zusammenspiel der Akteure Arbeitnehmer, Arbeitgeber und Staat erkennen? Dabei drängt sich – je nach dem Gewicht, das dem letztgenannten Akteur im Arbeitsmarktprozeß zukommt – die Frage nach der Politisierung des Arbeitsmarktprozesses auf, womit zugleich auch die Frage einer politischen Lösbarkeit von Arbeitsmarktproblemen aufgeworfen wird.

4. Es entspricht der Logik des theoretischen Konzepts, daß die Rolle des politischen Systems nicht in allen Phasen der Arbeitsmarktgeschichte so zentral ist, wie man in traditioneller politikhistorischer Perspektive annehmen könnte. Zum einen ist Krisenbewältigung nicht gleichbedeutend mit politischer Steuerung, sondern ein komplexer, auf verschiedenen Ebenen vollzogener Prozeß. Dementsprechend ist Arbeitsmarktpolitik zwar eine sehr wichtige, aber nicht die ausschließliche Dimension von Arbeitsmarktgeschichte. Zum anderen ist zu bedenken, daß auch bei einer starken Rolle des Staates auf dem Arbeitsmarkt Kontinuitätslinien eine Rolle spielen können, die politische Zäsuren relativieren. Das gilt nicht nur für strukturelle, sondern auch für institutionelle Merkmale des Arbeitsmarktes. Für die folgende Darstellung ergibt sich daraus, daß die politischen Rahmenbedingungen in Deutschland und Italien nur mit Blick auf ihre Bedeutung für das Arbeitsmarktgeschehen berücksichtigt werden. Dazu gehört die Frage, inwieweit der Staat funktionsfähige Institutionen fördert, bereitstellt oder schützt.

Mit dieser Perspektive wird es möglich, die deutsche und italienische Arbeitsmarktgeschichte auch für die 1920er Jahre vergleichend in den Blick zu nehmen, als der demokratisch verfaßten Weimarer Republik nicht mehr das liberale Italien, sondern der faschistische Staat gegenübersteht. Wenn auch die Vermutung naheliegt, daß sich die institutionellen Regelsysteme mit den politischen Rahmenbedingungen veränderten, so bleibt doch zu fragen, wann dieser Transformationsprozeß einsetzte und seine Wirkung auf dem Arbeitsmarkt entfaltete. Dabei führt die Arbeitsmarktperspektive naturgemäß verschiedene Untersuchungsebenen zusammen: Die Untersuchungseinheit „Nation" steht insoweit im Fokus, wie gesetzte „Spielregeln" universale Gültigkeit beanspruchten. Die Frage nach vollzogenen Veränderungen rückt die Arbeitsmarktrealitäten auf regionalen, branchen- oder unternehmensbezogenen Teilmärkten in den Vordergrund.

II. Industrieller Arbeitsmarkt 1900-1914: Deutschland und Italien im Vergleich

1. „Industrieland“ Deutschland und „Latecomer“ Italien

Die Bedeutung der industriellen Beschäftigung nahm im letzten Drittel des 19. Jahrhunderts merklich zu. Während die landwirtschaftliche Produktion stagnierte, schuf die beschleunigte, wenn auch diskontinuierliche industrielle Expansion veränderte Rahmenbedingungen für das Heranwachsen eines quantitativ bedeutsamen Arbeitsmarktes im Deutschen Reich.[1]

Dabei gestaltete sich der industrielle Aufschwung für die einzelnen Industriezweige durchaus unterschiedlich. Die Produktionsgüterindustrie entwickelte sich besonders dynamisch – gemessen an den durchschnittlichen jährlichen Wachstumsraten (1890-1913) nahmen vor allem die metallerzeugenden und -verarbeitenden Branchen sowie die chemische Industrie eine führende Position ein.[2] In der Montanindustrie und im Maschinenbau ging der fortschreitende Industrialisierungsprozeß mit einem Trend zur Konzentration in wenigen marktbeherrschenden Großunternehmen einher.[3] Der Wettbewerb auf den Gütermärkten wurde in diesen Branchen immer häufiger durch Kartellabsprachen eingeschränkt.[4] Mit der Ausbildung von Ansätzen zur Organisation des Marktes entfaltete die deutsche Wirtschaft allmählich „korporatistische“ Züge.[5] Schlagwortartig

1 Der Anteil der Landwirtschaft an der volkswirtschaftlichen Wertschöpfung ging von 32,8% im Jahr 1890 auf 23,2% im Jahr 1913 zurück. In diesem Zeitraum betrugen die Steigerungsraten der Produktion der Landwirtschaft im Jahresdurchschnitt etwa 1,7%. Dem standen in der Industrie durchschnittliche jährliche Steigerungsraten von 4,1% gegenüber und eine Ausdehnung des industriellen Anteils an der Gesamtwertschöpfung von 33,7% im Jahr 1890 auf 41,1% im Jahr 1913. Berechnet nach Hoffmann/Grumbach/Hesse, Wachstum, 453f.

2 Die Metallindustrie hatte für den genannten Zeitraum durchschnittliche Wachstumsraten von über 6%, die Textilindustrie von circa 1,9%. Berechnet nach Hoffmann/Grumbach/Hesse, Wachstum, 392f.

3 Vor allem im Bergbau, Hüttenwesen und Maschinenbau war die großbetriebliche (über 200 Beschäftigte) Produktionsorganisation zentral, vgl. Ritter/Tenfelde, Arbeiter, 170.

4 Vgl. Abelshauser, Korporatismus, 158. Für eine Problematisierung des Korporatismus-Begriffs vgl. unten, Kapitel IV.3.3.

5 Vgl. dazu das Konzept des „Organisierten Kapitalismus“, Kocka, Kapitalismus, 19-35; Wehler, Aufstieg, 36-57. Überblick auch bei Ambrosius, Wirtschaftsordnungen, 343f. Allerdings hat sich dieses Konzept nicht durchgesetzt, vgl. z.B. die Kritik von Wehler selbst, ders., Gesellschaftsgeschichte, Bd. 3, 663ff.

überspitzt, gehören diese markanten Entwicklungskriterien – so etwa die herausragende Rolle von schwerindustriellen Regionen und den dort ansässigen vertikal integrierten Großkonzernen mitsamt ihrer weitverzweigten Vernetzung zu Großbanken und Verbänden – zur gängigen Interpretation eines „typisch deutschen" Industrialisierungsmusters.[1] Hinter diesen dominanten Trends, ohne die eine flüchtige und zwangsläufig plakative Skizze der deutschen Industrielandschaft vor dem Ersten Weltkrieg nicht auskommt, verbargen sich jedoch regionale Unterschiede mit durchaus vitalen alternativen Mustern der Produktionsorganisation und Unternehmensverbindungen.[2] An dieser Stelle soll zunächst die pauschalisierende Zwischenbilanz genügen, „daß das deutsche Kaiserreich sich bis 1914 zu einem ökonomisch reifen Industrieland entwickelt hatte".[3]

Demgegenüber gilt in der Chronologie der europäischen Wirtschaftsgeschichte Italien gemeinhin als ein „Spätkömmling",[4] da ein umfassender Industrialisierungsprozeß im Unterschied zu Deutschland erst gegen Ende des 19. Jahrhunderts einsetzte. Die Verspätung Italiens, seine „relative Rückständigkeit", wie Alexander Gerschenkron es umschrieben hat,[5] ist ein spezifisches Merkmal der italienischen Entwicklung, das die industrielle Landschaft – und damit auch den industriellen Arbeitsmarkt – in vielerlei Hinsicht geprägt hat. Verschiedene Schätzungen über die Produktionsentwicklung[6] konstatieren spätestens seit der Jahrhundertwende einen wirtschaftlichen Aufschwung, der – mit Unterbrechungen – bis zum Vorabend des Ersten Weltkriegs andauerte.[7] Vor allem im Nordwesten Italiens gewann das industrielle Wachstum an Dynamik. Das regionale Gefälle der industriellen Durchdringung des Landes – der Dualismus zwischen dem schon recht fortgeschrittenen Norden und dem rückständigen Süden – kann als ein charakteristisches Merkmal der italienischen Industrialisierungsgeschichte gelten. Die drei Regionen Lombardei, Piemont und Ligurien mit Mailand, Turin und Genua als urbanen Industriezentren bildeten das sogenannte „industrielle Dreieck", das mehr als die Hälfte zum industriellen Wertzuwachs beisteuerte.[8] Im überwiegend agrarisch geprägten Mittel- und Süditalien fanden sich lediglich einige hochindustrialisierte Gebiete, wie

1 Siehe z.B. Wehler, Kaiserreich oder ders., Gesellschaftsgeschichte, Bd. 3, 1261ff.

2 Vgl. z.B. die Interpretation von Herrigel, Constructions, 72ff.

3 So Hohorst/Kocka/Ritter, Arbeitsbuch, 66 (künftig zitiert als SGA II; der darauffolgende Band des sozialgeschichtlichen Arbeitsbuchs von Petzina/Abelshauser/Faust, Arbeitsbuch, wird im folgenden zitiert als SGA III.)

4 Cafagna, Industrielle Revolution, 335.

5 Vgl. Gerschenkron, Backwardness, 44.

6 Die Produktionsindices z.B. von Gerschenkron, Fenoaltea und ISTAT weichen in ihrer Einschätzung der einzelnen Größen und Entwicklungsmuster voneinander ab, für eine Zusammenfassung der jeweiligen Interpretationen vgl. Federico/Toniolo, Italy, 203f. sowie Federico, Growth, 47f.

7 Einigen Wirtschaftshistorikern gilt diese Phase als die „industrielle Revolution" Italiens. Dennoch sind Zeitpunkt, Ausmaß und Triebfedern des Wachstums umstritten, vgl. dazu Federico, Growth, 17ff.; siehe auch Cafagna, Industrielle Revolution, 335f.

8 Zamagni, Industrializzazione, 196, darin Tabelle 156: 55% im industriellen Dreieck, 29% im Nord-Ost-Zentrum, nur 16% im Süden; vgl. auch dies., Century, 221f. Siehe auch Toniolo, Storia, 190-193.

etwa an der Toskanaküste (Livorno) und um Neapel im Süden. Seit der „Ära Giolitti“, die um die Jahrhundertwende begann, war auch die italienische Volkswirtschaft im strukturellen Wandel begriffen, wie der Anteil des primären Sektors an der Wertschöpfung zeigt.[1] Diese Entwicklung war jedoch bei weitem nicht so ausgeprägt wie in Deutschland.[2] Auch in Italien wuchs die Investitionsgüterproduktion schneller als die Produktion der Konsumgüterindustrie,[3] obwohl die „traditionellen“ Branchen wie die Lebensmittel- und Textilindustrie nach wie vor quantitativ dominierten.[4] Während der Produktionsfaktor „Arbeit“ reichlich zur Verfügung stand, waren Kapital- und Energieressourcen knapp bemessen.[5] Die hohe Importabhängigkeit von Rohstoffen und Halbfabrikaten kennzeichnete diese Ausgangslage.[6] Darüber hinaus hemmten die Beengtheit des Binnenmarktes und eine zögerliche Innovationsleistung das industrielle Wachstum.[7] Bis zum Ausbruch des Ersten Weltkriegs blieb die Industrialisierung in Italien somit qualitativ und quantitativ begrenzt.[8]

2. Der Arbeitsmarkt

Die Beschäftigungsstruktur der beiden nationalen Arbeitsmärkte läßt sich mit Hilfe zeitgenössischer Statistiken in groben Zügen rekonstruieren.[9]

Aufgrund der Schwächen der italienischen Statistik im frühen 20. Jahrhundert bedürfen die erwerbsstatistischen Quellen für das italienische Fallbeispiel jedoch vorab einer

1 Der Anteil der Landwirtschaft an der Wertschöpfung sank von 46,1% im Jahr 1861 auf 37,6% im Jahr 1913, während der Beitrag der Industrie von 18,4% auf 24,9% im Jahr 1913 kletterte, Zamagni, History, 38.

2 Von 1897-1907 war das synchrone Wachstum von Landwirtschaft und Industrie charakteristisch. Vgl. Toniolo, Storia, 166.

3 Ebd., 177.

4 Im Jahr 1896 betrug die (geschätzte) Wertschöpfung allein des Textilsektors dreimal so viel wie die der modernen Branchen Maschinenbau, Metallverarbeitung und Chemie zusammen, Toniolo, Storia, 174; vgl. auch Zamagni, History, 85ff.

5 Italien war vor allem auf die englische Kohle angewiesen, die wegen des Seeweges preislich günstiger war als z.B. deutsche Kohle, Oswald, Industrie, 48.

6 Vgl. Zamagni, History, 117ff.

7 Vgl. Federico, Development, xviff.

8 Als typisches Latecomermerkmal gilt die Rolle des Staates im Industrialisierungsprozeß, z.B. durch die Protektion der Stahlindustrie, Zamagni, History, 157ff. Der Nutzen dieser Wirtschaftspolitik ist umstritten, vgl. Federico, Italy 1850-1940, 780. Nach Cafagna gehört eine Überbetonung des Staats zu den gängigen “Vorurteilen” gegenüber der italienischen Industrialisierung, vgl. ders., Pregiudizi, 297-325; vgl. auch Federico, Development, xxvf.

9 Vgl. für Details den tabellarischen Anhang. Da es für das italienische Fallbeispiel keine vergleichbare kritische Darbietung der statistischen Daten für wirtschafts- und sozialgeschichtliche Fragestellungen gibt, wie es die Bände des „Sozialgeschichtlichen Arbeitsbuchs“ für das deutsche Kaiserreich (SGA II) und die Weimarer Republik (SGA III) bieten, werden im statistischen Anhang die Daten zum italienischen Arbeitsmarkt ausführlicher reproduziert als für das deutsche Beispiel.

kurzen Erläuterung: Sowohl die Volkszählungen (*censimento della popolazione*) als auch aus die Industriezählungen (*censimento industriale*) geben Aufschluß über die Struktur des Arbeitsmarktes. In beiden Erhebungsformen ist die Erwerbstätigkeit jedoch mit einem anderen Erkenntnisinteresse abgebildet. Während die Volkszählung mit einer demographischen Fragestellung den beruflichen Hintergrund der Befragten ermittelte und dabei auch die zur Zeit arbeitslosen Personen in die „aktive Bevölkerung" einbezog, repräsentierte die Industriezählung lediglich die gültigen Beschäftigungsverhältnisse, da sie die Unternehmen nach ihren Mitarbeitern und Beschäftigten befragte. Die verschiedenen Quoten der Volkszählung sind somit tendenziell höher als die der Industriezählung und ggf. durch die subjektive Einschätzung der befragten Personen verzerrt. Demgegenüber kann die Industriezählung trotz der genaueren Abbildung des Momentzustandes auf eine Unterbewertung der Größen hinauslaufen, da marginale Arbeitskräfte in vorübergehenden Beschäftigungsformen meist ausgeblendet werden.[1] Für die Zeit vor dem Ersten Weltkrieg liegen drei Volkszählungen in den Jahren 1881, 1901, 1911 vor. Der Industriezensus stammt aus dem Jahr 1911.[2] Die Zuverlässigkeit und Repräsentativität des dort enthaltenen Datenmaterials ist nicht überall gleichmäßig gegeben, weshalb sich die folgende Darstellung auch an den korrigierenden Schätzungen des Materials von Vera Zamagni orientiert.[3]

1 Vgl. dazu Vitali, Aspetti, 5ff.; Zamagni, Century, 210.

2 Ministero di Agricoltura, Industria e Commercio (MAIC), Direzione Generale di Statistica, Censimento della popolazione del Regno d'Italia, anni 1881, 1901, 1911; siehe auch Istituto Centrale di Statistica (ISTAT), Sommario di Statistiche Storiche dell'Italia, 1861-1975, Rom 1976, 14; sowie MAIC, Direzione Generale della Statistica e del Lavoro, Ufficio del Censimento, Censimento degli opifici e delle imprese industriali al 10 giugno 1911, Bd. 5: Relazione, Rom 1916; Ministero per il Lavoro e la Previdenza Sociale, Ufficio Centrale di Statistica, Popolazione censita al 1. dic. 1921, Rom 1922.

3 Vor allem die Angaben für 1901 erscheinen zweifelhaft. Vgl. für die Schätzungen Zamagni, Century. Angaben zur Stellung im Beruf und zur Betriebsgröße fehlen dort, weshalb für diese Hinweise die Zahlen der Industriezählung benutzt werden, siehe unten, Abschnitt II, 2.2.a. Vgl. auch unten, Tabellen A.6-10 im Anhang.

2.1. Demographische Aspekte

Im europäischen Vergleich erscheint das seit den 1870er Jahren beobachtbare Bevölkerungswachstum im Deutschen Reich besonders dynamisch.[1] Wie wirkte sich die demographische Entwicklung auf den Arbeitsmarkt aus? Die Angaben zur Altersstruktur der Bevölkerung erlauben Rückschlüsse über das „Arbeitskräftepotential" einer Gesellschaft.[2] Eine Zuordnung der Bevölkerung in sogenannte „lastende" und „tragende" Gruppen wird üblicherweise anhand des Lebensalters vorgenommen. Als „tragende" Gruppe gilt die potentiell erwerbsfähige Bevölkerung zwischen 15 und 65 Jahren.[3] Zum Zeitpunkt der letzten Volkszählung vor dem Ersten Weltkrieg im Jahr 1910 rechneten bereits über 39 Millionen Menschen zu dieser Gruppe – absolut beziffert also über fünf Millionen mehr als zur Jahrhundertwende.[4]

Wie konnte der Arbeitsmarkt diesen durchaus arbeitsmarktrelevanten Bevölkerungsanstieg verkraften? Mit der Bestimmung der potentiell Erwerbstätigen ist noch nichts über den tatsächlichen Umfang der Erwerbstätigkeit ausgesagt, der durch gesellschaftliche Rahmenbedingungen wie z.B. das Bildungssystem oder kulturelle Leitbilder mancher erwerbsfähiger Personenkreise mitbestimmt wurde. Beispielsweise blieben „höhere Töchter" zumeist lieber zu Hause[5] Mit rund 28,1 Millionen war laut Berufszählung von 1907 knapp die Hälfte der Bevölkerung erwerbstätig und das vorhandene Arbeitskräftepotential nicht voll ausgeschöpft.[6] Gleichwohl hatte sich der Anteil der Erwerbspersonen an der Bevölkerung – auch Erwerbsquote[7] genannt – in den letzten Jahrzehnten allmählich vergrößert.[8] Absolut bemessen, wuchs die Gruppe der Erwerbspersonen zwischen den beiden Industriezählungen im Jahr 1895 und 1907 um knapp sechs Millionen an.[9] Damit entwickelte sich die Erwerbstätigkeit noch dynamischer als die Be-

1 Laut Volkszählungsdaten der Jahre 1900 und 1910 wuchs die Bevölkerung um mehr als 8,5 Millionen auf etwa 64,9 Millionen Menschen an, SGA II, 22. Vgl. auch Köllmann, Bevölkerung sowie ders., Bevölkerungsgeschichte, 17ff.

2 Hier wird gemäß gängiger Definition unter dem demographischen Arbeitskräftepotential die tragende Bevölkerungsgruppe verstanden, vgl. Reulecke, Veränderungen, 84-94, der auch andere Modi diskutiert.

3 Reulecke, Veränderungen, 87.

4 SGA II, 23; Ritter/Tenfelde, Arbeiter, 163.

5 Vgl. Reulecke, Veränderungen, 88ff.

6 45,3%. Vgl. SGA II, 66. Siehe Berechnungen in Reulecke, Veränderungen, 89.

7 Hier wird vereinfachend die Erwerbsquote als Anteil der Erwerbpersonen an der Gesamtbevölkerung verstanden, (soziologisch zumeist: Anteil der Erwerbspersonen an der Bevölkerung im erwerbsfähigen Alter), vgl. Heinze/Streeck, Modernisierung, 235.

8 Vgl. die verschiedenen Angaben der Erwerbsquote im tabellarischen Anhang. Bei der Beurteilung der steigenden Erwerbsquote muß jedoch auch der konterkarierende Trend einer im Laufe der Jahre gesunkenen Arbeitszeit berücksichtigt werden, was die Entwicklung im Ergebnis kompensiert haben kann. Vgl. mit Belegen SGA II, 60.

9 Von 22,1 Millionen im Jahr 1895 auf 28,1 Millionen im J. 1907, SGA II, 66. Vgl. auch Tabelle A.1 im Anhang.

völkerung.[1]

Die demographische Entwicklung erreichte in Italien nicht den Umfang und das Tempo wie in Deutschland.[2] Quellen mit Angaben zur Altersstruktur der italienischen Bevölkerung sind für den relevanten Zeitraum nur höchst spärlich gesät. Nach den Angaben von ISTAT wuchs die „tragende" Bevölkerung zwischen 15 und 64 Jahren absolut von ungefähr 19 Millionen im Jahr 1901 auf rund 20,6 Millionen im Jahr 1911.[3] In Relation zur Gesamtbevölkerung blieb der Umfang des Arbeitskräftepotentials bis zum Ersten Weltkrieg weitgehend konstant.[4] Die aus der letzten Vorkriegszählung errechnete Erwerbsquote von fünfzig Prozent übertraf die entsprechende deutsche Rate (ca. 45%), wenngleich absolut rund zehn Millionen Menschen weniger auf dem Arbeitsmarkt aktiv waren. Das Arbeitskräftepotential schien damit umfassender ausgeschöpft als in Deutschland.[5] Zugleich läßt sich konstatieren, daß sich die italienische Erwerbsbevölkerung in der ersten Dekade des 20. Jahrhunderts nicht substantiell veränderte und – ganz anders als im deutschen Kaiserreich – hinter dem Bevölkerungswachstum zurückblieb.[6] Für diesen Befund kann es mehrere Gründe geben. Eine wichtige Ursache ist in der Abwanderung italienischer Arbeitnehmer zu vermuten.[7] Außerdem war die Erwerbsquote über einen längeren Zeitraum ohnehin gesunken,[8] was wiederum mit einem gestiegenen Eintrittsalter auf dem Arbeitsmarkt zusammenhängen kann.[9]

---

1 Vgl. Ritter/Tenfelde, Arbeiter, 166.

2 Seit der Jahrhundertwende war die Bevölkerung um 2,6 Millionen auf 36 Millionen angewachsen. Angaben nach ISTAT, Sommario, Tabelle 3; siehe auch Zamagni, History, 29, Spalte 1 – irreführend allerdings Spalte 2: die jährlichen Steigerungsraten von 6,9% (sic!) sind nicht nachvollziehbar.

3 Da 65-69 eine neue Altersgruppe bildet, ließ sich nur die Gruppe der 15-64-Jährigen berechnen, vgl. ISTAT, Sommario, berechnet nach Tabelle 5, 12. Siehe auch den tabellarischen Anhang der vorliegenden Studie, Tabelle A.4.

4 Mit einer leicht sinkenden Tendenz: von 62,7% im Jahr 1881, 59,6% im Jahr 1901 auf 59,4% im Jahr 1911, siehe unten, Tabelle A.4 im Anhang.

5 Vorbehaltlich statistischer Unsicherheiten läßt sich rekonstruieren: Bei einem Arbeitskräftepotential von knapp 21 Millionen waren knapp 18 Millionen erwerbstätig.

6 Toniolo, Storia, 178, hier allerdings fehlerhafte Berechnungen. Nach Daten von Vitali, Aspetti, 144 stieg die „aktive Bevölkerung" zwischen 1901 und 1911 um 706.000. Auch die Zahlen von Zamagni, Century, 230 zeigen innerhalb dieses Jahrzehnts einen relativ geringen Anstieg.

7 Diese werden im Nettowanderungssaldo bilanziert, siehe unten, II 2.3.

8 Vgl. Anhang, Tabelle A.5.

9 Toniolo interpretiert das als Folge verbesserter Lebensbedingungen, Storia, 178 mit Anm. 28.

2.2. Die Struktur der Beschäftigung in Deutschland und Italien

a. Stellung im Beruf

Mit über 72 Prozent der in Industrie, Landwirtschaft und Handel tätigen Personen stellten die Arbeiter die bei weitem größte Berufsgruppe aller Erwerbstätigen in Deutschland. Allein im industriellen Sektor waren im Jahr 1907 rund 8,6 Millionen Arbeiter und Arbeiterinnen beschäftigt.[1] Der technische Fortschritt und der zunehmende Organisationsbedarf der wachsenden Unternehmen förderten Bürokratisierungstendenzen, so daß auch die Gruppe der Angestellten dynamisch wuchs.[2] Im Jahr 1907 waren rund sechs Prozent der Beschäftigten im sekundären Sektor als Angestellte tätig. Demgegenüber verlor die selbständige Berufstätigkeit in allen Wirtschaftssektoren an Bedeutung. So schrumpfte der Anteil der im Jahr 1907 verzeichneten Selbständigen in der Industrie auf weniger als die Hälfte seines ehemaligen Umfangs zusammen.[3] Diese Entwicklung war zugleich ein Indiz für den schleichenden Bedeutungsverlust von Handwerk und Kleingewerbe.

Auch von den rund 2,3 Millionen „industriell" Beschäftigten, die die italienische Industriezählung von 1911 ausweist, waren mehr als drei Viertel (ungefähr 79%) Arbeiter. Demgegenüber nahm sich der Prozentsatz der Angestellten mit unter drei Prozent aller Erwerbstätigen im sekundären Sektor vergleichsweise gering aus. Gemessen an den in „größeren" Betriebseinheiten (ab zehn Personen) beschäftigten Personen erreichten sie einen Anteil von knapp fünf Prozent.[4] Zu der Kategorie „selbständige Erwerbsarbeit" bietet die italienische Berufszählung kein stimmiges Pendant. Schlußfolgerungen über diesen Aspekt lassen sich aus der unter *Capi e Padroni* gelisteten Gruppe von Erwerbstätigen gewinnen. Diese bildete rund elf Prozent aller Erwerbstätigen in der Industrie. Zu diesem Kreis konnten sowohl Unternehmer eines großen Industriebetriebs als auch die Betreiber von Kleinstmanufakturen mit nur zwei Beschäftigten gehören. Da fast neunzig Prozent aller erfaßten *padroni* zur kleinbetrieblichen Organisationsform rechneten, ist das Gros dieser Personen somit im Handwerk und Kleingewerbe zu verorten. Die entsprechende Aufteilung für die größeren Betriebe liefert ein ganz anderes Bild. Im Jahr 1911 waren rund zwei Drittel aller Erwerbstätigen in Industrie und Handwerk in den größeren Produktionsstätten tätig. Bei diesen definitionsgemäß „industriel-

---

1 Seit den 1880er Jahren hatte der Arbeiteranteil dynamisch zugenommen und sich in Industrie, Handel und Verkehr sogar mehr als verdoppelt. Vgl. SGA II, 67; vgl. Ritter/Tenfelde, Arbeiter, 167. Siehe auch Conze, Sozialgeschichte, 618.

2 Die Zahl der Angestellten im sekundären Sektor wuchs zwischen 1882 und 1907 von 99.000 auf beinahe 700.000, also um das Siebenfache, Grebing, Arbeiterbewegung, 88; SGA II, 59 und 67; ausführlich zur Problematisierung der Angestelltenzahl im Deutschen Reich Pierenkemper, Arbeitsmarkt und Angestellte, 36ff..

3 Vgl. Ritter/Tenfelde, Arbeiter, 166f.; SGA II, 58: von 42% im Jahr 1875 auf 18% im Jahr 1907. Siehe auch Pierenkemper, Beschäftigung, 250.

4 Alle Angaben berechnet nach Tabellen A.8, A.10 im Anhang dieser Arbeit. Aufgrund statistischer Inkonsistenzen handelt es sich bei allen Angaben um grobe Schätzungen.

len" Betrieben[1] schrumpfte die Kategorie der *padroni* auf knapp zwei Prozent zusammen, während sich der Arbeiteranteil auf rund 93 Prozent aufblähte und mithelfende Familienangehörige überhaupt nicht mehr nachgewiesen wurden.[2]

b. Beschäftigung nach Wirtschaftsgruppen

Im deutschen Kaiserreich hatte sich die sektorale Zusammensetzung der Erwerbstätigkeit in den Vorkriegsjahrzehnten deutlich gewandelt. Die Beschäftigungsstruktur des Arbeitsmarktes vor dem Ersten Weltkrieg zeigte die Entwicklung von einer agrarisch geprägten Gesellschaft zum modernen Industriestaat: Während noch in den 1880er Jahren beinahe die Hälfte aller Erwerbstätigen in der Landwirtschaft gearbeitet hatte, waren im Jahr 1907 nur noch etwa 35 Prozent im primären Sektor beschäftigt. Viele Arbeitskräfte waren in die Industrie abgewandert, wo etwa vierzig Prozent der Erwerbsbevölkerung ihr Auskommen erwirtschaftete.[3]

Innerhalb der Industrie hatten die produktionsstarken Branchen wie beispielsweise Metallverarbeitung und Chemie besonders hohe Beschäftigungszuwächse zu verzeichnen.[4] Im Gegensatz zu den Anfangsjahren der Industrialisierung büßten die „klassischen" Gewerbebereiche Textil, Bekleidung sowie Nahrungs- und Genußmittel kontinuierlich erhebliche Anteile an der Gesamtbeschäftigung in der Industrie ein,[5] wenn sie auch insgesamt am Vorabend des Weltkrieges noch ein gutes Drittel (35%) der industriellen Arbeitskräfte aufnahmen.[6] Da gerade die Wachstumsbranchen eher zu einer großbetrieblichen Produktionsorganisation tendierten, (während traditionelle Sparten wie z.B. das Nahrungsmittelgewerbe häufig kleinbetrieblich strukturiert waren), bedeutete das für einen Großteil der Arbeitnehmer eine großbetriebliche Arbeitsplatzsituation.[7]

Auch in Italien hatten sich durch den wirtschaftlichen Aufschwung der Giolitti-Zeit auf dem industriellen Arbeitsmarkt sichtbare Veränderungen vollzogen. Parallel zu der Entstehung von Großunternehmen bildete sich allmählich in den industriellen Zentren ein quantitativ bedeutsames städtisches Industrieproletariat heraus.[8] Allerdings spiegelt der

---

1 Im Sinne einer formalen Definition nach der Betriebsgröße, die die Grenze bei 10 Personen zieht, vgl. unten.

2 Insgesamt betrug der Anteil der mithelfenden Familienangehörigen 7%, vgl. Tabellen A.8, A.10.

3 Berechnet nach SGA II, 66. Vgl. auch unten, Tabelle A.2 im Anhang.

4 Zwischen 1882 und 1907 stieg die Zahl der Beschäftigten in der Chemieindustrie von 86.000 auf 229.000 (ca. +157%), in der Metallverarbeitung von 635.000 auf 1.605.000 (ungefähr +153%), berechnet nach Hoffmann/Grumbach/Hesse, Wachstum, 196.

5 Diese war zwischen 1891 und 1913 um 6,5 Prozentpunkte gefallen.

6 Vgl. unten, Tabelle A.3 im Anhang sowie Petzina, Wirtschaftsstruktur, 223. Siehe auch Ambrosius, Agrarstaat, 50-69.

7 Vgl. dazu Ritter/Tenfelde, Arbeiter, 170 und 303. Zur Problematik der Trennung zwischen Handwerk und Industrie vgl. Fischer, Bergbau, 532f.

8 Die Anfänge dieser Entwicklung sind umstritten. Vgl. die unterschiedlichen Forschungsmeinungen z.B. von Procacci und Merlì, die von Hertner, Italien 1850-1914, 733 referiert werden. Wichtig ist

im Vergleich zu Deutschland relativ geringe Anteil der Beschäftigten in der Industrie ebenfalls den späteren Industrialisierungsbeginn wider.[1] Aus den Volkszählungen von 1901 und 1911 geht hervor, daß zu Beginn des Jahrhunderts noch deutlich mehr als die Hälfte – ungefähr 62 Prozent – der Arbeitskräfte in der Landwirtschaft beschäftigt war.[2] Ein Jahrzehnt später war der Anteil der im primären Sektor beschäftigten Arbeitskräfte um drei Prozentpunkte gesunken. Die Industrie beschäftigte inzwischen rund 24-26 Prozent aller Erwerbstätigen.[3] Innerhalb des industriellen Sektors hatte in den ersten Jahrzehnten des neuen Jahrhunderts die Textilbranche als Beschäftigungsfeld zugunsten der expandierenden Metallverarbeitungs- und Maschinenbauindustrie an Bedeutung eingebüßt, obwohl sie nach wie vor zum Kernbereich industrieller Tätigkeit gehörte.[4]

c. *Qualifikationsunterschiede*

Den vielfältigen Erscheinungsformen von industrieller Produktion entsprechend, ließ sich auf dem industriellen Arbeitsmarkt in Deutschland auch innerhalb der Industriearbeiterschaft ein weites Spektrum von Tätigkeitsfeldern und dazugehörigen „Arbeitertypen“ erkennen. Unterschiede bestanden z.B. im Hinblick auf Ausbildungshintergrund, Branche, Betriebsgröße oder aber Geschlecht und Alter der Arbeitskräfte. Als zentrales distinktives Merkmal der häufig überlappenden Unterscheidungskritierien kann die Qualifikation gelten. An der Spitze der Ausbildungsskala rangierten die hochqualifizierten Facharbeiter, die entweder – wie die sogenannten „Gesellen-Arbeiter“ oder „Handwerker-Arbeiter“ – dem handwerklichen Umfeld entstammten und eine Lehre absolviert hatten oder aber durch frühzeitige Spezialisierung langfristig ein umfassendes, schwer ersetzbares Erfahrungswissen akkumuliert hatten. Zu dieser Spitzen-Kategorie, aus der sich eine sogenannte „Arbeiterelite“ rekrutierte, zählten z.B. Schlosser, Gießer, Drucker und Setzer, Lithographen oder Buchbinder, die meist eine relativ hohe Arbeitsplatzsicherheit genossen.[5] Solcherart qualifizierte Facharbeiter waren nicht in allen Industriezweigen gleichermaßen vertreten. In vielen Branchen stellten sie nur die elitäre Spitze der Beschäftigten – so z.B. in der Montanindustrie, wo die „Bedeutung von realen Qua-

---

in den 1870er Jahren die Textilindustrie als Haupt-Arbeitgeber. Vgl. für Mailand Hunecke, Arbeiterschaft.

1 Cafagna, Industrielle Revolution, 336.

2 Gemäß den Daten von Zamagni, siehe Tabelle A.6 im Anhang, vgl. auch dies., History, 32. Nach Vitali: Landwirtschaft rund 59%, Industrie rund 26%. Ders., Aspetti, 328-343.

3 Nach der Schätzung von Vitali, Aspetti, 144-152 (siehe auch 328-343) gab es im Jahr 1901 3.678.458 Beschäftigte in der Industrie (=22,5% der aktiven Bevölkerung), 1911: 4.178.258 (=25,5%); Landwirtschaft: 1901: 9.666.467 (=59,4%), 1911: 9.085.597 (=55,4%). Vgl. auch Tabellen A.9, A.11.

4 Im Jahr 1911 waren immer noch 22,9% aller Arbeitskräfte des verarbeitenden Gewerbes in der Textilbranche tätig, Zamagni, History, 35.

5 Auch innerhalb dieser Gruppe konnte es beträchtliche arbeitsplatzspezifische Unterschiede geben. Prägend für das Tätigkeitsprofil war auch die Betriebsgröße, die u.a. mit der Branche variierte.

lifikationen“ eher gering zu veranschlagen war.[1] Demgegenüber spielten sie in der Metallverarbeitung auch quantitativ eine dominante Rolle.[2] Zunehmende Bedeutung erlangte allmählich die Figur des sogenannten „eingelernten Fabrikspezialisten“, also eines Arbeiters ohne handwerkliche Ausbildung, der für die spezifischen Produktionsprozesse eines Industriezweiges oder gar eines Unternehmens angelernt wurde und sich damit spezialisierte.[3]
Auch die unterste Stufe der Qualifikationsskala, die Kategorie der Ungelernten,[4] war heterogen und branchenmäßig diversifiziert. So gehörten Handlanger auf Baustellen genauso dazu wie Schlepper in der Montanindustrie. Aufgrund des unspezifischen Anforderungsprofils waren die Arbeitsplätze für Ungelernte aus der Warte des Unternehmens relativ leicht zu besetzen, da die Arbeiter leichter ausgetauscht werden konnten. Damit verringerte sich die Arbeitsplatzsicherheit für die Arbeiter. Die Beschäftigung von Ungelernten spielte – neben den Bergbau- und Hüttenbetrieben – auch in der Textilindustrie eine wichtige Rolle.[5]

Trotz statistischer Vorbehalte gibt es auch im italienischen Fallbeispiel viele Hinweise für eine breite Vielfalt von Tätigkeitsprofilen auf dem industriellen Arbeitsmarkt. Dafür sprechen die regionalen Unterschiede und Ungleichgewichte, die unterschiedlichen Gesichter des Industrialisierungsprozesses mit einem großen Anteil „wildwüchsiger“ Industrialisierung in der Nähe zum primären Sektor sowie die technologische Rückständigkeit vor dem Ersten Weltkrieg in vielen Industriezweigen und schließlich die Defizite gerade in den Industriesparten, die sich durch sehr homogene Arbeitsmärkte auszeichnen, wie etwa die Montanindustrie.

Auch hier reichte die Bandbreite vom hochspezialisierten, gelernten Facharbeiter, der beispielsweise als Karosseriebauer bei FIAT ein überdurchschnittlich hohes Arbeitseinkommen erzielen konnte, bis zum ungelernten Handlanger in der Schiffswerft oder in der Bauindustrie. Qualifizierte Handwerker-Arbeiter zogen auch manchmal zwischen den Industriestädten umher, um Arbeitsbedingungen und -einkommen zu optimieren. Diese mobile, aber dennoch regelmäßige Beschäftigungsform fand sich z.B. bei gelern-

---

1 Ritter/Tenfelde, Arbeiter, 314, Anm. 111.

2 Hier betrug das Verhältnis von „gelernten“ zu „ungelernten“ Kräften ungefähr 10:3 Statistisches Jahrbuch des Deutschen Reichs (im folgenden zitiert als SDR) 211, 1913, 254.

3 Die Differenzierungen durch Qualifikationsunterschiede verblaßten allmählich. Es gab ca. 4,9 Mio gelernte und 3,5 ungelernte Industriearbeiter im Jahr 1907, vgl. Wehler, Gesellschaftsgeschichte, Bd. 3, 773. Als ein Vertreter dieses Typs kann der „Mannesmannröhren-Arbeiter“ gelten: das von Mannesmann patentierte Verfahren zur Erstellung der nahtlosen Röhren konnte von jedem Arbeiter ohne berufsbezogene Vorkenntnisse erlernt werden, erforderte aber eine unternehmensspezifische Spezialisierung. Vgl. Wessel, Kontinuität, 160ff.

4 Knapp 30% aller in der Industrie erwerbstätigen Männer rechneten zur Gruppe der Ungelernten, SDR 211, 132*.

5 Ritter/Tenfelde, Arbeiter, 212.

ten Buchdruckern.[1]

Der Typus des eingelernten Fabrikspezialisten konnte – entsprechend der eher zaghaften Durchsetzung großbetrieblicher Produktion vor dem Ersten Weltkrieg – noch nicht als Standardfigur gelten, obwohl es solche Berufsprofile in den industriellen Zentren – z.B. in neueren Industriezweigen wie der Elektrizitätsindustrie[2] – gab und diese für die interne Arbeitsorganisation von steigender Wichtigkeit waren.

d. Frauenarbeitsmärkte

Die Diversifikation des industriellen Arbeitsmarktes verlief seit Beginn der Industrialisierung auch entlang von geschlechtsspezifischen Segmentationslinien. Wenn ein „Berufsbüchlein" von 1914 die Beschreibung von Männer- und Frauenberufen fein säuberlich unterschied und in separaten Ausgaben für „Mädchen" und „Knaben" zusammenstellte, so offenbarte sich darin eine Vorstellung geschlechtlich getrennter Arbeitswelten, die nicht nur die Realität der Arbeitsmärkte abbildete, sondern auch über die inter-generationelle Weitergabe solcher geschlechtsspezifischen Zuordnungen langfristig konserviert werden sollte.[3]

Durchschnittlich betrug der Anteil der weiblichen Beschäftigten im gewerblichen Sektor nach den Angaben der Berufszählung von 1907 im Deutschen Reich knapp 19 Prozent.[4] In Italien lag die entsprechende Quote mit ungefähr dreißig Prozent merklich darüber.[5] Sowohl in Deutschland als auch in Italien waren die meisten erwerbstätigen Frauen als Arbeiterinnen tätig.[6] Betrachtet man die verfügbaren erwerbsstatistischen Daten beider Länder und – soweit vorhanden – ihre Aufschlüsselung nach Geschlecht, so wird deutlich, daß sich die statistisch erfaßte Erwerbstätigkeit von Frauen vor dem Ersten Weltkrieg auf wenige Erwerbsbereiche beschränkte.[7] Auf dem industriellen Arbeitsmarkt boten die „traditionellen" Branchen Textil- und Bekleidungsindustrie die meisten Beschäftigungsmöglichkeiten für Frauen – also vorwiegend die Industriezweige, die im Vergleich zu den moderneren Industrien eher unterproportionale Produkti-

---

1 Vgl. z.B. Hinweis in Federazione italiana tra i lavoratori del libro, Sezione impressori di Milano, Mailand 1915, BNCF Pubblicazione Minori, „Società."

2 Vgl. z.B. Coriasso, Regolamenti, 26ff.

3 Es handelte sich um einen Ratgeber zur Berufswahl, vgl. Pappers, Cölner Berufsbüchlein. Ausgabe für Knaben; ders., Cölner Berufsbüchlein für Mädchen; vgl. auch die getrennte Darstellung von Männer- und Frauenberufen in Elsenhans, Berufsbüchlein. Vgl. auch Willms, Segregation, 108.

4 Berechnet nach SDR 211, 128*. (In absoluten Zahlen: 2.103.924 weibliche Erwerbstätige von 11.256.254 Erwerbstätigen im Hauptberuf in der Industrie.)

5 Dazu ausführlicher mit Belegen unten.

6 In Italien waren über zwei Drittel aller weiblichen Erwerbstätigen Arbeiterinnen, in Deutschland rund 73% vgl. für Deutschland die Tabellenanalysen in Willms, Frauenerwerbstätigkeit, 155ff., für Italien Curli, Lavoro, 42.

7 „Typische" Erwerbsbereiche waren – neben Landwirtschaft und Hausindustrie – z.B. häusliche Dienste, Reinigungs- und Gaststättengewerbe, vgl. Tenfelde/Ritter, Arbeiter, 212.

onszuwächse zu verzeichnen hatten.[1]

Die Frauen rückten in beiden Ländern hauptsächlich in ein Segment mit langfristig hoher Nachfrage nach ungelernter Arbeit, die zugleich mit relativ geringerer Körperkraft geleistet werden konnte.[2] Der Unterschied bei Löhnen und Aufstiegschancen, die im Frauenarbeitsmarkt deutlich schlechter waren als auf dem industriellen Arbeitsmarkt insgesamt, ließ sich zum einen auf die geringere Qualifikation weiblicher Arbeitskräfte zurückführen.[3] Diese Qualifikationslücken ergaben sich jedoch nicht ausschließlich aus der individuellen (Angebots-)Entscheidung weiblicher Erwerbspersonen – also beispielsweise aus dem Entschluß, angesichts der situativen Notwendigkeit eines schnellen Zuverdienstes für die Familie Ausbildungszeiten möglichst kurz zu halten. Sie spiegelten vielmehr auch die Beschäftigungschancen und -bedingungen auf dem Arbeitsmarkt für Frauen wider, die damit ein spezifisch „weibliches" Qualifikationsniveau gleichsam reproduzierten. Denn die Qualifikationsrückstände resultierten auch indirekt aus der selektiven Anwerbestrategie von Unternehmen und waren somit ebenso nachfragebedingt.[4] Einer solchen Beschäftigungspolitik lagen meist implizite Annahmen über geschlechtsspezifisches Arbeitsangebotsverhalten und Arbeitsvermögen zugrunde, beispielsweise über die Dauer und Beständigkeit der eingegangenen Arbeitsverhältnisse.[5] Diese diskriminatorischen Annahmen beruhten ihrerseits teilweise auf Marktbeobachtung und Erfahrungswerten, unterlagen aber auch soziokulturellen Einflüssen und waren vom gesellschaftlichen Wertemuster vorgeprägt. So konnten Angebots- und Nachfragefaktoren ineinandergreifen und sich dabei gegenseitig verstärken – tatsächlich gehörte eine erhöhte Fluktuationsrate („job turnover") zwischen den Unternehmen zu den „typischen" Merkmalen der weiblichen Erwerbstätigkeit.[6] Damit unterschieden sich im Ergebnis Arbeitsmarktstrategien erwerbstätiger Frauen, die sich auch an kulturellen Normen und anderen gesellschaftlichen, institutionellen und marktmäßigen Gegebenheiten orientierten, vom männlichen Arbeitsmarktverhalten und wiesen häufig auch ein lebenszyklisch geprägtes Muster auf.

---

1 1907 waren in Deutschland noch rund 80% aller erwerbstätigen Frauen in den „traditionellen" Branchen Nahrungs- und Genußmittel, Textil und Bekleidung beschäftigt, während *relativ* der Frauenanteil auch in expansiven Branchen anstieg (z.B. Maschinenbau). In Italien waren – je nach Zählung – ca. 70-80% aller erwerbstätigen Frauen in der Textil- und Bekleidungsindustrie tätig, vgl. Curli, Lavoro, 41. (Gekürzt publiziert als dies., Italiane.)

2 Der Anteil an ungelernten Frauen an den weiblichen Erwerbstätigen in der deutschen Industrie betrug rund 40%, vgl. SDR 211, 252, 132*f., 176*f. Bei den Männern lag der entsprechende Anteil nur bei rund 30 %, ebd.

3 Ein Indikator für Aufstiegsmöglichkeiten ist die Anzahl der Frauen, die Aufsichtsfunktionen bekleiden: Sogar in der Textilindustrie – in der Frauen mehr als die Hälfte der Beschäftigten stellten – waren sie auf der höheren Ebene deutlich unterrepräsentiert, weil sie noch nicht mal ein Zehntel aller Aufsichtsfunktionen ausfüllten, vgl. Willms, Frauenerwerbstätigkeit, 170.

4 Die Qualifikationsmöglichkeiten für Frauen stellten sich in beiden Ländern schlechter dar als für Männer und waren auf wenige Bereiche beschränkt, vgl. auch Fornaciari, Osservazioni, 222-240.

5 Willms, Segregation, 114f.; Kassel, Frauen, 33.

6 Zahn-Harnack, Frau, 20.

Die Unterschiede zwischen männlichen und weiblichen Beschäftigungsverhältnissen im Hinblick auf Arbeitsangebots- und Arbeitsnachfrageverhalten verweisen auf eine geschlechtsspezifische Segmentierung des Arbeitsmarktes. Der Arbeitsmarkt für Frauen war ganz offensichtlich ein weitgehend vom männlichen Arbeitsmarkt abgegrenztes Beschäftigungssegment mit eigenen Gesetzmäßigkeiten, die vorerst eine undurchlässige Demarkationslinie bildeten. Die relative Schlechterstellung der Frauen in der industriellen Erwerbsarbeit, die sich u.a. in der Lohnbenachteiligung, in einem eng umrissenen Beschäftigungsspektrum und höchst eingeschränkten Qualifikationsmöglichkeiten ausdrückte, implizierte dabei zugleich eine geschlechtsspezifische Hierarchie auf dem industriellen Arbeitsmarkt. Frauen nahmen häufig eine marginale Arbeitsmarktposition ein.[1]

Grundsätzlich war die Frauenerwerbstätigkeit in Italien schon vor dem Ersten Weltkrieg im Vergleich zu Deutschland erhöht. Mit 36 Prozent im Jahr 1901 bzw. 35,5 Prozent im Jahr 1911 zeigen die Gesamtdaten der weiblichen Beschäftigung eine höhere Frauenquote als in Deutschland.[2] Allein für den sekundären Sektor berechnet, belief sich der Anteil der weiblichen Erwerbstätigen im Jahr 1911 auf rund 30 Prozent – im Vergleich zur entsprechenden Quote von ungefähr 19 Prozent in der deutschen Industrie.[3]

Allerdings unterliegen auch die Daten zur weiblichen Erwerbstätigkeit statistischen Unregelmäßigkeiten, was auf Variationen der Erhebungskriterien (so etwa bei der Erfassung von Heim- und Saisonarbeit) und ganz allgemein auf einer latenten Voreingenommenheit gegenüber weiblicher Berufstätigkeit beruhen konnte. Meist war jedoch die Untererfassung von Frauenarbeit das Problem.[4] Bemerkenswert ist weiterhin der

1 Vgl. zur Verfestigung dieser Position Willms, Segregation, 108.

2 Vgl. Vitali, Aspetti, 144f., 326, 330. Vgl. auch Tabelle A. 11 im Anhang. Die Daten von Zamagni sind nicht geschlechtsspezifisch aufgeschlüsselt.

3 Je nach Quelle entweder 26% gemäß Industriezensus, vgl. Tabellen A.8, A.10 im Anhang; rund 31% berechnet nach Vitali, Aspetti, 149, siehe auch Tabelle A.11. Bei Curli, Lavoro, 41 – je nach Quelle – 28,4 oder 31,7 %.

4 Z.B. waren nach den Angaben des Gummikonzerns Pirelli allein dort doppelt so viele Frauen beschäftigt, wie die Industriezählung für die Gummi-Branche in ganz Italien angibt, vgl. Curli, Lavoro, 30 mit Anm. 101. Vera Zamagni hat zu Recht auf das Problem einer Unterscheidung zwischen Heimarbeit und Fabriktätigkeit hingewiesen, die gerade für die Textilindustrie eine wichtige Rolle spielte. Vgl. dies., Century, 211. Dennoch bietet der Industriezensus von 1911 Anhaltspunkte für den Umfang von Frauenarbeit: Vermutlich zählten die in Heimarbeit tätigen Frauen zur Rubrik der Kleinbetriebe und blähten damit die Kategorie der größeren Betriebe ab zehn Personen nicht künstlich auf, hier lag die Frauenquote ebenfalls bei 36%. Vgl. für die Berechungen Tabellen A.8, A.10 im Anhang. In Gesamtitalien gab es 593.962 Arbeiterinnen in der Industrie, das waren knapp 33% aller Arbeiter, von diesen Frauen arbeiteten rund 8% in kleinen Betrieben, rund 92% in „großen" Betrieben ab zehn Personen. Die Frauenquote schwankte auch je nach Region: Im „industriellen Dreieck" Piemont, Ligurien und Lombardei lag der Frauenanteil an der Industriearbeiterschaft zwischen knapp zwanzig (Ligurien) und rund fünfzig Prozent (Lombardei), was sich mit den Verdich-

von diesem erhöhten Niveau ausgehende fallende Trend der weiblichen Erwerbstätigkeit in Italien, der sich schon vor dem Ersten Weltkrieg abzeichnete und besonders in der Industrie in den folgenden Jahrzehnten an Kontur gewann.[1] Als Ursache sind zum einen statistische Effekte möglich.[2] Zum anderen wäre der Strukturwandel weiblicher Erwerbstätigkeit zu bedenken: während neue arbeitsmarktbezogene Beschäftigungsstrukturen entstanden, verloren traditionelle Erwerbsformen von Frauen – z.B. in der Familienwirtschaft – relativ an Bedeutung.[3] Andererseits wuchsen in marktvermittelten Beschäftigungsverhältnissen gerade die Industriezweige am langsamsten, die traditionell typisch für die weibliche Erwerbstätigkeit waren, wie beispielsweise die Textilindustrie. Es gab somit keine automatische Analogie im Wachstum von Industrie und industrieller „Frauenquote".

e. Erwerbstätigkeit von Jugendlichen

Der industrielle Arbeitsmarkt wies auch altersbezogene Beschäftigungsfelder auf. Jedoch sind die Quellen dünn gesät, die über die Erwerbstätigkeit von Jugendlichen Auskunft geben. Generell tendierten die offiziellen Statistiken zur Untererfassung des Phänomens.[4] Hierfür mochten – neben erhebungstechnischen Mängeln – die gesetzlichen Beschränkungen der Beschäftigung von Kindern und Jugendlichen ausschlaggebend sein.[5]

Für das Deutsche Reich verzeichnet die Berufszählung von 1907 ungefähr sechs Prozent Jugendliche – im Alter von maximal 16 Jahren – unter den hauptberuflich in der Industrie Erwerbstätigen.[6] Bei einer weiter gefaßten Altersspanne bis zu 20 Jahren stellten die jungen Leute sogar ungefähr 20 Prozent aller Beschäftigten im sekundären Sek-

---

tungszonen der Textilindustrie deckt. In Piemont waren knapp 40% der registrierten Arbeiterschaft Frauen. Berechnet nach Tabelle A.10 im Anhang.

1 Vgl. Tabelle A.11 im Anhang. Ein umgekehrter Trend ist nur im Dienstleistungsbereich sichtbar, der aufgrund seines geringen Umfangs den Gesamteffekt nicht kompensiert. Zur fallenden Erwerbsquote vgl. Bandettini, Employment, 369-374; Fornaciari, Osservazioni; dies., Aspetti, 311-325.

2 Vgl. zur Problematik der Vergleichbarkeit der Erhebungen von 1911 und 1921 hinsichtlich der Frauenerwerbstätigkeit Curli, Lavoro, 30ff., 40.

3 Vgl. z.B. Scott/Tilly, Women's Work, 39. Vgl. auch die Typologie der Arbeitsformen bei Willms, Grundzüge, 27. Zur Entwicklung der Frauenarbeit in Italien seit dem 19. Jahrhundert vgl. Pescarolo, Lavoro, 299-344.

4 Dies belegen z.B. die Unterschiede zwischen den Angaben der Berufszählung und anderen Quellen, z.B. Erhebungen der Gewerbeaufsichtsbeamten. Vgl. Pierenkemper, Jugendliche, 51f., vgl. auch Ritter/Tenfelde, Arbeiter, 202f..

5 Die Beschäftigung von Kindern war im Deutschen Reich seit 1869 (Gewerbeordnung) verboten, für ältere Kinder bzw. Jugendliche zulässig- unter Beachtung von Maximalarbeitszeiten, vgl. Ritter/Tenfelde, Arbeiter, 200; Pierenkemper, Jugendliche, 52. Vgl. auch unten, Abschnitt II, 2.4.e.

6 Berechnet nach SDR 211, 128*. Nach den Jahresberichten der Fabrikinspektoren betrug der Anteil von Jugendlichen an den industriell Beschäftigten kurz nach der Jahrhundertwende in etwa sieben bis acht Prozent. Vgl. Ritter/Tenfelde, Arbeiter, 202.

tor.[1] Dabei ließen sich innerhalb der Industrie deutliche Unterschiede nach Industriezweigen und -regionen erkennen.[2] Anscheinend war Jugendarbeit ein eher ländliches Phänomen, das von seinen Ursprüngen her in der Landwirtschaft und im Heimgewerbe wurzelte, während es nach der Jahrhundertwende im Fabriksystem eine geringere Rolle spielte. So hatten die Branchen, die eher kleinbetrieblich strukturiert waren (so etwa die Glasindustrie, Porzellanindustrie und Buchdruckereien), höhere Anteile an Jugendlichen aufzuweisen als beispielsweise die Großbetriebe der Montanindustrie im Rheinisch-Westfälischen Industriegebiet.[3] Im Hinblick auf die eingangs dargestellten demographischen Aspekte des Arbeitsmarktes, vor allem auf die Altersgliederung der Bevölkerung, sprechen die verfügbaren quantitativen Daten dafür, daß um die Jahrhundertwende das Potential an jugendlichen Arbeitskräften in einem hohen Maße ausgeschöpft worden ist und „die meisten bereits mehr oder weniger intensiv in das Erwerbsleben eingegliedert waren".[4]

Soweit es sich aus den vorhandenen Daten rekonstruieren läßt, stellten jugendliche Arbeiter auf dem italienischen Arbeitsmarkt vor dem Ersten Weltkrieg keine unbedeutende Randgruppe dar. Immerhin machte laut Zensus von 1911 die Kategorie der unter 15Jährigen knapp 13 Prozent der industriellen Arbeiterschaft aus – ungefähr doppelt soviel wie in Deutschland.[5] Rechnet man auch die Erwerbstätigen unter 21 Jahren hinzu, so erreichte die Jugendarbeit mit Quoten um die 30 Prozent noch eine weitaus größere Dimension.[6] Dabei hatten die Mädchen ein deutliches Übergewicht. Die gesetzliche Regelung der gewerblichen Arbeit von Kindern und Jugendlichen stammte aus dem Jahr 1902, als im Zuge der sozialpolitischen Initiativen der Ära Giolitti zwar gewisse Auflagen und Schutzbestimmungen in Kraft traten, die jedoch im Vergleich zu Deutschland mehr Spielraum zur Beschäftigung von Jugendlichen ließen.[7] Über die tatsächliche Umsetzung dieser Vorschriften kann hier nur spekuliert werden. Immerhin läßt sich feststellen, daß allein auf der formalrechtlichen Ebene die Beschäftigung von Jugendlichen unter 15 Jahren weitergehend als in Deutschland legitimiert war.

Ein klassisches Tätigkeitsfeld für Mädchen bildete die Textil- und Bekleidungsbran-

---

1 SDR 211, 128*; Pierenkemper, Jugendliche, 56.

2 Vgl. z.B. Übersichten über die Altersgliederung der Industriearbeiter nach Gewerbezweigen und Bezirken auf Grund der Berichte der preußischen Gewerbeaufsichtsbeamten für 1912, bearbeitet im Kaiserlichen Statistischen Amt, Abteilung für Arbeiterstatistik, in: Rabl. 12, 1914, H. 4 (= Sonderbeilage zum Reichsarbeitsblatte Nr. 4, April 1914); siehe auch Rabl. 12, 1914, H. 3, 219.

3 Syrup, Altersaufbau, 69ff., 74ff.; vgl. auch Pierenkemper, Jugendliche, 57; Tenfelde/Ritter, Arbeiter, 202; Rabl. 12, 1914, H. 4, Sonderbeilage zum Reichs-Arbeitsblatte Nr. 4, 5.

4 Pierenkemper, Jugendliche, 57f.

5 Vgl. unten, Tabelle A.8 im Anhang. In der Lombardei betrug die Quote sogar knapp 15%, während in Ligurien nur 4,8% der Arbeiter unter 15 Jahre alt waren, vgl. Tabelle A.10.

6 Auf Basis einer Statistik von 1903 gibt z.B. Degl'Innocenti den Anteil jugendlicher Arbeiter im Bergbau mit knapp 28% an, für die Mailänder Industrie errechnet er einen Anteil von 20% junger Männer, hingegen 30% junger Frauen, vgl. ders., Mercato, 88.

7 Erst jetzt war die Altersgrenze von neun auf zwölf Jahre angehoben und der Arbeitstag auf elf Stunden beschränkt worden, vgl. Degl'Innocenti, Mercato del lavoro, 88.

che, wo junge Arbeiterinnen als *ausiliarie* oder *apprendiste* auf der untersten Lohnstufe zum Einsatz kamen.[1] Hier gehörten überlange Arbeitszeiten und strenge Fabrikdisziplin meist zum Arbeitsalltag der *ragazze*.[2]

Die Arbeit von Kindern und Jugendlichen erlangte gerade in den Übergangsbereichen zwischen ländlicher und industrieller Produktionsform eine besondere Bedeutung. Das geschah nicht nur dann, wenn Fabriken auf dem Land ansiedelten und forciert Arbeitskräfte anwarben. Mindestens ebenso häufig ließ sich das Phänomen im Heimgewerbe sowie in den kleinen industriellen Werkstätten und Familienbetrieben finden – beides typisch für die italienische Produktionslandschaft – so daß der erhöhte Anteil jugendlicher Arbeitskräfte in Italien nicht überrascht. Vielmehr läßt sich anhand der hohen Quote von Jugendlichen die enge Verflechtung der industriellen mit der ländlichen Produktions- und Lebensform als wichtiges Charakteristikum des italienischen Arbeitsmarktes veranschaulichen. Mit flexibleren rechtlichen Rahmenbedingungen hatte die Verbreitung von jugendlicher Erwerbstätigkeit aber sicherlich erst in zweiter Linie zu tun.

2.3. Die räumliche Mobilität und die Austauschbeziehungen der Arbeitsmärkte

Die interne Gliederung des Arbeitsmarktes veränderte sich mit der Mobilität der erwerbstätigen Bevölkerung. Durch die Austauschbeziehungen von Teilarbeitsmärkten besaß das Arbeitsmarktgeschehen vor dem Ersten Weltkrieg eine besondere Dynamik.

Dabei spielten unterschiedliche Wanderungsphänomene eine Rolle. Dies ließ sich auf dem deutschen Arbeitsmarkt anschaulich erkennen. Als die Auswanderung nach der letzten großen Emigrationswelle zwischen 1880-93 zunehmend an Bedeutung verlor, schien die Binnenwanderung als Ventil für regionale Ungleichgewichte der verschiedenen Arbeitsmärkte innerhalb der Landesgrenzen zu genügen. Dies war ein deutliches Indiz für die gesteigerte Aufnahmefähigkeit der inländischen Arbeitsmärkte für Arbeitskräfte, die nun nicht mehr außer Landes – bevorzugt nach Übersee – abwandern mußten, um eine Chance auf einen Arbeitsplatz zu haben.[3] Die Binnenwanderung vollzog sich in vielfältigen Formen, in unterschiedlichen Etappen und Distanzen. Vor dem Hintergrund eines rasanten Urbanisierungsprozesses wanderte die Erwerbsbevölkerung

1 Die Mädchen waren also entweder als Aushilfen oder Lehrmädchen tätig, wobei die Ausbildung zur *incannatrice, sporgina, spolatrice* in der Regel dreieinhalb Jahre dauerte, die zur *orditrice, rimettina, licciatrice, tessitrice* meist vier Jahre, vgl. z.B. BNCF Pubbl. Min. „Società“. In der Textilindustrie waren fast 60% der Arbeiterinnen unter 21, vgl. Degl'Innocenti, Mercato, 88.

2 Vgl. den Bericht eines zeitgenössischen Chronisten aus Busto Arsizio, einem Zentrum der lombardischen Textilindustrie. Azimonti, Tempi, 30ff.

3 Vgl. auch andere Gründe, z.B. die krisenhafte Entwicklung in den USA ab 1893, siehe dazu Bade, Massenauswanderung, 259-299. Darüber hinaus gab es typische „Überseeauswanderungsregionen“.

überwiegend vom Land über mittlere Ortschaften weiter in die Städte.[1] Die Migranten strömten dabei nicht nur auf die nahegelegenen, industriellen Märkte in Nachbarschaft des ländlichen Einzugsgebietes, sondern – sofern die Arbeitsplatzsituation es gebot – auch in entfernt gelegene Landesgebiete. Die Hauptachse für die Migrationsströme verlief von Osten nach Westen. Aus den agrarischen Gebieten in Posen, Schlesien, Ost- und Westpreußen wanderten Arbeitermassen nach Berlin und nach Sachsen sowie in die industriellen Zentren im Rheinisch-Westfälischen Industriegebiet.[2] Dabei blieb die Konjunkturlage für die Wanderungsbewegung ein zentraler Einflußfaktor.[3] Dieser Effekt wurde durch die gezielte Anwerbetätigkeit von Großunternehmen verschärft, die in Aufschwungphasen reichlich zusätzliche Arbeitskräfte benötigten.[4]

Die deutlich gesteigerte Aufnahmefähigkeit der Arbeitsmärkte zog auch jenseits der Landesgrenzen Arbeitskräfte an. Weder die zunehmend von „Leutenot“ geplagte Landwirtschaft noch die expandierende Industrie konnte ihren Arbeitskräftebedarf allein auf den lokalen Arbeitsmärkten decken. Chronologisch skizziert, vollzog sich in Deutschland also innerhalb weniger Jahrzehnte vor dem Ersten Weltkrieg der Wandel vom Auswanderungsland zu einem „unechten“ Einwanderungsland bzw. zumindest zu einem „Arbeitseinfuhrland“.[5] Der seit 1895 positive Wanderungssaldo belegt diesen Umschwung.[6]

Mit der Trendwende stieg die Bedeutung der ausländischen Arbeitskräfte auf dem industriellen Arbeitsmarkt. Neben den osteuropäischen Regionen („Kongreßpolen“, Galicien) gehörte auch Südeuropa, vor allem Italien, zum Herkunftsgebiet der Arbeitsmigranten. 1910 weisen die Volkszählungsdaten 1,26 Millionen Ausländer im Reichsgebiet aus, womit sich ihre Zahl seit der Reichsgründung in etwa versechsfacht hatte.[7] Davon war – schätzungsweise – weit über eine Million erwerbstätig.[8] Gemäß der Reichsstatistik beschäftigte allein die Industrie ca. 400.000 Ausländer, die überwiegend

1 Wehler, Gesellschaftsgeschichte, Bd. 3, 505; Köllmann, Bevölkerungsgeschichte, 20. Vgl. zur Binnenwanderung auch Langewiesche, Wanderungen, 1-40.

2 Auch zahlreiche „preußische Polen“ wanderten ins Ruhrgebiet, das zu den wichtigsten Zuwanderungsgebieten im Kaiserreich gehörte, Köllmann, Bevölkerungsgeschichte, 20.

3 Meist vollzogen sich die Wanderungen synchron zum konjunkturellen Verlauf, indem ihr Umfang in Boomphasen deutlich anstieg. Zur Anziehungskraft industrieller Zentren vgl. Kiesewetter, Lohndisparitäten, 133-199.

4 Siehe unten, II, 2.5.

5 Die ausländischen Arbeitskräfte blieben vorerst „Wanderarbeiter“ ohne staatbürgerliche Rechte, vgl. Bade, Migration, 182-210.

6 Köllmann, Bevölkerungsgeschichte, 33. Allerdings gab es im nächsten Jahrfünft (1905-10) wieder einen Wanderungsverlust.

7 1871 waren erst 207.000 Ausländer erfaßt. Vgl. Bade, Auswanderungsland, 29. Dieser Beleg enthält auch die nicht-erwerbstätigen Bevölkerungsgruppen.

8 Nach Annahme von Bade war die Dunkelziffer der nicht registrierten Zuwanderung beträchtlich, vgl. Bade, Auswanderungsland, 30.

aus Österreich-Ungarn, Rußland und Italien stammten.[1] Gegenüber der Einwanderung von Arbeitskräften aus dem Ausland, insbesondere aus den Nachbarländern im Osten, regten sich vor allem in Preußen erhebliche politische Widerstände. Der Zuwanderung nichtpreußischer, überwiegend russischer Polen standen „Polonisierungsängste" entgegen, und eine aus dieser Antihaltung geborene Gesetzgebung zielte darauf ab, die Arbeitsmigration aus dem östlichen Ausland zu beschränken.[2]

Auch der italienische Arbeitsmarkt war durch eine hohe räumliche Mobilität geprägt. Im Zuge von Urbanisierung und regionaler Industrialisierung war die Wanderungsbereitschaft der Erwerbsbevölkerung merklich gestiegen. Ein Teil der Bewegungen vollzog sich dabei als Binnenmigration innerhalb der Landesgrenzen aus agrarisch geprägten Regionen in die wachsenden nördlichen Industrieregionen, wie Wanderungsgewinne und steigende Einwohnerzahlen der norditalienischen Industriestädte belegen.[3] Dennoch hatte in der Vorkriegszeit die Wanderungsbewegung von Süden nach Norden noch keinen Massencharakter.[4] Wichtiger war zunächst der Zuzug aus angrenzenden ländlichen Gebieten im unmittelbaren Einzugsbereich der Industriestädte: eine solche Wanderungsentscheidung mußte nicht endgültig sein, sondern konnte auch Übergangscharakter haben und mit den Produktionszyklen der saisonalen ländlichen Erwerbsarbeit harmonieren. Angesichts der dauerhaften Unterbeschäftigungssituation und der geringen Produktivität in der Landwirtschaft stellten die ländlichen Arbeitsmärkte ein Reservoir menschlicher Arbeitskraft bereit, das in den industriellen Produktionsprozeß nachrücken konnte. Die Abwanderung aus dem Agrarbereich in die Industriezentren hielt das Arbeitsangebot somit sehr elastisch.[5]

Die hohe Mobilitätsbereitschaft der italienischen Erwerbsbevölkerung drückte sich aber auch in Wanderungsbewegungen auf den internationalen Arbeitsmarkt aus, von dem die Arbeitsmärkte in Übersee (vor allem in Südamerika) und Europa profitierten. So erreichte die transatlantische Emigration in den ersten beiden Jahrzehnten des neuen Jahrhunderts Spitzenwerte.[6] Zudem hatte die Emigration eine Ventilfunktion, die den

---

1 Damit stellten die ausländischen Arbeiter einen Anteil von knapp 5% der im Jahr 1907 registrierten Industriearbeiter. SDR, Bd. 211, Berlin 1913, 306f.; Syrup, Industriearbeiter, 279; vgl. Ritter/Tenfelde, Arbeiter, 179.

2 Ziel der Beschränkungen war insbesondere, ein Zusammentreffen der „Auslandspolen" mit den „Inlandspolen" im Ruhrgebiet zu vermeiden, vgl. Bade, „Arbeitseinfuhrland", 440f.; ders., ‚Preußengänger', 91-162; ders., Auswanderungland, 31ff., ders., Migration, 196.

3 Im Jahr 1901 war die Einwohnerzahl von Mailand im Vergleich zu 1871 um 87% gewachsen, im Jahr 1911 war es mehr als doppelt so groß wie 1871; eine ähnliche Entwicklung zeigte Turin, vgl. Annuario statistico delle città italiane, Anno VII, Rom 1929, 12.

4 Dazu kam es erst in der Zwischenkriegszeit, vgl. Sori, L'emigrazione, 442ff.

5 Dies wurde besonders im Krieg offensichtlich, vgl. Toniolo, Storia, 177. Die „Grenzproduktivität" der Landwirtschaft ist jedoch nicht exakt bestimmbar.

6 Auch die kontinentale Auswanderung blieb erhöht. Ein Spitzenjahr war 1913, zumindest für die temporäre Quote (872.598 Auswanderer!), die die Heimkehrer nicht berücksichtigt, vgl. Hertner, Italien 1850-1914, 720; Sori, Emigrazione, 31. In dieser Phase stellte die Auswanderung einen nicht zu vernachlässigenden Wirtschaftsfaktor dar, weil die Rücküberweisungen der Emigranten in

Angebots- und Lohndruck des inländischen Arbeitsmarktes kanalisieren konnte.

Den Ausschlag für die Realisierung des Wanderungsvorhabens gaben in erster Linie ökonomische Motive. „Wem es gut geht, der bewegt sich nicht" – lautete seinerzeit eine italienische Redensart.[1] Generell war Migration in dieser Epoche hauptsächlich Arbeitsmigration,[2] wobei das höhere Lohn- und Beschäftigungsniveau im erwählten Wanderungsziel den Anreiz bot, die Strapazen des Erwerbs-Nomadentums in Kauf zu nehmen.[3] Die Angebotsstruktur der wanderungswilligen italienischen Arbeitskräfte schien in einigen Branchen gut zur Nachfragestruktur der deutschen Industrie zu passen. Im letzten Vorkriegsjahrzehnt hielten sich bis zu 200.000 italienische Arbeitskräfte Jahr für Jahr im Reichsgebiet auf.[4]

Einen Großteil der italienischen Arbeitskräfte zog es in die süddeutschen Staaten – Bayern, Baden, Württemberg. Die quantitativ wichtigste Zuwanderungsregion stellte jedoch Elsaß-Lothringen dar.[5] Aber auch im Rheinisch-Westfälischen Industriegebiet standen italienische Arbeitskräfte in Lohn und Brot.[6] Ein Großteil der italienischen Migranten arbeitete in der Bauindustrie. Häufig waren sie bei den Erd- und Mauerarbeiten im Tunnel- und Kanalbau sowie beim Ausbau von Eisenbahnstrecken im Einsatz.[7] Darüber hinaus galt die Tätigkeit als Ziegler – einer der härtesten Jobs im Auswanderergewerbe – als typischer Broterwerb von Saisonarbeitern aus Italien.[8] Das Gros der italienischen Migranten bestand aus Männern, doch verzeichnen die Statistiken wenige Jahre

---

der italienischen Zahlungsbilanz den wichtigsten „unsichtbaren" Posten bildeten, der Spielräume für den Import schuf. Vgl. Toniolo, Storia, 180; Zamagni, History, 203. Ausführlich Sori, Emigrazione, 119ff.

1 Michels-Lindner, Arbeiter.

2 Bade, Migration, 182.

3 Daneben besaß das Wanderungsphänomen eine Eigendynamik, da soziale Netzwerke (z.B. Familien, Freunde, Nachbarschaft) die Wanderungsbereitschaft erheblich beeinflussten, Del Fabbro, Transalpini, 270ff.

4 Del Fabbro, Anfänge, 84. 1913 waren ungefähr 170.000 Italiener in der deutschen Industrie tätig, ders., Emigrazione, 30. Vgl. zur den statistischen Daten ders., Transalpini, 43ff. Im SDR 211, 1913, 310 sind 124.569 Italiener für das Jahr 1907 registriert. Hauptemigrationsgebiet war Friaul, Del Fabbro, Emigrazione, 29.

5 Im Jahr 1910 waren dort etwa 30% der in Deutschland anwesenden Italiener registriert, vgl. Britschgi-Schimmer, Lage, 38; Del Fabbro, Anfänge 89; ders., Emigrazione, 31.

6 Nach den Erhebungen von Britschgi-Schimmer, Lage, 58f. waren im Jahr 1907 im Ruhrgebiet 3.744 Italiener als Bergleute beschäftigt, in Lothringen und im Saargebiet etwa 5.000; anderen Schätzungen zufolge belief sich die Zahl der italienischen Bergarbeiter allein in Lothringen zu Beginn des 20. Jahrhunderts auf mindestens 15.000 Personen, siehe Michels-Lindner, Arbeiter, Sp. 125.

7 1907 arbeitete rund die Hälfte der registrierten italienischen Arbeitskräfte in der Bauindustrie (47,3%), in der Industrie der Steine und Erden 25%, im Bergbau und Hüttenwesen 18,6%. Vgl. Übersicht von Britschgi-Schimmer, Lage, 44f. sowie SDR 211, 1913, 310; siehe auch von Waltershausen, Wanderarbeiter, 24; Michels-Lindner, Arbeiter, Sp. 110.

8 Michels-Lindner, Arbeiter, Sp. 115ff.; ausführlich auch Britschgi-Schimmer, Lage, 106-165.

vor Kriegsbeginn auch etwa 7.000-8.000 erwerbstätige Italienerinnen in Deutschland.[1] Diese weibliche Arbeitsmigration entsprach einem anderen Grundmuster. Die italienischen Textilarbeiterinnen, fast immer jung und unverheiratet – kaum eine war älter als 16[2] – wanderten üblicherweise in größeren Gruppen nach Süddeutschland, wo in den Baumwollspinnereien und -webereien meist eine mehrjährige Anstellung auf sie wartete.[3] Die weibliche Arbeitsmigration wurde zu großen Teilen von Jugendlichen getragen und erfolgte somit – lebenszyklisch gesehen – in der Regel vor Heirat, Mutterschaft und Hausfrauentätigkeit.[4]

In den Industrieregionen des Kaiserreichs gestalteten sich die rechtlichen Rahmenbedingungen jedoch nicht für alle zugewanderten Arbeitskräfte einheitlich. In Preußen galten mit alljährlichem Rückkehr- und Legitimationszwang für osteuropäische Arbeitskräfte höchst restriktive Bestimmungen, die darauf abzielten, die Arbeitsmigration saisonal zu beschränken.[5] Vergleichbare arbeitsmarktpolitische Regelungen für die Beschäftigung von Ausländern gab es in den süddeutschen Staaten nicht. Auf einem solcherart „geteilten Ausländerarbeitsmarkt" (Del Fabbro) ließ sich mithin eine „relative Privilegierung" der Italiener erkennen.[6]

Die ortsansässigen Arbeitskräfte beobachteten die Zuwanderung von ausländischen Erwerbspersonen meist mit Skepsis. Wie die Haltung der deutschen Gewerkschaftsorganisationen zu den italienischen Migranten zeigte, standen dem Bekenntnis zur internationalen Arbeitersolidarität nicht selten Vorbehalte und Konkurrenzsorgen gegenüber.[7] Man fürchtete sowohl den als „Schmutzkonkurrenz" gegeißelten Wettbewerb von ungelernten Hilfsarbeitern durch Lohndumping als auch die Rivalität der Facharbeiter mit besonderen Qualifikationen.[8] Zusätzlicher Druck auf Arbeitsbedingungen und Ortslöhne mochte in einigen Branchen – wie beispielsweise den Ziegeleibetrieben – noch dadurch entstehen, daß die Praxis des Subunternehmertums bei den italienischen

1 Nach den (eher zu niedrig angesetzten) Daten von 1910 7.365 Personen, vgl. Britschgi-Schimmer, Lage, 41.

2 Danieli Camozzi, Auswanderung, 1289.

3 Zwischen 1900 und 1910 betrug der Frauenanteil der italienischen Arbeiterschaft in der deutschen Textilindustrie meist um die 70%. Die relativ lange Kontraktdauer erklärt die geringen saisonalen Schwankungen der italienischen Erwerbstätigkeit in der deutschen Textilindustrie, vgl. Britschgi-Schimmer, Lage, 49f.; Michels-Lindner, Arbeiter, Sp. 114.

4 Danieli Camozzi, Auswanderung, 1287f.; vgl. auch Michels-Lindner, Arbeiter, Sp. 115.

5 Dieser Kontrollmodus stammte aus dem Agrarbereich. Da die Montanindustrie nicht durch saisonale Rhythmen geprägt war, entwickelte sich hier ein „Subsystem" aus Ausnahmeregelungen, Bade, Migration, 196.

6 Del Fabbro, Anfänge, 84-94. Ders., Transalpini, 183ff.

7 Vor dem Krieg gab es noch keine klare Ablehnung durch die Gewerkschaften, diese Haltung entwickelte sich seit dem Krieg, vgl. Forberg, Manodopera, 49. Vgl. für eine positive Haltung zur Einwanderung z.B. Correspondenzblatt, 17.Jg., 1907, 483. vgl. auch den Artikel „Ausländische Arbeiter als Lohnsklaven", Correspondenzblatt 18. 1908, 17-19. Vgl. auch Cabrini, Auswandererpolitik, 176f.

8 Vgl. Forberg, Manodopera, 51. Siehe auch Correspondenzblatt 18, 1908, 486f.

Saisonarbeitern weit verbreitet war. Im berüchtigten „Akkordantensystem" fungierte ein *Capo* als Mittler zwischen Arbeitgeber und Beschäftigten, was in der Praxis darauf hinauslaufen konnte, die von der Gewerbeaufsicht diktierten Minimalbedingungen zu umgehen.[1]

Die zeitgenössisch populäre „Verdrängungsthese" beruhte jedoch auf einer Fehleinschätzung der pauschal betrachteten Arbeitsmarktsituation mitsamt der *Matching*-Wahrscheinlichkeiten von Angebot und Nachfrage und läßt sich aus dem qualitativen Quellenmaterial nicht herleiten.[2] Angesichts der Bandbreite an Qualifikationen und Tätigkeitsprofilen der italienischen Arbeitskräfte wäre es jedoch ebenfalls verkürzt, in dieser Arbeitskräftegruppe nur „Vertreter einer Arbeiterschicht zweiten Grades"[3] im Sinne einer ausländischen „Reservearmee" anzunehmen. Um die Folgen für die Arbeitsmarktergebnisse beurteilen zu können, ist eine differenzierte Sicht nach Teilarbeitsmärkten erforderlich. In einigen Beschäftigungsfeldern vermehrte die Heranziehung von ungelernten ausländischen Hilfskräften die beruflichen Aufstiegsmöglichkeiten von inländischen Arbeitskräften, umgekehrt konnte diese aber auch die Einführung von technischen oder organisatorischen Innovationen verzögern.[4]

2.4. Institutionelle Rahmenbedingungen

Die theoretischen Überlegungen zum Begriff des Arbeitsmarktes haben gezeigt, daß die Vorstellung vom „freien Arbeitsmarkt" eine Fiktion ist. Daß das freie Spiel der Kräfte mit äußerst hohen sozialen Kosten verbunden war, hatte sich schon im 19. Jahrhundert den Zeitgenossen offenbart. Welche Arrangements setzten sich auf den industriellen Arbeitsmärkten durch, um die Marktprozesse zu regulieren und die Asymmetrie des Marktes auszugleichen? Wie sahen die institutionellen Regelsysteme des deutschen und italienischen Arbeitsmarktes vor dem Ersten Weltkrieg aus? Die Organisation der unterschiedlichen Interessen der handelnden Akteure auf Seiten von Arbeitsangebot und -nachfrage sowie die Institutionalisierung ihrer Interaktion gehören zu den wichtigsten Formen einer „Marktregulation" auf dem Arbeitsmarkt. Sie übernehmen durch die Bündelung der jeweiligen Interessen eine elementare Regelungsfunktion. Theoretische Erörterungen der Zeit erheben die Organisation der Marktparteien sogar zum konstituie-

---

1 Michels-Lindner, Arbeiter, Sp. 115ff.; ausführlich auch Britschgi-Schimmer, Lage, 106-165.

2 Es entsteht der Eindruck, daß ein solcher „Match" zwischen lokalem Arbeitsangebot und Nachfrage bei vielen von italienischen Wanderarbeitern besetzten Arbeitsplätzen unwahrscheinlich gewesen wäre. Die Wahrscheinlichkeit für eine direkte Konkurrenz zwischen inländischen und ausländischen Arbeitskräften stieg wohl mit der Qualifikation. Vgl. auch die Schlußfolgerungen von Del Fabbro, Transalpini, 285, siehe auch 181ff..

3 Von Waltershausen, Wanderarbeiter, 30 urteilt über die italienischen Wanderarbeiter in der Bauindustrie: „Sie sind hier keine Konkurrenten." Er räumt aber auch Unterschiede je nach Marktsegment und Konjunkturlage ein, ebd., 30 ff., vgl. auch Bade, Migration, 203; vgl. auch Bodenstein 1908, 9f.

4 Belege bei Bade, Migration, 204. Vgl. auch Ritter/Tenfelde, Arbeiter, 184ff.

renden Wesensmerkmal des Arbeitsmarktes: „Wenn Unternehmer und Arbeiter nicht organisiert sind, so können wir von einem Arbeitsmarkte gar nicht sprechen.“[1] Darüber hinaus gehören Einrichtungen zur Arbeitsvermittlung sowie staatliche Eingriffe in das Arbeitsmarktgeschehen zu der institutionellen Struktur, die das Marktgeschehen ausgestaltet.

a. Die Gewerkschaften

Die Ausdehnung der industriellen Arbeitsmärkte war in beiden Ländern von einer zunehmenden kollektiven Organisation der Arbeitsmarktparteien flankiert. Dabei ging der erste Impuls zur Organisationsbildung von der Arbeitnehmerseite aus, wie schon der zeitgenössische Sozialökonom Emil Lederer konstatiert hatte: „Die wirtschaftlichen Organisationen der Klassen knüpfen an die solidaren Interessen der Arbeiterschaft an, sie finden von da übergreifend in allen Klassen der Gesellschaft einen willigen Boden.“[2] Ziel und Funktion von Gewerkschaften war es – ganz allgemein gesprochen – die wirtschaftliche und soziale Lage der Arbeitnehmer durch die Formulierung und Vertretung ihrer Interessen zu verbessern.[3] Das umfaßte auch die Unterstützung in Notfällen, etwa die Zahlung eines Erwerbslosengeldes im Fall von Krankheit oder Arbeitslosigkeit, sowie Lohnersatzleistungen im Falle gewerkschaftlich geführter Streiks. Die materielle Kompensation von Ausfallzeiten und die Solidaritätsstrukturen stärkten die Marktmacht der Anbieter und wirkten der fehlenden Lagerfähigkeit der „Ware Arbeitskraft“ entgegen.[4]

Am Vorabend des Ersten Weltkrieges hatten die Gewerkschaften in Deutschland mit insgesamt ungefähr drei Millionen organisierten Arbeitnehmern den „Durchbruch zur Massenorganisation“[5] erreicht. Das Gros der Mitglieder stellten anfangs vor allem hochqualifizierte Handwerker-Arbeiter, die in kleinen und mittelständischen Unternehmen verwurzelt waren, während die Großindustrie (z.B. Schwerindustrie, Bergbau) für die Gewerkschaften vor 1914 schwer zugänglich blieb. Bei den gelernten Arbeitern lag der Organisationsgrad bei weitem höher als bei den Ungelernten. Auch Frauen und Jugendliche, die ja größtenteils zur Gruppe der Ungelernten zählten, waren nur unterproportional gewerkschaftlich organisiert.[6] Den höchsten gewerkschaftlichen Organisationsgrad wiesen vor dem Krieg Branchen wie das Druckereiwesen oder die Holzindustrie auf. Zudem erschien die Gewerkschaftsbildung mehrheitlich ein städti-

1 Lederer/Marschak, Klassen, 117.

2 Lederer, Organisationen, 10.

3 Schon in zeitgenössischer Sicht wurden „volkswirtschaftliche“ und „soziale“ Funktionen von Gewerkschaften unterschieden, vgl. Briefs, Proletariat, 201. Siehe auch Woldt, Gewerkschaften, 503.

4 Über die Interessenvertretung ihrer Mitglieder auf dem Arbeitsmarkt hinaus boten die Gewerkschaften auch soziale, kulturelle und politische Aktivitäten und Identifikationsmöglichkeiten.

5 Schneider, Geschichte, 69. Die Ziffer faßt Freie, Hirsch-Dunckersche und Christliche Gewerkschaften zusammen, vgl. die Übersicht bei Lederer, Organisationen, 33.

6 Vgl. auch Ritter/Tenfelde, Arbeiter, 308f.

sches Phänomen: je größer die Stadt, desto höher fiel der Anteil der organisierten Industriearbeiter aus.[1] In Analogie zu den wirtschaftlichen Konzentrationstendenzen kündigte sich bereits der Trend zum Industrieverband an, der den beruflichen Fachverband mehr und mehr ersetzte.[2] Diese zukunftsweisende Organisationsform führte Beschäftigte mit unterschiedlichen Berufen oder Qualifikationen innerhalb eines Industriezweigs in einer Gesamtgewerkschaft zusammen.

Die politische Dimension der Gewerkschaftsbildung spiegelte sich in verschiedenen Richtungsgewerkschaften wider. Dabei nahmen die SPD-nahen, also in der Tradition der sozialdemokratischen Arbeiterbewegung stehenden Freien Gewerkschaften eine Vorreiterfunktion ein: Diese seit 1890 organisatorisch zu einem Dachverband unter Leitung einer „Generalkommission" zusammengefaßten Organisationen kamen im Jahr 1913 auf knapp 2,6 Millionen Mitglieder in den Einzelgewerkschaften.[3] Die christlichen Gewerkschaften, die der Zentrumspartei nahestanden, belegten hinsichtlich der Mitgliederstärke mit ungefähr 342.000 organisierten Arbeitnehmern den zweiten Rang, während die älteren liberalen Hirsch-Duncker'schen Gewerkvereine rund 106.000 Mitglieder verzeichneten.[4] Im Unterschied zu den Freien Gewerkschaften lehnten die antisozialistischen christlichen und liberalen Gewerkschaften den Klassenkampfgedanken ab und stellten diesem eine harmonisierte Version des Interessenkonflikts zwischen Arbeit und Kapital entgegen, die mehr auf eine Aussöhnung und Einebnung dieses Gegensatzes abzielte. Allerdings bestanden auch Unterschiede hinsichtlich der Strategien, beispielsweise waren die christlichen Gewerkschaften streikfreudiger als die auf friedliche Konfliktregelung setzenden Hirsch-Dunckerschen Gewerkvereine.

In einer verzerrten, übersteigerten Form fand der Gedanke einer Interessenharmonie zwischen Arbeitgebern und Arbeitnehmern auch bei den sogenannten „Gelben" Werkvereinen Verbreitung. Diese stellten jedoch kaum unabhängige Interessenorganisationen der Arbeitnehmer dar, sondern vielmehr eine unternehmensfreundliche Organisationsalternative, die durch ein patriarchalisch angelegtes Unternehmertum angeregt worden war. In Zeiten angespannter Arbeitskämpfe konnte dieses von Unternehmensseite akzeptierte Gegenmodell einer Gewerkschaft vorübergehend einen gewissen Umfang erlangen und die Wirksamkeit von Arbeiteragitationen beeinträchtigen, sich jedoch nicht dauerhaft etablieren.[5]

Wenn sich das Tempo des organisatorischen Wachstums in den letzten Friedensjahren zwar allmählich verlangsamte, so waren die Gewerkschaften vor dem Ersten Welt-

---

1 Lederer/Marschak, Klassen, 143.

2 Im Jahr 1914 rechneten zu den Freien Gewerkschaften 39 Berufsverbände sowie sieben Industriegewerkschaften; letztere umfaßten zwei Drittel der Mitglieder, vgl. Ullmann, Kaiserreich, 127.

3 Übersicht in Lederer, Organisationen, 33. Damit war im Durchschnitt ungefähr ein knappes Drittel der industriellen Arbeiterschaft organisatorisch erfaßt. Zur Mitgliederentwicklung der Gewerkschaften vgl. unten, Tabelle A.13 im Anhang. Vgl. auch Conze, Sozialgeschichte 1850-1918, 654.

4 Übersicht in Lederer, Organisationen, 33.

5 Lederer/Marschak, Klassen, 185ff.

krieg doch bereits zu einer wichtigen Gesellschaftsformation angewachsen, obwohl strukturelle Hindernisse, wie beispielsweise die hohe Mobilität der Arbeiterschaft, die starke Fluktuation der Mitglieder und nicht zuletzt die organisatorische Verfestigung des sogenannten „Herr-im-Hause"-Standpunktes auf Seiten der Unternehmer in bestimmten Branchen die Organisation erschwerten.[1]

Grundsätzlich war das Klima im Wilhelminischen Kaiserreich für die Arbeiterorganisationen durch ein „Doppelgesicht aus sozialer Reform und Unterdrückung" geprägt.[2] Bis zum Ersten Weltkrieg markierten das beschnittene Koalitionsrecht, das preußische Dreiklassenwahlrecht und die betriebliche Machtposition des Arbeitgebers (abgestützt durch die individualisierte Betriebsverfassung) den Handlungsrahmen gewerkschaftlicher Politik. Die Hauptanliegen der Freien Gewerkschaften – rechtliche Anerkennung, kollektives Arbeitsrecht, gesellschaftliche Integration – waren noch umkämpft.[3] Der Dualismus zwischen Konflikt und Kooperation, der für das Arbeitsmarktgeschehen typisch ist, hat für das historische Urteil zur gewerkschaftlichen Aktion am Ende des Kaiserreichs nahezu paradigmatische Qualität erreicht. Während sich die staatliche Politik zwischen Repression und Integration durch Sozialreform und Unterdrückung abspielte, bewegte sich gewerkschaftliches Handeln zwischen Revolution und Reformismus.[4]

Obwohl die Industrialisierung in Italien erst recht spät zum Durchbruch gekommen war, wies die italienische Arbeiterschaft offenbar doch ein hohes Klassenbewußtsein auf. Die Einflüsse der seit der Mitte des 19. Jahrhunderts erstarkenden europäischen Arbeiterbewegung wurden allseits rezipiert. So schien das ideologische Selbstverständnis einer umfassenden Durchsetzung des Fabriksystems vorauszueilen.[5] Im Unterschied zu Deutschland vollzogen sich in Italien die üblicherweise nacheinander stattfindenden Prozesse der Kapitalbildung, Industrialisierung und Organisation der Arbeiterschaft mehr oder weniger gleichzeitig.[6] In der Literatur werden häufig das Klassenbewußtsein, der ausgeprägte Kampfgeist und schließlich die „Organisationsfähigkeit" als Eigenschaften der italienischen Arbeiterschaft betont.[7] Angesichts instabiler Beschäftigungsverhältnisse und räumlicher Beschränktheit der Märkte erscheint dieser Befund bemerkenswert. Zu diesem Eindruck mag auch die kämpferische, im europäischen Kontext in dieser Form einzigartige Landarbeiterbewegung beigetragen haben, die sich kurz nach der Jahrhundertwende in der „*Federterra*" zusammengeschlossen hatte.[8]

---

1 Schneider, Gewerkschaften, 89ff.; Lederer/Marschak, Klassen, 143. Vgl. auch unten, II, 2.5.

2 Schneider, Gewerkschaften, 75; vgl. Ziegler, Zeitalter, 273.

3 Preller, Sozialpolitik, 3. Zum politischen Programm gehörten die volle Koalitionsfreiheit, der Achtstundentag, eine Rahmengesetzgebung für das Tarifwesen, die Verbesserung der Arbeiterschutzbestimmungen sowie der Ausbau der Sozialversicherung, vgl. Lederer, Organisationen, 29.

4 Vgl. z.B. Abelshauser, Konflikt und Kooperation. Uneinigkeit herrscht über die Balance zwischen den beiden Interpretationssträngen. Vgl. Schönhoven, Arbeitskonflikte, 178.

5 Hertner, Italien 1850-1914, 731.

6 Vgl. Adler, Industrialists, 24.

7 Paci, Mutamento, 33.

8 Siehe dazu Kölling, Familienwirtschaft.

Dennoch blieben die italienischen Gewerkschaften bis in den Ersten Weltkrieg hinein noch relativ unstrukturiert und quantitativ begrenzt. Bevor eine „Vergewerkschaftung" im eigentlichen Sinne einsetzte, hatte das verästelte, kleinräumig organisierte Vereinswesen der Arbeiter gleichsam als „Kern der Gewerkschaftsbewegung" solidaritätsbildende Funktionen übernommen und Selbsthilfe in der sozialen Grundsicherung geleistet. So waren nach der Jahrhundertwende über 900.000 Arbeiter in den rund 6.500 „Unterstützungsvereinen auf Gegenseitigkeit" (*società di mutuo soccorso*) organisiert.[1]

Die beschleunigte industrielle Entwicklung während der Giolitti-Zeit wurde von einer allmählichen Liberalisierung der staatlichen Handhabe des industriellen Konflikts begleitet. Vor diesem Hintergrund läßt sich ein organisatorisches Wachstum des Gewerkschaftswesens beobachten, das auch einige Industrieverbände, beispielsweise den im Jahr 1901 gegründeten Metallarbeiterverband FIOM (Federazione Italiana degli Operai Metallurgici) hervorbrachte. Fünf Jahre später führte die Gründung der *Confederazione Generale del Lavoro* (CGdL) die lokal, regional und auch branchenabhängig unterschiedlichen Einzelorganisationen unter einem Dachverband auf nationaler Ebene zusammen.[2] Zugleich hatte sich der reformistische Flügel in dem ideologisch motivierten Richtungsstreit gegenüber den anarchistisch-revolutionären Syndikalisten durchgesetzt.[3] Dieser Zusammenschluß war für das Auftreten der Arbeitnehmerschaft als Interessenpartei auf dem Arbeitsmarkt ein wichtiger Schritt, wenn auch die Mitgliederzahlen weit hinter den deutschen Arbeiterorganisationen zurückblieben: Die CGdL zählte im letzten Friedensjahr rund 327.000 Mitglieder, bei einer Gesamtheit von 972.000 organisierten Arbeitern.[4] Wie in Deutschland gehörte die Anerkennung der Gewerkschaften, die „dornigste aller Fragen", neben der Arbeitszeitverkürzung zu den Hauptanliegen im Forderungskatalog dieser führenden Arbeiterorganisation.[5]

---

1 Tomassini bezeichnet die frühen Arbeiterorganisationen (*mutuo soccorso, società di miglioramento, società di resistenza*) als "Kern der Gewerkschaftsbewegung", ders., L'associazionismo, 28. Statistische Rekonstruktion 11f. Jedoch sind die unterschiedlichen Wurzeln der Vereinsbildung zu beachten: z.B. waren die *società di mutuo soccorso* ursprünglich durch rechtsliberale Kreise gefördert worden.

2 Zur CGdL gehörten nunmehr die meisten Arbeitskammern (*camere del lavoro*), Widerstandsvereine (*leghe di resistenza*), über 20 lokale oder regionale Berufsverbände sowie Industrieverbände (z.B. FIOM). Mit der Genossenschaftsbewegung und den *società di mutuo soccorso* wurde eine enge Zusammenarbeit angestrebt.

3 Während die Reformisten (geführt von Rinaldo Rigola) radikale Kampftaktiken ablehnten, waren die intransigenten Syndikalisten (unter Labriola) konfliktfreudig und antistaatlich. Zu den verschiedenen Richtungen vgl. Barbadoro, Sindacalismo, Bd. II: La CGdL, 131ff.

4 Für die Mitgliederzahlen von 1907-1914 vgl. Tabelle A.13 im Anhang. Für den Untersuchungszeitraum 1900-1914/29 gibt es keine kontinuierlichen Datenreihen; die amtlichen Publikationen bieten verstreut statistische Angaben zur Mitgliederentwicklung, vgl. z.B. Bollettino del lavoro e della previdenza sociale 1921, Teil II, 220f., vgl. auch das quantitative Material in der zeitgenössischen Untersuchung von Hirschberg-Neumeyer, Gewerkschaften, 74. Eine sorgfältige Zusammenstellung liefern Bordogna/Cella/Provasi, Labor Conflicts, 225.

5 So Cabrini, Legislazione. Bordogna/Cella/Provasi, Labor conflicts, 220f.

Trotz der organisatorischen Bündelung des gemäßigten sozialistischen Flügels blieb die italienische Gewerkschaftslandschaft in dieser frühen Phase insgesamt noch recht unorganisch und durch regionale Sonderentwicklungen geprägt. So hatten die antirevolutionären christlichen Gewerkschaften zwar in der Lombardei und in Venetien – vor allem in der Textilindustrie und besonders bei den erwerbstätigen Frauen – an Einfluß gewonnen, aber noch keinen Zusammenschluß auf nationaler Ebene vollzogen. Das christliche Gewerkschaftswesen, der *sindacalismo bianco*, zählte im Jahr 1911 rund 105.000 Mitglieder. Zahlenmäßig ähnlich stark waren die in der *Unione sindacale italiana* organisierten extremen Anarcho-Syndikalisten, die Generalstreik und „direkte Aktion" (*azione diretta*) als Kampfmittel propagierten und in der Emilia ihre wichtigste Rekrutierungsbasis besaßen. Auch nationalistische Gewerkschaften konnten in einigen Zentren bereits eine beachtliche Aktivität entfalten, wie die lokale Anziehungskraft der *Unione sindacale Milanese* unter Corridoni zeigte.[1]

Auch in Italien spielten die gelernten Arbeiter für die gewerkschaftliche Mobilisierung vor dem Ersten Weltkrieg eine zentrale Rolle. Wie in Deutschland, so zählte auch in Italien das Druckereiwesen als traditionelle Branche mit einem handwerklichen Hintergrund zu den bestorganisierten Gewerbezweigen mit einer effizienten Interessenpolitik.[2] Zu den Organisationserfolgen in der Metallindustrie hatten vor allem die hochqualifizierten Arbeiter der aufstrebenden Automobilbranche in Turin und in Mailand beigetragen.

Die heterogene Struktur der italienischen Gewerkschaftslandschaft vor dem Ersten Weltkrieg spiegelte auf der institutionellen bzw. organisatorischen Ebene die ausgesprochene Fragmentierung des italienischen Arbeitsmarktes wider. Das industrielle Dreieck erwies sich dabei als erstes Aktionsfeld von zukunftsträchtigen Organisationsformen mit überregionaler Ausstrahlung.

b. Die Organisation der Unternehmer

Schon vor dem Ersten Weltkrieg wies die Nachfrageseite des Arbeitsmarktes ebenfalls eine diversifizierte Organisationsstruktur auf. Innerhalb der deutschen Unternehmerschaft gab es jedoch erhebliche Interessengegensätze, die aus den unterschiedlichen strukturellen Voraussetzungen und Ansprüchen verschiedener Branchen resultierten. So waren die wirtschaftspolitischen Interessen der Schwerindustrie, die sich mit einer selbstbewußten und effektiven Verbandspolitik erfolgreich für Zollschutz und Kartellierung einsetzte, von denen der exportorientierten verarbeitenden Industrie grundverschieden. Im weitverzweigten industriellen Verbandsgeflecht spiegelte sich diese Interessenvielfalt wider.[3] Vor allem die Schwerindustrie konnte ihre Interessenvertretung erfolgreich organisieren. Hierbei nutzte sie die Vorteile aus, die sich ihr angesichts von

1 Zu den verschiedenen Richtungsgewerkschaften vgl. Hirschberg-Neumeyer, Gewerkschaften, 24ff.

2 Siehe auch unten, Abschitt II 2.4. c, e.

3 Um 1907 gab es 522 Wirtschaftsverbände mit mehr als 5.000 Zweigverbänden, vgl. Ziegler, Zeitalter, 246. Siehe auch Ullmann, Kaiserreich, 129.

regionaler Standortballung, horizontaler und vertikaler Konzentration boten. Dabei hatten sich die Ruhrindustriellen besonders einflußreiche Verbände geschaffen, wie beispielsweise den Bergbauverein („Verein für die bergbaulichen Interessen im Oberbergamtsbezirk Dortmund"), den „Verein zur Wahrung der gemeinsamen wirtschaftlichen Interessen in Rheinland und Westfalen" („Langnamverein") oder aber die nordwestliche Gruppe des „Vereins deutscher Eisen- und Stahlindustrieller" (VDESI).[1] Diese spielten auch für die Gründung und langfristigen Geschicke des ersten industriellen Spitzenverbandes, des „Centralverbandes Deutscher Industrieller zur Beförderung und Bewahrung nationaler Arbeit" (CDI) eine tragende Rolle.[2] In enger Kooperation mit dem „Bund der Landwirte" und anderen konservativen Interessenorganisationen und Parteien bildete der CDI einen antiparlamentarischen, antisozialistischen, reformfeindlichen Block und suchte sich zum Wortführer der gesamten deutschen Industrie emporzuschwingen.[3]

Demgegenüber hatten sich im „Bund der Industriellen" (BdI) überwiegend die kleinen und mittleren Unternehmer der Verarbeitungsindustrie zu einem weiteren Spitzenverband organisatorisch zusammengeschlossen. Dieser neue Verband kämpfte gegen die Abschottung des Marktes durch Protektionismus und Kartellwesen und pflegte den Kontakt zu den liberalen Parteien.[4] Allerdings gelang es dem BdI nicht, die Dominanz des CDI innerhalb der deutschen Unternehmerschaft zu durchbrechen.[5]

Neben den wirtschaftlichen Interessenverbänden waren in den letzten Jahren vor dem Krieg zunehmend auch Arbeitgeberverbände im engeren Sinne entstanden. Diese sollten sich stärker mit sozialpolitischen Angelegenheiten beschäftigen – das hieß genauer: mit aus der Beziehung zwischen Kapital und Arbeit resultierenden Fragen. Faktisch bestand diese inhaltliche Trennung der Zuständigkeiten in Wirtschafts- und Sozialpolitik allerdings eher auf dem Papier, wie sich aus der häufig engen personellen Verflechtung beider Verbandstypen einer Branche erahnen läßt, deren Führung bisweilen sogar in Personalunion ausgeübt wurde. Oft genug bildeten die Arbeitgeberverbände somit nur ein „Anhängsel" der Wirtschaftsverbände.[6]

In der zeitgenössischen Literatur wurden die Arbeitgeberverbände als die „sekundäre" Organisationsbildung auf dem Arbeitsmarkt interpretiert,[7] da – wie bereits die klassische Nationalökonomie konstatierte – „die Unternehmer (...) auch ohne jede Verabre-

1 Vgl. für schwerindustrielle Interessenpolitik im Ruhrgebiet Plumpe, Unternehmerverbände.

2 Der CDI wurde 1876 unter Führung des Langnamvereins, des VDESI und der süddeutschen Baumwollindustrie gegründet, siehe dazu Kaelble, Interessenpolitik.

3 Puhle, Interessenpolitik; Pyta, Interessenpolitik; Ullmann, Interessenverbände; Feldman, Armee, 29f.

4 Ullmann, Bund der Industriellen.

5 Dafür gab es verschiedene Gründe: die bedeutenden neuen Industriezweige Chemie und Elektro integrierten sich nicht; darüber hinaus besaß der CDI – auch „privates Ministerium der Industrie" (Kaelble) genannt – enge Kontakte zur Ministerialbürokratie Preußens und des Reichs, vgl. Ziegler, Zeitalter, 246; Ullmann, Kaiserreich, 128; Plumpe, Unternehmerverbände, 683.

6 Plumpe, Unternehmerverbände, 667.

7 Lammers, Art. „Arbeitgeberverbände", Sp. 290f.

dung in einer stillschweigenden, heimlichen Koalation [sic!] den Arbeitern gegenüber" stünden.[1]

Das reaktive Moment wird bei den frühesten Gründungen von Arbeitgeberverbänden deutlich: Gerade in den Industriezweigen mit einer diversifizierten Arbeiterstruktur (und darunter einem qualifizierten Facharbeiterkreis), d.h. vor allem dort, wo Gewerkschaften früh Fuß fassen konnten, bildeten sich die ersten Arbeitgeberverbände, beispielsweise im Buchdruck und in der Metallindustrie.[2] Ziel dieser frühen Arbeitgeberverbände war in der Regel die Vertretung der Arbeitgeber in Tariffragen.

Einen weitaus offensiveren Charakter im Sinne eines Arbeitskampfinstrumentes trug hingegen bereits der Ausstandsverein (1889/90). Dieser war als eine Art Versicherung gegen streikbedingte Verluste konzipiert, der Mitgliedsunternehmen Kompensationsleistungen zusicherte, sofern sie „linientreues" Verhalten im Arbeitskampf an den Tag gelegt hatten. Das hieß zumeist, daß man die Verweigerung von Verhandlungen mit Gewerkschaften erwartete.[3] Als der Ausstandsverein 1908 in den „Zechenverband" überführt wurde, deutete sich der Beginn einer neuen Phase an, in der die schwerindustrielle Unternehmerschaft einen Führungsanspruch hinsichtlich der Arbeitgeberposition in Arbeitsmarktfragen reklamierte.[4] Alarmiert von wachsenden Organisations- und Arbeitskampferfolgen der Arbeiterbewegung bemängelte man im konservativen Unternehmerlager die Abkehr vom repressiven Kurs in der reichsdeutschen „Arbeiterpolitik" und beschloß, eigene Zusammenschlüsse zu forcieren. So wurde im Jahr 1904 mit „Arbeitnordwest" als Pendant zur nordwestlichen Gruppe des VdESI eine Arbeitgeberorganisation für die westdeutsche Eisen- und Stahlindustrie geschaffen und gleichzeitig mit der sogenannten „Hauptstelle der deutschen Arbeitgeberverbände" eine CDI-nahe Dachorganisation gebildet. Damit war der Aufbau eines Kampfverbandes gegen die Gewerkschaften mit dem Ziel intendiert, das Organisationswesen der Arbeiterschaft systematisch abzudrängen und das Drohpotential von Streiks zu mindern.

Die oben skizzierten Interessengegensätze innerhalb der Unternehmerschaft prägten auch das organisatorische Gefüge der Arbeitgeber. Die überwiegend klein- und mittelbetrieblich strukturierte Fertigwarenindustrie gründete den „Verein Deutscher Arbeitgeberverbände" als eine weitere, dem BdI nahestehende Spitzenorganisation. Auffallend ist jedoch, daß die Satzungen und damit die programmatische Formulierung von Funktionen und Zielsetzungen beider „Arbeitgeberlager" im Wortlaut identisch waren. Zeitgenössische Studien haben daraus eine weitgehende Deckungsgleichheit der Inter-

---

1 Adam Smith, zitiert nach Lederer, Soziale Organisationen, 78.

2 1868 wurde der Buchdruckerverband gegründet, in den 1890er Jahren der Gesamtverband Deutscher Metallindustrieller, vgl. Lammers, Arbeitgeberverbände, 290; auch im Baugewerbe gab es schon frühe Organisationen, vgl. Ullmann, Unternehmerschaft, 195.

3 Plumpe, Unternehmerverbände, 676.

4 Als „Katalysator" für diese organisatorische Ausdifferenzierung gilt gemeinhin der Textilarbeiterstreik im sächsischen Crimmitschau im Jahr 1903, vgl. Plumpe, Unternehmerverbände, 677 oder Ullmann, Unternehmerschaft, 194.

essen in Arbeitsmarktdingen geschlußfolgert und allenfalls „geringfügige" Abweichungen eingeräumt.[1] Eine solche Interpretation übersieht jedoch wichtige Abweichungen hinsichtlich der Arbeitsbeziehungen und läuft zugleich Gefahr, das effektive Netzwerk schwerindustrieller Interessenpolitik zu marginalisieren. Die Haltung der industriellen Arbeitgeber in Tariffragen gestaltete sich durchaus facettenreich. So verweist beispielsweise der Stellenwert des Tarifvertrags – von der Schwerindustrie kategorisch zurückgewiesen, in vielen anderen Industriezweigen durchaus bewährte Praxis[2] – auf unterschiedliche Präferenzen und Erfahrungen im Hinblick auf arbeitsmarktbezogene Regelungen. Auch hinsichtlich der Arbeitskampfmodalitäten gab es verschiedene Standpunkte. Dennoch ist richtig, daß die Schwerindustrie seit der Jahrhundertwende ihre Position auch anders strukturierten Industriezweigen aufzwang und sich so als Kernbereich der Arbeitgeberprogrammatik eine verhärtete Position herauskristallisierte, für die die Ablehnung von Gewerkschaftsanerkennung und kollektiven Verhandlungen, Tariffeindlichkeit und rigorose Arbeitskampfpraxis elementar waren. Auf jeden Fall läßt sich festhalten, daß mit dem organisatorischen Schub, der am Vorabend des Ersten Weltkrieges abgeschlossen war, die „sekundären" Arbeitgeberverbände die „primären" Organisationen der Arbeiterschaft überholt hatten. Gestärkt durch ihren Organisationsgrad waren sie zumindest dort, wo Großbetriebe vorherrschten und damit große Teile der Arbeiterschaft erfaßten, überlegen. Das galt also vor allem für den schwerindustriellen Sektor. Hier hatte sich die Branchenstruktur schon für den Ausbau einer Wirtschafts-Verbandsmacht vorteilhaft dargestellt und bot nun überdies Möglichkeiten, intransigente Arbeitgeber durch wirtschaftliche Isolation unter Druck zu setzen und damit zu disziplinieren. In dieser Hinsicht verfügten die Arbeitgeber über ein zusätzliches Druckmittel, für das es auf Seiten der Arbeitnehmer kein Pendant gab.

Zu einer formellen Zentralisierung der Arbeitgeberverbände kam es im letzten Friedensjahr, als die „Hauptstelle" und der „Verein deutscher Arbeitgeberverbände" zur Vereinigung Deutscher Arbeitgeberverbände" fusionierten, womit ein vorläufiger organisatorischer Schlußpunkt gesetzt wurde, der die wichtigsten Branchen (Montanbereich, Textil- und Metallindustrie) betraf. Allerdings bleibt anzumerken, daß sich rund zwei Drittel der organisierten Arbeitgeber dieser neugegründeten „Vereinigung" bis Anfang 1914 noch nicht angeschlossen hatten.[3]

In Italien war das Verbandswesen der Unternehmer längst nicht so kompakt organisiert wie in Deutschland und zudem von starken regionalen Unterschieden geprägt. Kurz nach der Jahrhundertwende war mit der Gründung der „Federazione degli Industriali di Monza" (1902) – des ersten von soliden Verwaltungsstrukturen getragenen Unternehmerverbandes – der späte Anfang für einen Prozeß zunehmender Verbandsbil-

1 So argumentieren Lederer/Marschak, Klassen und Lammers, Arbeitgeberverbände.

2 Vgl. dazu unten, Abschnitt II 2.4.c.

3 Damit stand auch die Hälfte aller verbandlich erfaßten Arbeitnehmer noch nicht unter der Programmatik der „Vereinigung der deutschen Arbeitgeberverbände". Angaben nach Ullmann, Unternehmerschaft, 199.

dung gemacht. Dieser blieb allerdings in der Frühphase noch quantitativ und regional begrenzt. So waren im Jahr 1908 gerade einmal 69, im darauffolgenden Jahr 85 Unternehmerorganisationen registriert – also nur ein Bruchteil dessen, was in Deutschland an industriellen Verbänden existierte.[1] Dabei wiesen die Regionen des industriellen Dreiecks die bei weitem höchste Verbandsdichte auf. Der territoriale Bezugsrahmen spielte eine entscheidende Rolle für die Organisationsbildung, so daß sich schon bald die Tendenz zur Bildung von standortbezogenen, häufig auch branchenübergreifenden Verbänden abzeichnete. Die lokale Nähe war oft wichtiger als die Branchenzugehörigkeit.[2]

Hinsichtlich Funktion und Organisationsform der Verbände ließen sich deutliche regionale Unterschiede erkennen. Größtenteils resultierten diese aus verschiedenen Traditionen und kulturellen Prägungen des Unternehmertums in den beiden industriellen Zentren um Mailand und Turin. Das wurde besonders bei der Gründung der „Lega Industriale di Torino" (LIT) im Jahr 1906 deutlich – des Verbands der wichtigsten Turiner Industriellen, in dem vor allem Großunternehmen vertreten waren.[3] Im Unterschied zum bereits erwähnten älteren Monzeser Industriellenverband handelte es sich bei der Turiner Liga um einen *sindacato padronale*, also einen Arbeitgeberverband im eigentlichen Sinne, während die ältere *Federazione degli Industriali di Monza* als Zusammenschluß von diversen lokalen Branchenverbänden allgemeine interessenpolitische Funktionen erfüllt hatte. Das konnte zwar Arbeiterfragen einschließen, besaß aber keine per se arbeitsmarktpolitische Intention.[4] In Arbeitsmarktfragen offenbarte sich jedoch die über formale Organisationsmerkmale hinausweisende Wesensverschiedenheit der industriellen Beziehungen in beiden industriellen Zentren. Diese war mit der spezifischen unternehmerischen Ideologie bzw. Selbstverständnis verknüpft. Verallgemeinert formuliert, lehnten die als eher „traditionell" zu etikettierenden Mailänder Unternehmer den kollektiven Klassenkonflikt ab und suchten den Individualcharakter der industriellen Beziehungen zu wahren. Den Organisationsneigungen auf dem Arbeitsmarkt standen sie skeptisch gegenüber. Diese Tendenz ist vor dem Hintergrund des schrittweise vollzogenen regionalen Industrialisierungsprozesses im Mailänder Raum zu sehen, in welchem die Prägung durch harmonisierendes, konfliktverneinendes Denken innerhalb der Unternehmerschaft Kontinuität hatte. Demgegenüber schienen die moderneren Turiner Industriellen viel eher bereit, die Idee des strukturellen Konflikts zwischen Arbeit und Kapital und daraus erwachsende kollektivierte Formen der Interessenartikulation zu akzeptieren und zu einer pragmatischen Handhabe der industriellen Beziehungen zu gelangen. Dies gab der Turiner Organisation zugleich einen pointierteren Kampf-

1 In Deutschland gab es um die 500 Verbände mit einem ausgedehnten Netzwerk von Zweigstellen, s.o. Vgl. für Italien die Erhebung im Bollettino dell'ufficio del lavoro 7, 1909.

2 Lanzalaco, Impresa, 92ff.

3 Zum Gründungszeitpunkt erfaßte die LIT 200 Unternehmen aus 21 Branchen, Ende 1914 bereits 639 Unternehmen, vgl. Abrate, Lotta, 50. Das Gründungsstatut findet sich ebd., 466f.

4 Ein Vergleich der Statuten veranschaulicht die Unterschiede in Form und Funktion, vgl. Lanzalaco, Impresa, 94f. Vgl. auch Schmid, Arbeitgeberorganisationen, 71.

charakter.[1]

Die für die deutsche Organisationsgeschichte bereits konstatierte Reihenfolge von Arbeitnehmerorganisationen als den primären, Arbeitgeberorganisationen als den sekundären Erscheinungen auf dem Arbeitsmarkt gilt auch für Italien.[2] Dabei entfaltete das Vorbild anderer, weiter industrialisierter Nationen wie z.B. Deutschland durchaus Anziehungskraft und diente als Inspiration für eigene Organisationsbestrebungen.[3]

Für die weitere Entwicklung des unternehmerischen Verbandswesens in Italien war die LIT außerordentlich bedeutsam. Schon im Jahr 1908 war der *sindacato padronale* – der Arbeitgeberverband nach dem Modell der LIT[4] – die dominierende Organisationsform, in die sich mehr als zwei Drittel aller Verbände gekleidet hatten.[5] Darüber hinaus griff die Verbandspolitik der LIT relativ rasch über den lokalen Wirkungskreis auf die gesamte Region über und mündete zunächst in die Gründung der *Federazione dell'industria piemontese*, womit das italienische Verbandswesen in eine neue Phase trat, in der der gezielte Aufbau eines integrativen, räumlich ausgedehnten Netzwerkes im Mittelpunkt stand.[6] Die tonangebende Position der LIT im italienischen Unternehmerlager vor dem Ersten Weltkrieg zeigte sich bald schon in einer selbstbewußten Verbandspolitik, die ihre Ambitionen erfolgreich auf die nationale Ebene lenkte und schließlich den entscheidenden Impuls für die Gründung eines nationalen Unternehmerverbandes gab.[7] So wurde im Jahr 1910 die *Confederazione Italiana dell'Industria* (CIDI) als ein nationaler Mischverband gegründet, dem Verbände, aber auch einzelne Unternehmer beitreten konnten.[8] Diese Vorläuferorganisation der *Confindustria*, die die Koordinationsstruktur zwischen den wichtigsten Unternehmerverbänden in Piemont, Ligurien und der Lombardei bereitstellte, stand aber bis zum Kriegsende in enger Ver-

1 Amatori, Typologies, 366 und 375. Einen dritten „Typus" stellen die Unternehmer staatlich gestützter Industrien (z.B. in der Stahlindustrie oder im Schiffsbau) dar, nach dem idealtypischen „Genueser Modell" z.B. der Perrone-Brüder von Ansaldo; vgl. auch Baglioni, Ideologia, 462ff.; Lanzalaco, Impresa, 94; Adler, Industrialists, 40f.

2 Vgl. z.B. Luigi Einaudi im Corriere della Sera im Juli 1906, in Castronovo, L'economia italiana, 43, siehe auch Spriano, Socialismo, 171.

3 Das legte der Verbandssekretär Gino Olivetti im Verbandsorgan Bollettino della Lega industriale dar, vgl. Adler, Industrialists, 41. Siehe auch Spriano, Socialismo, 217.

4 Spriano, Socialismo, 174.

5 Vgl. Übersicht in Lanzalaco, Impresa, 93; siehe auch Spriano, Socialismo, 245.

6 Vgl. die verschiedenen Phasen des Verbandswesens nach Lanzalaco, Impresa, 84ff. Den Einfluß, den die LIT auf die Gründung des Piemonter Verbandes hatte, zeigt sich in der Deckungsgleichheit der Statuten, Spriano, Socialismo, 222.

7 Siehe auch Spriano, Socialismo, 217. Mailand und Turin rivalisierten durchaus um die Wortführerschaft, vgl. Schmid, Arbeitgeberorganisationen, 76. Andere Industrielle und Verbände befürchteten, marginalisiert zu werden, vgl. Abrate, Lotta, 53ff. Siehe auch Lanzalaco, Impresa, 99ff.

8 Zum Zeitpunkt der Gründung waren zwölf Gründungsverbände und 1.200 Unternehmen beteiligt, 1912 bereits 21 Verbände mit 2.000 Unternehmen, Schmid, Arbeitgeberorganisationen, 77. Die einzige echte Organisation zweiten Grades als „Verband der Verbände" blieb damit die Piemonteser Föderation, vgl. Lanzalaco, Impresa, 100f.

flechtung mit den Verbandsinteressen der LIT, die somit ein effektives Instrument der unternehmerischen Interessenartikulation auf nationaler Ebene geschaffen hatte.

In der kurzen Zeitspanne von etwas mehr als einem Jahrzehnt war also auch in Italien die organisatorische Basis eines vernetzten industriellen Verbandswesens entstanden. Im Vergleich zur deutschen Verbandsgeschichte fällt aber nicht nur das rasche Tempo der Verbreitung auf, sondern auch die weniger klare und organisatorisch vollzogene Funktionsdifferenzierung in Arbeitgeber- und Wirtschaftsverbände. Angesichts der steigenden Bedeutung der Arbeiterorganisationen und der wachsenden Frequenz von Arbeitskämpfen verwundert es nicht, daß das Prinzip des Arbeitgeberverbandes gerade im letzten Vorkriegsjahrzehnt steigende Verbreitung fand, jedoch läßt sich in Italien keine formale Funktionstrennung beider Organisationstypen – wie sie in Deutschland existierte – erkennen. Dieser Unterschied hing vermutlich nicht nur mit der vergleichsweise spät einsetzenden Gründungsphase industrieller Interessenorganisationen zusammen, sondern wohl auch mit der geringeren Kohäsionskraft, die von der Branchenzugehörigkeit als Organisationskriterium auszugehen schien, während der regionale Bezug für die Organisationsbildung eine stärkere Rolle spielte.[1]

Damit spiegelte das industrielle Verbandswesen die regionale Zersplitterung des industriellen Arbeitsmarktes wider. Auch in Italien, wo die Arbeitgeberposition in den *relazioni industriali* alles andere als einheitlich war, schien es derjenigen Industriellenorganisation mit den besten organisatorischen Rahmenbedingungen zu gelingen, sich zum Wortführer in Arbeiterfragen aufzuschwingen und damit Leitlinien der Arbeitgeberposition zu markieren. Unter der Wortführerschaft der LIT war diese in Italien allerdings offener und flexibler geraten als der „einbetonierte" Unternehmerstandpunkt nach dem Strickmuster des schwerindustriellen CDI.

c. *Arbeitskonflikte und ihre Regulierung*

In der Arbeitsmarktperspektive ist nicht nur die bloße Präsenz von Organisationen relevant, sondern das Handeln der Akteure, die das Arbeitsmarktgeschehen ausgestalten, auch wenn die jeweiligen Handlungsspielräume (z.B. mit dem Organisationsgrad und der Branchenstruktur) variieren. Gegenstand der strukturell konfliktträchtigen Arbeitsmarktbeziehung sind Art, Umfang und Bedingungen der Arbeitsleistung und ihre Entlohnung. Für die Austragung oder Beilegung eines Arbeitskonflikts lassen sich verschiedene typische Formen erkennen, die von friedlichen Verhandlungen bis zu offensiven Arbeitskampfmaßnahmen reichen. Mithin haben die Praktiken von Konflikt und Kooperation eine wichtige regulierende Funktion auf dem Arbeitsmarkt.[2]

Der Streik – verstanden als „die befristete kollektive Arbeitsniederlegung von Lohn- oder Gehaltsabhängigen zur Durchsetzung geforderter Arbeits- und Einkommensver-

1 Das zeigte sich auch im Ersten Weltkrieg: hier wurde der Austausch zwischen Staat und Industrie nicht entlang vorhandener Branchenstrukturen organisiert, sondern in branchenübergreifenden Regionalkomitees, vgl. Lanzalaco, Impresa, 105.

2 Vgl. auch Tenfelde/Volkmann, Streik, 10.

hältnisse“[1] – kann als das wohl wichtigste und elementarste Mittel des Arbeitskampfes auf Seiten der Arbeiterschaft gelten. Zwischen der Jahrhundertwende und dem Ersten Weltkrieg wies die Entwicklung der Streikbewegungen in einigen europäischen Ländern eine „beispiellose Größenordnung“ auf.[2] In Deutschland hatte sich seit der Jahrhundertwende die Anzahl der Streiks und Streikenden von 806 mit 101.081 Beteiligten schon im Jahr 1906 auf das höchste Niveau in der Vorkriegszeit mit 3.059 Streiks und 222.686 Beteiligten gesteigert.[3] Das zunächst rasche Wachstum der Streikquote ebbte kurz vor dem Ersten Weltkrieg ab. Es gab also Brüche in der Streikentwicklung, die in ihrer quantitativen Entwicklung nicht ganz an das eindrucksvolle Wachstum der Gewerkschaftsverbände heranreichte.[4] Auch hinsichtlich der Dauer, des Umfangs und der Frequenz von Streiks war in den letzten Jahren vor dem Kriegsbeginn ein Rückgang zu verzeichnen.[5] Dies kann man auch an der Streikstatistik der stärksten Einzelgewerkschaft – des Deutschen Metallarbeiterverbandes – ablesen. In der Hochkonjunktur von 1912 war nur noch rund ein Viertel aller vom Verband erfaßten Lohnbewegungen mit Streik verbunden, während im Jahr 1904 noch über 40 Prozent aller Arbeitskonflikte in einen Streik mündeten.[6]

Die quantitative Entwicklung der Streiktätigkeit wird im allgemeinen mit dem Konjunkturverlauf sowie mit dem wachsenden Einfluß der Gewerkschaften auf die Lohn- und Arbeitsverhältnisse in den jeweiligen Branchen erklärt.[7] Beide Argumente stehen in einem engen Zusammenhang. Strukturelle Wandlungen des Arbeitsmarktes spiegelten sich im Streikgeschehen wider. Außerdem muß die Entwicklung der Arbeitskampftätigkeit vor dem Hintergrund der in vielen Branchen rapide wachsenden Organisationsmacht der Arbeitgeber und einer Verhärtung der Positionen betrachtet werden, die sich im zunehmend angespannten innenpolitischen Klima der letzten Jahre des Wilhelmini-

---

1 Ebd., 17.

2 Geary, Arbeiterprotest, 83.

3 Für das Hochkonjunkturjahr 1911 wurden 2.707 Streiks registriert, während in der Rezession von 1913 die Anzahl der Streiks und Beteiligten zurückging: Laut Gewerkschaftsstatistik 2.173 Streiks mit 177.594 Beteiligten, laut Reichsstatistik 2.127 Streiks mit 265.575 Streikenden.

4 Die quantitative Entwicklung läßt sich aus den Streikstatistiken der Freien Gewerkschaften (ab den 1890er Jahren) oder aus der offiziellen Reichsstatistik (ab 1899) erschließen. Statistische Schwächen monierten bereits Zeitgenossen. Im Unterschied zur Gewerkschaftsstatistik sollte die amtliche Statistik alle Streiks erfassen und nicht nur die, an denen Mitglieder der Fachverbände beteiligt waren. Trotzdem sind – paradoxerweise – die Zahlen der Generalkommission für einige Jahrgänge höher, vgl. die Tabellen in SGA II, 132ff.; sowie den quantitativen Amhang in Tenfelde/Volkmann, Streik, 296ff. Die folgenden quantitativen Überlegungen beruhen, wenn nicht anders angegeben, auf den Angaben der Gewerkschaftsstatistik.

5 Schönhoven, Arbeitskonflikte, 185.

6 Opel, Metallarbeiter-Verband, 29. Obwohl die Gewerkschaft einen Mitgliederzuwachs zu verzeichnen hatte, stieg der Anteil an streikenden Gewerkschaftsmitgliedern nicht proportional. Domansky, Rationalization, 338.

7 Opel, Metallarbeiter-Verband, 29.

schen Kaiserreichs vollzog.[1]

Grundsätzlich setzten die Gewerkschaften zunehmend auf den Verhandlungsweg und bildete allmählich branchenspezifisch eine arbeitsmarktbezogene und konjunkturorientierte Kampfstrategie aus.[2] In der vorherrschenden gewerkschaftlichen Konzeption galt der Streik als letztes Druckmittel im Arbeitskonflikt.[3] Der friedlich ausgehandelte Tarifvertrag stellte den „Königsweg des Interessenausgleichs" (Schönhoven) dar, wie bereits um die Jahrhundertwende auf dem Kongreß der Freien Gewerkschaften betont wurde.[4]

Zu der gewerkschaftlichen Präferenz eines institutionalisierten Interessenausgleichs auf dem Arbeitsmarkt paßt die Entwicklung der statistisch erfaßten „kampflosen Bewegungen", also derjenigen Auseinandersetzungen, die ohne Arbeitseinstellung, sondern lediglich durch Tarifverhandlungen beigelegt wurden.[5] Die Zahl der kampflosen Lohnbewegungen hatte sich im Laufe des letzten Friedensjahrzehnts mehr als verdoppelt, die Zahl der betroffenen Betriebe ungefähr vervierfacht.[6] Im Jahr 1913 gab es schließlich bereits 10.885 Tarifverträge, die für 143.088 Betriebe und rund 1,4 Millionen Arbeiter galten.[7]

Allerdings hatte sich das Tarifwesen auf den industriellen Teilarbeitsmärkten in höchst unterschiedlichem Maße durchgesetzt. Die Akzeptanz für kollektive Arrangements hing in entscheidendem Maße vom Organisationsgrad der Arbeitsmarktparteien ab. So erwiesen sich die Industriezweige, die hinsichtlich der gewerkschaftlichen Organisation Frühstarter gewesen waren, auch als Vorreiter des Tarifwesens: Während kurz vor dem Ersten Weltkrieg für rund 80 Prozent des Druckgewerbes Tarifabkommen galten, waren die immerhin 70.000 Mitglieder der Buchdruckergewerkschaft sogar zu 100 Prozent tariflich erfaßt.[8] Hohe Tarifquoten ließen sich auch in der Holz- und Bauindustrie, in der Nahrungs- und Genußmittelindustrie sowie in Teilen der Metallverarbeitung

---

1 Für die Verschärfung des allgemeinen Klimas waren diejenigen Streiks ein Indiz, in die Ordnungskräfte involviert waren. Polizeiberichte von Gewerkschaftsversammlungen wurden an Arbeitgeber weitergeleitet, so daß diese das gewerkschaftliche Engagement ihrer Beschäftigten kontrollieren konnten. Vgl. auch Geary, Arbeiterprotest, 83ff.

2 Vgl. Lederer/Marschak, Klassen, 169 sowie 170f.; siehe auch Tenfelde/Volkmann, Streik, 20.

3 So seien Gewerkschaften nicht „Streikvereine", sondern eher „Streikvermeidungsvereine" gewesen, Tenfelde/Volkmann, Streik, 21. Vgl. auch Domansky, Rationalization, 331ff.

4 Schönhoven, Arbeitskonflikte, 179. Vgl. auch ders., Gewerkschaften als Massenbewegung, 223 mit Anm. 85. Der Deutsche Metallarbeiterverband hatte sich 1903 für Tarifverträge ausgesprochen, vgl. Opel, Metallarbeiter-Verband, 28.

5 Zu Tarifverträgen vgl. Ullmann, Tarifverträge.

6 Nach den Angaben der Gewerkschaftsstatistik stieg die Zahl der kampflosen Bewegungen von 2.969 im Jahr 1905 auf 7.372 im Jahr 1913, mit einem allerdings jährlich schwankenden Wachstum. Die Zahl der betroffenen Betriebe stieg von 15.143 im Jahr 1904 auf 62.911 im letzten Friedensjahr, Tenfelde/Volkmann, Streik, 300.

7 Zum Vergleich: Im Jahr 1908 waren es noch 1.973 Tarifverträge für 40.068 Betriebe und 396.816 Arbeitnehmer. Angaben nach Rabl. 18, 1920, 66. Vgl. auch Geary, Arbeiter und Unternehmer, 175.

8 Schönhoven, Gewerkschaften, 90. Siehe auch ders., Arbeitskonflikte, 181.

registrieren, die hinsichtlich ihrer überwiegend klein- oder mittelbetrieblichen Produktionsorganisation, einer geringen regionalen Konzentration und Verflechtung Ähnlichkeiten in ihren branchenstrukturellen Voraussetzungen aufwiesen, die eine Koordination der Arbeitgeberseite erschwerten. Zugleich war in diesen Branchen in der Regel die Streikempfindlichkeit aufgrund saisonaler Arbeitszyklen oder einer geringen Lagerfähigkeit der Produkte erhöht, was den Anreiz für eine kollektive, verbindliche Regelungsform steigerte.[1] Demgegenüber fand in der Montanindustrie der Tarifvertrag noch keinerlei Anklang – für Bergbau und Hüttenwesen waren im Jahr 1913 lediglich drei Tarifverträge geschlossen worden.[2] Im größten Industriezweig, der Metallindustrie, war ein gutes Drittel der Mitglieder der Industriegewerkschaft tariflich gebunden, wobei die Großbetriebe den Abschluß von Kollektivvereinbarungen noch erfolgreich blockierten.[3]

Am Vorabend des Ersten Weltkrieges stand etwa ein Fünftel aller Arbeitskräfte auf dem industriellen Arbeitsmarkt in einem tarifvertraglich festgelegten Arbeitsverhältnis.[4] Dabei waren hauptsächlich kleine und mittlere Betriebe involviert.[5] Wie läßt sich die Durchsetzungsfähigkeit einer paritätischen Regelungspraxis auf dem Arbeitsmarkt also insgesamt beschreiben? Kriterien wie Branchenstruktur, Organisationsgrad und Wettbewerbssituation beeinflußten die grundsätzliche Haltung der Arbeitgeber und die praktische Realisierbarkeit des gewählten Standpunktes. Hierbei ist allerdings anzumerken, daß sich die grundsätzliche Tariffeindlichkeit in der Schwerindustrie nicht nur aus der ökonomischen Dimension ihrer Machtposition, sondern auch aus ideologischen Aspekten, beispielsweise aus ihrem Selbstverständnis (Stichwort: „Herr-im-Hause-Standpunkt") und deren politischen Implikationen herleitete. Ebensowenig war die Tariffreundlichkeit anderer Branchen ausschließlich durch die Marktmacht oder eine besondere Militanz der dort präsenten Arbeiterorganisationen erzwungen, sondern konnte durchaus einem ökonomischen, marktrationalen Erfordernis in dieser Branche entsprechen. Auch die Kapitalintensität spielte eine wichtige Rolle, da arbeitsintensive Industrien ein erhöhtes Interesse an einem kalkulierbaren Produktionsablauf hatten.[6] Auch für innovations- und investitionsintensive Industrien konnten langfristige Tarifverträge attraktiv werden, um die notwendige Planungssicherheit zu realisieren. Im letzten Vorkriegsjahrzehnt hatte das Tarifwesen also durchaus Terrain gewonnen, stellte jedoch noch keinesfalls eine gängige Praxis auf dem Arbeitsmarkt dar.

Die quantitative Entwicklung des Streikverhaltens ist dahingehend interpretiert worden, daß Arbeitskonflikte mit steigendem Organisationsgrad der Marktparteien zunehmend „rationalisiert" worden seien.[7] Angesichts einer hohen Quote erfolgreich beende-

1 Vgl. Schönhoven, Gewerkschaften, 90. Vgl. auch Ullmann, Unternehmerschaft, 203ff.
2 Diese galten für 82 Beschäftigte in der Torfgräberei! Schönhoven, Arbeitskonflikte, 181.
3 Berechnet nach Opel, Metallarbeiter-Verband, 28f. und 122.
4 Schönhoven, Gewerkschaften als Massenbewegung, 225.
5 Lederer/Marschak, Klassen, 201f.
6 Vgl. auch Geary, Arbeiter und Unternehmer, 178.
7 Z.B. in Volkmann, Modernisierung, 110-170; ders., Organisation, 422-38.

ter Streiks, teilweise auch durch die steigende Bedeutung von Verhandlungen seien Arbeitskonflikte effizienter und zielgerichteter durchgeführt worden, während andere, wilde Protestformen an Bedeutung verloren hätten. Diese These von der „Rationalisierung durch Organisation" ist nicht unumstritten.[1] Dennoch erscheint das Argument eines zunehmend „rationeller" geführten Arbeitskonfliktes für den hier betrachteten Zeitraum durchaus einleuchtend. Bereits vor dem Ersten Weltkrieg wurde der Grundstein für den organisierten Interessenkonflikt und die entsprechenden Verfahren zu seiner Lösung gelegt.[2] Zugleich entstanden neue Institutionen zur Konfliktregelung (Arbeiterausschüsse, Gewerbegerichte, Einigungsämter), so daß eine zunehmende Institutionalisierung der Interaktion einsetzte, neue Regelungspraktiken gefunden und eingeübt wurden, die sich zum Teil etablierten.

Auf der Arbeitgeberseite kamen Aussperrungen als Druckmittel zum Einsatz. Die steigende Frequenz, mit der die Arbeitgeber auf dieses Arbeitskampfinstrument zurückgriffen – der Anstieg von 46 Aussperrungen mit 14.630 Beteiligten im Jahr 1900 auf den Rekordwert von 970 Aussperrungen mit 226.989 Beteiligten im Jahr 1910 liefert ein deutliches Indiz für die Zuspitzung des industriellen Konflikts in den Branchen, in denen die Arbeitgeber einen organisatorischen Vorteil besaßen.[3] Die Wirksamkeit dieser Arbeitskampfwaffe hatte mit der Verbandsbildung der Arbeitgeber drastisch zugenommen, da sie alle assoziierten Mitgliedsunternehmen einbezog und sich der einzelne Unternehmer der Verbandsdisziplin unterzuordnen hatte.[4] Das Drohpotential einer Flächenaussperrung überragte so das eines Streiks bei weitem. Die sogenannten „schwarzen Listen", in denen die Arbeitgeber ausständige Arbeiter oder gewerkschaftlich organisierte Arbeitnehmer namentlich verzeichneten, sollten eine Wiedereinstellung der Streikenden oder sogenannter „Unruhestifter" und „Hetzer" verhindern und rundeten damit das Repertoire an repressiven Instrumentarien zur Arbeitsmarktkontrolle ab. Zur unternehmensinternen Absicherung dieses Übergewichts trugen auch die bereits erwähnten „Gelben" bei – also die von der Unternehmensleitung geförderten Pseudo-Gewerkschaften, die vor allen Dingen in Großbetrieben Fuß fassen konnten und hier als Arbeitskampfinstrument der Arbeitgeber zur Prävention von echter Gewerkschaftsbildung und Streiks fungierten.[5] Mit „gelben" Belegschaftsanteilen konnte die Produktion auch in Arbeitskämpfen fortgesetzt werden. Für ihren Streikverzicht erhielten die Mit-

---

1 Vgl. dagegen z.B. Boll, Forms, 47-78.

2 Vgl. auch Tenfelde/Volkmann, Streik, 26f.

3 Angaben nach der Gewerkschaftsstatistik, in Tenfelde/Volkmann, Streik, 298. Die Reichsstatistik verzeichnet für 1910 sogar 1.150 Aussperrungen, siehe auch Lederer/Marschak, Klassen, 177. Vgl. auch Schneider, Aussperrung.

4 Kurz vor dem Ersten Weltkrieg gingen zwei Drittel aller Aussperrungen vom jeweiligen Verband aus, der die Einhaltung der Verbandslinie kontrollierte und ein Ausscheren mit Sanktionen belegte, vgl. Ullmann, Unternehmerschaft, 201.

5 Schon die zeitgenössische Einschätzung war den „Gelben" gegenüber kritisch. Vgl. Imbusch, Die Gelben, 109ff. Vgl. auch Gasteiger, Gewerkschaften. Zur Werkvereinsbewegung insgesamt Mattheier, Die Gelben.

glieder im Gegenzug betriebliche Sozialleistungen zugesichert. Im großbetrieblich strukturierten Bergbau- und Hüttenwesen, partiell im Maschinenbau und in den sogenannten „neuen" Industrien, z.B. in der Großchemie und in der Elektroindustrie konnte die Werksvereinsbewegung Erfolge verbuchen. Die Mitglieder von gelben Gewerkschaften, die vor allem in Unternehmen wie Krupp, Gutehoffnungshütte, Bayer Leverkusen, BASF, AEG und Siemens vertreten waren, beliefen sich am Vorabend des Ersten Weltkrieges insgesamt auf rund ungefähr 280.000.[1] Beispielsweise war rund die Hälfte der BASF-Belegschaft und sogar ungefähr achtzig Prozent der Siemens-Arbeiterschaft in einer betriebseigenen Gewerkschaft organisiert.[2] Angesichts solcher Quoten konnte das Störpotential der Werkvereine für Arbeitskämpfe in der Großindustrie beachtlich sein. Parallel zum Ausbau ihrer Interessenverbände verstanden es die Arbeitgeber verschiedener Schlüsselbranchen also, die ihnen zur Verfügung stehenden Druckmittel im Arbeitskampf zu effizienten Abwehrstrategien zu verbinden.

Auch in Italien erreichte die Streikaktivität im letzten Jahrzehnt vor dem Ersten Weltkrieg ein hohes Niveau. Während die Streikstatistik noch um die Jahrhundertwende 410 Streiks mit 93.000 Streikenden registriert hatte, so wurden bereits im folgenden Jahr 1.671 Streiks und 419.000 Streikende, und 1907 – im turbulentesten Jahr der Vorkriegszeit – sogar 2.258 Streiks mit 576.000 Streikenden gezählt.[3] Dabei nahmen die Regionen des industriellen Dreiecks – Lombardei, Piemont und Ligurien – stets eine Spitzenstellung ein. Die wirtschaftliche Entwicklung brachte Strukturwandlungen im Erwerbssystem mit sich, die eine soziale Mobilisierung förderten. Auch der innenpolitische Reformkurs der Giolittizeit wirkte sich dahingehend positiv aus.[4]

Trotz dieses rapiden Anstiegs läßt sich jedoch in der vergleichsweise kurzen Zeitspanne zwischen Jahrhundertwende und Kriegsbeginn kein gleichförmiges Wachstum der Streikquote feststellen. Es handelte sich vielmehr um eine unstetige Entwicklung mit zum Teil jährlichen Sprüngen und Umschwüngen, deren Wachstumstrend nur in der langfristigen Betrachtung hervorstach. In dieser Diskontinuität spiegelte sich zugleich die relative Schwäche der italienischen Gewerkschaftsorganisation wider, die auch nach

---

1 Die Angaben zur quantitativen Entwicklung sind widersprüchlich, weil aufgrund von Doppelmitgliedschaften auch Doppelzählungen möglich waren. Hier nach Apolant, Arbeitnehmerbewegung, 32. Bei der erstmaligen statistischen Erfassung der Werkvereinsbewegung in SDR 1909, 391 waren erst 48.713 Mitglieder (im Jahr 1907) erwähnt. Nach Geary, Arbeiter und Unternehmer, 174 betrug die Mitgliederzahl im Jahr 1914 nur 179.000.

2 Geary, Arbeiter und Unternehmer, 174.

3 Das Ufficio del Lavoro, Ministero dell'Agricoltura, Industria e commercio (MAIC) führte Streikstatistiken, die – neben ausführlichen Streikbeschreibungen – im Bollettino dell'ufficio del lavoro (bzw. im Fortsetzungsorgan) publiziert wurden, vgl. z.B. die verschiedenen Jahrgänge von MAIC, Statistica degli scioperi; sowie I conflitti del lavoro in Italia nel decennio 1914-23, in: Bollettino del Lavoro e della Previdenza sociale, 1924, Suppl. 38, 315-316. Rekonstruktion der statistischen Daten in Bordogna/Cella/Provasi, Labor conflicts, 220.

4 Die Zahl der Arbeitskämpfe, in die Ordnungskräfte intervenierten, nahm in der Ära Giolitti ab, vgl. Bordogna/Cella/Provasi, Labor conflict, 224.

der Bildung der Dachorganisation im Jahr 1906 nicht wirklich überwunden war.[1]

Eine hohe Streikaktivität verzeichneten zunächst traditionelle Branchen, wie die Textilindustrie und das Bauwesen. Alsbald traten auch neue, aufstrebende Industriezweige – beispielsweise die Automobilbranche in Turin und Mailand – mit spektakulären Arbeitskämpfen auf die Bildfläche. Anfänglich spielten dabei vor allem ihre qualitativen Errungenschaften und deren Auswirkung auf das System der industriellen Beziehungen eine Rolle. So übernahmen die großen Automobilstreiks der Jahre 1906-1908 zugleich eine Art Signalfunktion für die *relazioni industriali* schlechthin.[2] Diese branchenübergreifende Resonanz galt für die Arbeitgeber, aber auch für die diversen Arbeiterorganisationen und die interessierte Öffentlichkeit. Die quantitative Bedeutung dieser jungen Industrie für das Streikgeschehen war mit 20 Prozent aller verlorenen Tage im letzten Friedensjahr deutlich angewachsen, so daß sie sich am Vorabend des Ersten Weltkrieges bereits zum „Schlüsselsektor der Streikbewegung in Italien“ entwickelt hatte.[3]

Die verfügbaren quantitativen Daten zum italienischen Arbeitskampfgeschehen geben keinen Aufschluß über die Gesamtzahl friedlich gelöster Arbeitskonflikte, so daß sich kein Pendant zu den in der deutschen Streikstatistik aufgeführten sogenannten „kampflosen Bewegungen“ finden läßt. An diesem Punkt zeigen sich abermals die organisatorischen Defizite im italienischen Gewerkschaftswesen, die sowohl die umfassende Koordination von Kollektivverhandlungen als auch die Führung detaillierter statistischer Rechenschaftsberichte erschwerte. Sicherlich waren „kampflose Lohnbewegungen“ weitaus weniger verbreitet als in Deutschland. Dennoch galt auch in Italien der Streik in der reformistischen Gewerkschaftspolitik lediglich als „extrema ratio“. Außerdem lassen sich auch in Italien in einigen Branchen Ansätze zu einer institutionalisierten, kollektiven Regelung des Arbeitsverhältnisses über Tarifverträge erkennen. Wie in Deutschland, so nahm auch in Italien die Druckindustrie eine Vorreiterfunktion im Tarifwesen ein, war hier doch schon vor dem Krieg die Aushandlung von Kollektivverträgen durchaus gang und gäbe. Das galt auch für verwandte Branchen, so beispielsweise für das graphische Gewerbe.[4] Die Tarifverträge konnten

1 Ebd., 223f.

2 Die sogenannte „Autoavantgarde“ war seit 1906 tonangebend, ihre Verhandlungsmacht bröckelte aber in den Arbeitskämpfen von 1911/13 immer mehr, als Konjunkturaspekte, Richtungskämpfe der Arbeiter- und Unternehmergruppierungen und schwindende (politische) Integrationskraft des giolittianischen Reformkurses zu einer Verhärtung der Arbeitskampfpositionen führten. Zu den Arbeitskonflikten in der Turiner Automobilindustrie, besonders bei FIAT, vgl. Castronovo, FIAT, 65ff. sowie ders., L'economia, 42ff. Eine wichtige Quelle für die Entwicklung der Arbeitgeberposition und die Haltung von FIAT und Agnelli sind die Verwaltungsratsprotokolle, vgl. die vom Unternehmensarchiv herausgegebene Quellenedition: Progetto Archivio Storico FIAT (=PASF), Primi Anni. Zu den Turiner Kämpfen außerdem Einaudi, Lotte.

3 Bordogna/Cella/Provasi, Labor conflicts, 225.

4 Vgl. diverse Tarifverträge im Druckereiwesen mit überörtlicher Gültigkeit und mehrjähriger Laufzeit, die meist von einer paritätischen Tarifkommission ausgehandelt worden waren, z.B. die verschiedenen Kollektivverträge der „Federazione italiana fra i lavoratori del libro per l'introduzione ed osservanza delle tariffe" und ihrer Sektionen, z.B. „Sezione impressori di Milano" (o. D.) oder

über die Tarifbindung hinaus ein arbeitsmarktbezogenes Kalkül der beteiligten Organisationen erkennen lassen, die in ihrem Arbeitsmarktsegment eine recht solide Machtbasis besaßen.[1] Auch in einigen Zweigen der metallverarbeitenden Industrie hatten sich vergleichbare Entwicklungen vollzogen, wobei abermals die überwiegend hochqualifizierten Arbeiter der Automobilindustrie – organisatorisch vereint im Industrieverband FIOM – federführend waren und den Abschluß von konfliktvorbeugenden Kollektivverträgen mit großer Reichweite erwirkten.[2]

Auf Basis der vorhandenen Daten läßt sich nur schwer ein Gesamteindruck von der Entwicklung des Arbeitskampfgeschehens in Italien gewinnen. In der Gesamtschau spricht wenig für die These einer „Rationalisierung“ des Arbeitskonfliktes im Vorkriegsitalien.[3] Zu heterogen und vielfältig erscheinen die Formen und Inhalte der Arbeitskonflikte, die sich häufig nicht unbedingt auf arbeitsmarktrelevante Faktoren – wie beispielsweise Lohn- und Tariffragen – bezogen, sondern sich oft spontan an disziplinarischen Fragen oder anderen individuellen Unstimmigkeiten im Arbeitsverhältnis entzündeten, deren Lösungsansatz möglicherweise noch gar nicht als Gesamtanliegen verallgemeinert formuliert war. Sicherlich war ein großer Teil der an Größe und Häufigkeit zunehmenden Streiks noch nicht von einem modernen, arbeitsmarktorientierten Kampfkalkül der beteiligten Organisationen getragen.[4]

Dennoch ist es wichtig zu betonen, daß es durchaus Ansätze zu einer institutionalisierten, paritätischen Regelungspraxis des Arbeitskonfliktes in den Bereichen gab, in denen – begünstigt durch die jeweiligen branchenstrukturellen Voraussetzungen – die beteiligten Organisationen eine gewisse Geschlossenheit erlangt hatten, wie etwa in der

---

der „fotoincisori ed affini” (1915, aber vor Kriegseintritt) sowie der „compositori” (15.4.1914). in BNCF Pubbl. min. „Società”, Über den Stand der industriellen Beziehungen in der Druckindustrie informierte außerdem die zweiwöchig erscheinende Zeitschrift: „Il lavoratore del libro“. Tarifabschlüsse oder –änderungen wurden auch im Bollettino dell'ufficio del lavoro erwähnt, vgl. z.B. Bollettino dell'ufficio del lavoro Bd. 21, 1914, H. 6.

1 Vgl. in BNCF, Pubbl. min., Regolamenti di fabbrica, b.1: „Federazione italiana fra i lavoratori del libro, Consorzio regionale Veneto“: dieser Berufsverband schloß 1914 einen paritätisch ausgehandelten Tarifvertrag mit sechsjähriger Laufzeit. Außerdem enthielt der Vertrag eine sehr arbeitsmarktbezogene Klausel: die Weigerungserklärung der Arbeiter, Überstunden zu leisen, so lange es am Ort noch arbeitslose Facharbeiter gab.

2 Vgl. den bekannten Tarifvertrag zwischen dem Fahrzeughersteller Itala und der Metallarbeitergewerkschaft FIOM im Oktober 1906, in dem unter anderem Minimallöhne, Bildung von Fabrikausschüssen, Verkürzung des Arbeitstages auf 10 Stunden vereinbart worden waren und der von beispielhafter Bedeutung für die Normierungsansätze in den industriellen Beziehungen der Vorkriegszeit sein sollte. Für den Vertrag vgl. Verzi, Metallurgici, 206-11. Siehe auch Antonioli, Sindacato, 57ff.

3 Vgl. auch die Analyse von Bordogna/Cella/Provasi, Labor conflicts, 233f. und 240f.

4 Vgl. z.B. die detaillierten Streikbeschreibungen im Bollettino dell'ufficio del lavoro, die sowohl ein Bild vermitteln können von den großen und organisierten Streiks (z.B. bei großen Unternehmen wie Pirelli, Alfa), als auch den Verlauf und Anlaß kleiner, spontaner, oft unkontrollierter Konflikte schildern, deren Beteiligte z.T. noch gar nicht organisiert waren, vgl. z.B. Bollettino dell'ufficio del lavoro, Bd. 21, 1914, H. 1 (u.a. Pirelli), H. 2/3, H. 4/5, H. 6 (u.a. ALFA, Isotta-Fraschini).

Metallindustrie mit der reformistischen Gewerkschaftsorganisation FIOM. Abgesehen von der Institution des Tarifvertrages übernahmen jedoch auch andere Mechanismen zunehmend eine konfliktregulierende Funktion, wie erste Erfahrungen mit Schlichtungsverfahren in paritätischen Kommissionen, Schiedsgerichten oder ähnlichen Instanzen zeigten.[1] Das Schlichtungswesen war im letzten Vorkriegsjahrzehnt beachtlich expandiert und hatte vor allem in der Bau- und Druckindustrie, aber auch in der Metallindustrie bei Kündigungs- und Lohnfragen an Bedeutung und Akzeptanz gewonnen.[2] Allerdings blieb die Schlichtungspraxis vor dem Krieg überwiegend noch in Individualverfahren verhaftet und sollte sich erst im Laufe des Krieges zu einem gängigen Regulierungsinstrument im industriellen Konflikt entwickeln.[3] Insgesamt muß man also sicherlich für das italienische Fallbeispiel eine große Bandbreite von Formen und Inhalten des Arbeitskonfliktes annehmen.

Auch auf Seiten der Arbeitgeber läßt sich diese außerordentliche Mischung aus traditionellen und neuen, zukunftsträchtigen Elementen im Konfliktverhalten wiederfinden. Während die zunehmende Akzeptanz von Verhandlungslösungen fallweise Kooperationsbereitschaft anzeigte, kamen gleichwohl auch aggressive oder repressive Regulierungsinstrumente zum Einsatz. Wie in Deutschland, so stellte auch in Italien die Aussperrung, *la serrata*, eine gängige Waffe der Arbeitgeber im Arbeitskampf dar, die im letzten Vorkriegsjahrzehnt immer häufiger und vor allem – parallel zum Wachstum der industriellen Organisationen – immer wirkungsvoller eingesetzt wurde.[4] Schließlich hatte schon das Gründungsstatut des Turiner Unternehmerverbandes Aussperrungen und schwarze Listen als legitime Druckmittel aufgeführt, deren effiziente Koordinierung eine der künftigen Aufgaben der neugegründeten Organisation sei.[5] Während in

1 Ende 1912 gab es bereits 242 Schlichtungsinstanzen, wovon die meisten in der Lombardei angesiedelt waren. In die Zuständigkeit der Schlichtungskollegs waren zu diesem Zeitpunkt 35.771 Industrielle und 220.683 Arbeiter eingeschrieben, vgl. den Bericht des Arbeitsamtchefs Giovanni Montemartini: Collegi dei Probiviri.

2 Auch in der Textil- und die Nahrungsmittelindustrie hatte das Schlichtungswesen Tradition. Allein im zweiten Halbjahr 1913 wurden – für alle Industriezweige – 2.339 Kontroversen geschlichtet, wobei die „Hauptstädte" des industriellen Dreiecks, Mailand, Genua und Turin besonders hohe Werte verzeichneten, vgl. I collegi dei probiviri e loro attività nel secondo semestre del 1913, in: Bollettino dell'ufficio del lavoro, Bd. 21, 1914, H. 4/5.

3 Interessanterweise blieb die Möglichkeit, eine Schlichtungsinstanz anzurufen, ausgerechnet den in staatlichen Unternehmen beschäftigten Arbeitern verwehrt, wie aus den Klagen der Tabakarbeiter hervorgeht, der Staat wolle „dieses einzigartige Gesetz" seinen eigenen Arbeitern vorenthalten. Memoriale della Sezione Federata di Milano fra gli operai dipendenti dal governo, manifattura tabacchi, Mailand o.D., BNCF, Pub. Min., „Società".

4 Eine große Nachwirkung hatte z.B. die von der LIT organisierte Aussperrung, die auf den Generalstreik vom Oktober 1907 folgte, von welcher ungefähr 30.000 Arbeiter (in 200 Unternehmen) betroffen waren, dazu Spriano, Socialismo, 214.

5 Aufgabe der Lega sei es, „Druck auszuüben, daß streikende Arbeiter nicht woanders eingestellt werden" sowie die Anwendung drastischerer Mittel (Aussperrung) für die Verteidigung gegen Streiks zu prüfen, zitiert nach Spriano, Socialismo, 173.

Deutschland die Arbeitgeber in der Öffentlichkeit die Existenz von schwarzen Listen abstritten, stellte diese verpönte Praxis für die hier zu Wort kommenden italienischen Arbeitgeber anscheinend keinen imagetrübenden Faktor dar. Zwar konnten entsprechende Absprachen, die über das Verbandsnetzwerk hinausreichten und überregional wirkten, fallweise diskret gehandhabt werden.[1] Grundsätzlich sollten die *liste nere* jedoch ausdrücklich zum unternehmerischen Repertoire in standardisierten Arbeitskampfszenarien gehören.[2]

Eine der gelben Werkvereinsbewegung in Deutschland vergleichbare, industriefinanzierte Arbeiterorganisation gab es in Italien nicht. Dafür war der Handlungsdruck wohl noch nicht groß genug.[3] Allenfalls im Hinblick auf soziale Selbsthilfeeinrichtungen der Arbeiterschaft ließen sich von den Unternehmen gelenkte Präventivmaßnahmen feststellen, die die entsprechenden Arbeiterorganisationen isolieren sollten. So gab es z.B. unternehmenseigene Versicherungskassen, die bewußt als Gegenentwurf zu den vorhandenen Arbeitervereinen etabliert wurden und eine Mitgliedschaft in einem unabhängigen „Unterstützungsverein auf Gegenseitigkeit" ausschlossen.[4]

Explizit am deutschen Vorbild orientierte sich jedoch eine weitere Maßnahme, die die Schlagkraft von Arbeitskampfmaßnahmen der Arbeitgeberseite erhöhen sollte: die im Jahr 1911 von der LIT gegründete *„mutua industriale scioperi"* nach Art des Zechenverbandes, die als Streikversicherungskasse der assoziierten Unternehmer bei Ausständen fungierte und zudem die Mitglieder zur Einhaltung der Verbandslinie in Arbeiterfragen disziplinierte.[5]

d. *Die Arbeitsverwaltung*

Parallel zur steigenden Dynamik des Arbeitsmarktes im Zeichen der Industrialisierung machte die Institutionalisierung der *Matching*-Prozesse entscheidende Fortschritte.

Die Organisationen zum Ausgleich von Angebot und Nachfrage auf dem Arbeitsmarkt in Deutschland boten noch am Vorabend des Ersten Weltkrieges ein recht heterogenes Bild. Von einer flächendeckenden und von den Teilnehmern genutzten „Arbeitsverwaltung" in öffentlicher Verantwortung konnte noch nicht die Rede sein.

---

1 Beispielsweise die Arrangements der LIT mit großen Maschinenbau- und Stahlunternehmen (z.B. Terni, Breda, Brown-Boveri) in anderen industriellen Zentren, vgl. Spriano, Socialismo, 224.

2 So heißt es im Organ der LIT: „So wie die Arbeiter Boykott und Streik praktizieren, so ist es weder zulässig noch möglich, den Industriellen die Waffe der schwarzen Listen zu entreißen." Übers. d. V., zitiert nach Spriano, Socialismo, 246 mit Anm. 31. Vgl. auch die Darstellung der Kontrollverfahren bei Schmid, Arbeitgeberorganisationen, 72 sowie Abrate, Lotta, 50.

3 Hirschberg-Neumeyer, Gewerkschaften, 43f., erwähnt „staatserhaltende und auf den sozialen Frieden hinarbeitende Vereine", die „sehr vereinzelt" vorgekommen seien und erkennt hierin ein Pendant zu den „Gelben". Dieses Indiz kann man aber aufgrund seiner geringen quantitativen und relativen Bedeutung vernachlässigen.

4 So sehen es z.B. die Statuten der *Società di mutuo soccorso* des Textilbetriebs Legler Hefti & C., in Bergamo, vor. Dies war sicher nicht singulär. Vgl. auch Benenati, Anni, 65.

5 Castronovo, L'economia, 44. Vgl. auch Spriano, Socialismo, 172.

Gleichwohl existierte bereits ein solides Fundament in Form der öffentlichen „Arbeitsnachweise", wie sämtliche Einrichtungen zur Vermittlung von Arbeit zeitgenössisch hießen.[1] Daneben gab es eine Vielzahl „privater", interessengebundener Vermittlungsbüros, die beispielsweise von den Arbeitsmarktparteien in Eigenregie betrieben wurden.[2] Darüber hinaus hatten gewerbliche Stellenvermittlungen Fuß gefaßt, in denen professionelle Werber von Arbeitskräften gegen eine Courtage ihre Vermittlungstätigkeit entfalteten.[3]

Lange Zeit gehörte es zu den wichtigsten Zielvorstellungen der Interessengruppen auf dem Arbeitsmarkt, das Monopol der Arbeitsvermittlung in den eigenen Händen zu konzentrieren.[4] Sowohl auf Gewerkschaftsseite als auch auf Seiten der Arbeitgeber strebte man eine möglichst umfassende Kontrolle des Arbeitsmarktes an, wobei die Arbeitsvermittlung als ein machtpolitisch wertvolles „Kampfinstrument" betrachtet wurde, auf das beide Arbeitsmarktparteien einen gleichsam „natürlichen" Anspruch geltend machten.[5]

Auch der öffentliche Arbeitsnachweis setzte sich seit der Jahrhundertwende allmählich stärker durch.[6] Die Inanspruchnahme und auch das innere Funktionsprinzip von öffentlich betriebenen Vermittlungsämtern konnten allerdings je nach Region und ihrer industriellen Struktur durchaus differieren. Grundsätzlich nahmen die süddeutschen Staaten hinsichtlich der Durchsetzung der öffentlichen Arbeitsverwaltung eine Vorreiterrolle ein, weil hier schon vor dem Krieg ein tragfähiges Netzwerk entstand.[7] Zukunftsträchtig erschien das Prinzip der paritätischen Selbstverwaltung der Beteiligten unter kommunaler Obhut, das auch nach der Jahrhundertwende zunehmend an Boden gewann.[8] Doch auch mit zunehmender Akzeptanz einer paritätischen Selbstverwaltung waren nicht alle Blockaden für die Durchsetzung des öffentlichen Nachweises beseitigt.

---

1 Ehlert, Arbeitsnachweis, 314.

2 Ausführlich dazu Michalke, Arbeitsnachweise; Kessler, Arbeitsnachweise.

3 Die gewerbliche Stellenvermittlung wurde erst in den 1930er Jahren verboten, das Stellenvermittlungsgesetz vom 2.6.1910 (RGbl., 860ff.) schränkte sie ein. Siehe zeitgenössisch dazu Lins, Arbeitsmarkt, 827. Siehe auch Sogemeier, Entwicklung, 60; Preller, Sozialpolitik, 62ff.

4 „Denn wer diesen [den Arbeitsnachweis, ST] hat, der beherrscht den Arbeitsmarkt und hat damit auch die Herrschaft über die Industrie." Delbrück, Arbeitslosigkeit, (1896) in: ders., Erinnerungen, 369-385, siehe auch Faust, Vermittlungsmonopol, 37.

5 Siehe Kumpmann, Reichsarbeitslosenversicherung, 47. Vgl. mit Belegen auch Faust, Vermittlungsmonopol, 37 sowie ders., Arbeitsmarktpolitik, 96.

6 Kurz vor dem Krieg existierte in jeder größeren Ruhrgebietsstadt eine eigene öffentliche Nachweisstelle – vor der Jahrhundertwende waren nur 8‰ aller Arbeitsnachweise im Ruhrgebiet in öffentlicher Hand gewesen, siehe Kleinert, Aufbau, 9 und 16.

7 Vgl. z.B. das „Stuttgarter Modell": die Idee eines Arbeitsamt in städtischer Trägerschaft, das durch paritätische Mitwirkung von Arbeitgebern und Arbeitnehmern geleitet werden sollte. Diesem Plan schlossen sich bald ungefähr 50 Städte an. Vgl. Rottenecker/Schneider, Geschichte, 47ff.

8 Frühe Erfahrungen mit paritätischer Selbstverwaltung sammelten die (meist kleinbetrieblich strukturierten) Branchen, in denen Tarifverträge schon früh verbreitet waren, z.B. Holz, Leder oder Druckergewerbe. Faust, Arbeitsmarktpolitik, 60ff.; Rottenecker/Schneider, Geschichte, 60.

Es fehlten einheitliche gesetzliche Grundlagen und finanzielle Mittel der Kommunen.[1] Eine überörtliche Koordination der einzelnen Stellen existierte kaum. Das Netz wurde durch erste Formen von Mittelinstanzen mit regionaler Reichweite zwar punktuell verdichtet, jedoch längst nicht geschlossen.[2]

Zum Ausbau einer „Arbeitsverwaltung" in behördlicher Trägerschaft gehörte jedoch mehr als die Frage der öffentlich organisierten Arbeitsvermittlung. Aus ungleichgewichtigen Arbeitsmarktprozessen ergaben sich weitere Aufgabenfelder – z.B. die Fürsorge für Erwerbslose – die aus heutiger Sicht der Verantwortung eines „Arbeitsamtes" zugeordnet werden. Seit der Jahrhundertwende entstanden im Umfeld der bürgerlichen Sozialreform Konzepte, die Absicherung vor Arbeitslosigkeit als sozialpolitische Aufgabe thematisierten.[3] Bis zum Ersten Weltkrieg war es allenfalls die kommunale Armenpflege, die mit schmalen Mitteln auch Fürsorge für Erwerbslose leistete. Die bis in die zweite Hälfte des 19. Jahrhunderts zurückreichenden Anfänge einer Versicherung gegen Arbeitslosigkeit wurzelten in der eigenen Initiative der Arbeitsmarktparteien zur Selbsthilfe, beispielsweise in gewerkschaftlichen Unterstützungskassen oder unternehmensspezifischen Vorsorgemaßnahmen. Nach der Jahrhundertwende wurden in einigen Kommunen auch Mischsysteme zwischen öffentlichen und privaten Trägern praktiziert.[4] In Zeiten wirtschaftlicher Anspannung reichten diese Ansätze für den Schutz vor Arbeitsmarktrisiken allerdings nicht aus. Noch war auf reichsrechtlicher Ebene längst keine Regelung in Sicht. „Die Stellung, die Deutschland bisher zur Arbeitslosenversicherung eingenommen hat, ist bezeichnet durch angelegentliches Interesse und ausbleibende Taten" – so urteilte Karl Kumpmann, der Leiter des Landesarbeits- und Berufsamtes der Rheinprovinz noch im Jahr 1923.[5] In der zeitgenössischen Diskussion hielt ohnehin nur eine Minderheit eine öffentliche Versicherung überhaupt für sinnvoll.[6]

In Italien präsentierten sich die Arbeitsmarktprozesse vor dem Ersten Weltkrieg als ein weitgehend formlos geregeltes Aktionsfeld: „Bei uns gibt es kein lokales statistisches Amt, keinen Arbeitsnachweis, die großen Organisationen der Arbeiter und der Industriellen sind wenig entwickelt, deshalb fehlen periodische Statistiken der Löhne, der Arbeitslosigkeit, der Organisationen völlig."[7] Wollte man es bei einer schlaglichtartigen

---

1 Siehe Rottenecker/Schneider, Geschichte, 50; Kleinert, Aufbau, 17f.; vgl. auch Lins, Arbeitsmarkt, 831.

2 Zu den regionalen Arbeitsnachweisverbänden in Rheinland-Westfalen siehe Kleinert, Aufbau.

3 Führer, Arbeitslosigkeit, 37ff.

4 Die bekannteste Mischform war das sogenannte Genter System, das auf den Gewerkschaftskassen beruhte, die durch öffentliche Zuschüsse eine höhere Funktionsfähigkeit erreichen sollten, näher dazu Kumpmann, Reichsarbeitslosenversicherung, 75ff.; praktiziert wurde das System in mehreren Städten (vor allem in Süddeutschland), ebd., 78f. Siehe auch Führer, Arbeitslosigkeit, 43ff., 57ff.

5 Vgl. Kumpmann, Art. Arbeitslosigkeit und Arbeitslosenversicherung, 820.

6 Vgl. dazu Kumpmann, Arbeitslosigkeit, 187ff., zur zeitgenössischen Debatte Führer, Arbeitslosigkeit, 37-118.

7 So der Leiter des 1903 neu gegründeten nationalen Arbeitsamtes Giovanni Montemartini, zitiert nach Gallotta, Sviluppo, 83.

Charakterisierung von institutioneller Struktur und Datenlage in Italien um die Jahrhundertwende belassen, wäre dieser Bilanz wenig hinzuzufügen. Der Blick auf einzelne Arrangements zeigt jedoch, daß sich auch hier im letzten Vorkriegsjahrzehnt qualitative Veränderungen vollzogen.

Im Vergleich zu Deutschland nahmen sich die Regelsysteme des Arbeitsmarktes in Italien am Vorabend des Ersten Weltkrieges noch immer recht bescheiden aus, wenngleich sich der Trend zu einer stärkeren Ordnung des Marktgeschehens zumindest in den industriellen Zentren abzeichnete. Eine Arbeitsverwaltung im Sinne eines übergeordneten, öffentlichen Apparats zur Erfassung der Arbeitsmarktlage und Arbeitsvermittlung steckte allerdings noch in den Anfängen. Zu Beginn des Jahrhunderts dominierten private, oft auch gewerbliche Arbeitsvermittlungsagenturen die lokalen Arbeitsmärkte der italienischen Industriestädte. So gab es beispielsweise in Mailand um die Jahrhundertwende über 80 verschiedene „Arbeitsämter" allein für Kellner.[1] Wie in Deutschland, so fanden sich auch in Italien häufig rein von den Arbeitern organisierte Vermittlungsstellen, die den unterschiedlichen Arbeiterorganisationen angegliedert waren.[2] Diese konnten sich auf unterschiedliche Berufsgruppen und Beschäftigungsfelder, auch auf unterschiedliche Ebenen in der betrieblichen Hierarchie beziehen.[3] Die örtlichen Arbeitskammern, die *Camere del Lavoro*, die ursprünglich als Pendant zu den Handels- und Handwerkskammern gedacht waren, sich aber mehr und mehr zum Sammelbecken von lokalen, politisch und organisatorisch heterogenen Einzelgewerkschaften entwikkelt hatten, bündelten viele dieser einzelnen Organisationen.[4] Schon seit ihrer Gründung in den 1890er Jahren hatten die Arbeitskammern praxisnahe arbeitsmarktbezogene Aufgaben übernommen, indem sie beispielsweise Arbeitsstellen vermittelten, Richtlinien zu Arbeitsbedingungen erarbeiten, bei der Einrichtung von Schiedsgerichten mitwirkten sowie praktische Hilfe beim Abschluß von Arbeitsverträgen leisteten.[5] Kleine, nach Beruf oder Industriezweig gegliederte *Uffici di categoria* dienten als branchenspe-

---

1 Decleva, Montemartini, 50.

2 So z.B. angeschlossen an die Selbsthilfeorganisationen wie etwa die sogenannten „Verbesserungsligen" (*leghe di miglioramento*), an die gegenseitigen Unterstützungsvereine (*società di mutuo soccorso*) oder an die lokalen Einzelgewerkschaften verschiedener Berufszweige, vgl. die Statuten und Reglements dieser Organisationen, zu finden in BNCF, Pubb. Min. „Società": z.B.: Federazione Italiana fra i lavoratori del libro per l'introduzione ed osservanza delle tariffe, Statuti e regolamenti, Mailand 1915; Lega fra Commessi di negozio e magazzino, Statuto, Mailand 1909; Regolamento dell'ufficio di collocamento fra i lavoranti pasticceri di Milano e provincia, Mailand 1914; Lega di miglioramento con sezione di mutuo soccorso e disoccupazione fra i lavoranti panettieri di Milano e provincia, Mailand 1916, die alle die Einrichtung eines Arbeitsnachweises vorsehen.

3 Vgl. Associazione italiana fra i capi delle industrie metallurgiche ed affini, Mailand 1912, BNCF Pubbl. Min. „Società".

4 Modellcharakter hatte die Pariser „Bourse du Travail". Vgl. auch v. Zwiedineck, Arbeitskammern, 760.

5 Vgl. auch Pinardi/Schiavi, Arbeitskammern, 35f.

zifische Arbeitsnachweise.[1]

Für die Entstehung einer Arbeitsverwaltung in der Industrieregion um Mailand spielte die *Società Umanitaria* eine zentrale Rolle. Als Wohltätigkeitsverein hatte sich die *Umanitaria* im Laufe der Zeit besonders dem Studium und der Bewältigung von Arbeitsmarktproblemen zugewandt und dabei zukunftsweisende und innovative Ideen hervorgebracht.[2] Sie regte vielfältige Studien an, förderte die Arbeitsmarktstatistik und propagierte die Errichtung eines überwiegend von Arbeitern getragenen lokalen Arbeitsamtes (*Ufficio del lavoro*), das zur besseren Kenntnis des Arbeitsmarktes und der Beschäftigungsverhältnisse auf regionaler Ebene beitragen sollte.[3] Dieser Aufgabe wandte sich das Mailänder *Ufficio* in zahlreichen Erhebungen zu.[4] Daneben betrieb die *Società Umanitaria* im Konsortium mit der Mailänder Arbeitskammer seit 1905 noch ein gesondertes *Ufficio di collocamento*, das der reinen Vermittlung von Arbeitskräften dienen sollte und durch einen paritätischen Ausschuß beider Institutionen beaufsichtigt wurde.[5]

Der Grundstein für den Aufbau einer öffentlichen Arbeitsverwaltung mit größerer Reichweite aber wurde kurz nach der Jahrhundertwende durch die Gründung eines nationalen *Ufficio del lavoro* mit Sitz in Rom bei dem für Arbeitsfragen zuständigen Ministerium für Landwirtschaft, Industrie und Handel (*Ministero dell'Agricoltura, Industria e Commercio*) gelegt. Dabei handelte es sich eher um ein Studienzentrum zum Thema „Arbeitsmarkt“ als um eine aktive Organisation, ging es doch in erster Linie um das basisnahe Studium von Arbeitsmarktdaten, Sozialpolitik und Arbeitsgesetzgebung,

---

1 Hirschberg-Neumeyer, Gewerkschaften, 50ff., 82. Die kleinen Arbeitsämter konnten auch von Nichtmitgliedern genutzt werden, die Arbeitsvermittlung erfolgte unter strikter Beachtung der geltenden „patti di lavoro“, sofern diese existierten, andernfalls zu den örtlichen Gepflogenheiten (*consuetudini di piazza*). Der Verlauf von Angebot und Nachfrage wurde in Monatsstatistiken, jährlichen Rechenschaftsberichten dargelegt. Meist existierte parallel zur Arbeitsvermittlung eine Unterstützungskasse für Arbeitslose, die bei täglicher Vorsprache im Arbeitsamt Unterstützungssätze von 1,50-2 L. erhalten konnten. Die Ablehnung einer durch das Arbeitsamt vermittelten Arbeit führte i.d.R. zum Verlust der Unterstützungsberechtigung. Bei ungerechtfertigter Entlassung durch den Arbeitgeber konnte das Arbeitsamt einschreiten, so die entsprechenden *Regolamenti* und *Statuti*, BNCF Pubb. Min. „Società“.

2 Vgl. dazu Gallotta, Scienza economica, 67-106.

3 Vgl. Decleva, Montemartini, 51.

4 Reisende Mitarbeiter trugen die Daten zusammen. Vgl. z.B. Il lavoro nella risaia: relazione sommaria di un'inchiesta sulle condizioni di lavoro nelle risaie della Lombardia e del Piemonte, Mailand 1903. Siehe auch: Contro la disoccupazione. Le casse di sussidio ai disoccupati e gli uffici di collocamento all'estero e in Italia, Mailand 1905; Fausto Pagliari, L'opera dell'Umanitaria per i disoccupati e i rimpatriati nel 1914: l'assistenza ai profughi e ai disoccupati in Italia e nei paesi belligeranti nel 1914, Mailand 1915; Gli uffici di collocamento, la cassa di sussidio alla disoccupazione e il loro contributo all'assistenza ai disoccupati per la guerra nel 1915, Mailand 1917; Origini, vicende e conquiste delle organizzazioni operaie aderenti alla Camera del lavoro di Milano, Mailand 1909.

5 Vgl. z.B. das Regolamento dell'ufficio di collocamento fra i lavoranti pasticceri di Milano e provincia, Mailand 1914, BNCF Pub. Min. „Società“.

um den „Status Quo“ des Faktors Arbeit in Italien zu verstehen.[1] Diesem nationalen „Arbeitsamt“ wurde als beratendes Organ ein sogenannter „Rat der Arbeit“, der *Consiglio superiore del Lavoro*, beigeordnet, der sich aus Arbeitgebern und Arbeitnehmern zusammensetzte, die in diesem Gremium wirtschafts- und sozialpolitische Fragen diskutieren sollten.[2] Der *Consiglio* fungierte also als ein korporatives Organ, in dem Staat und gesellschaftliche Interessengruppen gemeinsam vertreten waren.[3] Arbeitslosigkeit und Migration gehörten bald zu den beiden wichtigsten Studienthemen.[4] Zu den vorrangigen Aufgaben zählte jedoch die Erarbeitung einer fundierten sozioökonomischen Statistik. Die durch das Arbeitsamt erhobenen Daten wurden systematisch im eigenen Periodikum, dem *Bollettino dell'ufficio del lavoro*, publiziert, das von Riccardo Bachi redaktionell betreut wurde, dem führenden italienischen Statistiker der Zeit.

Was den Erwerbslosenschutz anbetrifft, so blieb dieser Bereich in Italien vor dem Weltkrieg eine privat zu regelnde Angelegenheit der Interessengruppen auf dem Arbeitsmarkt. Ohnehin war die italienische Sozialpolitik in dieser Phase noch nicht besonders weit gefächert.[5] So richteten diverse Arbeiterorganisationen – von den großen Gewerkschaften bis hin zu kleinen „Verbesserungsligen“ – häufig „Vorsorgekassen“ ein, die sich aus Mitgliederbeiträgen finanzierten.[6] Diese sollten diverse Risiken der Arbeitswelt abfedern, vor allem aber die Arbeitslosigkeit. Auch in diesem Bereich schuf die Mailänder *Società Umanitaria* zukunftsweisende Regelungen: parallel zu ihrem Arbeitsamt richtete sie eine Arbeitslosen-Unterstützungs-Kasse (*Cassa di sussidio alla disoccupazione*) ein, in die sich die diversen Arbeiterorganisationen einschreiben konnten und die dann bis zur erfolgreichen Vermittlung des Arbeitssuchenden Unterstützungsgelder auszahlte.[7]

---

1 Vgl. den Wortlaut des konstituierenden Gesetzes vom 29.6.1902, in Gallotta, Sviluppo, 81.

2 Hirschberg-Neumeyer, Gewerkschaften, 89. Dabei sollte der Rat auch die Arbeitsbeziehungen beleuchten und Maßnahmen zur Besserung der Lage der Arbeiter erarbeiten, vgl. Gallotta, Sviluppo, 81.

3 Vgl. Balboni, Consiglio, 29-55. Zur Arbeit des Consiglio gibt es einen Rechenschaftsbericht von Francesco Nitti: ders., L'opera.

4 Gallotta, Sviluppo, 85.

5 Siehe unten, II 2.4.e.

6 Siehe die Statuten der verschiedenen Organisationen, in denen sich Hinweise auf Arbeitslosenkassen und z.T. detaillierte Regelungen (Unterstützungssätze etc.) der organisierten Arbeitergruppen finden, z.B. der Lavoranti pasticceri ed affini. Regolamento pel sussidio ai soci disoccupati, Mailand 1909; Lega fra commessi di negozio e magazzino, Mailand 1909; Lega doratori, verniciatori e affini, in Mailand, 15. Januar 1914; der Associazione italiana fra i capi delle industrie metallurgiche ed affini, Mailand 1912; der Federazione Italiana fra i lavoratori del libro per l'introduzione ed osservanza delle tariffe, Mailand 1915; BNCF Pubbl. Min. „Società".

7 In den letzten Jahren vor Kriegseintritt Italiens beliefen sich die Summen jährlich auf 20.000-56.000 Lire, Tendenz steigend. Società Umanitaria, Gli uffici di collocamento, la cassa di sussidio alla disoccupazione e il loro contributo all'assistenza ai disoccupati per la guerra nel 1915, Mailand 1917, 40. BNCF Pub. Min. „Società". Siehe auch: Regolamento pel sussidio ai soci disoccupati (Lavoranti pasticceri ed affini), Mailand 1909; Regolamento dell'ufficio di collocamento fra i lavo-

Zusammenfassend ist festzuhalten, daß vor dem Ersten Weltkrieg im deutschen Kaiserreich bereits breite Ansätze für den Aufbau einer öffentlichen „Arbeitsverwaltung“ existierten. Die diffuse Angst vor staatlichem Interventionismus auf dem von Arbeitgebern wie Arbeitnehmern phasenweise als ureigenes Interessengebiet behüteten Arbeitsmarkt lähmte jedoch die Durchsetzung einer vernetzten Verwaltungsstruktur in öffentlicher Hand. Zum gleichen Zeitpunkt waren die Strukturen der Arbeitsverwaltung in Italien noch längst nicht so weit gediehen. Dennoch gab es in den norditalienischen Industriezentren im Ansatz qualitativ ähnliche Anfangsstrukturen in halböffentlicher Verantwortung, die jedoch in ihrer Ausdehnung und numerischen Relevanz weit hinter den verschiedenen Formen der deutschen Arbeitsnachweise zurückblieben. Hier wie dort wurden arbeitsmarktpolitische Fragen zögerlich wahrgenommen, aber noch nicht als politische Aufgabe interpretiert.

e. Rechtliche Rahmenbedingungen: Sozialpolitische und arbeitsrechtliche Aspekte

Heute stellt das zivile „Arbeitsrecht“ das wohl wichtigste Paket an Regeln bereit, die Fragen aus dem Problemkreis abhängiger Erwerbsarbeit systematisch klären. Vor dem Ersten Weltkrieg gab es noch keinen klar konturierten Kanon solcher Arrangements.

Für den hier betrachteten Zeitraum ist es somit problematisch, von einem „wirklichen Arbeitsrecht“ zu sprechen, das sich erst ab 1918 entwickelte.[1] Zwar lassen sich im Deutschen Reich auch schon vor dem Ersten Weltkrieg arbeitsrechtliche Kernbereiche erkennen: Dazu gehören z.B. Arbeitsverträge, Schlichtungsregelungen oder formalisierte Arbeitsvermittlungspraktiken.[2] Jedoch fehlte der über eine individuelle Akteursrelation hinausweisende Bezug. Die zukunftsweisende Form für die Regelung der Arbeitsbeziehung – das Tarifvertragswesen – beruhte auf freiwilligen Absprachen. Die Rechtsstellung der Tarifpartner, namentlich der Gewerkschaften, war noch unklar, zudem die formal gewährte Koalitionsfreiheit durch beschränkende Zusatzbestimmungen und eine bis nach der Jahrhundertwende arbeiterfeindliche Rechtspraxis beschnitten wurden.[3] So wird im folgenden allgemeiner von „sozialpolitischen Regelungen des Arbeitsbereichs“[4] die Rede sein, handelte es sich doch in der Vorkriegszeit um ein „bald angst-, bald gnadenhalber erteiltes Sonderrecht“[5], das erst in der Republik von Weimar zum verfassungsmäßigen Anspruch erhoben werden sollte.

Für den industriellen Arbeitsmarkt vor dem Ersten Weltkrieg stellte zunächst die Ge-

---

ranti pasticceri di Milano e provincia, Mailand 1914; vgl. auch Società umanitaria, Gli uffici di collocamento, la cassa di sussidio alla disoccupazione e il loro contributo all'assistenza ai disoccupati per la guerra nel 1915, Mailand 1917, BNCF Pub. Min. „Società“.

1 Es handelte sich quasi um die „Fortführung des alten obrigkeitsstaatlichen Gewerberechts“, so Häberle, Entstehung, 149.

2 Vgl. „Begriff und Inhalt“ des Arbeitsrechts nach Molitor, Arbeitsrecht, Spp. 320ff.

3 Vgl. Saul, Staat, 188ff.; siehe auch Frerich/Frey, Sozialpolitik, 142ff.

4 So auch ein Abschnitt in Frerich/Frey, Sozialpolitik, 128ff.

5 Vgl. Art. „Arbeiterschutzgesetzgebung“, in: Handwörterbuch der Staatswissenschaften, Jena 19234, Spp. 401-585, hier 474.

setzgebung zum „Arbeiterschutz“ den ausschlaggebenden rechtlichen Bezugsrahmen dar, deren Anfänge in Deutschland bis in die erste Hälfte des 19. Jahrhunderts zurückreichten.[1] Entscheidende Bedeutung erlangte die als „lex Berlepsch“ etikettierte Novelle der Gewerbeordnung von 1891, in der die Bestimmungen zum Schutz von Frauen und Jugendlichen ausgeweitet und weitere wesentliche Aspekte des Arbeitsverhältnisses kodifiziert wurden. So fanden sich hier Bestimmungen zum Gesundheitsschutz, zur Sonntagsruhe, zur Verschärfung des Truckverbots, Neuerungen zur Arbeitsordnung und zu Arbeiterausschüssen sowie Pausen- und Arbeitszeitenregelungen.[2] Dieses Gesetzespaket wurde in den anschließenden Jahrzehnten in loser Folge durch weitere Verordnungen, beispielsweise zum Kinderschutz und zur Gewerbeaufsicht, ergänzt, während bereits das Gewerbegerichtsgesetz von 1890 eine rudimentäre Form von Arbeitsgerichtsbarkeit und Schlichtungswesen vorsah.[3] Die Kontrolle, ob die zum Schutz der menschlichen Arbeitskraft erlassenen Bestimmungen am industriellen Arbeitsplatz umgesetzt wurden, oblag der Gewerbeaufsicht, deren Mitarbeiterstamm seit der Jahrhundertwende erheblich anwuchs.[4] Trotz des Ausbaus an Kontrollinstanzen konnten die Arbeiterschutzmaßnahmen die Mißstände in den Betrieben nur eindämmen, aber nicht völlig beseitigen, zumal eine große Gruppe von Erwerbstätigen, beispielsweise Landarbeiter und Heimarbeiter, von diesem Regelwerk überhaupt nicht erfaßt wurde.[5] Dennoch läßt sich festhalten, daß das Deutsche Reich mit diesen institutionellen und organisatorischen Maßnahmen eine im internationalen Vergleich fortschrittliche Arbeiterschutzpolitik betrieben hatte, was auch die „Internationale Arbeiterschutzkonferenz“ im Jahr 1890 bestätigte.[6]

Neben diesen obrigkeitsstaatlichen Maßnahmen, die über die Festlegung bestimmter Standards bestehende Zustände in der Arbeitswelt zu regulieren suchten, gab es auch Eingriffe, die neue Leistungen für die Teilnehmer im Marktprozeß bereitstellten. Zu den wichtigsten sozialpolitischen Projekten des Kaiserreichs gehörte die Gründung der Sozialversicherung, die die Regierung Bismarck in den 1880er Jahren nach einem mehrjährigen Entscheidungsprozeß[7] mit Inkrafttreten der grundlegenden Sozialversicherungsgesetze (Krankenversicherungsgesetz 1883; Unfallversicherungsgesetz 1884; Invaliditäts- und Altersversicherungsgesetz 1889) vorangebracht hatte. Mit dieser institutionellen Neuerung galt für einen Großteil der Arbeiterschaft eine Versicherungs-

1 Vgl. Brauer, Arbeiterschutz, 401-585.

2 Brauer, Arbeiterschutz, 273.

3 Ebd.

4 1913 wurden 215.000 Betriebsanlagen durch die Gewerbeaufsicht geprüft, davon verstießen nach Bericht der Aufsichtsbeamten rund 16.000 (9%) gegen Jugendschutzvorschriften, rund 9.000 (5%) gegen Frauenschutzvorschriften, es folgten ca. 3.400 Bestrafungen. Vgl. Frerich/Frey, Sozialpolitik, 138.

5 Jedoch ging die Zahl der arbeitsplatzbedingten Gesundheitsschäden zurück, Beispiele in Frerich/Frey, Sozialpolitik, 139.

6 Brauer, Arbeiterschutz, 273; Frerich/Frey, Sozialpolitik, 131.

7 Diesen Prozeß zeigt am Beispiel der Rentenversicherung Haerendel, Regierungen, 49-69.

pflicht für die genannten, mit dem Arbeitsleben verbundenen existentiellen Risiken, wobei die lohnabhängig gestaffelten Leistungen sich nach den Beitragszahlungen (und nicht nach Bedürftigkeitskriterien) bemaßen.[1] In den folgenden Jahrzehnten wurden die neuen Sicherungssysteme weiterentwickelt und ausgedehnt. Durch den Erlaß der „Reichsversicherungsordnung" von 1911 fand das Reformwerk einen vorläufigen Abschluß. Im selben Jahr wurde auch für Angestellte eine obligatorische Renten- und Invaliditätsversicherung ins Leben gerufen. Mit der Einführung dieser ersten drei Säulen sozialer Grundsicherung übernahm Deutschland zu Beginn des 20. Jahrhunderts eine Vorbildfunktion innerhalb Europas im Hinblick auf staatlich regulierte Wohlfahrtsmaßnahmen.[2] Dennoch läßt sich die kaiserzeitliche Sozialgesetzgebung nicht ohne ihre repressive Vorgeschichte – die Verfolgung und Unterdrückung der sozialdemokratischen Arbeiterbewegung durch das „Sozialistengesetz" – beurteilen. Schon Zeitgenossen haben diese offenkundige Strategie von „Zuckerbrot und Peitsche" erkannt.[3] Somit kam die Sozialpolitik im Kaiserreich auch nicht über einen „punktuellen Interventionismus" hinaus und blieb „ohne Einbindung in ein umfassendes gesellschaftspolitisches Programm"[4] in einem eigentümlichen Schwebezustand.[5] Wenn auch die Leistungen der Sozialversicherungen zunächst bescheiden ausfielen und sich erst in den letzten Vorkriegsjahren allmählich steigerten, trug die Sozialgesetzgebung doch zu einer schrittweisen Verbesserung der materiellen Lage vieler Arbeiter bei.[6] Jedoch blieb ein grundlegendes Existenzrisiko der abhängigen Erwerbsarbeit in dem neuen Versicherungssystem vorerst völlig ausgespart: die sogenannte „unfreiwillige Arbeitslosigkeit".

Demgegenüber erschien in Italien der Rahmen an sozialpolitischen Regelungen im Arbeitsbereich wesentlich enger. Wenn der liberale Ökonom Luigi Einaudi schon um die Jahrhundertwende konstatierte, „die soziale Gesetzgebung in Italien" sei „bis jetzt merkwürdig fehlerhaft und unvollkommen gewesen", so spielte er damit sowohl auf Defizite im Arbeiterschutz als auch im Aufbau sozialer Sicherungssysteme an.[7] Ansätze für einen behutsamen Ausbau sozialpolitischer Regelungen im Arbeitsbereich wurden vor allem während der Ära Giolitti entwickelt. Bis zur Jahrhundertwende ruhten die Ar-

---

1 Allen Versicherungen war die öffentlich-rechtliche Organisationsform unter Wahrung von Selbstverwaltungsrechten der Beteiligten sowie das Versicherungsprinzip gemeinsam, die Leistungen wurden (in unterschiedlichen Anteilen) durch Arbeitnehmer- und Unternehmerbeiträge finanziert, wobei für die Rentenversicherung auch ein Reichszuschuß gewährt wurde, vgl. Ullmann, Kaiserreich, 178f.; ausführlich Frerich/Frey, Sozialpolitik, 95ff.; vgl. auch von Zwiedineck-Südenhorst, Arbeiterschutz; Ritter, Sozialversicherung.

2 Siehe auch Abelshauser, Wohlfahrtsstaat, 12ff.

3 Vgl. Grossekettler, Ursprünge, 58; Wehler, Kaiserreich, 314.

4 Frerich/Frey, Sozialpolitik, 93.

5 Grossekettler betont die dominante Rolle des „Herrschaftssicherungsmotivs" bei der Einführung der sozialen Sicherungssysteme im Kaiserreich, ders., Ursprünge, 57ff.

6 Vgl. die Daten bei Frerich/Frey, Sozialpolitik, 107ff.; Ullmann, Kaiserreich, 179.

7 Einaudi, Arbeiterversicherung, 669.

beiterschutzbestimmungen in Italien im wesentlichen auf einem Gesetz von 1886, das die erlaubte Altersgrenze für die Erwerbstätigkeit von Kindern auf neun Jahre heraufgesetzt hatte.[1] Jedoch wurden einige Jahre später die Schutzgesetze für Frauen und Kinder ausgeweitet.[2] Die Schutzgesetzgebung der folgenden Jahre machte schließlich eine wöchentliche (Sonntags-)Ruhe von 24 Stunden obligatorisch und entwarf Bestimmungen für die Nachtarbeit in einigen Branchen.[3] Mit diesem rudimentären Grundgerüst waren im Italien der Vorkriegszeit gerade einmal die Mindeststandards im Arbeiterschutz gesetzlich festgeschrieben, während darüber hinausgehende Regelungen des Arbeitsverhältnisses, wie z.B. Lohnschutzbestimmungen, Pausenregelungen oder Fragen der Fabrikordnung der individuellen Handhabung am Arbeitsplatz vorbehalten blieben. Außerdem bereitete die Überprüfung der Einhaltung dieser bestehenden Vorgaben Schwierigkeiten. Zwar existierte auch in Italien mit dem *Ispettorato dell'industria* (ab 1912: *Ispettorato del lavoro*) das behördliche Pendant zur deutschen Gewerbeaufsicht, jedoch reichte die personelle Ausstattung für eine überzeugende Kontrolle nicht aus.[4] Immerhin gab es die Möglichkeit, arbeitsbezogene Streitigkeiten vor einer Schiedsinstanz zu klären, so daß eine rudimentäre Struktur von Arbeitsgerichtsbarkeit und Schlichtungswesen auch in Italien schon vor dem Weltkrieg existierte.[5]

Auch die Maßnahmen zur Absicherung vor den Grundrisiken abhängiger Erwerbsarbeit stellten sich in Italien vor dem Weltkrieg eher dürftig dar. Einaudi beklagte noch vor der Jahrhundertwende: „ (...) in Italien haben wir nichts der großartigen deutschen Einrichtung einer Zwangsversicherung Ähnliches".[6] Am Anfang der Entwicklung der sozialen Sicherungssysteme stand in Italien mit den „Unterstützungsvereinen auf Gegenseitigkeit"[7] die private Initiative. Mit der rechtlichen Anerkennung dieser zahlreichen Arbeiter-Versicherungskassen sollte die Basis für einen Ausbau des sozialen Netzes gefestigt werden, jedoch stand ein Großteil der Unterstützungsvereine aus Furcht vor Zentralisierung und staatlichen Kontrollen ablehnend gegenüber.[8] Der erste wichtige Grundstein für die Sozialversicherung wurde somit erst mit der Einführung der Versicherungspflicht gegen Unfälle am Arbeitsplatz im Jahr 1898 und der Gründung einer entsprechenden nationalen Kasse gelegt (*Cassa nazionale infortuni*). Im selben Jahr

---

1 „Legge sul lavoro minorile" vom Februar 1886, vgl. auch Cherubini/ Piva, Libertà, 138ff.

2 Per Gesetz vom 19.6.1902 wurde das Mindestalter für die Erwerbsarbeit von Kindern auf 12 Jahre heraufgesetzt, die Frauenarbeit einschränkenden Schutzbestimmungen unterworfen, vgl. Cherubini/Piva, Libertà, 138ff., Zamagni, History, 190f.

3 Vgl. Vecchio, Società, 90ff.

4 Die geringe Zahl an Inspektoren wurde stets beklagt, Einaudi, Arbeiterversicherung, 669; Kuck, Sozialgesetzgebung, 127.

5 Vgl. „Legge sull'istituzione dei probiviri nell'industria" vom 15.7.1893, siehe auch Abschnitt über Arbeitskonflikte.

6 Einaudi, Arbeiterversicherung, 669.

7 Die sogenannten *Società di mutuo soccorso*, vgl. auch die Ausführungen zu Arbeitsverwaltung und Gewerkschaften.

8 Vgl. Battilossi, Annali, 149; siehe auch Kuck, Sozialgesetzgebung, 127.

nahm die staatliche Alters- und Invaliditätsversicherungskasse (*Cassa nazionale di previdenza per l'invalidità e per la vecchiaia degli operai*) ihre Tätigkeit auf.[1] Diese Rentenversicherung operierte jedoch auf Basis der Freiwilligkeit, so daß ihre Bedeutung zunächst beschränkt blieb.[2] In den folgenden Jahren bis zum Ersten Weltkrieg schritt die Gesetzgebung zur Sozialversicherung durch den Ausbau und die Modifikation der bestehenden Maßnahmen weiter voran, um einen größeren Kreis berechtigter Erwerbspersonen zu erreichen und die Versicherungspflicht auf andere Risikofelder auszudehnen. So ergänzte die Gründung einer obligatorischen Mutterschutzkasse auf paritätischer Basis mit festen staatlichen Zuschüssen im Jahr 1910 die schlanken Schutzgesetze wenigstens auf der Vorsorgeebene, während das Existenzrisiko „Krankheit" noch keine Regelung fand und auch die Rentenversicherungspflicht vor dem Ersten Weltkrieg nicht durchsetzbar schien.[3] Mit der Gründung eines „nationalen Versicherungsinstituts" („*Istituto nazionale delle assicurazioni*" – INA) wurde die Sozialversicherungsgesetzgebung der Vorkriegszeit vorläufig abgeschlossen.[4]

Auf Seiten der Arbeiterschaft stand man der Sozialversicherungsgesetzgebung durchaus zwiespältig gegenüber und brachte zumindest den bestehenden Apparaten eine gehörige Portion Skepsis entgegen, wie beispielsweise die Klagen der staatlichen Tabakarbeiter über das ungerechte und unlogische Beitragssystem der *Cassa Nazionale di Previdenza* veranschaulichen. Anscheinend erwiesen sich auch an Arbeitsplätzen im öffentlichen Bereich die Arrangements zur sozialen Sicherung in der Praxis als wenig tauglich – so wurde z.B. die *Società interna di mutuo soccorso* der Tabakarbeiter in den schärfsten Tönen als Verwaltungsdiktat, ihre Leistungen als kümmerlich und unzureichend angeprangert.[5] Die Klagen der Arbeiterschaft deuten auf erhebliche Defizite der italienischen Sozialversicherungen hin.[6]

1 Zamagni, History, 191.

2 Von ungefähr elf Millionen Versicherungsberechtigten hatten sich bis 1914 nur 562.597 eingeschrieben, vgl. Kuck, Sozialgesetzgebung, 129.

3 Dieses war nicht zuletzt aufgrund des Widerstandes der „Società di mutuo soccorso" gescheitert, vgl. Battilossi, Annali, 174. Kuck, Sozialgesetzgebung, 129.

4 Diese Maßnahme stand im Zusammenhang mit der Verstaatlichung der Lebensversicherungen, die im selben Jahr erfolgte. Ursprünglich hatte der Gesetzesentwurf vorgesehen, aus den Gewinnen der Lebensversicherungen eine Rentenversicherungskasse querzufinanzieren, was aber an dem Widerstand verschiedener beteiligter Interessengruppen gescheitert war. Die Gründung des INA stellte einen Kompromiß dar, vgl. Battilossi, Annali, 207.

5 Vgl. Memorial der staatlichen Tabakarbeiter: Memoriale della Sezione Federata di Milano fra gli operai dipendenti dal governo, manifattura tabacchi, Milano s.d., [wahrscheinlich 1901], BNCF Pubb. Min. „Società".

6 Ein Vorsorge-Fond beim Unternehmen Edison sah einen Unterstützungssatz von rund 1 L. pro Tag vor, BNCF Pubbl. Min. „Società", Regolamenti per il fondo di previdenza del personale della Società Edison, Mailand 1903. Vgl. auch die Angaben von Kuck, Sozialgesetzgebung, 129f.: Die Höhe der Durchschnittsrenten der nationalen Rentenkasse habe im Jahr 1913 324 Lire betragen, für die Tabakarbeiter sogar mehr – 579 Lire. Ein Arbeiter aus der Privatindustrie habe täglich 90 Cen-

Im Vergleich zu den weitaus umfassenderen Sozialversicherungssystemen, die in Deutschland zur gleichen Zeit entstanden waren, wirkten die lückenhaften Strukturen in Italien in der Tat rückständig. Eigentlich war nur das Existenzrisiko „Unfall am Arbeitsplatz“ einer stabilen Regelung unterworfen, während die Risiken Krankheit und Alter aufgrund des freiwilligen Prinzips eher halbherzig, das Risiko der Arbeitslosigkeit – wie in Deutschland auch – überhaupt nicht angegangen wurden.

Trotzdem lassen die sozialpolitischen Debatten und auch gescheiterte oder vertagte Gesetzesprojekte der Ära Giolitti in Ansätzen erkennen, wie in dieser relativ kurzen Zeitspanne zumindest der Regelbedarf für eine ganze Reihe von lange hinausgeschobenen sozialpolitischen Problemen der Arbeitswelt erkannt wurde. Hier dürfte auch die Tätigkeit der relativ jungen Beratungsorgane – z.B. des *Consiglio della previdenza* oder des *Consiglio del lavoro* – eine zunehmend wichtige Rolle gespielt haben.[1]

Für die Wahrnehmung der bestehenden sozialen Mißstände in der abhängigen Erwerbsarbeit als einer *politischen* Aufgabe spielte außerdem – trotz aller Unterschiede in den jeweiligen nationalen institutionellen Arrangements – das Vorbild der Bismarck'schen Sozialgesetzgebung eine wichtige Rolle.[2] Die in Deutschland getroffenen Regelungen und begleitenden sozialpolitischen Debatten lieferten theoretische Anregungen für den wissenschaftlichen Diskurs zum Thema in Italien, stellten aber auch praktisches Know-how für die öffentliche Verwaltung bereit, indem sie konkrete organisatorische Umsetzung demonstrierten.[3] Für die Ausbildung von institutionellen Arrangements in der industriellen Arbeitswelt spielte also durchaus bereits eine Form des institutionellen Wettbewerbs eine Rolle.

In der italienischen Forschung wurde die Trägheit des Staates unter anderem mit der Existenz eines dichten Netzwerks privater Organisationen begründet, die dem Staat eine passive Rolle gestattet hätten.[4] Umgekehrt erscheint das Argument jedoch mindestens ebenso plausibel: Da das Marktversagen, das sich in sozialen Mißständen offenbarte, nicht oder nur sehr zögerlich durch staatliche Eingriffe kompensiert wurde, mußten Regelungsformen oder institutionelle Lösungsversuche auf dezentraler Ebene gefunden werden.

Der Kündigungsschutz – im heutigen Verständnis ein zentraler Bereich der Arbeit-

---

tesimi zur Verfügung gehabt, was angesichts der Lebenshaltungskosten dürftig war, siehe auch unten, II 2.4.g

1 Zum *Consiglio del lavoro* vgl. auch den Abschnitt zur Arbeitsverwaltung. Der 1894 gegründete *Consiglio della previdenza* wurde 1905 um den Zusatz „Sozialversicherung“ ergänzt, Kuck, Sozialgesetzgebung, 123.

2 Dies veranschaulicht die lange Entstehungsgeschichte der *Cassa di previdenza*, Gustapane, L'influenza.

3 Ein italienischer Zeitgenosse betonte: „Wenn Bismarck nicht gewesen wäre (...) hätten unsere Staatsmänner gelächelt, wenn man sich angeschickt hätte ihnen zu sagen, daß es eine soziale Frage gibt.“ So Guglielmo Ferrero in der „Critica Sociale“ von 1892, zitiert nach Gustapane, L'influenza, 214.

4 Referiert bei Kuck, Sozialgesetzgebung, 122.

nehmerrechte – war in beiden Ländern vor dem Ersten Weltkrieg noch nicht verbindlich, allenfalls vage rechtlich verankert. In Deutschland sah die Gewerbeordnung für Industriearbeiter zwar eine gesetzliche Kündigungsfrist von 14 Tagen vor. Jedoch handelte es sich in der Praxis eher um einen Richtwert als um eine verbindliche Rechtsnorm. Da kein einklagbarer Anspruch bestand, ließen sich zahlreiche Ansatzpunkte zur Aushebelung dieser Bestimmung finden. Diesem Umstand hatte die Rechtsprechung wenig entgegenzusetzen.[1] Beispielsweise reichten mündliche Absprachen oder abweichende Bestimmungen in der eigenen Fabrikordnung, um die Kündigungsfrist gegebenenfalls zu verkürzen, während die Möglichkeit zur fristlosen Entlassung bei Verstößen angesichts der Rechtslage potentiell einen weiteren Ansatzpunkt bot, im Bedarfsfall betriebsbedingte, beschäftigungspolitisch motivierte Kündigungen als Disziplinarmaßnahme zu kaschieren und damit die Kündigungsfrist faktisch variabel zu gestalten.[2] Somit waren auch für diesen Aspekt branchenstrukturelle Voraussetzungen, die Verhandlungsmacht der Arbeitsmarktparteien und das bereits erreichte Niveau an institutionellen Arrangements entscheidend für die Effektivität des vorhandenen Kündigungsschutzes und für den damit erreichten Grad an Planungssicherheit für die Beteiligten. So verwundert es wenig, daß in der Großindustrie vor 1914 die Tendenz bestand, Kündigungsfristen völlig auszuschließen,[3] während in anderen Branchen ein Kündigungsschutz tarifvertraglich vereinbart wurde, der die gesetzlichen Fristen respektieren oder die Arbeitnehmer gar besser stellen konnte.

In Italien bot sich ein ähnlich heterogenes Bild, da dieser Aspekt keinerlei rechtlichen Beschränkungen unterlag und der Regelung durch die Beteiligten überlassen blieb. Also bestimmten auch hier im wesentlichen branchenspezifische Usancen und die relative Marktmacht der Verhandlungspartner die Qualität des Kündigungsschutzes. Aus den jeweiligen Bestimmungen der Fabrikordnungen läßt sich – bei aller Vielfalt und Unübersichtlichkeit – eine durchschnittliche Kündigungsfrist von einer Woche herauslesen.[4] In einigen Fällen wurden auch vorteilhaftere Arrangements getroffen. Dies erschien dann wahrscheinlicher, wenn Unternehmen auf spezielle „Arbeitertypen" angewiesen waren, die nicht nur über berufs-, sondern auch arbeitsplatzspezifisches Wissen und Können verfügten.[5]

Das Gesamtbild der getroffenen Arrangements vermittelt jedoch sowohl für das deutsche als auch für das italienische Fallbeispiel den Eindruck, daß die beschäftigungspolitische Flexibilität in diesem Punkt keinen schwerwiegenden Beschränkungen unterwor-

1 Vgl. Saul, Staat, 66f.

2 Eine zeitgenössischen Abhandlung konstatierte, daß ein Arbeitgeber im Kaiserreich faktisch den Arbeiter „auch aus reiner Willkür, und aus politischen, persönlichen und sonst irgendwie mit dem Arbeitsvertrag gar nicht zusammenhängenden Motiven" entlassen konnte, zitiert nach Saul, Staat, 66.

3 Saul, Staat, 67.

4 Vgl. BNCF Pubbl. Min., Collezione Regolamenti di Fabbrica.

5 Vgl. auch ähnliche Überlegungen von Renato Coriasso zu den Arbeitern in der elektrischen Industrie, Coriasso, Regolamenti, 17.

fen war.

Die Wirkungen der Sozialpolitik auf Arbeitsmarkt und Beschäftigung sind – abgesehen von einer qualitativen Veränderung der Arbeits- und Lebensbedingungen auf der Angebotsseite – sehr schwer zu messen.[1] Gewiß führen Sozialbeiträge theoretisch tendenziell zu einer Verteuerung des Faktors Arbeit, was in dieser Zeit aufgrund der Interdependenz verschiedener Einflußfaktoren aber sicher nicht nachfragedämpfend durchschlug.[2] Die Zugangsbeschränkungen bestimmter Erwerbspersonen zum Arbeitsmarkt, die in den Schutzgesetzen formuliert wurden, schmälerten das Arbeitsangebot, was beispielsweise Branchen mit hoher Frauenquote (Bekleidungs- und Textilindustrie) durchaus spüren konnten, wenngleich die genaue Wirkung schwer bestimmbar ist, da auch hier gegenläufige Effekte kompensierend wirkten.[3] Ungeachtet der Lücken im sozialen Versicherungswesen, der politischen Funktionalisierung und der „herrschaftsstabilisierenden" Motivation von Sozialpolitik deutete sich jedoch im Deutschen Reich seit dem späten 19. Jahrhundert eine Tendenz zu einer wachsenden, zentralen Regulierung arbeitsmarktrelevanter Bereiche durch den Staat an. Diese blieb allerdings bis zum Ersten Weltkrieg auf eine Rahmengesetzgebung beschränkt, deren Einfluß auf das Arbeitsmarktgeschehen indirekter Natur war. An einem solchen gesetzlichen Rahmen wurde auch in Italien bereits in der Vorkriegszeit gezimmert. Dieser blieb jedoch vorerst qualitativ und quantitativ begrenzt.

f. Arbeitsbedingungen am industriellen Arbeitsplatz

Gerade in Italien, wo der gesetzlich geregelte Arbeiterschutz noch nicht allzu weit gediehen war, wurden die Bedingungen am industriellen Arbeitsplatz in großen Teilen durch die Fabrik- oder Arbeitsordnungen, die sogenannten *regolamenti di fabbrica* festgeschrieben. Diese waren meist durch den Arbeitgeber festgelegt, in den selteneren Fällen mit Vertretern der Arbeiterschaft ausgehandelt. Auch in diesem Aspekt lassen sich branchenspezifische Unterschiede erkennen. In Branchen wie dem Buchdruckergewerbe, die auch hinsichtlich tarifvertraglicher Regelungen eine Art Pionierrolle übernommen hatten, konnten beispielsweise auch Arbeitervertreter an der Aushandlung der Reglements mitwirken.[4]

---

1 Zu den Einflüssen, die von diesen Regelungen auf die Arbeitsmärkte ausgingen, vgl. Hertner, Entstehung, 30.

2 Der Nettoeffekt war in den Zeiten der industriellen Expansion und des Bevölkerungswachstums sicher nicht spürbar. Zudem dürfte der Anteil gemessen in Relation zu gesamten Kosten verschwindend gering gewesen sein, vgl. Abschnitt Lohntendenzen. Außerdem wäre auch bei einer Quantifizierung des Effekts zu berücksichtigen, daß es sich um ein Minimum sozialer Sicherheit handelte, auf das sich die Gesellschaft verständigt hatte.

3 Hier sind durch den verbesserten Schutz etwa Qualitäts- bzw. Produktivitätseffekte zu erwägen, außerdem gilt auch hier, daß es sich bei den Schutzbestimmungen um absolute Minimalstandards handelte.

4 So sieht es z.B. ein Kollektivvertrag der Buchdrucker vor, vgl. BNCF, Regolamenti di fabbrica, b.1: Federazione italiana fra i lavoratori del libro, Consorzio regionale Veneto, Contratto di lavoro,

Üblicherweise erhielten solche Fabrikordnungen umfangreiche Kataloge positiver und negativer Verhaltensmaximen für die Beschäftigten. Aus der Gesamtheit von Geboten und Verboten lassen sich ein streng reglementierter Arbeitsablauf und ein angespanntes oder sogar repressives Arbeitsklima herauslesen. Verstöße gegen die *regolamenti* wurden mit Strafen geahndet, die von Strafgeldern (*multe*) über Suspendierungen bis hin zur fristlosen Entlassung reichten. Dabei konnten auch vergleichsweise geringe Verstöße (so etwa Verspätungen, Pfeifen oder Singen bei der Arbeit) Geldbußen in Höhe von Tagesverdiensten zur Folge haben.[1] Bei einer fristlosen Kündigung aus disziplinarischen Gründen verfiel außerdem die vom Arbeiter bei Einstellung entrichtete „Kaution", so daß diese als disziplinarisches Druckmittel fungierte und es zugleich für qualifizierte Arbeiter, die möglicherweise auch andernorts gute Beschäftigungschancen hatten, unattraktiv machte, eine fristlose Kündigung zu riskieren.[2] Daß man diese disziplinarischen Normen in der Regel auch überwachte und umsetzte, wird durch die gängige, mit Kontrollmechanismen ausgestattete, hierarchische Betriebsstruktur wahrscheinlich.[3] *Capo reparto*, *capo operaio* oder *capo squadra* waren typische Figuren in der Betriebshierarchie, die als Bindeglied zwischen der Unternehmensleitung bzw. der Verwaltungsebene und der Produktionsebene mit der Arbeiterschaft fungierten.[4]

Auch Berichte oder Petitionen von Arbeitern, die betriebsinterne Mißstände oder disziplinarische Exzesse des Aufsichtspersonals beklagten, weisen in dieselbe Richtung. In diesem Sinne prangerte z.B. ein kurz nach der Jahrhundertwende abgefaßtes Arbeiter-Memorial die „ökonomischen, moralischen und hygienischen" Zustände am Arbeitsplatz in der Tabakindustrie an.[5] In „moralischer" Hinsicht wurde vor allem die praktizierte Form der Fabrikdisziplin kritisiert, die sich durch eine völlige „Unterdrückung der Arbeiter als Person" auszeichnete. Wie ausgeprägt die disziplinarische Willkür auch in diesem Industriezweig war, der unter staatlicher Regie stand, mag ein Beispiel aus

---

concordato fra le rappresentanze della Federazione del libro ed i proprietari delle piazze di Adria, Ariano Polesina e Cavarzere, Padua 1914.

1 Die Summe wurde vom Lohn abgezogen und floß in die betriebsinterne Vorsorgekasse.

2 Vgl. diverse Dokumente der Sammlung „Regolamenti di Fabbrica", BNCF, Pubbl. Min.

3 Eine geeignete Quelle, um das Arbeitsklima und die tatsächlich herrschende „Fabrikdisziplin" zu untersuchen, wären die Register, in denen der Kündigungsgrund aufgeführt bzw. die Personalkartei, in der auch Verstöße und Strafen vermerkt wurden. Für die Arbeit mit *libri matricola*, *registri del personale* und ähnlichen Quellen vgl. Piva, Classe operaia.

4 D.h. Capo einer Abteilung bzw. Produktionseinheit oder der Arbeiter-Capo. In diese Stellung konnten Arbeiter mit langjähriger Arbeitserfahrung und Betriebszugehörigkeit rücken. Die Befugnisse eines Capo reichten oft weit, und mit der Capo-Funktion rückte der Arbeiter meist in den Angestellten-Status auf. Spuren eines solchen Aufstiegs lassen sich in Matrikelbüchern finden („passato al libro matricola impiegati".) Vgl. z.B. Matrikelbuch des Unternehmens Dalmine SpA, zu diesem Zeitpunkt noch Società Tubi Mannesmann. FD, Archivio Storico, Fondo Dalmine, Serie libri societari, personale, libri matricola, Nr. 1. Vgl. zur Betriebshierarchie und Betriebsstruktur della Rocca, Gerarchie, 96f. Siehe auch Coriasso, Regolamenti, 26ff.

5 BNCF Pubbl. Min. „Società", Memoriale della Sezione Federata di Milano fra gli operai dipendenti dal governo, manifattura tabacchi, Mailand 1901.

dem Produktionsalltag veranschaulichen: Aufgrund seiner praktischen Erfahrung zögerte ein Arbeiter zunächst, eine bedenkliche Anweisung des *Capo* zu befolgen, weil er mit unerwünschten Nebeneffekten an der Maschine rechnete. Erst nach Insistieren des Weisungsbefugten führte er die Anordnung aus, woraufhin die prognostizierte technische Störung eintrat. Daraufhin wurde der Arbeiter als Strafe einen Tag suspendiert – „weil er den Befehl seines Capo befolgt hatte". Die Eingabe der Arbeiter schließt mit dem Appell, dieses Mißverhältnis zu verbessern und gibt dabei zu bedenken, daß „der Arbeiter kein Feind des Industriellen" sei und das Unternehmen für Verbesserungen kompensiert würde, wenn es gelegentlich die Beobachtungen der Arbeiterschaft berücksichtigen würde.[1] Die kooperative Vision von Arbeitsbeziehungen, die diesen Ausführungen implizit zugrunde liegt, ist insofern bemerkenswert, als es sich im Prinzip – aus dem Munde der Arbeiterschaft – um dasselbe Argument handelt, das Arbeitgeber häufig zur Begründung des sogenannten „industriellen Paternalismus" heranzogen.[2]

Je nach Höhe der Disziplinarstrafe konnten die Geldbußen für die Betroffenen ein ernstzunehmendes Risiko darstellen, vor dem sich Arbeiter in Einzelfällen sogar durch die Gründung eines entsprechenden solidarischen Unterstützungsvereins abzusichern suchten, der den Verdienstausfall bei Strafzahlungen und Suspendierung abfedern sollte.[3]

Obwohl in Deutschland die allgemeinen Regulierungen und Schutzbestimmungen weiter gefächert waren, stand auch hier die „Fabrikdisziplin" im Fokus von Arbeiterforderungen oder Lageberichten über die industrielle Arbeitswelt. Vor allem in konservativen Bereichen wie der Schwerindustrie galten militaristische Werte und Organisationsvorstellungen als Vorbild für die industrielle Betriebsführung: So war im Ruhrbergbau die Tendenz zum „Grubenmilitarismus" verbreitet und auch Krupp bemühte den Vergleich zum Militär, wenn er „seinen" Betriebsablauf charakterisierte.[4] In diesen tariffeindlichen Industriezweigen fürchtete man den sogenannten „konstitutionellen Betrieb", dessen Betriebsverfassung Arbeitnehmern gewisse Einflußrechte einräumte.[5] Auch in Italien fanden sich in manchen Fabrikordnungen Klauseln, die eine Kollektivierung betriebsinterner Interaktion abbremsen sollten, wenn es beispielsweise

1 Ebd.

2 Vgl. unten, II 2.5.

3 Es ist ein Fall unter den staatlichen Eisenbahnern bekannt. Mitglieder des Vereins hatten Anspruch auf Unterstützung bei Aufschub der Lohnerhöhung, bei Aussetzung der Lohnzahlung, bei Suspendierung vom Dienst, bei Einbehaltung von Tageslöhnen o.ä. Vgl. die Statuten der Società „La protesta". Fra macchinisti e fuochisti delle ferrovie di Stato, Milano Sempione 1915. BNCF Pubbl. Min. „Società". Vgl. für disziplinarische Härte im Dienstleistungsbereich Vereinsgründungen von Ladenangestellten gegen „Unterdrückung durch den Arbeitgeber". Mitglieder sollten eine Art Rechtsberatung bei Kündigung erhalten, vgl. z.B. Lega fra i commessi di negozio e magazzino, Mailand 1909, BNCF Pubbl. Min. „Società".

4 Vgl. Bieber, Kasernenhof, 36f.; Ritter/Tenfelde, Arbeiter, 312; sowie Saul, Staat, 54ff. Vgl. auch unten, II 2.5.

5 Saul, Staat, 56, 60.

expressis verbis hieß: „Kollektive Anfragen" seien „strengstens verboten". [1]

Fabrikdisziplin und betriebliche Hierarchie waren aber nicht die einzigen Aspekte, die die Arbeitsbedingungen am industriellen Arbeitsplatz charakterisierten. Eine wichtige Rolle spielten darüber hinaus die hygienischen Verhältnisse, der Betriebsgefahrenschutz und überhaupt alle mit dem Arbeitsprozeß verknüpften Aspekte, die sich auf die Gesundheit der Beschäftigten auswirken konnten. Hier waren im Deutschen Reich, wohl auch durch die entsprechende Arbeiterschutzgesetzgebung, im letzten Friedensjahrzehnt hinsichtlich der „arbeitsplatzbedingten Gesundheitsschädigungen" „sehr deutliche Fortschritte" erzielt worden.[2] Diese schienen in Italien noch etwas auf sich warten zu lassen. Zeitgenössische Schilderungen charakterisierten das Arbeitsambiente häufig als „ungesund" aufgrund von Lärmbelastung, Feuchtigkeit, hohen Temperaturen, mangelhafter Belüftung und giftigen Werkstoffen.[3] Jedoch fehlen genaue Quellenangaben dazu, wie sich die Zahl der arbeitsbedingten Gesundheitsschäden in den letzten Vorkriegsjahren entwickelte.[4]

Die Arbeitszeit war weder in Deutschland noch in Italien vor dem Weltkrieg in rechtsverbindlicher Form geregelt.[5] Eine gesetzlich verankerte Maximalarbeitszeit wie der geforderte Acht-Stundentag für alle abhängig Beschäftigten blieb in beiden Ländern vorerst ein Kampfziel der Gewerkschaften. Die Arbeitszeitvereinbarungen konnten in beiden Ländern je nach Branche variieren. Generell ließ sich vor dem Weltkrieg allmählich ein Trend zur Arbeitszeitverkürzung erkennen. Durchschnittlich betrug die Arbeitszeit in Deutschland – ungeachtet aller Unterschiede und verkappter höherer Arbeitszeiten aufgrund von Überstunden – im Jahr 1914 ungefähr 9,5 Stunden. [6] Arbeitszeitregelungen bildeten einen wesentlichen Bestandteil kollektiver Tarifvereinbarungen, so daß sich die Arbeitszeitstrukturen in tarifregulierten Branchen arbeitnehmerfreundlicher darstellten. Darüber hinaus erscheint die Annahme plausibel, daß die Institution des Tarifvertrages auch über dessen direkten Geltungsbereiche hinaus „zur

1 Vgl. Coriasso, Regolamenti, 15.

2 Vgl. mit Belegen Frerich/Frey, Sozialpolitik, 139.

3 So betrieben Arbeitervereine bestimmter Berufsgruppen (z.B. Lackierer) Aufklärungsarbeit – z.B. durch Flugblätter - um vor spezifischen Risiken des Berufs zu warnen und über die Zusammenhänge (z.B. Vergiftungsgefahr durch bestimmte Substanzen am Arbeitsplatz) zu informieren, vgl. Lega Doratori, Verniciatori ed affini, Mailand 1914, BNCF Pubbl. Min. „Società".

4 Allerdings ist auf die Beiträge in Betri/Gigli Marchetti, Salute hinzuweisen.

5 Zwar bestanden Höchstarbeitszeitbestimmungen für bestimmte Gruppen von Erwerbspersonen, zu denen vor allem Frauen und Kinder gehörten. Darüber hinaus galten Ausnahmeregelungen für bestimmte Arbeitsplätze oder Verrichtungen unter besonderen äußeren Belastungen. So sahen die novellierten Bestimmungen der Gewerbeordnung für Frauen und Jugendliche eine maximale Arbeitszeit von täglich zehn Stunden vor, während in Italien Kinder und Jugendliche täglich nicht länger als elf, Frauen maximal zwölf Stunden arbeiten durften. Frerich/Frey, Sozialpolitik, 135f.; Cherubini/Piva, Libertà, 200.

6 Im Jahr 1890 hatte sie noch im Durchschnitt elf Stunden betragen, vgl. die Schätzung von Kuczynski, hier nach Conze, Sozialgeschichte 1850-1918, 620.

Normierung und Senkung der Arbeitszeit erheblich beigetragen“ hat.[1]

In Italien zeigte sich hinsichtlich der Arbeitszeitmodelle die Schere zwischen den wenigen durch Tarif geregelten Bereichen und tariffreien Zonen deutlich. Während die Buchdrucker in Italien beispielsweise in ihrem Tarifvertrag einen Neunstundentag und ein entsprechendes Überstundenmodell formuliert hatten (nicht ohne die einschränkende Klausel, daß Überstunden nur für kurze Sonderphasen zulässig und nicht langfristig legitim wären, solange arbeitslose Arbeiter am Platze weilten), sah eine Fabrikordnung aus dem Industriezweig der Steine und Erden, die aus demselben Jahr datierte, lapidar eine Arbeitszeit von „Sonnenaufgang bis Sonnenuntergang“ vor.[2] Insgesamt erschienen die italienischen Arbeitszeitstrukturen recht heterogen, mit einer Spitzentendenz in den Branchen, die weniger Muskelkraft erforderten (beispielsweise in der Textilindustrie, wo 12 Stunden oder gar länger gearbeitet wurde), während in Maschinenfabriken meist ein Zehnstundentag üblich war.[3] Angesichts der erhöhten Bedeutung arbeitsintensiver Industriezweige für die italienische industrielle Entwicklung paßt die im Vergleich zu Deutschland tendenziell längere Arbeitszeit ins Bild. Ähnliches sollte sich bei der Lohnentwicklung zeigen.

g. *Tendenzen der Lohnentwicklung*

Eine Rekonstruktion der Lohnentwicklung in vergleichender Perspektive ist in besonderem Maße mit methodischen Problemen behaftet. Abgesehen von der Auswahl geeigneter lohnstatistischer Daten[4] sind bei der Gewichtung der quantitativen Aspekte potentielle Unterschiede zu bedenken, so z.B. die Kaufkraft der Währungen, die Lebenshaltungskosten, geltende Arbeitszeitregelungen etc. Die folgende Darstellung konzentriert sich daher vor allem auf die *relativen* Entwicklungstendenzen. Für die – quellenmäßig schwierigere – italienische Seite bieten die von Vera Zamagni rekonstruierten Lohnreihen[5] wertvolles Material.

Für das deutsche Fallbeispiel wurden verschiedene Lohn-Indices[6] erarbeitet, die par-

1 Ebd.

2 Federazione italiana fra i lavoratori del libro, Contratto di lavoro, Padua 1914, BNCF Pubbl. Min., Regolamenti di fabbrica, b. 1; Regolamento per gli operai dello stabilimento di Laterizi dei Sign. Fratelli Bertoli di Benna, San Vito al Tagliamento e Cordenons 1914, BNCF Pubbl. Min., Regolamenti di fabbrica, b. 5.

3 Vgl. auch Sbrojavacca, Arbeitszeit, 1027-1029. Siehe auch Azimonti, Tempi passati, 30ff.

4 Lohnstatistische Erhebungen wurden sowohl von privaten Organisationen (z.B. Gewerkschaften) als auch von amtlichen Instanzen verschiedener Gebietskörperschaften durchgeführt, wobei die Reichsstatistik erst 1914/18 umfassend einsetzte. Auch die sogenannte „Sekundärstatistik“ (z.B. Material der Steuerbehörden und Sozialversicherungen, Tarifverträge) informiert über Löhne. Für eine Quellenkritik vgl. Holtfrerich, Inflation, 224ff.

5 Zamagni, Salari, 183-208; englische Fassung: Wages, 59-93; (vgl. mit Ausblick auf den späteren Zeitraum auch dies., Dinamica, 329-378; dies., Alterazioni; dies., Comparison, 407-439.

6 Die wichtigsten Indices stammen von Ashok Desai (ders., Wages) und Jürgen Kuczynski (ders., Geschichte). Der Bry-Index (Bry, Wages) basiert hauptsächlich auf Kusczynski. Zu nennen wäre schließlich noch der Index von Walther Hoffmann (ders./Grumbach/Hesse, Wachstum). Vgl. auch

tiell voneinander abweichen, so daß manche Entwicklungstendenzen in der Forschung durchaus kontrovers diskutiert wurden. Den folgenden Erörterungen liegen Daten zugrunde, die auf dem wohl zuverlässigsten Index von Desai fußen, der auch nach der Jahrhundertwende ein Wachstum der Löhne konstatiert.[1]

Ein Vergleich der ausgewählten Lohnindices beider Länder zeigt einen markanten Aufwärtstrend der Lohnentwicklung in Deutschland und Italien in den letzten Vorkriegsjahrzehnten. Dabei war die Wachstumsdynamik in Italien deutlich ausgeprägter. Während die Löhne in Deutschland im Durchschnitt seit der Jahrhundertwende bis zum letzten Friedensjahr nominal um 38 Prozent gestiegen waren, lag der entsprechende Wachstumssprung der italienischen Löhne im selben Zeitraum sogar bei 56 Prozent. Berücksichtigt man die unterschiedliche Entwicklung der Lebenshaltungskosten in beiden Ländern, fiel das tatsächlich realisierte Lohnwachstum hier wie dort wesentlich geringer aus, wobei sich die italienischen Reallöhne mit Steigerungsraten von 37 Prozent im Zeitabschnitt zwischen 1900-1913 wiederum dynamischer entwickelten als in Deutschland.[2]

Die Aufwärtsentwicklung der Löhne in beiden Ländern spiegelte nicht zuletzt den wachsenden Einfluß gewerkschaftlicher Interessenvertretung wider. Wie im Falle Italiens kann der positive Gesamttrend teilweise auch auf einen gestiegenen Anteil von Hochlohnempfängern an der Gesamtheit der Lohnempfänger hindeuten.[3]

---

die Übersicht in Conze, Sozialgeschichte 1850-1918, 620 sowie den Überblick in Zamagni, Comparison, 432f.

1 Zamagni favorisiert den Desai-Index. Ihre Daten für den internationalen Vergleich stammen von Phelps Brown (vgl. ders./Browne, Century), der seinerseits auf Desai zurückgreift. Auch die Verfasser der quellenkritischen Angaben zur Lohnstatistik in SGA II, 107 bevorzugen Desai, aber kritisieren seine fehlende geschlechts- und qualifikationsspezifische Differenzierung.

2 In Deutschland waren die Reallöhne im selben Zeitraum um rund 15% gestiegen. Die jährliche Wachstumsrate der Reallöhne betrug in von 1890-1913 in Italien zwei, in Deutschland lediglich 1,4 Prozent, Zamagni, Comparison, 413. Vgl. für alle Angaben auch die nachstehende Tabelle.

3 Zamagni, History, 200.

Tabelle 1: Entwicklung der Nominal- und Reallöhne in Deutschland und Italien 1900-1913[1]

Jahr	**Nominallöhne,** Index 1900 = 100		**Lebenshaltungskosten,** Index 1900 = 100		**Reallöhne** Index 1900 = 100	
	Deutschland	Italien	Deutschland	Italien	Deutschland	Italien
1900	100	100	100	100	100	100
1901	103	103	101	101	102	102
1902	103	106	102	100	101	106
1903	104	108	102	103	102	105
1904	107	112	101	103	106	108
1905	108	116	106	104	102	112
1906	114	122	108	107	106	114
1907	119	129	111	111	107	116
1908	121	131	113	110	107	119
1909	121	135	116	107	104	126
1910	125	141	118	110	106	128
1911	129	148	118	114	109	130
1912	135	152	123	113	110	134
1913	138	156	120	114	115	137

Der Vergleich der Lohnindices zeigt also eine überdurchschnittliche Dynamik der Lohnentwicklung in Italien, wobei allerdings der weitaus niedrigere Anfangswert in dieser statistischen Reihe zu berücksichtigen ist – das Ausgangsniveau der italienischen Löhne um die Jahrhundertwende.

Trotz des vergleichsweise raschen Wachstums der Nominal- und Reallöhne war das durchschnittliche Lohnniveau in Italien deutlich niedriger als in Deutschland. Ein Vergleich der Jahreslöhne von Industriearbeitern im Jahr 1905 mag diesen Befund veranschaulichen: Während der Jahresverdienst eines Industriearbeiters in Deutschland durchschnittlich 856 Mark betrug, was nach damaligen Wechselkursen 41,12 Pfund entsprach, verdiente ein Arbeiter in der italienischen Industrie nur rund 623 Lire, d.h. ungefähr 24,15 Pfund.[2] Der Lebensstandard von Arbeitnehmern blieb bescheiden – in Italien reichte das durchschnittliche Budget einer Arbeiterfamilie kaum aus, um Ausgaben für Güter jenseits des täglichen Bedarfs zu tätigen.[3]

Dennoch läßt sich bilanzieren, daß sich die materielle Lage der Arbeiterschaft kurz vor dem Ersten Weltkrieg im Vergleich zu den Jahrzehnten zuvor deutlich gebessert

1 Tabelle zusammengestellt nach den Daten im statistischen Anhang bei Zamagni, Comparison, 432f. und 434f.

2 Vgl. Zamagni, Comparison, 418.

3 Dies zeigen Studien zu Mailänder Arbeiterfamilien, vgl. Zamagni, History, 201; Haushaltsrechnungen belegen für das deutsche Beispiel, daß es disponible Einkommensteile gab, Kocka, Klassengesellschaft 8; siehe auch Mooser, Arbeiterleben, 81. Zu berücksichtigen wären zudem die Arbeitszeit, Arbeitsbedingungen, die Absicherung bei Unfällen, Krankheiten und Arbeitslosigkeit als weitere Bestimmungsfaktoren des Wohlstandsniveaus, vgl. Borchardt, Wirtschaftliches Wachstum, 225.

hatte. Den hier zugrundegelegten Daten zufolge vollzog sich die Lohnentwicklung in Italien, gesamtwirtschaftlich betrachtet, im Untersuchungszeitraum weitgehend synchron zur geschätzten industriellen Produktivität.[1] In diesem Aspekt liegt ein wesentlicher Unterschied zum deutschen Fallbeispiel: Trotz des vergleichsweise höheren Lohnniveaus blieb seit der Jahrhundertwende die Reallohnentwicklung in Deutschland nämlich deutlich hinter der industriellen Produktivität zurück.[2]

Die hochaggregierten allgemeinen Lohndaten sollten nicht darüber hinwegtäuschen, daß die Verdienstunterschiede zwischen Branchen und Regionen zum Teil stark ausgeprägt waren[3]. Darüber hinaus konnte auch die Bemessungsform des Lohnes – ob nach Zeit oder Leistung – in Entsprechung zur Produktionsorganisation erheblich variieren.[4]

Eine Auswertung der im Jahr 1912 geltenden Tarifverträge des deutschen Reichs läßt – ungeachtet der Branche – erhebliche qualifikationsbedingte Verdienstunterschiede erkennen: Während die Mehrheit der dort dokumentierten ungelernten Arbeiter zu einem Tarif bis zu 45 Pfennig pro Stunde arbeitete, erzielten knapp drei Viertel der tarifvertraglich gebundenen gelernten Arbeiter einen höheren Stundenlohn (etwa 50-65 Pfennig oder mehr).[5] Sowohl in Deutschland als auch in Italien gehörten „traditionelle" Industriezweige wie die Textil- und Bekleidungsindustrie und die Nahrungsmittelindustrie

---

1 Vgl. für Deutschland und Italien die Daten von Zamagni, Comparison, 426f. Toniolo konstatiert jedoch ein Zurückbleiben der Reallohnentwicklung im Hinblick auf die industrielle Produktivität, ders., Storia, 177, vgl. auch die Übersicht über die Produktivitätsentwicklung, ebd., 163, Abb. 10.2.

2 Zu dieser Einschätzung gelangt auch Kocka, Klassengesellschaft, 9 mit Anm. 9 und 10. Dieser Befund gab Anlaß zur Formulierung der Hypothese, daß Deutschland vor dem Weltkrieg aufgrund der im internationalen Vergleich niedrigeren Lohnkosten möglicherweise einen Wettbewerbsvorteil genossen habe, Zamagni, Comparison, 428.

3 Eine Übersicht über die regional variierenden Zeitlohnsätze verschiedener Berufe (im Vergleich mit Berlin) findet sich in Rabl. 12, 1914, 145. In Italien waren regionale Lohndifferenzen ausgeprägt: Es gab ein Gefälle zwischen dem weiter industrialisierten Norden und den übrigen Regionen sowie zwischen industriellen Zentren und ihre Randbezirken. Das geht aus späteren Tarifverträgen hervor. Diese schrieben anscheinend länger tradierte Usancen fest, wenn z.B. die Einzugsgebiete um Mailand-Stadt und Umgebung auch kilometermäßig definierte „Lohnzonen" darstellten, vgl. BNCF, Pub. Min. „Societa", z.B. Contratto Nazionale per gli operai meccanici e metallurgici, Mailand 1934 oder: Unione industriale fascista della provincia di Como, Condizioni salariali di lavoro per le maestranze addette alle aziende di tessitura serica. Sentenza della magistratura del lavoro di Milano, Mailand 1933.

4 Gängige Akkordformen waren z.B. das „Rowan-", „Taylor-" oder das „Bedaux"-System. Zur Akkordentlohnung in Italien vgl. Musso, Gestione, 16ff., Dewerpe, Modi, 42f.; Vgl. für Deutschland auch die detailreichen Fallstudien zu Lohnsystemen in: Centralverein für das Wohl der arbeitenden Klassen, Untersuchungen.

5 Vgl. die Erhebungen im Rabl. 12, 1914, 142ff., bes. 144. Grundlage der Erhebung waren rund 10.000 Tarifverträge, wobei für rund 1,2 Millionen Beschäftigte auch Angaben über genaue Angaben zum Zeitlohn gemacht wurden. Nach Daten von Mooser betrug das Lohneinkommen eines ungelernten Industriearbeiters im Jahr 1913 durchschnittlich 61% eines gelernten Arbeiters, wobei dieser Prozentsatz nach Branchen differierte, vgl. ders., Arbeiterleben, 89.

zu den am niedrigsten entlohnten industriellen Beschäftigungsfeldern.[1] Auch die Betriebsgröße spielte eine Rolle: generell verdiente man im Großunternehmen besser als in Kleinbetrieben. In Hochlohninseln und in gelernten Berufen begann sich die Schere zwischen beiden Ländern bereits zu schließen.

Ein sowohl in Deutschland als auch in Italien allseits beobachtbares Phänomen war die Lohndiskriminierung der Frauen, die häufig nur die Hälfte dessen erhielten, was man den Männern für gleiche Tätigkeit zahlte. Dabei ist zu berücksichtigen, daß die Frauen meist keine Ausbildung besaßen und einfache, repetitive Tätigkeiten verrichteten; überwiegend in einer Industriebranche, die unterdurchschnittliche Löhne entrichtete.[2] Dennoch lassen die Akkordsätze erkennen, daß die Lohndifferenz sicherlich nicht allein mit Produktivitätsunterschieden begründet werden konnte, da auch bei ergebnisbezogenen Leistungslöhnen unterschiedliche Maßstäbe zugrundegelegt wurden.[3] Zudem zeigt die qualifikationsspezifische Betrachtung von Männern- und Frauenlöhnen eine deutliche Lohnbenachteiligung der gelernten Arbeiterinnen im Vergleich zu den Männern.[4]

Wenn die italienischen Lohndaten auch keine exakte, nach Geschlecht differenzierte Analyse der jeweiligen Lohnhöhe zulassen, so erscheint die Annahme einer generellen Lohndiskriminierung weiblicher Beschäftigung auch in Italien aufgrund des erheblich niedrigeren allgemeinen Lohnniveaus in der Textilindustrie, die überwiegend Frauen beschäftigte, äußerst plausibel.[5] Nach den Angaben von Zamagni betrugen im Jahr 1911 die Frauenlöhne wohl weniger als die Hälfte der Männerlöhne.[6]

2.5. Arbeitsmarktstrategien

„Das Angebot von Arbeitskräften und die Nachfrage nach ihnen treten vielfach nicht an denselben Orten und zu denselben Zeiten auf, wenn sie auch selbstverständlich stark durcheinander beeinflußt werden. Sie haben eine natürliche Tendenz, sich auszugleichen, und sie finden vielfach Wege dafür, die wir durchaus noch nicht alle kennen. (...) Aber alle diese natürlichen Bemühungen um Ausgleich sind mehr oder weniger geschichtlich bedingt und zufällig.“[7]

---

1 Siehe auch Zamagni, History, 200.

2 In der deutschen Textilindustrie lagen die Löhne weit unter dem nationalen Durchschnitt. Beispielsweise betrug das durchschnittliche jährliche Nominalarbeitseinkommen im Jahr 1913 in der Metallerzeugung 1513 Mark, in der Textilindustrie aber nur 786 Mark - etwas mehr als die Hälfte, vgl. Wehler, Gesellschaftsgeschichte, Bd. 3, 778, Übersicht 105.

3 Karbe, Frauenlohnfrage, 23.

4 Vgl. Angaben in Mooser, Arbeiterleben, 91.

5 Vgl. auch Zamagni, History, 200. Für das Jahr 1911 wurde der durchschnittliche Tageslohn einer Industriearbeiterin auf 1,50 Lire geschätzt – also auf einen Betrag, der auf der untersten Ebene der oben skizzierten Lohnskala des italienischen industriellen Arbeitsmarktes rangierte. Zamagni, Comparison, 424.

6 46 Prozent der Männerlöhne im Jahr 1911, Zamagni, Comparison, 424 mit Anm. 29.

7 Weigert, Organisation, 491f.

Mit dieser Analyse verwies der zeitgenössische Beobachter – ein Ministerialdirigent im Reichsarbeitsministerium – nicht nur auf die Dynamik des Arbeitsmarktgeschehens als eines fortwährenden Suchprozesses aller Marktteilnehmer, sondern zugleich auf seine historische Kontingenz. Mit der Frage, wie solche „natürlichen Bemühungen" des Ausgleichs aussehen mochten, rücken die situativen Handlungsbedingungen und die daraus folgenden Arbeitsmarkt*strategien* der unterschiedlichen Akteure auf die Bildfläche.

Für ein industrielles Unternehmen war die bedarfsgerechte Bereitstellung von Arbeitskräften keine Selbstverständlichkeit. Je nach Lage und Beschaffenheit des industriellen Arbeitsmarktes konnte die Anwerbung von Arbeitern ein grundsätzliches Problem darstellen. Nicht nur die quantitative Deckung des Arbeitskräftebedarfs, sondern auch die Qualifikation der Arbeiterschaft sowie die Dauer der eingegangenen Beschäftigungsverhältnisse spielten für die personalpolitischen Erwägungen eines Industriebetriebs eine zentrale Rolle. So galten eine hohe Arbeiterfluktuation und die damit verbundene kontinuierliche Suche nach geeignetem Personal vielen Unternehmen als ressourcenzehrende Nachteile, die eine optimale Nutzung des unternehmerischen Leistungspotentials beeinträchtigten.

Vor dem Hintergrund einer sich beschleunigenden Industrialisierung und der latenten Tendenz zur Arbeitskräfteknappheit hatte sich im Verlauf des 19. Jahrhunderts in Deutschland eine betriebliche Personalpolitik herausgebildet, die sich mit dem Begriff des industriellen „Patriarchalismus" (oder „Paternalismus") schlagwortartig umreißen läßt. Damit ist eine „Strategie der Unternehmensführung" gemeint, „mittels derer Unternehmer unter Rückgriff auf traditionale, familiale, und obrigkeitlich-autoritäre Herrschaftsformen innerbetriebliche Herrschaft über Belegschaften stabilisieren und nach innen und außen legitimieren."[1] Dazu gehörten freiwillige Leistungen der Arbeitgeber für die Mitarbeiter ihres Unternehmens – wie beispielsweise Fürsorgemaßnahmen, Kantinen, Werkswohnungen, Sparkassen, Kinderbetreuung und Ausbildungsmöglichkeiten –, die die allgemeinen Lebensverhältnisse des Arbeiters verbessern, ihn aber auch stärker an das Unternehmen binden konnten.[2] Ein stabiles Arbeitsverhältnis markierte die Aufnahme in die familienähnlich konzipierte „Werksgemeinschaft" und berechtigte zur Nutznießung der angebotenen Infrastruktur. Aus der Perspektive der Arbeitsnachfrage betrachtet, waren solche über den reinen Broterwerb hinausgehenden Arbeitsplatzmerkmale geeignet, die Beschäftigung bei einem bestimmten Unternehmen attraktiv zu gestalten und manchmal sogar generationsübergreifend zu verstetigen. Die gewählten Instrumente halfen dabei, einen festen Mitarbeiterstamm im Unternehmen aufzubauen oder sogar ein eigenes Arbeitsmarktsegment – wie das der „Kruppianer" – auszubilden und zu kontrollieren.[3]

1 Ritter/Tenfelde, 410.

2 Vgl. für das ganze Kapitel Ritter/Tenfelde, Arbeiter, 410ff.; Schulz, Patriarchalism, 62-70; Berghoff, Unternehmenskultur.

3 Zum Interpretationsansatz des segmentierten Arbeitsmarktes Pierenkemper, Arbeitsmarkt und Angestellte, 169ff.

Dabei lassen sich hinsichtlich Tradition und vorrangiger Motivation durchaus unterschiedliche Formen dieses Phänomens identifizieren. Typologisiert wird in der Forschungsliteratur[1] meist ein sogenannter „primärer“ Patriarchalismus als ein Übergangsphänomen von vorindustriellen zu industriellen Produktionsformen sowie ein „sekundärer“, abgeleiteter Patriarchalismus, der als eine instrumentalisierte Herrschaftstechnik zur Legitimation der Führungsrolle des Unternehmers diente.[2] In rigider Form etablierten sich patriarchalische Betriebsführungsprinzipien vor allem im schwerindustriellen Bereich. Als ausgeprägte Beispiele galten die Patronagesysteme des saarländischen Patriarchen Carl Ferdinand Freiherr von Stumm-Halberg oder Stinnes, Krupp[3] und die Gelsenkirchener Bergwerks AG im Ruhrgebiet. Eine „gemäßigte“ Variante[4] wurde eher in jüngeren Industriezweigen wie der Elektrotechnik oder Chemie praktiziert, z.B. bei Bosch, Zeiss oder bei den Bayer-Werken.[5]

Auch in Italien besaßen paternalistische Arbeitsmarktstrategien eine feste Tradition.[6] Trotz der „Rückständigkeiten“ des italienischen Industrialisierungsprozesses wäre es verfehlt, in Italien überwiegend einen „primären“, ursprünglichen Paternalismus zu vermuten. Gewiß erscheinen patriarchalische Betriebsstrukturen auch als ein Übergangsphänomen in Anknüpfung an traditionelle Familienwirtschaften. Im hier relevanten Zeitabschnitt fällt jedoch weniger die Kontinuität zur vorindustriellen Zeit, als vielmehr die Zweckrationalität des Modells angesichts der Arbeitsmarktverhältnisse auf.

So war auch das umfassende System des norditalienischen Textilindustriellen Alessandro Rossi, der in seinem in Schio (Veneto) ansässigen Unternehmen seit Mitte des 19. Jahrhunderts paternalistische Führungstechniken etablierte hatte, alles andere als „rückständig“.[7] Mit dem weitgefächerten System von unternehmensinternen Fürsorgemaßnahmen, Freizeit- und Bildungseinrichtungen hatte Rossi den Arbeitsmarkt der nä-

---

1 Vgl. für eine Forschungsdiskussion z.B. Fiedler, Sozialpolitik, 352ff.

2 Vgl. Ritter/Tenfelde, Arbeiter, 410f.; zur Diskussion verschiedener Interpretationslinien des Paternalismus-Konzepts vgl. Berghoff, Unternehmenskultur, 168ff.

3 Vgl. zu den Krupp'schen Einrichtungen, die z.B. Werkswohnungen, Kranken-, Pensions- und Sterbekassen, Sportplätze, Lebensmittelläden u.v.m. umfassten Bieber, Kasernenhof, 40. Ritter/Tenfelde, Arbeiter, 415ff. Vgl. zur Unternehmensgeschichte von Krupp bis zum Ersten Weltkrieg Gall, Krupp.

4 Vgl. die Typologisierung des Patriarchalismus in „Paternalismus“ und die gemäßigte Form des „Protektoralismus“ nach Geck, Arbeitsverhältnisse, 72ff., siehe auch Schulz, Patriarchalism, 62f.

5 Die Zeiss-Werke etablierten unter Ernst Abbe eine progressive betriebliche Sozialpolitik, die sich an sozialreformerischen Ordnungs- und Rechtsvorstellungen orientierte, vgl. zu den Zeiss-Werken: Internationales Arbeitsamt (ILO), Studien, 2ff.; siehe auch Tenfelde/Ritter, Arbeiter, 417f.

6 Vgl. z.B. die Textilindustriellen in der Lombardei und im Veneto (Marzotto, Crespi, Butti, Cantoni etc.), vgl. dazu mit Literaturhinweisen Benenati, Paternalismo, 55f., Zamagni, History, 104ff. Außerhalb der Textilindustrie wurde der italienische Paternalismus noch nicht umfassend untersucht. Vgl. zum Diskussionsstand auch Marucco, Politiques, 349 mit Anm. 15. Zum Beispiel Franco Tosi vgl. Macchione, L'oro.

7 Vgl. Benenati, Paternalismo, 54. Zu dem System von Rossi vgl. außerdem Merli, Proletariato, 357ff.; Guiotto, Fabbrica; Fontana, Schio.

heren Umgebung fest im Griff.[1] Daß dieser Paternalismus sehr drückend werden konnte, zeigten Initiativen von „abtrünnigen" Arbeitern, die eine Art „Selbsthilfe"-Gruppe gründeten: zur Unterstützung von Arbeitern, die sich unabhängig von Rossi behaupten wollten.[2] Gleichwohl stellte das vielzitierte Beispiel Rossi jedoch auch eine für die Zeit ungewöhnliche Ausnahme dar – so wie auch Krupp oder Stumm-Halberg in Deutschland Extrembeispiele abgaben.[3] Vor der Jahrhundertwende existierten in Italien nur wenige Unternehmen dieser Größenordnung, die sich an einem agrarisch geprägten Produktionsstandort dem Problem der Eingewöhnung und Anpassung einer ländlichen Arbeiterschaft an die industriellen Produktionsrhythmen stellten und diese Problematik mit einer elaborierten Personalpolitik zu bewerkstelligen suchten.[4]

Gerade beim Neuaufbau eines Unternehmens galten Arbeitsmarkterwägungen als ein strategischer Faktor für die Standortwahl, die für das Gelingen von Anwerbestrategien eine entscheidende Rolle spielte.[5] Ein zeitgenössischer Chronist berichtete aus der lombardischen Textilindustrie: „Anstatt Arbeitskräfte zu importieren, hielten [die Arbeitgeber] es für opportun (...) die Unternehmen nach draußen zu tragen, an die Stellen, wo die Arbeiterschaft Haus und Familie hat."[6] Zudem ist es kein Zufall, daß sich im Mannesmannröhrenwerk in Remscheid – dem alten Stammsitz des paternalistisch geführten Vorläuferunternehmens, der Feilen- und Gußstahlfabrik A. Mannesmann – ein besonders versierter, „an *ihrer* Arbeit interessierte[r]" Mitarbeiterstamm herausgebildet hatte, der in anderen Mannesmannröhren-Werken trotz betriebsinterner Qualifizierungsbemühungen seinesgleichen suchte.[7] Hier hatte die langjährige Remscheider Firmentradition der „Mannesmänner" ihre Spuren hinterlassen. Mit paternalistischen Techniken hatte das Unternehmen an seinem Stammsitz schon lange eine gezielte und erfolgreiche Bindungspolitik betrieben.[8] Auch bei der italienischen Società Tubi Mannesmann – die

1 Seinen Biographen zufolge zog er im Kampf gegen den *assenteismo* montags persönlich durch die Osterien, um seine fehlenden Arbeiter wieder aufzuspüren, Merli, Proletariato, 364f.

2 Diese Arbeiter bildeten eine *Cooperativa operaia di tessitori indipendenti di Schio*, Merli, Proletariato, 366.

3 Zudem flossen in die Personal- und Betriebspolitik Rossis auch Impulse aus dem europäischen Ausland ein – beispielsweise aus Belgien oder Frankreich – so daß sein Betriebsführungsmodell nicht nur das evolutionäre „Produkt" der lokalen Gegebenheiten im bäuerlichen, katholischen Veneto darstellte, Benenati, Paternalismo, 53 mit Anm. 39; 54f.

4 Benenati, Paternalismo, 54f. Üblicher waren Ordnungskonzepte mit pseudomilitärischem Drill und abschreckenden Strafbestimmungen, d.h. repressive Fabrikregime ohne den Fürsorgeaspekt. Vgl. auch oben, Abschnitt II 2.4.5. Schon Zeitgenossen hoben die außergewöhnliche disziplinarische Härte vieler Fabrikordnungen hervor, vgl. dazu Hunecke, Arbeiterschaft, 222f

5 Vgl. auch Herrigel, Constructions, 49.

6 Azimonti, Tempi, 15ff. Übers. d. V.

7 Die Belegschaft „habe geradezu mit der Arbeit gespielt". Wessel, Kontinuität, 161. Hervorhebung im Original. Zur Vorgeschichte der Firmengründung der „Deutsch-Österreichischen Mannesmannröhrenwerke AG" im Jahr 1890 und der paternalistischen Tradition vgl. ebd., 14ff., 19.

8 Langjährige Betriebszugehörigkeiten waren für Mannesmann – übrigens auch für Dalmine – typisch. Hierfür sind die Matrikelbücher des Unternehmens aufschlußreich, vgl. Wessel, Kontinuität,

spätere Dalmine S.p.A. – hatten Arbeitsmarkterwägungen für die Standortwahl eine wichtige Rolle gespielt. Wie eine Firmenfestschrift berichtet, fiel die Wahl vor allem darum auf Dalmine, weil es sich um eine „ländliche Zone ohne andere Industriebetriebe" gehandelt habe, „die die Aufnahme von männlichen Arbeitskräften hätten behindern können".[1]

Zugleich besaßen paternalistische Führungsprinzipien eine klare antigewerkschaftliche Dimension. Ende des 19. Jahrhunderts hatte jeder „Kruppianer" einen Loyalitätseid zu schwören und sich außerdem zu verpflichten, nicht der SPD oder einer Gewerkschaft beizutreten.[2] Der unternehmerische Paternalismus sollte eine Art Ersatzfunktion ausüben, gewerkschaftlichen Einfluß zurückdrängen und indirekt die Konfliktneigung auf dem Arbeitsmarkt dämpfen. So wiesen die Fürsorgemaßnahmen gleichzeitig, sofern sie als Druckmittel instrumentalisiert wurden, eine repressive Kehrseite auf. Zusammen mit den üblichen „schwarzen Listen" organisierter oder „aufrührerischer" Arbeiter dienten sie als Instrumente zur Arbeitsmarktkontrolle. Der Grad, in dem die gängelnde Kehrseite dieser Arbeitsmarktstrategie zum Vorschein kam, hing jedoch auch von den Branchenstrukturen, regionalen Gegebenheiten und Gewerbetraditionen ab.[3]

Wie in Deutschland, so trugen auch in Italien das wachsende Gewicht der Arbeitnehmerorganisationen sowie der allmähliche Ausbau des staatlichen Aufgabenbereichs zur Attraktivität dieser Arbeitsmarktstrategie bei. Denn diese bot eine Möglichkeit zur unternehmerischen Selbstdarstellung in der Öffentlichkeit und legitimierte die Führungsrolle des Unternehmers, konnte damit für interessenpolitische Zielsetzungen instrumentalisiert werden und zugleich Argumente gegen potentielle, latent befürchtete Beschränkungen der unternehmerischen Entscheidungsfreiheit durch staatliche Reglementierungen liefern. Nicht ohne Argwohn wurde wahrgenommen, wie – unter der Ägide Giolittis – im Verlauf des letzten Jahrzehnts vor dem Ersten Weltkrieg eine neue Linie staatlicher Neutralität Fuß faßte, nach der Polizei und Armee nicht mehr als Klassenmiliz bei Arbeitskonflikten agierten.[4]

Die prinzipielle Ablehnung staatlicher Eingriffe in Unternehmensangelegenheiten – einschließlich aller Arbeiterfragen – sowie die Kultivierung einer hierarchischen Fabrikdisziplin bildeten in Deutschland und in Italien den Kern eines unternehmerischen Selbstverständnisses, das sich verallgemeinernd unter dem Etikett des „Herr-im-Hause-Standpunktes" zusammenfassen läßt. Dieser Begriff entsprach der zeitgenössischen

---

162, 169. Die Ortsansässigkeit eines Großteils der Arbeiterschaft scheint auch in der Arbeiterstammrolle des Remscheider Werks auf, vgl. MA, M.21130.

1 In der Rückschau erwies sich das als kurzsichtig, da spezialisierte Arbeitskräften schwer zu finden waren, La Dalmine durante cinquant'anni. 27 giugno 1906-27 giugno 1956. Turin 1956, 9.

2 Bieber, Kasernenhof, 40

3 So schuf eine Monopolstellung im Markt – wie sie Bosch oder Zeiss zeitweise bekleideten – einen besonderen Handlungsrahmen, der großzügige Arrangements und individuelle Strategien jenseits von Maßgaben dominanter Arbeitgeberverbände ermöglichte. Vgl. auch Ritter/Tenfelde, Arbeiter, 419.

4 Vgl. Sarti, Fascism, 7f.

Wahrnehmung und Selbstinszenierung eines konservativen Arbeitgeberlagers, das sich in Deutschland vorzugsweise in der Schwerindustrie, zumal im Ruhrgebiet, formiert hatte.[1] Dem Ideal des „Betriebsabsolutismus“ entsprechend, modellierte eine solche „Herr-im-Haus“-Logik das Unternehmen wie einen „Staat im Staate“, als einen gleichsam autonomen Herrschaftsbereich des Unternehmers. Diese Sicht der Dinge war auch in der italienischen Industrie keine Seltenheit.[2] Grundsätzlich standen auch hier viele industrielle Arbeitgeber jedweder Regulierung innerhalb ihres „Terrains“ ablehnend, zumindest aber skeptisch gegenüber.[3]

Dennoch besaß die „Dogmatisierung“ des Herr-im-Hause-Prinzips in Deutschland eine andere Qualität als in Italien.[4] Diese Extremposition war bis zum Ersten Weltkrieg in Teilen der deutschen Industrie durch eine massive schwerindustrielle Interessenpolitik vor allem der Ruhrmagnaten mit Erfolg vorangetrieben worden, was zur Verkrustung der industriellen Beziehungen beigetragen hatte. Noch im Jahr 1904 beobachtete der preußische Handelsminister von Berlepsch, daß in Deutschland „der Herrenstandpunkt dem Arbeiter gegenüber noch tiefe Wurzeln“ habe. Dieses Phänomen sei in der deutschen Industrie „viel weiter verbreitet als in irgend einer anderen Industrienation“.[5] Die Intensität der Durchsetzung reflektierte aber nicht nur „arbeitgeberideologische“ Fragen, sondern spiegelte den Grad wider, in dem die Arbeitgeberseite ihre organisatorischen Ressourcen optimieren konnte.

Die Verbrämung paternalistischer Betriebsführungstechniken mit verabsolutierten Herr-im-Haus-Prinzipien, die als Grundlage von schwerindustrieller Arbeitgeberideologie und Interessenpolitik in Deutschland fungierten, lud die Arbeitsmarktbeziehungen politisch auf und ließ letztere zu einem Indikator für die Blockademacht gesellschaftlicher Elitengruppen avancieren. Zu den wesentlichen Elementen einer dergestalt bemäntelten Interessenpolitik, die vor allem für den Ruhrbergbau typisch war, gehörten die rigorose Nichtanerkennung der Gewerkschaften, die Blockierung jeglicher innerbetrieblichen Interessenvertretung sowie die kompromißlose Ablehnung des Tarifvertrages. Besonders der letzte Punkt bot politischen Zündstoff, da der Kampf um die Regelung der Arbeitsbeziehungen im interessenpolitischen Diskurs zum „nationalpoliti-

1 Vgl. zu Arbeitgeberpositionen auch oben, Abschnitt II 2.4.b, c. Zum Hintergrund des Herr-im-Hause-Standpunktes vgl. Bieber, Kasernenhof, 36f. Vor dem Hintergrund zunehmender arbeitsmarktpolitischer Bedeutung der Großunternehmen setzte ein Prozeß der „Dogmatisierung“ dieser Position ein, ebd., 33 Speziell für den Ruhrbergbau schildert diesen Prozeß Weisbrod, Arbeitgeberpolitik, 110ff.

2 Eine italienische Unternehmerzeitschrift ließ z.B. selbstbewusst verlauten: „der Staat, das sind wir“. *Gazzetta dei cappellai* im Jahr 1897, zitiert nach Merli, Proletariato, 147.

3 Vgl. mit Beispielen Hunecke, Arbeiterschaft, 223.

4 Vgl. Bieber, Kasernenhof, 11-125, hier 36f.

5 Zitiert nach Saul, Staat, 54 mit Anm. 1. Immerhin war das deutsche Beispiel so maßgebend, daß der Begriff „Herr-im-Haus“ wörtlich als Lehnwort in die italienische Forschungsliteratur einging. Vgl. für viele z.B. Tomassini, Industrial Mobilization and the Labour Market, 85. Segreto, Statalismo, 312.

schen Abwehrkampf" hochstilisiert wurde: es gehe nicht nur um die Herrschaft im Betrieb, sondern um den Bestand des Reichs, der durch die organisierten Massenbewegungen zunehmend bedroht sei.[1] Hierbei offenbarte der „Herrenstandpunkt" der ruhrindustriellen Arbeitgeber sein Potential an rückwärtsgewandter Ideologie. Bis zum Ersten Weltkrieg war dieser „Abwehrkampf" im Bergbau erfolgreich geführt worden, wie das völlige Fehlen tariflicher Bindungen zeigte.[2]

Im Unterschied zum Selbstbewußtsein vieler großindustrieller Arbeitgeber in Deutschland schien in Italien die Selbstwahrnehmung vieler Unternehmer von dem Gefühl einer politischen Verwundbarkeit getragen, das auch als „Opferlammkomplex" der italienischen Industrie bezeichnet worden ist.[3] Auch hier wurden zwar bei interessenpolitischen Auseinandersetzungen sozialpolitische Zugeständnisse hochstilisiert und damit „Arbeiterfragen" politisch überformt, jedoch suchten sich konservative industrielle Interessengruppen gegenüber als dominant empfundenen agrarischen Interessen und einer kämpferischen Arbeiterbewegung noch zu positionieren.[4] Während in Deutschland die strukturellen Gegebenheiten der Montanindustrie eine machtbewußte Verteidigung des „Herrenstandpunktes" in diesem Industriezweig begünstigt hatten, so entsprach es den Spezifika der italienischen Industrielandschaft zu diesem Zeitpunkt, daß eine vergleichbare Machtbasis für eine Dogmatisierung und politische Überformung des „Herr-im-Hause"-Standpunktes fehlte.

Abgesehen von den bereits geschilderten Funktionen der paternalistischen Arbeitsmarktstrategie wirft dieses Muster von Arbeitsbeziehung außerdem ein Schlaglicht auf die Besonderheiten des „Faktors Arbeit" im Markt. Vor dem Hintergrund der institutionenökonomisch interpretierten Entwicklung einer arbeitsteiligen, marktorientierten Gesellschaft tritt die Transformationsleistung stärker in den Vordergrund, die von Unternehmern und Arbeitern unter den Bedingungen eines – von industriellem Wachstum und Diversifikation getragenen – ökonomischen Strukturwandels gefragt war. Die Hinwendung zu komplexeren Arbeitsabläufen mit ausgefeilter Arbeitsteilung ließ sich nicht nur mit einer guten Marktposition und der „nötigen" Dosis Zwang vollbringen, sondern blieb vor allem auf die innere Einstellung der Mitarbeiter angewiesen: „Ohne ein Mindestmaß an Kooperationsbereitschaft, intrinsischer Motivation und freiwilliger Loyalität wäre die Durchsetzung des erforderlichen Verhaltens schlechterdings unbezahlbar gewesen."[5] Modellhaft hatte die Informationsasymmetrie des „unvollständigen Arbeitsvertrages" die Tatsache veranschaulicht, daß für das Arbeitsmarktgeschehen langfristig

1 Vgl. Weisbrod, Arbeitgeberpolitik, 121, vgl. auch Saul, Staat, 60ff. Die politische Dimension der bergbaulichen Arbeitsbeziehungen stellt Weisbrod als ein deutsches Spezifikum im Vergleich zu anderen europäischen Berbaunationen heraus, ders., Arbeitgeberpolitik, 108.

2 Vgl. dazu oben, Abschnitt II 2.4.c.

3 Vgl. Sarti, Fascism, 7.

4 Ebd., 7f.

5 Ebd., 174.

die *Anreizstrukturen* ausschlaggebend waren.[1] Mithin läßt sich Paternalismus auch als ein Konzept verstehen, das lohnbasierte Anreizsystem des Arbeitsmarktes um nichtpekuniäre Verhaltensanreize zu erweitern. Dies geschah nicht nur über die betrieblichen Sozialleistungen. Er bot zusätzlichen Raum für die Entfaltung einer *corporate identity*, die die Motivation nachhaltig fördern konnte.[2] Damit stellte der Paternalismus ein Modell der Kooperation bereit, das die strukturelle Konfliktträchtigkeit des Arbeitsmarktgeschehens unternehmensintern harmonisieren sollte. Anders formuliert, handelte es sich um ein Arbeitsmarktverhalten, das auf eine Kombination der grundlegenden Mechanismen *commitment, compensation, coercion* zurückgriff und dabei eine auf das Unternehmen zugeschnittene Balance aus Anreizen und Handlungsbeschränkungen geschaffen hatte.[3]

Inwieweit die arbeitsmarktbezogenen Zielsetzungen erreicht wurden, läßt sich aber nicht eindeutig bemessen. Konjunkturlagen blieben eine entscheidende Einflußkomponente für die Personalbewegungen, so daß die Unabhängigkeit von den Marktstrukturen im angestrebten Maße wohl nicht erreicht wurde.[4] Für die Wirksamkeit der Strategie aus der Nachfrageperspektive spricht allerdings, daß die paternalistische Personalpolitik in vielen Fällen zu einer deutlich gesunkenen Fluktuation führte und zur Bildung eines Mitarbeiterstamms beitrug – von der interessenpolitisch erwünschten, aber langfristig unrealistischen Dämmwirkung für die Ausbildung eines Klassenbewußtseins ganz abgesehen.[5]

Außerdem blieben die Erfolgsaussichten dieser Arbeitsmarktstrategie an den Kontext des Arbeitsmarktes gebunden, auf dem sie sich entfalten sollte. So hatten auf einem großstädtischen Arbeitsmarkt – wie beispielsweise in der Berliner Maschinenindustrie – paternalistische Strategien keine guten Entwicklungschancen, nicht zuletzt, weil hier die städtische Infrastruktur Alternativen für betriebliche Wohlfahrtsmaßnahmen anbot.[6]

Die Arbeitsmarktstrategien der Akteure bedingten und beeinflußten sich gegenseitig. Während die Arbeitsmarktstrategien von Unternehmen den *Matching*-Prozeß von der Nachfrageseite her beleuchteten, rückt die Frage nach den Angebotsstrategien die Le-

---

1 Zu den Anreizstrukturen vgl. auch Tilly/Tilly, Work, 201ff., 259.

2 Diese Dimension betont Berghoff, Unternehmenskultur, als wichtigen Aspekt. Er empfiehlt das *corporate culture*–Konzept für eine Ausweitung der Perspektive über Arbeitergeschichtsschreibung hinaus.

3 Vgl. dazu oben, Kapitel I, 3.

4 Siehe auch Ritter/Tenfelde, Arbeiter, 422 mit Anm. 392.

5 Weisbrod, Arbeitgeberpolitik, 124 verweist auf gesunkene Fluktuation im Ruhrbergbau: Bei einem Beispiel aus Essen betrug die Fluktuationsrate bei Koloniebewohnern 10%, gegenüber 100% bei dem Rest der Arbeiterschaft. Auch im Saarland war die Fluktuation bei einem patriarchalischen Betriebsregime viel geringer, vgl. der geringe Anteil (5%) fluktuierender Belegschaftsmitglieder bei den Stumm'schen Werken, vgl. Bosselmann, Entlöhnungsmethoden, 27.

6 Betriebliche Wohlfahrtseinrichtungen waren in der Berliner Maschinenindustrie eher selten und beschränkten sich i.d.R. auf eine Pensionskasse oder auf die Kohlenbeschaffung. Hier gab es ein dichteres Netz von alternativen Möglichkeiten der Arbeiterwohlfahrt, Gewerkschaftseinrichtungen, gemeinnützige Bauvereine o.ä. Vgl. Schulte, Entlöhnungsmethoden, 106.

benssituation der potentiellen Arbeitskräfte in den Blick. Die individuellen Marktstrategien der Arbeitnehmer lassen sich als eine auf die jeweiligen Möglichkeiten und Präferenzen abgestimmte Kombination der verfügbaren Ressourcen verstehen, die eine Entscheidung zwischen alternativen Beschäftigungs-, Erwerbs- oder Subsistenzmöglichkeiten der einzelnen Erwerbsperson oder ihrer ganzen Familie erforderte. So spielte das örtliche Arbeitsplatzangebot und die dominierende Wirtschaftsweise eine Rolle für die Arbeitsmarktstrategien, die je nach Umfeld variierten und sich beispielsweise im Wanderungsverhalten und in der Dauer der eingegangenen Beschäftigungsverhältnisse ausdrücken konnten.

Obwohl die relative Bedeutung der industriellen Arbeitsmärkte in beiden Ländern kontinuierlich gewachsen war, blieb der landwirtschaftliche Erwerbszweig wichtig und mit dem sekundären Sektor verflochten. Auch in Deutschland, wo Industrie und Handwerk am Vorabend des Ersten Weltkrieges mit rund 40 Prozent inzwischen das quantitativ größte Beschäftigungsfeld darstellten, erwirtschafteten weite Teile der industriell erwerbstätigen Bevölkerung ihr Ein- und Auskommen nicht ausschließlich auf dem industriellen Arbeitsmarkt. Nach wie vor bestanden ländliche Bindungen fort. Beispielsweise besaß die Arbeit der westfälischen Kötter – Kleinbauern, die eine kleine Landparzelle bewirtschafteten – im Ruhrbergbau eine lange Tradition und hatte sich vom gelegentlichen Zubrot zur Haupterwerbsform gewandelt, während der Ertrag aus der Kottenwirtschaft nunmehr das Familieneinkommen ergänzte und für Krisenzeiten absicherte. Während die Kötter als ortsansässige Ruhrbergleute eine stabile Kombination aus landwirtschaftlicher und industrieller Erwerbsform praktizierten und dabei der Branche treu blieben, gab es auch weniger beständige, flexiblere Mischungen aus agrarischen und industriellen Erwerbsmöglichkeiten – wenn Arbeiter etwa in der Industrie der Steine und Erden oder im Baugewerbe tätig waren, aber am Wochenende ihre Nutzgärten bewirtschafteten.[1] Die Verflechtung und Kombination verschiedener Erwerbsquellen diente häufig nicht nur zur bloßen Überbrückung einer landwirtschaftlichen Nebensaison, sondern konnte durchaus eine konstante Qualität besitzen. Dabei stellte der zwischen ländlichen und industriell-urbanen Lebens- und Arbeitswelten zu verortende „Teilzeit-Bauer“ oder „Arbeiter-Bauer“ – als sogenannter *part-time-agricolo* oder *contadino-operaio* auch in der italienischen Industrialisierungsgeschichte typisch – weniger ein Element der Rückständigkeit dar als vielmehr ein Symbol des Übergangs einer im Strukturwandel befindlichen Gesellschaft. Es handelte sich um eine Anpassung der Akteure an die sich verändernden Bedingungen, die mit der Verwertung unterschiedlicher Ressourcen geleistet wurde. Diese Entscheidung mußte nicht einem rückwärtsgewandten, strukturkonservativen Denken entspringen, sondern läßt sich als eine bewußte, zeitgemäße Option interpretieren.[2]

Aufgrund der noch bestehenden ländlichen Bindungen spielte das Pendlertum vom

1 Ritter/Tenfelde, Arbeiter, 504, vgl. auch Heiß, Entlöhnungsmethoden, 10.

2 Vgl. die Forschungsdiskussion und Interpretation von Piva, Classe, 260, sowie seine Hinweise auf arbeitsmarktsoziologische Interpretationsansätze, ebd., 252. Vgl. auch Sudati, Terra, 521.

ländlichen Wohnort zum industriellen Arbeitsplatz eine entscheidende Rolle. Die Entscheidung, die Entfernung zwischen Wohn- und Arbeitsort durch tägliches oder wöchentliches Pendeln zu überwinden, läßt sich ebenfalls als eine Arbeitsmarktstrategie verstehen, die es ermöglichte, verschiedene Arbeitswelten miteinander zu verknüpfen und diverse Einkommensquellen – auch der Familienmitglieder – miteinander zu kombinieren.[1] Somit ist also auch die Herkunft der Arbeitskräfte ein aufschlußreicher Indikator für das Verständnis des Angebotsverhaltens auf dem Arbeitsmarkt.[2] Wenn in Anbetracht der relativen Beengtheit des städtischen Arbeitsmarktes großstädtische Industrieunternehmen in die Peripherie oder in die Vororte zogen, so traf sich diese Unternehmensstrategie mit dem gängigen Arbeitsmarktverhalten vieler Bauernsöhne und -töchter, die auf den Dörfern wohnen blieben, aber in der Fabrik arbeiteten. Hierfür lassen sich mit Industriestädten wie Köln oder Mailand anschauliche Beispiele mit auffälligen Parallelen finden.[3]

Das Pendlerwesen zeigt die Bereitschaft zur räumlichen und beruflichen Mobilität und Flexibilität weiter Bevölkerungskreise. Dabei konnte die Form der Mobilität stark variieren: Während bei Erwerbspersonen mit spezifischen beruflichen Qualifikationen eine individuelle Arbeitsplatzsuche wahrscheinlicher war, neigten Ungelernte tendenziell eher zu einer kollektiven Mobilität, wobei gerade eine wenig diversifizierte Wirtschaftsstruktur mit einem relativ homogenen Anforderungsprofil die Migration von Gruppen an die Arbeitsplätze in der näheren oder weiteren Umgebung förderte.[4] Abgesehen von der Qualifikation spielten auch Kriterien wie Alter und Geschlecht für die im Wanderungsverhalten ausgedrückten Arbeitsmarktstrategien eine Rolle; so stellte beispielsweise in Italien die kollektive Migration von jungen, unverheirateten Frauen mit ländlicher Herkunft zu textilindustriellen Arbeitsplätzen in der weiteren Umgebung eine gängige Arbeitsmarktstrategie dar, die an einen bestimmten Lebensabschnitt gebunden und somit temporär angelegt war.[5]

Die Form der realisierten Arbeitsmarktstrategie – also z.B. die Suche nach einem Arbeitsplatz, die Wanderung dorthin und die Dauer des Beschäftigungsverhältnisses –

---

1 Für die Vorzüge dieser Erwerbsform spricht, daß sich im Untersuchungszeitraum der kleinbäuerliche Besitz sogar zum Teil noch ausdehnte. Vgl. Sudati, Terra, 530.

2 Mit diesem Indikator operieren z.B. Studien, die Matrikelbücher ausgewertet haben. Vgl. auch oben, II 2.4.5. Zum Informationsgehalt der *Herkunft* als Datenbündel, vgl. Sudati, Terra, 485ff. Zum Pendlerwesen nach Sesto S. Giovanni und seiner Bedeutung ebd., 537ff.

3 Die Kölner Maschinenfabrik „Humboldt“ hat sich z.B. – wie andere Unternehmen, die nach einiger Zeit nach Kalk oder Mülheim gezogen sind – v.a. aufgrund von Arbeitsmarkterwägungen am Stadtrand angesiedelt, und auch der italienische Gummiproduzent Pirelli hat mit dem Werk Pirelli Bicocca eine Produktionsstätte in die Mailänder Peripherie verlegt, vgl. Jeidels, Methoden, 233 sowie Curli, Operai, 431-483.

4 Vgl. Curli, Operai, 442f., 446; Tilly, Politics, 72ff.

5 Abgesehen von solch gängigen Beispielen ist es problematisch, eine geschlechtsspezifische Mobilität zu identifizieren, da sich die Mobilitätsmuster mit dem industriellen Wachstum ständig wandelten. Vgl. dazu Curli, Operai. Vgl. auch Azimonti, Tempi passati.

wurde von *Netzwerken* entscheidend geprägt.[1] Soziale Gruppen oder örtliche Gemeinschaften, wie Familien oder Dörfer, in denen weitverzweigte Verwandtschafts- oder Nachbarschaftsbeziehungen bestanden, bildeten ein solches Netzwerk, das über Erwerbsmöglichkeiten informierte, Orientierungshilfen in einer sich wandelnden Erwerbswelt anbot und – wie im Falle der kollektiven Arbeitsplatzentscheidung und Mobilität – über gemeinschaftlich getragene Risiken auch die praktische Realisierung erleichtern mochte. So ist die Tatsache, daß manchmal ganze Dörfer in demselben Berufs- oder Industriezweig oder bei demselben Unternehmen arbeiteten – das durchaus kein örtliches Nachfragemonopol besitzen mußte – nicht zuletzt dieser Vernetzung von Informationen und Erfahrungen aus der industriellen Arbeitswelt zuzuschreiben.[2] Zugleich liefert das „vernetzte" Arbeitsmarktverhalten ein anschauliches Beispiel für die Tatsache, wie wichtig auch nichtpekuniäre Arbeitsplatzeigenschaften für die individuellen Arbeitsmarktstrategien sein konnten. Durch die nicht selten generationenübergreifende Reproduktion von bestimmten beruflichen Leitbildern verliehen Netzwerke bewährten erwerbsstrategischen Modellen Stabilität, ohne damit zwangsläufig ein Beharrungselement für den Strukturwandel des Erwerbssystems darzustellen. Analog zur Handwerkstradition bei qualifizierten Berufen konnte so aufgrund der Netzwerkdynamik auch bei Ungelernten eine branchenbezogene Tradition entstehen, die ein niedriges Qualifikationsniveau konservierte, z.B. wenn es sich in einer Familie oder in einem Dorf quasi eingebürgert hatte, daß die jungen Männer einen Großteil ihres Einkommens als Ungelernte im Stahlwerk verdienten.[3]

Indirekt lassen sich auch aus der *Dauer* der eingegangenen Beschäftigungsverhältnisse Anhaltspunkte über die gewählten Arbeitsmarktstrategien gewinnen. Einerseits das lebenslang währende Arbeitsverhältnis eines Industriearbeiters in einem einzigen Unternehmen – möglicherweise sogar in einem paternalistisch geführten Betrieb, andererseits die unbeständige, provisorische Gelegenheitsarbeit, die zwischen unterschiedlichen Tätigkeiten schwankenden *mille mestieri* – diese Beispiele markierten die Extreme für eine unterschiedliche Dosis Stabilität oder Flexibilität, die die Arbeitsmarktstrategien prägte.[4] Der häufige Arbeitsplatzwechsel in einigen Branchen läßt sich auch als eine Arbeitsmarktstrategie verstehen, die zur Optimierung der Beschäftigungsbedingungen diente und sich bei bestimmten Marktvoraussetzungen – so etwa bei einer relativen Gleichförmigkeit der Tätigkeit und der dafür erforderlichen Kenntnisse – besonders anbot. „Gefällt es einem Arbeiter nicht" – berichtete ein Arbeitgeber der südwestdeut-

1 Zur Rolle von Netzwerken für die *Matching*-Prozesse auf dem Arbeitsmarkt vgl. z.B. Tilly/Tilly, Work, 190ff.

2 So war z.B. bei Pirelli Bicocca ein ziemlich großer Teil der Belegschaft durch Verwandtschafts- oder Nachbarschaftsbeziehungen miteinander verknüpft, vgl. Curli, Operai, 445, auch in Porto Marghera lag der Fall ähnlich, vgl. Piva, Classe, 262; vgl. auch Sudati, Terra.

3 Vgl. Sudati, Terra, 512f., 520.

4 Ritter/Tenfelde, Arbeiter, 436, kontrastieren „Arbeitsplatzbesitzer", die in einem festen Arbeitsverhältnis standen, mit „vagierender" Arbeit von „Randgruppen".

schen Eisenhüttenindustrie – „so schnüre er sein Bündel und fände als einigermaßen geschickter Mann schnell wieder Stellung."[1] Eine relativ hohe Fluktuation gab es im Bergbau, wie das sogenannte „Zechenlaufen" veranschaulicht. Diesem Arbeitsmarktverhalten setzten Arbeitgeber häufig paternalistische Betriebsführungsansätze entgegen.[2]

Die Stabilität der Beschäftigung stand in einem engen Verhältnis zur Qualifikation, da die Wahrscheinlichkeit, mit der die Industriearbeit die ausschließliche Erwerbsform war, mit der Qualifikation stieg und zugleich die Attraktivität von langfristigen Beschäftigungsverhältnissen mit der Möglichkeit wuchs, berufliches Wissen und akkumulierte Erfahrung zu valorisieren. Dennoch erschiene es sehr verkürzt, stabile Beschäftigungsverhältnisse mit qualifizierter Arbeit gleichzusetzen oder umgekehrt ungelernte Tätigkeit mit instabilen Arbeitsverhältnissen zu identifizieren. So zeigten Fallbeispiele aus der italienischen Industrialisierungsgeschichte, daß auch Frauen ohne spezifische Qualifikationen in manchem Unternehmen auf lange Betriebszugehörigkeiten zurückblickten, während sich auch hochqualifizierte Arbeitskräfte auf der Suche nach besseren Arbeits- und Lohnverhältnissen höchst mobil zeigen konnten.[3]

Sicherlich standen industrielle und ländliche Arbeits- und Lebenswelten in einer gewissen Spannung zueinander, so daß Anpassungsprozesse an den allmählichen Strukturwandel des Erwerbssystems nicht konfliktfrei vonstatten gingen. Dennoch zeugten die Arbeitsmarktstrategien von einer Balance: Netzwerke, Traditionen, Unternehmensstrategien und steigendes Einkommen stabilisierten die Ausgleichsprozesse zwischen beiden Bereichen. Dieses gewachsene „ländliche Gleichgewicht" (Curli) ähnelte bisweilen einer informellen, stillschweigenden Übereinkunft zwischen Erfordernissen der landwirtschaftlichen und industriellen Produktion – so zum Beispiel, wenn ein Unternehmen wie Pirelli anscheinend die vorübergehende Abwesenheit von Arbeitskräften während der landwirtschaftlichen Saison tolerierte und nicht formal regulierte.[4] Wie prekär diese Balance sein konnte, sollte sich aber bei forcierten Wandlungsschüben wie im Ersten Weltkrieg zeigen.[5]

Die Arbeitsmarktstrategien von Arbeitskräften in einem sich wandelnden Erwerbssystem reflektierte fortbestehende Bindungen an den ländlichen Lebensbereich und zeugte von der Existenz „multipler Arbeiter-Identitäten", die ihrerseits eine Anpassung an veränderte Bedingungen auf den Arbeitsmärkten ausdrückten. Angesichts dieser Fülle von individuellen Arbeitsmarkterfahrungen erscheint eine Typisierung der Arbeitsmarkt-

---

1 Zitiert nach Bosselmann, Entlöhnungsmethoden, 117.

2 Zum Zechenlaufen vgl. Weisbrod, Arbeitgeberpolitik, 124. In den Stumm'schen Werken war die Fluktuation tatsächlich geringer – der Anteil der fluktuierenden Belegschaft betrug hier nur 5%, Bosselmann, Entlöhnungsmethoden, 27.

3 Das stilisierte Gegensatzpaar des beständigen Handwerker-Arbeiters und des umherziehenden Hilfsarbeiters trifft nicht alle Facetten. Vgl. vor allem Piva, Classe, 249ff.; Curli, Operai, 442ff.; siehe auch Sudati, Terra, 512.

4 Dies zeigt die Untersuchung von Curli, Operai, 441.

5 Vgl. zum „equilibrio rurale" Curli, Operai, 436ff., 441.

strategien schwierig. Gewiß brachte die unterschiedliche Physiognomie der industriellen Arbeitsmärkte und ihrer Segmente auch unterschiedliche, charakteristische Strategien hervor. Sei es das „Zechenlaufen", die Saisonarbeit von *mezzadri* (oder *mezzadre)* in Seiden- und Baumwollindustrie oder sei es die hausindustrielle Fertigung von Bekleidung neben Haushalt und Familie – das alles waren exemplarische Optionen aus einer Vielzahl von strategischen Möglichkeiten. Eine spezifisch „italienische" oder „deutsche" Arbeitsmarktstrategie zu identifizieren, ist jedoch problematisch, da sich der ökonomische Strukturwandelprozeß in beiden Ländern als ein regional diversifiziertes Phänomen präsentierte, was sich auch in der lokalen Vielgestalt der industriellen Arbeitsmärkte widerspiegelte. So unterschied sich ein städtischer Arbeitsmarkt – z.B. in Köln oder Mailand – mit einer handwerklichen Tradition von den industriellen Arbeitsmärkten in der städtischen Peripherie, dieser wiederum von dem Arbeitsmarkt in den industriellen Zonen, wo die Urbanisierung ihre entscheidenden Impulse erst durch die Industrialisierung erhalten hatte und dabei gewissermaßen „beschränkt-ländliche" oder „beschränkt-städtische" Unternehmen entstanden waren – wie beispielsweise in einigen Ruhrgebietsstädten oder neuen italienischen Industrieurbanisationen wie Terni oder auch Dalmine.[1] Diese unterschieden sich schließlich ebenfalls deutlich von den Gewerbelandschaften mit kleinbetrieblicher Tradition und vergleichsweise stabilen Beschäftigungsverhältnissen – wie sie z.B. im Siegerland, in der Region um Remscheid oder in den metallurgischen Produktionsstätten der lombardischen Täler anzutreffen waren.[2] Wieder anders präsentierten sich die Arbeitsmarktsegmente der ländlichen Textilindustrie, so etwa in Westfalen, im Veneto oder im Alto Milanese.[3]

Dennoch läßt sich verallgemeinernd konstatieren, daß am Vorabend des Ersten Weltkrieges die Verflechtung von industrieller Erwerbstätigkeit mit ländlichen Lebens- und Erwerbsformen in Italien stärker ausgeprägt war als in Deutschland. Hier erreichte der sogenannte Arbeiter-Bauer größere Bedeutung und entwickelte sich zur gleichsam emblematischen Figur in der italienischen Wirtschafts- und Sozialgeschichte, während in Deutschland analog zur absolut und relativ höheren quantitativen Bedeutung des industriellen Erwerbsbereichs eine größere Gruppe auf den industriellen Arbeitsmärkten agierte, die ausschließlich hier ihr Ein- und Auskommen bestritt. Dementsprechend stellte hier eher der angelernte Fabrikarbeiter eine Standardfigur dar.[4]

Hier wie dort fällt die Koexistenz unterschiedlicher Arbeitsmarktstrategien auf – in Analogie zu verschiedenen, ebenfalls nebeneinander bestehenden Typen von industriel-

1 Begriff von Jeidels, Methoden, 232, der in Gelsenkirchen das beste Beispiel für diese Mischform erkennt.

2 Vgl. Jeidels, Methoden, 236; vgl. auch Herrigel, Constructions, 46ff.; Tilly, Politics, 31.

3 Zur Region um Mailand vgl. Tilly, Politics, 29ff.

4 Das stilisierte Muster einer großbetrieblichen, zentralisierten Industrialisierung in Deutschland und die in weiten Teilen dezentrale Industrialisierung in Italien wäre eine abstrahierende Zuspitzung, die der in beiden Ländern vorhandenen Vielfalt der industriellen Arbeitsmärkte nicht gerecht würde. Vgl. die Interpretation von Herrigel, der die „large firm based industrialization" als *regionalen* Prozeß interpretiert, ders., Constructions, 72-110.

len Teilarbeitsmärkten. Bei den Arbeitsmarktstrategien erscheinen nationale Unterschiede somit eher gradueller als grundsätzlicher Natur, da sie auf der jeweiligen Mischung verschiedener Arbeitsmarkttypen basierten und damit die Bedeutung der einzelnen Formen – von städtischen Arbeitsmärkten bis hin zum ländlichen „Gewerbefleiß“ – für die Morphologie des Gesamtarbeitsmarktes reflektierten. Im italienischen Fallbeispiel erscheint die Durchlässigkeit zwischen ländlichen und industriellen Produktionsweisen höher. Ein deutlicher Unterschied zwischen beiden Ländern läßt sich außerdem in dem Ausmaß erkennen, in dem auf dem Arbeitsmarkt mit Erfolg eine Art „Stellvertreterstrategie“ betrieben werden konnte, die nicht nur auf die Marktmacht, sondern zugleich auf die Absicherung einer politischen Einflußposition zielte. In diesem Sinne waren in Deutschland Teile der Arbeitgeberschaft strategisch erfolgreicher als in Italien.

3. Zwischenbilanz

Da der industrielle Arbeitsmarkt in vielerlei Hinsicht die Intensität eines bereits vollzogenen Industrialisierungsprozesses widerspiegelt, sind die anhand der Strukturmerkmale ersichtlichen Unterschiede hinsichtlich der quantitativen Dimension beider Arbeitsmärkte im sekundären Sektor zunächst nur wenig überraschend. Der industrielle Arbeitsmarkt im deutschen Kaiserreich zeichnete sich durch rasches Wachstum und eine hohe Aufnahmekapazität für das Arbeitskräftepotential aus, was sich in einer latenten „relativen“ Arbeitskräfteknappheit ausdrückte. Dabei präsentierte sich das Arbeitsmarktgeschehen im sekundären Sektor recht stabil: Mit durchschnittlichen Arbeitslosenquoten von ungefähr 2,6 Prozent herrschte überwiegend Vollbeschäftigung, was auch im internationalen Vergleich eine durchaus niedrige Quote darstellt.[1] Dies gilt auch für den konkreten Vergleich mit Italien. Wenngleich hier die exakte Bemessungsgrundlage fehlt,[2] so ist das Gleichgewicht auf dem industriellen Arbeitsmarkt als prekär einzuschätzen. Die hohe Elastizität des Arbeitsangebotes begünstigte auf dem industriellen Arbeitsmarkt das Verharren in einer unausgewogenen Situation, die zum Angebotsüberschuß neigte. Abhängig von der Konjunkturlage oszillierte das Beschäftigungsniveau, aber erreichte vor dem Weltkrieg keine Stabilisierung im Sinne von Vollbeschäftigung.[3] Diese unterschiedlichen Knappheitsrelationen auf den Märkten manifestierten sich auch in der materiellen Situation der Hauptakteure, der Arbeiterschaft, da die auf dem italienischen Markt getauschten Arbeitsleistungen vergleichsweise geringer bewertet wurden.

Hierzu mögen auch institutionelle und organisatorische Kriterien beigetragen haben.

1 Die Durchschnittsquote bezieht sich auf die Angaben der Gewerkschaftsstatistik, die einzige durchgängige statistische Erfassung der Arbeitsmarktsituation, vgl. Faust, Arbeitsmarktpolitik, 24; Ritter/Tenfelde, Arbeiter, 241.

2 Für diesen Zeitraum ist leider keine zuverlässige Arbeitslosenstatistik bekannt.

3 Vgl. Paci, Mercato, 149f.

Der größeren Stabilität und Ausdehnung des industriellen Arbeitsmarktes im Deutschen Reich entspricht ein im Vergleich mit dem italienischen Fallbeispiel höherer Stabilitätsgrad und einer größeren Marktmacht der dort agierenden Organisationen. Dies stellt jedoch das Ergebnis einer verallgemeinerten Globalbetrachtung dar. Der differenzierte Blick auf einzelne Branchen und Produktionsstandorte hat hingegen bezeichnende Parallelen im Hinblick auf arbeitsbezogene institutionelle Regelsysteme gezeigt. Ungeachtet aller quantitativen Unterschiede sind doch die Ähnlichkeiten in einigen Fällen bemerkenswert, wenn sich branchenstrukturelle Voraussetzungen – wie etwa im Fall des typographischen Gewerbes – anscheinend doch so glichen, daß analoge Arrangements entstanden. Dies gilt vor allem in Anbetracht der variierenden strukturellen Voraussetzungen in beiden Ländern.

Daran wird deutlich, daß eine simple Gleichsetzung zwischen dem Grad der Industrialisierung und der Institutionalisierung von Marktbeziehungen zu kurz greift. Darüber hinaus hebt der Vergleich hervor, wie unterschiedlich die Rahmenbedingungen auf den Teilarbeitsmärkten innerhalb beider Länder gewesen sind. Vor diesem Hintergrund läßt sich zum einen die funktionale Äquivalenz bestimmter Institutionen, aber auch die ökonomische Logik ihrer Entstehung erfassen. Für die Regulierung der Arbeitswelt auf gesamtstaatlicher Ebene fehlten die Voraussetzungen: zum einen waren die Anreize zur Ausbildung von institutionellen Regelsystemen auf den Teilarbeitsmärkten unterschiedlich verteilt. Angesichts der Heterogenität der Arbeitsmarktsegmente bestand kein Konsens über die Präferenzen der Akteure. Zum anderen konnte die „politische" Logik (z.B. Macht durch organisatorische Ressourcen) Effizienzkriterien übertönen und „Arbeitsmarktideologien" (wie z.B. die Tarifabwehr in der Montanindustrie) hervorbringen. Da dramatische Beschäftigungseinbrüche fehlten, sahen politische Akteure keinen akuten Regulierungsbedarf. Dieser „Regelungslücke" entsprach es, daß die Mobilität und Dynamik des Arbeitsmarktgeschehens stark ausgeprägt waren. Die „Abwanderungskosten" des Produktionsfaktors Arbeit fielen vergleichsweise gering aus. Ohne allgemeinverbindliche Regelsysteme bildeten die nationalen Arbeitsmärkte kein geschlossenes System bis zu dem Zeitpunkt, als der Kriegsausbruch Schließungstendenzen forcierte.

Sowohl in Deutschland als auch in Italien steckten die industriellen Arbeitsmärkte in einem umfassenden sektoralen Strukturwandel. Der jüngere industrielle Arbeitsmarkt in Italien wies viele Merkmale dieses Transformationsprozesses auf. Hier zeigte sich eine hohe Durchlässigkeit zwischen ländlichen und industriellen Arbeitswelten. Der industrielle Arbeitsmarkt war mit dem ländlichen Lebensbereich und dessen vor- und halbindustriellen Produktionsformen verflochten. Strukturkriterien wie die hohe Quote von Jugendlichen und Frauen stützen diesen Befund. Jedoch erscheint die Angebotsseite des Arbeitsmarktes so heterogen, daß eine Typisierung der vorherrschenden Erwerbsmuster schwierig ist. Überdies erwies sich die ausgeprägte Segmentation als solche ohnehin als ein charakteristisches Merkmal des italienischen Arbeitsmarktes. Aufgrund struktureller Ungleichgewichte und ökonomischer Dualismen – die über Gefälle und regionale Entwicklungsunterschiede innerhalb von anderen westeuropäischen Industrienationen hinausgingen[1]– mußte sich ein kompakter nationaler „Markt“ noch herausbilden.[2]

Der in beiden Ländern wirksame Strukturwandel, der sich auf dem Arbeitsmarkt widerspiegelte, wurde durch die Ausbildung von formellen und informellen institutionellen Regelsystemen abgefedert. Die institutionellen Regelsysteme dienten somit der Korrektur von unerwünschten Marktergebnissen, die auf die strukturelle Ungleichgewichtigkeit der Arbeitsmarktbeziehung zurückzuführen waren. Mit der Expansion der industriellen Arbeitsmärkte zeichnete sich in zunehmendem Maße die Notwendigkeit ab, problemgerechte Antworten auf die „soziale Frage“ zu finden, die sich mit dem industriellen Wachstum zugespitzt hatte. In institutionenökonomischer Diktion stellte die „soziale Frage“ einen „externen Effekt“ eines versagenden Marktes dar. Die institutionellen Arrangements sollten ein Gegengewicht zur grundlegenden Informations- und damit Machtasymmetrie des Arbeitsmarktes schaffen und das damit verbundene Marktversagen korrigieren. Dies entsprach den Forderungen der sogenannten „alten“ Institutionalisten wie beispielsweise Gustav von Schmoller.[3] In einigen Fällen – beispielsweise auf der Ebene der sozialpolitischen Regelungen im Arbeitsbereich – lassen sich auch Ansätze für einen institutionellen Wettbewerb zwischen beiden Vergleichsfällen erkennen. Zudem scheint das Vorbild von weiter industrialisierten Nationen hinsichtlich des Organisationsverhaltens und möglicher Kampftaktiken eine anregende Rolle gespielt zu haben.

Für beide industriellen Arbeitsmärkte galt jedoch, daß eine direkte Ausgestaltung von Arbeitsmarktinstitutionen – bzw. eine Bündelung der vorhandenen institutionellen Arrangements – durch den Staat in den meisten arbeitsmarktrelevanten Bereichen noch ausstand. In Deutschland hatten staatliche Regulierungen im Arbeitsmarktbereich kaum Tradition, da bis zum Weltkrieg dauerhafte Beschäftigungseinbrüche ausblieben.[4] Zunehmende Bedeutung erlangte jedoch der staatliche Einfluß auf dem Gebiet der Arbeitsvermittlung, deren Kontrolle von beiden Arbeitsmarktparteien als strategisches Instrument zur Stärkung der eigenen Verhandlungsposition schon seit längerer Zeit umkämpft wurde.[5] Somit läßt sich behaupten, daß allmählich das Arbeitsmarktgeschehen in die öffentliche Wahrnehmung vorrückte und sich zunehmend als ein in öffentlicher Verantwortung zu regelndes Problemfeld präsentierte. Dies gilt – angesichts staatlicher sozialpolitischer Zurückhaltung in bescheidenerem Maße – auch für Italien.[6] Ein Indiz für ein in den letzten Vorkriegsjahrzehnten gestiegenes Engagement des Staates

1 Vgl. Hertner, Italien 1850-1914, 776.
2 Das gilt nicht nur für den Arbeitsmarkt.
3 Vgl. für diesen Abschnitt ähnlich Hertner, Entstehung, 29. Zu Schmoller Plumpe, Schmoller; Schellschmidt, Institutionenanalyse.
4 Ritter/Tenfelde, Arbeiter, 259. Vgl. auch Faust, Arbeitsmarktpolitik, passim. Für den administrativen und konstitutionellen Rahmen der Rolle des Staates in Deutschland und Italien vgl. auch von Klimó, Staat, 33ff. und 165ff.
5 Vgl. Faust, Arbeitsmarktpolitik, 48ff.
6 Vgl. hierzu in gesamteuropäischer Perspektive mit Blick auf die internationalen Handelsverflechtungen auch Huberman/Lewchuk, European Economic Integration, 14ff., 29, 33f.

ist beispielsweise die Sozialleistungsquote. Während die Versicherungsleistungen in Deutschland im Jahr 1885 ungefähr 0,3 Prozent des Inlandsprodukts ausmachten, waren sie im letzten Friedensjahr bereits auf drei Prozent angewachsen. Auch in Italien wuchs der Anteil der Sozialausgaben an der Gesamtsumme staatlicher Ausgaben von 0,5 Prozent im Jahr 1880 auf 2,4 Prozent im Jahr 1913.[1] Diese seit der Jahrhundertwende etwas schärfer konturierte Rolle des Staates mündete aber nicht in eine aktive Arbeitsmarktpolitik, weder in Deutschland noch in Italien. Es war fraglich, ob die Regelsysteme der Arbeitsmärkte in ihrer bestehenden Form künftigen Anforderungen genügen würden.

1 Angaben für Deutschland nach Ullmann, Kaiserreich, 179; für Italien nach Zamagni, History, 160.

III. Industrieller Arbeitsmarkt im Ersten Weltkrieg

Mit der Kriegserklärung Deutschlands an Rußland am 1. August 1914 begann der Erste Weltkrieg.[1] Durch den Krieg veränderten sich in beiden Ländern die Rahmenbedingungen für das Arbeitsmarktgeschehen ganz entscheidend. Der „Kriegsschock" setzte die industriellen Arbeitsmärkte in beiden Ländern enorm unter Druck. Für eine systematische Analyse der industriellen Arbeitsmärkte und ihrer Regelsysteme ist zunächst nach den Wirkungen der Organisation der Kriegswirtschaft auf den Arbeitsmarkt zu fragen. Dazu gehört auch der kurze Blick auf die (verfassungs-)rechtlichen Voraussetzungen des Arbeitsmarktgeschehens. Dabei interessiert zunächst die Frage, ob und inwieweit die Arbeiterschaft – als Hauptakteure des Arbeitsmarktes – in die Kriegführung integriert wurden. In Anschluß daran drängt sich die Überlegung auf, ob die Nachfrageseite des Arbeitsmarktes mit Zielkonflikten zwischen Heer und Industrie konfrontiert war und wie diese gelöst wurden. Darüber hinaus sollten sowohl die ungesteuerten, „spontanen" Anpassungsreaktionen des Arbeitsmarktes auf das sich verändernde Umfeld als auch die direkten Regulierungsversuche thematisiert werden. Das alles steht vor dem Hintergrund einer identischen Grundproblematik für beide Länder, die den Faktor Arbeit in der industrialisierten Kriegführung zum strategischen Faktor avancieren ließ.

1. Krieg und organisierte Arbeiterschaft

Im Deutschen Reich gehörte bei Kriegsbeginn der sogenannte „Burgfrieden" zu den politischen Weichenstellungen, aus denen unmittelbare Konsequenzen für das Arbeitsmarktgeschehen erwachsen konnten. Vier Tage nach der Kriegserklärung an Rußland ließ Kaiser Wilhelm II. die innenpolitischen Maxime für die Kriegszeit verlauten: *„Ich kenne keine Parteien mehr, ich kenne nur noch Deutsche."*[2] Um die Kriegsanstrengung mit „vereinten Kräften" aufnehmen zu können, wurden innenpolitische Streitpunkte vorläufig vertagt. Für die SPD als politische Organisation der Arbeiterschaft bedeutete das den Verzicht auf klassenkämpferische Agitation und Unterstützung der Regierungspolitik. Das Gleiche galt für die Gewerkschaftsverbände. Als Zeichen ihrer Kooperation

1 Vgl. zur Weltkriegsforschung u.a. Thoß, Weltkrieg; siehe auch Reimann, Mentalität.

2 Z.B. Mai, Ende, 31; vgl. für Auszüge auch Huber, Verfassungsgeschichte, Bd. 2, 455.

sollten alle Arbeitskämpfe und Streiks eingestellt werden.[1] Dieser Verzicht auf das grundlegende Kampfmittel der Arbeiterschaft veränderte die Voraussetzungen für die Arbeitsmarktbeziehungen in grundlegender Weise. Die Motive, sich für diese auf Kooperation gerichtete politische Linie zu entscheiden, waren unterschiedlicher Natur. Auf Seiten der Regierung hoffte man vermutlich, die Arbeiterbewegung durch das formale Integrationsangebot kontrollierbar zu machen. Das Abklingen der innenpolitischen Differenzen, besiegelt durch den Burgfriedensschluß – der eindeutig obrigkeitsstaatliche Züge trug[2]– hätte das bestehende politische System trotz überfälliger Reformen, mangelhafter Demokratisierung und überkommener Sozialpolitik legitimiert.[3] In der Burgfriedenspolitik läßt sich bereits das Dilemma erkennen, das für die gesamte Kriegsdauer bedeutsam blieb und in den Verhandlungen zum Hilfsdienstgesetz im Jahr 1916 nochmals klar entschieden werden mußte: Konnte der Weltkrieg „mit oder gegen die Arbeiterschaft gewonnen werden“?[4] Mit der Entscheidung für eine kooperative Politik hatte man sich – zumindest rhetorisch – für die erste Handlungsoption entschieden. Der Entscheidung der SPD und der Freien Gewerkschaften für die Kooperation gingen innere Widersprüche und Richtungsauseinandersetzungen voraus und begleiteten sie für die gesamte Kriegszeit.[5] Zudem stellte sie die Weichen für einen Funktionswandel der Gewerkschaften innerhalb der Gesellschaft: Wie Schönhoven bilanziert, sollten sie sich von „autonome[n] Zusammenschlüsse[n] von Arbeitern zur kollektiven Interessenwahrnehmung auf dem Arbeitsmarkt“ des späten 19. Jahrhunderts im Verlauf des Krieges zu „quasistaatlichen Instanzen“ entwickeln, die für die Stabilisierung im Innern des Landes Mitverantwortung trugen.[6] Diese Entwicklung spiegelte sich im Verlauf des Krieges auf dem industriellen Arbeitsmarkt wider, obwohl dieses „Gespinst der großen Worte“[7] in der zweiten Kriegshälfte immer mehr zerfaserte.

Während im unmittelbaren Anschluß an die Juli-Ereignisse des Jahres 1914 in Europa das Räderwerk wechselseitiger Bündnisverpflichtungen und Mobilmachungen in

---

1 Erster Ausdruck war – bei einigen Enthaltungen – die einstimmige Bewilligung der Kriegskredite im Parlament, womit die SPD in Widerspruch zu den pazifistischen Prinzipien der Zweiten Internationale ihre Ablehnung des imperialistischen Krieges aufgegeben hatte. Vorausgegangen war die Verzichtserklärung der Freien Gewerkschaften auf Lohnbewegung und Streiks, vgl. Schönhoven, Kriegspolitik, 674; Dokumente zur gewerkschaftlichen Entscheidung in: ders., Gewerkschaften, 74-85.

2 Kruse, Systementwicklung, 56.

3 Memorandum des sächsischen Staatsministers von Vitzthum, wörtlich verwendet von Bethmann Hollweg in einem Rundschreiben an die Bundesstaaten, abgedruckt bei Mai, Ende, 173-175.

4 Mai, Ende, 34. So auch die Quellensprache, vgl. z.B. Aussagen Groeners, vgl. Faust, Arbeitsmarktpolitik, 204, 279.

5 Die SPD, schon vorher durch Differenzen zwischen Revolutionären und Revisionisten gekennzeichnet, zerbrach an der Frage, welche Haltung die Partei im Krieg einnehmen sollte. Allerdings verlief die ablehnende oder positive Haltung zum Krieg auch quer zu diesen Fraktionen. Vgl. auch Mühlhausen, Sozialdemokratie, 649-671.

6 Ebd., 678.

7 Wehler, Kaiserreich, 374.

Gang gebracht wurde, erklärte Italien am 1. August vorerst seine Neutralität. Die neutrale, von heftiger innenpolitischer Auseinandersetzung begleitete Phase endete erst am 24. Mai 1915, als Italien in den Krieg gegen die ehemaligen Verbündeten eintrat. In politisch-gesellschaftlicher Hinsicht stand Italien der *grande prova* des Krieges relativ unvorbereitet gegenüber. Organisierte Massenbewegungen waren erst seit kurzer Zeit im politischen und sozialen Leben des Landes präsent und noch nicht hinlänglich in die Gesellschaft integriert.[1] Vor dem Hintergrund eines höchst zerbrechlichen politisch-sozialen Gleichgewichts und weit verbreiteten antistaatlichen Ressentiments fiel der Kriegsausbruch in eine angespannte Phase ungelöster sozialer Konflikte, die in den heftigen Arbeiterunruhen der *Settimana Rossa* im Juni 1914 markanten Ausdruck fanden.[2] Sowohl für den Kriegseintritt als auch für die Kriegführung selbst gewann die Sorge um den „sozialen Frieden" wesentlichen Einfluß, der sich auch in der Regulierung des industriellen Arbeitsmarktes äußerte.

Während der Neutralitätsmonate entfachte sich um den Kriegseintritt zwischen den Lagern der „Neutralisten" und „Interventisten" eine äußerst hitzig geführte Debatte.[3] Entschlossene und lautstarke Propaganda für eine militärische Intervention Italiens erklang vor allem aus dem Umfeld der Nationalisten, aber nicht zuletzt ließen sich viele „Interventisten" von wirtschaftlichen Argumenten leiten. In industriellen Kreisen interpretierte man den Krieg als Gelegenheit, Stagnationsprobleme zu überwinden, zumal sich die zuvor verbreitete Annahme, auch als neutrales Land durch die Industrieproduktion für kriegführende Länder profitieren zu können, als irrig erwies. Eher das Gegenteil zeichnete sich ab – nach unternehmerischen Prognosen drohten dem einfuhrabhängigen Italien im Rohstoffwettbewerb der Kriegsmächte die Isolation und eine produktive Krise.[4] Für eine Allianz mit Frankreich und Großbritannien spielten neben Erwägungen über die Sicherheit in der Rohstoff- und Lebensmittelversorgung auch andere Faktoren eine Rolle, denn in Wirtschaftskreisen hegte man Ressentiments gegenüber der deutschen Wirtschaftsmacht, die aus der starken deutschen ökonomischen Präsenz in Italien während der industriellen Expansion herrührten.[5]

---

1 Vgl. auch Melograni, Storia politica, 8.

2 Corner/Procacci, Experience, 224.

3 Die Befürworter eines italienischen „*intervento*", zahlenmäßig in der Minderheit, aber äußerst kämpferisch, stammten aus diversen Gruppierungen mit höchst unterschiedlichen politisch-kulturellen Leitbildern und Motivationen. Sowohl die an die Risorgimento-Tradition anknüpfenden demokratischen, als auch die den Krieg als Chance zur sozialen Umwälzung begreifenden revolutionären Kreise, zu denen auch Mussolini gehörte, propagierten den Kriegseintritt. Auch kulturelle Einflüsse, wie z.B. antipositivistische, irrationalistische Strömungen förderten kriegsbejahende Stimmungen, vgl. dazu Zamagni, History, 209.

4 Ebd.

5 Vgl. z.B. im Finanzbereich die führende Rolle der Banca Commerciale Italiana (Comit), die zu einem Großteil von deutschem Kapital getragen wurde, und die Dominanz deutscher Waren auf dem italienischen Markt in den Branchen Chemie und Maschinenbau, ausführlich dazu von Oswald, Industrie, 45ff.

Die Mehrheit der Bevölkerung wie auch des italienischen Parlaments stand bei Kriegsausbruch noch auf der Seite der Neutralisten. Getreu den pazifistischen Prinzipien der II. Internationale lehnten die sozialistische Partei Italiens und mit ihr die Gewerkschaften einen Kriegseintritt einhellig ab.[1] Nach einigen Monaten verebbte die kämpferische Opposition und wich im Mai 1915 einer gemäßigten neutralen (Ent-)Haltung, ganz im Zeichen des von der sozialistischen Partei ausgegebenen Mottos „*non aderire, né sabotare*" – weder zustimmen, noch sabotieren.[2] Die Unterstützung, die die deutschen Gewerkschaften ihrer Regierung in der Kriegführung entgegenbrachten, wurde mit Unverständnis und Mißbilligung registriert.[3]

In der Haltung der Gewerkschaften und der Sozialistischen Partei als wirtschaftlicher und politischer Vertretung der organisierten Arbeiterschaft liegt ein wesentlicher Unterschied der politischen Ausgangskonstellation bei Kriegsausbruch im Vergleich zu Deutschland. Anders als bei den deutschen Genossen setzte sich in den italienischen Arbeitervertretungen nicht die Überzeugung durch, die Regierung im Falle des Kriegseintritts kooperativ zu unterstützen. In Italien gab es kein dem deutschen „Burgfrieden" vergleichbares Bündnis, das für die Kriegsdauer die innenpolitischen Konflikte zurückstellte. Zwar bröckelte die Kriegsablehnung seitens der CGdL allmählich ab, aber eine Beschwörung der Einheit der kämpfenden Nation, wie sie in den Augusttagen in Deutschland und auch in anderen kriegführenden Staaten proklamiert wurde, blieb aus. Für die den Kriegseintritt befürwortende Regierung Salandra und die sie stützenden konservativen Kräfte erschien eine Zusammenarbeit mit den Sozialisten – wie sie von den reformistischen Abgeordneten Turati und Treves sogar vorgeschlagen wurde – nicht praktikabel. Dieser Weichenstellung war ein zähes Ringen innerhalb des bürgerlichen Lagers vorausgegangen, da auch hier erhebliche Kräfte dafür votierten, für die Dauer des Krieges ein Bündnis mit der organisierten Arbeiterschaft einzugehen. Diese Überzeugung konnte sich aber in der äußerst kontrovers geführten Debatte um den italienischen Kriegseintritt nicht durchsetzen.[4] In der Vorstellung Salandras hätte ein kurzer Krieg mit schnellem Sieg seine rechtsliberale Politik gegenüber dem reformorientierten *Giolittismo* legitimiert.[5]

Mit dieser Einschätzung gewann somit in Italien zunächst die Ansicht die Oberhand, den Krieg ohne die explizite Unterstützung der Arbeiterschaft zu gewinnen. Damit wurde zugleich die Rolle, die die Mobilisierung der Massen für die „*causa nazionale*" spielen würde, unterschätzt.

---

1 Vgl. Pepe, Storia, 318f.

2 Abgesehen von einem Generalstreik in Turin wurde die Kriegsentscheidung, die im Mai fiel, mehr oder weniger abwartend hingenommen, Melograni, Storia, 4.

3 Vgl. die Analyse des deutschen Sozialdemokraten Bernstein, Internationale, 313 mit Anm. 1.

4 Allzu präsent blieb die Sorge des konservativen und rechtsliberalen Lagers, durch eine Koalition an die sozialen Kräfte gebunden zu sein, zu deren Eindämmung der Krieg gerade beitragen sollte.

5 Melograni, Storia, 9. Salandra hielt wohl erstaunlich lange an der Illusion des „kurzen Krieges" fest, ebd. 10.

Sowohl in Deutschland als auch in Italien war in den Vorkriegsjahrzehnten die Integration der Arbeiterschaft nur stockend verlaufen. Letztere wurde in beiden Ländern als schwer kalkulierbarer „Faktor" für das Regierungshandeln angesehen, den es bei der Kriegführung oder im Falle eines Kriegseintritts zu berücksichtigen galt. Dieses Spannungsverhältnis wurde in beiden Ländern nunmehr auf eine andere Weise überbrückt, wobei die Hauptakteure des Arbeitsmarktes zu Beginn also in unterschiedlicher Form eingebunden waren. Sicherlich sollte man den deutschen „Burgfriedensschluß" nicht überbewerten, handelte es sich doch im Prinzip um ein formelhaftes Harmoniebekenntnis, das letztlich nicht geeignet war, in langfristiger Perspektive Interessengegensätze und schwelende innenpolitische Konflikte zu überdecken. Allerdings stellte die Einstellung aller Arbeitskämpfe eine durchaus greifbare praktische Konsequenz dar. Wie auch immer man den Burgfrieden bewerten möchte,[1] er bedeutete zumindest für die Anfangsphase des Krieges eine formale Integration der Arbeiterschaft in die Kriegführung, die in Italien vorerst unterblieb. Dies war ein Unterschied in der politischen Konstellation zu Kriegsbeginn, der sich bald im Arbeitsmarktgeschehen abwirkte.

2. Die Organisation der Kriegswirtschaft

Durch den Krieg wandelten sich in beiden Ländern die Vorzeichen des politischen und ökonomischen Prozesses. Die veränderten Rahmenbedingungen drückten sich in rechtlichen Konsequenzen des Kriegszustandes und in der darauf basierenden Organisation der Kriegswirtschaft aus. Beide interdependenten Aspekte prägten die Gestalt der industriellen Arbeitsmärkte im Krieg in entscheidendem Maße.

Mit Beginn des „Kriegszustandes", den Kaiser Wilhelm am 31. Juli 1914 erklärt hatte, wurde die politische Entscheidungsstruktur im Deutschen Reich wesentlich verändert. Der Kaiser übernahm als oberster Kriegsherr die Führung der Kriegspolitik. Weiterhin ging nach dem „Gesetz über den Belagerungszustand" von 1851 [2] die Exekutivgewalt an die Militärbefehlshaber[3] über, die in ihrem Zuständigkeitsbereich[4] ein sogenanntes „stellvertretendes Generalkommando" innehatten. Da sie nur dem Kaiser, nicht aber einer Zivilbehörde Rechenschaft schuldig waren, nahmen sie eine eigenständige Herrschaftsposition ein, die gleichsam diktatorische Ausmaße erreichen konn-

---

1 Wehler, Kaiserreich, 374 und 400 spricht von der „ideologischen Attrappe", vom „Mummenschanz" des Burgfriedens und vom „dürftigen Gebräu der Ideen von 1914".

2 Vgl. Feldman, Armee, 41.

3 Genauer gesagt, besaßen 57 Stellvertretende Generalkommandeure, Festungsgouverneure und –kommandanten sowie die dem bayerischen Kriegsministerium unterstehenden Befehlshaber der dortigen Armeekorpsbereiche exekutive Vollmachten für ihren Bezirk, vgl. Kruse, Systementwicklung, 56.

4 Das Reich war in 24 Armeekorpsbezirke aufgeteilt, die allerdings nicht mit den zivilen Verwaltungseinheiten übereinstimmten, was zusätzliche Verwirrung schuf, vgl. Feldman, Armee, 41.

te.[1] Das preußische Kriegsministerium konnte den kommandierenden Generälen zwar Maßnahmen empfehlen, besaß jedoch keine direkte Weisungsbefugnis, was die unübersichtliche Situation zusammen mit der Vielzahl der Bezirksgewalten noch zusätzlich verwirrte.[2] Problematisch an dieser Grundkonstellation war, daß den Militärbefehlshabern im Verlauf des Krieges ein sehr umfangreicher Aufgabenkatalog zuwuchs, der weit über militärische Fragen hinausging. Ihre Hauptaufgabe, für den Nachschub an Soldaten und Kriegsmaterial in ihrem Armeekorps zu sorgen, berührte häufig spezifisch politische und wirtschaftliche Problemkreise. So hing beispielsweise die Beschaffung von Heeresmaterial eng mit Fragen der Produktionsplanung zusammen, und – was noch wichtiger war – die Rekrutierung von Soldaten stand im Konflikt mit dem Arbeitskräftebedarf der Kriegsindustrie, was die Notwendigkeit einer Arbeitsmarktbewirtschaftung anzeigte. Für regulierende Maßnahmen auf dem Arbeitsmarkt wurde somit das Militär ein wichtiger verantwortlicher Entscheidungsträger. Durch ihre umfangreichen Kompetenzen entwickelten sich die Militärbefehlshaber „zu Potentaten der Kriegswirtschaft und Kriegsarbeitsmarktpolitik."[3]

Die rechtlichen Rahmenbedingungen für die kriegswirtschaftliche Organisation im Deutschen Reich lassen erkennen, daß keine zentrale Bündelung von Entscheidungsgewalten für die ökonomische Lenkung vorgesehen war. Zwar hatte ein gesteigertes Interesse an der Produktion von Rüstungsgütern nicht erst unmittelbar vor dem Krieg eingesetzt, da die Ankurbelung der Rüstungsindustrie durchaus im Zeichen des allgemeinen Klimas der Weltpolitik und des Großmachtstrebens Deutschlands stand.[4] Jedoch orientierten sich die Vorstellungen über wirtschaftliche Anforderungen und Materialbedarf noch überwiegend rückwärtsgewandt am deutsch-französischen Krieg von 1870/71, der als Orientierungsgröße nicht mehr geeignet war.[5] Basierend auf der Überzeugung eines kurzen Krieges scheuten sowohl die Militärs als auch die Reichsleitung vor Eingriffen in das Wirtschaftsgefüge zurück.[6] Damit vollzog sich der Übergang von einer Friedens- in die Kriegswirtschaft etappenweise unter Anpassung an die aktuellen Erfordernisse und nicht durch eine umfassende Weichenstellung zu Beginn. Bereits im August 1914

---

1 Dazu trugen vor allem die Aufhebung wesentlicher Grundrechte (z.B. Presse-, Vereins-, Versammlungsfreiheit) und die Verschärfung des Strafrechtes bei, vgl. Huber, Verfassungsgeschichte, 24, 42. Vgl. auch Feldman, Armee, 41.

2 Vgl. Mai, Ende, 36.

3 Daniel, Fiktionen, 536.

4 Es gab schon zu Friedenszeiten Vorkehrungen für die militärische und finanzielle Mobilmachung, „die jetzt ihre guten Früchte tragen", so Wilhelm Beukenberg - Generaldirektor der „Phoenix AG für den Bergbau- und Hüttenbetrieb" - in einem gegenüber den Reichsbehörden sonst sehr kritischen Brief an die Redaktion der Kölnischen Zeitung vom 2.9.1914, vgl. MA P.22501.3. Staatliche Rüstungsbetriebe deckten rund 40% der Produktion, der Rest wurde von der privaten Wirtschaft bereitgestellt. Feldman, Armee, 63; die preußischen Heereswerkstätten beschäftigten vor dem Krieg rund 16.000 Arbeiter, Hardach, Weltkrieg, 65.

5 In diesem wurde insgesamt weniger Munition benötigt wurde als an einem einzigen Tag der Marne-Schlacht 1914, vgl. Hardach, Weltkrieg, 66. Vgl. auch Fuchs, Kriegsgewinne, 11f.

6 MA P.22501.3, Brief Beukenbergs an die Kölnische Zeitung, 2.9.1914.

war jedoch mit der Errichtung der im preußischen Kriegsministerium angesiedelten *Kriegsrohstoffabteilung* (KRA) eine Maßnahme größerer Tragweite durchgesetzt worden, die für die deutsche Kriegswirtschaft charakteristisch wurde.[1] Die neue Abteilung fungierte als Instanz zur Beschaffung von Rohstoffen und ihrer Verteilung nach kriegswirtschaftlichen Kriterien.[2] Auf diese Weise wurden die Weichen für eine Änderung der Produktionsstruktur gestellt, was sich auf dem Arbeitsmarkt in einer Verlagerung der Nachfrage auf kriegswichtige Produktionszweige niederschlagen sollte. Das geschaffene System zur Handhabung der Rohstofflage bildete eine Mischung aus staatlicher Lenkung und industrieller Selbstverwaltung.[3] Obwohl die Mehrheit der Industriellen jeglichem lenkenden Eingriff in den Wirtschaftsprozeß äußerst skeptisch gegenüberstand,[4] wuchs dem Modus zur Rohstofflenkung bald Modellcharakter für Visionen einer neuen – gemeinwirtschaftlich inspirierten – Kooperationsform zwischen Staat und Wirtschaft zu.[5] An der Tätigkeit der KRA lassen sich typische Merkmale der deutschen Kriegswirtschaft in der Anfangsphase exemplifizieren. Zum einen war es für den mangelnden Weitblick der politischen und militärischen Führung bezeichnend, daß die Initiative zu der Gründung einer Instanz, die die Beschaffung und Verteilung der Rohstoffe zentral regelte und damit kontrollierte, nicht von politischer, sondern von privatwirtschaftlicher Seite kam.[6] Zum anderen war die KRA mit ihrer Mischung aus Dirigismus und *Laissez Faire* in gewisser Weise typisch für die Kriegswirtschaft insgesamt und stellte langfristig den organisatorischen Kern der kriegswirtschaftlichen Mobilisierung dar. In langer Sicht neigten die neuen Strukturen dazu, die schwerindustriellen Industriezweige zu begünstigen.[7]

In Italien fiel die Interventionsentscheidung in dem tumultuarischen, bürgerkriegsähnlichen Klima[8] der *radiose giornate di maggio*, der „strahlenden Maitage" vor dem Hintergrund des Risikos einer institutionellen und sozialen Krise.[9] Am 20. Mai 1915

---

1 Mai, Ende, 92; Feldman, Armee, 52ff.; Hardach, Weltkrieg, 67ff.

2 Die wichtigste Aufgabe der KRA war die Bewirtschaftung der Rohstoffe (Ermittlung der Rohstofflage, Zuteilung der Rohstoffe) sowie die Entwicklung von Ersatzstoffen, z.B. die synthetische Stickstoffgewinnung, da Salpetersäure für die Sprengstofferzeugung unentbehrlich war, vgl. Feldman, Armee, 52ff., Kruse, Systementwicklung, 73; Mai, Ende, 92; Henning, Deutschland 40; Hardach, Weltkrieg, 68. Mit Ausnahme der Bodenschätze Stein- und Braunkohle, Kali und Zink waren die Vorkommen und heimischen Produktionsmöglichkeiten (z.B. von Sisal, Baumwolle, Kautschuk, Ölpflanzen) an Rohstoffen sehr begrenzt. Im Jahr 1913 waren 44% aller Importe nach Deutschland Rohstoffe, 15% Halbfabrikate, vgl. Henning, Deutschland, 39f. Feldman, Armee, 58.

3 Mai, Ende, 93.

4 Feldman, Armee, 55.

5 Vgl. zu den Konzepten Rathenaus und Moellendorfs Michalka, Kriegsrohstoffbewirtschaftung.

6 Für viele kriegswirtschaftliche Bereiche blieb die private Initiative der entscheidende Impuls. Vgl. MA P. 22501.3, Beukenberg (Phoenix) an die Kölnische Zeitung am 2.9.1914.

7 Vgl. dazu Feldman, Armee, 56.

8 Melograni, Storia, 3.

9 Im Londoner Geheimvertrag vom 26. April 1915 hatte die Regierung Salandra mit den Alliierten als Gegenleistung für den Kriegseintritt auf Seiten der Entente territoriale Erweiterungen (Trentino,

übertrug das Parlament der Regierung für die Dauer des Krieges außerordentliche Vollmachten.[1] Der Exekutive wurde die Möglichkeit gegeben, Verfügungen mit Gesetzeskraft zu treffen, wenn es für die Wahrung der öffentlichen Ordnung und die Erfordernisse der Wirtschaft angebracht war. Damit erhielt sie umfassende Kompetenzen in zentralen politischen und wirtschaftlichen Fragen.[2] Mit diesem Schritt verlor das Parlament für die Dauer des Krieges seine Funktion als politisches Zentrum – die Ermächtigung bedeutete die Machtkonzentration bei den Organen der Exekutive, die ein deutliches Übergewicht gegenüber der gesetzgebenden Körperschaft erhielten, die für die Kriegszeit gleichsam in einen „politischen Winterschlaf" sank.[3] Von der Möglichkeit, per Dekretialbeschluß zu regieren, machten die exekutiven Organe ausgedehnten Gebrauch – oft auch in Abstimmung mit den Interessengruppen, vor allem mit den Industriellen.[4] Zwar hatte sich auch in Deutschland der Reichstag vorerst selbst aus dem politischen Zentrum zurückgezogen, gewann aber nach und nach wieder als Diskussionsforum und Rechenschaftsinstanz für die Reichspolitik an Bedeutung,[5] während die Tätigkeit des italienischen Parlaments tatsächlich für die gesamte Kriegsdauer paralysiert war. Darüber hinaus wurde auch in Italien der militärische Einfluß in zivilen Angelegenheiten ausgeweitet.

Ein Großteil des Landes war der Kontrolle durch zivile Autoritäten enthoben und ausschließlich unter die Gewalt des Militärs gestellt, dem weitläufige Kompetenzen übertragen worden waren. Zu den „Kriegszonen" zählten zunächst die frontnahen Grenzgegenden, später aber auch im Landesinnern weiträumige Gebiete, bevorzugt die Regionen, in denen Konfliktherde – beispielsweise Anti-Kriegskundgebungen oder eine starke Anhängerschaft der sozialistischen Partei – vermutet wurden. Dort wurde das bürgerliche Recht durch militärische Regulierungen ersetzt.[6] Durch die kriegsbedingten Veränderungen hatten Regierung und Militär also einen großen Spielraum für autoritäre Eingriffe in die produktive Sphäre, in den Arbeitsmarkt und in die Arbeitsbeziehungen erhalten, der die Gestalt des industriellen Arbeitsmarktes in der Kriegszeit entscheidend prägte. In dieser Hinsicht sollte jedoch vor allem der im folgenden zu schildernde Auf-

---

Istrien, Teile von Dalmatien) vereinbart, ohne sich auf eine parlamentarische Mehrheit stützen zu können, deren Zustimmung vonnöten war. Dieser diplomatische *fait accompli* wurde auch als Staatsstreich bezeichnet, war es aber formal nicht, vgl. Ghisalberti, Sistema, 244.

1 Tomassini, L'Italia, 31.

2 Ghisalberti, Sistema, 216.

3 Adler, Industrialists, 93.

4 Durchschnittlich wurden etwa zwölf bis 14 Dekrete am Tag erlassen, vgl. Procacci, Legislazione, 44.

5 So konnten z.B. die Kriegskredite nicht ohne Zustimmung des Reichstags aufgenommen werden, in der zweiten Kriegshälfte wurde der sogenannte „Hauptausschuß des Reichstages" zu einem für die Integrationsfähigkeit der Reichspolitik immer wichtigeren Gremium, was sich auch bei der Diskussion des Hilfsdienstgesetzes zeigen sollte, vgl. Ullmann, Kaiserreich, 255.

6 Ab 1917 war fast das gesamte nördliche Italien zur Kriegszone erklärt worden, vgl. Procacci, Legislazione, 49; siehe für den ganzen Abschnitt Corner/Procacci, Experience, 226f.

bau einer kriegswirtschaftlichen Organisation Bedeutung erlangen, der kurz nach dem italienischen Kriegseintritt in Angriff genommen wurde.

Die Erfordernisse einer industriellen Kriegführung stellten besonders einen ökonomisch vergleichsweise rückständigen Staat wie Italien vor ein schwieriges Problem. Angesichts der relativ schmalen industriellen Basis konnte es weitaus problematischer sein, auf die ungeregelten Kräfte des Marktes zu vertrauen. Vielmehr erschien eine beschleunigte, forcierte Anpassung an die veränderten Rahmenbedingungen angezeigt – denn ein *time-lag* konnte unter Kriegsbedingungen fatale Folgen bewirken. „Alles in allem mußte der Faktor Zeit Vorrang vor jeder anderen Überlegung haben."[1] Der Produktionsfaktor „Arbeit“ bildete einen zentralen Punkt im Handlungsfeld staatlicher Kriegspolitik, um so mehr, als durch die Ablehnung des Krieges seitens breiter Bevölkerungsschichten der für die Kriegführung ebenso wichtige soziale Frieden im Innern auf wackligen Füßen stand.[2]

Die erste Maßnahme größerer Tragweite für kriegswirtschaftliche Belange war wenige Wochen nach Kriegsbeginn die Errichtung des „Untersekretariats für Waffen und Munition“ (*Sottosegretariato per le Armi e Munizioni*), dem die Ausstattung des Heeres mit Kriegsmaterial und allen damit zusammenhängenden Aufgaben oblag. Sein erster Leiter wurde General Alfredo Dallolio.[3] Für die künftige Gestaltung des Arbeitsmarktes war vor allem der Aufbau des Apparates der *Mobilitazione industriale* (Industriellen Mobilisierung, MI) im Innern des *Sottosegretariato* entscheidend, der auf zwei Dekretialbeschlüssen beruhte.[4] Mittels dieses neugeschaffenen Gebildes erhielt der Staat weite Möglichkeiten zu Eingriffen in den Bereich der Produktion und in den Arbeitsmarkt. Der vielfältige Aufgabenkatalog der Organisation zielte gebündelt auf das zentrale Anliegen, die industrielle Produktion mit dem militärischen Bedarf zu koordinieren. So besaß sie neben Befugnissen zur Rohstoff- und Devisenbewirtschaftung die wesentliche Kompetenz zu entscheiden, welche Unternehmen aufgrund ihrer Fertigungsanlagen oder ihrer Produktpalette als sogenannte *ausiliari* – gewissermaßen als „Hilfsbetriebe“ – neben den staatlichen Rüstungsfabriken für die Kriegsproduktion heranzuziehen seien.[5] Mit dem *ausiliare*-Status waren Begünstigungen in der Vergabe staatlicher Aufträge und in der Zuteilung von Rohstoffen verknüpft. Darüber hinaus wurde das gesamte im Unternehmen beschäftigte Personal militärischer Jurisdiktion unterworfen, was viele

1 So General Dallolio im Rundschreiben vom 27. März 1915 (Nr. 19167), zitiert nach Einaudi, Condotta, 61. Übers. d. V.

2 Vgl. Bettini, Relazioni, 529.

3 R.D. Nr. 1065, 9.7.1915. Zur Entwicklung dieser Stelle vgl. Mascolini, Ministero, 938f.;

4 Tomassini, Mobilization and Labour Market, 59. Vgl. Erlaß vom 26. Juni 1915 (R.D. Nr. 993) plus Bestimmungen des 22. August 1915 (Decr. lgt. Nr. 1277 = *Regolamento della Mobilitazione industriale*).

5 Camarda/ Peli, Esercito, 21.

Unternehmer durchaus begrüßten, da dieser Umstand die Fabrikdisziplin straffte.[1] So ist es nicht verwunderlich, daß ein Großteil der Industriellen die Deklaration zum Hilfsbetrieb anstrebte und die Zahl der *ausiliari* rasch wuchs.[2] „Die Erklärung des *ausiliare*-Status (...) wurde bald äußerst begehrt."[3] In diesem Zusammenhang kümmerte sich die MI auch um die zeitweilige Freistellung der in Kriegsindustrien eingesetzten Arbeiter vom Wehrdienst. Neben diesen Aufgaben sollte die MI innerhalb der Unternehmerschaft neue Produktionsmethoden propagieren, die im Hinblick auf den Ausbau der Wettbewerbsfähigkeit des italienischen ökonomischen Systems vielversprechend schienen.[4]

Die MI gliederte sich in einen Zentralausschuß mit Sitz in Rom (*Comitato Centrale per la Mobilitazione Industriale, CCMI*), dessen Vorsitz Dallolio selbst innehatte, und mehrere Regionalkomitees (*Comitati Regionali per la Mobilitazione Industriale, CRMI*) in industriellen Knotenpunkten.[5] Das Zentralkomitee, das die zuständigen Minister in kriegswirtschaftlichen Fragen beriet, koordinierte die Aktivitäten der einzelnen CRMI und war ihnen gegenüber entscheidungsbefugt. Neben dem Präsidenten gehörten zwei Heeresbeamte, ein staatlicher Berater, ein Funktionär des Finanzministeriums und vier Personen, die außerhalb der staatlichen Sphäre standen, zu seinen ständigen Mitgliedern. Ab 1917 wurde auch ein Vertreter der reformistischen Gewerkschaften in den festen Teilnehmerkreis berufen.[6]

Die ebenfalls von einer hochrangigen Militärperson (meist einem General oder Admiral) geleiteten Regionalausschüsse setzten sich aus staatlichen (respektive: militärischen) und zivilen Teilnehmern, Vertretern der Arbeiterschaft und der Unternehmer zusammen.[7] Diese dezentralen Organe erhielten von Anfang an die weitgefaßte Aufgabe, durch informative und beratende Tätigkeiten für das Ministerium den „Fortschritt der

---

1 Artikel 15 und 22 der MI-Bestimmungen, vgl. Einaudi, Condotta, 111, ab Dezember 1916 wurde diese Regelung auch auf Unternehmen ohne *ausiliare*-Status ausgedehnt, z.B. auf komplementäre Betriebe.

2 Von 797 nach einem Kriegsjahr auf 1976 im Jahr 1918, Einaudi, Condotta, 104.

3 Einaudi, Condotta, 103, Übers. d. V. Allerdings gab es auch Unternehmer, die der Ernennung zum Hilfsbetrieb und den damit verknüpften Veränderungen zunächst sehr skeptisch gegenüberstanden. Dabei spielte die Sorge vor einer zu starken staatlichen Präsenz im unternehmerischen Handlungsfeld eine Rolle. Vgl. z.B. die Haltung der Schwerindustriellen Giuseppe Orlando (Präsident der *Società Altiforni, Fonderie, Acciaerie Terni*) und Pio und Mario Perrone (*Ansaldo*), vgl. Bettini, Relazioni, 538f.

4 Camarda/Peli, Esercito, 21.

5 Dazu gehörten Turin, Genua, Mailand, Bologna, Rom, Neapel, Palermo; ab 1917 kamen noch Florenz, Venedig, Bari und Cagliari hinzu; vgl. Tomassini, Mobilization and Labour Market, 61 und ders., Il mercato del lavoro in Italia fra guerra e dopoguerra (1918-1919), in: Ricerche Storiche 18, 1988, 323-339, hier 336; vgl. für einen Überblick über den Aufbau der MI ders., Industrial Mobilization and State Intervention, 181, Anm. 8.

6 Procacci, State Coercion, 156. Dazu gehörte auch Cabrini, ein wichtiger Vertreter des italienischen Reformsozialismus, Bettini, Relazioni, 538 Anm. 8.

7 Tomassini, Mobilization and Labour Market, 61.

Produktion zu sichern",[1] hatten aber vor allem dafür zu sorgen, daß die von der MI getroffenen Maßnahmen auf regionaler Ebene durchgesetzt wurden. Daher waren sie gegenüber den Hilfsbetrieben auch mit exekutiven Vollmachten ausgestattet, die hauptsächlich auf Lieferungs- und Transportfragen sowie Arbeiterangelegenheiten Anwendung fanden.[2] Ein Großteil ihrer Aktivität bestand darin, Arbeitskonflikte[3] zu schlichten, die erst in zweiter Instanz an das Zentralkomitee überwiesen wurden, sofern keine Einigung erzielt wurde. Der Schiedsspruch dieses Appellationsgremiums galt dann als verbindlich.[4] Entsprechend den regionalen Disparitäten variierten die Aktivitäten der einzelnen CRMI je nach den lokalen ökonomischen und politischen Interessen mitunter beträchtlich.[5]

Im Hinblick auf ihre besondere, dezentrale Struktur, ihre Aufgabenstellung und ihre personelle Zusammensetzung bildeten die Regionalausschüsse ein organisatorisches Novum. Allerdings ist zu berücksichtigen, daß sich einige neuartige Organisationsmerkmale in der praktischen Arbeit mit Abstrichen präsentierten. So waren offiziell Industrielle und Arbeiter in gleicher Anzahl vertreten, faktisch erhielten aber die Arbeitgeber dadurch, daß die „zivilen" Teilnehmer meist ebenfalls aus industriellen Kreisen stammten, ein Übergewicht.[6] Die Tatsache, daß die Arbeiterrepräsentanten zudem auf unternehmerische Empfehlung nominiert wurden, verstärkte die Tendenz des ungleich größeren Spielraums zur Einflußnahme durch die Industrie.[7]

Die MI – ursprünglich an dem Vorbild kriegswirtschaftlicher Organisationen anderer europäischer Mächte orientiert – stellte in ihrer tatsächlich realisierten Form eine italienische Besonderheit dar.[8] Im Zuge des Krieges entwickelte sie sich bald zur entscheidenden regulierenden Instanz auf dem industriellen Arbeitsmarkt. Von vornherein prägte hierbei das vorrangige Interesse, „die Arbeiterschaft zu disziplinieren", ihre Aktivitäten. Diese solle „kein störendes Element werden, sondern vielmehr ein Faktor für Produktion und Fortschritt."[9] Bereits aus den konstitutiven MI-Bestimmungen vom August 1915 läßt sich als Kristallisationspunkt die Regelung aller mit dem Produktionsfaktor Arbeit zusammenhängenden Belange herauslesen. Die Bestimmungen schränkten

1 Vgl. Einaudi, Condotta, 102.
2 Die Palette reichte von Lohnfragen, Kündigungen, Entlassungen, Überwachung der Arbeit von Frauen- und Jugendlichen, Ausbildung der Arbeiter, Gesundheitsschutz.
3 Vgl. auch unten, III, 5.2.
4 Carrucci, Funzioni, 65.
5 Procacci, State Coercion, 156; Tomassini, Mobilization and State Intervention, 181.
6 Vgl. mit Beispielen Adler, Industrialists, 103.
7 Procacci, State Coercion, 156.
8 Als Vorbild diente das französische Unterstaatssekretariat für Rüstungswirtschaft. Die Planungen setzten zunächst auf die private Organisation durch Gruppen von Unternehmen, repräsentiert durch einen „Gruppenführer"; die Regionalkomitees sollten vom Vorsitzenden der örtlichen Handelskammer geleitet werden, vgl. Tomassini, Mobilization and Labour Market, 61; ders., Mobilization and State Intervention, 180f.; ders., Mobilitazione industriale, 82ff.; Isnenghi, Guerra, 84.
9 Vgl. ein Sitzungsprotokoll des CCMI vom 18. September 1915, zitiert nach Tomassini, Intervento, 93.

die Rechte der Arbeiterschaft in den zugehörigen Unternehmen und auf dem entsprechenden Arbeitsmarktsegment fundamental ein. Vor dem Hintergrund des Arbeitszwanges als übergeordnetem Prinzip wurde das Streikrecht stark eingeschränkt und durch Zwangsschlichtung in den Regionalausschüssen ersetzt. Innerhalb der Betriebe überwachten Militärpersonen die Einhaltung der – verschärften – Fabrikdisziplin, deren Verletzung auch bei geringfügigen Übertretungen nach militärischem Strafrecht geahndet werden konnte. Auch die Unternehmenshierarchie wurde nach militärischem Vorbild organisiert – je nach Stellung innerhalb des Betriebes oder nach militärischer Verpflichtung mußten die Beschäftigten ein anderes Abzeichen tragen, das die Rangordnung sichtbar machte und damit die disziplinarische Kontrolle erleichterte.[1] Die Freizügigkeit der Arbeiter wurde praktisch aufgehoben durch das Verbot, die Kündigung einzureichen oder auch nur für kurze Zeit freizunehmen.[2] Damit waren Bewegungen auf dem Arbeitsmarkt mit offiziellen Genehmigungen zwar möglich, aber durch Formalien erschwert. Verstöße gegen diese Regelung waren der Desertion ebenbürtige Vergehen. Durch die Blockierung ihrer Mobilität wurde den Arbeitern die Chance genommen, von der für sie günstigen Arbeitsmarktsituation – mit dem knappen Arbeitskräfteangebot bei gleichzeitig anziehender Rüstungskonjunktur – zu profitieren. Weiterhin ordneten die Bestimmungen das „Einfrieren“ aller gültigen Arbeitsverträge bis auf drei Monate nach Kriegsende an, ein in seiner Auslegung nicht unumstrittener Passus, der im Verlauf des Krieges mehrfach Anlaß zu Auseinandersetzungen zwischen den Arbeitsmarktparteien bot.[3] Die Arbeitgeber beließen infolgedessen auch die Lohnhöhe auf Vorkriegsniveau.[4] Im Unterschied zu der verschärften Einbindung der Arbeiter der kriegswichtigen Industrien blieb die unternehmerische Freiheit hinsichtlich der technischen und wirtschaftlichen Führung des Betriebs unbeschnitten und frei von bürokratischen Kontrollen.[5]

Mit der Berufung eines Militärs in die Verantwortung für die Koordination der industriellen Mobilisierung signalisierte der Staat seine Bereitschaft zum Eingreifen in industrielle Belange auf der Linie militärischer Disziplinarvorstellungen und Sanktionen.[6] Im Verlaufe seiner Tätigkeit als Leiter der Rüstungsadministration, die fast die gesamte Kriegszeit andauerte, entwickelte sich General Dallolio mehr und mehr zu einem „Diktator der ökonomischen Kriegführung“[7] oder auch zum „*duce della mobilitazione industriale*“.[8] Trotzdem ist anzumerken, daß Dallolio in vielerlei Hinsicht eine eher modera-

1 Procacci, Repressione, 126f.

2 Vgl. Art. 20 des oben zitierten MI-*Regolamento*.

3 Vgl. Art 24. Siehe dazu auch unten III, 5.2.

4 Tomassini, Mobilization and State Intervention, 182.

5 Vgl. Art. 23 des MI-*Regolamento* vom 22. August 1915, in: Bettini, Relazioni, 536. In diesem Punkt war das Konzept zugunsten der Industrie überarbeitet worden. Vgl. dazu die Stellungnahme von Kriegsminister Vittorio Zupelli, abgedruckt in Tomassini, Mobilitazione, 83.

6 Tomassini, Mobilization and Labour Market, 60.

7 Toniolo, Storia, 207.

8 Bigazzi, Portello, 203.

te, konsensorientierte politische Linie vertrat – im Gegensatz zur autoritär ausgerichteten Politik des obersten Heereskommandos in Deutschland.[1]

Aus dieser Skizze des kriegswirtschaftlichen Apparates lassen sich schon vom Ansatz her wesentliche Unterschiede im Vergleich zu Deutschland erkennen. Begreift man die Kriegswirtschaft und ihre staatliche Regelung gewissermaßen als Überbau, innerhalb dessen sich das Arbeitsmarktgeschehen entfaltet, so wurden wenige Wochen nach Kriegseintritt in Italien ganz andere Vorgaben als in Deutschland für den Arbeitsmarkt wirksam. Marktregulierungen durch die Einschränkung persönlicher Freiheitsrechte der Arbeiterschaft, die in Deutschland lange diskutiert und dann in modifizierter Form eingeführt wurden, galten in Italien mit Inkrafttreten des MI-*Regolamento* für die kriegswirtschaftlich wichtigen Unternehmen von Anfang an. Allerdings muß man berücksichtigen, daß der Kreis der Unternehmen, für die die Bestimmungen Anwendung fanden und die dadurch einer weitgehenden Militarisierung des Arbeitslebens unterworfen wurden, im ersten Kriegsjahr noch einen vergleichsweise kleinen Ausschnitt der industriellen Landschaft erfaßte. Im Zuge des Rüstungsbooms wuchs er aber äußerst rasch, vor allen Dingen hinsichtlich der Gesamtzahl der der MI unterstehenden Arbeiter.[2] Wie in Deutschland, so entfiel auch in Italien mit Kriegseintritt ein wichtiges Kampfinstrument der Arbeiterschaft zur besseren Positionierung auf dem Arbeitsmarkt: der Streik. Während in Deutschland allerdings die Gewerkschaften im Rahmen des Burgfriedens den Streikverzicht freiwillig aussprachen und die Bereitschaft zu diesem Zugeständnis überdies in der zweiten Kriegsphase weitgehend abbröckelte, so wurde er in Italien zunächst erzwungen und erst allmählich durch Zwangsschlichtung ergänzt.

In beiden Ländern wurde durch den Kriegszustand das Verhältnis zwischen privatem und öffentlichem Sektor verändert, während sich der Staat in einer Position befand, in der er in steigendem Maße auf die Industrie angewiesen war, zugleich durch die Aufblähung der öffentlichen Aufträge und die Kontrolle von Rohstoffen und Absatz seinen Einfluß vergrößerte. In Deutschland entstanden zahlreiche Verflechtungen zwischen privater und öffentlicher Sphäre durch Kontakte, die Industrielle zu diversen militärischen und zivilen Stellen knüpften.[3] Der Kriegsausschuß der Industrie, zu welchem sich die Unternehmerverbände schon im August 1914 zusammengeschlossen hatten, war an Entscheidungen zu rüstungspolitischen Fragen beteiligt, die im preußischen Kriegsministerium in Absprache mit der OHL und den Militärbefehlshabern fielen. Führende Industrielle aus kriegswichtigen Branchen konnten also erheblichen Einfluß erlangen. Auch in Italien begünstigten die Strukturen des kriegswirtschaftlichen Apparates den

1 Dallolio lag eher auf der Linie des Innenministers Orlando, während weite Kreise des Militärs Salandra näher standen. Die Gegenüberstellung von militärischer und politischer Gewalt greift für die Differenzierung der Positionen zu kurz, vgl. Procacci, Legislazione, 49. Zur Haltung Dallolios vgl. außerdem Einaudi, Condotta, 61f., 100ff.

2 Im Juli 1918 waren in den Hilfsbetrieben etwa 902.000 Arbeiter beschäftigt, das entsprach ca. der Hälfte der im Industriezensus 1911 registrierten Arbeiterzahl, vgl. Caracciolo, L'intervento, 247.

3 Hardach, Weltkrieg, 71.

Einfluß des „militärisch-industriellen" Sektors.[1] Da sich das CCMI als Zentralorgan der Industriellen Mobilisierung quasi „nur mit Arbeitsmarktfragen" beschäftigte und damit ein Koordinationsmodus für Fragen der nationalen Produktionsbelange defizitär blieb, gab es hier durchaus einen Spielraum für industrielle Einflußnahme, den kriegswichtige Großunternehmen – wie beispielsweise der im Krieg stark expandierende Ansaldo-Konzern – durchaus zu nutzen wußten.[2]

3. Arbeitsmarkt und Kriegsschock: Die Anpassungskrisen

Die Mobilisierung der Industrie als wirtschaftliche Basis der Kriegführung erforderte eine Phase der Anpassung, die auf den industriellen Arbeitsmärkten nicht reibungslos vonstatten ging. Dieses Anpassungsstadium der Kriegswirtschaft brachte, verschärft durch die politische Unsicherheit, Verwirrung in das Wirtschaftsgefüge, die sich bisweilen zu chaotischen Zuständen auswuchs. Der Personen- und Güterverkehr lag völlig brach, weil die Eisenbahn zur Mobilmachung der Armee genutzt wurde, und der Geld- und Gütermarkt befand sich in einer schweren Krise durch die Unterbrechung von Rohstoffzufuhr und Warenabsatz.[3]

Wie wirkten sich diese kriegsbedingten Veränderungen auf die Gestalt des Arbeitsmarktes aus? Was das deutsche Fallbeispiel anbetrifft, so entsprachen der inadäquaten Vorbereitung der wirtschaftlichen Mobilmachung in Deutschland die überwiegend unrealistischen Einschätzungen der möglicherweise auftretenden Arbeitsmarktprobleme bei Kriegsbeginn. Im Vorfeld räumten Reichsbehörden, Interessenverbände und neutrale Beobachter zwar die Möglichkeit der Arbeitslosigkeit ein, die durch den „Kriegsschock" und seine Begleiterscheinungen verursacht werden könne, jedoch prognostizierte man nur vereinzelt Arbeitskräftemangel. Eine systematische Aufteilung der Arbeitskräfte zwischen Heer und Industrie war überhaupt nicht vorgesehen.[4] Vorrangiges Entscheidungskriterium blieb vorerst die personelle Stärke des Heeres. Überwiegend ging man von einer kurzen Anpassungskrise des Marktes aus.[5] Zu dieser Sorglo-

1 So hält z.B. Marco Doria die Bilanz von Gerd Hardach zur deutschen Kriegswirtschaft, die Großindustrie habe den Staatsapparat für ihre Interessen nutzbar machen können, zwar für zugespitzt, aber durchaus relevant für das Fallbeispiel Ansaldo, vgl. Doria, Ansaldo, 123ff. Zur Rolle des „militärisch-industriellen" Komplexes vgl. Federico, Growth, 66f.

2 Vgl. Tomassini, Ansaldo, 39. Tomassini weist darauf hin, daß in Italien die Koordinationsformen recht schwach waren und letztlich nur bei Dallolio zusammenliefen.

3 Sogemeier, Entwicklung, 25; Umbreit, 25 Jahre, 140.

4 Z.B. Feldman, Armee, 68f. Außerdem bestimmte das Anliegen, schnell zum „Status quo ante" zurückzukehren und so die Legitimation für das bestehende System zu erhalten, auch die Einschätzung der Situation. So war die größte Sorge eine „allzu große Beunruhigung der Arbeiterschaft." C. von Delbrück, zitiert nach Mai, Ende, 89.

5 Faust, Arbeitsmarktpolitik, 198.

sigkeit trat außerdem eine schon seit Jahrzehnten bewährte politische Praxis, die Regelung konfliktträchtiger Themen, wie sie die eng mit sozialpolitischen Fragen zusammenhängenden Eingriffe in den Arbeitsmarkt darstellten, aufzuschieben. Diese überließ man lieber dem Ausgleich der involvierten Interessenparteien.[1]

Die Referenten der später mit der Zurückstellung von Arbeitern betrauten Abteilung im Kriegsministerium, Sichler und Tiburtius, beklagten rückblickend:

> „Bei den Generalkommandos gab es im Frieden keine Stellen, die sich mit der Arbeiterfrage in ihrem volkswirtschaftlichen Ausmaß beschäftigt hätten. Die Verwendung der Menschenkräfte des deutschen Volkes in einem Kriege wurde lediglich unter den Gesichtspunkten des Heeresersatzes gewürdigt, daneben kannte man im Kriegsministerium (...) Arbeiterfragen nur für die militärischen Fabriken. Sie beschränkten sich auf die Beschäftigung und Entlohnung der darin tätigen Arbeiter. Nirgends fand, weder im Kriegsministerium noch bei den Zivilministerien, eine Beobachtung des Standes der Arbeiterfrage und der Sozialpolitik mit Rücksicht auf ihre Bedeutung für einen Krieg statt."[2]

Tatsächlich versetzte die Umstellung auf den Kriegszustand das gesamte Wirtschaftsgefüge in Erschütterung. Die Nachfrage nach Arbeitskräften der nicht direkt für den Kriegsbedarf produzierenden Branchen sank deutlich.[3] Der Kriegszustand schuf in vielen Industriebetrieben eine Stimmung der Verunsicherung und ungewissen Erwartungen, was zu hektischen Entlassungen, Betriebsschließungen, „Feierschichten" und allgemeinen Sparmaßnahmen – auch seitens der öffentlichen Haushalte – führte. So kam es trotz der Einberufungen der wehrpflichtigen Industriearbeiter und der damit verbundenen Reduzierung des Angebots an Arbeitskräften in den ersten Kriegsmonaten in vielen Branchen zu Arbeitslosigkeit mit zuvor nie dagewesenen Höchstwerten der Arbeitslosenquote von 22,7 Prozent im August 1914 – im Vergleich zu 2,7 Prozent im letzten Vorkriegsmonat.[4] Allerdings kaschieren die Gesamtzahlen drastische branchenabhängige Unterschiede der Beschäftigungssituation, denn die Arbeitslosenquote des ersten Kriegsmonats lag beispielsweise in der Porzellan- und Glasindustrie bei über 50 Prozent, im Maschinenbau und der chemischen Industrie jedoch deutlich unter dem nationalen Durchschnittswert.[5]

Auf allen Ebenen versuchten die Reichsbehörden, sich im Austausch mit den Organisationen der Arbeitsmarktparteien einen Überblick über die Situation zu verschaffen.[6] Für die Reichsbehörden, häufig doch recht fern vom Geschehen, waren Sondierungsgespräche mit Schlüsselfiguren des wirtschaftlichen Lebens unverzichtbar.[7] Häufig verlief

1 Vgl. auch ebd., 210.
2 Sichler/Tiburtius, Arbeiterfrage, 7.
3 Vgl. dazu Lederer, Lage, 147-195.
4 Ab September war der Trend wieder sinkend: 16% im September, 10,9% im Oktober, im November 8,2%, im Dezember 7,2%. Vgl. Umbreit, 25 Jahre, 142f.
5 Faust, Arbeitsmarktpolitik, 195.
6 Ebd., 199, vgl. auch Lederer, Lage, 168ff.
7 Vgl. den auf Anfrage des „Ministeriums für Öffentliche Arbeiten" von Wilhelm Beukenberg, dem Generaldirektor des Bergbau- und Hüttenkonzerns „Phoenix", erstellten Lagebericht über „Be-

der Informationsaustausch jedoch unbefriedigend für beide Seiten, was möglicherweise auch der verwobenen administrativen Struktur der deutschen Kriegswirtschaft geschuldet war. Die Trägheit des Verwaltungskörpers, die beispielsweise in verschleppten Anträgen an das Reichskanzleramt zum Ausdruck kam, trug zu vermeidbaren Problemlagen bei, die wiederum auf den Arbeitsmarkt durchschlugen.[1]

Einen ersten Problemlösungsversuch stellte die Errichtung der „Reichszentrale für den Arbeitsnachweis" im August 1914 dar. Hierbei handelte es sich um den zusammenfassenden Ausbau der versprengten Einzelstellen „nichtgewerbsmäßiger" Arbeitsnachweise. Stockungen auf dem Arbeitsmarkt sollten durch die verbesserte Koordination von Angebot und Nachfrage überwunden werden. Auch die Auffindung von Arbeitskräften für die Landwirtschaft angesichts der gefährdeten Ernte, der Einsatz von Kriegsgefangenen bei kriegswichtigen Arbeiten und der Arbeiterbedarf militärischer Projekte gehörten in ihren Kompetenzbereich.[2] Aktuelle Arbeitsmarktberichterstattung sollte eine bessere Marktübersicht gewährleisten. So veröffentlichte der vom Kaiserlichen Statistischen Amt wöchentlich herausgegebene „Arbeitsmarkt-Anzeiger" die Vakanzenlisten der beteiligten Arbeitsnachweise.[3] Die Reichszentrale arbeitete offenbar nicht so effizient, wie es angesichts der Lage erforderlich gewesen wäre. Zwar schnellte mit dem „Kriegsstoß" im August die Benutzungsfrequenz der Arbeitsvermittlungseinrichtungen kurzfristig in die Höhe, jedoch war mit der Gründung dieser amtlichen Zentralinstanz die bestehende Fragmentierung der Arbeitsvermittlung in öffentliche, karitative und interessengebundene Einrichtungen noch lange nicht überwunden.[4] Die Regierung richtete Zentralauskunftsstellen auf Landesebene ein, die einen regional gestrafften Überblick über den Arbeitsmarkt erlauben sollten, und verpflichtete die einzelnen Vermittlungsstellen zur Auskunftserteilung an die Zentralstellen. Neben diesen zaghaften Ansätzen für die regionale Zentralisierung wurden die Länder zudem durch den Bundesrat dazu ermächtigt, die Gründung öffentlicher Arbeitsnachweise auf kommunaler Ebene anzuordnen.[5] Dadurch gelang es zwar nicht, eine einheitliche Struktur der Arbeitsvermittlung zu verwirklichen. Jedoch waren nun die Weichen dafür gestellt

---

schäftigungsgrad und Beschäftigungsmöglichkeiten der Ruhr-Industrie". MA P.22501.3, Brief Beukenbergs an Regierungsrat Goldkuhle vom 21.8.1914.

1 Z. B. bemängelte Beukenberg die Verschleppung der Anträge zur Aufhebung des Ausfuhrverbotes in neutrale Länder, in deren Folge Stillegungen und damit Arbeitslosigkeit verursacht wurden. MA P.22501.3. („Über die unglaubliche Verschleppung der Anträge an das Reichskanzleramt (...) vermögen auch die Werke ein Lied zu singen.")

2 Sogemeier, Entwicklung, 1922, 60; Rabl. 12, 1914, 691.

3 Allerdings leiteten nur 300 (von insgesamt 2.800) Arbeitsvermittlungsstellen ihre Informationen tatsächlich weiter, so daß der Informationsgehalt der wöchentlichen Berichte hinter den Erwartungen zurückblieb. Faust, Arbeitsmarktpolitik, 211 mit Anm. 11.

4 Vgl. dazu oben, II, 2.4. d.; siehe auch Sogemeier, Entwicklung, 62f.; Rabl. n. F. 1, 1921, a. T., 601; Umbreit, Gewerkschaften, 114.

5 Rabl. n. F. 1, 1921, a. T., 601. Das wurde aber erst 1916 verfügt und kam kaum zur Anwendung, denn von dieser Möglichkeit machte man lediglich in Bayern Gebrauch. Vgl. auch Faust, Arbeitsmarktpolitik, 213f.

worden, daß der öffentliche Arbeitsnachweis sich durchsetzte und die Trägerschaft des institutionalisierten Ausgleichs von Angebot und Nachfrage mehr und mehr an sich zog.[1]

Mit dieser ersten Initiative zur Lösung der Arbeitsmarktprobleme demonstrierte die Reichsleitung, daß sie noch keine neuen Wege zu gehen bereit war.[2] Zur Bekämpfung der anfänglichen Arbeitslosigkeit appellierte sie an die Arbeitgeber, den Betrieb nicht einzustellen und stattdessen lieber auf kürzere Schichten als auf Entlassungen zurückzugreifen.[3] Die Verantwortung wurde auf die kommunale Ebene und an die Interessenverbände delegiert, was durchaus zu dem bisher praktizierten arbeitsmarktpolitischen Konzept des Kaiserreiches paßte.[4] Vor diesem Hintergrund erscheint manche industrielle Kritik an der administrativen Praxis durchaus berechtigt. Möglicherweise hätte die Umstellung bei einer besseren Koordination der beteiligten Kräfte tatsächlich mit weniger Reibungsverlusten auf dem Arbeitsmarkt vonstatten gehen können.[5]

Im Zeichen der Arbeitsmarktlage reichte die Verbesserung der organisatorischen Grundlagen der Arbeitsvermittlung als arbeitsmarktpolitische Stützungsmaßnahme nicht aus. Gewerkschaften und industrielle Verbände forderten einhellig die Schaffung von Beschäftigungsmöglichkeiten durch die öffentliche Hand.[6] Angesichts der hohen Arbeitslosenquoten sahen sie dringenden Handlungsbedarf, zumal die Drosselung der öffentlichen Investitionstätigkeit ebenfalls restriktiv auf die Nachfrage wirkte. Allerdings blieben die beschäftigungspolitischen Interventionen auf Reichsebene im wesentlichen auf die Fortsetzung der Arbeiten am Kaiser-Wilhelm-Kanal begrenzt.[7] Der im Reichsarbeitsblatt Monat für Monat unverändert referierte Maßnahmenkatalog wirkte somit insgesamt recht dünn.[8] Darüber hinaus bemühten sich öffentliche Groß-Arbeitgeber, beispielsweise die Reichspost, das Beschäftigungsniveau aufrechtzuerhalten. Demgegenüber präsentierte sich das Spektrum beschäftigungswirksamen Eingreifens in den Bundesstaaten vielfältiger, wie die Maßnahmenpalette in den Bereichen Wasser- und Kanalbau, Hoch- und Tiefbau, Eisenbahnwesen, Moorkulturarbeiten und ähnlichen Projekten nahelegt.[9] Wie bei allen sozialpolitischen Aufgaben wurden jedoch die Gemeinden am stärksten in die Pflicht genommen.[10] Eine typische Beschäftigungsmaßnahme für arbeitslose Frauen war die Vergabe von Näharbeiten, z.B. für die Be-

---

1 Sogemeier, Entwicklung, 63.
2 Vgl. Faust, Arbeitsmarktpolitik.
3 Rabl. 12, 1914, 668, vgl. auch ebd., 700.
4 Vgl. dazu Faust, Arbeitsmarktpolitik, 202.
5 Vgl. z.B. die Kritik Beukenbergs (Phoenix) an der Arbeit der Verwaltungsbehörden, MA P.22501.3.
6 Rabenschlag-Kräußlich, Parität, 140.
7 Vgl. Faust, Arbeitsmarktpolitik, 239. Bis 1914 war die Arbeitsbeschaffungspolitik quasi ausschließlich als Aufgabe der kommunalen Armenverwaltung gesehen worden.
8 Siehe Rabl.12, 1914, 690f., 699ff.; Rabl.13, 1915, 50ff.
9 Rabl. 12, 1914, 771ff.; Umbreit, 25 Jahre, 142. Siehe auch Faust, Arbeitsmarktpolitik, 239.
10 Vgl. dazu Lindemann, Aufgaben, 227. Vgl. auch Faust, Arbeitsmarktpolitik, 241.

kleidungsämter der Militärverwaltungen oder für Lazarette und Krankenhäuser. Dazu wurden vielerorts „Kriegs-Nähstuben" eingerichtet.[1]

Die hohe Arbeitslosigkeit der ersten Kriegswochen hatte die Gewerkschaftskassen durch die Unterstützungszahlungen für arbeitslose Mitglieder in hohem Maße strapaziert. Auch die gegenseitige finanzielle Hilfe der einzelnen Gewerkschaften konnte die desolate Finanzlage selbst der bestgerüsteten Verbände nicht verbergen.[2] Der Ruf nach der Einführung einer öffentlichen Arbeitslosenunterstützung wurde laut. Vor dem Hintergrund des „Burgfriedens" erschien die Verwirklichung dieses Gewerkschaftszieles wieder realistischer als in der festgefahrenen Debatte der Vorkriegszeit, da auch das Reich auf die Kooperation der Gewerkschaften angewiesen war. Der Arbeitslosenunterstützung wurde jedoch als „dem letzten Glied in der Kette der Kriegsfürsorgemaßnahmen" lediglich ergänzender Charakter beigemessen.[3] Entsprechend dem tradierten Verständnis kommunaler Aufgabenbereiche ließ es die Reichsleitung vorerst bei einer Ermahnung an die Gemeinden bewenden, sich dieser Pflicht zu widmen. „Mehr als solche Empfehlung aber war vom Reich nicht zu erlangen."[4]

Während der wirtschaftlichen Umstellungsphase galten die Arbeitslosigkeit und die damit verbundenen sinkenden Nominallöhne als auffälligstes Krisenphänomen auf dem Arbeitsmarkt. Auch die Reallöhne gingen um ca. 10-20 Prozent zurück.[5] Preise und Löhne zeigten die ersten inflationären Tendenzen.[6] Zusammenfassend betrachtet, besaßen die arbeitsmarktpolitischen Maßnahmen der ersten Kriegswochen wohl nur geringes Wirkungspotential:

> „Zunächst hat jedenfalls die örtliche und Einzelinitiative damals eine Katastrophe auf dem Arbeitsmarkt verhütet und weniger der Arbeitsnachweis. Eine länger dauernde Krisis wäre freilich durch diese provisorisch gedachten Mittel auch durch den Arbeitsnachweis nicht zu beheben gewesen."[7]

Diese zeitgenössische Einschätzung der deutschen Arbeitsmarktlage trifft auch für die italienischen Verhältnisse zu. Allerdings vollzog sich die Umstellung hier unter anderen Voraussetzungen. Im Unterschied zu einigen anderen kriegführenden Ländern war Italien zu Beginn des Krieges noch nicht direkt in die Kriegshandlungen involviert, sondern befand sich als neutraler Staat in einer Übergangsphase. In den zehn Monaten der Neutralität stand die italienische Wirtschaft bereits im Zeichen der Kriegswirkung, die aufgrund des hohen Grades der internationalen Handelsverflechtung beträchtlichen Druck entfaltete. Schon vor dem eigentlichen Kriegseintritt durchlebte der industrielle Arbeitsmarkt somit eine erste Anpassungskrise. Der europäische Krieg bewirkte die

1 Rabl. 12, 1914, 702, 706.
2 Umbreit, 25 Jahre, 141f.; trotz um 34% gesunkener Mitgliederzahlen hatten die Gewerkschaften eine um 15% gewachsene Ausgabenlast zu tragen, Faust, Arbeitsmarktpolitik, 247.
3 Rabl.13, 1915, 133.
4 Umbreit, 25 Jahre, 143.
5 Kocka, Klassengesellschaft, 18.
6 Mai, Ende, 93.
7 Sogemeier, Entwicklung, 66.

Schließung der internationalen Finanz- und Kreditkanäle und einen Rückgang der Exporte bei gleichzeitigem Anstieg der Rohstoffpreise, was sich nachteilig auf die im letzten Friedensjahr ohnehin schleppende ökonomische Entwicklung auswirkte.[1] Gleichzeitig gaben die bereits gegen Ende 1914 einsetzenden Heeresbestellungen, sowohl des Staates als auch des Auslandes, einen positiven Impuls für die Entwicklung einzelner Branchen, z.B. für die Uniformherstellung und bestimmte Zweige der metallverarbeitenden Industrie wie etwa die Produktion von Militärfahrzeugen.[2]

Diese gegenläufigen Wirkungstendenzen spiegelten sich auf dem Arbeitsmarkt wider. Das Phänomen der Arbeitslosigkeit, Grundproblem auf dem deutschen industriellen Arbeitsmarkt in den ersten Kriegsmonaten, setzte sich auch in Italien in der zweiten Jahreshälfte von 1914 „mit einer außerordentlich schlimmen Intensität“ fest.[3] In fast allen Industriezweigen stieg die Arbeitslosenquote aufgrund der wirtschaftlichen Erschütterung durch den Kriegsschock deutlich an und erreichte in manchen Regionen über 20 Prozent.[4] Hinter diesen geschätzten Durchschnittswerten verbargen sich zum Teil extreme Schwankungen zwischen den Branchen. Besonders betroffen waren zunächst die Bauindustrie[5] und das Druckgewerbe, während auch die Arbeiterverbände der Textil- und Glasindustrie Spitzenquoten an arbeitslosen Mitgliedern meldeten.[6] Eine Ausnahme bildeten die durch die Nachfrage nach Kriegsgütern bereits vor Kriegseintritt begünstigten Industriezweige, die allerdings aufgrund der fehlenden gezielten wirtschaftlichen Kriegsvorbereitung noch keine Zugkraft erlangten. Dennoch zeigten die besseren Chancen der Arbeitsvermittlung in bestimmten Berufen – beispielsweise für Dreher – eine entspanntere Arbeitsmarktlage in kriegsrelevanten Branchen wie der Metallindustrie an.[7]

Der Druck auf den gesamten Arbeitsmarkt wurde merklich verstärkt durch die Heimkehr von Auswanderern und ihren Familien, die das Angebot an Arbeitskräften

1 Vgl. dazu Bachi, L'Italia, 155-171.

2 Vgl. Melograni, Storia, 31 mit Anm. 68.

3 Vgl. die Berichte und statistischen Übersichten des Arbeitsamtes der Mailänder *Società Umanitaria*: Società Umanitaria, Gli uffici di collocamento, la cassa di sussidio alla disoccupazione e il loro contributo all'assistenza ai disoccupati per la guerra nel 1915, Mailand 1917, 17ff., BNCF, Pub. Min. „Società“. Übers. d. V.

4 Vgl. dazu die Regionalrapports der zweimal monatlich erscheinenden Veröffentlichung des für Arbeiterfragen zuständigen Ministeriums, des *Ministero di Agricoltura, Industria e Commercio* der Monate August bis Dezember 1914, Bollettino dell'Ufficio del Lavoro (nuova serie), 1914, H. 22-24, 238f., 240f., 262f. Die Aussagekraft dieser Erhebungen kann je nach Stichprobenumfang regional differieren.

5 Vgl. Società Umanitaria, Uffici di collocamento, 17, BNCF, Pub. Min. „Società“.

6 Nach Angaben der Mailänder Arbeiterverbände lagen die Arbeitslosenquoten unter den Mitgliedern im Jahr 1914 im graphischen Gewerbe bei 33%, in der Textilindustrie bei 42,2%, in der Glasindustrie bei 39,8%. Da es sich um Durchschnittswerte für das gesamte Jahr handelt, ist für die beiden letzten Quartale von wesentlich höheren Arbeitslosenquoten auszugehen. Vgl. die Übersicht in Società Umanitaria, Uffici di Collocamento, 39, BNCF, Pub. Min. „Società“.

7 Vgl. z.B. Società Umanitaria, Uffici di collocamento, 17, 48, BNCF, Pub. Min. „Società“.

beträchtlich erweiterten: Im Jahr 1914 kehrten nach den offiziellen Statistiken 720.252 Personen nach Italien zurück, davon mehr als die Hälfte (rund 60 Prozent) in die Regionen des „industriellen Dreiecks".[1] Dieser erhebliche Rückstrom von Arbeitskräften verschärfte die *crisi del lavoro* in Italien des Jahres 1914 in besonderem Maße.[2] Angesichts der Situation auf dem Arbeitsmarkt wurde die Heimkehr der Emigranten in zeitgenössischen Lageberichten gleichsam zu einer „Staatsfrage" hochstilisiert.[3] Zugleich verschärfte die Schließung des Emigrationsventils zu Kriegsbeginn den Druck auf den Arbeitsmarkt.

Die vorhandenen Einrichtungen zur Arbeitsvermittlung entfalteten in industriellen Zentren – wie z.B. in Mailand – in den Monaten nach Kriegsbeginn eine „noch nie dagewesene Aktivität". Dasselbe galt für die bestehenden Unterstützungskassen für Arbeitslose.[4] Die Abfederung dieser kriegsbedingten Zunahme an friktionalen *Mismatches* auf dem Arbeitsmarkt lastete damit zu großen Teilen auf Organisationen privater, interessengebundener oder karitativer Trägerschaft. Die geringe institutionelle Präsenz des Staates auf dem Arbeitsmarkt wurde dadurch in anschaulich vor Augen geführt.[5]

Die Maßnahmen, die in öffentlicher Regie ergriffen wurden, um die Krise des Arbeitsmarktes aufzufangen, ähnelten in mancher Hinsicht der arbeitsmarktpolitischen Aktivität in Deutschland der ersten Kriegswochen. Als zentrales Problem hatte das verantwortliche Ministerium *(Ministero di Agricoltura, Industria e Commercio: MAIC)* zunächst die mangelhafte Markttransparenz identifiziert. Die fehlende Übersicht über die Marktverhältnisse konnte den ungleichgewichtigen Zustand auf dem Arbeitsmarkt verstetigen und durch Wanderungsprozesse in Zentren mit ohnehin gehobener Arbeitslosigkeit noch verschlimmern. Hier sollte die Zusammenarbeit aller mit Arbeiterfragen befaßten Institutionen und insbesondere die Berichterstattung der *ispettori del lavoro*[6] an das MAIC einen besseren Informationsfluß ermöglichen. Wie in Deutschland wurde auch in Italien die Ausweitung der öffentlichen Beschäftigungsmaßnahmen ins Auge

1 Vor allem die Regionen Piemont und Lombardei gehörten zum Zielgebiet der Rückwanderer. Ungefähr 44 Prozent von ihnen fanden hier eine Arbeitsstelle. Commissariato Generale dell'Emigrazione, Annuario, 1523-1528.

2 Ab Oktober 1914 berichtete die Arbeitsamt-Publikation regelmäßig über die mit der Rückkehr von Auswanderern zusammenhängende Arbeitslosigkeit berichtete:„Disoccupazione dipendente dal rimpatrio degli emigranti", in: Bollettino dell'ufficio del lavoro (nuova serie) 1914, H. 20-24, 209, 221f., 237f., 249f., 261f.

3 Vgl. die Einschätzung von Robert Michels, der bei Kriegsausbruch in Italien weilte. Ders., Wirkungen, 602.

4 Società Umanitaria, Uffici di collocamento, 17, BNCF, Pub. Min. „Società".

5 Vgl. oben, II 2.4.d, e.

6 Diese Inspektoren waren, ähnlich wie die Gewerbeinspektoren in Deutschland, eigentlich mit der Überprüfung von Arbeitsbedingungen und Einhaltung von Arbeiterschutzbestimmungen beauftragt, hatten sich aber bereits um die Eingliederung der im Zusammenhang mit dem italienisch-türkischen Krieg 1911/12 heimgekehrten Auswanderer in den Arbeitsmarkt bemüht, vgl. „L'azione dell'Ufficio del lavoro e il problema della disoccupazione", in: Bollettino dell'Ufficio del Lavoro (nuova serie), 1914, H. 19, 193-197.

gefaßt und per Dekret das Ausgabenvolumen zur schnellen Ausführung von öffentlichen Arbeiten in den besonders von Arbeitslosigkeit betroffenen Regionen erhöht.[1] Diese Bemühungen zur Verbesserung der angespannten Arbeitsmarktsituation konnten das Problem allerdings nicht lösen. Dafür reichten einerseits die Beschäftigungswirkungen öffentlicher Arbeiten nicht aus, andererseits baute eine Verbesserung der Marktübersicht – die im übrigen noch lange nicht erreicht war – ein Überangebot an Arbeitskräften höchstens ansatzweise ab. Erschwerend kam hinzu, daß während der Beschäftigungskrise deutlich reduzierte Arbeitszeiten verbreitet waren, so daß mit dem vorsichtigen wirtschaftlichen Erholungsprozeß, der um die Jahreswende 1914/15 einsetzte, zunächst die Arbeitszeiten der Industriearbeiter erhöht wurden, bevor Beschäftigungseffekte zu erwarten waren.[2] Auf dem Arbeitsmarkt zeigte sich also in dieser frühen Phase sehr deutlich, wie die italienische Industrie die Auswirkungen der kriegsbedingten wirtschaftlichen Erschütterungen erlebte, obwohl Italien noch nicht offiziell in den Weltkrieg eingetreten war.

Angesichts des späteren Kriegseintritts Italiens und der offensichtlichen Koordinationsdefizite, die sich auf dem deutschen industriellen Arbeitsmarkt in der Umstellungsphase bemerkbar machten, drängt sich eine weitere Frage auf: Hat Italien die neun, fast zehn Monate zu einer wirtschaftlichen Vorbereitung auf den Krieg genutzt – möglicherweise sogar die sich in anderen Ländern ergebenden Arbeitsmarktprobleme kritisch wahrgenommen? Die neutrale Parlamentsmehrheit hatte einer Erhöhung der Ausgaben für militärische Belange nicht zugestimmt, so daß die Spielräume für Verbesserungen der extrem mangelhaften militärischen Ausstattung sowie für die Ausweitung der Produktion für den Kriegsbedarf knapp bemessen waren.[3] Ebenso schien das Ausmaß der Probleme, die im Kriegsfall auf dem Arbeitsmarkt entstehen konnten, wenig beachtet worden zu sein. Die einzige arbeitsmarktpolitische Maßnahme, die im Vorfeld erlassen wurde, waren Regelungen zur Freistellung von Wehrpflichtigen, da man in Frankreich beobachtet hatte, daß große Kontingente von Militärpersonen zur Arbeit in der Rüstungsindustrie zurückgerufen werden mußten.[4]

Mit dem Kriegseintritt am 24. Mai 1915 stand die italienische Wirtschaft endgültig im Zeichen des Krieges, allerdings blieben die Krisenphänomene der Übergangszeit auch während der Umstellung auf die Kriegswirtschaft virulent, bis die Kriegskonjunk-

---

1 R.D. Nr. 1026 vom 24. September 1914, abgedruckt in: Bollettino dell'Ufficio del Lavoro (nuova serie), 1914, H. 19, 204.

2 Nach einer Erhebung in Mailand (September 1914-September 1915) war über die Hälfte (56,7%) der Industriearbeiterschaft in reduzierter Stundenzahl beschäftigt, Angaben nach Curli, Lavoro, 49. Vgl. auch die Übersicht in Bigazzi, Portello, 170 Anm. 42.

3 Italien hatte im Jahr 1914 die Kapazitäten, knapp eine Million Tonnen Stahl zu produzieren, Deutschland konnte fast 18 Millionen Tonnen produzieren, Italien hatte nur 618 Maschinengewehre, Deutschland hingegen 3.000, außerdem wurden in Italien in den Etappengebieten zehn Soldaten mit nur einem Gewehr ausgerüstet, Zamagni, History, 210 mit Anm. 1. Ausführliche Schilderung der Defizite in der Heeresausstattung in Melograni, Storia, 30ff.

4 Tomassini, Mobilization and Labour Market, 62 Anm. 9; Einaudi, Condotta, 101.

tur das Gesamtbild auf dem Arbeitsmarkt veränderte. Gewissermaßen war die italienische Wirtschaft – und mit ihr der industrielle Arbeitsmarkt – somit also einer zweistufigen Anpassungskrise ausgesetzt: Während sich schon in den Neutralitätsmonaten die erste Etappe mit den oben geschilderten, größtenteils indirekten Anpassungszwängen abgespielt hatte, verlangte die zweite Phase mit der direkten Umstellung auf die Kriegswirtschaft den industriellen Arbeitsmärkten eine weitergehende Anpassungsleistung ab. Allerdings sollte die zweite Phase aufgrund der relativ rasch einsetzenden Rüstungskonjunktur und den bereits erfolgten Umstellungen während der Neutralitätsmonate deutlich kürzer als in Deutschland ausfallen.[1]

Die direkte Partizipation am Kriegsgeschehen äußerte sich auf dem Arbeitsmarkt in einer sprunghaften Zunahme der Einschreibungen in die Arbeitsvermittlungsämter ab Juni 1915.[2] Dieser Anstieg konnte jedoch auch durch konkrete Jobangebote von kriegswirtschaftlichen Instanzen oder mit Heeresaufträgen befaßten Firmen motiviert sein, die in manchen Fällen nur über eine Konsultation der Arbeitsämter zu haben waren. Darüber hinaus zeigten Daten der Mailänder Arbeitsämter, daß viele Frauen aus den Familien der Einberufenen sich erstmals neu einschrieben, während sie vorher nicht gearbeitet hatten.[3] Wenn aufgrund solcher Einflüsse statistische Effekte nie ausgeschlossen werden können, so erscheint es doch plausibel, für die ersten Wochen nach Kriegseintritt von einer zusätzlichen Druckwelle auf den industriellen Arbeitsmarkt auszugehen, die besonders die bereits in den Neutralitätsmonaten schwächelnden „Friedensindustrien" traf und sich in einem „beachtlichen Anstieg der Arbeitslosigkeit" äußerte.[4] Darüber hinaus ist zu vermuten, daß nur ein Bruchteil der Arbeitsuchenden oder Arbeitslosen sich tatsächlich bei einer Arbeitsvermittlungsstelle registrieren ließ, so daß der Befund erhebliche Friktionen auf dem Arbeitsmarkt wahrscheinlich macht.[5]

Schon im Herbst 1915 zeichnete sich jedoch eine allmähliche Trendwende ab, die sich in einer Konsolidierung des Arbeitsmarktgeschehens ausdrückte. Die Überwindung der Anpassungskrise war allerdings weniger den regulierenden Maßnahmen als vielmehr der relativ rasch an Zugkraft gewinnenden Rüstungskonjunktur zuzuschreiben.

---

1 Vgl. dazu unten, III, 4.

2 So die verfügbaren Quellen, vgl. die Zahl der als arbeitssuchend gemeldeten Arbeiter und Arbeiterinnen bei den der *„Società Umanitaria"* angegliederten Arbeitsämtern, die ca. auf das Doppelte anstieg, vgl. Società Umanitaria, Uffici di collocamento, 18, BNCF, Pub. Min. „Società".

3 Z.B. vermittelten die Mailänder Arbeitsämter Arbeiter und Arbeiterinnen in die von dem „Comitato di assistenza per la guerra" organisierten Uniformfabrikation. Società Umanitaria, Uffici di collocamento, 17ff., BNCF, Pub. Min. „Società".

4 Società Umanitaria, Uffici di collocamento, 17, BNCF, Pub. Min. „Società".

5 Nach Angaben der *Società Umanitaria* scheiterte die Einschreibung und Vermittlung „zahlreicher" Arbeitssuchender daran, daß kein Arbeitsbuch oder Zeugnis vorlag, Società Umanitaria, Uffici di collocamento, 24ff., die Zahl der Analphabeten, die bei diesen Arbeitsämtern vorsprachen, lag bei rund 3%, ebd.. BNCF, Pub. Min. „Società".

4. „*La caccia alla manodopera*": Arbeitskräftemangel und „Menschenökonomie"

Die Umstellungskrise der Kriegswirtschaft war in Deutschland Anfang des Jahres 1915 überwunden. Jetzt galt es, die ersten organisatorischen Ansätze der Wirtschaft zu festigen. Im Dezember 1914 waren bereits fünf Millionen Männer einberufen.[1] Das Arbeitsangebot auf dem industriellen Arbeitsmarkt reduzierte sich damit spürbar. Die Gewerkschaftsstatistik verzeichnete sogar 45 Prozent ihrer Mitglieder unter den Einberufenen.[2]

Zugleich sorgte die seit der Jahreswende vorsichtig einsetzende Kriegskonjunktur zusehends für eine Stabilisierung der in den ersten Kriegswochen rückläufigen Produktion.[3] Dabei drängten rüstungsrelevanten Bereiche wie Bergbau, Eisen- und Stahlerzeugung, Metallverarbeitung und Chemie immer mehr in den Vordergrund, während die für den zivilen Bedarf produzierenden Industriezweige dementsprechend an Bedeutung verloren. Die Struktur des Arbeitsmarktes spiegelte diese Tendenzen wider.

Tabelle 2: Arbeitskräftebewegung zwischen Industriegruppen in Deutschland 1913-1918[4]

Branche	Beschäftigte in 1000 1913	Beschäftigte in 1000 1918	Veränderung in %
Kriegsindustrie	2116	3050	+ 44
Zwischenindustrie	2970	2359	- 21
Friedensindustrie	2301	1380	- 40

Nach den hektischen ersten Kriegsmonaten ließ nun die zielstrebige Anpassung an den Kriegsbedarf ein Stück „Normalisierung"[5] in die Kriegswirtschaft einkehren, was auch den Arbeitsmarkt entspannte. Dort machte sich der beginnende „Rüstungsboom" durch den Nachfragesog nach Arbeitskräften bemerkbar, was bewirkte, daß die Arbeitslosigkeit wegen der Wanderung der Arbeiter in kriegswichtige Industrien und wegen der Umstellung der Produktion sogenannter „Friedensindustrien" auf kriegswichtige Güter

1 Im Jahr 1914 gab es etwa 22 Millionen männliche Einwohner über 16 Jahre, davon wurden im August 1914 ca. 2,8 Millionen (Dezember 1914: 5,0 Millionen; November 1918: 10 Millionen insgesamt) einberufen, Henning, Deutschland, 34.

2 Döring, Bevölkerungsbewegung, 14, 19. Die verfügbaren statistischen Daten liefern kein eindeutiges Bild über die genaue Dynamik der Heeresaufstellung. Anzunehmen ist, daß die Krankenkassenstatistik die Einberufungen eher unterschätzt, vgl. von Gersdorff, Frauen, 11.

3 Feldman, Armee, 63.

4 Quelle: Kocka, Klassengesellschaft, 13, mit der Definition von Kriegsindustrien als die primär für Militärbedarf produzierenden Zweige Metallverarbeitung, Maschinenbau (mit Elektroindustrie), Chemie, Petroleum- und Ölindustrie, den Friedensindustrien als die für den zivilen Bedarf arbeitenden Branchen, dazu gehören die Nahrungsmittel- und Textilindustrie, sowie die Vervielfältigungsindustrie. Zur Zwischengruppe gehören Bergbau, Baugewerbe, Steine und Erden, Holz, Papier, Leder.

5 Mai, Ende, 94.

rasch sank.[1] Neben der Reduktion des Arbeitsangebotes durch die Einberufungen wirkte sich auch die Abwanderung der ausländischen Arbeitskräfte, die in einigen Industriezweigen große Belegschaftsanteile gestellt hatten, spürbar aus.[2] Ein Indiz für die Wende in der Arbeitsmarktentwicklung ist die Umkehrung der Relation von Angebot und Nachfrage, die – rein numerisch – im Frühjahr 1915 ausgeglichen war.[3]

Mit dem Beginn der Einberufungen seit Kriegseintritt im Mai 1915 wurde auch in Italien der Druck auf den Arbeitsmarkt größer. Die gegenläufigen Wirkungen der Aufstellung des Heeres und der einsetzenden Rüstungskonjunktur erzeugten bald ein „*vero e proprio problema operaio*", wie es von den Zeitgenossen umschrieben wurde.[4] Mit dem Aufbruch an die Front zahlreicher Männer im wehrfähigen Alter – von einer zeitgenössischen Beobachterin als eine „*razzìa di mascolinità*" empfunden[5] – reduzierte sich diese für den industriellen Arbeitsmarkt bedeutsame und leistungsfähige Arbeitskräftegruppe spürbar. Insgesamt wurden knapp 4,9 Millionen Männer zu den Waffen gerufen.[6] Die Sogwirkung der Heeresaufstellung verstärkte sich ab der Jahreswende 1915/16 deutlich.[7]

In besonderem Maße war die ländliche Bevölkerung von den Aushebungen betroffen, aus deren Reihen über die Hälfte der Soldaten stammten.[8] Vor allem in den ersten beiden Kriegsjahren wurde das Arbeitskräftereservoir des landwirtschaftlichen Arbeitsmarktes, der ein chronisches Unterbeschäftigungsgleichgewicht aufwies, vom Heer aufgesogen. Auch wenn Studien zur Berufsstruktur des italienischen Heeres fehlen, so kann man doch von einem *esercito contadino* ausgehen, im Gegensatz zur diversifizierteren beruflichen Zusammensetzung des Heeres in anderen kriegführenden Ländern. Somit gerieten die industriellen Arbeitsmärkte in Italien durch die ersten Rekrutierungswellen vermutlich noch nicht so stark unter Druck wie in Deutschland. Für eine genaue Quantifizierung reicht das vorhandene statistische Material allerdings nicht aus.[9]

---

1 Faust, Arbeitsmarktpolitik, 195.

2 Vgl. auch oben, II 2.3. Z.B. bestand ein Drittel der Belegschaft von Bergbaubetrieben im lothringischen Reichsgebiet aus Italienern, die nun zurückgewandert waren, vgl. MA P.22501.3.

3 In der Provinz Westfalen gab es im Jahr 1915 bereits für 100 offene Stellen nur 60-70 Arbeitssuchende, Sogemeier, Entwicklung, 52. Siehe auch Rabl. 13, 1915, 281ff., 381ff., 443ff., 461ff.

4 Sinngemäß handelte es sich also um ein „waschechtes Arbeiterproblem", Tomassini, Intervento, 93.

5 Donna Paola Baronchelli Grosson im Jahr 1915, zitiert nach Curli, Italiane, 54.

6 Quelle: Curli, Lavoro, 65 und eigene Berechnung.

7 Das Kriegsministerium bezifferte die Zahl der Italiener, die Dienst an der Front leisteten, mit 5.903.140, davon wurden 719.468 freigestellt und 166.596 in die Industrie überwiesen, Angaben nach Curli, Lavoro, 65.

8 Nach einer im Jahr 1918 durchgeführten Erhebung setzte sich das italienische Heer aus folgenden, allerdings unpräzise definierten Berufsgruppen zusammen: 58% *lavoratori della terra* (ohne *mezzadri* - Halbpächter), 26% Arbeiter in Industrie, zuzüglich *operai diversi e non qualificati*, 14% Handwerker, 2% Angestellte. Zitiert nach Curli, Italiane, 54. Vgl. auch Isnenghi, Guerra, 87.

9 Eine Erhebung in Mailand gibt ein –ausschnitthaftes – Beispiel für die Beschäftigung im ersten Kriegsjahr und die Einberufungen nach Branchen: Die ersten Einberufungen im Juni 1915 erfaßten

Angesichts der schmaleren industriellen Basis konnte der Effekt aber dennoch – relativ gesehen – erheblich sein.

In Italien waren nach einem Kriegsjahr 797 Unternehmen als Hilfsbetriebe mobilisiert und damit direkt dem kriegswirtschaftlichen Lenkungsapparat, der *Mobilitazione Industriale* (MI), unterstellt. Dabei erlangten vor allem die kriegswichtigsten Branchen Metallindustrie, Maschinenbau und Chemie zentrale Bedeutung, während sich zugleich die führende Stellung der Industrieregionen Piemont, Ligurien und Lombardei herauskristallisierte. Hier hatten über 70 Prozent der in den ersten Kriegsmonaten als Hilfsbetriebe deklarierten Unternehmen ihren Standort.[1] Schon nach einem Kriegsjahr hatte die Beschäftigung in den metallverarbeitenden Industrien der Industriestädte angezogen, so z.B. in Mailand um 26 Prozent.[2] Großunternehmen wurden im besonderen Maße in den Wirkungsbereich der MI integriert.[3]

Der Schrumpfung des Arbeitskräftereservoirs durch die Rekrutierungen stand eine erhebliche Steigerung der Produktion kriegswichtiger Güter gegenüber, die nun vor allem in der Metallverarbeitung und im Maschinenbau forciert wurde.[4] Offenbar gelang es noch einige Monate lang, die Nachfrage nach Arbeitskräften auf dem „freien" Arbeitsmarkt zu befriedigen, da in den industriellen Zentren (wie z.B. Mailand) der Zuwanderungsstrom der Vorkriegsjahre Arbeiterreserven mit Fabrikerfahrung in gewissem Umfang akkumuliert hatte.[5] Problematisch stellte sich allerdings die Suche nach qualifizierten Arbeitskräften heraus, die auf dem italienischen Arbeitsmarkt ohnehin knapp waren.

Verschiedene Einflußfaktoren begünstigten eine zunehmende Angleichung von Angebot und Nachfrage auf dem Arbeitsmarkt, der sich dem Vollbeschäftigungsgleichgewicht näherte. Nicht nur die Erweiterung des MI-Einflußbereiches, auch die gestiegene Anzahl der Rekrutierungen sowie die Konsolidierung der Industrie parallel zur Verstetigung der Auftragslage trugen dazu bei.[6] Nach den Angaben der Mailänder Arbeitsämter stieg der Anteil der vermittelten Arbeitskräfte im letzten Jahresdrittel erheblich an,

---

6,7% der beschäftigten männlichen Arbeiterschaft im wehrfähigen Alter, wobei die Holzindustrie den am stärksten „betroffenen" Industriezweig darstellte. Die in den städtischen Monatsheften über Verwaltung und Statistik, „Città di Milano" 1914/1915 abgedruckte Erhebung umfaßte 1.778 Unternehmen. Zitiert nach der Übersicht von Curli, Lavoro, 51.

1 Vgl. die Übersicht in Carracciolo, L'intervento, 246.

2 Bigazzi, L'evoluzione, 106 und Tomassini, Mobilization and Labour Market, 65.

3 Zur Veranschaulichung ein Vorgriff auf das Jahr 1918: Nach einer im Sommer durchgeführten Industriezählung in Mailand produzierte nur etwa ein Drittel der erfaßten ansässigen Firmen für den Kriegsbedarf, aber zu diesen gehörten fast alle (über 90%) der Fabriken mit über 500 Beschäftigten und mehr als 60% der Betriebe mit mehr als 50 Arbeitern, vgl. Tomassini, Mobilization and Labour Market, 67.

4 Vgl. die Übersicht über den Output ausgewählter Industriezweige in Zamagni, History, 224. Hier läßt sich im Jahr 1915 in der „Kriegsindustrie", besonders in der Metallindustrie, ein deutlicher Anstieg bei fast allen Produkten erkennen, der sich bis zum Jahr 1917 fortsetzt.

5 Vgl. Bigazzi, L'evoluzione, 106.

6 Camarda/Peli, Esercito, 34 mit Anm. 46.

bis sich das Verhältnis von Arbeitssuchenden und Arbeitsplatzangeboten sogar umkehrte, somit mehr Arbeitsplätze zur Verfügung standen als dafür geeignete Arbeitskräfte.[1] Zu den gefragten Arbeiterkategorien gehörten beispielsweise die gelernten metallverarbeitenden Handwerksberufe. Den statistischen Angaben der Arbeitsämter zufolge deckte die Nachfrage nach Arbeitskräften vor dem Weltkrieg etwa 44 Prozent der verfügbaren Arbeitskräfte ab – im Jahr 1915 lag die Quote bereits bei 84 Prozent, bis Anfang 1916 erreichte sie sogar 97 Prozent.[2]

Vor allem in den industriellen Zentren strömten nun auch weite Teile einer gering qualifizierten „Arbeitsmarktreserve" in die Kriegsindustrien. Der bereits zu Beginn des Jahres sichtbar gewordene Trend der Arbeitskräfteverknappung und des Marktausgleichs manifestierte sich gegen Ende 1916 in einer für den Rest des Krieges ziemlich konstanten Situation der Vollbeschäftigung. Diese neue Balance stellte innerhalb der italienischen Wirtschafts- und Arbeitsmarktgeschichte eine bis dato unbekannte Erfahrung dar.[3]

Mit dieser Umkehr des Kräfteverhältnisses auf dem Arbeitsmarkt zeichnete sich also auch in Italien im Laufe der Konsolidierung der Kriegswirtschaft eine ähnliche Problemlage wie auf dem deutschen Arbeitsmarkt ab. Hier wie dort ergaben sich daraus neue Aufgaben: Es galt zum einen, die Arbeitskräfte in die kriegswichtigen Industrien zu lenken, zum anderen, den Verwendungskonflikt um Arbeitskräfte zwischen Heer und Industrie einer sachgerechten Regelung zuzuführen und schließlich zusätzliche Arbeitskräfte für den Arbeitsmarkt zu gewinnen. Nachdem die komplexen, destabilisierenden Effekte des „Kriegsschocks" in beiden Ländern überwunden waren, offenbarte sich sowohl in Deutschland als auch in Italien trotz unterschiedlicher Ausgangsvoraussetzungen die Arbeitskräfteknappheit als das Kernproblem für die Kriegführung auf industrieller Basis.

In Deutschland häuften sich seit dem Frühjahr 1915 die Klagen von Unternehmen in kriegswichtigen Branchen über Engpässe auf dem Arbeitsmarkt. So informierte beispielsweise das mit Personal- und Arbeiterfragen beauftragte „Büro für Arbeiterangelegenheiten" der Krupp'schen Gußstahlfabrik im April 1915 die Direktion: „betreffend die Deckung des Arbeiterbedarfes für die Fabrik, (...) daß sich der Arbeitsmarkt in den

1 Während von Mai-August 1915 rund 52% aller Eingeschriebenen vermittelt werden konnten, so lag die entsprechende Relation von September-Dezember 1915 bereits bei 85%. Dabei überstieg – absolut gesehen - die Anzahl der Arbeitsplatzangebote die Anzahl der registrierten Arbeitssuchenden um einiges, ein Indiz für den Mismatch von Angebot und Nachfrage, d.h. für den Mangel an Arbeitskräften in bestimmten Berufszweigen (z.B. *tornitori, aggiustatori, fabbri, lattonieri*). Allerdings ist anzumerken, daß im letzten Jahresdrittel der „Run" auf die Arbeitsämter vorbei, die Zahl der Eingeschriebenen insgesamt absolut gesunken war. Società Umanitaria, Uffici di collocamento, 18f., BNCF, Pub. Min. „Società".

2 Dieser Trend wird durch die oben angeführten Daten der Mailänder Arbeitsämter bestätigt.

3 Vgl. auch Curli, Lavoro, 68f.

letzten Wochen weiterhin wesentlich verschlechtert hat."[1]

Wenngleich Unternehmen vor allem über den Mangel an qualifizierten Facharbeitern klagten, so ging das Problem der Arbeitskräfteknappheit doch darüber hinaus und betraf ein weitaus breiteres Beschäftigungsprofil, da – in Krupp'scher Perspektive – „auch die Beschaffung der erforderlichen ungelernten Arbeiter mit den uns zur Verfügung stehenden Mitteln in absehbarer Zeit nicht mehr möglich sein dürfte."[2]

Mit den unternehmenseigenen „Mitteln" zur Deckung des Personalbedarfs war die Gewinnung von Arbeitskräften auf dem freien Arbeitsmarkt gemeint, die bei vielen Rüstungsunternehmen in eine aktive und ausgedehnte Werbetätigkeit mündete. Im Unternehmensauftrag wurden Agenten in ganz Deutschland und in die Grenzländer ausgeschickt, die in Regionen mit hoher Arbeitslosigkeit oder in überwiegend agrarisch geprägten Gegenden durch Locklöhne neue Arbeiter anheuern sollten.[3] Allerdings war diesen Anwerbeaktionen kein gleichbleibender Erfolg beschieden, so daß sich der Aufwand für die Unternehmen nicht immer lohnte.[4] Darüber hinaus wurde nicht selten Mißbrauch mit dieser Form von Arbeitsvermittlung getrieben; denn da es den Agenten meist darum ging, möglichst viele der großzügig honorierten Vertragsabschlüsse zu erzielen, wirkten sie oft auch an der sofortigen Auflösung der Verträge mit, um die Provision mehrfach kassieren zu können.[5] Warnungen, die in Unternehmenskreisen vor solch unseriösen Arbeitervermittlern kursierten, mochten die Problematik dieser indirekten und privaten Vermittlungs- und Anwerbetätigkeit anzeigen.[6]

Auch wenn Arbeitskräfte für freie Arbeitsplätze gewonnen werden konnten, war damit für die Unternehmen das Arbeitsmarktproblem noch nicht unbedingt gelöst. Zum einen stellte die hohe Mobilität der Arbeiter ein destabilisierendes Moment auf den leergefegten industriellen Arbeitsmärkten in der Kriegsindustrie dar. Eine Aufstellung der entsprechenden Personalbewegungen bei Krupp demonstriert anschaulich die gestiegene Arbeiterfluktuation im Frühjahr 1915.[7] Zum anderen entsprachen die verfügbaren Arbeiter häufig nicht den Anforderungen an körperlicher Fitness, die die Arbeit an

---

1 Niederschrift von Heinemann, Büro für Arbeiterangelegenheiten, über „Deckung des Arbeiterbedarfs" vom 4.4.1915 an Direktor Vielhaber, in HA Krupp, WA 4/1395.

2 HA Krupp, WA 4/1395, Heinemann an Vielhaber am 4.4.1915.

3 Außerdem waren häufig ergriffene unternehmerische Maßnahmen: „Förderung des Zuzuges von Arbeitskräften, (...) Anlernung berufsfremder Arbeiter, Einstellung von nicht-kriegsverwendungsfähigen Mannschaften, Wiedereinstellung alter Arbeiter, Beschäftigung von Arbeiterinnen, Jugendlichen und Kriegsgefangenen." Sogemeier, Entwicklung, 67. Vgl. zur offensiven Werbetätigkeit der Krupp-Werke, die als wichtiger Rüstungsproduzent ohnehin Privilegien bei der Zurückstellung wehrpflichtiger Arbeiter genossen, ebd, 33f.

4 „Die Heranholung ungelernter Arbeiter von auswärts wird immer schwieriger und weniger lohnend." HA Krupp, WA 4/1395; vgl. auch HA Krupp, FAH 4 E 10.1, 54.

5 Sogemeier, Entwicklung, 69f.

6 Vgl. z.B. Rundschreiben des VdESI an die Verbandsmitglieder, MA P.22528, Mappe 2.

7 Wie eine genaue, nach Monaten gegliederte Dokumentation der Zu- und Abgänge erwies, war „der Abgang an Arbeitern (...) größer, der Zugang geringer geworden." HA Krupp, WA 4/1395.

einem schwerindustriellen Arbeitsplatz meist voraussetzte.[1]

Das Interesse der für den Rüstungsbedarf produzierenden Unternehmen an leistungsfähigen Arbeitskräften kollidierte mit dem nationalen Interesse einer schlagkräftigen Armee, so daß ein Zielkonflikt zwischen Heer und Industrie vorlag. Für eine bessere Lösung des „Verwendungsproblems" war keine einheitliche Regelung vorgesehen. Als unerläßliche Bedingung für die Übernahme von Heeresaufträgen hatten die Industriellen in einer Reihe von Anträgen immer wieder die Zurückstellung von Facharbeitern oder des Arbeiterstamms gefordert. Die militärischen Beschaffungsstellen, plötzlich in der Zwickmühle zwischen dem Bedarf von Front und Industrie, agierten als Fürsprecher industrieller Interessen bei den stellvertretenden kommandierenden Generälen, in deren Kompetenzbereich die Angelegenheit fiel. Deren Entscheidungen zeigten keine klare Linie: manchmal wurde zugunsten der Unternehmen entschieden, häufig aber auch nicht.[2] Hierbei mochte die nicht selten diagnostizierte „technische Ahnungslosigkeit" der Militärs auch eine Rolle spielen.[3] Als kriegswirtschaftlicher Problemkreis, der dringend einer Regelung bedurfte, kristallisierte sich damit das Zurückstellungsverfahren wehrpflichtiger Arbeiter heraus.[4]

Vor diesem Hintergrund wurde Anfang 1915 im preußischen Kriegsministerium eine neue Verwaltungsstelle gegründet: die Abteilung für Zurückstellungswesen (AZS). Hauptsächlich kümmerte sich die neue Einrichtung um die Koordination der Einberufung bzw. Freistellung von Wehrpflichtigen durch die kommandierenden Generäle mit den Bedürfnissen der Industrie, da das fehlende Scharnier zwischen militärischer und ökonomischer Sphäre zu Recht als potentieller Störungsherd galt, der die Arbeit von beiden Bereichen beeinträchtigte.[5] Allerdings war dem Wirken der AZS letztlich nur ein begrenzter Erfolg beschieden. Von vornherein erschwerten strukturelle Hemmnisse, Kompetenzkonflikte und mangelnde exekutive Befugnisse ihre Arbeit.[6] Die Tätigkeit

---

1 Das Krupp'sche Büro für Arbeiterangelegenheiten berichtete, „daß das Arbeitermaterial nach der fortgesetzten Einberufung von wehrfähigen Männern zu den Waffen sich merklich verschlechtert. Von den nach sorgfältiger Auswahl zur ärztlichen Untersuchung gestellten Leuten werden oft 20-25 Prozent vom Arzte als körperlich untauglich abgelehnt." HA Krupp, WA 4/1395. Vgl. auch HA Krupp, FAH 4 E 10.1, 54, 70.

2 Feldman, Armee, 69.

3 So die Einschätzung in der Denkschrift von Wilhelm Berdrow, HA Krupp, FAH 4 E 10.1, 70.

4 Es war schwieriger, die bereits an der Front befindlichen Reklamierten wieder zurückzuholen. So war den Industriellen mit bewilligten Reklamationen ihres eingezogenen Arbeiterstammes nicht unbedingt gedient. Vgl. HA Krupp, FAH 4 E 10.1, 49, 70; vgl. auch Feldman, Armee, 69 mit Anm. 47.

5 Vgl. zur Dokumentation der Behördenarbeit die Denkschrift der Referenten Richard Sichler und Joachim Tiburtius, Arbeiterfrage.

6 Die verbindliche Entscheidung zur Zurückstellung der Wehrpflichtigen oblag nach wie vor den stellvertretenden Generalkommandos. Die AZS durfte nur „Empfehlungen" zur Zurückstellungspraxis aussprechen, vgl. Feldman, Armee, 70f. Der Dualismus zwischen militärischer und ziviler Gewalt war ein grundsätzliches Problem der deutschen Kriegswirtschaft. Vgl. auch Zunkel, Arbeiter, 281.

der Behörde – häufig von Spannungen mit der Industrie begleitet – schien in der Praxis die Problematik der „Menschenökonomie" nur wenig lindern zu können, wie die von industrieller Seite monierten Mißstände erahnen lassen:

„Die Heeresverwaltung, welche die Deckung des Bedarfs an Facharbeitern (...) übernommen hat, hat bisher weder die erforderliche und zugesagte Anzahl an Facharbeitern geliefert, noch hat sie die Termine eingehalten, an denen die Leute der Fabrik zugewiesen werden sollten."[1]

Selbst bei wohlwollender Handhabung der Freistellungen durch die zuständigen Stellen blieb eine Reihe von Störungen bestehen. Häufig stimmten die überwiesenen Arbeitskräfte hinsichtlich ihrer Fähigkeiten und Leistungen überhaupt nicht mit dem Anforderungsprofil des produzierenden Unternehmens überein:

„Es half den Werkstätten wenig, wenn man ihnen statt der angeforderten Präzisionsarbeiter kaum ausgelernte Metall- und Revolverbankdreher schickte oder anstelle von Metalldrehern Porzellandreher, die auf diese Weise hofften, zunächst einmal aus der Garnison zu Krupp und dann bei erster Gelegenheit in ihre Heimat zu kommen. Die Auswahl nach Güte und Zeitfolge wurde wenig beachtet, es kamen Schlosser statt Fräser, es kamen auch kranke Leute, weil die Truppenkommandos sich weigerten, die gesunden abzugeben."[2]

Auch das Timing konnte entscheidend sein für die Effektivität im Einsatz der knappen Ressourcen:

„Es kamen auch Leute, für die nach langem Suchen endlich Ersatz gefunden war, nachträglich in hellen Haufen an und wollten beschäftigt werden; es kamen Trupps von Schlossern früher an als die Dreher, deren Arbeit vorherzugehen hatte und was der Hemmnisse mehr waren."[3]

Diese Beispiele liefern ein anschauliches Bild davon, wie zahlreich die Fehlerquellen in dem komplexen Verwaltungsvorgang sein konnten, was sich meist lähmend auf den Produktionsprozeß auswirkte. Zwar erkannte die AZS durchaus die Schwierigkeiten und Engpässe der Industrie, verlangte aber unternehmerische Flexibilität und Eigeninitiative in Personalfragen.[4] Im Lager der Industriellen stieß diese Haltung meist auf wenig Gegenliebe. Vor allen Dingen in Kreisen der Eisen- und Stahlindustriellen, organisatorisch zusammengefaßt im VdESI, empörte man sich anläßlich solcher Töne. Auch der „Verband der Eisenhüttenleute" kritisierte noch ganze Zeit später eine gewisse

1 HA Krupp, WA 4/1395. Durch neue Bestimmungen bezüglich der Einziehung verschlechterten sich die Verhältnisse im Verlauf der nächsten Monate sogar noch etwas, HA Krupp, FAH 4 E 10.1, 54f.

2 HA Krupp, FAH 4 E 10.1, 70.

3 Ebd.

4 Gemäß den Richtlinien des preußischen Kriegsministeriums vom 15. Juni 1915 wurden nur dann Rückstellungen genehmigt, wenn seitens der Unternehmen alle Mittel zur Arbeitskräftegewinnung aufgebracht worden waren. Sichler/Tiburtius, Arbeiterfrage, 16f. Auszüge der Richtlinien abgedruckt bei Mai, Ende, 187-191. Siehe auch Sichler im Gespräch mit dem Verein der Eisenhüttenleute im Sommer 1916, MA P.22528, Mappe 2. Vgl. auch weitere Beschlüsse der AZS in Sichler/Tiburtius, Arbeiterfrage, 62ff.

„Planlosigkeit“ der Vergebungsstellen in Berlin sowie das „Gegeneinanderarbeiten“ der dort ansässigen Behörden und erkannte den Mangel an einheitlicher Organisation als neuralgischen Punkt.[1] Aufgrund persönlicher Kontakte zum Militär existierten jedoch für viele Unternehmen Möglichkeiten, restriktive Bestimmungen zu umgehen. „Man muß sich die richtigen Leute suchen, um mit der Militärbehörde in der richtigen Weise zu verkehren.“[2] Auch die Krupp-Werke hatten gewisse Ausnahmebestimmungen wohl nicht nur ihrer außerordentlichen Bedeutung für die Kriegswirtschaft, sondern auch dem „weitreichende[n] Einfluß des Chefs“ und der persönlichen Intervention Krupp von Bohlens beim Kriegsminister und nachgeordneten Behörden zu verdanken.[3] Weiterhin wurden auf Seiten der Industrie auch indirekte Einflußkanäle über andere Behörden genutzt, um sich Unterstützung in Personalbeschaffungsfragen für die eigene Branche zu sichern.[4] Bei massiven Engpässen half in der Regel der „kurze Dienstweg“ aber auch nicht weiter.

Die Tätigkeit der AZS konnte nur partiell einen effizienteren Umgang mit dem Verwendungskonflikt zwischen Heer und Industrie arrangieren. Die Regelung der sogenannten „Arbeiterfrage“ blieb Streitobjekt der beteiligten Interessengruppen und wurde weitgehend durch oberflächlich harmonisierende Kompromisse geregelt. Für wichtige Arbeitskräftegruppen erschien eine Zuweisung durch die Verwaltungsbehörden auch bei bestem Willen schwerlich möglich, weil sich das Problem eben nicht nur in der bloßen Verteilung erschöpfte.[5] Angesichts dieser Bilanz blieb die Industrie auf ihre eigene Initiative angewiesen, was vor dem Hintergrund des Arbeitskräftemangels in den „klassischen“ Rekrutierungsfeldern zu Denkanstößen über neue personalpolitische Wege veranlaßte. Das „Büro für Arbeiterangelegenheiten“ der Krupp-Werke erläuterte:

> „Dem Arbeitermangel abzuhelfen, können folgende Mittel dienen:
> 1. nach wie vor versuchen, Leute von auswärts heranzuholen
> 2. auf die Betriebe einzuwirken, die Leute mehr zu halten, um den Abgang herabzu- mindern
> 3. von der Heeresverwaltung auch Hilfsarbeiter anzufordern
> 4. mehr weibliche Kräfte zu beschäftigten.“[6]

In diesen Überlegungen scheinen verschiedene Handlungsansätze auf. Jedoch eröffneten nur die Punkte zwei und vier – die Gewinnung von Frauen als einer zusätzlichen Arbeitskräftegruppe und Maßnahmen zur Senkung der Fluktuation – tatsächlich eine

---

1 MA P.22528, Mappe 2: Memo über Besprechungen des „Vereins deutscher Eisenhüttenleute“ mit der Feldzeugmeisterei vom 19.8.1916.

2 So ein Teilnehmer einer Sitzung der VdESI Führungsspitze, zitiert nach Feldman, Armee, 75.

3 HA Krupp, FAH 4 E 10.1, 70, vgl. auch 54.

4 Vgl. z.B. die Aktivitäten des Roheisenverbands, MA P.22528, Mappe 2, Notiz vom 4.9.1916.

5 Auch ungelernte Arbeiter wurden in großer Zahl benötigt. Der Bedarf an diesen Kräften erhöhte sich, sobald neue Facharbeiter zugewiesen worden waren. Die Aussicht auf Zuweisung durch die Verwaltungsbehörden war angesichts des Bedarfs (z.B. bei Krupp) aber gering, vgl. HA Krupp, WA 4/1395. (Heinemann an Vielhaber am 4.4.1915)

6 So Heinemann am 4.4.1915, HA Krupp, WA 4/1395.

neue Perspektive.

Wenn auch beide Möglichkeiten in der zeitgenössischen Diskussion umstritten waren, so mündete doch vor allem die gestiegene Arbeitermobilität in hitzige Regulierungsdebatten. Der hohe „Abgang" von Arbeitern war auch auf gegenseitige Abwerbeaktionen der Rüstungsbetriebe durch höhere Lohnangebote („Locklöhne") im erbitterten Ringen um die geeigneten Kräfte zurückzuführen. Die hohe Fluktuation zwang die Unternehmen, mit einer häufig wechselnden Belegschaft zu arbeiten, was sich nachteilig auf das Produktionsniveau auswirkte. Aus unternehmerischer Perspektive konnte daher die immer lauter werdende Forderung nach der Aufhebung der Freizügigkeit durch die rechtliche Arbeitsplatzbindung nicht verwundern.

Ein frühes Beispiel für einen Versuch, dieses Problem zu lösen, lieferten die Vorgänge zur Jahreswende 1914/15 in Berlin. Dort standen zahlreiche metallverarbeitende Betriebe im harten Wettbewerb um die gewerkschaftlich gut organisierten Arbeitskräfte. So war hier schon im Januar 1915 auf Drängen der Berliner Metallindustriellen von der Feldzeugmeisterei verfügt worden, daß zum Arbeitsplatzwechsel für Arbeiter in der ansässigen Rüstungsindustrie ein vom Arbeitgeber bewilligter Abkehrschein eingeholt werden mußte.[1] Ohne die Genehmigung durch den Arbeitgeber war kein Arbeitsplatzwechsel mehr möglich, was eine Einschränkung eines wesentlichen Grundrechts, nämlich der Freizügigkeit bedeutete.[2] Die Gewerkschaften hatten diese Grundrechtsbeschränkung nach längeren Verhandlungen hingenommen, deren Ergebnis die Bildung einer paritätisch aus Mitgliedern des Metallarbeiterverbandes und des Unternehmerverbandes zusammengesetzten Schlichtungsinstanz, der sogenannte „Kriegsausschuß für die Metallbetriebe Groß-Berlins", darstellte.[3] Dieser war als Zugeständnis an die Arbeiterschaft gedacht, für die Beschwerden der Arbeiter zuständig und schlichtete gegebenenfalls Streitigkeiten über die Erteilung eines Abkehrscheins, z.B. bei der Verweigerung der Genehmigung des Arbeitsplatzwechsels durch den Arbeitgeber. Die Streitfälle wurden meist mit einem Kompromiß beigelegt. Der Arbeiter mußte im Unternehmen bleiben, erhielt dort aber eine Lohnverbesserung, die sich am Lohnniveau im Konkurrenzunternehmen orientierte.[4] Aus gewerkschaftlicher Sicht schien das den Weg zum konstitutionellen Arbeitsverhältnis und zur Anerkennung der Gewerkschaften als direkten und einzigen Verhandlungspartner der Arbeitgeber zu öffnen, denn man hoffte auf den Vorbildcharakter für die Arbeitsbeziehungen in der Nachkriegszeit.[5]

---

1 Vgl. Feldman, Armee, 77f.; Rabenschlag-Kräußlich, Parität, 208. Die Firmen, die Arbeiter ohne Abkehrschein einstellten, sollten keine Heeresaufträge mehr erhalten.

2 Der Passus der Verordnung, der die wohlwollende Prüfung der Arbeiteranliegen durch die Arbeitgeber voraussetzte, wurde beim Aushang im Betrieb meist weggelassen so daß der Erlaß als Willkürinstrument zur Arbeitsplatzkontrolle benutzt werden konnte, vgl. Correspondenzblatt 1915, 114; Feldman, Armee, 78; Rabenschlag-Kräußlich, Parität, 208f.

3 Vgl. zur gewerkschaftlichen Debatte Rabenschlag-Kräußlich, Parität, 209f.

4 Hardach, Weltkrieg, 193. Bis zum Ende des Jahres 1915 tagte der Berliner Ausschuß 44 Mal und traf die meisten Entscheidungen einstimmig, Rabenschlag-Kräußlich, Parität, 212.

5 Feldman, Armee, 79; Hardach, Weltkrieg, 174; Rabenschlag-Kräußlich, Parität, 211.

Die in Berlin gefundene Lösung bildete tatsächlich einen „Modellfall“ für die Kooperation zwischen Unternehmerverbänden und Gewerkschaften und entsprach weitgehend der Haltung des preußischen Kriegsministeriums.[1] Zögerlich wurden auch in anderen Bundesstaaten ähnliche Schiedsstellen eingerichtet, die allerdings sehr unterschiedlich strukturiert waren.[2] Eine reichsweite Einschränkung der Freizügigkeit existierte jedoch ebensowenig wie die überregionale Verpflichtung, Kriegausschüsse einzurichten.

Die Diskussion um Arbeitsplatzbindung und Kriegsausschüsse stand in engem Zusammenhang mit der grundsätzlichen Kontroverse, ob ein militärischer oder gesetzlicher Arbeitszwang eingeführt werden sollte. Ein Anhänger der militärischen Kommandierung an den Arbeitsplatz war z.B. der Chef des Generalstabs, Erich von Falkenhayn.[3] Auch die Berliner Metallindustriellen hatten mit ihrer Bitte nach Regelung ursprünglich den Arbeitszwang nach österreichischem Vorbild angestrebt[4] – wie zahlreiche Eisen- und Stahlunternehmer in den industriellen Zentren an Ruhr, Saar und in Oberschlesien.[5] Die zuständigen Referenten im Kriegsministerium, Sichler und Tiburtius, lehnten dieses Muster kategorisch ab[6] und hielten das österreichische Modell auch unter Produktivitätserwägungen für erfolglos.[7] In vielen Rüstungsbetrieben hatte sich ohnehin die „Front-Drohung“ als ein wirksames Druckmittel der Arbeitgeber etabliert.[8] Wie die Krupp-Werke berichteten, ging man bei „Bemühungen, untaugliche oder unerwünschte Elemente zu entfernen, die sich als Arbeiter hatten anwerben lassen, (...) mit den Behörden Hand in Hand.“[9] Der „Verein für bergbauliche Interessen“ informierte seine Mitglieder, daß Zurückstellungen als aufgehoben galten, sobald das Arbeitsverhältnis bei diesem Betrieb gelöst sei und ließ den Hinweis nicht fehlen, daß vorsichtiges Vorgehen angezeigt sei, wolle man sich nicht Verdächtigungen auf Lohndrückerei oder Einschränkung der Freizügigkeit aussetzen.[10]

---

1 Hardach, Weltkrieg, 193; Feldman, Armee, 81-86.

2 Vgl. z.B. die Erfahrungen in Bayern, Baden und Württemberg. Opel, Metallarbeiter-Verband, 45; Rabenschlag-Kräußlich, Parität, 219f. Im rheinisch-westfälischen Industriegebiet wurden die Empfehlungen nicht realisiert.

3 Hardach, Weltkrieg, 192.

4 Feldman, Armee, 78. Die mit Zwang operierende „österreichische Lösung“ basierte auf dem Kriegsleistungsgesetz von 1912 und war als Vorbild in industriellen Kreisen durchaus verbreitet, vgl. Mai, Arbeiterschaft, 9.

5 Mai, Ende, 94f.

6 Schon die „Richtlinien“ vom Juni 1915 haben den Zusammenhang von Freiwilligkeit und Effizienz der Arbeit betont, siehe Wortlaut in Mai, Ende, 187-191, hier 189.

7 Sichler/Tiburtius, Arbeiterfrage, 14.

8 Vgl. Beispiele in Feldman, Armee, 81.

9 HA Krupp, FAH 4 E 10.1, 70.

10 MA P.22528, Mappe 2, Verein für bergbauliche Interessen im Januar 1916. Später wurde die entsprechende Verfügung des Generalkommandos allerdings dahingehend abgewandelt, daß die Arbeiter allerdings schon eine Arbeit auf einer anderen Zeche des Bezirks aufnehmen durften, jedoch nicht in einer anderen Branche oder einem anderen Beruf. Ebd., Schreiben vom 29.1.1916.

In Italien präsentierte sich die Lage in vielerlei Hinsicht ähnlich. Auch hier war der industrielle Arbeitsmarkt von gravierenden Engpässen gekennzeichnet, was die Unternehmen zu ähnlich umtriebigen Personalrekrutierungsmethoden veranlaßte wie in Deutschland.

So wurden auch hier häufig Agenten der Industrie eingesetzt, die Arbeiter aus anderen Unternehmen abwerben sollten.[1] Allerdings schien die Auffindung von Arbeitskräften auf dem „freien" Arbeitsmarkt angesichts der strukturellen Tendenz des italienischen Arbeitsmarktes zum Angebotsüberhang, der die Arbeitsmarktbeziehungen seit Jahrzehnten latent geprägt hatte, gegen Ende des Jahres 1915 noch erfolgversprechender als in Deutschland zum selben Zeitpunkt. Gleichwohl ist ein exakter quantitativer Nachweis dieser Einschätzung angesichts der Quellenlage nur schwer zu führen. Besondere Knappheit bestand jedoch gerade auf dem beengten italienischen industriellen Arbeitsmarkt an qualifizierten Facharbeitern, deren Anwerbung auf dem freien Arbeitsmarkt sich weitaus schwieriger gestaltete. So war auch in Italien auf Seiten der Arbeitsnachfrage ein organisatorisches Umdenken erforderlich. Tatsächlich führte die allmähliche Erschöpfung des Arbeitsangebotes zu einer vermehrten Beschäftigung „improvisierter" Arbeitskräfte, also beispielsweise von Arbeitern, die sonst überhaupt nicht oder nur saisonal in einer Fabrik tätig waren oder ursprünglich in anderen Branchen arbeiteten. Im Jahr 1916 berichtete die Mailänder Aufsichtsbehörde (*Ufficio di sorveglianza disciplinare*) in bezug auf die örtlichen Hilfsbetriebe anklagend im Protokoll:

> „Viele Betriebe (...) waren gezwungen, ihre Arbeitskräfte auf jede nur erdenkliche Art zu gewinnen, mit Zeitungsanzeigen, mit sogenannten „Hamsterern", die auch in wenig geeignetem Umfeld auf die Suche nach Arbeitskräften geschickt wurden, manchmal sogar unter den Gefängnisentlassenen." [2]

Auch das Turiner CRMI kritisierte die rigorosen Anwerbetaktiken der Großunternehmen Ansaldo und Fiat, da vor allem kleine Betriebe und Werkstätten dem Konkurrenzdruck um Arbeitskräfte nicht standhalten konnten. [3]

Das durch die Kriegführung diktierte Verwendungsproblem der männlichen Arbeitskräfte, die sogenannte „*razzia di mascolinità*", hatte also auch in Italien im Verlauf der ersten Kriegsmonate an Gewicht gewonnen. Die kriegswirtschaftliche Organisation gab jedoch eine andere Struktur für das Procedere bei der Zuteilung von wehrpflichtigen Arbeitskräften vor. Zum einen war der oben definierte *ausiliare*-Status des anfragenden Unternehmens – die Anerkennung und Registrierung als kriegswichtiger „Hilfsbetrieb" – eine wichtige Voraussetzung, um bei der behördlich arrangierten Zuweisung von wehrfähigen Arbeitskräften überhaupt berücksichtigt zu werden. Sodann bestimmte die

---

1 Camarda/Peli, Esercito, 38ff. und 50. Viele Arbeiter nahmen für die Aussicht, den Dienst an der Front umgehen zu können, auch die härtere Disziplin eines MI unterstellten Betriebes in Kauf, obwohl das formal die Aufgabe ihrer Freizügigkeit bedeutete.

2 Zitiert nach Bigazzi, L'evoluzione, 107. Übers. d. V.

3 Siehe Camarda/Peli, Esercito, 35.

regionale Gliederung des kriegswirtschaftlichen Apparats den Verwaltungsweg: Das Unternehmen hatte eine Anfrage an das zuständige Regionalkomitee (CRMI) des eigenen Industriebezirks zu richten, das seinerseits bei dem lokalen Heereskommando den Personalbedarf des Unternehmens geltend zu machen suchte.[1] Dabei regulierten die MI-Bestimmungen den Zielkonflikt zwischen Heer und Industrie mit zwei juristischen Varianten: Zum einen gab es die Möglichkeit der „Freistellung" (*l'esonero*) vom Wehrdienst für die Arbeiter in den als unmittelbar kriegswichtig erachteten Industrien. Das bedeutete, daß der Arbeiter zwar formal zum Heer gehörte, aber in Zivilkleidung zur Arbeit erscheinen und ein „normales" ziviles Leben führen konnte. Andererseits gab es neben diesen sogenannten *esonerati* auch die Militärarbeiter, die einer bestimmten Einheit der Landstreitkräfte angehörten, Uniform trugen, ihre Mahlzeiten in den Kasernen einnahmen und einen Teil ihres Lohnes an die Militärverwaltung abgeben mußten. Beide Kategorien unterschieden sich also in ihren Lebens- und Arbeitsbedingungen und ihrer Entlohnung erheblich.[2] Für die Industrie war die Zuweisung von Militärarbeitern vom Standpunkt der Fabrikdisziplin und der Kontrollierbarkeit der Arbeitskräfte sicherlich eine vorteilhafte Konstellation, da die Militärarbeiter enger an die Einheit gebunden waren und damit auch einer strengeren disziplinarischen Kontrolle durch das Heereskommando unterstanden. Allerdings war durchaus denkbar, daß sich das straffe Reglement und der geringere Lohnanreiz – im Vergleich zu anderen Arbeitskräften – auch negativ auf die Arbeitsleistung von Militärarbeitern auswirken konnte. Für viele Arbeitgeber erschien jedoch nach wie vor die interne Disziplin in der Gestaltung der Arbeiterpolitik ausschlaggebend.

Da die Kontrollmechanismen der MI die Mehrzahl der für die Kriegsproduktion relevanten Betriebe erst allmählich erfaßten, setzte auch die beabsichtigte Straffung des Marktgeschehens mit Verzögerung ein. In einem Sitzungsprotokoll des CCMI betrachtete man die Arbeitsmarktlage als

> „ein Problem, das sich unter zwei verschiedenen Gesichtspunkten präsentierte, die beide eine regelrechte *Jagd auf Arbeitskräfte* auslösten – und das heißt entweder, [den Arbeitskräften] überhöhte Lohnangebote zu machen oder sie mit der Freistellung zu locken und zu ‚hamstern'."[3]

Die Freistellung wurde nur für die Mitarbeit in der kriegswichtigen Produktion erteilt. In Kombination mit den anderen Regulierungsmöglichkeiten der MI ließ sie sich als Instrument einsetzen, um zu verhindern, daß die Arbeiter den ungleichgewichtigen Arbeitsmarktzustand zu ihrem Vorteil nutzten.[4] Gemäß den geltenden Bestimmungen gab

---

1 Vgl. z.B. FA, AP, SSR Scat. 541, Fasc. 33.

2 Oft handelte sich bei den Freigestellten um die bei Kriegseintritt beschäftigte Belegschaft eines Unternehmens, das sofort als unmittelbar kriegswichtig erachtet und unter MI-Kontrolle gestellt wurde, während die Militärarbeiter später hinzukamen, Tomassini, Mobilization and Labour Market, 63.

3 Übers. u. Hervorh. d. V.; i. O. ist von einer *caccia alla manodopera* die Rede, Sitzungsprotokoll des CCMI vom 18. September 1915, zitiert nach Tomassini, Intervento, 93.

4 Tomassini, Mobilization and Labour Market, 63.

es für die Arbeitskräfte damit einen Weg in die mobilisierten Hilfsbetriebe hinein, jedoch keinen freien Weg hinaus, da dann die verschärften, mobilisierungsspezifischen Verordnungen griffen und die Freizügigkeit aufgehoben war. Somit wurden die Bewegungen auf dem Arbeitsmarkt in einen „einspurigen" Verlauf in Richtung *ausiliari* gelenkt.[1]

Das in den Quellen gezeichnete Bild einer „Jagd nach Arbeitskräften" suggeriert die zunehmende Verknappung qualifizierter Arbeitskräfte und implizierte zugleich ein dynamisches Arbeitsmarktgeschehen. Da ein Großteil der Industriearbeiter im ersten Kriegsjahr noch das uneingeschränkte Recht auf Freizügigkeit besaß, konnten Arbeitskräfte sowohl innerhalb einer Industriesparte – vom Kleinbetrieb zum größeren Unternehmen – als auch zwischen den Industriezweigen – von den für den zivilen Bedarf produzierenden Branchen zur Kriegsindustrie – abwandern. Von den Entscheidungsträgern innerhalb der MI wurde die hohe Mobilität der Arbeiter als „einer der schwerwiegendsten Mißstände" betrachtet, „die bislang beklagt wurden." Abgesehen davon sei „der kontinuierliche Übergang der Belegschaften von einem Betrieb zum anderen" oftmals „durch die Industriellen selbst angeregt", die auf diese Weise in eine „schädliche Konkurrenz um Arbeitskräfte" eintraten und permanente „Arbeitsunterbrechungen provozieren" würden.[2] Auch auf dem italienischen Arbeitsmarkt war also die hohe Mobilität der Arbeitskräfte ein entscheidendes Merkmal, vor allem in der ersten Kriegsphase, in welcher der Geltungsbereich der MI noch im Wachstum begriffen war. Diese tendenziell instabile Arbeitsmarktlage sollte aus Sicht der Verantwortlichen für die industrielle Mobilisierung zweckdienlicher reguliert werden. Dazu paßte auch der ab Herbst 1915 plötzlich rapide steigende Einsatz von Militärarbeitern, der ganz der Linie eines MI-Konzeptes entsprach, die Entbindung vom Kriegsdienst durch die Abschaffung des *esonero* und den ausschließlichen Rückgriff auf die Militärarbeiter zu vereinheitlichen. Die Realisierung dieser Pläne, die im übrigen von der Industrie begeistert unterstützt wurden und außerdem an die im nächsten Kapitel zu diskutierenden Ideen der OHL in Deutschland erinnern, scheiterten am Widerstand des Kriegsministeriums, das die Kosten und den hohen Verwaltungsaufwand scheute.[3]

Weiterhin zeigt die Korrespondenz von Hilfsbetrieben mit den Regionalkomitees, daß auch auf dem durch die MI-Bestimmungen bereits regulierten Arbeitsmarkt nach wie vor Arbeiterfluktuation herrschte, deren Eindämmung und Kontrolle von verantwortlichen Stellen angestrebt wurde. So monierte beispielsweise das Genueser Generalkommando bei der Ansaldo-Direktion Verstöße gegen die MI-Verordnung hinsichtlich

---

1 Ebd., 73.

2 So heißt es in einem Begleitschreiben des Kriegsministers zum MI-Regolamento vom 22. August 1915, zitiert nach Tomassini, Intervento, 93, Übers. d. V. Auch Tomassinis Analysen der Statistik des Mailänder Arbeitsamtes stützen den Eindruck, daß sich das Arbeitsmarktgeschehen in den ersten zwölf Monaten durch eine hohe Mobilität auszeichnete, Tomassini, Mercato del lavoro, 328f.; ders., Mobilization and Labour Market, 65-67.

3 Bigazzi, Portello, 182; Tomassini, Mobilization and Labour Market, 65.

der Einstellung neuer Arbeiter. Den Vorwürfen zufolge hatten einige Ansaldo-Werke Arbeiter eingestellt, die aus anderen Hilfsbetrieben abgewandert waren – bzw. sich „willkürlich entfernt“ hatten – um nun bei Ansaldo höhere Löhne zu realisieren.[1] Gemäß der MI-Bestimmungen war aber genau diese, auf dem Lohnanreiz basierende Form von Freizügigkeit durch die Arbeitsplatzbindung in der Kriegsindustrie nicht vorgesehen und ein gravierender Regelverstoß, der harte Disziplinarstrafen nach sich ziehen konnte.[2] Durch diese regulierende Konstruktion sollte eine „schädliche Konkurrenz“ zwischen den mobilisierten Unternehmen verhindert und eine kostentreibende, durch den Druck von Locklöhnen forcierte Aufwärtsspirale des Lohnniveaus in der Kriegsindustrie blockiert werden. In der Praxis erforderte die Anwendung dieser Bestimmungen aber anscheinend eine Verfeinerung der Kontrollinstrumentarien und eine verbesserte Koordination der beteiligten Stellen. Beispielsweise enthielt die Aufforderung des Generalkommandos auch eine Liste sämtlicher *stabilimenti ausiliari* des Bezirks, um eine regelwidrige Einstellungspraxis, die aus schierer Unkenntnis der Lage erfolgte, zukünftig auszuschließen.[3] Die Antwort von Ansaldo an die zuständige Stelle verweist auf Schwierigkeiten in der praktischen Handhabung der Bestimmungen und zeigt gewisse Schwächen des Kontrollapparates auf. So wurde z.B. der recht naheliegende Vorschlag gemacht, die zuständigen Betriebe über die Personalien der Arbeiter, die widerrechtlich ihren Arbeitsplatz verlassen hätten, in Kenntnis zu setzen, da ansonsten der Betreffende sehr leicht seine Herkunft verschleiern könne.[4] Auch ein Rundschreiben des ligurischen CRMI an die Hilfsbetriebe vom November 1915 wies auf Regelverstöße hin.[5]

Wenngleich also auch in der regulierten Kriegsindustrie die zwischenbetriebliche Fluktuation ein gegebenes Faktum darstellte[6] versuchte man durchaus, die Kontrolle und auch die Transparenz des Arbeitsmarktgeschehens in diesem Segment auszubauen. Was die Kündigung und Entlassung von Arbeitern anbetraf, sahen die Normen in der Regel eine Abstimmung mit den CRMI bzw. den örtlichen Militärkommandos vor, de-

---

1 FA, AP, SSR Scat. Nr. 540, Fasc. 9.

2 Das unerlaubte Verlassen des Arbeitsplatzes konnte in bestimmten Fällen wie die Desertion geahndet werden. Der Arbeitsplatzwechsel innerhalb der MI war nur möglich, wenn die Kontrollinstrumentarien nicht griffen oder aber wenn weder das Unternehmen noch das CRMI bzw. die „sorveglianza disciplinare“ als beaufsichtigende Instanz Einwände hatte.

3 FA, AP, SSR Scat. Nr. 540, Fasc. 9. Schreiben des Comando della Divisione militare di Genova vom 30.10.1915 an den Gießerei- und Stahlbetrieb von Ansaldo.

4 FA, AP, SSR Scat. Nr. 540, Fasc. 9, Antwort der Fonderie & Acciaerie, Soc. Gio. Ansaldo & C. an das Generalkommando vom 8.11.1915.

5 Dies berichtete z.B. über die gängige Praxis von Arbeitern, Absenzen mit Krankheit zu entschuldigen, um daraufhin andernorts eine besser entlohnte Beschäftigung aufzunehmen. Zudem ging es um den Verbleib einiger „vertragsbrüchiger“ Arbeiter, die mit disziplinarischen Sanktionen zu rechnen hatten. Vgl. die interne Korrespondenz der Ansaldo-Direktion mit den einzelnen Produktionseinheiten, FA, AP, SSR Scat. Nr. 540, Fasc. 8.

6 Auch später noch wurde die zwischenbetriebliche Fluktuation als eine „ernsthafte Schwierigkeit“ beklagt. FA, AP, SSR Scat. Nr. 539, Rundschreiben des CRMI Nr. 9088.

ren Zustimmung oder Kenntnisnahme erforderlich war.[1] Dies geschah auch vor dem Hintergrund, daß die Regionalkomitees vor neuen Strategien warnten, mit denen manche Arbeiter die Arbeitsplatzbindung zu umgehen suchten: So stellten sie beispielsweise die ostentative Renitenz im Betrieb als ein neues Verhaltensmuster vor, das darauf abziele, die Kündigung zu erhalten und daraufhin den Arbeitsplatz zu wechseln.[2]

Die Rapports über Entlassungen und Kündigungen von Arbeitern, die die Ansaldo-Werke an das Regionalkomitee erstatteten, liefern ein anschauliches Bild des Arbeiterabgangs, seiner Motive und der Art des Informationsaustausches zwischen Unternehmen und kriegswirtschaftlicher Organisation.[3] Weiterhin vermittelt diese Dokumentation eine Vorstellung vom durchschnittlichen Anforderungsprofil, einen Eindruck von den Fähigkeiten und Merkmalen, die im Unternehmen gefragt oder trotz des Arbeitermangels verzichtbar erschienen. Wenn beispielsweise bei der großen Mehrheit der betrachteten aufgelösten Arbeitsverhältnisse das Unternehmen keine Einwände erhob, weil der Arbeiter „wenig leistet[e]", „nichts lernt[e]" oder einfach aufgrund seiner unspezifischen Qualifikation „leicht ersetzbar" erschien, so bestätigt sich die oben angestellte Vermutung, daß sich in Italien zumindest für ungelernte Arbeitskräfte der freie Arbeitsmarkt nicht so dramatisch verengte, wie es die Unterlagen der Krupp'schen Personalabteilung für das Rheinisch-Westfälische Industriegebiet schilderten.[4] Zu den gefragten Arbeitskräftegruppen, gegen deren Weggang das Unternehmen jedoch entschieden opponierte, gehörten beispielsweise Dreher und Fräser mit Berufserfahrung sowie leistungsfähige Hilfsarbeiter.[5] Ein Kündigungswunsch des Arbeiters hatte meist mit der Entlohnung zu tun. Daneben spielten auch gesundheitliche Argumente sowie familiäre Motive – z.B. Mitarbeit in der Landwirtschaft – eine Rolle. Auf Seiten des Unternehmens gehörten „mangelnde Disziplin" und „Unfähigkeit" zu den meistgenannten Begründungen.[6]

---

1 Das konnte nach Art und Grund der Entlassung und Militärbindung des Arbeiters variieren, vgl. z.B. die vom CRMI Ligurien erlassenen „Norme per le licenze agli stabilimenti ausiliari" vom 18.5.1916, FA, SSR Scat. Nr. 540, Fasc.3.

2 FA, AP, SSR Scat. Nr. 539, Circolare del CRMI su licenziamenti per motivi disciplinari, n. 9088.

3 Es handelt sich um umfangreiche Unterlagen, die in Listen, Karteien bzw. Formularen über Entlassungen und Kündigungswünsche von Arbeitern informieren, unter Angabe des Grundes (z.B. fehlende Disziplin), der Arbeiterkategorie sowie Ansicht des Unternehmens bzw. der Abteilung zu dieser Entlassung bzw. Kündigung, vgl. FA, AP, SSR Scat. Nr. 539, Fasc. 2.

4 Bei fast drei Viertel aller untersuchten Beispiele setzte das Unternehmen sein „nulla osta" bzw. „favorevole" als Kommentar hinzu, während es bei noch nicht mal einem Viertel der Fälle widersprach. FA, AP, SSR Scat. Nr. 539, Fasc. 2.

5 FA, AP, SSR Scat. Nr. 539, Fasc. 2.

6 Rund 41% der angestrebten Auflösungen des Arbeitsverhältnisses lag eine „insufficienza di paga" zugrunde, das Motiv Gesundheit spielte für rund 22%, die Familie für 16% der Kündigungen eine Rolle, während „indisciplinatezza" rund 11% der Entlassungen motivierte. Angesichts der schmalen Stichprobe – 63 Fallbeispiele – kann diese Verteilung aber nur einen groben Eindruck, kein repräsentatives Bild vermitteln. Errechnet nach einer Stichprobe aus FA, AP, SSR Scat. Nr. 539, Fasc. 2.

Obwohl in Italien im Unterschied zu Deutschland in der kriegswichtigen Industrie schon seit Kriegseintritt eine Arbeitsplatzbindung realisiert war, die in Deutschland noch diskutiert wurde, bestand das Phänomen der Arbeiterfluktuation auch hier. Gewiß erreichte die Arbeitermobilität in Italien nicht dasselbe Ausmaß wie in Deutschland, da die Regulierungsmaßnahmen der MI den Arbeitsplatzwechsel wesentlich erschwerten. Indes legten die fortdauernden Klagen von Seiten der Unternehmen über die hohe Mobilität auf dem Arbeitsmarkt die Vermutung nahe, daß einer Regulierung Grenzen gesetzt waren und die Realität anders aussah. Wenn von Unternehmensseite auf die Unmöglichkeit hingewiesen wurde, manche der MI-Bestimmungen in die Praxis umzusetzen, so zeigen sich Lücken in der Kontrolle des mobilisierten Arbeitsmarktes, die sich in der Anwendung des regulativen Instrumentariums offenbarten. Die Effizienz dieser Arbeitsmarktregulation, die mit der eingeschränkten Freizügigkeit intendiert wurde, basierte auf den Kapazitäten der kriegswirtschaftlichen Bürokratie, der Personalabteilungen der Unternehmen und ihrer Koordination. Die Überwachung erforderte einen hohen Verwaltungsaufwand aller beteiligten Stellen. Somit drängt sich vor diesem Hintergrund die grundsätzliche Frage nach den Erfolgsaussichten und der „optimalen" Ausgestaltung einer Arbeitsplatzbindung auf, insofern, als die praktische Umsetzung einer – im kriegswirtschaftlichen Sinne – *effizienten* Arbeitsplatzbindung wohl ein dichtes, repressives Kontrollinstrumentarium vorausgesetzt hätte. Angesichts der italienischen Erfahrungen erscheint jedoch zumindest Skepsis angezeigt, was den Einsatz dieser arbeitsmarktpolitischen Maßnahme in Deutschland anbetrifft. Hier stellte sie bis Ende des Jahres 1916 noch ein Desiderat der laufenden Regulierungsdebatte dar.

5. Wendepunkte in den Kriegsökonomien

Nach zwei Kriegsjahren waren sowohl in Deutschland als auch in Italien Anzeichen für eine allmähliche Wende zu erkennen. Während in Deutschland im Jahr 1916 die Kriegswirtschaft – und mit ihr der Arbeitsmarkt – in ein neues organisatorisches Stadium eintrat, durchlebte der kriegswirtschaftliche Apparat in Italien kleinere Umstrukturierungen und qualitative Veränderungen in der Regulierungspraxis auf dem Arbeitsmarkt. In beiden Ländern schürten militärische Verausgabung und gravierende Versorgungsengpässe die Kriegsmüdigkeit der Bevölkerung, was die Ereignisse an der „Heimatfront" zunehmend trübte.

5.1. Hindenburgprogramm und Hilfsdienstgesetz und ihre Auswirkungen auf den Arbeitsmarkt

In Deutschland haftete der kriegswirtschaftlichen Umstrukturierung bis zum Jahr 1916 ein provisorischer Charakter an. Die vorhandenen Organisationen und flankierenden Maßnahmen besaßen noch kein einheitliches Gepräge und ließen insgesamt recht viel Raum für unternehmerische Freiheit und Machtkämpfe. Das änderte sich im Verlauf des Sommers 1916, als sich in den Somme-Schlachten und im Kampf um Verdun die materielle Überlegenheit der Kriegsgegner deutlich abzeichnete. Vor diesem Hintergrund berief Wilhelm II. die Generäle Hindenburg und Ludendorff als 3. Oberste Heeresleitung (OHL) an die militärische Führungsspitze. Dieser Schritt stand für einen konservativ-reaktionären Richtungswechsel in der Politik der Militärs, der auch in innenpolitischen Angelegenheiten spürbar werden sollte.[1] Parallel zum Machtwechsel an der militärischen Spitze fand auch im Kriegsministerium eine personelle Neubesetzung statt, als ein Vertrauter Ludendorffs auf den Ministerposten rückte.[2] Da Ludendorff überdies gute Kontakte zu Schwerindustriellen konservativer Gesinnung an Rhein und Ruhr pflegte,[3] wurde damit zugleich die Lobby einer reaktionären Unternehmerclique gestärkt, die schon seit Kriegsbeginn mit dem preußischen Kriegsministerium und seinen Abteilungen hinsichtlich wirtschafts- und arbeitsmarktpolitischer Fragen im Clinch lag.

Im Gegensatz zu den vorherigen Heeresleitungen, die sich ausschließlich um Heeresbelange gekümmert hatten, vertrat die 3. OHL auch in Wirtschaftsfragen eine dezidierte Meinung. So hatte schon die erste Maßnahme im Zeichen des „neuen Klimas" programmatischen Charakter für die Kriegswirtschaft: Die Konzentration aller Produktivkräfte auf die Kriegführung sollte eine Wende der militärischen Lage herbeiführen, so sah es das im „Hindenburgprogramm" dargelegte Konzept für die ausnahmslose und vollständige Aufbietung aller Reserven vor.[4]

Gemäß diesem Produktionsplan sollte bis zum Frühjahr die Herstellung von Pulver, Munition und Minenwerfern verdoppelt und die Erzeugung von Maschinengewehren und Geschützen sogar verdreifacht werden. Als Voraussetzung dafür strebte man die Verdreifachung der monatlichen Förderungsleistung der wichtigsten Bodenschätze an, was in etwa einem Zuwachs der Kohleförderung um eine Million Tonnen und Eisenerz um 0,8 Millionen Tonnen entsprach.[5] Mit diesem Programm wurde die zuvor betriebene Politik der schrittweisen und an realistischen Möglichkeiten orientierten Ausdehnung der Kriegsproduktion beendet. Dieser Kurswechsel wurde von Teilen der Unternehmerschaft mit Aussicht auf ihr rentables Engagement durchaus begrüßt.[6]

Zur organisatorischen Durchführung des Hindenburgprogramms wurde im November 1916 eine neue Behörde, das Kriegsamt, gegründet, das als Zentrale aller kriegs-

1 Feldman, Armee, 122-129.

2 Vgl. zur Amtsenthebung des Kriegsministers ebd., 160-164.

3 Nicht zuletzt auch über den zuständigen Oberst Bauer, Mai, Ende, 96; siehe auch Feldman, Armee, passim.

4 Vgl. für die Pläne zum „Hindenburgprogramm" das Schreiben Hindenburgs an den Kriegsminister vom 31.8.1916, in: Ludendorff, Urkunden, 63ff. Sein Namensgeber hatte jedoch vermutlich weniger konzeptionell beigetragen als eine Gruppe von Industriellen im Dunstkreis des Vereins deutscher Eisenhüttenleute im Verein mit Ludendorff, Hardach, Weltkrieg, 73.

5 von Kielmannsegg, Deutschland, 188; zur Beurteilung des Hindenburgprogramms vgl. Mai, Ende, 105ff.

6 Vgl. Feldman, Armee, 136 und passim.

wirtschaftlich wichtigen Entscheidungen operierte.[1] Eine wesentliche Neuerung im Vergleich zu den ersten Kriegsjahren bestand darin, daß das Kriegsamt gegenüber den zuvor unabhängig handelnden kommandierenden Generälen Weisungsbefugnisse in kriegswirtschaftlichen Angelegenheiten erhielt. Insgesamt hatten die kommandierenden Generäle aber immer noch einen erheblichen Handlungsspielraum, der durch die Einrichtung von Kriegsamtstellen und -nebenstellen bei den stellvertretenden Generalkommandos eingeschränkt werden sollte.[2] Durch die Umstrukturierung hatte man „formal eine gewisse Geschlossenheit des kriegswirtschaftlichen Apparats“[3] erreicht, aber gleichzeitig neue Reibungspunkte geschaffen durch den Dualismus von Kriegsamt und Kriegsministerium, stellvertretenden Generalkommandos und Kriegsamtstellen. „Statt der geplanten Superbehörde“ waren „chaotische Verhältnisse institutionalisiert worden.“[4] Zugleich wurde der direkte Einfluß der OHL auf Kosten der preußischen Regierung und der Reichsregierung gestärkt.[5]

Auch für das Arbeitsmarktgeschehen ließen diese kriegswirtschaftlichen Weichenstellungen Konsequenzen erwarten. Der Eintritt der Kriegswirtschaft in ein neues Stadium der „Organisiertheit“ legte angesichts der bereits bestehenden Engpässe die Notwendigkeit einer Neuordnung im Sinne eines strafferen Reglements nahe. Die Anspannung aller produktiven Kräfte zur Steigerung des Outputs konnte am entscheidenden Produktionsfaktor „Arbeit“ nicht vorbeigehen. *Wie* das geschehen sollte, war aber noch Gegenstand der Diskussion.

Mit der gewaltigen Ausweitung der Kriegsproduktion mußte sich die ohnehin angespannte Arbeitsmarktsituation mit den immer noch ungelösten Problemen der ersten Kriegsphase, allen voran dem Mangel an Facharbeitern, noch verschärfen. Die Diskussion um Arbeitszwang, Arbeitspflicht und Abschaffung der Freizügigkeit als Vorbedingung und Ergänzung des Hindenburgprogramms wurde mit schärferen Argumenten fortgeführt, wobei industrielle Ideen zur Umgestaltung der Arbeitsbeziehungen die Vorstellungen der OHL in diesem Punkt maßgeblich prägten.[6] Man dachte an ein „Kriegsleistungsgesetz“,[7] das für alle Männer und Frauen die militärische Arbeitspflicht einfüh-

1 Sein erster Leiter wurde General Groener, der zu diesem Zeitpunkt noch das Vertrauen der OHL genoß. Das Kriegsamt war nach dem Muster des englischen „war office“ konzipiert, entsprang aber in seiner tatsächlichen Form einem Kompromiß zwischen Regierung und OHL, vgl. Feldman, Armee, 163. Siehe auch Hardach, Weltkrieg, 74 sowie Mai, Arbeiterschaft, 11 mit Anm. 6.

2 Vgl. Feldman, Armee, 166f.

3 Hardach, Weltkrieg, 74.

4 Daniel, Fiktionen, 542.

5 Hardach, Weltkrieg, 73f.

6 Siehe z.B. Vorschläge Moellendorfs zur künftigen Arbeitsorganisation, dargelegt in einem Brief vom 5.9.1916, der an die OHL weitergeleitet wurde. Die OHL übernahm fast alle Überlegungen zur Arbeiterfrage wörtlich in ihrem Schreiben vom 13.9. an das Kriegsministerium. Beide Briefe in Paralleldarstellung abgedruckt in Sichler/Tiburtius, Arbeiterfrage, 101-104, vgl. auch Feldman, Armee, 150.

7 Vgl. das Kriegsleistungsgesetz in Österreich-Ungarn von 1912, Mai, Ende, 96.

ren sollte.[1] Aber auch jetzt stießen die Pläne sowohl in Militärkreisen als auch auf Seiten der Reichsregierung auf Widerspruch. Reichskanzler Bethmann Hollweg verwies in seiner Stellungnahme mit Nachdruck auf die wichtige Funktion des Lohnes als Leistungsanreiz und die motivationslähmende, leistungsmindernde Wirkung des Arbeitszwangs und fürchtete vor allem um die innenpolitische Ruhe.[2] Auch den Arbeitszwang für Frauen hielt er aufgrund des hohen Andrangs[3] der Frauen für arbeitsmarktpolitisch wenig erfolgversprechend.[4] In seiner Argumentation legte er somit den Haken der Idee offen: den grundsätzlichen Widerspruch zwischen Arbeitszwang und ökonomischer Effizienz.[5] Die Notwendigkeit eines Arbeitsmarktgesetzes wurde aber – auch nach Drängen des Kaisers zur endgültigen Regelung – in der allgemeinen Diskussion nicht mehr angezweifelt. Während Reichskanzler Bethmann Hollweg und Kriegsamtschef Groener auf sozialpolitische Zugeständnisse an die Arbeiterschaft setzten, beharrten die Industrie und die OHL auf ihrer arbeiterfeindlichen Position.[6]

Es folgten langwierige Auseinandersetzungen über den Gesetzesentwurf.[7] Die endgültige Version, das am 5.12.1916 – in dritter Lesung – erlassene „Gesetz über den Vaterländischen Hilfsdienst“[8] wich in wesentlichen Punkten von der Vorstellung der OHL ab.[9] Die umfassende Militarisierung der Arbeitsbeziehungen durch generalstabsmäßige Organisation des Wirtschaftslebens „auf Basis von Befehl und Gehorsam“[10] hatte sich nicht durchsetzen können. Die Mehrheit im Reichstag hatte sich für die von Gewerkschaftsseite gestellten Bedingungen stark gemacht.[11]

So sah das Gesetz die allgemeine Dienstpflicht für Männer vom 17. bis zum 60. Lebensjahr vor, aber nicht als Teil der Wehrpflicht, wodurch den Arbeitern ihr ziviler Sta-

1 Vgl. dazu den Brief von Hindenburg an Reichskanzler Bethmann Hollweg vom 13.9.1916, abgedruckt in Sichler/Tiburtius, Arbeiterfrage, 105-108.

2 Antwortschreiben des Reichskanzlers abgedruckt in Ludendorff, Urkunden, 70-76 und in Sichler/Tiburtius, Arbeiterfrage, 119-126.

3 Als „Andrang“ wird die Relation zwischen den bei den Arbeitsnachweisen gemeldeten Arbeitsuchenden und den dort registrierten offenen Stellen (meist bemessen auf 100 offene Stellen) bezeichnet. Als Indikator sind die Andrangziffern aber nicht unproblematisch, da Doppelzählungen berücksichtigt werden müssen, z.B. wenn sich Arbeitslose an mehrere Vermittlungsstellen wandten, vgl. Lederer, Lage, 163; Rabl. 14, 1916, 4.

4 Vgl. den Verweis auf die Statistik: Nicht das Arbeitsangebot, sondern die Arbeitsnachfrage sei das Problem, Sichler/Tiburtius, Arbeiterfrage, 126f.

5 Mit diesen beiden unversöhnlichen Haltungen war die Diskussion keineswegs beendet, was weitere Denkschriften der OHL zu dieser Angelegenheit dokumentieren. Ludendorff, Urkunden, 76ff.

6 Mai, Arbeiterschaft, 10.

7 Vgl. Mai, Ende, 99.

8 Gesetzestext im Reichsgesetzblatt 1916, 1333ff.; auch abgedruckt in Feldman, Armee, 424-428.

9 Hardach, Weltkrieg, 75.

10 Mai, Arbeiterschaft, 10.

11 Dazu gehörten die Einrichtung paritätisch besetzter Schlichtungsausschüsse, Zulassung betrieblicher Arbeiterausschüsse und Gewährung der vollen Koalitions- und Versammlungsfreiheit. Vgl. zur Reichstagsdebatte zum Hilfsdienstgesetzes Feldman, Armee, 196-206.

tus erhalten blieb. Die Freizügigkeit wurde durch das System der Abkehrscheine eingeschränkt, aber höhere Verdienstmöglichkeiten bildeten einen akzeptierten Grund, die Arbeitsstelle zu wechseln. In Betrieben mit mehr als 50 Beschäftigten wurden ständige Arbeiterausschüsse eingerichtet, die als zuständiges Gremium für diverse Anliegen der Arbeiterschaft mehr „Einvernehmen" in die Arbeitsbeziehungen bringen sollten. Wie in den Kriegsausschüssen der Berliner Metallindustrie präfiguriert, sollten auch paritätische Schlichtungsausschüsse gebildet werden. Die Bestimmungen zu den sogenannten Feststellungs- und Einberufungsausschüssen, mittels derer Beschäftigte aus als „nicht kriegswichtig" definierten Betrieben herausgezogen und in andere überwiesen werden konnten, trugen die Handschrift der OHL.[1] Die Gewährung der vollen Koalitionsfreiheit barg als Erfüllung langjähriger Gewerkschaftsforderungen eine über die Kriegszeit hinausgehende Dimension. Die Leitung des Hilfsdienstes lag beim Kriegsamt bzw. den einzelnen Kriegsamtstellen.

In seiner endgültigen Form waren im Hilfsdienstgesetz also Zwangsregulierungen mit sozialpolitischen Konzessionen verbunden.[2] Die Gewerkschaften hatten die offizielle Anerkennung durch den Staat und die Unternehmer erreicht und erste Formen der betrieblichen Mitbestimmung erwirkt, was eine neue Phase in der Entwicklung der Arbeitsbeziehungen eröffnete, die nun auch auf gesetzlicher Ebene verankert und um eine überbetriebliche Dimension erweitert worden waren. Gleichzeitig hatten die Gewerkschaften offiziell mehr Verantwortung für die Wahrung des „Burgfriedens" zugewiesen bekommen. Die diesem Kompromiß innewohnenden Widersprüchlichkeiten ließen in allen Lagern kritische Stimmen laut werden, zumal die Wirkungen auf den Arbeitsmarkt hinter den Erwartungen zurückblieben.

In Deutschland wurden also erst in der zweiten Kriegshälfte – mit Erlaß des Hilfsdienstgesetzes – einschneidende Maßnahmen staatlicher Arbeitsmarktpolitik getroffen. Durch die administrative Regelung wurde versucht, die noch herrschenden Marktbedingungen außer Kraft zu setzen. Indes hatte die organisierte Arbeiterschaft unter Inkaufnahme von Beschränkungen ebenfalls elementare Ziele erreicht und dadurch – zumindest theoretisch – ihre Ausgangsposition auf dem Arbeitsmarkt mit neuen Regelsystemen abgestützt. Damit stärkte sie ihre Verhandlungsposition gegenüber den Arbeitgebern. Zugleich wurde mit dem ehrgeizigen Hindenburgprogramm ein neuer gesamtwirtschaftlicher Rahmen geschaffen, in welchem der Staat ein immer größeres Gewicht erhielt.

Diese Weichenstellungen der zweiten Kriegshälfte gingen am Arbeitsmarktgeschehen nicht spurlos vorüber. Zunächst einmal wäre zu fragen, wie sich die praktische Um-

1 Das war ein Instrument zur Stillegung von Betrieben, evtl. sogar ganzer industrieller Zentren, „auf kaltem Wege", gegen das sich z.B. die süddeutschen Bundesstaaten angesichts des Übergewichts von Preußen und des rheinisch-westfälischen Industriegebietes zu wehren versuchten, Mai, Ende, 99f.; ders., Arbeiterschaft, 11.

2 Wie der Gewerkschaftsführer Legien formulierte, handelte es sich um ein „Zwangsgesetz mit einigen Tropfen sozialen Öls", Mai, Ende, 101.

setzung der produktiven Programmatik auf Wirtschaft und Arbeitsmarkt auswirkte. Ganz offensichtlich führte das Hindenburgprogramm zu einer verstärkten monetären Anstrengung des Staates: Im Jahr 1917 stieg der Anteil der öffentlichen Ausgaben am Nettosozialprodukt auf über drei Viertel, was nicht nur einen deutlichen Anstieg im Vergleich zum letzten Vorkriegsjahr, sondern auch eine erhebliche Zunahme im Hinblick auf das Vorjahr bedeutete.[1] Auch die Subventionspolitik der öffentlichen Hand, die als Anreiz zur Produktionsstättenausweitung – auch über die im Frieden noch nutzbaren Kapazitäten hinaus – den Unternehmen das Investitionsrisiko weitgehend abnahm, hing eng mit dem Hindenburgprogramm zusammen.[2]

Diese Entwicklungstendenzen veranschaulichen, welches Gewicht auch nach der organisatorischen Neuordnung, die eigentlich die Konzentration aller wirtschaftlichen Kräfte erleichtern sollte, partikularistische Interessen geltend machen konnten, was angesichts von Kompetenzüberlagerungen und innerbehördlichen Querelen eine klar strukturierte Wirtschaftspolitik erschwerte: „The more Germany mobilized for 'total war', the more those directing that mobilization became divorced from the economic and political reality around them“.[3] Analog zu den Mißständen auf organisatorischer Ebene blieb die tatsächliche Erzeugung hinter den aufgestellten Plänen zurück – die „große Wende“ in der Erzeugung kriegswichtiger Produkte fand nicht statt. Dennoch läßt sich eine Stimulierung der Kriegsproduktion im Jahre 1917 feststellen, die beispielsweise in der gesteigerten Stahlproduktion und der Metallverarbeitung ihren Ausdruck fand.[4]

Insgesamt konnte das Hindenburgprogramm aber weder im geplanten Umfang noch in der geplanten Zeit realisiert werden. Abgesehen von der Frage, ob die Erreichung des Produktionsziels unter den gegebenen Bedingungen nicht ohnehin unrealistisch gewesen ist, abgesehen auch von den destabilisierenden Wirkungen, die von einem solchen angestrengten Konzept auf die Wirtschaft ausgehen mußten, führte es auf dem Arbeitsmarkt zu paradoxen Begleiterscheinungen. Viele Unternehmen, motiviert durch die risikolose Möglichkeit der Erweiterung ihrer Kapazitäten, die angesichts der zu erwartenden Nachfragepolitik des Staates hohe Gewinne versprach, zogen Arbeitskräfte aus den unmittelbar kriegswichtigen Produktionen ab und setzten sie bei Erweiterungsbauten ein.[5]

---

1 Im Jahr 1916 hatte die entsprechende Quote 59% betragen. Siehe Feldman, Armee. Die Beschaffungspolitik des Staates förderte inflationäre Tendenzen, vgl. über die Konflikte darüber Zunkel, Industrie, 26f.

2 Kocka, Klassengesellschaft, 22.

3 Bessel, Mobilization, 214. Zur erfolgreichen Interessenpolitik vgl. Feldman, Armee.

4 Vgl. die Daten in Kocka, Klassengesellschaft, 21 sowie Mai, Ende, 106ff.

5 In HA Krupp, FAH 4 E 10.1, 69 beschreibt der Unternehmenschronist Berdrow: „Verzögernd wirkte (...) auch wohl die umfangreiche Bautätigkeit an drei großen Werkstätten, die unaufhörliche Erweiterung der älteren Arbeitsstätten, der Bau von Eisenbahnen im Werk (...) und der vermehrte Maschinenbau für die neuen Werkstätten. Alles dies entzog dem schon beschränkten Arbeitsmarkt dauernd Kräfte.“ Allerdings ist zu bedenken, daß auch bei einem garantierten Absatz der laufenden

Diese Fehlentwicklung suchte man durch eine Revidierung einiger Teilaspekte des Hindenburgprogramms zu bremsen.[1] Im Laufe des Jahres 1917 wurde aber allen verantwortlichen Stellen deutlich, daß die Ansprüche des Hindenburgprogramms zu hoch gesetzt worden waren, denn auch nach zweimaliger Reduzierung des Produktionsziels konnte von einer Erfüllung nicht die Rede sein.[2] So blieb die totale Ressourcenmobilisierung „in large measure an illusion, a paper-exercise".[3]

Schon bei der Formulierung des Hindenburgprogramms hatte die 3. OHL die Arbeitkräftefrage zum Kernproblem der verstärkten Rüstungsanstrengungen erklärt. Gewissermaßen war das Hilfsdienstgesetz ursprünglich als Instrument gedacht, das die praktische Umsetzung der Produktionssteigerung flankieren sollte. Mit dem Scheitern des Produktionsziels drängt sich die Frage auf, inwieweit die mit dem Hilfsdienstgesetz intendierte Arbeitskräftemobilisierung funktionierte und wie sich diese Regulierungsmaßnahme auf dem Arbeitsmarkt auswirkte.

Allgemeine Arbeitsmarktdaten, beispielsweise die Arbeitslosenquote und die Andrangzahlen lassen erkennen, daß das Problem der Beschaffung von Arbeitskräften immer schwieriger wurde. Der Arbeitsmarkt für Männer hatte schon nach Ende der ersten Kriegshälfte einen Nachfrageüberhang aufgewiesen. Darüber hinaus deuteten die sinkende weibliche Arbeitslosenquote und die rückläufigen Andrangziffern bei den Frauen nach 1916 das Aufsaugen auch dieser „Reservearbeitskräfte" an – ganz im Widerspruch zum vorherrschenden Glauben des schier unerschöpflichen Reservoirs von weiblicher Arbeitskraft.[4]

Auch von Unternehmensseite wurde der Arbeitermangel nach wie vor als „außerordentlich groß" beklagt und die „Entblößung von Facharbeitern" betont.[5] Eine Mobilisierung zusätzlicher männlicher Arbeitskräfte schien bei dem geringen Prozentsatz der Arbeitslosigkeit von 0,9 Prozent sehr unwahrscheinlich. Das Hilfsdienstgesetz zielte in seinem Schwerpunkt auch nicht auf eine generelle Mobilisierung, sondern auf die Konzentration schon vorhandener männlicher Kräfte in der Kriegsindustrie ab. Betrachtet man unter diesem Aspekt die Beschäftigtenziffern in der Kriegsindustrie nach 1916,

---

Produktion das Risiko groß war, daß „Frieden ausbrechen" konnte. Vor diesem Hintergrund war die Ausweitung der Kapazitäten für ein Unternehmen wie Krupp nach wie vor eine risikoreiche Investition, wie auch die Schwierigkeiten des Krupp-Konzerns nach 1918 angesichts der bereits getätigten Investitionen zeigten, vgl. dazu Burchardt, Kriegsgewinne, 71ff.

1 Vgl. Schreiben Ludendorffs vom 6.2.1917 an verschiedene kriegswirtschaftlich wichtige Stellen, in denen die Aufnahme der Produktion in schon vorhandenen Anlagen und die Einstellung der Erweiterungsinvestitionen gefordert wurden, Ludendorff, Urkunden, 158ff.

2 Vgl. dazu Feldman, Armee, 133.

3 Bessel, Mobilization, 214.

4 Lüders, Entwicklung, 243. Vgl. zu den Andrangzahlen 1916-1918 Faust, Arbeitsmarktpolitik, 284.

5 Vgl. Phoenix-Direktion am 19.7.1917 in einem Brief an Oberleutnant Nolden, MA P.22528, Mappe 2; zweites Zitat Vögler vom Verein deutscher Eisenhüttenleute in einer „Besprechung betreffend Arbeiterfragen" am 4.5.1917, MA P.22528, Mappe 1.

kann man einen klaren Anstieg der Beschäftigung konstatieren.[1] So wuchs beispielsweise die Anzahl der männlichen Beschäftigten in der Chemieindustrie um mehr als die Hälfte.[2] Das allein jedoch reicht nicht aus, um die Wirksamkeit des Gesetzes zu belegen. Im Gegenteil, der Höhepunkt der Abwanderung von Arbeitern aus den nicht unmittelbar kriegswichtigen Branchen war zum Zeitpunkt seines Erlasses bereits überschritten.[3] Die Zahl der für den Arbeitsdienst reklamierten kriegsverwendungsfähigen Männer stieg im Laufe des Jahres 1917 bis zum Kriegsende deutlich an.[4] Bei der Freimachung wehrfähiger Militärpersonen für das Heer spielten die Frauen eine deutlich größere Rolle als die Hilfsdienstpflichtigen.[5] Von offizieller Seite verlauteten daher auch Forderungen nach verschärfter Heranziehung Hilfsdienstpflichtiger und strikterer Anwendung der Gesetzesbestimmungen.[6]

Ein zentrales Anliegen des Hilfsdienstgesetzes war die Einschränkung der zwischenbetrieblichen Fluktuation durch ein erschwertes Verfahren des Arbeitsplatzwechsels. Davon erhoffte man sich eine Stabilisierung des Fabrikablaufs und einen Anstieg der Produktion. Da eine Lohnverbesserung aber auch nach der Aufhebung der Freizügigkeit ein legitimer Grund war, die Arbeitsstelle zu verlassen, existierte das Phänomen der wechselnden Belegschaft nach wie vor. So hatte der größte Rüstungskonzern, der Komplex der Krupp-Werke in Essen, „noch während des Hilfsdienstgesetzes, das die Abkehr (...) erschwerte, monatlich einen Ab- und Zugang von je 5-6.000 Arbeitern."[7]

Grundsätzlich ist es jedoch problematisch, die Frage der Entwicklung der Arbeiterfluktuation nach den Regulierungsversuchen durch das Hilfsdienstgesetz eindeutig zu beantworten, da sich die Arbeitermobilität in verschiedenen Industriezweigen unterschiedlich darstellte. Zudem gab es durchaus verschiedene Formen der Arbeitermobilität, die sich auch unabhängig von den Regulierungsmöglichkeiten durch das Hilfsdienstgesetz vollzog. Vermutlich ist die Fluktuation durch das Hilfsdienstgesetz nicht beseitigt worden.[8] Die Diskussionen der zuständigen Stellen über einen nach wie vor

1 Im Zeitraum von 1916-1918 nahm die Beschäftigung in den Kriegsindustrien um 27% zu, während sie in der ersten Kriegsphase abnahm, wobei man berücksichtigen muß, daß die Steigerungsraten der ersten Phase durch die Wirrungen der Anpassungskrise erheblich verzerrt sind. Vgl. oben, III 4.

2 Vgl. Rabl. 18, 1920, 63ff.

3 Z.B. war bis 1916 die Zunahme der männlichen Beschäftigten in der Metallindustrie höher als in der zweiten Kriegshälfte, vgl. Rabl. 18, 1920, 64.

4 Mitte 1916 betrug die Zahl der Reklamierten rund 1,2 Millionen, im Sommer 1918 belief sich die Zahl bereits auf ca. 2,4 Millionen, davon waren knapp 1,8 Millionen als „kv" (kriegsverwendungsfähig) eingestuft. Vgl. Baudis/Nussbaum, Wirtschaft, 304.

5 Vgl. die Daten bei von Gersdorff, Frauen, 162, 98ff.; siehe auch Lorenz, Frauenarbeit, 329: In den preußischen Armeekorpsbezirken gab es im Juli 1917 31.244 Freimachungen durch Hilfsdienstpflichtige, 2.878 durch Jugendliche, 2.914 durch über 60jährige, 64.142 durch Frauen.

6 Gersdorff, Frauen, 163.

7 Sogemeier, Entwicklung, 34.

8 Die Erfahrungen in den Unternehmen konnten variieren. So weist Mai, Ende, 101 „auf firmeninterne Erhebungen" hin, die zeigten, „daß das Gesetz durchaus seinen Zweck erfüllte".

erhöhten Arbeitsplatzwechsel deuten dies an.[1] Obwohl Industrievertreter anerkannten, daß das Kriegsamt ihnen bei der Arbeitsplatzbindung zu helfen versuchte, beurteilte man die rechtlichen Möglichkeiten zur Nachbesserung jedoch skeptisch:

„(...) [Das Kriegsamt, S.T.] kann sich natürlich nicht von den Klammern frei machen, die die augenblickliche Volksvertretung ihm anlegt und so schaut hinter jedem Zugeständnis der Vorlage der Pferdefuß heraus."[2]

Anscheinend ist in einigen Branchen die Fluktuation wohl im Umfang gemindert worden – was von industrieller Seite aber nicht öffentlich zugegeben wurde.[3] So interessierte sich ein Düsseldorfer Phoenix-Werk, die Düsseldorfer Röhren- und Eisenwalzwerke AG (DREW),[4] wenig für eine in Aussicht gestellte Nachbesserung des Gesetzes, die vor allem den Reklamierten den Arbeitsplatzwechsel erschweren sollte. Und dies nicht nur aus dem Grund, daß dies nur kleine Teile der Belegschaft betraf. Entscheidend war vielmehr eine im Vergleich zur Vorkriegszeit gesunkene zwischenbetriebliche Mobilität der Arbeiter:

„Bei den meisten Firmen, die nicht reine Rüstungsindustrie betreiben, wie Krupp oder Rheinmetall, liegt der Fall ähnlich, so daß tatsächlich nur 1,5% der Hilfsdienstpflichtigen vom Schlichtungsausschuß den Abkehrschein erhalten hat. Auch ist es nicht unbekannt, daß im ganzen 7. Korpsbezirk verhältnismäßig sehr viel weniger Arbeitsplatzwechsel stattgefunden hat wie [sic] im Frieden, nämlich 60% gegen 130%."[5]

Abgesehen davon ist es ohnehin problematisch, das in vielen Branchen bestehende Phänomen der Fluktuation einfach auf die entsprechenden Bestimmungen des Hilfsdienstgesetzes zurückzuführen. Zugleich manifestierte sich eine Form von Mobilität, die nichts mit der Lücke zu tun hatte, die das Hilfsdienstgesetz durch das Verfahren des Abkehrscheins hinsichtlich der Freizügigkeit bot. Dies läßt sich anhand von Aufstellungen des Krupp'schen „Büros für Arbeiterangelegenheiten" veranschaulichen, die den „Abgang" von Arbeitern nach seinen Modalitäten klassifizieren. Durchschnittlich besaß

1 Vgl. „Kurze Niederschrift über eine Besprechung betreffend Arbeiterfragen", am Freitag 4.5.1917, Verein deutscher Eisenhüttenleute mit Vertretern vom Kriegsamt und der Kriegsamtstelle in Düsseldorf, Vertretern des VdESI und Arbeitnordwest etc., MA P.22528, Mappe 1.

2 MA P.22528, Mappe 1, Becker (Phoenix, Abteilung Düsseldorfer Röhren- und Eisenwalzwerke) an Beukenberg (Phoenix Hauptverwaltung) am 9.10.1917 über eine Sitzung des Kriegsamtes mit Industriellen am 6.10.1917 in Berlin. An der Sitzung nahmen von Seiten der Industrie u.a. die Herren Blohm, Borsig, Bosch, Duisberg, Hilger, Hugenberg, Pfeil, Reuter, Röchling, Stahl, Stinnes und Vielhaber teil.

3 Vgl. Mai, Ende, 101; ders., Arbeiterschaft, 15 mit Anm. 17; Plumpe, Industrie, 179-210.

4 Die DREW, Traditionsfirma der Unternehmerfamilie Poensgen, hatten vor dem Ersten Weltkrieg mit der Phoenix AG für den Bergbau- und Hüttenbetrieb fusioniert, nachdem sich Planungen für ein *joint venture* mit den Mannesmann-Röhrenwerken zerschlagen hatten, vgl. dazu Wessel, Kontinuität, 33, 140.

5 MA P.22528, Mappe 1, Becker (DREW) an Beukenberg (Phoenix Hauptverwaltung) am 9.10.1917 über die Sitzung des Kriegsamts mit Vertretern der Industrie in Berlin am 6.10.1917.

fast die Hälfte der in den Sommermonaten aus der Gußstahlfabrik ausscheidenden hilfsdienstpflichtigen Arbeitskräfte überhaupt keinen Abkehrschein des Unternehmens. Anders formuliert, war diese Arbeitnehmergruppe also „kontraktbrüchig" oder hatte aus eigenem Antrieb gekündigt, konnte aber keine Zustimmung des Unternehmens vorweisen.[1] Nur ungefähr 1,4 Prozent der ausscheidenden Hilfsdienstpflichtigen hatte die Intervention des Schlichtungsausschusses bemüht. Im Jahr 1917 schwankte die Relation derjenigen, die ohne Abkehrschein abwanderten, zur Gesamtheit der ausscheidenden Hilfsdienstpflichtigen zwischen 50 und 60 Prozent.[2] Vor dem Hintergrund dieser Überlegungen entsteht somit ein anderes Bild der Bewegungen auf dem Arbeitsmarkt. Noch immer ließ sich somit ein kontinuierlicher, spürbarer (Zu- und) Abgang von Arbeitern registrieren, allerdings auch Arbeitsplatzwechsel, die sich anscheinend völlig unbeeindruckt von den Regulierungsbestimmungen des Hilfsdienstgesetzes vollzogen.

Nach wie vor gehörten die von industriellen Kreisen erhobenen Klagen über häufigen Belegschaftswechsel zu einem gängigen Motiv in der öffentlichen Diskussion der Arbeitsmarktprobleme. Viele Unternehmer, die mit dem Kompromißcharakter des Gesetzes ohnehin unzufrieden waren, suchten auf diese Weise wohl auch ihren Argumenten für die Notwendigkeit einer Korrektur des Gesetzes in ihrem Sinne („mehr Zwang") Nachdruck zu verleihen. Die industrielle Kritik an dem „der ganzen Industrie aufgezwungenen" Hilfsdienstgesetz[3] stand häufig für den grundsätzlicheren Vorwurf einer „mehr wie (sic) einseitige[n] Behandlung der Arbeiterfrage durch Regierung und Reichstag zu Ungunsten des allgemeinen Wirtschaftslebens".[4] Eine allgemeine Unzufriedenheit mit der Situation ließ sich auch an der Tatsache ablesen, daß immer noch Diskussionsbedarf hinsichtlich möglicher Änderungen in der Handhabung des Arbeitskräfteengpasses bestand. Dies zeigten die Debatten zwischen Vertretern der Industrie

1 Berechnet nach HA Krupp, WA 4/1395, darin „Nachweisung über die Zahl der in der Zeit vom 1.-31.7.1917 ausgeschiedenen Personen der Gußstahlfabrik, ausschließlich der Feuerwerkerei Bottrop". Z.B. schieden im Juli 1917 1.740 hilfsdienstpflichtige Personen aus, von denen 327 einberufen wurden. Von den verbleibenden 1.413 Personen kehrten 671 – rund 47,5% – ohne Abkehrschein ab, 722 – rund 51,1% –mit Abkehrschein. Von dieser letzten Gruppe allerdings schieden 189 aufgrund „grober Verstöße" gegen die Arbeitsordnung aus, wurden also vom Unternehmen sofort entlassen. Auf die Gesamtheit der Hilfsdienstpflichtigen bedeutet das, daß rund 38% mit Abkehrschein, aber ohne gravierende Verstöße, ausschieden, während rund 13% den Abkehrschein vor dem Hintergrund der fristlosen Kündigung erhielten. Nur 20 (ca. 1,4%) aller Hilfsdienstpflichtigen schied mit Genehmigung des Schlichtungsausschusses aus.

2 HA Krupp, WA 4/1395, darin interne Aktennotiz (ohne Datum und Unterschrift) mit Berechnungen zur Wirkung des Hilfsdienstgesetzes.

3 So Becker (DREW) an Beukenberg (Phoenix Hauptverwaltung) am 9.10.1917, MA P.22528, Mappe 1. Ein Argument der Bergbaubranche gegen das Hilfsdienstgesetz lautete, es habe ihnen die Leute entzogen, ebd.

4 So die Meinung Hugenbergs und Hilgers in einer Sitzung des Kriegsamtes am 6.10.1917 nach dem Bericht von Becker (Phoenix, DREW) an Beukenberg (Phoenix Hautpverwaltung), MA P.22528, Mappe 1.

und kriegswirtschaftlicher Instanzen über Reformvorschläge.[1]

Es ist fraglich, ob sich eine andere, stärker mit Zwang operierende gesetzliche Regulierung nachhaltiger auf den Arbeitsmarkt ausgewirkt hätte, aber die mangelnde Veränderbarkeit der „konstanten" Parameter – wie beispielsweise des Angebotes an qualifizierten Arbeitern und der äußeren Rahmenbedingungen – läßt eher das Gegenteil vermuten.[2] Wenn ausgebildete Facharbeiter nicht zur Verfügung standen, bot sich als einzige Möglichkeit an, sich mit dieser Gegebenheit so gut wie möglich zu arrangieren, indem man beispielsweise die fehlenden Fachkräfte durch andere, geringer qualifizierte Arbeiter ersetzte – ein Vorgang, der als „Verdünnung" oder „Streckung" (*dilution*) bezeichnet wird. Das aber setzte die fabrikinterne Anlernung der Arbeiter und eine Zerlegung des Fertigungsprozesses in mehrere, leicht zu erlernende Tätigkeiten voraus, also tiefgreifende Veränderungen innerhalb der Arbeitsorganisation, die nicht innerhalb kurzer Zeit zu bewerkstelligen waren.[3] Viele Unternehmen scheuten vor einer solchen Veränderung zurück und weigerten sich, derartige Anpassungsprozesse zu forcieren. Zwar gab es bereits serielle Fertigung und auch kriegsbedingte Umstellung auf standardisierte Produktion – gerade die Fertigung der gleichförmigen Kriegsgüter legte das nahe – aber auch hier waren Facharbeiter gefragt und längst nicht überflüssig geworden.

Die verschiedenen Aspekte, in denen die Marktregulierung per Gesetz nur unzureichend funktionierte, deuten darauf hin, daß letztendlich keine großen Beschäftigungswirkungen vom Hilfsdienstgesetz ausgingen. Da die allgemeinen Marktergebnisse ebenfalls keine Trendwende erkennen lassen, liegt die Vermutung nahe, daß der direkte arbeitsmarktpolitische Erfolg dieser Regelung ausblieb. Die Begrenztheit der arbeitsmarktpolitischen Wirkung lag in der Tatsache begründet, daß durch Zwangsmaßnahmen Arbeitskräfte zwar umverteilt, aber nicht neu gewonnen werden konnten. Darüber hinaus dämpften sicherlich auch die Erschöpfung der Wirtschaft und der Bevölkerung nach drei langen Kriegsjahren sowie die damit verbundene sinkende Arbeitsintensität und -produktivität die Effekte der Ressourcenmobilisierungsversuche. Die Zweifel an der Wirksamkeit des Gesetzes in dieserm Bereich verweisen auf das generelle Problem, Marktprozesse in Krisenzeiten zu steuern. Damit waren die kriegswirtschaftlichen Umstrukturierungen durch Hilfsdienstgesetz und Hindenburgprogramm allerdings nicht völlig gescheitert. Grundlegende Wirtschaftstendenzen ließen sich durch eine regulierende Intervention jedoch nicht einfach aufheben. Die Schwierigkeit bei der Beurteilung des Hilfsdienstgesetzes liegt außerdem darin, daß sich besonders in den letzten beiden

1 Vgl. die Erörterungen über die Reformierung der Grundzüge für die Behandlung zurückgestellter Wehrpflichtiger u.ä., MA P.22528, Mappe 1.

2 „Die zivilen Arbeiter konnten nicht wie Soldaten in die jeweilige Bresche der Arbeitsschlacht geworfen werden, wie naive Generalstäbler glauben mochten. Schon allein der Wohnungsmarkt in den industriellen Ballungsräumen hätte wohl eine Konzentration der Produktion durch radikale Stillegungs- bzw. Zusammenlegungsmaßnahmen, wie Stinnes und Groener gefordert hatten, nicht zugelassen", Mai, Arbeiterschaft, 15.

3 Vgl. dazu auch unten, IV 3.2.

Kriegsjahren verschiedene gleichzeitig wirksame Einflüsse auf den Arbeitsmarkt überlappten. Zu solchen potentiellen „Störfaktoren“, die Arbeitsmarktprozesse blockieren konnten, zählten beispielsweise Transportprobleme und gravierende Rohstoffengpässe[1] sowie die sich seit dem „Kohlrübenwinter“ 1916/17 zuspitzende Ernährungskrise. Mit der zunehmenden Geldentwertung und dem Mangel an Lebensmitteln und anderen Gütern des täglichen Bedarfs konnten die kriegswirtschaftlichen Zwänge nur begrenzt materiell kompensiert werden, was sich äußerst nachteilig auf die Motivation und damit auch die Produktivität auswirkte – abgesehen davon, daß bei Krankheit und Unterernährung die Arbeitsleistung sank.[2] Der Rückgang der Arbeitsleistung, vom Vorstand der Eisenhüttenleute als einer der „schwerwiegendsten Punkte in den Arbeiterfragen“ apostrophiert, erreichte fallweise dramatische Ausmaße: Unternehmensquellen zufolge sank die Leistung an einigen Stellen in der Eisenindustrie um 80 Prozent.[3] Angesichts der sichtlichen Überlastung der Arbeiter wurden Vorschläge zur Senkung der Arbeitszeit diskutiert und in einigen Branchen umgesetzt.[4]

Obwohl die direkten Wirkungen des Hilfsdienstgesetzes auf dem Arbeitsmarkt gering blieben, führte es jedoch über indirekte Wirkungszusammenhänge Veränderungen für das Arbeitsmarktgeschehen herbei. Für die Beziehungen zwischen den Arbeitsmarktparteien hatte das Hilfsdienstgesetz einen entscheidenden qualitativen Transformationsprozeß in Gang gebracht.[5]

5.2. *Mobilitazione Industriale* und industrielle Beziehungen

Auch in Italien deuteten sich in der zweiten Kriegshälfte graduelle Veränderungen in der Kriegswirtschaft an, die sich indirekt auf den Arbeitsmarkt auswirkten. Schon im Verlauf des zweiten Kriegsjahres hatte sich immer deutlicher herausgestellt, daß die kriegswirtschaftlichen Erfordernisse und Probleme allein auf dem Wege der disziplinarischen Kontrolle und Reglementierung von Arbeitsmarkt und Beschäftigung nicht lösbar waren. Bereits Ende 1915 hatte ein von revolutionären Gewerkschaftlern äußerst entschieden geführter Streik der gesamten Belegschaft eines Hilfsbetriebs in Ligurien die örtlichen MI-Organe in Verwirrung gestürzt und die Grenzen des Kontrollapparats aufgezeigt – unmöglich konnten ganze Belegschaften als Deserteure verurteilt werden.

1 Vgl. z.B. das Phänomen der „Kohleferien“ = vorübergehender Betriebsstillstand wegen Brennstoffmangels, das sich in der zweiten Kriegshälfte häufte.

2 Vgl. auch Mai, Arbeiterschaft, 14.

3 So Vögler in der Sitzung mit Vertretern des Kriegsamtes am 4.5.1917, vgl. „Kurze Niederschrift über eine Besprechung betreffend Arbeiterfragen am Freitag, 4.5.1917“, MA P.22528, Mappe 1.

4 Vgl. in MA P.22528, Mappe 1 die Information der „Vereinigung deutscher Kaltwalzwerke“ an ihre Mitglieder über die Vorschläge des Stellvertretenden Generalkommandos in Münster an die Vereinigung zur Senkung der Arbeitszeit vom Oktober 1917, da die Metallarbeiter an körperlicher Leistungsfähigkeit aufgrund der Überbelastung und des Lebensmittelmangels immer mehr abgenommen hätten, die Vorschläge hätten sich bei Krupp bewährt.

5 Vgl. unten, III, 9.

In Folge dieser Geschehnisse erarbeiteten die MI-Komitees als Ergänzung zu den extremen Sanktionen des militärischen Strafrechts einen Katalog zusätzlicher gestaffelter Strafmaßnahmen.[1]

Dennoch bewirkten die Ereignisse in Ligurien innerhalb der MI-Organe offenbar eine allmähliche Revision der anfänglich sehr ablehnenden Haltung gegenüber reformistischen Gewerkschaftsvertretern, die bereits seit längerem ihre Bereitschaft zur direkten Mitarbeit im Zentralausschuß signalisiert hatten. Dallolio selbst setzte sich in den folgenden Monaten für eine Zusammenarbeit mit Buozzi, dem Führer des Metallarbeiterverbandes FIOM ein, bis es dann im Sommer 1916 zu einem ersten offiziellen Gespräch zwischen den Arbeiterrepräsentanten und dem MI-Vorsitzenden kam.[2] Die zentralen Forderungen der reformistischen Gewerkschaft, der Acht-Stunden-Tag sowie die Neuregelung der eingefrorenen Akkordlöhne, blieben jedoch Zukunftsmusik.[3] Als ein Einschwenken auf die kooperative Linie lassen sich allerdings die Festschreibung des Zehn-Stunden-Tages sowie die Anordnung von Nacht- und Überstundenzulagen interpretieren, die gegen Ende des Jahres in Kraft traten.[4] Einen vorläufigen Höhepunkt erreichte der Kooperationskurs mit der Gründung der sogenannten *Commissione Cottimi* innerhalb der MI, die – paritätisch aus Industriellen und Arbeitervertretern zusammengesetzt – mit der Prüfung der Akkordentlohnung betraut war, sich aber bald auch anderen Angelegenheiten zuwandte.[5] Vor allem aber diskutierte man in diesem Gremium den Fortbestand der MI über den Krieg hinaus, ein von Dallolio und seinem Mitarbeiter Toniolo ausgearbeitetes Konzept, das den voraussichtlich mit der Demobilisierung verbundenen Arbeitsmarktproblemen Rechnung tragen sollte.[6] In der Arbeiterschaft fand diese Idee keinen Anklang. „Die Industrielle Mobilisierung lief allein auf eine Militarisierung der Arbeiter hinaus" konstatierte Buozzi, nach dessen Ansicht der Rückkehr zur unkontrollierten Wirtschaft für die Arbeiter nur Vorteile bringen konnte.[7] Die Repräsentanten der Industrie standen diesem Vorschlag ebenfalls zwiespältig gegenüber. Einerseits schätzten sie die Kontrollfunktionen, die die Militarisierung der Arbeiterschaft mit sich brachte, andererseits lehnten sie den schwerfälligen bürokratischen Apparat ab.[8]

1 Tomassini, Mobilization and State Intervention, 183f.

2 Das Treffen hatte symbolischen Charakter, wie Buozzi rückblickend feststellt: „Era la prima volta che la nostra organizzazione saliva le scale di un ministero", zitiert nach Tomassini, Mobilitazione, 91.

3 Vgl. Bezza, Mobilitazione, 84f.

4 Tomassini, Mobilization and Labour Market, 81.

5 Der *Commissione* gehörten an: Ferraris, Orlando, Breda, Fera, Perrone als Repräsentanten der Industrie; Ancillotti, Colombino, Buozzi, Di Dio, Sinigallia als Vertreter der Arbeiterschaft, Bezza, Mobilitazione, 95 mit Anm. 58.

6 E. Toniolo, Mobilitazione industriale ed assetto delle industrie dopo la guerra, in: BCCMI 2, August 1917, 37-41, hier 41.

7 Buozzi, Guerra, 140. Übers. d. V.

8 Bettini, Relazioni, 551ff.

Insgesamt herrschte eher eine ablehnende Tendenz gegen die *bardatura di guerra* vor.[1]

Die praktischen Ergebnisse der Zusammenarbeit von Gewerkschaften, Industriellen und Staatsorganen blieben begrenzt. Im Hinblick auf die Randstellung, die die organisierte Arbeiterschaft in Italien bei Kriegseintritt bekleidet hatte, stellte jedoch die Zusammenarbeit mit den MI-Organen einen wichtigen Fortschritt dar.

Wie in Deutschland spätestens seit der Jahreswende 1916/17, so verschlechterte sich auch in Italien die Lebenssituation der Bevölkerung spürbar.[2] Sowohl die äußere als auch die „interne" Front zeigten allmählich Risse – der „soziale Frieden" drohte zu zerbrechen. Dafür waren die um sich greifende Kriegsmüdigkeit und Protestbereitschaft, die in den Unruhen in Turin im August gipfelten und wenige Monate später von der katastrophalen militärischen Niederlage bei Caporetto gefördert wurden, deutliche Anzeichen.[3]

Gleichzeitig verharrte die Situation auf dem Arbeitsmarkt in einem rigiden, unflexiblen Zustand. Da sich der Kreis der Unternehmen, für den die MI-Normen galten, abermals erheblich erweitert hatte und sich im Frühsommer 1917 auf 1.463 Unternehmen erstreckte,[4] hatte sich das regulierte Arbeitsmarktsegment ausgedehnt. Die hier tätigen Arbeiter hatten also nur eine beschränkte Chance, die für sie günstige Marktlage zu ihrem Vorteil zu nutzen – obwohl das Kontrollinstrumentarium Lücken besaß. Da das Recht auf Streik mit dem Eintritt in die Hilfsbetriebe für die wehrpflichtigen Arbeiter völlig, für die Nicht-Wehrpflichtigen bedingt eingeschränkt wurde, schieden Arbeitskampfmaßnahmen als Instrument zur Verbesserung der ökonomischen Lage aus. Dieser Zustand war angesichts der fortschreitenden Inflation problematisch.[5]

In diesem Kontext deuteten auch Umstrukturierungen des kriegswirtschaftlichen Apparates den Beginn einer neuen Phase an. Im Zuge umfassender struktureller Veränderungen innerhalb der staatlichen Administration durch die neue Regierung Boselli wurde das bisher dem Kriegsministerium unterstellte *Sottosegretariato per le Armi e Munizioni* in ein eigenständiges Ministerium verwandelt, sein Leiter Dallolio damit zum Minister der Kriegswirtschaft.[6] Die Gründung des Ministeriums wirkte sich auch auf den ihm eingegliederten Apparat der MI aus, der entsprechend seiner im Verlauf des Krieges gewachsenen Einflußsphäre auch personell erweitert wurde. Insgesamt sechs neue Vertreter der Arbeiterschaft sowie der Industriellen ergänzten nun den Mitarbeiterkreis der einzelnen Regionalausschüsse, deren Gesamtanzahl sich ebenfalls erhöht

---

1 Adler, Industrialists, 112.

2 Dazu genauer unten, III, 8.

3 Zu den Unruhen in Mailand und Turin vgl. Procacci, State Coercion, 173ff.; eine kurze Darstellung der Streikentwicklung im allgemeinen erfolgt in diesem Kapitel, III, 8.

4 BCCMI 2, August 1917, 68. Im Laufe des Krieges stieg die Zahl der ausiliari schließlich auf rund 2000, - „vale a dire la grandissima parte dell'apparato industriale", Tomassini, Grande Guerra, 70.

5 Formal war das Streikrecht nicht abgeschafft, jedoch mit dem Verbot, den Arbeitsplatz zuverlassen, faktisch wirksam, das galt in besonderem Maße für die Wehrpflichtigen, die besonders harte Strafen zu erwarten hatten, Procacci, Repressione, 126.

6 Carucci, Funzioni, 62ff.

hatte.[1] Darüber hinaus erfolgte nun auch die formale Integration der reformistischen Gewerkschaftsvertreter, die bereits ab Mitte 1916 partielle Mitwirkungsmöglichkeiten besaßen, auf zentraler Ebene durch ihre Aufnahme in den CCMI.[2] Wenn auch nicht explizit, so wurde damit doch indirekt zumindest der reformistische Gewerkschaftsflügel als Vertretung der Arbeiterschaft anerkannt. Zugleich erhielten im Rahmen dieser Neuordnung die Schiedssprüche der Mobilisierungskomitees Rechtskraft.[3] Damit war ein wichtiger Schritt zur Herauslösung der industriellen Beziehungen aus ihrem ursprünglichen individuellen und betriebsinternen Kontext zwischen Arbeitgeber und Arbeitnehmer getan. Gleichzeitig trat der Staat als mitwirkende Instanz hinzu.

Auch auf der betrieblichen Ebene zeigten die MI-Maßnahmen eine neue Handschrift. Um die Arbeitsbedingungen in den einzelnen Hilfsbetrieben so einheitlich wie möglich zu gestalten und den provisorischen Zustand der Anfangsphase zu überwinden, erhielten die MI-Organe mehr Einfluß auf die Arbeitsbedingungen. So sollte z.B. das neu gegründete *Ufficio Sorveglianza Igienico-Sanitario* die Einhaltung von Schutzbestimmungen kontrollieren, insbesondere für Frauen und Jugendliche. Gleichzeitig überprüfte es aber auch die Berechtigung von Absenzen aus Krankheitsgründen und entwickelte sich daher faktisch auch zu einem Instrument gegen den wachsenden *assenteismo*.[4]

Darüber hinaus wurden die mobilisierten Arbeiter in die *Cassa Nazionale di Previdenza* eingeschrieben. Zudem gründete die MI eine *Cassa Integrazione*, aus der Unterstützungszahlungen für Arbeiter getätigt werden sollten, die ihren Arbeitsplatz aufgrund von Rohstoffengpässen verloren hatten. Durch diese Regelungen wurden im Zeichen der Kriegswirtschaft rudimentäre Vorsorgemöglichkeiten realisiert, die die sozialpolitische Kehrseite des militärischen Kontrollapparates ausmachten.[5]

Nach wie vor blieb das Augenmerk der MI auf die Wahrung des Arbeitsfriedens gerichtet. Das bereits in Turin praktizierte System der „Fabrikspione" – Arbeiter, die mit den Aufsichtsbehörden kooperierten und über Unruhen und „Unregelmäßigkeiten" berichteten – wurde von den CRMI übernommen und auf ganz Italien ausgedehnt.[6] Darüber hinaus ging die disziplinarische Überwachung der mobilisierten Unternehmen, die zuvor in den Händen der lokalen Militäreinheiten gelegen hatte, ebenfalls in den Kompetenzbereich der MI über. Das mußte nicht unbedingt eine Verschärfung der Fabrikdisziplin bedeuten, sondern sollte im Gegenteil den flexibleren Kurs Dallolios im Umgang mit inneren Unruhen gegenüber der „harten" Linie des militärischen

1 Vgl. Decr. lgt. Nr. 1093, 5. Juli 1917, vgl. De Stefani, Legislazione, 418ff.; Bettini, Relazioni, 551ff.

2 Procacci, State Coercion, 158.

3 Vgl. Bezza, Mobilitazione, 93; De Stefani, Legislazione, 418f.

4 Einaudi, Condotta, 114f.; Camarda/Peli, Esercito, 29; nach der Statistik des CCMI war das Phänomen des Absentismus durch die Militarisierung von 8,4% auf 4,8% gesunken, BCCMI 2, August 1917, 57.

5 Bezza, Mobilitazione, 85; Tomassini, Mobilization and Labour Market, 81.

6 Einaudi, Condotta, 113; Procacci, Repressione, 127.

Oberkommandos durchsetzen.[1] Nach Dallolios Ansicht war es äußerst wichtig, zwischen ökonomischen und politischen Motiven von Konflikten zu differenzieren. Für erstere bot die MI bereits seit ihrer Gründung Schlichtungsmechanismen an. Dies wurde umso wichtiger, als besonders in der zweiten Kriegshälfte die Geldentwertung immer rascher vonstatten ging.[2] Angesichts der MI-Bestimmungen, die alle Arbeitsverträge bis auf drei Monate nach Kriegsende auf Eis legten, damit aber auch die Lohnhöhe auf Vorkriegsniveau beließen, lag das ökonomische Konfliktpotential auf der Hand. Die quantitative Entwicklung der durch die Regionalkomitees geschlichteten Arbeitskonflikte bestätigt diesen Zusammenhang.[3]

Im Jahr 1917 ist ein sprunghafter Anstieg der beizulegenden Kontroversen zu verzeichnen, der in den industriellen Zentren Nordwestitaliens besonders ausgeprägt war. Vor allem in Mailand schien das Schlichtungsverfahren plötzlich populär: Dort stieg die Anzahl der im lombardischen CRMI registrierten Arbeitskonflikte um mehr als das Fünffache im Vergleich zum Vorjahr.[4]

Auf welcher Grundlage aber basierte dieses Schlichtungssystem? In diesem Punkt waren die MI-Bestimmungen nicht ohne Widersprüche, da sie sowohl das Motiv für die Anstrengung eines Schlichtungsverfahrens – die blockierte Lohnentwicklung – als auch seine Abwicklung garantierten.[5] Das zugrundeliegende Prinzip war die in den MI-Bestimmungen ebenfalls verankerte Klausel der „gerechten Behandlung“, die für zivile wie militärische Arbeiter gleichermaßen die Möglichkeit zur Beschwerde implizierte.[6] Dieser Weg war allerdings eher als Ausnahme gedacht – daß die tatsächliche Inanspruchnahme im Verlauf der zweiten Kriegshälfte sich zu einem „normalen“ Vorgang entwickelte, hatten die Urheber des *regolamento* nicht vorausgesehen.[7]

Um ein Schlichtungsverfahren in Gang zu bringen, mußte bei den Regionalkomitees ein „Memorandum“ eingereicht werden, das von Arbeiterkommissionen innerhalb des Unternehmens ausgearbeitet wurde und die Forderungen der Belegschaft enthielt.[8] Für die Schlichtung der kollektiven Kontroversen innerhalb der CRMI waren sodann paritä-

---

1 Die Aufsicht oblag immer noch einem Militärbeamten, dieser war aber unabhängig von der Kommandostruktur der lokalen Militäreinheiten, vgl. Procacci, State Coercion, 158f.

2 Nach C.-L. Holtfrerich erreichte die Inflation während des Krieges in Italien vergleichbare Ausmaße wie in Deutschland, ders., Moneta, 685.

3 Tomassini, Mobilization and State Intervention, 188; siehe auch Redenti, Notizie, in: Bollettino del CCMI 10, April 1918, 117-124.

4 Vgl. ebd. Die Gesamtheit der in den CRMI registrierten Konflikte war im Jahr 1917 in ganz Italien um mehr als das Vierfache gestiegen. Im Jahr 1918 hatte beinahe die Hälfte der mobilisierten Arbeiter von dem Verfahren Gebrauch gemacht.

5 Art. 24 und 6 des MI-*Regolamento*, vgl. Bettini, Relazioni, 536.

6 Die MI-Bestimmungen sollten *equo trattamento* gewährleisten, vgl. B. Bezza, Gli aspetti normativi nelle relazioni industriali del periodo bellico (1915-1918), in: Procacci, Stato e classe, 103-120, hier 110.

7 Vgl. Tomassini, Mobilization and Labour Market, 79.

8 Vgl. die Ausführungen Dallolios über den Ablauf des Verfahrens in Bezza, Mobilitazione, 97.

tisch zusammengesetzte Kommissionen zuständig.[1] Vor dem Hintergrund der rasch steigenden Zahl der in den MI-Gremien verhandelten Arbeitskonflikte beobachteten Zeitgenossen alsbald die Entstehung einer wahrhaftigen „*industria del memoriale*".[2]

Nach der – rechtsverbindlichen – Schlichtung des Regionalkomitees war nur noch ein Appell an das Zentralkomitee (CCMI) mit Sitz in Rom möglich. Die Schiedssprüche des CCMI, die auch grundsätzliche Aspekte berührten, schufen landesweit geltende Regelungen für die mobilisierten Industrien und galten deshalb als „Embryo" der späteren nationalen Tarifverträge.[3]

Wichtigster Gegenstand der ausgetragenen Kontroversen bildete die Anpassung der Löhne an die gestiegenen Lebenshaltungskosten, ohne jedoch die eingefrorenen Vorkriegslöhne anzutasten.[4] Die Nachbesserungen in der Entlohnung erfolgten indessen über die Festsetzung außerordentlicher Teuerungszulagen (*indennità caroviveri*), was dem Ansinnen der Arbeitgeber entgegenkam, Konzessionen an die Arbeiterschaft weitgehend zu vermeiden, die über die Extremsituation des Krieges hinaus Bestand haben könnten.[5] Daneben begann im letzten Kriegsjahr in einigen Regionen das Experiment mit einer gleitenden Lohnskala (*scala mobile*), die eine automatische Anpassung der Löhne gemäß der Entwicklung der Lebenshaltungskosten und entsprechend besonderer Bedürftigkeitskriterien (z.B. Anzahl der Familienmitglieder) gewährleisten sollte. Für ganz Italien konnte sich dieses Modell jedoch nicht durchsetzen.[6] Dennoch stellte der Versuch einen interessanten, durchaus innovativen Ansatz dar, um der den Entlohnungsproblemen innewohnenden sozialen Dimension Rechnung zu tragen.

Insgesamt wurde durch das Schlichtungsinstrumentarium und seine Mechanismen der „natürliche" Wirkungsimpuls des Arbeitsmarktes außer Kraft gesetzt, da die Arbeiter keine echte Möglichkeit besaßen, frei am Marktgeschehen zu partizipieren. Die künstliche Lohnfindung jenseits der Kriterien des Marktes, orientiert an mehr oder weniger sozialen oder „gerechten" Bewertungsmaßstäben, schützte den Arbeiter vor einem Verelendungsprozeß, den das Einfrieren der Arbeitsverträge zweifelsohne bedeutet hätte, aber stellte ihn gleichzeitig bedeutend schlechter, als es unter Marktbedingungen der Fall gewesen wäre. Die Löhne der Rüstungsindustrie wären ohne den regulierenden Eingriff und ohne die Aufhebung der Freizügigkeit sicherlich weitaus stärker gestiegen.[7]

---

1 Siehe Art. 7 des MI-Reglements, Wortlaut in S. Musso, Il sindacalismo italiano, Mailand 1995, 58. Reprint desselben Aushangs in Tomassini, Grande Guerra, 70.

2 Bettini, Relazioni, 551.

3 Vgl. Musso, Sindacalismo, 60.

4 Tomassini, Mobilization and State Intervention, 191.

5 Ders., Mobilization and Labour Market, 80.

6 Das Modell fand in der Lombardei und in der Toskana Anwendung, dort sogar einige Monate über die Kriegszeit hinaus. Vgl. ausführlich dazu Tomassini, Intervento, 87-183.

7 Ein Beispiel dafür ist Turin, wo der Metallarbeiterverband in einem gewissen Zeitraum partiell „freie" Lohnverhandlungen durchgesetzt hatte, mit dem Ergebnis, daß die Löhne dort etwa 20%

Trotzdem stellte das durch den kriegswirtschaftlichen Apparat geschaffene System zur Beilegung von Arbeitskontroversen einen außerordentlichen Entwicklungsschritt im Hinblick auf die zukünftige Ausgestaltung der industriellen Beziehungen dar. Durch die exponierte Rolle, die dem Staat bei der Schlichtung zwischen den Arbeitsmarktparteien zuwuchs, wurde die staatliche Autorität dem „Herrenstandpunkt" des Unternehmers übergeordnet. Diese sollte eine überparteiliche Rolle einnehmen. Einige Hinweise liefern Äußerungen Dallolios, mit denen er den CRMI Weisung zu strikter Neutralität erteilte und die Arbeitgeber ermahnte, sich schon im Vorfeld kompromißbereiter zu zeigen. Dabei schlug er eine Haltung vor, die sich an dem Motto: „either concede than be forced to concede" orientieren sollte.[1] Allerdings konnte sich die konkrete Umsetzung dieser Vorstellungen in der Praxis sehr unterschiedlich gestalten. Dennoch förderten die häufigen Arbeitskontroversen, die allgemein und verbindlich geregelt wurden, die Modernisierung der industriellen Beziehungen, indem sie das Prinzip der Kollektivverhandlungen in einem weiteren Rahmen als zuvor durchsetzten.

Die Veränderungen des Jahres 1917 lassen sich nicht geradlinig in die Chronologie des Kriegsgeschehens und die Aktivitäten der MI bis zu diesem Punkt einordnen, weil eine Vielzahl von widersprüchlichen Einflüssen gleichzeitig wirksam wurde.[2] Zugespitzt durch die militärische und innenpolitische Krise drückte sich die immer drängendere Sorge um die öffentliche Ordnung immer häufiger – über die betriebliche Ebene hinaus – in einer Abschnürung persönlicher Freiheitsrechte der Arbeiterschaft aus.[3] Auch die Zusammenarbeit mit den Gewerkschaften hatte ihren Höhepunkt überschritten. Auf der anderen Seite besaß die strenge Regulierung des Arbeitslebens auch eine sozialpolitische Kehrseite, und die Handhabung und Institutionalisierung des industriellen Konfliktes setzte für die Gestalt der Arbeitsbeziehung neue Akzente.

---

höher lagen als in den anderen Industrieregionen, vgl. Tomassini, Mobilization and Labour Market, 80.

1 Tomassini, Mobilization and State Intervention, 198; ders., Mobilization and Labour Market, 82.

2 Vgl. auch das dirigistische MI-Konzept für eine größere "Nutzung der Arbeitskräfte", siehe dazu die Dokumentation der Materialien des Ministero per le Armi e Munizioni (MAM) von V. Franchini, Di alcuni elementi relativi alla maggiore utilizzazione delle maestranze durante il periodo bellico, Mailand 1928.

3 So ermöglichte Ende des Jahres ein Erlaß die Verfolgung und Bestrafung aller „Delikte gegen die Freiheit der Arbeit" durch das Militärgericht. Diese mußten nicht notwendigerweise in einem mobilisierten Betrieb von einem der MI-Kontrolle unterstehenden Arbeiter verübt worden sein, um nach Militärrecht abgeurteilt werden zu können. Damit erhielt die Einschränkung des Streikrechts erneute Bekräftigung, Decr. lgt. Nr. 1964, 10.12.1917, vgl. Procacci, Repressione, 124.

6. Das veränderte Arbeitsangebot – eine *nuova classe operaia*?

Um dem Problem des Arbeitskräftemangels zu begegnen, reichte die Umlenkung der vorhandenen Arbeitskräfte in die kriegswichtigen Branchen nicht aus. Da der Verwendungskonflikt um die Arbeitskräfte zwischen Heer und Industrie in beiden Ländern nicht zufriedenstellend gelöst war, suchte man während der gesamten Kriegszeit auf verschiedene Weise auch auf dem Arbeitsmarkt neue Potentiale zu erschließen und zusätzliche Reserven zu mobilisieren. Die Etikettierung „neu" soll dabei nicht heißen, daß die Personenkreise zuvor noch nicht im Erwerbsleben gestanden haben, neu waren jedoch entweder der Umfang ihrer Beschäftigung auf dem kriegswichtigen industriellen Arbeitsmarkt oder aber die Art ihrer Mobilisierung für die kriegsindustrielle Erwerbstätigkeit.

Durch die Kriegssituation änderten sich bei manchen Personengruppen zudem die Umstände, die das Angebotsverhalten bestimmten – also die Entscheidung, ob und unter welchen Bedingungen eine Erwerbstätigkeit aufzunehmen opportun erschien. Die auf Seiten des Arbeitsangebotes zu konstatierenden Veränderungen wurden in der Historiographie als die Herausbildung einer „neuen Arbeiterklasse", einer *nuova classe operaia* stilisiert. [1]

6.1. Die Frauenerwerbstätigkeit

Vor dem Hintergrund der massenhaften Einberufungen von wehrpflichtigen Männern und der kriegsbedingten Produktionsanstrengung erhielt die Erwerbstätigkeit von Frauen zentrale Bedeutung. In der historischen Forschung ist der kriegsbedingte Beschäftigungsanstieg der Frauen lange Zeit nicht kritisch überprüft worden, und fungierte, in der Annahme seines enormen Umfangs, als zentrales Argument für die emanzipationsfördernde Wirkung des Krieges.[2] Zeitgenössische Einschätzungen und propagandistische Kriegsrhetorik mochten dazu beigetragen haben, gewisse Topoi der an der Heimatfront erwerbstätigen Kriegerfrau zu transportieren.

Für Deutschland hat Ute Daniel die „angeblich beispiellose Zunahme" weiblicher Lohnarbeit, vor allem ihre Ausdehnung auf bislang nicht erwerbstätige Frauen, „ins Reich der Legende" verwiesen und in diesem Zusammenhang einen emanzipatorischen Effekt des Krieges negiert.[3] Angesichts der statistischen Analysen ist die Annahme eines exorbitanten Anstiegs weiblicher Erwerbstätigkeit in Deutschland während des Krieges zu relativieren, da die Zuwachsraten weiblicher Lohnarbeit in der Gesamtbe-

1 Vgl. z.B. Camarda/Peli, Esercito, 21-97.

2 Z.B. nimmt Bajohr, Hälfte eine Zunahme der Frauenarbeit an. Vgl. kritisch zu dieser Haltung mit Schilderung „alter" und neuer Interpretationslinien in der europäischen Forschung Rouette, Frauenarbeit, 92-126.

3 Daniel, Arbeiterfrauen; dies., Fiktionen, 530-563.

trachtung den Vorkriegstrend durchaus nicht sprengten.[1] Allerdings stieg auf dem industriellen Arbeitsmarkt in einigen kriegswichtigen Branchen, wie beispielsweise im Maschinenbau, der chemischen und metallverarbeitenden Industrie der Frauenanteil enorm – die Zuwachsraten schwankten hier in einer Größenordnung zwischen 300 und 700 Prozent.[2] So hatte sich im Verlauf des Krieges beispielsweise die Zahl der Arbeiterinnen in der Metallindustrie verfünffacht, bis diese im Jahr 1918 beinahe ein Drittel der hier tätigen Arbeitskräfte stellten. Die zuvor männlich geprägte Metallindustrie avancierte somit in den Kriegsjahren von einem zweitrangigen zu einem für die weibliche Industriearbeiterschaft „gleichermaßen bedeutenden Erwerbsbereich".[3] Auch bei einem schwerindustriellen Unternehmen wie Krupp, das bis dato keine quellenmäßig in Erscheinung getretene Tradition hinsichtlich weiblicher Erwerbstätigkeit hatte, stieg die Anzahl von weiblichen Beschäftigten seit Frühjahr 1915 rasch an: Allein in der Gußstahlfabrik waren im Sommer 1915 rund 4.000 Frauen beschäftigt, während bei Kriegsende die Anzahl weiblicher Mitarbeiterinnen auf über 26.000 angewachsen war, was einem Frauenanteil von gut einem Viertel bei der Arbeiterschaft, einem knappen Drittel bei den Angestellten entsprach.[4] Bei den Mannesmann-Röhrenwerken lag die Frauenquote unter den Büroangestellten schon im Frühjahr 1917 bei über 40 Prozent.[5]

Wenn es keine Scharen von Frauen gab, die erstmals auf dem Arbeitsmarkt auftauchten, mußte dieser immense Zustrom von Arbeiterinnen in die Kriegsindustrie aus anderen Tätigkeitsbereichen abgewandert sein.[6] Durch den Krieg wurde ein Umschichtungsprozeß der weiblichen Arbeitskräfte auf dem gesamten Arbeitsmarkt in allen drei Sektoren (Landwirtschaft, Industrie, Dienstleistung), aber auch innerhalb des industriellen Arbeitsmarktes angeregt. Mit dem relativen Bedeutungsverlust traditioneller „Frauensphären" vollzog sich auch eine zunehmende Öffnung der sogenannten „Männerdo-

---

1 Daniels detaillierte Analyse der Mitgliederbewegungen der gesetzlichen Krankenkassen läßt Rückschlüsse auf eine recht geringe Wirkung des Krieges auf die quantitative Gesamtentwicklung weiblicher Lohnarbeit zu., dies., Arbeiterfrauen, 38-41, vgl. auch dies., Fiktionen, 532. Allerdings ist die Krankenkassenstatistik als erwerbsstatistische Quelle nicht unumstritten.

2 Daniel, Fiktionen, 533; Rouette, Frauenarbeit, 103, vgl. auch unten, Tabelle A.12 im Anhang.

3 1913 betrug der Frauenanteil in der Metallindustrie noch rund 9% (1918: 31%). Der Anteil der Metallarbeitskräfte an der Gesamtheit der Industriearbeiterschaft betrug im Jahr 1913 bei den Frauen 12,1%, bei den Männern 28%, im Jahr 1918 3,6% bei den Frauen, bei den Männern 37,6%. Vgl. Kassel, Frauen, 48ff.

4 Vgl. Tenfelde, Krupp, 58, Tab. 1.4. Vgl. auch ebd., 60f. Bei Kriegsende waren ungefähr vier Fünftel der ganzen weiblichen Belegschaft bei Krupp in der Gußstahlfabrik beschäftigt, vgl. HA Krupp, FAH 4 E 10.1, 73.

5 Vgl. MA M.21016.

6 Vgl. eine Untersuchung über die Berufserfahrung bayerischer Rüstungsarbeiterinnen im Jahr 1918, die in Bessel, Beunruhigung, 215 sowie in Daniel, Arbeiterfrauen, 48ff. diskutiert wird. Die Vorkriegsberufe der Pulverarbeiterinnen zeigen, daß nahezu die Hälfte der Frauen (48,8%) vor dem Krieg bereits in einer Fabrik gearbeitet hatte. Die Analyse wird durch Stichproben aus anderen Bundesstaaten gestützt.

mänen“ für erwerbstätige Frauen während der Kriegsjahre.[1] Im zeitgenössischen Urteil erschien nur die vermehrte Präsenz von Frauen in Männerberufen bemerkenswert.[2] Hingegen wurde der Abwanderungsprozeß aus anderen Arbeitsplätzen kaum registriert, was erklären mag, warum die zeitgenössische Wahrnehmung und die statistische Aussage divergierten.[3]

Wie in Deutschland, so wurde auch in Italien – ausgehend vom zeitgenössischen Urteil – ein klischeehaftes Bild der kriegsbedingten Veränderung weiblicher Erwerbstätigkeit entworfen.[4] Die ambivalente, vielfach skeptische Haltung in der zeitgenössischen Öffentlichkeit speiste sich – wie in Deutschland – aus der Wahrnehmung einer vermehrten Präsenz von Frauen in Männerberufen, die späterhin mit modernisierungstheoretischen Argumenten fortgeschrieben werden sollte.

Jedoch ist es für Italien ungleich problematischer, die quantitative Entwicklung weiblicher Erwerbstätigkeit in der Industrie während der Kriegsjahre überzeugend zu rekonstruieren. Die Schwierigkeiten beruhen auf den erwähnten statistischen Lücken und den potentiellen Verzerrungen, die aus variierenden Erhebungskriterien resultieren. Zudem erscheint die kriegsindustrielle Frauenarbeit – auch abgesehen von der Statistik – in den Quellen generell recht spärlich dokumentiert. Die vorhandenen Daten zeigen jedoch an, daß – vergleichend betrachtet – der Umfang der industriellen Frauenarbeit in der italienischen Kriegsindustrie absolut und relativ gesehen deutlich geringer war als in Deutschland und anderen kriegführenden Ländern Europas.[5] Während der Kriegsjahre stieg die Anzahl von Arbeiterinnen in mobilisierten Unternehmen der italienischen Kriegswirtschaft jedoch um ein Vielfaches an.[6] Im letzten Kriegsjahr betrug der Anteil von weiblichen Erwerbstätigen in der *industria bellica* nach der Statistik des „Ministeriums für Waffen und Munition“ rund 22 Prozent.[7] Die statistischen Daten können Umfang und Gestalt der Frauenarbeit in der Industrie nur annähernd veranschaulichen. Das liegt nicht zuletzt daran, daß sich hinter der prozentualen Gesamtquote beträchtliche Variationen der Beschäftigungsrealitäten verbargen, die sowohl regional akzentuiert als

---

1 Viele nicht unmittelbar kriegswichtige Branchen waren traditionell weibliche Erwerbszweige (wie z.B. Textil-, Lederindustrie), deren Beschäftigung nun stark kontrahierte, vgl. Daniel, Arbeiterfrauen, 45. Zu den prozentualen Veränderungsraten der weiblichen Beschäftigung in verschiedenen Industriezweigen vgl. die Tabelle A.12 im Anhang. Siehe auch Kassel, Frauen, 24.

2 „Ein Märchen“ sei wahr geworden, vgl. Opel, Metallarbeiterverband, 52.

3 Rouette, Frauenarbeit, 104.

4 Vgl. Curli, Italiane, 65.

5 Ebd., 31 sowie 66 mit Anm. 4.

6 Während im Jahr 1915 bei den Betrieben, die der direkten Kontrolle der MI unterstanden, nur rund 14.000 weibliche Arbeitskräfte registriert waren, wurde ihre Anzahl im August 1918 auf 198.000 beziffert, vgl. die Angaben in Tomassini, Mercato del lavoro, 331.

7 Curli, Italiane, 66 und 300; Tomassini, Mobilization and Labour Market, 75. In Deutschland betrug die Frauenquote der Industriearbeiterschaft im Ruhrgebiet im letzten Kriegsjahr rund 28%, für das gesamte Reichsgebiet 30 und 35%, vgl. Sogemeier, Entwicklung, 48; Hardach, Weltkrieg, 114.

auch durch die unternehmensspezifischen Gegebenheiten bedingt waren.[1] In der Munitionsindustrie stellten die Frauen nicht selten sogar einen Belegschaftsanteil von 90 Prozent.[2]

Die zeitgenössischen Allgemeinplätze über die Scharen von Arbeiterinnen, die in den Krieg gezogene Männer am Arbeitsplatz ersetzten, trafen also auch in Italien nicht – wie Barbara Curli nachweist – in dem suggerierten Ausmaß zu. Hingegen zeigt ihre Analyse, die ihr Augenmerk auf Rüstungsarbeiterinnen im allgemeinen, auf die *Pirelline*[3] im besonderen und schließlich auch auf weibliche Angestellte im Industrie- und Dienstleistungsbereich richtet, daß dieser angesprochene Substitutionsprozeß nur in begrenztem Umfang stattgefunden hat.[4] Jedoch hatte die weibliche Erwerbstätigkeit in der italienischen Kriegsindustrie weniger substitutiven, als vielmehr *additiven* Charakter.[5] Der zur Erfüllung des Kriegsbedarfs erheblich gesteigerte, intensivere Produktionsrhythmus erforderte zusätzliche Arbeitskräfte, die in vielen Branchen, wie beispielsweise in der Munitionsindustrie, nur vorübergehend gebraucht wurden. In Anbetracht der relativen Rückständigkeit der italienischen Industrie zum Zeitpunkt des Kriegsausbruchs verwundert es nicht, daß man die gesteigerten Produktionsanforderungen zunächst eher durch einen Anstieg der Arbeitskräfte als mittels technologisch-organisatorischer Innovationen zu bewältigen suchte.[6]

In beiden Ländern spielte angesichts der Arbeitsmarktengpässe das weibliche Arbeitskräftepotential als zu mobilisierende Ressource im kriegswirtschaftlichen Kalkül eine zentrale Rolle. Dabei reflektierte die frauenbezogene Arbeitsmarktpolitik sowohl strukturelle Gegebenheiten der nationalen Arbeitsmärkte als auch die Wesenszüge der kriegswirtschaftlichen Organisation, die zu Kriegszeiten Arbeitsmarktpolitik gestaltet.

In Deutschland stand dem rasanten Anstieg der weiblichen Beschäftigung in den

---

1 Der Arbeiterinnenanteil in der Industrie betrug in der Lombardei 31%, in Süditalien nur 4%. Manchmal variierte das Angebotsverhalten der Frauen auch abhängig von der Entfernung zum Arbeitsplatz, z.B. in Ligurien, wo die Unternehmen in der Peripherie lagen.

2 Vgl. Tomassini, Mobilization and Labour Market, 71.

3 Das heißt die Arbeiterinnen im Gummikonzern Pirelli (bzw. im 1908 gegründeten Zweigwerk Pirelli Bicocca), der zwar im Jahr 1915 Hilfsbetrieb wurde, aber kein Rüstungsunternehmen im eigentlichen Sinne war.

4 Die Untersuchung von Barbara Curli widmet sich – neben den Industriearbeiterinnen - den Straßenbahnfahrerinnen (am Beispiel Genuas) den weiblichen Angestellten in der Industrie (Ansaldo) und im Bankwesen. Einzig die Straßenbahnfahrerinnen können als Beispiel für echte Substitution oder „Vertretung" der Männer durch die Frauen gelten. Vgl. dies., Italiane. Auch in Deutschland fungierten gerade im Transportwesen die Frauen als „Stellvertreterinnen" ihrer Ehemänner im Wortsinne, vgl. dazu Rouette, Sozialpolitik, 263 Anm. 6.

5 Diese Einschätzung unterstützen auch qualitative Quellenaussagen über industrielle Frauenarbeit, z.B. bei Ansaldo. In Überlegungen zum zukünftigen Arbeitskräftebedarf in den einzelnen Produktionsstätten wurde wiederholt auf den ergänzenden Charakter der Frauenarbeit hingewiesen („un elemento di limitata integrazione, ma non di sostituzione"), vgl. FA AP SSR Scat. Nr. 541, Fasc. 29.

6 Curli, Italiane, 32.

kriegswichtigen Branchen, die zuvor überwiegend eine „Männerdomäne" gewesen sind, auch noch in der zweiten Kriegshälfte eine hohe Quote erwerbsloser Arbeiterinnen gegenüber. Dies galt vor allem in den kriegswirtschaftlich nicht so relevanten Industriezweigen (Textil, Bekleidung), deren weiblicher Beschäftigtenanteil traditionell hoch war. Die Gewerkschaftsstatistik registrierte noch im Jahr 1916 über acht Prozent arbeitslose weibliche Mitglieder.[1] Zumindest bis zu diesem Zeitpunkt herrschte auf dem freien Arbeitsmarkt sogar in Industriebezirken noch „kein Mangel" an weiblichen Erwerbspersonen.[2] In den letzten beiden Kriegsjahren erschienen die Arbeitsmärkte auch von Frauen allmählich leergefegt, was die deutlich sinkende Tendenz der weiblichen Arbeitslosenquote zeigte.[3]

Eine Mobilisierung dieser Arbeitsmarktreserve rückte in zunehmendem Maße in den Gesichtskreis staatlicher Arbeitsmarktpolitik. Allerdings diente gerade der Verweis auf die große Anzahl arbeitssuchender Frauen den Reichsbehörden immer wieder als Argument dafür, die von der OHL geforderte Ausdehnung einer Arbeitsverpflichtung auf die Frauen im Rahmen des Hilfsdienstgesetzes abzulehnen.[4] Das war allerdings nicht das einzige Argument – die allgemein verbreitete Bewertung der Rolle der Frau in der Gesellschaft hätte eine Zwangsverpflichtung der Frauen als unmoralisch, doch zumindest in „sittlicher und sozialer Hinsicht" außerordentlich bedenklich empfunden.[5] Allerdings lag zwischen allgemeinen Mobilisierungsversuchen und dem Erlaß eines Arbeitszwanges noch ein entscheidender Schritt. Retrospektiv läßt sich behaupten, daß bereits die gezielte Mobilisierung von Frauen für die kriegswirtschaftliche Arbeit – auch abgesehen von der Dienstpflichtdebatte – nicht sonderlich erfolgreich war.

Mit dem Beginn des von Hindenburg verkündeten Mobilisierungsprogramms und den damit einhergehenden, tatsächlich realisierten Neuordnungen erreichte die Frage der Gewinnung von Frauen für die Kriegsproduktion eine andere Qualität – und wurde nun auch organisatorisch verankert. „Frauenbezogene Arbeitsmarktpolitik" gehörte erklärtermaßen zum Aufgabenkatalog des neuen Kriegsamtes.[6] Angestrebt wurde die systematische Erfassung der Frauenarbeit, um das Überangebot weiblicher Arbeitskraft auf dem Arbeitsmarkt entsprechend den Kriegsnotwendigkeiten zu verteilen. Die im Kriegsamt organisierten Aktivitäten zur Frauenmobilisierung beruhten auf einer Kombination aus arbeitsmarktpolitischen Maßnahmen und Fürsorgetätigkeit, was sich in der

1 Faust, Arbeitsmarktpolitik, 285; aufgrund des geringen Organisationgrades der Frauen dürfte die tatsächliche Zahl noch höher sein.

2 Vgl. HA Krupp, WA 4/1395, Büro für Arbeiterangelegenheiten am 29.5.1915; siehe auch Tenfelde, Krupp, 60.

3 Mit 3,0% im Jahr 1917 und 2,3% im Jahr 1918, vgl. Faust, Arbeitsmarktpolitik, 285.

4 Vgl. auch Daniel, Fiktionen, 538; Lüders, Entwicklung, 249; Sogemeier, Entwicklung, 76.

5 Schreiben des Reichskanzlers Bethmann Hollweg an Hindenburg, in: Ludendorff, Urkunden, 70-76, hier 75.

6 Mit Marie-Elisabeth Lüders und Agnes von Harnack waren nun Repräsentantinnen der bürgerlichen Frauenbewegung im Kriegsamt vertreten. Beide waren im Bund deutscher Frauenvereine tätig, Rouette, Frauenarbeit, 110.

Aufgabenteilung der beiden zuständigen Zentralabteilungen widerspiegelte: einerseits des mit Mobilisierungsaufgaben betrauten Frauenreferates, andererseits der fürsorgeverantwortlichen Frauenarbeitszentrale (FAZ).[1] Bei den lokalen Kriegsamtsstellen wurden Frauenreferate eingerichtet, denen die Zusammenarbeit mit dem schon existierenden „Nationalen Ausschuß für Frauenarbeit im Krieg“ nahegelegt wurde.[2] Ihre Hauptaufgabe sollte es sein, durch Anwerbungs- und Vermittlungsaktivitäten die Zahl der in der Kriegswirtschaft tätigen Frauen zu steigern, sowie durch Ausbildung die Arbeitsfähigkeit zu verstetigen.[3]

Zusätzlich erschwert wurde die Arbeit der neuen Organisation durch die dem Kriegsamt innewohnenden strukturellen Probleme, mit denen Frauenreferat und FAZ als dessen Unterabteilungen ebenfalls zu kämpfen hatten.[4] Auch die Zusammenarbeit mit den Unternehmen gestaltete sich – angesichts des „erschöpften“ Arbeitsmarktes – manchmal ineffizient und nicht immer unproblematisch, was zugleich eine Hypothek für die Kooperation in der Demobilisierung darstellen konnte.[5]

Neben der komplizierten Struktur der zuständigen Organisationen hemmten auch andere Faktoren die zielstrebige Umsetzung einer frauenbezogenen Arbeitsmarktpolitik. Was die Nachfrageseite des Arbeitsmarktes anbetrifft, so vermochte die geringe Neigung vieler Unternehmer, die oft gering qualifizierten Frauen zu beschäftigen und dabei möglicherweise die Kosten von Anlernzeiten und weiteren Umstellungsmaßnahmen in Kauf zu nehmen, manche arbeitsmarktpolitische Mobilisierungsanstrengung zu blockieren. Hier kamen „altbewährte“ Annahmen über spezifisch „weibliches“ Arbeitsmarktverhalten sowie eine nicht minder geschlechtlich diskriminierende, ideologisch überformte Einschätzung spezifisch „weiblichen“ Arbeitsvermögens zum Tragen. Wenngleich weibliche Erwerbstätigkeit im hier relevanten Zeitraum tatsächlich mehrheitlich „nicht qualifizierte“ Arbeit war, hat die historische Analyse von Qualifikationen, Arbeitsinhalten und Berufsbildern der industriellen Frauenarbeit jedoch gezeigt, daß in vielen Industriebetrieben – über die objektive Zuordnung in „qualifizierte“ und „nicht qualifizierte“ Arbeit hinaus – eine geschlechtsspezifische, hierarchische Klassifi-

---

1 Daniel, Fiktionen, 540.

2 Lorenz, Frauenarbeit, 321.

3 Lüders, Entwicklung, 250. Der sozialpolitische Aufgabenkatalog der FAZ war umfangreich: dazu gehörten Stillstuben, Krippen, Horte, Pflegestellen etc. Sogemeier, Entwicklung, 77.

4 Die Rivalität zwischen den stellvertretenden Generalkommandos und Kriegsamtsstellen blockierten eine effektive Arbeit des Frauenreferats. Abgesehen davon fanden die neuen Stellen sogar im Kriegsamt, ihrer eigenen Behörde, keine volle Unterstützung. Beispiele für Kooperationsverweigerung anderer Dienststellen bei Daniel, Fiktionen, 542f.

5 Ein Beispiel: Wenige Wochen vor Kriegsende war auf Betreiben des Dezernats für Frauenarbeit der Kriegsamtstelle Münster bei Krupp eine selbständige „Arbeiterinnen-Annahme“ eingerichtet worden. Bei Kriegsende manifestierte sich ein Konflikt zwischen der an betriebswirtschaftlichen Kriterien orientierten Personalpolitik des Unternehmens und dem an emanzipatorischen, „arbeiter(innen)wohlfahrtlichen“ Gedankengut der zuständigen Leiterin, was später zu Kompetenzstreitigkeiten führte, an deren Ende die Aufhebung der nunmehr entbehrlichen Arbeiterinnenannahme stand. Vgl. dazu HA Krupp, WA 4/1395, Heinemann an Cuntz am 19.12.1921.

kation in „männliche“ und „weibliche“ Tätigkeitsbereiche bestand. Auf dieser Basis erfuhren die in der betrieblichen Arbeitswelt als „männlich“ spezifizierten Tätigkeitsprofile eine höhere Wertung, auch wenn inhaltlich kaum Unterschiede zu von Frauen geleisteten Tätigkeiten bestanden. [1] Zeitgenössische Beschreibungen oder „arbeitswissenschaftliche“ Studien stuften Frauenarbeit nur selten als „Facharbeit“ ein, während ein ganzer Katalog ‚typisch weiblicher' Aufgaben und Fertigkeiten „scheinbar naturhaft“ dem weiblichen Arbeitsvermögen zugeordnet wurden.[2] Ein in diesem Sinne vorgeprägtes, geschlechtlich diskriminierendes Annahmemuster konnte die industrielle Arbeitsnachfrage präfigurieren. Aufgrund des gewünschten Qualifikationsprofils stellten viele Arbeitgeber nicht selten lieber Kriegsgefangene oder ausländische Arbeitskräfte ein.[3]

Jedoch ist auch hier eine differenzierte Sichtweise angezeigt, denn nach anfänglicher Skepsis beurteilten einige Arbeitgeber die Erfahrung mit Frauen in „neuen“ Einsatzbereichen und auch die dafür nötigen Anlernprozesse durchaus positiv. So signalisierten Arbeitgeber der Ruhrindustrie im Jahr 1917 bei einer Erörterung diverser Arbeitsmarktfragen mit Vertretern des Kriegsamtes Zufriedenheit mit den „neuen“ weiblichen Arbeitskräften. Allerdings schienen auch in dieser Besprechung unterschwellig Vorurteile und diskriminierende Vorbehalte im Hinblick auf das Leistungsvermögen von Frauen durch.[4]

Auch bei Krupp waren „weibliche Arbeitskräfte sowohl in den Werkstätten als [auch] in den Büros mit gutem Erfolg eingestellt“ worden. Wie der Chronist anmerkt, erschienen die weiblichen Angestellten „größtenteils brauchbar und willig“, wenngleich „ihre Arbeitskraft erst entwickelt“ werden mußte.[5] Und schon im Mai 1915 wußte das Krupp'sche „Büro für Arbeiterangelegenheiten“ von andernorts gemachten Erfahrungen eines *training on the job* zu berichten:

> „Das Anlernen weiblicher Personen mit Drehen und ihre Beschäftigung mit Nutzen soll verhältnismäßig einfach zu erreichen sein, wenn die Meister, denen die Dreherinnen unterstellt sind, sich die Anlernung und Beschäftigung weiblicher Personen angelegen sein lassen. Dagegen entstehen große Unzuträglichkeiten, wenn die Meister Schwierigkeiten machen und ihnen das Anlernen weiblicher Personen nicht paßt.“[6]

Hier zeigte sich, daß männliche Arbeitskollegen die Zunahme der Frauenarbeit in den Kriegsindustrien häufig mit Skepsis betrachteten. Aus Angst vor Konkurrenz und Lohndruck boykottierten sie nicht selten passiv die Einarbeitung von Frauen, indem sie

1 Vgl. die Ergebnisse von Brigitte Kassel. Dies., Frauen, 72ff.; 104f.

2 Ebd., 105.

3 Vgl. die Beispiele bei Daniel, Arbeiterfrauen, 57ff. sowie Rouette, Frauenarbeit, 111.

4 Vgl. z.B. Hinweise auf fehlendes „technisches Verständnis“ der Arbeiterinnen, auf mangelnde Eignung für die Bedienung von Maschinen, MA P.22528, Mappe 1, Protokoll einer „Besprechung betr. Arbeiterfragen“ mit Vertretern der Eisen- und Stahlindustriellen des Ruhrgebiets am 4.5.1917.

5 HA Krupp FAH 4 E 10.1, 60 und 73.

6 HA Krupp, WA 4/1395, Büro für Arbeiterangelegenheiten am 29.5.1915.

bestimmte Fertigkeiten oder die Handhabung von Maschinen nur unzureichend erklärten.[1]

Auch innerbetrieblich konnte somit eine frauenbezogene Arbeitsmarktpolitik noch auf eine Blockadehaltung stoßen. Trotz gewisser positiver Bilanzen zu neuen Erfahrungen mit industrieller Frauenarbeit behielt daher im Nachfrageverhalten strukturkonservierendes Mißtrauen häufig die Oberhand. Auch Erwägungen zur „Fabrikdisziplin" spielten für viele Arbeitgeber eine Rolle, da ihnen bei Konflikten den weiblichen Arbeitskräften gegenüber eine zu Kriegszeiten gängige und wirksame Disziplinierungsmaßnahme – der Einberufungsbefehl oder die bloße Drohung damit – nicht zur Verfügung stand.

Bei den weiblichen Angestellten in der Industrie traf die simplifizierende Gleichsetzung von weiblicher Erwerbstätigkeit mit nicht qualifizierter, ungelernter Tätigkeit schon länger nicht mehr zu.[2] In der Administration von Industriebetrieben wurden Frauen in einer Reihe von Tätigkeitsfeldern beschäftigt, die zentrale Qualifikationen erforderten, so daß unter den Industrieangestellten eine „Verweiblichung"[3] bestimmter Beschäftigungsbereiche im Gange war, die durch den kriegsbedingten Beschäftigungsanstieg der Frauen in diesem Erwerbszweig unterstützt wurde. Wenn ein leitender Angestellter der Mannesmann-Röhrenwerke zukünftig ein „Fräulein" als Bürokraft wünschte, da sich die männliche Hilfskraft als „völlig unbrauchbar" und „absolut entbehrlich" herausgestellt hatte, so zeigte die Verknüpfung von Qualifikation und Geschlecht schon einen selbstverständlichen Charakter. Auch die während des Krieges geschalteten Stellenanzeigen der Mannesmann-Verwaltung waren entweder geschlechtsneutral gehalten oder formulierten explizit das Gesuch nach einer weiblichen Arbeitskraft.[4]

Für den Kernbereich des industriellen Arbeitsmarktes – die Welt der Produktion – war in vielen sogenannten Kriegsindustrien die Nachfrage den weiblichen Erwerbspersonen gegenüber häufig skeptischer. Das Arbeitsmarktverhalten von Frauen verstärkte eine widerstrebende unternehmerische Haltung insofern, als die zwischenbetrieblichen Fluktuationsraten besonders der unverheirateten weiblichen Beschäftigten aufgrund der fehlenden Arbeitsplatzbindung ausgesprochen hoch waren – in manchen Betrieben mußte wöchentlich ein Drittel der Arbeiterinnen neu eingestellt werden.[5] Auch bei Krupp waren die weiblichen Arbeitskräfte für einen Großteil des kontinuierlichen „Arbeiterwechsels" verantwortlich: Beinahe 40 Prozent aller im zweiten und dritten Quartal

1 Vgl. auch Daniel, Arbeiterfrauen, 117f.

2 Zur Gleichsetzung von industrieller Frauenarbeit mit ungelernter Arbeit und ihrer Fortschreibung in der Forschung vgl. Kassel, Frauen, 72.

3 Auch Curli diagnostiziert für das italienische Fallbeispiel eine „Verweiblichung" – *feminilizzazione* – bestimmter administrativer Tätigkeiten, vgl. dies., Italiane, 273ff.

4 Vgl. MA M.21016. („Dame oder Herr" für Buchhaltung gesucht, „tüchtige Buchhalterin gesucht", „gewandte Stenographin" gesucht etc.)

5 Rouette, Frauenarbeit, 114.

des Jahres 1917 ausscheidenden Personen waren Frauen, von den nicht hilfsdienstpflichtigen „Abgängen“ stellten sie sogar über 90 Prozent.[1]

Aufgrund dieser Schwierigkeiten blieb der sektoral ungleichgewichtige Zustand auf dem Arbeitsmarkt, mit Arbeitskräftebedarf in den Rüstungszentren und hoher Frauenarbeitslosigkeit in den textilindustriellen Regionen, weitgehend bestehen.[2]

Auch in Italien hatte die frauenbezogene Arbeitsmarktpolitik manche Hemmnisse zu überwinden. Als zuständige Behörde setzten die MI-Organe zunächst auf eine Informationskampagne. Die vermehrte Gewinnung ungelernter, sofort verfügbarer, insbesondere weiblicher und jugendlicher Arbeitskräfte für die Kriegsindustrien nach dem Konzept der *dilutio*n gehörte schon seit der Gründungsphase der MI zu ihrem erklärten Anliegen, was diverse Rundschreiben dokumentieren.[3] Häufig gestalteten sich die propagandistischen Bemühungen auch als praktische Tips – so erläuterte beispielsweise die CCMI-Publikation in aller Ausführlichkeit diverse technische und organisatorische Veränderungsmöglichkeiten des Betriebsablaufs in der Rüstungsproduktion, die ohne großen Aufwand realisiert werden konnten und Muskelkraft verzichtbar machten.[4] Von solchen Ansätzen erhoffte man sich eine wirksame Freisetzung der in den Industrien gebundenen Wehrpflichtigen für die Front. In den ersten beiden Kriegsjahren mangelte es aber noch an einer praktischen Umsetzung solcher Propagandainhalte, so daß die Erfolge dieser Bemühungen eher bescheiden blieben. So betrug der Frauenanteil der im November 1915 mobilisierten Industrien nach den eigenen Angaben Dallolios lediglich 3,5 Prozent.[5] Die Tatsache, daß Italien bislang „noch nicht die Ergebnisse erzielt habe, die anderswo schon erreicht wurden“ blieb im Kriegsministerium eine „schmerzhafte“ Erkenntnis, die einen „heißen Appell an die italienischen Frauen“ noch immer dringlich erscheinen ließ.[6]

Nicht zuletzt bremste der Widerstand vieler Unternehmer eine rasche Realisierung dieser Ideen. Ähnlich wie in Deutschland hatten auch in Italien viele Arbeitgeber nur ein geringes Interesse, Änderungen im Produktionsablauf einzuführen und Arbeitskräfte anzulernen. Dabei griffen wohl in vergleichbarer Weise generelle Vorurteile gegenüber weiblicher Erwerbsarbeit in Männerdomänen und übertriebene Vorstellungen von den Produktivitätseinbußen durch Anlernprozesse ineinander.[7] Bei dem kriegswichtigen Unternehmen Ansaldo waren jedoch schon frühzeitig Frauen in der Munitionsfabrikation beschäftigt. Eine im Frühjahr 1916 angestellte interne Erhebung bei den Werksabteilungen oder Außenwerken des Unternehmens ergab, daß mehr als die Hälfte der befrag-

---

1 Vgl. Berechnungen zu den Wirkungen des Hilfsdienstgesetzes in HA Krupp, WA 4/1395.

2 Sogemeier, Entwicklung, 38-46, hier 42. Der Mobilität von verheirateten Frauen in den Regionen mit hoher Arbeitslosigkeit war durch die häuslichen und familiären Pflichten enge Grenzen gesetzt.

3 Camarda/Peli, Esercito, 24ff.

4 BCCMI, Juli 1917, 12-19.

5 Berechnet nach Camarda/Peli, Esercito, 24.

6 So die Lagebeschreibung in einem Rundschreiben des CRMI für Zentralitalien zum Thema Frauenarbeit vom 24.2.1916, in FA, AP, SSR Scat. Nr. 541, Fasc. 28. Übers. d. V.

7 Vgl. FA, AP, SSR Scat. Nr. 541, Fasc. 28, Rundschreiben des CRMI vom 24.2.1916.

ten *stabilimenti* eine prinzipielle Bereitschaft zur Beschäftigung von Frauen signalisierte, während Ablehnungen überwiegend produktionstechnisch begründet wurden.[1] Alles in allem fiel das Meinungsbild somit durchaus positiv aus.[2] Fallweise ließen sich jedoch auch hier die von typischen Vorurteilen geprägten Abwehrreaktionen erkennen. So wurden z.B. „Störungen" im Betriebsablauf prognostiziert, die die „Neuheit" von Frauen in den Werkstätten möglicherweise hervorrufen könnte. In diesem Sinne äußerte man auch Bedenken in „technischer, physiologischer, disziplinarischer" Hinsicht und forderte daher vorab eine sorgfältige Studie der „technischen und physischen Fähigkeiten" der Frau.[3] Für die praktische Arbeitsorganisation erschien die Beschäftigung von Männern und Frauen in gemeinsamen Arbeitsstätten wohl grundsätzlich bedenklich und man hielt gerade für die Eingliederung der Frauen in gemischte Arbeitsgruppen erfahrenes – männliches – Aufsichtspersonal (*capi gruppi*, *capi squadra*) für unverzichtbar, das derzeit allerdings besonders schwer zu finden war.[4] Was weibliche Arbeitskräfte anbetraf, gab es jedoch keine Engpässe auf den lokalen Arbeitsmärkten der industriellen Zentren im *triangolo*.[5]

Den arbeitsmarktpolitischen Mobilisierungsanstrengungen schien das industrielle Ambiente in Italien auf Seiten der Arbeitsnachfrage wie auch des Angebots vorerst nicht sonderlich aufgeschlossen, so daß noch gegen Mitte des Krieges von industrieller Seite bilanziert wurde:

> „Noch bestehen zu viele Verzögerungsfaktoren fort; Vorurteile der Industriellen, Opposition (...) der Belegschaften, Trägheit des weiblichen Arbeitskräftepotentials selbst."[6]

Vor allem in Süditalien mochten soziokulturelle Faktoren das weibliche Arbeitsangebot insofern rigide gestalten, als hier „soziale Vorurteile" und traditionelle Familienrollen eine stärkere Geltung beanspruchten. Auch die organisierte Arbeiterschaft nahm bisweilen eine ambivalente Haltung zur „Frauenfrage" ein, wohl aus Sorge vor einer generellen Kontraktion der Löhne.[7]

Ein energischeres Vorgehen der MI deutete sich an, als Dallolio seit Sommer 1916 in

---

1 Vgl. das Rundschreiben an die Ansaldo-Werke und die entsprechenden Antworten von zehn Abteilungen, FA, AP, SSR Scat Nr. 541, Fasc. 28, 29. Gefragt wurde nach der grundsätzlichen Bereitschaft zur Einstellung von Frauen, nach dem Ersatz für männliche Arbeitskräfte und nach der Möglichkeit der Ausbildung von Frauen im Betrieb.

2 Im Oktober 1916 waren dann schon rund 3.900 Frauen in diversen Produktionsstätten des Unternehmens beschäftigt, vgl. Doria, Ansaldo, 114, Anm. 89.

3 So das *Stabilimento di Costruzione delle Artiglierie*, Sampierdarena am 30.3.1916, FA, AP, SSR Scat. Nr. 541, Fasc. 29.

4 Z.B. *Stabilimento Meccanico* am 23.3.1916, FA, AP, SSR Scat. Nr. 541, Fasc. 29.

5 Vgl. die entsprechenden Hinweise in FA, AP, SSR Scat. Nr. 541, Fasc. 29.

6 FA, AP, SSR Scat. Nr. 541, Fasc. 26. Übers. d. V.

7 Vgl. dazu z.B. die Arbeiterpresse, siehe Doria, Classe, 100. Eine pauschale Ablehnung der kriegsindustriellen Frauenarbeit blieb aber eher die Ausnahme, vgl. „Nota sul lavoro femminile nelle opere di munizionamento", FA, AP, SSR Scat. Nr. 541, Fasc. 26.

mehreren Rundschreiben konkrete Planziele im Hinblick auf den Umfang der weiblichen Beschäftigung differenziert nach den Kriegsindustrien formulierte: Für die Produktion von Großkalibern sollte die Belegschaft zu einem Sechstel, von mittleren Kalibern zur Hälfte, bei Zündern und Kleinkalibern sogar zu 80 Prozent aus Frauen bestehen.[1] Die Ergebnisse dieses Programms blieben jedoch vorerst hinter den Erwartungen zurück – nicht zuletzt auch deshalb, weil den MI-Organen die Möglichkeit zum Eingriff in die innerbetriebliche Organisation fehlte.[2] Manche Arbeitgeber sträubten sich trotz Pflichtquotierungen gegen eine umfangreiche Anstellung von Frauen, derjenigen „Kategorie, die sich durch Enthaltung von der Arbeit auszeichnete".[3] Solch unleugbare Voreingenommenheit im Arbeitgeberlager wurde vor allem den kleinen und mittleren Betrieben in Süditalien zugeschrieben.[4] Wenngleich die fixen „Frauenquoten" nicht durch direkten Druck auf die Entscheidungsgewalt des Unternehmens realisiert werden konnte, so bestand indirekt eine Einflußmöglichkeit über die Weigerung, einem Unternehmen wehrpflichtige Arbeiter zuzuteilen bzw. über die Androhung, den *esonero* für die Belegschaft zurückzuziehen.

Dennoch markierten die Bestimmungen des Jahres 1916 eine wichtige Etappe für die frauenbezogene Arbeitsmarktpolitik der MI.[5] Daß diese dem Propaganda-Stadium entwachsen war, zeigte sich vor allem in einer Regelung, die einen Katalog von Strafen und disziplinarischen Maßnahmen formulierte, der insbesondere auf die Disziplinierung von Frauen und Jugendlichen abzielte, die nicht mit der Aufhebung ihrer Freistellung bestraft werden konnten.[6] Oft mit hohen Geldbußen oder sogar Gefängnisstrafen wurden typische Regelverstöße wie Obstruktionismus, mangelnde Unterordnung und Verlassen des Arbeitsplatzes geahndet.[7] Hintergrund war das von Unternehmensseite mehrfach kritisierte Arbeitsmarktverhalten von Frauen, die anscheinend in einigen Industriebezirken trotz formaler Arbeitsplatzbindung ihren Arbeitsplatz ohne Zustimmung des Unternehmens bzw. des regionalen Mobilisierungskomitees wechselten. Der „irreguläre" Arbeitsplatzwechsel der „neuen" und unerfahrenen Arbeitskräfte – Gegenstand eines Briefwechsels zwischen der Ansaldo-Direktion und der *Corderia Nazionale*, einem Hilfsbetrieb in der Nähe – wurde als „gemeinsamer Mißstand" der Industrie, als

---

1 Rundschreiben vom 23.8. und 11.10.1916, im Rundschreiben vom 19. März 1917 wurden außerdem folgende „Quoten" angeordnet: 1/3 für Produktion von 240mm-Bomben, 4/5 für 58mm-Bomben, vgl. Einaudi, Condotta, 110.

2 Vgl. Bettini, Relazioni, 536. Noch in der zweiten Kriegshälfte stellte eine Forderung nach „rigider Anwendung" ein arbeitsmarktpolitisches Desideratum dar, vgl. FA, AP, SSR Scat. Nr. 541, Fasc. 26.

3 So ein CCMI-Bericht vom April 1917, zitiert nach Camarda/Peli, Esercito, 27f., Übers. d. V.

4 Zu dieser Einschätzung gelangen von industrieller Seite angestellte Überlegungen zur Frauenerwerbsarbeit im Krieg, vgl. Aktennotiz in FA, AP, SSR Scat. Nr. 541, Fasc. 26.

5 Vgl. Tomassini, Mobilization and Labour Market, 76.

6 Decr. lgt. Nr. 1684 vom 5. Nov. 1916, vgl. Procacci, Legislazione, 51ff.; dies., State Coercion, 156f.; Carrucci, Funzioni, 65.

7 Vgl. ausführlich zur repressiven Anwendung des Gesetzes Procacci, Legislazione, 52.

„Konsequenz des kritischen Moments“ der Arbeitsmarktengpässe charakterisiert.[1] Das Regulierungsinstrumentarium der MI, das allen Hilfsbetrieben zur Verfügung stand, wurde in den einzelnen Betrieben offensichtlich unterschiedlich umgesetzt. „Es liegt an Ihnen, die vom CRMI erlassenen Vorschriften zur Geltung zu bringen, um den Exodus Ihres Personals zu verhindern,“[2] belehrte die Ansaldo-Direktion ein benachbartes Unternehmen und wies so die Vorwürfe einer unlauteren Einstellungspraxis von sich. Auch in diesem Punkt zeigte sich, daß die Frauen und Jugendlichen nicht wie Freigestellte oder Militärarbeiter mit der bequemen „Schützengraben-Drohung“ erpreßbar und disziplinierbar waren, sondern daß es zusätzlicher Regulierungs- oder Anreizsysteme bedurfte.[3] Weiterhin spiegelte die Intensivierung der arbeitsmarktpolitischen Maßnahmen wie auch die im o.g. Briefwechsel aufscheinende Konkurrenz um weibliche Arbeitskräfte die zunehmende Anspannung der Arbeitsmarktlage wider, die mit der kriegsindustriellen Expansion einherging.[4]

Die drastische Straffung der Fabrikdisziplin wurde im Gegenzug gekoppelt an besondere Schutzmaßnahmen für Frauen, die die härteren Arbeitsbedingungen auf ein gesundheitlich verträgliches Maß begrenzen sollten.[5] Allerdings beinhalteten die Bestimmungen lediglich ein Minimalprogramm und keine wirklich neuen Elemente im Hinblick auf die bereits vor dem Krieg geltenden, mit Kriegsbeginn aber aufgehobenen Schutzvorschriften [6]– so ordnete das Rundschreiben beispielsweise die 60-Stunden-Woche mit einem freien Tag sowie das Verbot der Nachtarbeit für Frauen unter 18 Jahren an.[7]

Darüber hinaus setzte die MI ihre an *timidi industriali* gerichteten Informationsaktivitäten über die Möglichkeiten technisch-organisatorischer Anpassung des Produkti-

1 Vgl. FA, AP, SSR Scat. Nr. 541, Fasc. 8, Fasc. 29. Die *Corderia Nazionale* hielt im November 1916 Ansaldos Bedarf an weiblichen Arbeitskräften für „reichlich gedeckt“ und hatte an Ansaldo das Anliegen herangetragen, einen Einstellungsstopp für weibliche Arbeitskräfte zu verkünden, um die weitere Abwanderung des eigenen Personals zu verhindern.

2 FA, AP, SSR Scat. 541, Fasc. 29, vgl. auch Fasc. 8.

3 Bigazzi, Portello, 182; Camarda/Peli, Esercito, 26-34.

4 Auch Ansaldo, das während des Krieges enorm expandierte und ziemlich früh eine hohe Frauenquote verzeichnete, strebte noch immer eine deutliche Ausdehnung weiblicher Beschäftigung an, vgl. auch FA, AP, SSR Scat. Nr. 541, Fasc. 29.

5 „Tutela delle maestranze femminili e minorili“, (=Circolare Nr. 409819, 30. April 1917), in: BCCMI 1, Juli 1917, 7-8.

6 Am 30. August 1914 waren die Bestimmungen zum Schutz von Frauen und Jugendlichen gelockert worden, vgl. Bollettino dell'ufficio del lavoro (nuova serie), 1914, H. 17, 190.

7 Tatsächlich wurde auch dieses Minimalprogramm nicht immer umgesetzt, wie Hinweise auf Agitationen von Arbeiterinnen im Kampf um den arbeitsfreien Sonntag zeigen. Insgesamt erschienen die italienischen Kriegsarbeiterinnen wohl noch weniger geschützt als in anderen kriegführenden Ländern, vgl. die Einschätzung in FA, AP, SSR Scat. Nr. 541, Fasc. 26. Weiterhin zeigte eine Erhebung des MAIC, daß sich die Zahl der von den Schutzgesetzen erfaßten Personen im Vergleich zur Vorkriegszeit (1907-1914) in den Kriegsjahren eigentlich nicht substantiell verändert hatte, vgl. Bollettino del lavoro e della previdenza sociale 38, 1922, 559-605.

onsprozesses fort. Einschlägige Artikelserien im *Bollettino* propagierten die weibliche Erwerbsarbeit mit nachahmenswerten Fallbeispielen aus der italienischen Rüstungsindustrie.[1] Vor allem in der Lombardei, wo die industrielle Frauenarbeit während des Krieges quantitativ stark ausgeprägt war, hatten mehrere Unternehmen Veränderungen an ihrem Betriebsablauf realisiert.[2] Zunehmend wurden Frauen auch in der Fabrikation von großen Kalibern eingesetzt.[3] In industriellen Zentren gab es durchaus – auch auf Seiten der Arbeitsnachfrage jenen „*spirito di iniziativa*", den sich die MI wünschte.[4] Hier sprachen wohl auch die betriebs- oder branchenstrukturellen Voraussetzungen viel eher für eine Ausdehnung der Beschäftigung weiblicher Arbeitskräfte. Auch manche Unternehmen suchten hierbei in den eigenen Reihen einen Beitrag zur arbeitsmarktpolitischen Überzeugungsarbeit zu leisten und das Thema „Frauenarbeit" damit zugleich für die unternehmerische Imagepflege nutzbar zu machen.[5]

Auch hinsichtlich der Anlernprozesse im Betrieb gab es positive Bilanzen, die den weiblichen Arbeitskräften nicht nur gleichwertige Leistungen, sondern eine bessere Auffassungsgabe als ihren männlichen Kollegen bescheinigten:

> „Zwischen einem sogenannten ‚improvisierten Dreher' und einer angelernten Frau an der Drehbank ist die Äquivalenz nicht zu bestreiten, vielmehr zeigt die fortwährende Erfahrung, daß in vielen Fällen die Frau viel schneller und mit besserem Willen lernt als der Mann." [6]

Auch noch in der zweiten Kriegshälfte war die weibliche Erwerbstätigkeit in der italienischen Kriegsindustrie jedoch auf „Inseln" beschränkt. Die Umsetzung der arbeitsmarktpolitischen Mobilisierung von Frauen blieb in vielen Fragen schwerfällig.[7]

In beiden Ländern schien – in der Gesamtbetrachtung – die quantitative Entwicklung der Frauenerwerbstätigkeit im Krieg weitaus weniger der *politischen* Steuerung zu unterliegen, als vielmehr der generellen Lage des Arbeitsmarktes, die durch die Produkti-

---

1 Vgl. z.B. BCCMI 3, September 1917, 87-92; BCCMI 4, Oktober 1917, 118-122; BCCMI 5, November 1917, 168-170; BCCMI 13, Juli 1918, 262-264; BCCMI 8/9, Februar/März 1918, 80-84.

2 Dazu gehörten z.B. Breda und Stigler, Bigazzi, L'evoluzione, 107. Die Lombardei beschäftigte – absolut beziffert – die meisten Frauen in der Kriegsindustrie. Relativ gesehen, waren die Frauenquoten in der Piemonteser Kriegsindustrie am höchsten, vgl. die Angaben in FA, AP, SSR Scat. Nr. 541, Fasc. 26.

3 Dies wurde durch arbeitsorganisatorische Maßnahmen für den Transport der Werkstücke erleichtert, FA, AP, SSR Scat. Nr. 541, Fasc. 26.

4 Dazu gehörte die Abkehr von der traditionellen Sicht, Frauenarbeit als "minderrangig" und "lohndrückend" zu interpretieren, siehe FA, AP, SSR Scat. Nr. 541, Fasc. 26.

5 So war betonte Pio Perrone von Ansaldo die Pionierleistung in dieser Hinsicht, vgl. Pio Perrone an Ing. Pogliaghi am 16.6.1916, FA, AP, SSR Scat. 541, Fasc. 29.

6 Dies sei vor allem dann der Fall, wenn die männlichen Hilfsarbeiter unter den arbeitslosen Jugendlichen vom Lande rekrutiert würden, die meist Analphabeten seien, vgl. FA, AP, SSR Scat. Nr. 541, Fasc. 26, vgl. auch Eingabe des „stabilimento meccanico" am 23.3.1916 an Mario Perrone zur Arbeiterfrage der Geschoßfabrik in Sestri, ebd., Fasc. 29. Übers. d. V.

7 Z.B. in der Lohnfrage, hinsichtlich der Schutzbestimmungen, hinsichtlich praktischer flankierender Einrichtungen in den Betrieben usw., siehe auch FA, AP, SSR Scat. Nr. 541, Fasc. 26.

onsrhythmen geprägt wurde. Hier übten marktimmanente Impulse wohl eine stärkere Lenkungsfunktion aus, als es arbeitsmarktpolitische Steuerungsversuche vermochten, während zugleich die Entwicklung anderer Beschäftigtengruppen den Umfang weiblicher Erwerbstätigkeit indirekt beeinflußte – wenn auch in Italien solcherlei Substitutionseffekte zwischen den Beschäftigtengruppen eine geringere Rolle spielten als in Deutschland. Auch die jeweilige familiäre Situation der Frauen als arbeitsmarktpolitischer „Zielgruppe" determinierte die Angebotsentscheidung und damit den Erfolg der Mobilmachung des weiblichen Arbeitskräftepotentials.[1] Diesen Faktoren gegenüber kam die Arbeitsmarktpolitik im Ergebnis in beiden Ländern trotz ambitionierter Versuche kaum über einen Appellcharakter hinaus. Schließlich gelang es den Trägern der Arbeitsmarktpolitik weder in Italien noch in Deutschland, die Erwerbsarbeit von Frauen zu einer „politisch steuerbaren Variablen" im kriegswirtschaftlichen Kalkül auszugestalten.[2]

Damit haftete der industriellen Frauenarbeit in der Kriegsindustrie eindeutig ein Übergangscharakter an. Innerhalb der Kriegsindustrien stellten Frauen häufig ein „flexibles Arbeitspotential" dar, „das bei Kriegsende sofort den wiederkehrenden Männern (...) weichen" mußte.[3] Dementsprechend hatten viele Frauen schon bei Aufnahme ihrer Tätigkeit ihr Einverständnis erklärt, bei Kriegsende den Arbeitsplatz zu räumen.[4]

Der vergleichsweise geringe statistische Niederschlag sowie der provisorische Charakter der industriellen Frauenarbeit während des Krieges sprechen gegen eine emanzipatorische Wirkung des Krieges. Gleichwohl ist die vergrößerte Vielfalt der „neuen" Beschäftigungsverhältnisse für Frauen auf dem kriegsindustriellen Arbeitsmarkt in Rechnung zu stellen. Während ihres Einsatzes in neuen Tätigkeitsbereichen, beispielsweise in der Metallindustrie, erwarben viele Frauen durchaus berufliche Qualifikationen, die ihnen bei aller Vorläufigkeit der kriegsindustriellen Arbeit im weiteren Erwerbsleben nützen und das Risiko von Arbeitslosigkeit deutlich mindern konnten. Dies galt sowohl für Deutschland als auch für Italien.[5]

---

1 Vgl. die Argumentation von Daniel über die gescheiterte frauenbezogene Arbeitsmarktpolitik im Ersten Weltkrieg, dies., Arbeiterfrauen, 105f.

2 Daniel, Arbeiterfrauen, 105.

3 Tenfelde, Krupp, 60. Am Beispiel der weiblichen Belegschaft bei Krupp weist Tenfelde auf den doppelten Übergangscharakter der kriegsindustriellen Frauenarbeit hin: einerseits aufgrund des befristeten Zeitraums, andererseits aufgrund lebenszyklischer Argumente. Vgl. zum Übergangscharakter der Frauenarbeit unten, IV 1.6.a.

4 Vgl. Daniel, Arbeiterfrauen, 548ff. Vgl. auch die „Anstellungsbriefe" der neu eingestellten weiblichen Büroangestellten, die meist eine Fristklausel enthielten. Bei der Kündigung nach Kriegsende ließ man sich allerdings eher von der Eignung leiten als von den formalen Kriterien, vgl. MA M.21017.

5 Entgegen der These von Ute Daniel, die möglicherweise erworbenen Qualifikationen würden „am Arbeitsplatz haften" und bei einem Arbeitsplatzwechsel wertlos, hat Brigitte Kassel gezeigt, daß in der Metallindustrie während des Krieges Qualifikationen mit einem für die Frauen arbeitsplatzunabhängigen Nutzwert vermittelt wurden, vgl. Kassel, Frauen, 155 entgegen Daniel, Arbeiterfrauen, 117, 311 Anm. 341.

Sicherlich sollten die innovativen Impulse, die solchen qualitativen Transformationsprozessen innewohnten, nicht überschätzt werden. Die Nachkriegszeit sollte zeigen, daß „altbewährte“ Muster und Phänomene fortbestanden – noch schienen in der Arbeitsmarktperspektive „Qualifikation männlich“ und „Armut weiblich“ zu sein, und Frauen sehr häufig auf eine marginale Arbeitsmarktposition abgedrängt zu werden. Dennoch bargen die kriegsbedingten Veränderungen auf dem Arbeitsmarkt ein Wandlungspotential, das über die Kriegszeit hinauswies. Sowohl in der deutschen als auch in der italienischen Kriegsindustrie gaben die positiven Erfahrungen der Kriegszeit in einigen Unternehmen Anlaß, über eine Fortsetzung der Beschäftigung über die Kriegszeit hinaus nachzudenken.[1] In Italien kann der Gummikonzern Pirelli als ein Beispiel eines kriegswichtigen Unternehmens gelten, das über den Impuls des Kriegsbooms hinaus strukturelle Errungenschaften seines kriegsbedingten dynamischen Wachstums bewahrte und so auch dauerhaft ein verändertes Nachfrageverhalten nach weiblicher Arbeitskraft entwickelte.[2]

Im Vergleich mit Italien, wo die Frauenarbeit in der Kriegswirtschaft eine quantitativ geringere Bedeutung erreichte, rücken die qualitativen Veränderungen – und Parallelen zur deutschen Entwicklung – in den Vordergrund, die hier freilich nur eine schmale Gruppe auf dem industriellen Arbeitsmarkt betrafen. Die veränderte Wahrnehmung der weiblichen Berufstätigkeit stellte jedoch allmählich die Weichen für einen in den industriellen Zentren beobachtbaren, qualitativ neuen Prozeß weiblicher Mobilität und weiblicher Urbanisierung und – bei den Angestellten – gar für die „Feminisierung“ ganzer Tätigkeitsfelder.[3] Wenn dieser Prozeß auch nur für eine Minderheit zur Entfaltung kam, so barg er doch zukunftsweisende Impulse, die auch bei einer kritischen Gesamtbilanz des kriegsbedingten Veränderungspotentials für die weibliche Erwerbsarbeit in beiden Ländern zu berücksichtigen sind.

1 Vgl. die Beispiele von Kassel für die Metallindustrie, dies., Frauen, 157f.

2 Vgl. dazu Curli, Lavoro, 169ff.

3 Vgl. Curli, Italiane, 19ff., 59ff., 291ff.

6.2. Die ausländischen Arbeitskräfte

Bei Kriegsbeginn strömte die Mehrzahl der in der deutschen Industrie beschäftigten ausländischen Arbeiter in ihre Heimat zurück.[1] Trotz ihres relativ hohen Anteils auf dem industriellen Arbeitsmarkt vor dem Weltkrieg[2] hatten Überlegungen hinsichtlich der Bedeutung von ausländischen Arbeitskräften in der Kriegsindustrie zunächst keine Rolle gespielt. Erst mit der im zweiten Kriegsjahr einsetzenden Erkenntnis, daß der Arbeitskräftemangel ein kriegsentscheidendes Faktum sein könnte, reiften Pläne zur forcierten Anstellung von ausländischen Arbeitskräften heran. Dabei standen die Okkupationsgebiete Polen und Belgien im Mittelpunkt des Interesses.

Schon im Jahr 1915 begannen annektionistisch gesinnte Industrielle, eine gezielte Anwerbetätigkeit in Polen und Belgien zu propagieren.[3] Angesichts der innenpolitischen Lage in den Okkupationsgebieten begrüßten die dortigen Zivilverwaltungen in der Regel solche Pläne als willkommene Maßnahme zur Reduzierung der Arbeitslosigkeit.[4] 1915 wurden durch die Deutsche Arbeiter-Zentrale (DAZ), die mit dem alleinigen Anwerbungsrecht betraut war, etwa 20.000 polnische Arbeiter in industrielle Arbeitsverhältnisse geschleust.[5] Die neue Arbeitssituation stellte sich für einen Großteil von ihnen als ausgesprochen schwierig dar. Der ungewohnte industrielle Arbeitsrhythmus, Sprachschwierigkeiten und vor allen Dingen Vorurteile von deutscher Seite gegenüber den als minderwertig und faul diskrimininierten polnischen Kollegen und Mitarbeitern führte zu einem beträchtlichen Konfliktpotential, das sich in Streiks und Fluchtbewegungen entlud.[6] Wie für die polnischen Landarbeiter bereits länger üblich,[1] wurde mit

1 Angesichts der Arbeitslosigkeit der ersten Kriegsmonate waren die ausländischen Arbeiter am stärksten von Entlassungen betroffen, z.B. wurden im August und September 1914 zahlreiche italienische Arbeiter mit ihren Familien (insgesamt über 72.000 Menschen) abgeschoben. Außerdem reduzierte freiwillige Heimkehr und Einberufungen in die Heimatarmee (Österreich-Ungarn) die Zahl der ausländischen Arbeiter auf weniger als die Hälfte.Nach Angaben der DAZ waren (ohne Polen und Russen) im Jahr 1913/14 460.880 und im Jahr 1915/16 nur noch 208.604 ausländische Arbeiter in Deutschland, nach Angaben des Statistischen Jahrbuchs 1913/14 188.991 aus Österreich-Ungarn stammende Arbeiter und 65.037 Italiener, 1914/15 nur noch 80.798 Österreicher und 12.956 Italiener, vgl. Zunkel, Arbeiter, 285 mit Anm. 16.

2 Siehe oben, II 2.3.

3 Vgl. „Skizze über die wirtschaftliche Frage der Angliederung Belgiens“, eine im Jahr 1915 durch den „Langnamverein“ und die nordwestliche Gruppe des VdESI bei den Mitgliedern in Umlauf gebrachte, aber „streng vertraulich“ gehandhabte Broschüre, die Informationen zur Rohstofflage, zur Produktivität, zum Arbeitskräftepotential, Berufsgliederung und Lohnniveau enthielt. MA P.225015, darin: Skizze über die wirtschaftliche Frage der Angliederung Belgiens, Düsseldorf 1915.

4 Z.B gab es in Belgien im Jahr 1915 ca. 0,5 Millionen Arbeitslose, vgl. Zunkel, Arbeiter, 290.

5 Ebd.

6 In den Betrieben äußerte sich die Diskriminierung aber z.B. durch Zahlung eines geringeren Lohnes, in schlechter Unterbringung und Versorgung, in rigider Überwachung der Arbeitsleistung, vgl. Zunkel, Arbeiter, 292. Auch von offizieller Seite wurden Vorurteile gepflegt. Vgl. z.B. MA

dem Heimkehrverbot ab November 1915 auch für polnische Industriearbeiter die Freizügigkeit faktisch aufgehoben.[2]

Angeregt durch den Duisburger Reeder Carl Schroers war auch das besetzte Belgien bereits seit der Jahreswende 1914/15 in Unternehmerkreisen für die Gewinnung von Arbeitskräften im Gespräch. Vor allen Dingen die rheinisch-westfälische Schwerindustrie, zum Großteil repräsentiert durch den VdESI, hegte ein reges Interesse an der Anwerbung belgischer Arbeitskräfte.[3] Allerdings erschienen die Modalitäten im Unternehmerlager zunächst nicht unumstritten und eine tatsächliche Umsetzung der prinzipiell befürworteten Idee zumindest „heikel". Das Bestreben, sich mit adäquaten vertraglichen Formulierungen vor den damit verbundenen Unwägbarkeiten und potentiellen Konfliktherden abzusichern, schürte Zweifel an der Durchführbarkeit des Vorhabens.[4] Humanitäre oder moralische Bedenken spielten in dieser Diskussion jedoch keine Rolle.

Mit der Gründung des „Deutschen Industrieinstituts" im Juli 1915 durch Vertreter der rheinisch-westfälischen Schwerindustrie im Verein mit dem „Generalgouverneur" von Belgien, Freiherr von Bissing, untermauerten die Beteiligten ihr Interesse an dem belgischen Arbeitskräftepotential. Diese Einrichtung sicherte den westdeutschen Eisen- und Stahlindustriellen eine beherrschende Stellung auf dem belgischen Arbeitsmarkt zu.[5] Über das Industriebüro wurden von Juli 1915 – Oktober 1916 mehr als 30.000 Arbeiter angestellt, was wegen des vergleichsweise großen belgischen Arbeitskräftereservoirs hinter den unternehmerischen Erwartungen zurückblieb.[6]

Die Arbeitskräfte aus den Besatzungsgebieten fanden überwiegend Beschäftigung in der Metallindustrie und Hüttenwesen[7] und wurden dort vor allem in den Hochofenbe-

---

P.22528, Mappe 1, Eingabe des Generalkommandos Münster an das Kriegsministerium am 26.2.1916.

1 Trotz der formalrechtlichen Möglichkeit zur Ausreise in ein neutrales Land, besaßen sie den „rechtlichen Status eines Zivilgefangenen", so Zunkel, Arbeiter, 287.

2 Siehe dazu Zunkel, Arbeiter, 291.

3 Aufschluß über die Anbahnung der Vermittlung, Überlegungen zum unternehmerischen Bedarf und zu den Modalitäten einer Anwerbung geben die diesbezüglichen Unterlagen der Düsseldorfer Röhrenwerke (DREW) und die Korrespondenz mit Schroers bzw. der Hauptverwaltung des „Phoenix" zu diesem Thema vgl. MA R.21075.

4 In Anbetracht von eventuellen Spionagemöglichkeiten hielt man eine Kasernierung wie bei Kriegsgefangenen für ratsam, bezweifelte aber zugleich, daß sich unter solchen Bedingungen „gute Leute" finden ließen. MA R.21075, Poensgen an Phoenix am 14.4.1915.

5 Ca. 85% der angeworbenen Arbeiter fanden ihre Beschäftigung in der rheinisch-westfälischen Industrie (bis Oktober 1917), die Unternehmen in anderen Regionen mußten zuvor dem Kriegsausschuß der deutschen Industrie darlegen, ob der Arbeiterbedarf nicht auch in Deutschland zu decken sei, das wurde im Mai 1916 abgeschafft, Zunkel, Arbeiter, 293.

6 Sichler/Tiburtius, Arbeiterfrage, 42.

7 Hier waren im Krieg ca. 64% der sogenannten „feindlichen Ausländer" tätig. Berechnet nach Sogemeier, Entwicklung, 118f.: absolut: 34.199 von insgesamt 53.777 im rheinisch-westfälischen Industriegebiet.

trieben eingesetzt, also zu körperlicher Schwerstarbeit unter extrem harten Bedingungen. Hier stellten sie zusammen mit den Arbeitern aus neutralen oder verbündeten Herkunftsländern rund ein Fünftel der Belegschaft.[1] Bei ihrem Einsatz in der deutschen Kriegsindustrie waren die belgischen und polnischen Zivilarbeiter sehr harten Arbeits- und Lebensverhältnissen ausgesetzt. Gleichwohl hatte sich eine – von industrieller Seite durchaus angestrebte – Arbeitsplatzbindung nicht durchsetzen können, weshalb Klagen von Unternehmern über den häufigen Arbeitsplatzwechsel der belgischen und polnischen Arbeitskräfte den Dialog mit den verantwortlichen Behörden bzw. den stellvertretenden Generalkommandos prägten.[2] In einer Eingabe des zuständigen Generalkommandos an den „Verein für bergbauliche Interessen" in Essen begründete man die „in gewissen Grenzen den russisch-polnischen Arbeitern gewährte Freizügigkeit" mit dem erklärten Ziel, „den aus dem besetzten Gebiet zur freien Arbeitsleistung eingeführten Arbeitern den Aufenthalt hier möglichst angenehm [zu] gestalten, da andernfalls befürchtet werden müßte, daß sie in Menge die Arbeit niederlegen würden". Vor diesem Hintergrund hielt das Generalkommando die Industrie dringend dazu an, diese „Unannehmlichkeiten" angesichts einer erfolgreichen Kriegführung „in Kauf" zu nehmen.[3] Weiterhin unterlagen die „Lebensverhältnisse" – also die Unterbringung und Verpflegung, die Lohnhöhe sowie die hygienischen Verhältnisse der ausländischen Arbeitskräfte – einer Überwachung durch Generalkommandos und Gewerbeinspektion, die dem Kriegsministerium Bericht erstatteten.[4] Allerdings bot das Generalkommando ebenfalls die Möglichkeit an, den Unternehmen im Umgang mit „widerspenstigen" Arbeitern Schützenhilfe zu bieten und diese gegebenfalls zu inhaftieren bzw. andernorts zu beschäftigen – eine repressive Maßnahme, die noch verbliebene Handlungsspielräume aushebelte und die Behördendiktion eines „angenehmen" Arbeitsaufenthaltes als administrative Floskel entlarvt.[5]

Mit Blick auf die Engpässe des kriegsindustriellen Arbeitsmarktes verschärfte sich in der zweiten Kriegshälfte die Diskussion über die forcierte Heranziehung aller potentiell auszunutzenden Arbeitskräftegruppen. Nachdem die Methode der in den ersten Kriegsjahren praktizierten, mehr oder weniger „freiwilligen" Anwerbung von ausländischen Arbeitern aus Sicht der Industriellen wenig Erfolge hervorgebracht hatte, sahen manche Arbeitgeber angesichts der gesteigerten Produktionsziele nun die Notwendigkeit zum härteren Vorgehen bei der Anwerbung gegeben. Damit sprachen sich also Teile der Unternehmerschaft faktisch für eine Deportation von arbeitsfähigen Männern aus den Be-

---

1 Sogemeier, Entwicklung, 38.

2 Vgl. z.B. MA P.22528, Mappe 1.

3 Stellvertretendes Generalkommando Münster an den Verein für bergbauliche Interessen in Essen am 26.2.1916, MA P.22528, Mappe 1. Vgl. auch Schreiben des Bergbauvereins an Bergwerksdirektoren, am 15.3.1916, ebd.

4 Vgl. Bericht des stellvertretenden Generalkommandos in Münster am 26.2.1916 an das Kriegsministerium, MA P.22528, Mappe 1.

5 Vgl. stellvertretendes Generalkommando in Münster an den den Verein für bergbauliche Interessen in Essen am 26.2.1916, MA P.22528, Mappe 1.

satzungsgebieten zur Arbeit in der deutschen Rüstungsindustrie aus. [1] Die Reichsregierung und die Militärverwaltungen sträubten sich aus politischen Erwägungen gegen eine Genehmigung von Zwangsmaßnahmen, doch gaben sie schließlich im Oktober 1916 dem Druck von OHL und industriellen Kreisen nach.[2]

Als Ergebnis einer am 17. Oktober 1916 im Reichsamt des Innern unter Beteiligung der Reichs- und preußischen Ressorts abgehaltenen Besprechung der aktuellen Arbeitsmarktprobleme wurde im Hinblick auf den Tagesordnungspunkt „Heranziehung von Arbeitern aus den besetzten Gebieten" das grundsätzliche Einverständnis zur „Gewinnung von 30.000 jüdischen Arbeitern" aus dem „Generalgouvernement Warschau" erklärt und die Vorgehensweise im Falle der „zwangsweise zur Arbeit heranzuziehenden belgischen Arbeiter" erläutert.[3] Von den Zwangsarbeitern hoffte man im Nachhinein noch einen „freiwilligen" Entschluß zur Arbeitsübernahme zu erwirken, der ihre Arbeitskonditionen verbessern würde.[4]

Gegen den Widerstand des deutschen Verwaltungsbeamten in Brüssel begannen am 26. Oktober 1916 die Deportationen von willkürlich ausgewählten „arbeitsscheuen" Belgiern nach Deutschland.[5] Dort angekommen, wurden die Deportierten in Lager gebracht, von wo aus sie auf die einzelnen Rüstungsbetriebe verteilt werden sollten.[6] Abgesehen von der Brutalität dieser Zwangsmaßnahme war ihr kriegswirtschaftlicher Erfolg höchst fragwürdig. Die Industrie hatte ihren zusätzlichen Arbeiterbedarf mit über 100.000 Personen veranschlagt, woraufhin die OHL den belgischen Militärverwaltungen Weisung gab, pro Woche über 20.000 Menschen nach Deutschland zu deportieren. Tatsächlich aber hatten die meisten Rüstungsbetriebe Schwierigkeiten, sofort in diesem Umfang Arbeitskräfte zu beschäftigen, da sie ihre Kapazitäten noch nicht entsprechend erweitert hatten, so daß viele der deportierten Arbeiter wochen- oder monatelang in den Sammelstellen warteten. Deshalb wurde die wöchentliche Anzahl der Deportationen ab Dezember auf 2.000 reduziert. Im Januar 1917 befanden sich aber bis zu diesem Zeitpunkt noch 40.000 zwangsrekrutierte Belgier unbeschäftigt in den Lagern.[7] Trotzdem bildete die „Frage der Herbeischaffung weiterer belgischer Arbeiter" noch im Mai 1917 einen wichtigen Diskussionspunkt in einer Besprechung zwischen Vertretern der rheinisch-westfälischen Eisen- und Stahlindustrie und dem Kriegsamt, in welcher sich die

---

1 Vgl. Beispiele in Feldman, Armee, 147, Anm. 28 sowie Zunkel, Arbeiter, 296. Vgl. auch Besprechungen von führenden Industriellen mit Vertretern der 3. OHL, siehe oben, III 5.1.

2 Vgl. Stellungnahme des Kriegsministeriums vom 7.10.1916, Ludendorff, Urkunden, 124-127.

3 Ergebnis einer kommissarischen Besprechung am 17.10.1916 in Berlin, in: Ludendorff, Urkunden, 127-131.

4 Vgl. dazu Ludendorff, Urkunden, 128.

5 Zunkel, Arbeiter, 297f.

6 Vgl. zur Unterkunft der Arbeiter die Bemerkung im Protokoll der obengenannten Besprechung: „Der Ausdruck 'Lager' soll vermieden werden und stattdessen von 'Unterkunftsstätten für Industriearbeiter' gesprochen werden", Ludendorff, Urkunden, 128.

7 Zunkel, Arbeiter, 300; im März 1917 waren allerdings schon 32.992 Personen Arbeitsplätze zugeteilt worden, ebd., 301.

Behörde noch immer als kooperativer Verhandlungspartner präsentierte.[1]

Am Beispiel der Deportationen zeigte sich besonders deutlich, daß die Probleme auf dem Arbeitsmarkt nicht einfach durch die Bereitstellung einer bestimmten Anzahl „arbeitsfähiger Personen“ gelöst werden konnten. Arbeitsmotivation oder Arbeitswillen, beides wichtige Voraussetzungen für die Qualität der Arbeitsleistung, ließen sich nicht erzwingen.[2] Allerdings machte sich tatsächlich ein indirekter Effekt dieser Arbeitsmarktpraxis bemerkbar: Die zynische Prognose des Kriegsministeriums, unter dem Eindruck der Zwangsmaßnahmen würde die Zahl der sich freiwillig meldenden Arbeiter ansteigen, schien sich zu erfüllen[3] – die Zahl der wöchentlich durch das Industriebüro angeworbenen Arbeitskräfte stieg auf die zuvor niemals erreichte Anzahl von über 1.000 Personen.[4] Auch in Polen wurden die geplanten Deportationen begonnen, jedoch offenbar nicht in dem vorgesehenen Umfang realisiert.[5]

Von Gewerkschaftsseite und auch im Reichstag wurde das gewaltsame Vorgehen in den Okkupationsgebieten mißbilligt. Das neutrale und feindliche Ausland reagierte ebenfalls mit schneidendem Protest auf die nicht mit humanitären und völkerrechtlichen Prinzipien zu vereinbarende Methode der Arbeitskräfterekrutierung.[6] Schließlich wurde das Ende der gewaltsamen Arbeitskräftebeschaffung beschlossen und für Juni 1917 in Aussicht gestellt.[7]

Der Versuch, das Arbeitskräfteproblem gegen den Willen der wichtigsten Akteure zu lösen, war fehlgeschlagen. Auch die Bilanz von Unternehmensseite konnte angesichts der gemachten Erfahrungen mitunter kritisch ausfallen.[8] In den letzten beiden Kriegsjahren ging ein Großteil der zuständigen zivilen und militärischen Reichsbehörden zu einer liberaleren Fremdarbeiterpolitik über, deren Ziel es war, durch Nachbesserungen des rechtlichen und wirtschaftlichen Status der Arbeiter aus Belgien Anreize zur freiwilligen Arbeitsübernahme zu schaffen.[9]

Einen Überblick über den annähernden Umfang der Beschäftigung von Ausländern auf dem industriellen Arbeitsmarkt in Deutschland gibt die folgende Tabelle.

1 Vgl. Protokoll vom 4.5.1917, MA P.22528, Mappe 1.

2 Vgl. dazu die unterschiedlichen Positionen Bissings und Stinnes', Zunkel, Arbeiter, 297.

3 Stellungnahme des Kriegsministeriums vom 7.10.1916, in: Ludendorff, Urkunden, 124-127, hier 127.

4 Zunkel, Arbeiter, 301. Insgesamt gingen während der Deportationszeit von Oktober 1916 - Juni 1917 16.767 Belgier freiwillig eine Arbeitsverpflichtung ein, ebd.

5 Zunkel, Arbeiter, 301f.

6 Hardach, Weltkrieg, 77.

7 Zunkel, Arbeiter, 300.

8 Rückblickend bilanzierte Berdrow die Krupp'schen Erfahrungen mit „belgischen Zivilarbeitern“ skeptisch: „weder ihre technische Eignung noch ihr persönliches Verhalten ermutigte zur Ausdehnung des Versuchs, solange noch andere Mittel zur Verfügung standen.“ HA Krupp, FAH 4 E 10.1, 69.

9 Der „Kurswechsel“ schlug sich positiv in dem Anstieg der Anwerbeziffern durch das Industriebüro nieder. Vgl. zu den einzelnen Maßnahmen detailliert Zunkel, Arbeiter, 302ff.

Tabelle 3: Von der Deutschen Arbeiterzentrale erfaßte ausländische Arbeitskräfte in der Industrie 1916/17[1]

Herkunftsland	1916	1917
Rußland	118.427	140.623
Österreich	54.302	47.271
Ungarn	5.648	4.392
Schweiz	4.897	4.365
Italien	11.091	10.564
Belgien/Niederlande	47.739	89.465
skandiv. Länder	3.768	3.345
Frankreich/Luxemburg.	1.809	3.250
sonstige	1.855	2.530
gesamt	249.536	305.805

Da diese Daten die Arbeiter in Bayern, Hessen und Baden nicht erfassen, markieren sie eine Untergrenze des tatsächlich erreichten Umfangs der Beschäftigung, der in der Kriegsindustrie den Vorkriegsstand erreichte oder sogar übertraf.[2] Einzelne Unternehmen, die für den Kriegsbedarf produzierten, hatten vor dem Weltkrieg zum Teil noch überhaupt keine Erfahrungen mit der Beschäftigung ausländischer Arbeitskräfte gemacht. In diesen unternehmensspezifischen Arbeitsmarktsegmenten rechnete diese Arbeitskräftegruppe tatsächlich zur „neuen" Arbeiterschaft, die sich während des Krieges formierte.[3]

Im Gegensatz zu Deutschland war Italien vor Kriegsausbruch kein „Arbeitseinfuhrland", und ausländische Arbeiter spielten auf dem italienischen Arbeitsmarkt im sekundären Sektor höchstens eine marginale Rolle.[4] In den wenigen Nischen des industriellen Arbeitsmarktes, in denen „Humankapital" aus dem Ausland importiert wurde, war weniger die berufliche Stellung des Arbeiters prägend als vielmehr die des Angestellten mit gewissen technischen Qualifikationen, meist in einem Tätigkeitsbereich unterhalb der Unternehmensleitung in mittlerer Position. Beispielsweise waren die *capi servizio* im Röhrenwalzwerk Dalmine vor dem Weltkrieg fast durchweg ausländischer Herkunft.[5] Gewiß ist hierbei zu bedenken, daß Dalmine bis zum Jahre 1916 zu Mannesmann gehört und ein frühes Beispiel für eine Direktinvestition der deutschen Unternehmerfamilie in Italien dargestellt hatte. Dieser Umstand ermöglichte sicherlich auch

1 Tabelle gekürzt übernommen aus Daniel, Arbeiterfrauen, 59.

2 Daniel, Arbeiterfrauen, 60.

3 1918 war in der Krupp'schen Gußstahlfabrik jeder achte männliche Arbeiter ein Ausländer, vor dem Krieg waren noch keine Ausländer beschäftigt gewesen, vgl. HA Krupp, FAH 4 E 10.1, 73.

4 Vgl. oben, II 2.3.

5 In einem Sitzungsprotokoll des Vorstands heißt es: „Prima della dichiarazione della guerra, i capi servizio dello stabilimento erano pressoché tutti stranieri (...)", FD, Libri societari, Consiglio d'amministrazione, Lcda/1, 1907-1917, Buch 4, Sitzung vom 30.10.1915, (Punkt 4). Es ist darauf hinzuweisen, daß das Archiv z. Zt. neu geordnet wird, was sich auch in Modifikationen hinsichtlich der Signaturen und Zitierweise niederschlagen kann.

einen intensiveren Austausch von Personal und technischem Wissen, gerade auf der mittleren und höheren Angestelltenebene.[1] Die ausländische Herkunft von Ingenieuren oder anderen technischen Angestellten war jedoch auch bei anderen Unternehmen nicht ungewöhnlich.[2] In diesem Arbeitsmarktsegment krempelte der Kriegsbeginn die Voraussetzungen für die Beschäftigung von ausländischen Fachkräften um. So wurden beispielsweise bei Dalmine alle bei Kriegsbeginn in ihre Heimat zurückkehrenden *capi servizio* durch italienische Fachkräfte ersetzt.[3]

Allerdings änderten sich durch die kriegsbedingte Vollbeschäftigungssituation und den wachsenden Arbeitskräftemangel die Marktbedingungen auf dem gesamten kriegsindustriellen Arbeitsmarkt grundlegend. Was die Arbeiter als quantitativ bedeutsamsten Personenkreis anbetrifft, gab es – anders als in Deutschland – jedoch keine Scharen von ausländischen Arbeitskräften, die zu Kriegsbeginn in ihre Heimat zurückströmten. Wo es keinen solchen „Exodus" gab, wurden auch keine nennenswerten personellen Lücken hinterlassen. Gleichwohl erscheint es angesichts des wachsenden Arbeitskräftemangels durchaus plausibel, der Arbeitsnachfrage mit den im Laufe des Krieges wachsenden Arbeitsmarktengpässen auch ein zunehmendes Interesse an der Beschäftigung ausländischer Arbeitskräfte zu unterstellen. Wie die statistischen Daten der mobilisierten Industrien nahelegen, blieb auch während des Krieges der Umfang der Beschäftigung von Ausländern wohl sehr begrenzt. Zwar lassen sich aus den Quellen Hinweise gewinnen, daß diverse Hilfsbetriebe anscheinend ausländische Arbeitskräfte beschäftigten. So wies beispielsweise ein Rundschreiben des Genueser Militärkommandos auf die „Gefahren" hin, die von sogenannten „fremden Elementen" in der Heeresproduktion ausgehen konnten – gemeint waren wohl Attentate oder Spionage – und forderte nachdrücklich dazu auf, von der Einstellung von Ausländern abzusehen oder aber – im Falle einer besonderen, raren Qualifikation der Betreffenden – die Kontrolle der Personalien durch die Militärbehörde zu ermöglichen.[4] Anlaß für diese Information und Bitte war die Tatsache, daß eine Reihe von mobilisierten Unternehmen Ausländer, vor allem schweizerischer Herkunft, eingestellt hatte.[5]

Darüber hinaus registrierte die offizielle Statistik für die letzten beiden Kriegsjahre

---

1 Vgl. Hertner, Kapital.

2 Vgl. z.B. Gibelli, Tecnici, 161-181. Vgl. auch Merli, Proletariato, 150.

3 Wenn diese innerhalb des Unternehmens rekrutiert wurden, rückten sie damit eine Hierarchiestufe innerhalb der Arbeitsorganisation auf. Außerdem sollten solche Mitarbeiter von anderen Unternehmen, die in diesem Segment noch nicht unter Personalengpässen zu leiden hatten, für die Kriegszeit „ausgeliehen" werden. Vgl. Sitzungsprotokolle des Vorstands, FD, Libri societari, Consiglio d'amministrazione, Lcda/1, 1907-1917, Buch 4, Sitzung vom 30.10.1915.

4 FA, AP, SSR Scat. Nr. 541, Fasc. 16 (27.2.1916).

5 Bei den Ansaldo-Werken war diese Frage jedoch nicht aktuell, da in den einzelnen Betrieben zu diesem Zeitpunkt keine Ausländer beschäftigt waren. Vgl. die Antwortschreiben der Betriebe, FA, AP, SSR Scat. Nr. 541, Fasc. 16.

einige Tausend Libyer, die in der Kriegsindustrie beschäftigt waren.[1] Zu diesem arbeitsmarktpolitischen „Experiment", wie es in den Quellen hieß,[2] hatte sich das für kriegswirtschaftliche Belange zuständige „Ministerium für Waffen und Munition" im Verein mit dem *Ministero delle Colonie* entschlossen, um „eine neue Quelle für die Rekrutierung von Arbeitskräften" zu erschließen. Die Libyer sollten für Schwerstarbeiten gewonnen werden, deren Bewerkstelligung bislang problematisch war.[3] Über die Umstände und Bedingungen ihres Arbeitseinsatzes berichten die offiziellen Quellen der MI nur oberflächlich und in propagandistischer Manier.[4] Den Angaben zufolge arbeitete ein Großteil der angeworbenen Libyer in der Metallindustrie, in erster Linie in den Großunternehmen wie Ansaldo oder Romeo, aber auch in anderen wichtigen Hilfsbetrieben, z.B. FIAT, Breda und Pirelli, wo sie überwiegend zu Aushilfstätigkeiten herangezogen wurden.[5] Von vornherein galt für alle der Status des Militärarbeiters: sie trugen Uniform und unterstanden unmittelbar der Militärverwaltung, die für Verpflegung und Unterkunft verantwortlich war.

Insgesamt blieb somit die quantitative Bedeutung der ausländischen Arbeitskräfte für den kriegsindustriellen Arbeitsmarkt in Italien begrenzt. Zumindest in der ersten Kriegsphase schien der inländische Arbeitsmarkt die Nachfrage nach ungelernten Arbeitskräften noch aus eigener Kraft decken zu können. Erst mit der Zuspitzung der Arbeitsmarktlage in der zweiten Kriegshälfte wurde die Frage einer gezielten Rekrutierung von Arbeitskräften im Ausland zum Thema gemacht und im italienischen Kolonialgebiet mit der Verpflichtung der libyschen Arbeitskräfte für die italienische Kriegsindustrie in Ansätzen umgesetzt.[6] Damit gab es auf dem italienischen Arbeitsmarkt keine Parallele zu der gewaltsamen Politik der Arbeitskräftebeschaffung in der Dimension, wie sie die Deportation von Zehntausenden von Zwangsarbeitern für die deutsche Kriegsindustrie dargestellt hatte.

---

1 In den offiziellen Quellen ist gemäß der Angaben des „Ministeriums für Waffen und Munition" von 5.000-5.600 die Rede, vgl. BCCMI 17/18, Nov./Dez. 1918, 393, vgl. auch Curli, Lavoro, 92; Tomassini, Mobilization and Labour Market, 65. Auch hier bietet die Statistik jedoch einige Ungereimtheiten, da allein FIAT bei Kriegsende rund 5.000 libysche Arbeitskräfte entlassen hatte, vgl. unten. Nach nicht quellenmäßig spezifizierten Angaben von Mario Isnenghi belief sich die Quote der ausländischen Arbeiter in der Rüstungsindustrie auf über 8%, ders., Guerra, 85.

2 BCCMI 3, September 1917, 93-94; BCCMI 17/18, November/Dezember 1918, 387-395.

3 Vgl. BCCMI 3, September 1917, 93.

4 Gemäß dieser Rhetorik sollte die ökonomische Kraft der Kolonialmacht bei den Libyern Bewunderung auslösen, BCCMI 3, September 1917, 93-94; BCCMI 17/18, November/Dezember 1918, 387-395. Außerdem gab die MI auch eine Broschüre heraus, die über „La mano d'opera libica in Italia" informierte.

5 Vgl. Mano d'opera libica, 393.

6 Man sprach von einer „nuova fonte di reclutamento di manodopera", BCCMI 3, September 1917, 93. Vgl. auch die Erklärung in BCCMI 17/18, Nov./Dez 1918, 387.

6.3. Der Einsatz von Kriegsgefangenen

Während des Krieges gerieten etwa 2,5 Millionen Soldaten in deutsche Gefangenschaft, von denen ein sehr großer Anteil zu verschiedenen Arbeiten in Landwirtschaft und Industrie herangezogen wurde.[1]

Tabelle 4: Die Beschäftigung von Kriegsgefangenen in Deutschland 1916/17[2]

	Ende 1916	**September 1917**
Industrie	331.000	392.562[3]
sonstige Bereiche[4]	1.027.000	1.310.936
Insgesamt	1.358.000	1.703.498

Nach den Angaben für die Jahre 1916 und 1917 wurden um die 23-25 Prozent der Kriegsgefangenen auf dem industriellen Arbeitsmarkt beschäftigt. Gemäß völkerrechtlichen Bestimmungen durften Kriegsgefangene zwar nicht bei der Herstellung von Kriegsmaterial eingesetzt werden, jedoch bemühten sich die beteiligten Stellen und Unternehmen anscheinend um eine großzügige Auslegung der geltenden Maßgaben.[5] Die Kriegsgefangenen im rheinisch-westfälischen Industriebezirk im Jahre 1918 repräsentierten einen Anteil von 12,7 Prozent der männlichen und neun Prozent der Gesamtarbeiterschaft und stellten in der Eisenindustrie elf, in der chemischen Industrie 19,5, in Ziegeleien und Steinbrüchen sogar 47,5 Prozent der männlichen Belegschaft.[6]

Die Überweisung von Kriegsgefangenen an die Betriebe oblag der Heeresverwaltung, die zuvor die Zustimmung der mit den örtlichen Arbeitsvermittlungen in Verbindung stehenden Reichszentrale für Arbeitsnachweise einholen mußte, um sicherzugehen, daß der Bedarf nicht durch deutsche Arbeiter oder Arbeiterinnen gedeckt werden konnte. Durch diese Regelung suchte man zu verhindern, daß durch die billigere Arbeitskraft der Kriegsgefangenen Lohndruck oder Arbeitslosigkeit zunahmen.[7]

Auf Seiten der Unternehmen wurde die Beschäftigung von Kriegsgefangenen zunächst nicht einmütig beurteilt. Vielfach herrschte eine gewisse Skepsis vor, die sich meist auf die Modalitäten des Arbeitseinsatzes, der Unterbringung, Überwachung und

1 Vgl. Daniel, Arbeiterfrauen, 58. Nach der Haager Landkriegsordnung von 1907 mußten die Arbeiten nicht unmittelbar dem Krieg dienen, vgl. Laufer, Kriegsgefangene, 206-221.

2 Gekürzt übernommen aus Daniel, Arbeiterfrauen, 57.

3 Davon arbeiteten ca. 170.000 im Bergbau (= ca. 43%).

4 Dazu gehörten Landwirtschaft, Forstwirtschaft, gemeinnützige Arbeiten.

5 Vgl. z.B. MA R.21075, Zentraldirektion des Phoenix an die Abteilungen Ruhrort und Düsseldorf am 19.1.1915. Bei Krupp durften Kriegsgefangene nicht in der Kanonenwerkstatt, wohl aber in Baubetrieben und in der Stahlerzeugung eingesetzt werden, HA Krupp, FAH 4 E 10, 69.

6 Sogemeier, Entwicklung, 48, jedoch wurde das rheinisch-westfälische Industriegebiet gegenüber anderen Industrieregionen bei der Überweisung von Kriegsgefangenen „begünstigt". Im preußischen Saarbergbau stellten die Kriegsgefangenen ca. zehn Prozent der Belegschaft, vgl. Laufer, Kriegsgefangene, 218.

7 Sogemeier, Entwicklung, 67.

Entlohnung der Kriegsgefangenen bezog.[1] Häufig spielten auch rassistische Vorurteile in die Erwägungen hinein.[2] Allerdings sprach aus Sicht der Unternehmen das Argument relativ niedriger Lohnkosten meist sehr stark für die Beschäftigung von Kriegsgefangenen.[3] Das Krupp'sche Büro für Arbeiterangelegenheiten resümierte die zwiespältige Haltung folgendermaßen:

> „Die Beschäftigung von Kriegsgefangenen bietet zwar nicht nur mancherlei Schwierigkeiten, sondern ist an und für sich aus vielen Gründen unerwünscht. Es wäre dennoch schließlich das Hauptmittel, während des Krieges, namentlich bei längerer Dauer desselben, ständig den Bedarf an ungelernten Arbeitern für die Fabrik zu decken."[4]

Manche Arbeitgeber zogen diese Arbeitskräftegruppe auch anderen noch auf dem freien Arbeitsmarkt rekrutierbaren Kräften, z.B. Frauen oder Jugendlichen, vor. Für die unternehmerischen Präferenzen war ebenfalls ausschlaggebend, daß die Kriegsgefangenen sehr häufig eine höhere Qualifikation aufzuweisen hatten – vor allem unter den an der Westfront gefangengesetzten Personen befanden sich viele Facharbeiter. Zudem konnten sie sich schlechter gegen Ausbeutung und extreme Arbeitsbedingungen wehren.[5] In vielen Fällen geriet die Zustimmung zur Beschäftigung von Kriegsgefangenen mehr und mehr zur Formalie – gerade in den kriegswichtigen Branchen Bergbau und Schwerindustrie mit ihrem akuten Arbeitermangel galt nach Lage des Arbeitsmarktes der Bedarf an zusätzlichen Arbeitern als gegeben und wurde nicht mehr einzeln überprüft.[6] Die Reichszentrale bestimmte auch die Höhe der von den Unternehmern zu zahlenden Vergütungen. Um Lohndrückerei vorzubeugen, sollte der Verdienst eines Kriegsgefangenen dem eines mit vergleichbaren Tätigkeiten betrauten freien Arbeiters entsprechen.[7] Faktisch wurde dieser Grundsatz aber angesichts der rasch steigenden Nominal-

1 Vgl. z.B. „Büro für Arbeiterangelegenheiten" der Firma Krupp am 4.4.1915, HA Krupp, WA 4/1395; vgl. auch ebd. die Aktennotiz zur Beschäftigung von Kriegsgefangenen bei Borsig in Berlin vom 8.5.1915. Hier heißt es: „Das Werk kommt bei den Hilfsarbeitern gut auf seine Kosten. (...) Bezüglich der Facharbeiter konnte ein abschließendes Urteil nicht gegeben werden. Es erscheint fraglich, ob sie bei der Höhe der Entschädigung mit Nutzen für das Werk verwendet werden." Siehe auch MA R.21075, Hauptverwaltung des Phoenix an DREW am 30.12.1914 sowie am 19.1.1915.

2 Vgl. z.B. MA R.21075, Phoenix-Zentraldirektion an die Abteilungen Ruhrort und Düsseldorf am 19.1.1915; vgl. auch die rassistischen Vorurteile in einer Aktennotiz des Krupp'schen Büros für Arbeiterangelegenheiten über die Beschäftigung von Kriegsgefangenen bei Borsig (Berlin) vom 8.5.1915: „Die Engländer und Belgier sind im allgemeinen fleißige Arbeiter, während die Russen durchweg faul sind. Sie sind dumm und stumpf und müssen zur Arbeit angetrieben werden." Vgl. HA Krupp, WA 4/1395.

3 Zur Entlohnung vgl. ausführlicher unten.

4 Notiz vom 4.4.1915, HA Krupp, WA 4/1395.

5 Daniel, Arbeiterfrauen, 58.

6 Sogemeier, Entwicklung, 68.

7 Vom „ortsüblichen Tageslohn" gingen noch die Kosten für Unterbringung, Kleidung, Verpflegung und Aufsichtspersonal (!) ab. Militärs und Arbeitgeber waren sich im Hinblick auf die Lohnpolitik nicht immer einig – hier traf die Praktikersicht auf die Planvorstellungen der Generalstäbler. So

löhne während der letzten Kriegsjahre immer mehr ausgehöhlt, so daß es für den Arbeitgeber durchaus rentabel wurde, Kriegsgefangene zu beschäftigen. Der Gefangenenverdienst floß, reduziert um den Lohnanteil des Gefangenen und Rückzahlungen an die Arbeitgeber für Verpflegung und Unterkunft, in die Militärkassen. Der dem Gefangenen verbleibende Restbetrag betrug nur ungefähr ein Viertel des Bruttolohns.[1]

Die Bedingungen, unter denen die Kriegsgefangenen arbeiten und leben mußten, waren meist kläglich.[2] Die oftmals extrem harte Arbeits- und Lebenssituation der Kriegsgefangenen verschlechterte sich parallel zu den sich zuspitzenden Arbeitsmarktproblemen und der immer katastrophaler werdenden Versorgungssituation in der zweiten Kriegshälfte zusehends. Zudem war der Entzug der ohnehin spärlichen täglichen Essensration eine häufig verbreitete Strafmaßnahme gegen „arbeitsunlustige Gefangene".[3] Der Gesundheitszustand der Kriegsgefangenen wurde durch Ernährungsmängel erheblich beeinträchtigt: Im Laufe des Jahres 1917 kam es zu einem sprunghaften Anstieg der Krankheits- und Unfallhäufigkeit und zu einem Abfall der individuellen Arbeitsleistung.[4]

Angesichts dieser Umstände verwundert es nicht, daß die Motivation zu der erzwungenen Arbeitsleistung gering blieb und seitens der Gefangenen immer häufiger passive Resistenz demonstriert wurde. Dieser Punkt wurde von den Arbeitgebern immer öfter beklagt, freilich meist ohne den Zusammenhang zwischen Arbeitsbedingungen und Leistungsanreiz zu thematisieren. So verstieg sich beispielsweise der Phoenix-Manager Beukenberg in einem Lagebericht zur Zeche Bergeborbeck zu der Behauptung, daß die beschäftigten Gefangenen „allmählich geradezu zu einer Plage für die Betriebe geworden seien", was mit Fallbeispielen drastisch illustriert wurde.[5] Auch die Nordwestliche

---

hielt z.B. Beukenberg (Phoenix) den vom Generalkommando vorgeschlagenen Endlohn von 50 Pfennig täglich für viel zu wenig, da so kein Anreiz bestünde, „tüchtig zu arbeiten", vgl. MA R.21075, Phoenix-Hauptverwaltung an DREW und Ruhrort am 19.1.1915.

1 Z.T. wurde der Restlohn in bei Flucht wertlosen Scheckmarken ausgezahlt, vgl. Laufer, Kriegsgefangene, 213 und 221. Bei Borsig in Berlin betrug im ersten Kriegsjahr die Vergütung der Kriegsgefangenen 3,50 Mark für den Hilfsarbeiter, 5,25 Mark für den Facharbeiter, wovon die Gefangenen selbst nur 25 Pfennig in bar erhielten, Angaben nach HA Krupp, WA 4/1395, Aktennotiz von Heinemann am 8.5.1915. Vgl. auch Lohnabrechnung der Kriegsgefangenen in MA R.21075.

2 MA R.21075, Brief der Phoenix Hauptverwaltung an Abteilungen Düsseldorf und Ruhrort am 19.1.1915. Vgl. auch MA P.22528, Mappe 1, sowie HA Krupp, WA 4/1395. Vgl. auch Fälle von Mißhandlungen der Kriegsgefangenen auf einer größeren Arbeitsstätte im rheinisch-westfälischen Industriegebiet, MA P.22528, Mappe 1, Bergbauverein an Bergwerksdirektoren am 12.1.1916.

3 Die Verhängung dieser Sanktion blieb jedoch dem Militär vorbehalten, wie alle über die Arbeitsordnung hinausgehenden Strafmaßnahmen, vgl. Laufer, Kriegsgefangene, 215.

4 Vgl. die 1917-1918 rasch steigende Ziffer von Krankheitsfällen: Bei DREW (Phoenix) wurden 1917 bei 5.279 Kriegsgefangenen 5.746 Erkrankungen registriert, im Jahr 1918 6.854 Erkrankungen bei 6.392 Gefangenen, vgl. MA R.21075.

5 Die Leistung auf dieser Zeche sei auf ein Zehntel heruntergegangen: „Bezeichnend für diese Verhältnisse sei ein Versuch, die Leistung durch die Zusage zu erhöhen, daß nach Erledigung des Dreifachen der bisherigen Arbeitsleistung der übrige Tag frei sein soll. Das Ergebnis war, daß diese

Gruppe des VdESI wußte in einem Rundschreiben vom Juni 1917 von Betriebsstörungen, Sabotageversuchen und einer „Neigung zu einer passiven und mehr oder weniger aktiven Widersetzlichkeit“ zu berichten.[1] Hier forderten die Industriellen ein entschiedenes Durchgreifen seitens der Behörden.

Vor diesem Hintergrund zeigte sich abermals, daß arbeitsmarktpolitische bzw. personalpolitische Überlegungen, die sich an der bloßen Personalstärke orientierten, zu kurz griffen. Abgesehen von moralischen oder ethischen Bedenken offenbarte sich in vielen Fällen auch die ökonomische Ineffizienz von Ansätzen, die „weiche Kriterien“ wie Motivation und Produktivität – und die dafür geeigneten Anreizsysteme – ausblendeten oder mit mehr Zwang, Regulation und Drill zu kompensieren suchten.

Für die italienische Seite ist eine vergleichbare Darstellung dieser Arbeitskräftegruppe aufgrund der fehlenden Quellenbasis ausgesprochen problematisch. Die spärlichen Hinweise in den zeitgenössischen Monographien deuten darauf hin, daß ihr Einsatz in der Kriegsindustrie – sowohl absolut als auch relativ gesehen – vom Umfang her deutlich geringer war als in Deutschland.[2] Basierend auf den Daten zur Beschäftigung in den Kriegsindustrien im letzten Kriegsjahr beziffern diese die Kriegsgefangenen, die in der kriegswichtigen Industrie eingesetzt wurden, absolut auf etwa 19.000-20.000 Personen, demnach etwas über zwei Prozent der Gesamtarbeiterschaft in den mobilisierten Unternehmen.[3] Verglichen mit den knapp 400.000 Kriegsgefangenen (so der Stand im letzten Kriegsjahr), die in den deutschen Industrien zum Einsatz kamen und beispielsweise in der rheinisch-westfälischen Industrieregion rund zehn Prozent der Industriearbeiterschaft stellten, nimmt sich dieser Wert außerordentlich gering aus. Vor diesem Hintergrund erscheint auch die Quellenlücke wenig überraschend. Demgegenüber dürfte die Bedeutung der Kriegsgefangenenarbeit für land- und forstwirtschaftliche Tätigkeiten größer gewesen sein.[4]

Die Zuteilung von Kriegsgefangenen an die interessierten Industrien fiel zunächst in den Zuständigkeitsbereich der *Commissione per i prigionieri di guerra*.[5] Ähnlich wie in Deutschland sollte auch in Italien die Konkurrenz zur freien Arbeit durch erzwungene Arbeitsleistungen und damit zusammenhängende lohndrückende Wirkungsmechanismen ausgeschlossen werden.[6] Aber auch der im Jahr 1917 angesichts der sich zuspit-

dreifache Arbeitsleistung in der Zeit von zwei Stunden erreicht wurde.“ Dieser Fall war jedoch ein Extrembeispiel. MA P.22528, Mappe 1, 26f.

1 MA P.22528, Mappe1. Nordwestliche Gruppe des VdESI an alle Mitglieder, am 4.6.1917.

2 Zur Beschäftigung von Kriegsgefangenen in der italienischen Industrie 1915-18 gibt es keine Studien. Lediglich die Frage der italienischen Kriegsgefangenen im Ausland ist ein Forschungsthema. Auch zeitgenössische Studien sind rar. In den Archiven von Dalmine und Ansaldo ließen sich dazu keine Dokumente finden.

3 Vgl. Einaudi, Condotta, 109; vgl. auch Tomassini, Mobilization and Labour Market, 65 und Curli, Lavoro, 92.

4 Vgl. De Stefani, Legislazione, 23.

5 Ebd., 24.

6 D.L. 6.8.1916, Nr. 1028; D. L. 26.7.1917, Nr. 1300; De Stefani, Legislazione, 24.

zenden Rohstofflage gegründete *Commissariato Generale per i Combustibili Nazionali*, verantwortlich für die Koordination der Zuteilung von Brennstoffen, hatte die Befugnis, Kriegsgefangene, beispielsweise für die Arbeit im Bergbau, heranzuziehen und ihre Arbeitskonditionen zu diktieren.[1]

7. Tendenzen der Lohnentwicklung

Nachdem die Löhne in der turbulenten Anpassungsphase nachgegeben hatten, stieg seit 1915 das Nominallohnniveau mit der anziehenden Rüstungskonjunktur spürbar an.[2]

Tabelle 5: Durchschnittslöhne der Männer in der deutschen Industrie[3]

Durchschnitts-	**1914**		**1915**		**1916**		**1917**		**1918**	
Tagesverdienst	**März**	**Sept.**	**März**	**Sept.**	**März**	**Sept.**	**März**	**Sept.**	**März**	**Sept.**
Index	100	99,0	113,1	125,1	134,6	145,4	174,3	207,9	221,4	240,9
in Mark	5,18	5,13	5,86	6,48	6,97	7,53	9,03	10,77	11,47	12,48

In der zweiten Kriegshälfte übertrafen die Steigerungsraten deutlich die Dynamik der Lohnentwicklung in den ersten Kriegsjahren.[4] Hier machten sich die Auswirkungen des Hilfsdienstgesetzes bemerkbar, das eine mögliche Lohnverbesserung als legitimen Grund für den Arbeitsplatzwechsel anerkannte.[5] Durch diese Gesetzesklausel behielten kriegsindustrielle Unternehmen die Möglichkeit, durch konkurrierende Locklohnangebote gegenseitig Arbeitskräfte abzuwerben.[6] Die Betrachtung durchschnittlicher Steigerungsraten sollte jedoch nicht darüber hinwegtäuschen, daß auf dem industriellen Ar-

1 Ebd., 138.

2 Für die Lohnentwicklung im Krieg vgl. die Daten im Rabl. 17, 1919 sowie 18, 1920, passim. (Berichte der Gewerbeaufsichtsbeamten sowie Stichprobenerhebungen) Die ausgewerteten Unternehmensdaten geben Aufschluß über die längerfristige Lohnentwicklung seit 1913, sparen die genaue Lohndynamik während des Krieges aber weitgehend aus, vgl. darüber hinaus HA Krupp, WA 131/8, WA 80/978; MA R.11077. Für eine Rekonstruktion der Lohndaten vgl. Bry, Wages. Vgl. auch Quante, Lohnpolitik, 323-384.

3 Vgl. Rabl. 18, 1920, 64.

4 Vgl. Kocka, Klassengesellschaft, 14. Vgl. für verschiedene Industriezweige auch Rabl. 17, 1919, 622; Rabl. 18, 1920, 58f.

5 Der Höhepunkt der Lohnsteigerungsraten war im Frühjahr 1917 erreicht, vgl. Rabl. 17, 1919, 621, Übersicht 2a.

6 Die größeren Unternehmen in den Industriebezirken orientierten sich am Lohnniveau ihrer Wettbewerber und trafen Absprachen für den Fall von Lohnbewegungen oder Arbeitskonflikten. Vgl. MA P.22528, Briefwechsel zwischen Hauptverwaltung des Phoenix (Beukenberg) und Abteilung Ruhrort am 2./4.10.1917. Nach wie vor galt die „Lohnfrage" als ureigener Entscheidungsbereich der „Herren im Hause", für die regulierende Beschränkungen abgelehnt wurden. Vgl. z.B. MA P.22501.3, Beukenberg an Vohwinkel am 12.7.1916.

beitsmarkt eine beträchtliche Variationsbreite der Löhne bestand, die auch in regionaler Differenzierung ihren Ausdruck fand. Ein Berliner Maschinenschlosser konnte rund sieben Mal mehr verdienen als ein Textilarbeiter auf dem Land.[1]

Auch in Italien boten Rüstungskonjunktur und Arbeitskräftemangel gute Voraussetzungen für ein Anziehen der Löhne.[2] Unter den Zeitgenossen war die Überzeugung von den „märchenhaften Löhnen" in der Kriegsindustrie vor allem in der zweiten Kriegshälfte weit verbreitet. Dieses Urteil hatte sich in der Öffentlichkeit durch eine Kampagne diverser Presseorgane gegen die Arbeiterklasse gefestigt, die Arbeiter in der Industrie als verschwendungssüchtig, disziplinlos und verweichlicht diffamierte. In einigen Gazetten wurde ihr vermeintlicher Hang zu teurer Kleidung und Alkoholkonsum dramatisch illustriert.[3] Dieser moralische Feldzug nährte die Auffassung von den „Drückebergern" in der Kriegsindustrie als Kontrast zu den Soldaten an der Front. Die verfügbaren Angaben zur Lohnentwicklung deuten jedoch darauf hin, daß – wie der Führer der Metallarbeiterschaft Buozzi resümierte – „die hohen und märchenhaften Löhne nichts als eine Legende"[4] waren.

Nach den vorhandenen Daten und ihren Rekonstruktionen ergibt sich ein durchschnittlicher Anstieg des Nominallohnniveaus zwischen 1913 und 1918 um ca. 71 Prozent:

Tabelle 6: Nominallohn in der Industrie in Italien 1913-1918[5] (1913=100)

Jahr	Nominallohn
1913	100
1914	99,7
1915	100
1916	113,8
1917	138,4
1918	170,6

Gemessen an den Indexwerten des letzten Friedensjahres wuchsen die Nominallöhne in Italien während des Krieges damit langsamer als in Deutschland.[6] Hinter diesen Durch-

1 So erzielte beispielsweise ein hochqualifizierter Arbeiter in einem Rüstungsbetrieb in Berlin einen Tagesverdienst von bis zu 25 Mark, während der Hilfsarbeiter einer kleinstädtischen Weberei nur ca. 3,50 Mark täglich verdiente. Kocka, Klassengesellschaft, 16. Nach den Berichten der Gewerbeaufsichtsbeamten gehörten Hammerschmiede, Dreher und Maschinenschlosser in vielen Industriebezirken wohl zu den bestbezahlten Berufen, vgl. Rabl. 17, 1919, 937 und 941.

2 Die Rekonstruktion der Entwicklungstrends in den einzelnen Branchen oder Arbeitskräftegruppen erscheint ungleich schwieriger als für Deutschland, da durchgängige Lohnreihen fehlen. Daher muß sich der Vergleich auf Tendenzen beschränken.

3 Vgl. über die Kampagne Segreto, Pensioni, 126; Procacci, State Coercion, 159.

4 Vgl. Buozzi, Guerra, 232, Übers. d. V.

5 Quelle: Vannuttelli, Occupazione, 570.

6 Vgl. oben. Hier betrug die entsprechende Steigerungsrate im Durchschnitt aller Industriezweige etwa 114% bei den Männern und 140% bei den Frauen, vgl. Kocka, Klassengesellschaft, 14.

schnittsangaben verbergen sich allerdings ausgeprägte branchenabhängige Unterschiede, wie eine Rekonstruktion der Tageslöhne von Vera Zamagni zeigt. Demnach ist – um zwei Extrembeispiele zu nennen – im genannten Zeitraum der Tageslohn eines Fabrikarbeiters im Rüstungskonzern FIAT von 5,86 Lire auf 13,28 Lire, also um knapp 130 Prozent gestiegen, in der stagnierenden Seidenindustrie hingegen nur um 58 Prozent, von 1,17 Lire auf 1,85 Lire.[1] Auch in Italien erzielten gelernte Arbeiter (z.B. Dreher) in den industriellen Metropolen die höchsten Löhne, während das Lohnniveau in nicht unmittelbar kriegsrelevanten Bereichen mit größeren Anteilen von ungelernter Arbeit – beispielsweise in der Bauindustrie – dramatisch absank.[2] Zwischen den verschiedenen industriellen Zentren bestanden ebenfalls erhebliche Unterschiede, wie die regional differenzierten Daten aus den mobilisierten Industrien für das Jahr 1917 dokumentieren. Hier lag das „industrielle Dreieck" an der Spitze, allen voran Piemont, wo insgesamt die Löhne im Durchschnitt doppelt so hoch waren wie z.B. in Palermo, dem Schlußlicht im Kreis der Regionalkomitees.[3]

In beiden Ländern wurde die Spannbreite der industriellen Lohnskala durch eine nach wie vor ausgeprägte geschlechtspezifische Differenzierung der Löhne zusätzlich gespreizt.

Tabelle 7: Durchschnittslöhne der Frauen in der Industrie, Deutschland[4]

Durchschnitts-	**1914**		**1915**		**1916**		**1917**		**1918**	
tagesverdienst	**März**	**Sept.**	**März**	**Sept.**	**März**	**Sept.**	**März**	**Sept.**	**März**	**Sept.**
Index	100	84,6	98,2	111,4	132,2	155,3	177,6	214,9	234,6	261,9
Mark	2,28	1,93	2,24	2,54	3,01	3,54	4,05	4,90	5,35	5,95

Nach dem Frühjahr 1916 wuchsen die Frauenlöhne jedoch deutlich schneller als die der Männer, ausgehend allerdings von einem im Vergleich sehr viel geringeren Anfangslohn.[5] Diese Veränderung deutete zum einen auf die sinkende Tendenz weiblicher Er-

1 Die Dynamik der Lohnentwicklung reflektiert im Jahr 1914 und 1915 die Erschütterung der italienischen Wirtschaft und die Beschäftigungseinbrüche der Anpassungsphase und zeigt einen deutlichen Anstieg in der zweiten Hälfte des Krieges. Zamagni, Industrial Wages and Workers' Protest, 139. Vgl. auch Tabellen A. 20, 21 im Anhang.

2 Vgl. die Übersichten über die Durchschnittslöhne von 1914 und 1919 in der Metallindustrie und im Maschinenbau, in der Seidenindustrie sowie in der Druckindustrie, (die ebenfalls starke Lohnsteigerungen verzeichnete), in: Bollettino del lavoro e della previdenza sociale 33, 1920, 338f. Vgl. auch die Nominallohnübersicht für verschiedene Industriezweige in Mailand, Vicentini, Variazioni, 161. Die Vorreiterrolle der Metallindustrie geht aus verschiedenen Angaben klar hervor. Vgl. z.B. Madia, L'aumento, 399; sowie Vicentini, Variazioni, 162ff.

3 Redenti, Studi, in: BCCMI 16, Oktober 1918, 338-349, hier 347f.

4 Rabl. 18, 1920, 64.

5 Zur Entwicklung der Frauenlöhne vgl. auch Rabl. 18, 1920, 225-233. Zu den Löhnen in der für Frauenarbeit wichtigen Hausindustrie vgl. Rabl. 18, 1920, 144-149.

werbslosigkeit, zum anderen auf die – angesichts steigender Preise beschleunigte – Annäherung der Frauenlöhne an das Existenzminimum.[1] Die in der Vorkriegszeit bereits konstatierte Lohndiskriminierung der Frau hielt somit auch im Krieg an.[2] Auf alle Branchen berechnet, verdiente eine Fabrikarbeiterin zu Kriegsbeginn im Durchschnitt ungefähr 44 Prozent dessen, was ihr männlicher Kollege erhielt, zu Kriegsende knapp die Hälfte (ca. 48 Prozent). In den kriegswichtigen Branchen baute sich der Lohnunterschied allmählich ab, beispielsweise bekam eine Arbeiterin in der Chemiebranche fast 55 Prozent des Männerlohns vergütet.[3]

Für Italien ist die Entwicklung der Frauenlöhne eher fragmentarisch dokumentiert.[4] Aber auch hier scheint sich die Lohndiskriminierung der Frau zu Kriegszeiten fortgesetzt zu haben,[5] so daß der gewerkschaftliche Grundsatz „*a uguale lavoro uguale salario*" auch unter den Bedingungen der Kriegswirtschaft noch nicht einmal in Ansätzen realisiert war. Trotzdem erweiterte die industrielle Expansion während des Krieges durchaus die Verdienstmöglichkeiten der erwerbstätigen Frau, da das Lohnniveau von Arbeiterinnen in der Kriegsindustrie die Lohnstandards der traditionell „weiblichen" Beschäftigungsfelder deutlich überragte. Hierzu mochte auch der Schlichtungsapparat der MI seinen Teil beigetragen haben.[6] In der zeitgenössischen Wahrnehmung spielte die schon für die Männer transportierte „Hochlohnlegende" auch für die Einschätzung der weiblichen Verdienstmöglichkeiten in der Rüstungsindustrie eine Rolle. Diese Vorstellung mündete häufig in moralisierende Kritik gegenüber dem sich vermeintlich rasch verbreitenden *lusso femminile*, dem „weiblichen Luxus", der im Kontrast zum traditionellen Frauenbild mit weiteren Negativattributen illustriert wurde.[7]

Angesichts der rasch voranschreitenden Geldentwertung und den damit verbundenen Preiserhöhungen waren die nominalen Lohnzuwächse nicht mit materiellen Verbesserungen für die industrielle Arbeiterschaft verbunden. Der Umfang der Reallohnverluste läßt sich aufgrund kriegsbedingter Verzerrungen der Lebenshaltungskosten (z.B. Schwarzmarktpreise, Qualitätseinbußen) nicht eindeutig bestimmen.[8] Für das deutsche Fallbeispiel konstatiert der auf der amtlichen Statistik beruhende Lebenshaltungskosten-

1 Vgl. Kocka, Klassengesellschaft, 15f., siehe auch Ritschl, Pity of Peace, 14.

2 Karbe, Frauenlohnfrage, 79. Siehe auch Rabl. 18, 1920, 225ff., 229ff. Es gibt seltene Beispiele für „gleichen Lohn für gleiche Arbeit", z.B. – nach den Berichten der Gewerbeaufsichtsbeamten – in Breslau, Rabl. 18, 1920, 230.

3 Rabl. 18, 1920, 65, vgl. auch Daniel, Arbeiterfrauen, 111ff. Allerdings waren in der Kriegsindustrie die Unterschiede zwischen Qualifizierten und Nicht-Qualifizierten besonders stark ausgeprägt, vgl. Ritschl, Pity of Peace, 15.

4 Curli, Lavoro, 127.

5 Vgl. z.B. Madia, L'aumento, 354, der für das Jahr 1917 einen durchschnittlichen Männerlohn von 4,01 L. und einen Frauenlohn von 1,45 L. berechnet.

6 Für die Entwicklung der Frauenlöhne vgl. Curli, Lavoro, 125-144 sowie 163-167.

7 Vgl. dazu Curli, Lavoro, 91f. und 529-536.

8 Die statistisch erfaßten Preise bezogen sich auf die Rationen der bewirtschafteten Verbrauchsgüter, die allerdings allein zur Lebensführung nicht ausreichten. Kocka, Klassengesellschaft, 16f. Darüber hinaus ist die Kaufkraftentwicklung umstritten, ebd. Siehe auch Zimmermann, Kaufkraft, 5.

index von Bry einen Preisanstieg der existenznotwendigen Güter im Zeitraum von 1914-1918 um ca. 226 Prozent.[1] Damit besaßen die Industrielöhne bei Kriegsende im Durchschnitt rund 70 Prozent ihrer ursprünglichen Kaufkraft. Im Vergleich zu anderen Industriezweigen hatten die Arbeitnehmer in der Rüstungsindustrie die geringsten Einbußen zu verzeichnen.[2] Selbst die „optimistischen" Einschätzungen der Reallohnentwicklung lassen jedoch eine deutlich schlechtere materielle Lage der Arbeiterschaft in Deutschland als in anderen kriegführenden Ländern erkennen.[3] Durch die Blockade waren im importabhängigen Deutschland lebenswichtige Güter, insbesondere landwirtschaftliche Produkte, besonders knapp.[4]

Auch für das italienische Fallbeispiel kann die Legende von den „märchenhaften Löhnen" der wirtschaftshistorischen Analyse nicht standhalten.[5]

Tabelle 8: Reallohn in der Industrie in Italien 1913-1918 (1913=100)

Jahr	Reallohn (1)	Reallohn (2)
1913	100	100
1914	99,7	102
1915	93,5	103
1916	85,0	92
1917	73,1	88
1918	64,6	79

Die Tabelle stellt eine ältere Sicht (Spalte 1) sowie eine jüngere Rekonstruktion des Reallohnindices (Spalte 2) gegenüber.[6] Beide Interpretationen registrieren Reallohnverluste in der Industrie, die zwischen 35 und 21 Prozentpunkten schwanken. Aufgrund der Unsicherheiten, die mit der Lohnbestimmung in Italien verbunden sind, ist auch ein Vergleich mit Deutschland in diesem Punkt an Vorbehalte geknüpft. Akzeptiert man die jüngere Lesart Zamagnis als Richtwert, so stellte sich die Lohnentwicklung mit einem Rückgang von 21 Prozent in Italien immer noch besser dar als in Deutschland. In den nicht für den Kriegsbedarf produzierenden Branchen fielen die Lohnverluste jedoch weitaus höher aus. So konstatierten zeitgenössische Berechnungen beispielsweise in der Bau- und Holzindustrie eine Halbierung der Löhne.[7]

Inwiefern der Krieg auf die gesamtwirtschaftliche Einkommensverteilung wirkte, ist

1 Bry, Wages, 440ff. Hier werden Schwarzmarktpreise nicht berücksichtigt. Werden diese einbezogen, fallen die Verluste noch dramatischer aus, vgl. z.B. Malich, Entwicklung, 55-70, zweifelhaft jedoch die Kalkulation der Schwarzmarktdaten.

2 Siehe auch Ritschl, Pity of Peace, Tab. 10.

3 Vgl. unten Abschnitt III, 8.

4 Kocka, Klassengesellschaft, 17.

5 Auch ist die Wahl der Datenbasis und die Entwicklung der materiellen Lage der Arbeiter umstritten. Melograni stellt auf Basis von Redenti, Studi, eine Reallohnsteigerung fest (ders., Storia politica, 327ff.); kritisch dazu Camarda/Peli, Esercito, 43f. Anm. 41.

6 Quelle: Spalte 1=Vannuttelli, Occupazione, 570; Spalte 2 = Zamagni, History, 239.

7 Vicentini, Variazioni, 148-161.

sowohl für das deutsche als auch für das italienische Fallbeispiel schwer zu bestimmen. Während die Reallohndaten - im Sinne der Interpretation von Jürgen Kocka - auf eine Umverteilung zur Kapitalseite hindeuteten, zeigt die kumulative Reallohnposition einen ambivalenten Befund. Der Einschätzung von Ritschl zufolge gab es einen nach Industriezweigen differenzierten Umverteilungsprozess, bei dem sich die relative Verteilungsposition der Arbeitnehmer vor allem in der Rüstungsindustrie verschlechtert habe. Der Nettoeffekt der Umverteilung sei jedoch offen.[1]

8. Konfliktpotentiale auf dem Arbeitsmarkt

Mit dem „Burgfrieden" hatten die Gewerkschaften in Deutschland zu Kriegsbeginn auf die Strategie des Arbeitskampfes verzichtet, womit sich ihre Beziehung zum Staat und zumindest einem Teil der Arbeitgeber neu gestaltete.[2] Die neue Linie äußerte sich in einem abrupten Rückgang der Streikaktivität. Währung man im letzten Vorkriegsjahr noch über 2000 Streiks verzeichnet hatte, fanden im Jahr 1914 nur 26 Streiks Eingang in die Statistik.[3] Zumindest in der ersten Kriegshälfte blieb die Streikaktivität – gemessen an den Agitationen vor dem Krieg – auf einem niedrigen Niveau. Jedoch keimten im weiteren Kriegsverlauf, besonders ab dem Jahr 1916, zunehmend häufiger „wilde", nicht gewerkschaftlich organisierte Protestbewegungen auf, nicht zuletzt motiviert durch die katastrophale Versorgungslage.[4] Wenn beispielsweise die Belegschaften auf Zechen oder Hütten der Phoenix AG in den Ausstand traten, was seit Herbst 1916 immer häufiger vorkam, spielten meist „Teuerung und Lebensmittelknappheit, weniger Lohnfragen" die entscheidende Rolle. „Gebt uns Fett, und wir werden arbeiten!" hieß es dann von Seiten der Arbeiterschaft, deren Reallohn aufgrund der immer schneller voranschreitenden Preissteigerung für Güter des täglichen Bedarfs innerhalb kürzester Intervalle kontrahierte.[5] Aufgrund der relativ hohen Importabhängigkeit Deutschlands war die Versorgung der arbeitenden Bevölkerung mit Lebensmitteln außerordentlich problematisch.[6] In der zweiten Kriegshälfte spitzte sich die ohnehin prekäre Lage durch die karge Kartoffelernte zu, die nur die Hälfte des erwarteten Ertrags einbrachte. Der „Kohlrübenwinter" 1916/17 traf besonders die schon hungernde Bevölkerung in den Städten äußerst hart. Nach der Gründung des Kriegsernährungsamtes im Mai 1916 fie-

1 Vgl. Ritschl, Pity of Peace, 15f. sowie 10.

2 Vgl. Faust, Arbeitsmarktpolitik, 201.

3 Tenfelde/Volkmann, Streik, 304f. Im Jahr 1916 wurden 240 Streiks, 1917 und 1918 jeweils über 500 Streiks registriert, ebd.

4 Kocka, Klassengesellschaft, 40f. Vgl. für den „spontanen" Charakter mancher Agitationen dieser Zeit den Ausstand auf der Zeche Westend im Herbst 1917, MA P.22528, Mappe 2.

5 Vgl. die Lageberichte über Ausstände auf diversen Produktionsstätten der Phoenix AG für Bergbau und Hüttenbetrieb, MA P.22528, Mappen 1 und 2.

6 27% der gesamten Einfuhr Deutschlands bestanden aus agrarischen Produkten, Henning, Deutschland, 36.

len die meisten elementaren Lebensmittelprodukte unter die Bewirtschaftung. Die sinkenden Rationen gegen Kriegsende konnten den Kalorienbedarf eines erwachsenen Menschen, insbesondere bei harter körperlicher Arbeit, nicht mehr decken.[1] Die Unterversorgung mit Lebensmitteln, die zu einem Rückgang des Durchschnittsgewichtes der städtischen Bevölkerung von vormals 60 auf nunmehr 49 Kilogramm führte, schwächte den Gesundheitszustand und steigerte die Anfälligkeit gegenüber Krankheiten enorm, wie z.B. die seit dem Jahr 1918 grassierende Grippewelle veranschaulichte.[2] Dies drückte sich auch in einer erhöhten Sterblichkeitsrate aus. Abgesehen von den etwa 1,8 Millionen gefallenen Soldaten starben in Folge mittelbarer Kriegseinflüsse, wie beispielsweise Unterernährung, 700.000 Menschen.[3]

Innerhalb der Kriegsbetriebe spiegelte sich die Überlastung der Arbeiterschaft, verschärft durch die Intensivierung der Produktionsrhythmen und geringere Anlernzeiten, in einem Anstieg der Zahl der tödlichen Betriebsunfälle wider.[4] Vor allem für Frauen und Jugendliche verschlechterten sich durch die Aufweichung der Schutzbestimmungen[5] die Arbeitsbedingungen im Verlauf des Krieges häufig beträchtlich. Für diese Arbeitskräftegruppen war auch die Unfallhäufigkeit besonders hoch. In den Munitionsfabriken mußten Arbeiterinnen mit hochexplosivem Material und giftigen Chemikalien hantieren, ohne über die damit verbundenen Gefahren oder Schutzmaßnahmen unterrichtet worden zu sein. Explosionen oder tödliche Vergiftungen, deren Bekanntwerden durch die Zensur unterdrückt wurde, waren demnach keine Seltenheit.[6]

Angesichts der gravierenden Verschlechterung der Arbeits- und Ernährungsbedingungen stieg die Konfliktbereitschaft der Arbeitnehmer, während die Arbeitsleistung sank. Das zunehmende Konfliktpotential wurde auf Seiten der Arbeitgeber mit einer ambivalenten Haltung registriert. Einerseits zeigte man sich fallweise konziliant – blieb

1 Vgl. Zimmermann, Veränderungen, 457ff. Vgl. zu Ernährungsfragen auch MA P.22528, Mappe 4; sowie die Diskussion der „Hilfsaktion“ für Schwerstarbeiter seit Herbst 1916, MA P.22501.3, Protokoll einer Besprechung im Regierungspräsidium Arnsberg mit Vertretern des Kriegsernährungsamtes vom 18.9.1916.

2 Lorenz, Frauenarbeit, 386; Mai, Ende, 108.

3 von Kielmannsegg, Deutschland, 182. Vgl. auch Offer, First World War. Die unterschiedlichen Erfahrungen der kriegführenden Länder in Versorgungsfragen werden hier im Zusammenhang mit globalen Veränderungen der Agrarproduktion interpretiert.

4 Zimmermann, Veränderungen, 360.

5 „Gesetz, betreffend Ausnahmen von Beschäftigungsbeschränkungen gewerblicher Arbeiter“, 4. August 1914, Rabl. 12, 1914, 667. Das Gesetz ermöglichte auch die Lockerung von Schutzbestimmungen besonders gefährlicher Betriebe und des Bergbaus. In der Praxis kam das einer Aufhebung des Arbeitsschutzes sehr nahe: seit 1914/15 nahm die Über- und Nachtarbeit von Frauen und Jugendlichen erheblich zu.

6 Opel, Metallarbeiter-Verband, 53. Schon nach kurzer Zeit färbten sich die Haare der Sprengstoffarbeiterinnen (zeitgenössisch: „Kanarienvögel“) grün und ihre Haut gelb. Rouette, Frauenarbeit, 114; vgl. auch Freundlich, Kindermord, 155-157.

dabei jedoch vorrangig an Bedürftigkeitskriterien orientiert[1] – andererseits wollte man grundsätzliche Änderungen vermeiden und war auch bereit, zum Teil mit unnachgiebiger Härte an Einzelpersonen Exempel zu statuieren, sofern aus Sicht der Arbeitgeber der „Betriebsfrieden“ oder die „Fabrikdisziplin“ durch „krakehlerisch“ (sic) veranlagte „Hetzer“ gefährdet schien. Tatsächlich konnte nicht selten in Kooperation mit dem stellvertretenden Generalkommando ein Gestellungsbefehl binnen 24 Stunden erwirkt werden.[2] Gemäß einem Entwurf, der im Herbst 1917 im Kriegsamt mit Industrievertretern diskutiert wurde, sollte diese Disziplinierungsmöglichkeit sogar standardisiert werden: So sahen die neu konzipierten „Grundzüge über die Behandlung zurückgestellter Wehrpflichtiger“ u.a. vor, daß „bei Streik, Bummelei, Kontraktbruch unweigerlich die Einziehung vorgenommen“ würde. Ein Ansatz, der von industrieller Seite durchaus begrüßt wurde – sofern eine Auslegung in ihrem Sinne garantiert war:

> „Es kommt immer darauf an, wie die Bestimmungen durchgeführt werden. Die Gewerkschaften sind durch die unerhört nachsichtige Behandlung derart verwöhnt, daß jetzt nur noch schwer etwas zu retten ist.“[3]

Letztlich lehnte jedoch die Mehrheit der in die Diskussion involvierten Industriellen trotz der disziplinarischen Vorteile die Reformmaßnahme ab, da sie von Einblicks- und Eingriffsmöglichkeiten des Generalkommandos in betriebsinterne Prozesse flankiert wurde, die manche Arbeitgeber als Beschneidung ihrer unternehmerischen Entscheidungsgewalt, als Beschränkung ihres „Herren-im-Hause“-Anspruchs empfanden. Für die Ablehnung aus den Reihen der Montanindustrie spielte allerdings im Hinblick auf die Nachkriegszeit auch ein politisch motiviertes, taktisches Kalkül eine ausschlaggebende Rolle. So riet eine Führungskraft des Bergbau- und Hüttenkonzerns Phoenix aufgrund interessenpolitischer Erwägungen grundsätzlich von einer Kooperation mit dem Kriegsamt ab:

---

1 Vgl. z.B. Handlungsanweisungen, wie auf Arbeiterforderungen in den Produktionsstätten des Phoenix zu reagieren sei, so wurde in einem Fall geraten, keine allgemeine Lohnerhöhung durchzuführen, aber in dringenden Fällen „Einzelheraufsetzungen“ zu gewähren, weiterhin gab es „prophylaktische“ Lohnerhöhungen und die Strategie, Verhandlungen und allgemeine Bekanntmachungen zu vermeiden, vgl. MA P.22528.

2 Vgl. unternehmensinterne Berichte über Arbeiterunruhen, MA P.22528, z.B. Lohnbewegung auf der Zeche Holland ½; sowie Vorgänge auf der Zeche Westend im Herbst 1917. Die Kooperation zwischen Arbeitgebern und Militärs war offenbar nicht immer selbstverständlich, da seitens der Arbeitgeber mehrmals auf die „bedauerlichen Nachgiebigkeiten“ des Generalkommandos bei einem Arbeitskonflikt auf einer Krupp-Zeche angespielt wurde.

3 So Beukenberg, Hauptverwaltung der Phoenix AG, an Becker (Phoenix, DREW) am 19.10.1917. An anderer Stelle heißt es: „Findet man ein Generalkommando, das mit der nötigen Einsicht das Wollen verbindet, zwecks Erhöhung der Arbeitsleistung durchzugreifen, so wird man Vorteil haben.“ Vgl. MA P.22528, Becker an Beukenberg am 9.10.1917 mit Protokoll einer Sitzung des Kriegsamtes am 6.10.1917 in Berlin (mit Vertretern der Schwerindustrie, u.a. Röchling, Hugenberg).

„Heute können die Vertreter des Kohlenbergbaus mit Recht darauf hinweisen, daß sie alles getan haben, was in ihren Kräften stand, um die Arbeitsleistung zu fördern. (...) Paktieren wir heute mit dem Kriegsamt und dadurch mit den Linksparteien, (...) so begeben wir uns des Rechts, uns gegen Anwürfe energisch zu wehren. Paktieren wir nicht, so können wir darauf hinweisen, daß wir gegen unseren Willen gezwungen wurden, das zu unterlassen, was wir mit allen Mitteln anstrebten, nämlich die rechtzeitige Versorgung der Bevölkerung mit Kohlen. Die nächsten Wochen werden dann den Linksparteien zeigen, welche Folgen die Überantwortung der Industrie an die Gewerkschaften zeitigt und der Gesamtheit wird (…) demonstriert, daß man ungestraft gegen den Rat der Leiter des volkswirtschaftlichen Lebens nicht sündigen darf. (...)“[1]

Angesichts solch wohlkalkulierter Handlungsempfehlungen hatte sich der zu Kriegsbeginn euphorisch verkündete „Burgfrieden“ nach drei Jahren kriegswirtschaftlicher Realität nunmehr als Makulatur offenbart. Darüber hinaus sollte das taktische Doppelspiel aus verweigerter und halbherziger Kooperation für die schwerindustrielle Interessenpolitik in der Nachkriegszeit noch eine wichtige Rolle spielen.

Gegen Kriegsende nahmen die Unruhen also erheblich zu. Neben den ökonomischen Beweggründen spielten auch politische Motive eine immer wichtigere Rolle, verschärft durch die Revolution in Rußland und die allenthalben um sich greifende Kriegsmüdigkeit. Auch die „Osterbotschaft“ Kaiser Wilhelms, in der die Abschaffung des preußischen Dreiklassenwahlrechts proklamiert wurde, beruhigte die Lage nicht. Die Gewerkschaftsspitze versuchte, den damit gefährdeten „Burgfrieden“ durch die Trennung politischer von ökonomischen Forderungen zu retten, entfremdete sich damit aber immer mehr von der Masse der Arbeiterschaft, die ihre Basis ausmachte.[2] Trotz der zunehmenden Streikaktionen in der zweiten Kriegshälfte läßt sich das gemessen an der Vorkriegszeit höchst komprimierte Streikniveau als ein Indiz für die erfolgreiche Wirkung des in anderen Bereichen weniger effektiven Hilfsdienstgesetzes werten.[3]

Auch in Italien – wo kein „Burgfrieden“ proklamiert wurde, aber seitens der politischen Arbeiterbewegung trotzdem vorerst Stillhaltestimmung herrschte – sank bei Kriegsbeginn die Zahl der Streiks sowie der involvierten Arbeiter abrupt ab, wobei sich der abfallende Trend bis zum Kriegsende fortsetzte.

1 MA P.22528, Becker (Phoenix DREW) an Beukenberg (Phoenix Hauptverwaltung) am 9.10.1917. Allerdings wird eingeräumt, daß dieser Weg nicht gangbar wäre, wenn „an der verfahrenen Sache durch ein Gesetz für diesen Winter noch etwas zu ändern wäre. Das ist nicht der Fall; es dürfte daher anzuraten sein, sich des erwähnten taktischen Vorteils nicht zu begeben (…).“

2 Schönhoven, Gewerkschaften, 19.

3 Mai, Ende, 103, sieht in der Streikbekämpfung einen „der erfolgreichsten Wirkungsbereiche des Gesetzes“.

Tabelle 9: Die Streikentwicklung in Italien 1914-1918[1]

Jahr	Streiks	Arbeiter und Arbeiterinnen	Arbeiterin-nen	Frauenan-teil in %
1913	810	384.725	-	-
1914	782	173.103	26.132	15,1
1915	539	132.136	45.509	34,4
1916	516	123.616	54.331	43,9
1917	443	168.626	108.282	64,2
1918	303	158.036	72.093	45,6
1911-1914 (Durchschnitt)	903	238.701	-	-
1915-1918 (Durchschnitt)	450	145.603	-	-

Diese quantitative Änderung im Vergleich zur Vorkriegszeit drückte die durch die Kriegswirtschaft veränderten Bedingungen des Arbeitskampfes aus. Eine wachsende Zahl von Arbeitern stand durch die Mobilisierung der Industrien unter militärischer Rechtsprechung und mußte damit drastische Beschränkungen des Streikrechts hinnehmen. Aufgrund des Risikos, das die Arbeiter unter diesen Umständen mit einem Streik eingingen, bergen die Ziffern für die Kriegszeit auch eine veränderte *qualitative* Dimension im Ausdruck von Protest, die sich schwer erfassen läßt.[2]

Betrachtet man die Zusammensetzung der Streikenden genauer, so fällt die sprunghaft steigende Beteiligung der Frauen ins Auge, was den beobachteten Impulsen für Umformungsprozesse innerhalb der Arbeiterschaft in den „modernen" kriegswichtigen Industrien entspricht. Zugleich paßt die erhöhte weibliche Streiktätigkeit auch zum Charakter der MI-Normen, die zum Großteil mit der auch in Deutschland praktizierten „Schützengraben-Drohung" operierten. Aus einigen MI-Berichten über Arbeitskämpfe geht hervor, daß bei Konflikten die männlichen Arbeiter ihren Platz nicht verließen und die Frauen für die das ganze Unternehmen betreffenden Forderungen eintraten.[3] Zudem variierte die Streikhäufigkeit auch in Abhängigkeit vom Industriezweig ganz erheblich. Vor allem in der Textilindustrie – die meist nicht direkt mobilisiert war und bekanntlich einen hohen Frauenanteil beschäftigte – und in der Metallindustrie häuften sich die Agitationen, die sich größtenteils in den Städten des „industriellen Dreiecks" abspielten.[4]

Insgesamt zeigen die Tendenzen in der Streikentwicklung, daß das zentrale Anliegen der kriegswirtschaftlichen Organisation, die Arbeiterschaft zu disziplinieren und den „sozialen Frieden" zu wahren, in bezug auf die quantitative Komponente durchaus realisiert wurde. Dazu trug aber nicht nur die restriktive Regulierung durch die MI-Organe bei, sondern vor allem auch die Alternative, die sie zur Kanalisierung zumindest des

1 Quelle: Tomassini, Mobilization and Labour Market, 74.
2 Tomassini, Mobilization and State Intervention, 184.
3 Ders., Mobilization and Labour Market, 75.
4 Ebd., 74.

ökonomisch motivierten Konfliktpotentials anboten.[1]

Der Vergleich zwischen Deutschland und Italien zeigt, daß sich die statistisch registrierte Streiktätigkeit, die ja im letzten Friedensjahr in Deutschland weitaus höher war als in Italien[2] – während der Kriegsjahre annäherte, so daß im Gesamtdurchschnitt die italienische Quote höher ausfiel als in Deutschland.[3] Wenngleich sich hinsichtlich der absoluten Zahlen die Unterschiede zwischen den beiden Ländern – gemessen an der Vorkriegszeit – einebneten, so trug der Entwicklungstrend im Verlauf des Krieges jedoch mit der sinkenden italienischen und einer steigenden deutschen Streikquote umgekehrte Vorzeichen. Vermutlich machte sich hier das straffere Regulierungsinstrumentarium der MI ebenso bemerkbar wie die zugespitzte Ernährungslage in Deutschland, die weitaus dramatischer ausfiel als in Italien.

Demgegenüber stellte sich die Lebenslage der italienischen Bevölkerung deutlich besser dar. Die Abhängigkeit vom Import agrarischer Produkte war nicht so ausgeprägt wie in Deutschland und zudem durch die interalliierten Importmöglichkeiten entschärft, so daß nach einer kurzfristigen Krise zu Kriegsbeginn die Einfuhren insgesamt noch gesteigert werden konnten.[4] Aber auch hier spitzte sich die Ernährungslage in der zweiten Kriegshälfte deutlich zu, was im Krisenjahr 1917 zu einem dramatischen Rückgang der inländischen Getreideproduktion führte, die vor allem die Arbeiterschaft in den Industriezentren zu spüren bekamen. Lebensmittel wie Zucker, Kaffee und Kakao waren schon lange vom Markt verschwunden, aber jetzt gehörte auch das Brot zu den Mangelwaren. Die Defizite in der Versorgung waren nicht zuletzt auch ein Grund für die innenpolitische Krisensituation, die sich in Unruhen und Protestbewegungen, wie z.B. den *Fatti di Torino* des Jahres 1917, entlud.[5] Wie in Deutschland, so setzte auch in Italien in der zweiten Kriegshälfte eine Bewirtschaftung der wichtigsten Lebensmittel ein. Die *tessera*, die Lebensmittelkarte, regulierte ab 1917 zuerst die Brotverteilung, bald aber auch die Zuteilung anderer Nahrungsmittel und blieb bis in die Nachkriegszeit ein wichtiges Instrument zur Regelung der Versorgung.[6]

Nahrungsmittelengpässe und mangelhafte medizinische Versorgung schlugen sich in der raschen Verbreitung von Epidemien und erhöhten Sterblichkeitsziffern nieder.[7] Innerhalb der Betriebe hinterließen die kriegsbedingten Einflüsse durch eine gesteigerte

1 Ebd., 76. Vgl. auch die Arbeiteragitation bei Dalmine im Sommer 1917, die die Unternehmensleitung mit Hinweis auf die CRMI-Beschlüsse abfedern will, FD, Società Tubi Mannesmann, Libri Societari 1907-1917, Lcda/1, Buch V, Sitzung am 15.6.1917.

2 Vgl. oben, II 2.4.c.

3 Für die Jahre 1915-1918 läßt sich für das italienische Fallbeispiel eine durchschnittliche Streiktätigkeit von 450 Streiks jährlich errechnen, für Deutschland liegt der Durchschnitt bei ca. 365 Streiks.

4 Hardach, Weltkrieg, 144.

5 Siehe dazu Tranfaglia, Guerra, 91; vgl. Spriano, Torino.

6 Einaudi, Condotta, 179ff.

7 Der Grippewelle im letzten Kriegsjahr fielen etwa 260.000 Menschen zum Opfer, Mortara, Salute, 162; die Tuberkulosefälle stiegen zwischen 1914 und 1918 um ca. 40%, vgl. Bianchi, Salute, 139.

Arbeitsintensität, überlange Arbeitszeiten und mangelnde Schutzmaßnahmen, kurz: einer Verschlechterung der Arbeitsbedingungen, ihre Spuren. Durch die in Italien besonders prekäre Rohstofflage wurde in den Kriegsindustrien häufig auf gefährlichere Ersatzstoffe zurückgegriffen, so daß Benzol-, Chlor- und Pikrinsäurevergiftungen zur „Normalität" in der Rüstungsproduktion gehörten.[1] Wie in Deutschland, so waren auch in Italien die Frauen aufgrund geringerer Fabrikerfahrung einer erhöhten Unfallhäufigkeit ausgesetzt – „ein Großteil der Unfälle beruht auf mangelnder Erfahrung."[2] All diese hier nur skizzenhaft dargestellten Aspekte der Lebens- und Arbeitssituation lassen darauf schließen, daß die Kriegswirtschaft – neben der Einschränkung persönlicher Freiheitsrechte und den Zwängen, die die weitgehende Militarisierung der Arbeiterschaft mit sich brachte – somit auch in Italien eine spürbare Verschlechterung der Lebensverhältnisse der Arbeiterschaft bewirkt hatte.

9. Bilanz: Industrieller Arbeitsmarkt im Ersten Weltkrieg

Der industrialisierte Krieg stellte sowohl Deutschland als auch Italien vor eine Vielzahl außerordentlicher und neuartiger Erfordernisse. Diese ökonomische Dimension des Krieges, insbesondere die maßgebliche Bedeutung der Industrieproduktion, machte auch den industriellen Arbeitsmarkt zu einem internen, gleichwohl strategisch relevanten Schauplatz des Kriegsgeschehens, wo der *altro esercito* der Industriearbeiterschaft seinen Beitrag zur Kriegführung leistete.

Unter dem Eindruck der Kriegsverhältnisse zeigten sich Problemkonstellationen auf dem Arbeitsmarkt, die in ihrer Bedeutung über die Kriegszeit hinauswiesen und den Arbeitsmarkt als ein Handlungsfeld präsentierten, dessen politische Dimension in der Interaktion der Akteure anschaulich zutage trat. Die strukturelle Konfliktträchtigkeit des Arbeitsmarktgeschehens – in den eingangs geführten theoretischen Überlegungen als charakteristisches Kriterium spezifiziert – offenbarte sich unter den Kriegsbedingungen in eindrücklicher Weise und ließ damit einen Regelungsbedarf mit neuer Dringlichkeit erkennen. Insofern erscheinen die Kriegsjahre als Dreh- und Angelpunkt des Untersuchungszeitraumes zwischen Jahrhundertwende und dem Beginn der Weltwirtschaftskrise. Nun traten bestimmte Problemlagen zum ersten Mal auf, arbeitsbezogene Regelsysteme und Muster des Interessenausgleichs wurden erprobt, während längerfristige strukturelle Wandlungsprozesse entscheidende Impulse erhielten.

Trotz aller landesspezifischen Eigenarten in den Marktvoraussetzungen stellte sich durch die Kriegssituation für Deutschland und Italien dieselbe Aufgabe an die nationalen Arbeitsmärkte: den Arbeitskräftebedarf der Industrie zu decken. Die Lösung dieses Problems vollzog sich jedoch in beiden Ländern höchst unterschiedlich, was in einer anderen Organisation der Kriegswirtschaft seinen ersten Ausdruck fand.

1 Bianchi, Salute, 140.
2 CCMI-Bericht, zitiert nach Camarda/Peli, Esercito, 68. Übers. d. V.

Während in Deutschland die kriegswirtschaftliche Umstellung auf dem Weg der schrittweisen Anpassung an die sich wandelnden Gegebenheiten erfolgte, wurde in Italien unmittelbar nach Kriegseintritt ein Lenkungsapparat aufgebaut, der sich im weiteren Kriegsverlauf immer mehr ausdehnte. Für das Arbeitsmarktgeschehen waren damit in beiden Ländern in der ersten Kriegsphase unterschiedliche Voraussetzungen wirksam. So wurde in Deutschland die mögliche Form einer Arbeitsmarktregulierung durch Zwang lange diskutiert und schließlich nur stückweise realisiert. In Italien hingegen galten für die Arbeiterschaft der kriegswichtigen Industrien von vornherein umfangreiche Zwangsbestimmungen, die die Wirkungsmechanismen des Marktes in weiten Teilen außer Kraft setzten. Im Verlauf des Krieges zeigte sich allerdings, daß auf der einen Seite in Deutschland das formelhafte Bekenntnis zur kriegführenden Nation im Sinne des „Burgfriedens" immer mehr verblaßte und nur noch notdürftig gesellschaftliche Brüche kaschierte, auf der anderen Seite die italienische Arbeiterschaft – zumindest der gemäßigt-reformistische Flügel – die neuen Gegebenheiten tolerierte und im Gegenzug mehr und mehr in kriegswirtschaftliche Fragen einbezogen wurde. Die Maßnahmen zur Regulierung des Arbeitsmarktes, die in Italien ergriffen wurden, wie beispielsweise die Unterstellung der Kriegsarbeiter unter militärische Rechtsprechung, das Streikverbot, die Aufhebung der Freizügigkeit sowie die Blockierung der Arbeitsverträge bis auf drei Monate nach Kriegsende, ähnelten im Prinzip den nicht realisierten Konzepten zur Arbeitsmarktregelung in Deutschland im Sinne der OHL. In Italien kristallisierte sich jedoch im weiteren Kriegsverlauf heraus, daß die „harte" Linie der anfänglichen Bestimmungen auf längere Sicht allein den kriegswirtschaftlichen Gegebenheiten nicht standhalten konnte. Formal gab es zwar keine Revidierung des *MI-Regolamento*, jedoch wurde es durch einige sozialpolitische Zugeständnisse ergänzt und von zunehmender Verhandlungsaktivität zwischen den Arbeitsmarktparteien begleitet. Daran zeigten sich die Grenzen für die Wirksamkeit oktroyierter institutioneller Regelsysteme.

In beiden Ländern schuf damit der industrialisierte Krieg die Voraussetzung für ein neuartiges arbeitsmarktpolitisches Engagement des Staates, das allerdings hinsichtlich der direkten Regulierung der Marktbedingungen und des dabei erreichten Grades an Zwang und Militarisierung von unterschiedlichen Konzepten getragen wurde, die sich in der kriegswirtschaftlichen Praxis zunehmend annäherten. Angesichts des Umfangs der Problemlagen bewirkte jedoch kein Ansatz die gewünschten Ergebnisse, so daß weder die zunächst abwartende Haltung der deutschen Reichsleitung noch die durch die MI-Bestimmungen forcierte Militarisierung der Arbeitswelt dem Wesen des Arbeitsmarktgeschehens im Krieg gerecht wurden. Gezielte Maßnahmen der Arbeitskräftebeschaffung oder zur Förderung des *Matching*-Prozesses auf dem Arbeitsmarkt, wie sie beispielsweise die Anwerbung von ausländischen Arbeitskräften oder die frauenbezogene Arbeitsmarktpolitik in beiden Ländern darstellen sollten, verfehlten den angestrebten Wirkungsgrad und erschienen damit insgesamt inadäquat. Auf dieser Ebene zeigte sich, daß sich die marktimmanenten Impulse auch unter Kriegsbedingungen nicht durch politische Steuerung aushebeln ließen und daß sich die Gesetzmäßigkeiten einer „Arbeitsschlacht" nicht darin erschöpften, Marktgrößen zu ihrer numerischen Deckung zu bringen. Gleichwohl schien sich ein Bedarf an politischer Steuerung in dem Maße zu eröffnen, in welchem bislang bewährte Arbeitsmarktstrategien der Akteure selbst angesichts der veränderten Beschäftigungsverhältnisse an Wirkung verloren.

Trotz dieser kritischen Bilanz zu den Regulierungsanstrengungen auf dem Arbeitsmarkt, die in beiden Ländern nicht den Zielvorstellungen der Kriegswirtschaftsplaner entsprachen, förderte die Kriegssituation die Herausbildung eines arbeitsmarktpolitischen Problembewußtseins bei den zuständigen Behörden, was die Modernisierung dieses Politikfelds vorantrieb. Vor dem Hintergrund der kriegsbedingten Beschäftigungsprobleme, die den Aufgabenkatalog einer „modernen", den Bedürfnissen einer Industriegesellschaft angemessenen politischen Behandlung von Arbeitsmarktfragen anmahnten, gewannen die Kernbereiche der Arbeitsmarktpolitik – Arbeitsvermittlung, Arbeitsbeschaffung und die Absicherung vor dem Grundrisiko abhängiger Erwerbsarbeit, der Arbeitslosenschutz – schärfere Konturen.[1] Die Massenarbeitslosigkeit zu Kriegsbeginn hatte in Deutschland in Form und Ausmaß gewissermaßen einen Präzedenzfall dargestellt, und auch in Italien löste der Kriegsausbruch Turbulenzen und Ungleichgewichte auf dem Arbeitsmarkt aus, die bisherige Krisenerfahrungen des latent instabilen Arbeitsmarktes übertrafen.[2] Obwohl viele Maßnahmen lediglich Appellcharakter besaßen, zeigte sich – gemessen an dem „sozialpolitischen Immobilismus"[3] der Vorkriegszeit – in beiden Ländern ein expandiertes Handlungsfeld für staatliche Intervention ab. Die öffentliche Verantwortung in Arbeitsmarktfragen und ihren sozial- und wirtschaftspolitischen Begleiterscheinungen hatte sich ausgedehnt, so daß dem Weltkrieg in dieser Hinsicht tatsächlich eine „Schrittmacher"-Rolle zugebilligt werden kann.[4] Dennoch sollten einige wichtige Weichenstellungen erst während der Demobilmachung erfolgen.[5] Die Kriegsarbeitsmarktpolitik blieb jedoch meist von eilig improvisierten Maßnahmen geprägt, und entsprang – dies gilt besonders für das deutsche Fallbeispiel – keiner „stringenten arbeitsmarktpolitischen Konzeption staatlicher Instanzen", sondern lavierte zwischen den Interessen der verschiedenen Arbeitsmarktakteure umher, ohne diese aber harmonisieren zu können oder einer Seite voll zu entsprechen.[6]

Für diesen Zusammenhang stellte das Hilfsdienstgesetz mitsamt den Kontroversen, die es begleiteten, ein anschauliches Beispiel dar. Wenngleich die Arbeitsmarkt-Resultate unter dem Hilfsdienstgesetz im wesentlichen denen entsprachen, die auch bei einem unregulierten Wettbewerbsmarkt zu erwarten gewesen wären, markierte es den-

1 Vgl. Faust, Arbeitsmarktpolitik, 193ff., 265ff.
2 Vgl. auch Lewek, Arbeitslosigkeit, 27.
3 Lewek, Arbeitslosigkeit, 27.
4 Preller, Sozialpolitik, 85 spricht vom Weltkrieg als dem großen „Schrittmacher der Sozialpolitik", vgl. auch Lewek, Arbeitslosigkeit, 38 sowie Faust, Arbeitsmarktpolitik, 283.
5 Vgl. Preller, Sozialpolitik, 85. Siehe auch Kapitel IV 1.
6 Vgl. Faust, Arbeitsmarktpolitik, 266 und 282.

noch eine wichtige Etappe in der Handhabung von Arbeitsmarktfragen. Abgesehen von seiner intendierten arbeitsmarktpolitischen Funktion, die das Gesetz nur unzureichend erfüllte, barg das konzedierte „Begleitprogramm" eine richtungsweisende Komponente, förderte es doch die Herausbildung von Strukturen, die die Entwicklung der industriellen Beziehungen nachhaltig prägten und diese allmählich aus ihrem „individuellen" Kontext zwischen Arbeitgeber und Arbeitnehmer herauslösten. Durch die Möglichkeit der Appellation an einen Schlichtungsausschuß ließen sich Löhne und Arbeitsbedingungen auch als öffentliche Fragen wahrnehmen, die paritätisch verhandelt wurden. Über die damit vollzogene rechtliche Anerkennung der Gewerkschaften und die damit verbundene Kollektivierung der Arbeitsbeziehungen hatte die organisierte Arbeiterschaft während des Krieges eine deutliche Aufwertung erfahren.

Auch in Italien bewirkte der Krieg eine entscheidende Veränderung in der Ausgestaltung der Arbeitsmarktbeziehungen, die in mancherlei Hinsicht der Entwicklung in Deutschland vergleichbar ist. Der allmähliche Funktionswandel der *MI* zum „Vermittler zwischen Kapital und Arbeit"[1] durch die Schlichtungsverfahren in den Komitees gab kollektiven Verhandlungen zwischen den Arbeitsmarktparteien einen neuen Stellenwert. Zudem ermöglichten die kriegsbedingten Strukturwandlungen in zunehmendem Maße die Möglichkeit zur Formulierung einheitlicher Richtlinien. Selbst wenn der Staat im Konfliktfall nicht immer die neutrale Position behauptete, die offiziell angestrebt wurde, so leistete der häufige Rückgriff auf das Schlichtungsinstrumentarium einen Beitrag zur Modernisierung der industriellen Beziehungen und zur Anerkennung der gewerkschaftlichen Organisation der Arbeiterschaft. Die kriegswirtschaftliche Organisation – die zweifelsohne ihre repressive Kehrseite hatte – beförderte diese Impulse, wie auch Zeitgenossen feststellten:

> „Wir haben in verschiedenen Regionen Italiens eine neue Reihe von Beziehungen zwischen Industriellen und Arbeitern hervorgebracht; ja, wir haben sogar in einigen Regionen Verhältnisse des industriellen Lebens und einen Gemütszustand etabliert, die wir drei Jahre zuvor noch nicht einmal zu hoffen gewagt haben."[2]

Die Beziehung zwischen den Arbeitsmarktparteien erlangte unter dem Druck der Kriegssituation in beiden Ländern eine neue Qualität. In diesem Aspekt weisen die Entwicklungen in Deutschland und Italien trotz unterschiedlicher Ausgangsvoraussetzungen und kriegswirtschaftlicher Anfänge sichtbare Parallelen auf.

Die Stärkung von paritätischen Gremien zur Konfliktregulierung stellte eine wichtige Facette der Kollektivierung und Politisierung des Arbeitsmarktgeschehens dar. Aus der Perspektive des Arbeitsmarktes wurde mit der Zuweisung von öffentlichen Funktionen an private Interessenträger eine Tendenz sichtbar, die den sozialen, ökonomischen und politischen Strukturwandel langfristig charakterisierte. In Deutschland und Italien er-

---

1 Tomassini, Mobilization and Labour Market, 61.

2 So ein Mitglied des CCMI, zitiert nach Tomassini, Intervento, 91. Übers. d. V.

hielten damit während des Krieges „korporatistische“ Tendenzen wichtige Impulse.[1]

Alles in allem erscheinen die Kriegswirkungen auf die industriellen Arbeitsmärkte in Deutschland und Italien höchst komplex und ambivalent. Wohl fungierte der Krieg als Katalysator für längerfristig angelegte Strukturwandlungen des Arbeitsmarktes, wie z.B. der Industrialisierungsschub in Italien und die damit einhergehende Expansion des industriellen Arbeitsmarktes, der relative Bedeutungszuwachs der industriellen Arbeitsmärkte überhaupt und der modernen Wachstumsbranchen in beiden Ländern im Verlauf der Kriegsjahre zeigten. Darüber hinaus wurde unter dem Druck des industrialisierten Krieges die Ausbildung von Institutionen oder Regelsystemen des industriellen Arbeitsmarktes vorangetrieben, wobei sowohl die öffentlich-administrative als auch die verbandliche Komponente gestärkt wurde. Hierbei erwies sich die Krisensituation aber meist weniger als die sprichwörtliche „Mutter der Innovation“, sondern eher als „Motor“ für eine breitere Akzeptanz bereits bekannter Regelungspraktiken. Auch die geschilderten Transformationsprozesse auf Seiten von Arbeitsangebot und Arbeitsnachfrage, die in beiden Ländern qualitativ ähnliche Tendenzen aufwiesen und vor allem weibliche Erwerbstätigkeit und berufliche Qualifikation betrafen, wurzelten in längerfristigen Entwicklungen. Trotzdem bot die Kriegssituation letztlich ein geeignetes Umfeld für mancherlei – episodische – Improvisation zur Bewältigung von Arbeitsmarktproblemen, deren Einflußpotential über die Kriegszeit hinaus sich schwerlich bemessen läßt. „Wie hatte sich doch die früher so einheitliche Zusammensetzung der Belegschaft gewandelt (...)!“ konstatierte man rückblickend mit unverhohlenem Bedauern für die Krupp'sche Gußstahlfabrik – und diese Erfahrung wurde sicherlich von vielen kriegsindustriellen Unternehmen geteilt.[2]

Für erfolgreiche *Matching*-Prozesse war die Qualifikationsstruktur von Angebot und Nachfrage auf dem Arbeitsmarkt entscheidend. Auf dieser Ebene beschleunigten sich im Zeichen der kriegsbedingt forcierten industriellen Expansion wichtige Veränderungen, da Profil, Stellenwert und Vermittlung von Qualifikation allmählich unter Druck gerieten und tradierte Muster infrage stellten.[3] So konnte sich der kriegsindustrielle Arbeitsmarkt zugleich als Experimentierfeld oder Laboratorium präsentieren, wie manche Beispiele hinsichtlich der Frauenarbeit in Männerdomänen, arbeitsorganisatorischer Strukturwandlungen oder Entlohnungsformen zeigten.

In anderer Hinsicht führten die Kriegsverhältnisse eher einen Bruch mit langfristigen Entwicklungspotentialen der nationalen Arbeitsmärkte herbei. So stellte beispielsweise der Weltkrieg – retrospektiv betrachtet – insofern eine Zäsur hinsichtlich der räumli-

---

1 Für die Interpretation der Zwischenkriegszeit in Europa (am Beispiel von Deutschland, Italien und Frankreich) im Zeichen des Korporatismus vgl. Maier, Recasting.

2 Vgl. HA Krupp, FAH 4 E 10.1, 73.

3 Tomassini, Mobilization and Labour Market, 85, diagnostiziert mit Paci, Mercato, 152 einen „Umschwung des Kräfteverhältnisses auf dem Arbeitsmarkt, d.h. den Übergang von (...) einem 'Primat des Angebots', in welcher der Beruf den Markt macht, zu einer Situation mit 'Primat der Nachfrage', in welcher das Unternehmen die Qualifikation hervorbringt.“ Übers. d. V.

chen Mobilität des Arbeitsmarktgeschehens dar, als die Wanderungsbewegungen auf dem Arbeitsmarkt unterbrochen und die Austauschbeziehungen der beiden nationalen Arbeitsmärkte gestoppt wurden. Auch das stillschweigend bestehende Gleichgewicht zwischen industriellem Zentrum und ländlicher Peripherie, ein wichtiges Arrangement vieler Arbeitsmarktsegmente in italienischen Industrieregionen, dürfte unter den Kriegswirkungen gelitten und neuen Konfliktstoff, zumindest aber Regelungsbedarf erzeugt haben.[1] Der forcierte Strukturwandel während des Krieges, den der italienische Industrialisierungsschub so anschaulich ausdrückte, war somit ein konflikthafter Prozeß, der nicht reibungsfrei vonstatten ging.

Der Doppelcharakter der Kriegswirkungen zeigte sich eindrücklich hinsichtlich der sozialen Dimension des Arbeitsmarktgeschehens, die nun offenkundig wurde. Die dramatische Verschlechterung der Lebens- und Arbeitsverhältnisse, die offensichtliche Zuspitzung in den Arbeits- und Ernährungsbedingungen, die sich für die Akteure des Arbeitsmarktes in materiellen Einbußen, Unterversorgung und erhöhter Sterblichkeitsrate ausdrückte, bedeutete in beiden Ländern einen gravierenden Rückschritt, der den modernisierenden Wirkungstendenzen des Weltkrieges entgegenstand.

1 Dies läßt sich z.B. an der Tatsache erkennen, daß im Krieg – z.B. bei Pirelli – unternehmensinterne Anordnungen getroffen wurden, die den Abgang während der Saison von landwirtschaftlichen Arbeiten regulierten, während in der Vorkriegszeit anscheinend eine flexiblere, situativ bedingte Handhabe dieses Phänomens möglich war, vgl. z.B. Curli, Lavoro, 247ff. Die Autorin bezeichnet diesen Prozeß als das „Ende eines ländlichen Gleichgewichts".

IV. Problemkonstellationen des Arbeitsmarktes 1918-1929

1. Die Demobilmachung und ihre Auswirkungen auf den Arbeitsmarkt

Als der Abschluß der Waffenstillstandsverhandlungen am 11.11.1918 das Kriegsende besiegelte, war die Übergangsphase vom Kriegs- zum Friedenszustand bereits eingeläutet. In Berlin hatte der sozialdemokratische „Rat der Volksbeauftragten“ parallel zum revolutionären Exekutivorgan der Arbeiter- und Soldatenräte die Regierungsgeschäfte übernommen, während Gewerkschaften und Unternehmer eine „Zentrale Arbeitsgemeinschaft“ (ZAG) bildeten, die sich zum herrschenden Marktsystem bekannte. Dennoch traf das Kriegsende die deutsche wie die italienische Wirtschaft weitgehend unvorbereitet. „*Lo scoppio della pace*“[1] – der „Ausbruch des Friedens“ – versetzte das Wirtschaftsgefüge in einen Schockzustand, der sich gravierender gestalten sollte als die Anpassungskrise vier Jahre zuvor, da er von den längerfristigen – mittelbaren und unmittelbaren – wirtschaftlichen und politischen Kriegsfolgen sowie den im Krieg forcierten sozioökonomischen Strukturwandlungen überlagert wurde.[2]

Auch auf dem Arbeitsmarkt lastete das „Vermächtnis des Krieges“[3] mit merklichem Gewicht. Hier waren bei veränderten Vorzeichen alte und neue Probleme zu lösen: Neuartige Aufgaben als Erbe des Krieges betteten sich in lang aufgeschobene Konfliktfelder ein, die sich nunmehr mit neuer Dringlichkeit präsentierten. Die Produktionsumstellung und die Wiederaufnahme der Soldaten in den heimischen Arbeitsmarkt erforderten eine erhöhte Anpassungsleistung eines unter Druck geratenen Marktes, während die Arrangements zur Bewältigung dieses Problemdrucks noch ausgehandelt werden mußten. Angesichts der industrialisierten Kriegführung, die weite Teile von Wirtschaft und Gesellschaft mobilisiert hatte, bedeutete der Übergang vom Kriegs- zum Friedenszustand nicht nur die Rückführung der Heeresstreitkräfte vom militärischen in das zivile Leben, sondern implizierte zugleich die Demobilisierung aller aufgebotenen Ressourcen. Zur militärischen Demobilmachung gesellte sich der umfangreiche Aufgabenkatalog der „wirtschaftlichen“ Demobilmachung – beispielsweise der Abbau der Kriegs-

1 Tomassini, Mercato del lavoro, 334. Vgl. auch Doria, Ansaldo, 126.

2 Feinstein/Temin/Toniolo, Economy, 25.

3 So eine Kapitelüberschrift bei Feinstein/Temin/Toniolo, Economy, 18. Vgl. auch Feldman, Disorder.

wirtschaft und ihrer regulierenden Instrumentarien – wobei beide Aspekte soziale Konfliktpotentiale bargen und sich zu einem „komplexen Prozeß sozialer und ökonomischer Umgestaltung“[1] verbanden. Während die militärische Demobilisierung in beiden Ländern mit der Auflösung und Heimkehr der Truppen spätestens im Laufe des Jahres 1919 zum Abschluß kam, sollte der sozioökonomische Rekonstruktionsprozeß wesentlich länger dauern und sich in Deutschland gar mehrere Jahre hinziehen, bis im Jahr 1923 schließlich die letzte Demobilmachungsverordnung aufgehoben wurde.[2]

1.1. Arbeitsmarktprognosen und Demobilmachungsplanungen

Die Probleme, die auf die industriellen Arbeitsmärkte in der Übergangswirtschaft zukommen konnten, lagen auf der Hand: Allein die militärische Demobilmachung mit den Massen zurückkehrender Kriegsteilnehmer, die nach einer Wiedereingliederung in den Arbeitsmarkt strebten, ließ ein Szenario denkbar erscheinen, das mit einer konfliktreichen Konkurrenz um Arbeitsplätze verbunden war. Dennoch wurden die Arbeitsmarktprobleme bei Kriegsende von den Zeitgenossen im Vorfeld eher unterschätzt. In der deutschen Reichsverwaltung dominierte lange Zeit eine arbeitsmarktpolitische Sorglosigkeit, da man bis zum Jahr 1918 nicht mit einer größeren Arbeitslosigkeit bei Kriegsende rechnete, sondern von Arbeitskräftemangel ausging. So wurde im Reichsamt des Inneren konstatiert: „Ich glaube nicht, daß wir mit einer erheblichen Arbeitslosigkeit nach dem Kriege zu rechnen haben werden, wenigstens nicht in den ersten Jahren.“[3] Zwar mahnte der Reichstag, der die zögerliche Handhabung der Thematik durch die Reichsregierung kritisierte, seit Frühjahr 1918 eine sozial- und arbeitsmarktpolitische Vorbereitung des Kriegsendes an, dennoch ließ die praktische Umsetzung der durchaus in verschiedenen Stellen erarbeiteten Vorschläge auf sich warten. Eine gezielte Planung und Koordination der einzelnen Initiativen blieb aus. Auch Ressortstreitigkeiten und Kompetenzüberlagerungen zwischen zivilen und militärischen Stellen lähmten die Vorbereitungen.[4] In deutschen Gewerkschaftskreisen neigte man eher zu pessimistischen Arbeitsmarktprognosen und beurteilte die theoretische Möglichkeit eines selbsttätigen beschäftigungswirksamen Konjunkturaufschwungs skeptisch. Vor diesem Hintergrund

---

1 Rouette, Sozialpolitik, 17; Mai, Arbeitsmarktregulierung, 202 unterscheidet personelle und wirtschaftliche Demobilmachung.

2 Schon im Jahr 1921 konstatierte Lehfeldt, Oberregierungsrat im Reichsarbeitsministerium, daß „die Dauer des wirtschaftlichen Demobilisierungszustandes (…) nach Jahren bemessen werden muß, wenn auch der Erlaß vom 26.4.1919 (RGbl. 1919, 438) bereits von der Beendigung der Demobilmachung sprach“, vgl. Rabl. n. F. 1, 1920/21, n.a. T., H. 19, 760-763, hier 761.

3 So Helfferich, Staatssekretär des Reichsamtes des Inneren im März 1917 vor dem Reichstagsausschuß für Handel und Gewerbe, zitiert nach Lewek, Arbeitslosigkeit, 39, Anm. 44, ähnliche Belege ebd. Vgl. auch Faust, Arbeitsmarktpolitik, 207. Der Regierungspräsident von Arnsberg konstatierte im Frühjahr 1918: „Mit Arbeitslosigkeit ist in meinem Bezirk bei der Demobilmachung voraussichtlich nicht zu rechnen“, zitiert nach Bessel, Beunruhigung, 217.

4 Vgl. Lewek, Arbeitslosigkeit, 42ff., Faust, Arbeitsmarktpolitik, 208; Rouette, Sozialpolitik, 22ff.

postulierten einige Arbeitnehmerverbände flankierende organisatorische Eingriffe und sozial- und arbeitsmarktpolitische Planung.[1] Von Seiten der Gesellschaft für Soziale Reform, die im Verein mit Gewerkschaften, Angestelltenverbänden, karitativen und sozial- und wirtschaftspolitischen Organisationen in der „Kriegswirtschaftlichen Vereinigung" ein Forum für den sozialpolitischen Diskurs geschaffen hatte, verlauteten ähnliche Vorschläge und Appelle für die Demobilisierungsvorbereitung.[2] Auch italienische Gewerkschaftler warnten frühzeitig vor Beschäftigungsproblemen auf den industriellen und landwirtschaftlichen Arbeitsmärkten bei Kriegsende – so mahnte die Landarbeiterorganisation *Federterra* schon im Jahr 1916 großzügige Arbeitsprogramme der öffentlichen Hand an, während der reformistische Gewerkschaftssekretär Rinaldo Rigola (CGdL) eine „desaströse" Arbeitsmarktkrise voraussagte, die mit sozialpolitischen Maßnahmen abgefedert werden sollte.[3]

In industriellen Kreisen gelangte man zu unterschiedlichen Einschätzungen der bei Kriegsende eintretenden Arbeitsmarktlage. Während die Phoenix-Direktion im Sommer 1917 bilanzierte, daß bei einigen Produktionsstätten letztlich „mehr Arbeiter zurückkehren (...), als an ausländischen Arbeitern oder Frauen zur Zeit beschäftigt sind",[4] hielt noch im Herbst 1917 der Kriegsausschuß der Deutschen Industrie die Arbeitslosigkeit „rein rechnerisch" für unwahrscheinlich.[5] Auch die italienische Industrie rechnete nicht mit einer „alarmierenden" Arbeitslosigkeit bei Kriegsende.[6] Von einem Wirtschaftsmagazin nach den Zukunftsprognosen befragt, sagten prominente Unternehmer – wie beispielsweise Falck – Arbeitskräftemangel voraus, der vor allem die gelernten Arbeiter betreffen würde. Demgegenüber forderten Skeptiker – wie beispielsweise Pio Perrone von Ansaldo – staatliche Arbeitsbeschaffungsmaßnahmen im großen Stil, um die Umstellung zu meistern.[7] Ähnlich wie ihre deutschen Kollegen interessierten sich die italienischen Industriellen mehr für die produktions- und interessenpolitischen Aspekte der

---

1 Vgl. z.B. die Ausführungen von Umbreit, Arbeitsbeschaffung, 25f. Zur Arbeitsmarktprognose der Gewerkschaften auch Faust, Arbeitsmarktpolitik, 207f.

2 Am 22.10.1917 hielt die Kriegswirtschaftliche Vereinigung eine Konferenz zum Thema Demobilmachungspläne ab, vgl. die Beiträge in: Tag der Heimkehr. Zur Kriegswirtschaftlichen Vereinigung vgl. auch Rouette, Sozialpolitik, 32 mit Anm. 51, sowie Ratz, Arbeitsgemeinschaft, 380ff.

3 So Cerri, Disoccupazione, 428.

4 MA, P.22501.3, Beukenberg an Reichert am 13.6.1917.

5 Zitat bei Faust, Arbeitsmarktpolitik, 207 mit Anm. 54. Dem Vorstandsvorsitzenden von Mannesmann, Nikolaus Eich, zufolge, rechnete kaum ein Großindustrieller mit einer größeren Arbeitslosigkeit bei Kriegsende, vgl. Nikolaus Eich an Max Steinthal (Aufsichtsratsvorsitzender bei Mannesmann) am 30.3.1918 zu Rathenaus Schrift „die neue Wirtschaft", Brief abgedruckt bei von Strandmann, Unternehmenspolitik, 178, 181. Allerdings konzedierte auch Eich durchaus eine schwierige Übergangsphase mit Ungleichgewichten auf dem Arbeitsmarkt.

6 Vgl. Cerri, Disoccupazione, 424.

7 Ebd.

Demobilmachung als für die sozialpolitische Dimension der damit verbundenen Arbeitsmarktfragen.[1]

Ein breiter, branchenübergreifender Konsens bestand wohl in den italienischen und deutschen Industriekreisen im Hinblick auf den Wunsch nach einem möglichst raschen Abbau der Kriegswirtschaft und ihren regulierenden, die unternehmerische Handlungsfreiheit beschränkenden Bestimmungen. Während in der deutschen Unternehmerschaft die Vorschläge Rathenaus oder von Moellendorfs über die „kommende Wirtschaft"[2] mit Skepsis oder zumindest „gemischten Gefühlen"[3] zur Kenntnis genommen wurden und Sorge vor dem unbeliebten „Staatssozialismus" verbreitet schien, lehnte auch die italienische Industrie mehrheitlich Vorschläge ab, die das Organisationsgeflecht der MI für die Koordination der wirtschaftlichen Demobilmachung zu nutzen suchten.[4] Dementsprechend lehnten tonangebende Arbeitgebervertreter in Deutschland bindende Vereinbarungen zur Wiedereinstellung von Kriegsteilnehmern ab. Wie Verhandlungen über Demobilmachungsfragen zeigten, waren derartige Versprechen von Seiten der Ruhrindustrie nur mit formelhaften Einschränkungen („soweit als möglich") zu erringen.[5] Dies führten die Diskussionen in der mit Arbeitgeber- und Arbeitnehmervertretern sowie Ministerialbeamten besetzten „Kommission für die Demobilmachung der Arbeiterschaft"[6] im Oktober 1918 anschaulich vor Augen. Schon bei früheren Anlässen hatten führende Industrielle einen Wiedereinstellungszwang strikt abgelehnt und mit dem Bekenntnis zu ihrer „Ehrenpflicht" ein unverbindliches Arrangement befürwortet.[7]

In Italien sollte zunächst eine Kommission Vorschläge für die problematische Über-

---

1 Mit produktionspolitischen Fragen beschäftigte sich die Industrie aber schon recht früh. In der Ansaldo-Direktion kursierte seit Frühjahr 1917 ein Manuskript („Pensieri sui problemi del dopoguerra"), das vom gewachsenen Selbstbewußtsein des während des Krieges stark expandierten Konzerns zeugte, vgl. die Zitate in Doria, Ansaldo, 130. Spätestens seit der Niederlage von Caporetto ahnte FIAT-Chef Giovanni Agnelli, daß der Krieg sehr rasch zuende gehen könnte und traf allmählich erste Vorkehrungen für eine Umstellung der Produktion für den Friedensbedarf. Castronovo, FIAT, 157. Vgl. für Deutschland Lewek, Arbeitslosigkeit, 38f., der auf eine industrielle Denkschrift zur Übergangswirtschaft aus dem Jahr 1915 hinweist, sowie Faust, Arbeitsmarktpolitik, 208.

2 Für die Konzepte spielten die kriegswirtschaftlichen Organisationsstrukturen (z.B. die Kriegsgesellschaften) eine entscheidende Rolle, vgl. Michalka, Kriegsrohstoffbewirtschaftung, 485ff.

3 So Nikolaus Eich in seinem Brief an Max Steinthal, in von Strandmann, Dialog, 167ff., hier 167.

4 Vgl. die Ausführungen von E. Toniolo, in BCCMI 1917, H.2, 37ff., BCCMI 1917, H.3, 73ff. Toniolo hält für die Umstellung ein Koordinationsorgan für notwendig und schlägt dafür den CCMI vor, ebd., 41.

5 MA, P.22501.3, Protokoll über die 7. Sitzung des Arbeitsausschusses der Kommission für Demobilmachung der Arbeiterschaft am 29. Oktober 1918. An der Sitzung nahmen u.a. Borsig, Stinnes, Vögler und Beukenberg teil sowie Behrens und Schlicke als Gewerkschaftsvertreter. Vgl. auch Feldman/Homburg, Industrie, 198f.

6 Diese Kommission war nach Einigung von zivilen und militärischen Reichsämtern, preußischen Ministerien und Bundesstaaten berufen worden. Die Kommissionsarbeit wurde für die zukünftige Gestalt des Demobilmachungsapparates sowie für die spätere Gründung der ZAG zunehmend wichtiger, vgl. Rouette, Sozialpolitik, 35f.

7 Rouette, Sozialpolitik, 28; Faust, Arbeitsmarktpolitik, 208.

gangszeit erarbeiten und die organisatorische Vorbereitung des Kriegsendes ergänzen – so nahm im Frühjahr 1918 die „*Commissione per l'esame e la proposta di provvedimenti relativi al passaggio dallo stato di guerra allo stato di pace*“ ihre Tätigkeit auf.[1] Aufgrund ihrer hochkarätigen Zusammensetzung bald als „*Commissionissima*“ etikettiert – beteiligt waren Ministerialbeamte, Abgeordnete, Senatoren sowie Vertreter aus Industrie, Landwirtschaft und reformistischen Gewerkschaften – sollte sie über wirtschafts- und sozialpolitische Aspekte der Demobilmachung und arbeitsmarktpolitische Fragen beraten. Die praktischen Ergebnisse der Kommission waren allerdings bescheiden und gingen über eine allgemeine Phraseologie kaum hinaus, stellte doch die Wiederaufnahme der öffentlichen Arbeiten im Prinzip die einzige konkrete Handlungsempfehlung für den Arbeitsmarkt der Übergangszeit dar, während Detailplanungen unterblieben.[2]

In beiden Ländern lag bis zuletzt kein einheitliches Gesamtkonzept für die Demobilmachung vor. Die Erkenntnis, daß auf dem Arbeitsmarkt praktisches Handeln gefragt sein könnte, war erst wenige Wochen vor Kriegsende bei den Entscheidungsträgern vorgedrungen, die bis dahin eine abwartende Haltung eingenommen hatten.

1.2. Die Organisation der Demobilmachung – ein korporatistisches Modell?

In Deutschland spielten für die Rahmenbedingungen der Demobilmachung die Vorstellungen von Gewerkschaften und Großindustrie eine entscheidende Rolle. Ähnlich wie bei der Mobilisierung der Kriegswirtschaft, die durch die Idee des „Burgfriedens“ abgestützt worden war, erschien auch bei der Demobilisierung eine Einbindung der involvierten Interessengruppen angezeigt. Diese Idee war nicht zuletzt von der Sorge aller Akteure vor noch mehr Bürokratie und dem Fortbestand der Zwangswirtschaft inspiriert.[3] Entgegen den Plänen des Reichswirtschaftsamtes für eine lokale, dezentrale Demobilisierung, deren Trägerschaft den unbeliebten lokalen Kriegsamtstellen zugedacht war, forderten sowohl Gewerkschafts- als auch Unternehmervertreter nach eingehenden Verhandlungen die Gründung einer zentralen Demobilmachungsbehörde mit umfassenden Kompetenzen und Machtbefugnissen. Nach kontroversen Diskussionen willigte die Regierung schließlich ein: Eine Verordnung des Bundesrates vom 7. November, die dem Reichskanzler weitgehende Vollmachten übertrug, „um Störungen des Wirtschaftslebens infolge der Demobilmachung vorzubeugen oder abzuhelfen“,[4] lieferte die rechtliche Basis, auf der ein paar Tage später – bereits im Strudel der revolutionären Umwäl-

---

1 Also die "Kommission für die Analyse und Vorschläge von Maßnahmen bezüglich des Übergangs vom Kriegs- zum Friedenszustand." Zur Arbeit der „Commissionissima“ mit Dokumentation vgl. Falchero, Commissionissima.

2 Falchero, Commissionissima, 30ff.; vgl. auch Cerri, Disoccupazione, 424.

3 Vgl. Feldman, Weltkrieg, 100ff.

4 Vgl. §1 der Verordnung, RGbl. 1918, Nr. 6519, 1292f.

zungen – der Rat der Volksbeauftragten das „Reichsamt für wirtschaftliche Demobilmachung" einrichtete. Dieses sollte als Zentralbehörde mit umfangreichen Zuständigkeiten fungieren. Zum Leiter wurde der Wunschkandidat von Industrie und Gewerkschaften, Oberstleutnant Dr. Joseph Koeth, berufen, welcher zuvor der Kriegsrohstoffabteilung vorgestanden hatte. Als Unterbau kristallisierte sich eine Organisationsstruktur heraus, die auf lokalen Demobilmachungsausschüssen basierte. Diese paritätisch (demnach mit Arbeitgeber- und Arbeitnehmervertretern sowie Mitarbeitern der lokalen Verwaltungen) besetzten Instanzen waren für alle örtlichen Demobilisierungsbelange zuständig. Zwischen Reich und Kommunen agierten von der Landeszentralbehörde eingesetzte „Staatskommissare für die Demobilmachung", mit Ausnahme von Preußen, wo der Leiter des Reichsamtes Koeth auch das Amt des preußischen Demobilmachungskommissars bekleidete.[1]

Unter maßgeblicher Mitarbeit der organisierten Arbeitsmarktinteressen hatten sich die lange verzögerten Demobilmachungsplanungen somit konkretisiert und trugen dabei in wesentlichen Aspekten die Handschrift der Verhandlungsführer auf beiden Seiten.[2] Schon die Eingabe an die Reichskanzlei, in der Anfang November die Einrichtung des Demobilmachungsamtes gefordert worden war, enthielt Passagen über eine zukünftige Kooperation der Arbeitsmarktparteien. Bereits hier hieß es, daß „die Organisationen der Arbeitgeber und Arbeitnehmer [entschlossen sind], in allen Fragen der Überführung der Kriegs- in die Friedenswirtschaft einheitlich zusammenzuarbeiten".[3] Diese gegenseitige Kooperationsbereitschaft wurde knapp zwei Wochen später – also bereits unter dem Eindruck der Revolution – in einem „Arbeitsgemeinschaftsabkommen" besiegelt.[4] Diese Vereinbarung – nach den Verhandlungsführern Stinnes-Legien-Abkommen genannt – bildete eine entscheidende Weichenstellung für die institutionellen Arrangements auf dem industriellen Arbeitsmarkt während der nächsten Jahre, da eine ganze Reihe von lange umkämpften gewerkschaftlichen Forderungen Eingang in die Bestimmungen gefunden hatte und sich zudem eine neue Wirtschafts- und Sozialordnung mit korporatistischen Ansätzen abzeichnete. So sah das Abkommen die Anerkennung der Gewerkschaften „als berufene Vertreter der Arbeiterschaft", die Einführung des Achtstundentages sowie Kollektivvereinbarungen über Arbeitsbedingungen und Lohntarife vor, gewährte die volle Koalitionsfreiheit, die Einrichtung von Arbeitsausschüssen in Betrieben mit mehr als 50 Beschäftigten, paritätische Schlichtungsausschüsse und ein paritätisch verwaltetes Arbeitsnachweiswesen. Die Arbeitgeberseite hatte auf die Unterstützung der „Gelben" (der wirtschaftsfriedlichen Werkvereine) zu verzichten und erklärte sich bereit, die Kriegsheimkehrer wieder in ihren alten Positionen einzu-

1 Vgl. für Zuständigkeiten in den Ländern Lehfeldt über die Demobilmachungsgesetzgebung in Rabl. 19, n.a. T., 1921, 760-763.

2 Hier sind vor allem Hugo Stinnes und Carl Legien zu nennen, vgl. auch unten.

3 So die von v. Raumer, Henrich und Legien formulierte Eingabe vom 3.11.1918, zitiert nach Feldman, Weltkrieg, 119.

4 Der Wortlaut der Vereinbarung ist abgedruckt in Feldman/Steinisch, Industrie, 135-137.

stellen. Beide Seiten verabredeten die Gründung einer Arbeitsgemeinschaft, deren zentrales Gremium ein paritätischer „Zentralausschuß" sein sollte, dem die Durchführung der Bestimmungen und eventueller weiterer erforderlicher Maßnahmen oblag.[1] Der aus „Reichsarbeitsgemeinschaften" und ihren Untergruppen bestehende Unterbau sollte sich entlang von Branchen organisieren.[2] Damit formulierte das Abkommen inhaltliche und organisatorische Rahmenbedingungen für die Zusammenarbeit der Arbeitsmarktparteien in der Demobilmachung, wies aber auch über diesen Anlaß hinaus und barg zugleich eine „längerfristige Option".[3]

Beiden Verhandlungspartnern schien in ihrer aktuellen Lage eine Kooperation Vorteile zu bieten: Während die Gewerkschaften die Möglichkeit sahen, langfristige politische Ziele zu verwirklichen und ihren eigenen Einfluß gegenüber erstarkenden konkurrierenden Bewegungen zu bewahren, bot sich den Unternehmern die Gelegenheit, die geltenden Eigentumsverhältnisse festzuschreiben und eine Sozialisierung zu verhindern.[4] Damit hatten die Vertragspartner eine Art „Allianz" geschmiedet, die Arbeiter und Unternehmer in einer „Front der Produzenten"[5] zusammenfaßte, welche für das Krisenmanagement, aber auch darüber hinaus Verantwortung und eine zentrale Regelungsfunktion reklamierte und dabei den staatlichen Einfluß auf die Wirtschaft zurückzudrängen suchte.[6] Rückblickend betrachtet, hatten sich die Gewerkschaften ihre Errungenschaften jedoch recht teuer erkauft, da die Arbeitgeber im Prinzip nur konzediert hatten, „was unter den gegebenen Umständen nicht vorenthalten werden konnte"[7] – und dies zu einem Zeitpunkt, als die Revolutionsregierung sie „wahrscheinlich ohnehin eingeführt" hätte.[8] Wenn auch die Perspektive auf die neuen korporatistischen Regelungspraktiken den Aufschub der Sozialisierungsidee in den Augen der Arbeitnehmervertreter erträglich machen mochte, und darüber hinaus die neuen Arrangements viele gewerkschaftliche Forderungen erfüllten, so waren sie doch in weiten Teilen reversibel, da es sich um eine freiwillige, kündbare Übereinkunft handelte. Dieser Umstand bedingte, daß Aspekte mit Grundsatzcharakter im Rahmen der Demobilmachungsgesetzgebung vorläufig geregelt wurden.[9] So gesehen, markierte das ZAG-Abkommen – wie

1 Vgl. den Vertragstext in Feldman/Steinisch, Industrie, 135f.
2 Vgl. die Satzung der Zentralarbeitsgemeinschaft der industriellen und gewerblichen Arbeitgeber und Arbeitnehmer Deutschlands, in: Feldman/Steinisch, Industrie, 137ff. Vgl. auch Feldman, Disorder, 107.
3 Vgl. Peukert, Weimarer Republik, 113.
4 Vgl. ebd. Vgl. zur Interpretation auch Feldman, Disorder, 106ff.; ders., Weltkrieg, 124ff.; ders./Steinisch, Industrie, 20ff.
5 Feldman, Weltkrieg, 93.
6 Vgl. für das Interpretationsmodell einer solchen „producers' alliance" Feldman/Steinisch, Industrie, 21-25; Feldman, Demobilmachung, 172.
7 Feldman, Weltkrieg, 123.
8 Feldman, Disorder, 107.
9 Vgl. Mai, Ende, 168.

Gunther Mai resümiert – einen „Pyrrhus-Sieg der Gewerkschaften",[1] da es zweifelhaft erschien, ob die Arbeitgeber die aus der aktuellen Notwendigkeit heraus gemachten Konzessionen unter anderen Umständen noch aufrechterhalten würden.[2] Mit ihrem Abkommen, das berechtigterweise auch als „Geburtsurkunde des deutschen Korporatismus"[3] bezeichnet worden ist, hatten die Interessengruppen ein korporatistisches Arrangement getroffen, das ihre gewachsene organisatorische Stärke reflektierte und angesichts des Krisendrucks praktikabel erschien. Ob allerdings ein echter Interessenausgleich möglich war, auf welcher Basis und um welchen Preis er sich vollziehen könnte, sollten erst die praktischen Erfahrungen mit der Arbeitsgemeinschaftspolitik in den folgenden Jahren zeigen.[4]

In Italien blieb eine solche aktive Rolle der Interessengruppen vorerst Zukunftsmusik. Auch hier hatte die Kriegswirtschaft die Konturen eines korporativen Modells erkennen lassen, dessen schmale Basis jedoch unter dem Problemdruck der Nachkriegsjahre bald erodierte.

Allerdings mochten sich auch hier die Exponenten der organisierten Interessen bei Kriegsende nicht unmittelbar von der Illusion einer Zusammenarbeit verabschieden, die über kriegswirtschaftliche Erfordernisse hinausging. Vielmehr suchten sie zeitweilig, den Konsens der „Produzentenkreise" auch für die Nachkriegszeit zu beschwören und ihre Vorstellungen bei der Ausgestaltung der Rahmenbedingungen für die Demobilmachung geltend zu machen. Dies wurde deutlich in einem Konvent von Vertretern der Arbeiter- und Industriellenorganisationen am 27.11.1918, in welchem die Interessengruppen Probleme der Übergangswirtschaft diskutierten.[5] Dabei stand die Debatte für beide Seiten unter der Prämisse, ihre neu erworbenen Einflußmöglichkeiten zu wahren und sich ein Forum der Interessenartikulation – wie es beispielsweise das CCMI dargestellt hatte – zu erhalten.[6] Beide Parteien sparten nicht mit Kritik an den bislang getroffenen staatlichen Maßnahmen für die Demobilmachung und erkannten nunmehr „dringenden" Reformbedarf.[7] Wenn der Unternehmer Silvestri einschlägige Verordnungen geringschätzig als „Torso" abqualifizierte, so lag er damit durchaus auf der Linie des Arbeitnehmervertreters Vanzelli, als dieser bilanzierte: „Es gibt drei Dekrete, eines erstaunlicher als das andere. Wenn wir sie gemacht hätten, wären sie besser."[8] Man fühlte

1 Ebd.
2 Vgl. Peukert, Weimarer Republik, 113.
3 Ebd.
4 Vgl. auch unten.
5 Das Protokoll der Zusammenkunft findet sich kommentiert in: Caracciolo, Convegno, 407ff. Als Vertreter der Industrie nahmen u.a. Pio Perrone, Dante Ferraris und Gino Olivetti teil, auf Seiten der Arbeiterschaft Gewerkschafter wie Cabrini, Guarnieri, Rossoni und Colombino.
6 Dieses drohte nun in die Bedeutungslosigkeit abzusinken. Eine Fortführung des Gremiums unter veränderten, an die Friedensbedingungen angepaßten Vorzeichen erschien beiden Parteien vorstellbar.
7 Vgl. Verbali del convegno, in: Caracciolo, Convegno, 411-426, hier 412.
8 Verbali del convegno, in: Caracciolo, Convegno, 411-426, hier 419f., 423f.

sich in der bisherigen Struktur nicht genügend repräsentiert und bescheinigte den politischen Akteuren fehlendes Know-how und Inkompetenz bei der Regelung der aktuellen Probleme – Probleme der Produktionsumstellung und der Beschäftigung – wobei die Regierungsschelte einen starken Konsens stiftete.[1] Dies kam in wiederholten Bekundungen der gegenseitigen Kooperationsbereitschaft anschaulich zum Ausdruck: „mit der Zusammenarbeit", so die Ansicht eines Gewerkschafters, werde man „voranschreiten und diesen Punkt überwinden können"; und auch der Industriemann Ferraris resümierte:

> „Wir wünschen, vielmehr beabsichtigen, daß die Vertretung der einen wie der anderen Seite, heute mehr als gestern, berücksichtigt werde bei den Maßnahmen der Nachkriegszeit von der Regierung. Das ist der fundamentale Punkt. Wir müssen versuchen zu vermeiden, was in zwei bis drei Wochen passieren könnte. Wir müssen es so machen, daß unsere gemeinsamen Beschlüsse von der Regierung akzeptiert werden, weil wir nicht den Grund dafür sehen, daß – nachdem wir verpflichtet und der Freiheit beraubt worden sind; eurer und unserer, über Jahre – wir jetzt vor die Tür gesetzt werden. Wir wollen kooperieren, nach wie vor, aber kooperieren."[2]

Dieser Wille zur Zusammenarbeit blieb allerdings nur eine Episode. Für einen überzeugenden Interessenausgleich fehlte die Basis, so daß der Konsens rasch zerrieben war im tagespolitischen Geschäft, in dem sich bald unüberbrückbare Interessengegensätze und zersplitterte, in Richtungskämpfe verstrickte Interessengruppen gegenüberstanden. Hier spiegelten sich die Brüche des organisatorischen Netzwerkes wider, die auf dem industriellen Arbeitsmarkt noch immer bestanden. Die reformistische Gewerkschaftsspitze, die auf das korporative Modell setzte, repräsentierte nur sehr bedingt die nach Kriegsende erstarkenden Massenbewegungen, denen die noch jungen Unternehmerorganisationen höchst skeptisch gegenüberstanden. Von industrieller Warte aus gesehen, stellten die Gewerkschaften nicht die „starken Bundesgenossen" dar, die den Einhalt wechselseitiger Arrangements garantieren konnten.[3] Damit waren in Italien die Voraussetzungen für eine korporatistisch angelegte „Arbeitsgemeinschaftspolitik", die eine zentrale Regelungsfunktion beanspruchte, äußerst ungünstig.[4] Die Gemeinsamkeit der Interessen war nicht stark genug, ihr organisatorisches Gewicht zu bündeln und gegenüber dem Staat wirkungsvoll zum Ausdruck zu bringen. Außerdem erfolgte die Initiative der Interessenvertreter für ihre Mitgestaltung und Kooperation bei der Demobilisierung zu einem Zeitpunkt, als die Rahmenbedingungen der Demobilmachung bereits in weiten Teilen gesetzt waren – also vermutlich bereits zu spät für eine prägende Einflußnahme.

Gegenüber dem neugegründeten, verflochtenen Demobilmachungsapparat in Deutschland nahm sich die italienische Verwaltungsstruktur für die Übergangszeit ein-

---

1 Vgl. auch den Kommentar von Caracciolo, die Regierung sei der einzige gemeinsame Feind der Beteiligten, ders., Convegno, 411.

2 So das Fazit von Ferraris, Vgl. Verbali del Convegno, in: Caracciolo, Convegno, 411-426, hier 425. Übers. d. V.

3 So Jakob Reichert im Jahr 1919, zitiert nach Feldman, Weltkrieg, 114.

4 Vgl. auch Feldman, Structures, 166f.

facher aus. Hier war kein neuer zentralisierter Instanzenzug geschaffen worden. Für administrative Belange zuständig zeigte sich zunächst das bei der MI im Rüstungsministerium angesiedelte „*Ufficio di smobilitazione*“, bis nach der Auflösung des Rüstungsministeriums nach Kriegsende die Befugnisse zuerst an das Kriegsministerium, sodann an das Finanzressort sowie an das neugegründete „Ministerium für Industrie, Handel und Arbeit“ abgegeben wurden.[1] Außerdem wurde im November 1918 ein sogenannter „*comitato interministeriale*“ gegründet, ein interministerieller Ausschuß, der für den „Übergang vom Kriegs- zum Friedenszustand“ zuständig sein sollte und sich dabei vor allem der Demobilisierung der Kriegsindustrie widmete.[2] Gerade dieser Ausschuß war es, dessen Gründung in dem geschilderten Konvent der Arbeitsmarktparteien auf scharfe Kritik gestoßen war, da er gewissermaßen als Konkurrenzinstanz zu dem bestehenden, paritätischen Ausschuß (CCMI) empfunden wurde.[3] Allerdings blieben die Komitees – sowohl der *Comitato Centrale* als auch die Regionalausschüsse – der MI vorerst bestehen und wahrten z.B. als Appellationsinstanz Kompetenzen – beispielsweise bei Konflikten wegen Entlassungen oder Abfindungszahlungen.[4]

Der Organisation der Demobilmachung lag also in Italien, im Unterschied zu Deutschland, kein verbindlicher korporatistischer Ansatz zugrunde. Die Experimente, die im Rahmen der Kriegswirtschaft mit der Zusammenarbeit von Interessengruppen und Staat gemacht worden waren, dienten – trotz gegenteiliger Willensbekundungen – vorerst nicht als Modell für die Lösung der sozialpolitischen Probleme auf nationaler Ebene. Vielmehr sollte hier erst einige Jahre später ein staatlich verordneter Korporatismus innerhalb des faschistischen Systems proklamiert werden.

---

1 Vgl. Decr. lgt. Nr. 1748 vom 24.11.1918; Decr. lgt. Nr. 1909, 15.12.1918. Vgl. auch Decr. lgt. Nr. 10, 5.1.1919. Noch vor Kriegsende war das „Ministero per le armi e munizioni“ in ein *commissariato generale* umgewandelt worden. Vgl. Venturini, Bollettino, 341 Anm. 1.

2 Vgl. Decr. lgt. vom 5.12.1918 (GU 7.12.1918), siehe auch Doria, Ansaldo, 128. Vgl. auch Progetto Archivio Storico FIAT (=PASF), FIAT 1915-1930. Verbali del consiglio di amministrazione, 2 Bde., Mailand 1991, Bd. 1: 1915/1922, 269 (Seduta del 15 novembre 1918). Da beide Bände fortlaufend paginiert sind, wird im folgenden auf die Bandangabe verzichtet.

3 Vgl. auch unten, IV 1.4. Die Industrievertreter befürchteten eine überlange Bearbeitungsdauer für die Regelung der Kriegsaufträge. Beide Seiten argwöhnten, einer wichtigen Plattform der Interessenartikulation beraubt zu werden und wollten die Frage lieber im CRMI verhandelt wissen. Die MI solle zwar demilitarisiert werden, das Zentralorgan als wichtiges Gremium der Kooperation und Interessenpolitik aber beibehalten werden. Vgl. Caracciolo, Convegno, 407ff.

4 Vgl. die Bestimmungen im Decr. lgt. vom 5.12.1918, Art. 4, Art. 9 (GU 6.12.1918); FA, Fondo Gamba, b. 4, fasc. 2. Siehe auch Tomassini, Mercato del lavoro, 335.

1.3. Die militärische Demobilmachung

Im Laufe des Krieges waren in Italien vier bis fünf, in Deutschland ungefähr zehn Millionen Männer zum Kriegsdienst einberufen worden, von denen ein Großteil im Jahr 1918 – beim kaiserlichen Heer noch ungefähr sieben bis acht Millionen Soldaten – unter Waffen stand und auf die Demobilmachung hoffte.[1] Sowohl in Deutschland als auch in Italien sahen die militärischen Demobilmachungspläne zunächst die Entlassung der ältesten Jahrgänge vor.[2] In Deutschland konnten sich angesichts lautstarker gewerkschaftlicher Proteste Pläne für eine bewußte Herauszögerung der militärischen Demobilisierung, die auf eine zeitliche Entzerrung der personellen Demobilmachung und eine Entlastung der Arbeitsmärkte abzielten, nicht durchsetzen.[3] Demgegenüber vollzog sich die militärische Demobilmachung in Italien tatsächlich in kleineren Schritten. Während in Deutschland die militärische Demobilisierung schon im Frühjahr 1919 weitgehend abgeschlossen war, standen in Italien noch anderthalb Millionen Soldaten unter Waffen. Hier zogen sich die Heeresentlassungen noch hin und sollten sogar bis zum Jahr 1920 andauern, wobei sich die größten Entlassungsschübe aber ebenfalls im Laufe des Jahres 1919 vollzogen.[4] So kehrten bis zur Jahreswende rund 1,4 Millionen Soldaten, bis zum Frühjahr 1919 ungefähr eine weitere Million Kriegsteilnehmer aus dem italienischen Heer zurück.[5] Man kann mit einiger Sicherheit annehmen, daß der Anteil an Soldaten, die einem landwirtschaftlichen Hintergrund entstammten, in Italien im Vergleich zu Deutschland deutlich erhöht war.[6] Dieser Befund entsprach zum einen der sektoralen Beschäftigungsstruktur, zum anderen aber einer überproportionalen Heranziehung

---

1 Vgl. auch oben, III, 4. Nach den Angaben von Henning, Deutschland, 34 waren ca. 1,8 Millionen Soldaten gefallen. Nach Melograni, Storia, 502 beliefen sich die Verluste auf italienischer Seite allein für 1917/18 auf rund 670.000. Die Angaben über den personellen Umfang des deutschen Heeres zum Zeitpunkt der Demobilmachung variieren. Nach den Angaben im SDR, Jg. 42, 1921/22, 27 waren im Feld- und Heimatheer rund 8 Millionen mobilisiert; vgl. auch Wette, Demobilmachung, 65 sowie Bessel, Beunruhigung, 212; Schwarz, Krieg, 19 spricht von 7 Millionen im Frühjahr 1918.

2 Damit waren die Geburtsjahrgänge 1879 (und älter) gemeint. Vgl. für Deutschland Mai, Arbeitsmarktregulierung, 205; für Italien die Rundschreiben zur militärischen Demobilmachung Circolare del Gabinetto, n. 5370, 12.11.1918 (schickt die Truppenangehörigen der Jahrgänge 1874-76 in „licenza illimitata"); sowie Circolare del Gabinetto n. 6894, 26.11.1918: (demobilisiert auch die Jahrgänge 1877-1878); vgl. auch Isnenghi/Rochat, Guerra, 471.

3 Zur Kritik an einer hinausgezögerten Heeresentlassung vgl. das Referat von Umbreit, in: Tag der Heimkehr, 23f.; vgl. auch Sogemeier, Entwicklung, 85. Allerdings bestand für Soldaten, die keinen Arbeitsplatz fanden, die Möglichkeit bis zu vier Monaten bei der Truppe zu verbleiben, vgl. Mai, Arbeitsmarktregulierung, 204.

4 Vgl. Bessel, Beunruhigung, 212 mit Anm. 3; Tomassini, Guerra, 90. Vgl. auch Isnenghi/Rochat, Guerra, 472.

5 Vgl. Isnenghi/Rochat, Guerra, 472.

6 Vgl. oben. Siehe auch Melograni, Storia, 297. Vgl. zum italienischen Heer auch Rochat, L'esercito.

landwirtschaftlicher Erwerbspersonen für den Kriegsdienst in Italien. Sowohl die zeitlich entzerrte militärische Demobilmachung als auch die erhöhte Quote von *soldati-contadini* läßt somit vermuten, daß der Druck auf den industriellen Arbeitsmarkt durch die heimkehrenden Kriegsteilnehmer nicht dasselbe Ausmaß erreichte wie in Deutschland. Zumindest erfolgten die Entlassungsschübe wellenartig und konzentrierten sich damit nicht – wie im deutschen Fallbeispiel – auf den geballten Zeitraum von wenigen Monaten. Bei dieser Schlußfolgerung ist allerdings zu bedenken, daß die Aufnahmefähigkeit des industriellen Arbeitsmarktes in Italien von vornherein durch bestimmte Strukturmerkmale stark beeinträchtigt war, denn die meisten Segmente „des" italienischen Arbeitsmarktes tendierten zum Angebotsüberschuß. Das latente Unterbeschäftigungsgleichgewicht hatte der Kriegsboom vorübergehend unterbrochen. Nun würde sich zeigen, inwieweit die kriegsbedingten Strukturwandlungen des Arbeitsmarktes langfristig Bestand hatten und inwieweit die Expansion des industriellen Arbeitsmarktes auch seine Aufnahmekapazität verbessern konnte. Da die Kriegshandlungen die Wanderungsströme gestoppt und damit ein wichtiges Ventil für den Marktausgleich blokkiert hatten,[1] bestand nach Kriegsende ein zusätzlicher Belastungsfaktor für den italienischen Arbeitsmarkt potentiell fort. Außerdem mochte der Rückstrom von Soldaten in die Landwirtschaft bzw. der Verbleib in der Armee vielleicht für den Augenblick eine Kanalisierung des Problemdrucks bedeuten, möglicherweise zugleich einen wichtigen Zeitgewinn für die wirtschaftliche Umstellung; tatsächlich aber wurden die bevorstehenden Arbeitsmarktprobleme damit nicht wirklich gelöst, sondern allenfalls entschärft – im Prinzip aber kaschiert und hinausgeschoben. Vor allem in der Landwirtschaft konnte – wie schon vor dem Weltkrieg – ein hohes Maß an verdeckter Arbeitslosigkeit bestehen. Und gerade die landwirtschaftlichen Arbeitsmärkte – nicht Gegenstand dieser Studie – sollten von einer schweren Nachkriegskrise getroffen werden. Vor dem Hintergrund dieser Überlegungen läßt sich somit bilanzieren, daß zwar der – absolut bemessene – Problemdruck auf den industriellen Arbeitsmarkt durch die militärische Demobilmachung in Italien geringer erschien, sich die Voraussetzungen zu seiner Bewältigung allerdings nicht eben günstig darstellten.

1.4. Die industrielle Demobilmachung

Parallel zur Auflösung der Truppen machten sich bald auch die Konsequenzen der wirtschaftlichen Demobilmachung bemerkbar. Zu den demobilisierten Kriegsheimkehrern gesellten sich aufgrund der erforderlichen Produktionsumstellung erwerbslose Rüstungsarbeiter und Arbeiterinnen, die von der Kriegsindustrie freigesetzt worden waren. Aus der Arbeitsmarktperspektive betrachtet, drängten also innerhalb weniger Monate

1 Vgl. zu Datenproblemen auch oben, II 2.3. Bei Kriegsbeginn waren viele Emigranten zurückgekehrt, was nun nicht nur zu einem gewachsenen Arbeitsangebot beitrug, sondern auch einen wichtigen Posten der italienischen Zahlungsbilanz – die Rücküberweisungen der Emigranten – schmälerte.

mehrere Millionen potentieller Arbeitskräfte auf die industriellen Arbeitsmärkte, während die Produktion noch durch die Rohstofflage und Transportprobleme behindert wurde.[1] Chaos oder sogar Kollaps der Arbeitsmarktverhältnisse gerieten in Anbetracht der Massen, die nach Kriegsende neuen Bestimmungen zuströmten, zu durchaus vorstellbaren Szenarien. Im Gegensatz zu den eingangs dargestellten Prognosen schien sich somit das Phänomen der Arbeitslosigkeit als Grundproblem der industriellen Arbeitsmärkte in der Nachkriegszeit herauszukristallisieren. Dies stellte zwar weder in Deutschland noch in Italien eine völlig neue Erfahrung dar, denn der Eindruck des kurzen, aber massiven Beschäftigungseinbruchs von 1914 war noch längst nicht erloschen. Nun aber blickte die Bevölkerung auf vier entbehrungsreiche Kriegsjahre zurück, die den Menschen an der externen und internen Front einen Beitrag bis zur völligen Erschöpfung abverlangt und zugleich Hoffnungen auf eine bessere Zukunft genährt hatten.

Besonders die Zentren der Rüstungsproduktion waren von der „Erschütterung" des Arbeitsmarktes betroffen. In Deutschland gehörten dazu vor allem das Rheinisch-Westfälische Industriegebiet mit den Städten Essen und Düsseldorf sowie der Industrieraum Berlin, auf der italienischen Seite hauptsächlich das „industrielle Dreieck" mit den Industriezentren Mailand, Genua und Turin.

So demobilisierte das Unternehmen Ansaldo, dessen wichtigster Produktionsstandort in Genua lag, bis zum Jahresende über 40 Prozent der in den Kriegsjahren stark angewachsenen Belegschaft, die sich innerhalb weniger Wochen um rund 16.700 Personen reduzierte.[2] Wenn diese Ziffer auch noch nicht ganz an die von Ansaldo-Chef Perrone angekündigten 20.000 Entlassungen[3] heranreichte, waren damit allein durch die Produktionsumstellung bei Ansaldo rund 16 Prozent der Beschäftigten der Genueser Kriegsindustrie freigesetzt.[4] Auch in Mailand hatten diverse kriegswichtige *ausiliare-*

1 Die Bedingungen für den Aufschwung der „Friedensindustrien" waren ebenfalls erschwert. Vgl. dazu unten, IV. 1.7. Für Deutschland läßt sich, wie Heike Knortz analysiert, eine wirtschaftspolitische „Vernachlässigung" der Konsumgüterindustrie im Vergleich zur Schwerindustrie behaupten, vgl. dies., Demobilmachung, 144ff.

2 Hierbei waren Arbeiter ungleich stärker betroffen als Angestellte, deren Anzahl sich nur um 1,5% reduzierte. Vgl. Doria, Ansaldo, 127 Anm. 2.

3 So Perrone in einem Telegramm vom 18.11.1918 an Ministerpräsident Orlando, vgl. Cerri, Disoccupazione, 437.

4 Dies entsprach einer Prognose, die die Firmenleitung den Behörden Ende November mitgeteilt hatte. Über die industrielle und personelle Entwicklung berichteten die MI-Regionalkomitees (CRMI) dem „Ufficio smobilitazione", das in einem internen Informationsblatt die amtlichen Stellen über den Gang der Demobilmachung informierte. Regesten dieses Nachrichtenblattes sowie ein vollständiger Abdruck der CRMI-Berichte finden sich in Venturini, Bollettino, 344ff. Vgl. hier "Relazione sugli stabilimenti industriali alle dipendenze del Comitato di Genova" vom 30.11.1918, 354ff.

Betriebe bereits Ende November rund 27 Prozent der Beschäftigten entlassen.[1] In einer Produktionsstätte von Alfa Romeo schrumpften die Belegschaftszahlen auf weniger als die Hälfte des Niveaus vor Kriegsende zusammen.[2] Einer der wichtigsten Kriegsproduzenten – FIAT in Turin – konnte Ende November allerdings noch nicht genau absehen, welchen Umfang der Personalabbau im Zuge der Produktionsumstellung in den nächsten Monaten annehmen würde. Dies hing zu einem entscheidenden Teil auch von dem Abbau von kriegswirtschaftlichen Beschränkungen in der Automobilbranche sowie von Nachverhandlungen über laufende Staatsaufträge ab.[3] Für Dezember wurde jedoch die Freisetzung von 8.000 Beschäftigten angekündigt – darunter rund 5.000 Libyer und Kriegsgefangene.[4] Bei einem Beschäftigungsstand von rund 40.000 Mitarbeitern im Jahr 1918 entsprach das einer Schrumpfung um circa 20 Prozent. Diese avisierte Personalreduktion wurde in den folgenden Monaten tatsächlich vollzogen.[5] Wenige Wochen nach Kriegsende meldeten auch andernorts mobilisierte Industriebetriebe an verschiedenen Produktionsstandorten – soweit sich das aus den höchst fragmentarischen Daten errechnen läßt – eine Abkehr- bzw. Entlassungsquote von mindestens 25 Prozent.[6] Den Berichten der zuständigen Regionalkomitees zufolge[7] gingen anscheinend nicht wenige Unternehmen davon aus, daß ein Großteil der Arbeiterschaft die wiedergewonnene Freizügigkeit nutzen würde, um zu den „alten“ Arbeitsplätzen oder Beschäftigungsformen der Vorkriegszeit zurückzukehren. Man rechnete also mit einer durchaus konsistenten Quote von „Abkehrwilligen“.[8] Tatsächlich beruhten in den Wochen zwischen Weihnachten 1918 und Mitte Januar 1919 fast zwei Drittel der im lombardischen Regionalkomitee registrierten Entlassungen von männlichen Arbeitern auf der Initiative

1 Vgl. "Relazione preliminare su alcuni stabilimenti industriali dipendenti dal Comitato Regionale di Milano" vom 30.11.1918, in: Venturini, Bollettino, 353f. Da aber nur für 45 (von 545) Unternehmen Zahlen vorliegen, ist die Erhebung nicht repräsentativ.

2 Im "Portello" blieben von 4.130 Beschäftigten 1.700 übrig, vgl. Bigazzi, Portello, 322f.

3 Vgl. Relazione sugli stabilimenti dipendenti dal comitato regionale di mobilitazione industriale di Torino, 4.12.1918, in: Venturini, Bollettino, 366ff., hier v.a. 370f.

4 Vgl. das Protokoll der Vorstandssitzung vom 28.11.1918, PASF, FIAT 1915-1930, 288.

5 Vgl. Vorstandssitzung vom 27.1.1919, PASF, FIAT 1915-1930, 303.

6 So gingen nach den CRMI-Berichten von Ende November/Anfang Dezember diverse kriegswichtige Unternehmen in Bologna, Rom, Neapel, Venedig von einer Personalreduktion von 20-30 Prozent aus oder hatten diese bereits vollzogen, vgl. die entsprechenden CRMI-Berichte in Venturini, Bollettino, 358ff. Allerdings ist unbedingt zu betonen, daß aufgrund der fehlenden Repräsentativität des Zahlenmaterials und des hohen Anteils nicht berichtender Unternehmen diese Relation stark verzerrt sein kann. In einer längerfristigen Perspektive (1919) ist sicherlich von einer höheren Quote auszugehen, wahrscheinlich von Personalreduktionen um ein Drittel, wie auch Cerri, Disoccupazione, 437, annimmt.

7 Vgl. oben.

8 So rechnete die Unternehmensleitung bei FIAT mit freiwilligen Kündigungen, vgl. PASF, FIAT 1915-1930, 288. Auch die CRMI-Berichte unterscheiden in manchen Fällen zwischen „licenziamenti forzati“ und licenziamenti spontanei“, vgl. Venturini, Bollettino, 370f.

des Arbeiters.[1] Die Mobilität des zuvor durch Regulierungen beeinträchtigten Arbeitsmarktgeschehens stieg unmittelbar nach Kriegsende enorm.[2]

Gemäß den CRMI-Rapports – die sicherlich nur einen Ausschnitt der Gesamtlage vermitteln – stellten sich die Arbeitsmarktverhältnisse Anfang Dezember nach Einschätzung der Arbeitgeber und Behörden trotzdem noch nicht dramatisch dar. Anscheinend lebte in der Berichterstattung der arbeitsmarktpolitische Optimismus fort, wahrscheinlich machte sich hier aber auch eine gewisse Verzögerung der personellen Demobilisierung bemerkbar, die sich in einem langsamen Anlaufen der Entlassungen aus dem Heer und aus den mobilisierten Großunternehmen ausdrückte. Dennoch fürchteten die Behörden und Arbeitgeber das soziale Konfliktpotential, das mit einer steigenden Arbeitslosigkeit bei Kriegsende verbunden war. Wenn ein einflußreicher, tonangebender Unternehmer und Arbeitgeber wie Giovanni Agnelli schon Anfang November konstatierte, daß „die Masse der Arbeiter nicht ruhig" sei und mit Arbeitseinstellungen und Unruhen rechnete, die auf lange Sicht auch nicht mehr durch kleine Gesten der Unternehmensleitung kaschiert werden konnten, so sorgte er sich nicht nur um den aktuellen Betriebsfrieden bei FIAT, sondern hatte erkannt, daß eine neue Phase von Arbeitskonflikten und sozialem Protest bevorstand.[3] Auch als er wenige Wochen später eine „Krise der Belegschaften und der Angestellten" in der nahen Zukunft heraufziehen sah, deren Brisanz durch einen behutsamen Vollzug des Personalabbaus etwas entschärft werden sollte, verbargen sich hinter der Sorge um stabile Arbeitsmarktverhältnisse globalere Bedenken hinsichtlich der politischen Stabilität.[4]

Die personelle Demobilisierung der Kriegsindustrien wurde durch diverse Demobilmachungsverordnungen geregelt, wobei das Statthalterdekret vom 5.12.1918 „über die Behandlung des Personals in Unternehmen der Kriegsindustrie" zentrale Bedeutung erlangte.[5] Hierin wurde dekretiert, daß alle Unternehmen, die „direkt oder indirekt" für den Kriegsbedarf produzierten, das aufgrund der Produktionsumstellung überschüssige Personal nach Maßgabe der Unternehmensleitung entlassen durften. Die CRMI konnten die maximalen wöchentlichen Entlassungsquoten bei männlichen Arbeitnehmern festlegen, während die Reihenfolge der Entlassungen dem Arbeitgeber überlassen blieb. Dabei sollten allerdings soziale Kriterien Beachtung finden. Weiterhin sah die Verordnung

1 Von 4.027 Entlassungen waren 2.620 freiwillig, demnach ungefähr 65%, vgl. Tomassini, Mercato del lavoro fra guerra e dopoguerra, 337.

2 Vgl. dazu Tomassini, Mercato del lavoro, 335ff., der auch die Bewegungen der Militärarbeiter nachzeichnet.

3 Bei der Nachricht vom Kriegsende stellten die FIAT-Arbeiter spontan die Arbeit ein, woraufhin die Firmenleitung einen „Nationalfeiertag" ausrief. Das reichte nicht aus, um die Unruhen wieder in die Bahnen zu lenken, da die Arbeiterschaft weitere Arbeitseinstellungen ankündigte, vgl. Vorstandssitzung vom 4.11.1918, PASF, FIAT 1915-1930, 262f. sowie den Kommentar von Giuseppe Berta dazu, ebd., 265.

4 Vgl. das Protokoll einer Vorstandssitzung vom 28.11.1918, PASF, FIAT 1915-1930, 288.

5 GU 6.12.1918; FA, Fondo Gamba, b. 4, fasc. 2. Vgl. auch die Statthalterdekrete vom 17.11.1918, v.a. Nr. 1698 sowie Decr. lgt. Nr. 1860 vom 14.12.1918.

nach Beschäftigungsgruppen gestaffelte Abfindungszahlungen vor, traf Vorkehrungen für die Abreise der ortsfremden Entlassenen und verwies eventuelle Streitfälle bei der Ausführung der Bestimmungen in den Kompetenzbereich der Regionalkomitees.[1] In der Regel wurden die ausländischen Arbeiter – die Libyer und die Kriegsgefangenen – als erstes entlassen, da ihre Beschäftigung an Kriegsbedingungen geknüpft und von vornherein als vorübergehendes Phänomen konzipiert worden war.[2] Dasselbe galt auch für einen Großteil der in der Kriegsindustrie beschäftigten Frauen.[3] Spätestens nach dem Jahreswechsel schien sich die Arbeitsmarktlage im Zuge der kumulierten Effekte der personellen Demobilmachung von Heer und kriegswirtschaftlichen Unternehmen in den industriellen Zentren zu verschärfen, wie auch ein zeitgenössischer Beobachter feststellte, der auf dem Piemonter Arbeitsmarkt Grund für „ernsthafte Sorgen" erkannte.[4]

In den Zentren der deutschen Rüstungsproduktion erreichte die Freisetzung von Arbeitskräften schon bald beachtliche Dimensionen. So kamen allein bei den im Ruhrgebiet verstreuten Produktionsstätten der Phoenix AG (Vereinigte Hütten- und Röhrenwerke) insgesamt über 140.000 Beschäftigte zur Entlassung, wobei die Essener und Düsseldorfer Werke mit 80.000 bzw. 40.000 Entlassungen am stärksten vom Personalabbau betroffen waren.[5] Damit sah der Demobilmachungsplan bei diesen größten Produktionsstandorten eine Personalreduktion von 60-70 Prozent vor, während der Gesamtkonzern um mehr als 40 Prozent schrumpfen sollte.[6] Auch die Essener Krupp-Werke bauten nach Kriegsende ihre Belegschaft radikal ab.[7] Die Unternehmensleitung kalkulierte Entlassungen in einer Größenordnung von rund 70.000 Arbeitskräften – denen Wiedereinstellungen von bis zu 8.000 Personen gegenüberstehen sollten – und hielt einen zukünftigen Mitarbeiterstamm von 30.000 Beschäftigten für realistisch.[8] Wenige Wochen nach Kriegsende war die Krupp'sche Demobilmachung bereits im vollen Gange. Wie bei FIAT, so gehörten auch bei Krupp die Kriegsgefangenen und die ausländi-

1 FA, Fondo Gamba, b. 4, fasc. 2.

2 Vgl. PASF, FIAT 1915-1930, 288. Vgl. zu den libyschen Arbeitskräften di Girolamo, Colonia, 140: aufgrund des Fortbestands der sehr harten Arbeits- und Lebensbedingungen dieser Beschäftigtengruppe und des Wunschs nach Heimkehr steigerten sich nach Kriegsende die Konflikte und Unruhen, vgl. die Revolte der in Sesto San Giovanni beschäftigten Libyer am 8.1.1919.

3 Für die Kündigung von Frauen gab es spezielle Regelungen. Vgl. Art. 2 des Dekrets. Ausführliche Thematisierung der Demobilisierung der Frauen unten, IV 1.6. a.

4 Prato, Piemonte, 111. Übers. d. V.

5 Zum Demobilisierungsverlauf des Phoenix vgl. Schwarz, Krieg, 61ff. sowie 146ff. In den Essener Werken der Phoenix AG waren Kriegsgefangene und ausländische Arbeitskräfte im Vergleich zu den anderen Produktionsstätten unterproportional beschäftigt. Die Entlassungen dieser „improvisierten" Arbeitskräfte schufen nicht genügend Arbeitsplätze für Heimkehrer. Ebd.

6 Vgl. die Angaben zur Betriebsgröße in Schwarz, Krieg, 60f.

7 Zur Demobilmachung bei Krupp vgl. HA Krupp, FAH 4 E 10.1, 285ff. Vgl. auch Schwarz, Krieg, 62ff; Tenfelde, Krupp, 89ff.

8 Vgl. Tenfelde, Krupp, 89. Während in der Gußstahlfabrik Anfang November mehr als 100.000 Personen beschäftigt waren, so belief sich die Belegschaft nach dem Jahreswechsel nunmehr auf 41.999 Personen. Vgl. ebd., 58.

schen Arbeitskräfte – zusammen um die 9.000 Personen – zu den ersten, die die Werkstätten verließen. Auch die Frauen sollten rasch entlassen werden. Durch Prämienzahlungen wurde die freiwillige Kündigung seitens der Beschäftigten gefördert. Durchschnittlich wanderten 3.000-5.000 Arbeitskräfte täglich ab.[1] Ab Dezember begannen die Entlassungen derjenigen verbliebenen – männlichen – Arbeitskräfte, die ihre Arbeitsplätze nicht freiwillig räumten, wobei die Unternehmensleitung die Reihenfolge an der Dauer der Betriebszugehörigkeit und an sozialen Kriterien orientierte.[2] Schon zum Jahreswechsel belief sich die Beschäftigtenzahl der Gußstahlfabrik auf nunmehr 41.999 Personen – statt über 100.000 Anfang November. Die Umschichtung bzw. Ausdünnung der Belegschaften war also außerordentlich rasch vonstatten gegangen.[3] Für eine Industriestadt wie Essen bedeutete die personelle Demobilmachung von solch beschäftigungsintensiven „Kolossen" wie Phoenix und Krupp einen enormen Druck auf den Arbeitsmarkt.[4] Sicherlich befanden sich mehrheitlich Ortsfremde unter den abwandernden Rüstungsarbeitern – so war im Falle Krupps die Abfindungszahlung an die Abwanderung aus Essen geknüpft worden[5] – aber dennoch sollte die enorme Konzentration von freigesetzten Arbeitskräften ein arbeitsmarktpolitisches Problem für die betroffenen Kommunen darstellen. Wenngleich ein zeitgenössischer Arbeitsmarktanalyst der Firma Krupp ein „mustergültiges Vorgehen" attestierte, das es der Stadtverwaltung Essen erleichtert habe, „den einseitig durch die Rüstungsindustrie angeschwollenen Arbeitsmarkt bei der Demobilmachung ruhig und sicher abzuleiten", so erscheinen jedoch die als Beleg angeführten Erwerbslosenziffern zu niedrig, so daß hinterfragt werden muß, ob die statistischen Erhebungen die Realität korrekt abbilden.[6] Auch in Düsseldorf, wo nicht nur Phoenix, sondern beispielsweise auch Rheinmetall massenhaft Leute entließ (rund 31.000)[7], ballten sich die demobilisierten Arbeitskräfte innerhalb weniger Wochen auf engstem Raum zusammen, was zu einer „äußerst kritischen Lage" führte. Den offiziellen Daten zufolge, war die absolut bemessene Erwerbslosenziffer ungefähr zehn Mal höher als in Essen.[8] Besonders brisant gestalteten sich auch die Zustände auf dem Berliner Arbeitsmarkt, der mehr als ein Viertel aller reichsweit registrierten Erwerbslo-

---

1 Vgl. Schwarz, Krieg, 64; siehe auch Tenfelde, Krupp, 91. Vgl. auch Sogemeier, Entwicklung, 33ff.

2 So sollten Arbeiter, die vor August 1914 im Unternehmen beschäftigt waren, noch nicht entlassen werden; auch Versorger kinderreicher Familien sollten im Unternehmen verbleiben können, vgl. Schwarz, Vom Krieg zum Frieden, 64; vgl. auch Tenfelde, Krupp, 89f.

3 So der Stand am 1.1.1919, vgl. die Übersicht über die Beschäftigungsentwicklung in Tenfelde, Krupp, 58.

4 Zur „Katastrophenstimmung" in Essen vgl. Lewek, Arbeitslosigkeit, 59.

5 Vgl. Sogemeier, Entwicklung, 35.

6 Ebd., 37. Die Zahl der unterstützten Erwerbslosen betrug hier am 23.1.1919 nur 1905. Allerdings stellten die Unterstützungsempfänger nur einen vergleichsweise kleinen Teil der Arbeitslosen dar. Zum Problem der Arbeitslosenstatistik vgl. unten.

7 Schwarz, Krieg, 66.

8 Vgl. Sogemeier, Entwicklung, 37f. Während in Essen am 23.1.1919 gemäß den offiziellen Angaben nur 1.905 Erwerbslose unterstützt wurden, belief sich die entsprechende Düsseldorfer Ziffer im Februar 1919 auf 20.000. Vgl. auch Rabl. 18, 1920, 463f.

sen aufnehmen mußte.[1]

Die Entlassung von Arbeitskräften sowie die Wiedereinstellung der Kriegsteilnehmer wurde nach der Jahreswende auf dem Verordnungswege reguliert, da angesichts der „chaotisierten“ (Schwarz) Arbeitsmarktverhältnisse eine selbsttätige Normalisierung der Arbeitsmarktsituation ohne flankierende Maßnahmen in kurzfristiger Perspektive unwahrscheinlich schien. Zudem barg die Lage ein hohes gesellschaftspolitisches Konfliktpotential. Mit der „Verordnung über die Einstellung, Entlassung und Entlohnung gewerblicher Arbeiter während der wirtschaftlichen Demobilmachung“ vom 4. Januar 1919, der kurz darauf die entsprechende Regelung für Angestellte folgte, wurde ein Wiedereinstellungszwang für heimgekehrte Soldaten dekretiert, der bald darauf durch eine entsprechende Regelung für „kriegsversehrte“ Schwerbeschädigte ergänzt wurde.[2] Die Pflicht zur Wiedereinstellung bzw. Weiterbeschäftigung griff in die unternehmerische Handlungsfreiheit ein: Personal- und Arbeitsplatzfragen – die Bereitstellung, der Abbau, die Neu- oder Umbesetzung von Arbeitsplätzen – mussten gesetzlichen Vorschriften genügen, die nicht unbedingt dem betriebswirtschaftlichen Kalkül des Unternehmers und Arbeitgebers entsprachen. Obwohl die Bestimmungen an gewisse Voraussetzungen – z.B. Rentabilitätsbedingungen – geknüpft wurden, führten die neugefaßten Einstellungs- und Kündigungsregelungen auf längere Sicht zu einer massiven Übersetzung der Betriebe.

Die Produktion von „kriegswichtigen“ Gütern wurde nicht mit der Aushandlung des Waffenstillstandes eingestellt, sondern lief zum Teil noch erheblich länger weiter. Dieser Umstand war für das Arbeitsmarktgeschehen und seine Regulierung höchst bedeutsam. In Deutschland gab es zunächst keine einheitliche Regelung für die Aufhebung der Heeresaufträge: Während die Bayerische Regierung das Ende der Kriegsaufträge schon für Anfang Dezember dekretiert hatte, verfügte der Chef des Reichsamtes für wirtschaftliche Demobilmachung, Joseph Koeth, die Fortdauer der laufenden Verträge in den Fällen, in denen die Weiterproduktion notwendig war, um die Beschäftigung aufrechtzuerhalten. Um Kriegsgewinne auszuschließen, sollten jedoch Nachverhandlungen stattfinden.[3] Vorläufig durften so bis Ende Januar 1919 Heeresaufträge weiter ausgeführt werden, wenn es dem Erhalt von Arbeitsplätzen diente,[4] obwohl es sich um – so Koeth – „unproduktive Arbeit“[5] handelte und Ressourcen für die Herstellung von Gütern verschwendet wurden, für die keine echte Nachfrage mehr bestand. Nicht selten dauerte die Produktion von Kriegsbedarf auch noch länger an und kam erst Ende März

1 Vgl. z.B. Lewek, Arbeitslosigkeit, 65; Feldman, Disorder, 117f.

2 Vgl. RGbl. 1919, Nr. 6620; 6668; 6633; die Verordnungen wurden mehrfach überarbeitet und zusammengeführt, vgl. u.a. RGbl. Nr. 6772, 6788, 6797, 6874, 7021, 7158; RGbl. 1920, Nr. 7304, 7475, vgl. auch die kommentierten Ausgaben von Syrup/Billerbeck, Einstellung von 1919 und 1920.

3 Vgl. Feldman, Disorder, 111. Vgl. auch RGbl. 1918, Nr. 6542 (neue Preise für Kriegsmaterial).

4 Vgl. Mai, Arbeitsmarktregulierung, 210.

5 Vgl. Knortz, Demobilmachung, 131.

1919 zum Stillstand.[1] Die durch den Kriegszustand verzerrte Produktionsstruktur mit einer starken staatlichen Nachfrage wurde so länger als nötig beibehalten, was zwar die Arbeitsmarktverhältnisse vordergründig zu entzerren schien, längerfristig die Probleme aber nicht löste, sondern lediglich vertagte. Die Hinauszögerung der Produktionsumstellung kann für das Regenerationsvermögen des kriegswirtschaftlich deformierten Marktgefüges nicht förderlich gewesen sein, da der Marktmechanismus weiterhin durch eine künstliche Nachfrage außer Kraft gesetzt wurde.[2] Dies begünstigte eine personelle Übersetzung der kriegsindustriellen Teilarbeitsmärkte. Zugleich verzögerte sich der Abbau von Überkapazitäten, was der Erholung der sogenannten „Friedensindustrien" letztlich hemmend entgegenstand.[3] In politischer Hinsicht war diese Verschiebung im Interesse der öffentlichen Ordnung angesichts der Arbeitsmarktlage in den Rüstungszentren, aber auch in Anbetracht der politischen Instabilität und der revolutionären Wellen jedoch erwünscht. Historisch betrachtet, erscheint dieser Weg zu diesem Zeitpunkt ohne echte Alternative.[4] Auch unabhängig von der Stabilitätspräferenz der Entscheidungsträger war die Fortsetzung der kriegsindustriellen Produktion in diesem Moment die einzige kurzfristig realisierbare Möglichkeit zur Entlastung der Arbeitsmärkte, auf denen sich eine katastrophale sozialpolitische Problemlage anbahnte. Die fehlende arbeitsmarktpolitische Vorbereitung des Kriegsendes bzw. die Planungsmängel der wirtschaftlichen Demobilmachung überhaupt konnten nun einem typischen politischen Kurzfristhandeln Vorschub leisten.[5]

In Italien blieb die Frage des Fortbestandes der Kriegsproduktion für einige Wochen Gegenstand von Auseinandersetzungen zwischen Großunternehmen und Behörden. Zunächst legte das Maßnahmenpaket vom 17. November 1918 den *ausiliare*-Betrieben eine Berichtspflicht auf und dekretierte ein Verbot der Rohstoffnutzung für die Kriegsproduktion sowie ein Verbot des Produktionsbeginns für noch nicht angefangene Arbeiten.[6] Weiterhin wurde ein interministerieller Ausschuß für den Übergang zur Frie-

---

1 Vgl. Rouette, Sozialpolitik, 45.

2 Vgl. dazu die Interpretation von Knortz, Demobilmachung, 134.

3 Nach Analyse von Knortz habe das den Rohstoffkonsum für eine volkswirtschaftlich nicht sinnvolle und nicht wertschöpfende Produktion begünstigt, Knortz, Demobilmachung.

4 Vgl. Mai, Arbeitsmarktregulierung, 233.

5 Heike Knortz ist der Meinung, daß durch diese zeitliche Verzögerung verhindert wurde, „daß sich der Arbeitskräftemarkt bis zum Eintreffen der demobilisierten Kriegsteilnehmer wenigstens ansatzweise hätte selbst deregulieren können," so daß später durch Verordnungen „erzwungen werden" mußte, was das ökonomische System „aufgrund der fortgesetzten staatlichen Nachfrage nicht zu leisten vermochte. (Knortz, Demobilmachung, 132, 134f.) M.E. ist es zweifelhaft, daß die wenigen Wochen zwischen Waffenstillstand und ersten Regulierungsverordnungen ausgereicht hätten für diesen Effekt, außerdem waren die hohen sozialen Kosten eines Deregulierungseffektes im politischen Kalkül zu berücksichtigen. Das Planungsversäumnis bei der wirtschaftlichen Demobilmachung machte sich hier bemerkbar. Mit Blick auf die längerfristige, wirtschaftsstrukturelle Weichenstellung trifft Knortzs Kritik jedoch zu, da die Bevorzugung der schwerindustriellen Produktion auf Kosten anderer Industriezweige in den Demobilmachungsjahren verfestigt wurde.

6 Vgl. Decr. lgt. Nr. 1696, 1697 vom 17.11.1918; vgl. auch Doria, Ansaldo, 127.

densproduktion gegründet, der die Frage der Kriegsaufträge mit den betroffenen Unternehmen regeln sollte.[1] Die dort geführten Verhandlungen zogen sich bis ins nächste Jahr hinein. Im großen und ganzen stießen die Entscheidungen dieses Ausschusses bei den Kriegsproduzenten auf Akzeptanz – lediglich im Zuge von Kriegsboom und Staatsnachfrage hypertrophierte Unternehmen wie Ansaldo oder ILVA polemisierten gegen die Kommissionsarbeit, obwohl von einer Benachteiligung dieser Großkonzerne nicht die Rede sein kann.[2] Auch FIAT hatte im Rahmen der Produktionsumstellung einige Erleichterungen gefordert und bezüglich der Kriegsaufträge nach längeren Verhandlungen[3] mit der Regierung Ende Januar 1919 eine Vereinbarung getroffen, die – so die Firmensicht – keine Gewinne versprach, aber die Entlassung von weiteren 10.000-12.000 FIAT-Arbeitern verhindere. Jetzt sei es wichtiger, „den Massen Beschäftigung anzubieten als Gewinne zu machen“.[4]

Letztlich konnte sich zu diesem Zeitpunkt somit die Frage der Kriegsproduktion in beiden Ländern zu einer politischen Angelegenheit auswachsen, die auch unabhängig von ökonomischen Erwägungen diskutiert und geregelt wurde,[5] da nunmehr der Zusammenhang von Arbeitslosigkeit und politischer Stabilität das politische Handeln in beiden Ländern prägen sollte. Sowohl in Deutschland als auch in Italien wurde die Arbeitslosigkeit nach dem Krieg von den Zeitgenossen als drängendes Problem wahrgenommen, das politischen Handlungsbedarf eröffnete.

Die Datenlage zur Entwicklung der Arbeitslosigkeit nach dem Krieg ist für beide Länder nicht unproblematisch, obwohl statistische Materialien vorliegen. Für das italienische Fallbeispiel weist die offizielle Datenreihe, die auf Erhebungen der Arbeitsämter basiert, Schwächen auf, die ihre Aussagekraft erheblich schmälern.[6] Die statistische Erfassung der Arbeitslosigkeit setzte erst im März 1919 ein, so daß für die ersten Monate unmittelbar nach Kriegsende überhaupt keine Daten vorliegen. Abgesehen von dieser Lücke erscheint weiterhin der *mezzogiorno* in krasser Weise unterrepräsentiert, vor allem aber die Gesamthöhe der Arbeitslosigkeit statistisch total untererfaßt. Denn einerseits war das Netz der berichtenden Arbeitsämter bei Kriegsende noch im Aufbau be-

---

1 Vgl. dazu oben, IV 1.2. Schon im Vorfeld standen viele Industrielle diesem Ausschuß kritisch gegenüber. Caracciolo, Convegno, 407ff.

2 Vgl. Doria, Ansaldo, 128.

3 Vgl. beispielsweise die Protokolle der Vorstandssitzungen vom 28.11.1918, 2.12.1918, in: PASF, FIAT 1915-1930, 287, 295.

4 So im Protokoll der Vorstandssitzung vom 27.1.1919, PASF, FIAT 1915-1930, 303f.

5 Vgl. Knortz, Demobilmachung, 132.

6 Die Erhebungen stammen vom „Ministero dell'Industria, Commercio e Lavoro“, bzw. vom "Ufficio nazionale per il Collocamento e la disoccupazione", vgl. die Datenreihen im Bollettino del lavoro e della previdenza sociale 33, 1920, 8ff., 159ff.; Bd. 35, 1921, 12ff., 113ff., 331ff., 429ff.; Bd. 36, 1921, 9ff., 113ff., 331ff., 476ff., 500 ff., 662ff.; Bd. 37, 1922, passim; Bd. 38, 1922, passim; sowie zusammenfassend Cassa Nazionale per le Assicurazioni sociali (Hg.), La disoccupazione e l'assicurazione contro la disoccupazione in Italia dal 1919 al 1924, Rom 1924; vgl. auch die Übersicht in Prato, Piemonte, 112.

griffen und keinesfalls flächendeckend, weiterhin konnten die kommunalen Erhebungstechniken variieren, andererseits blieb die Registrierung der Arbeitslosigkeit auch unabhängig von der Verwaltungsstruktur deutlich hinter der realen Entwicklung zurück, da viele Arbeitslose zunächst auf eine Meldung bei den Arbeitsämtern verzichteten.[1] Darüber hinaus begann die geschlechtlich differenzierte Erfassung der Arbeitslosenzahlen erst im November 1919, wobei sich die „traditionell" weiblichen Erwerbszweige in ihrer Verflechtung mit familialen oder landwirtschaftlichen Erwerbsformen ebenfalls einer genauen statistischen Erfassung entzogen, so daß man insgesamt auch eine Unterschätzung der weiblichen Erwerbslosigkeit annehmen kann.[2] Wenn man also von einer recht hohen Quote verdeckter Arbeitslosigkeit ausgehen muß, so bieten die regional differenzierten Daten immerhin Anhaltspunkte für die relative Entwicklung der Arbeitslosigkeit im zeitlichen und räumlichen Verlauf. Für die Berechnung einer nationalen „Arbeitslosenquote" erscheinen die vorhandenen Daten allerdings zu fragmentarisch.

Für das deutsche Fallbeispiel gestaltet sich die Materiallage deutlich dichter und vielfältiger, wenngleich auch hier gerade für die frühe Weimarer Republik einschränkende Anmerkungen vonnöten sind. So kommt Susanne Rouette nach einer intensiven Analyse der vorliegenden Statistiken zu dem Schluß, daß „zuverlässige Daten zum Umfang der Arbeitslosigkeit von Frauen und Männern in den Nachkriegsjahren nicht zur Verfügung" stünden.[3] Da jeder Datentyp – seien es die Materialien der Arbeitsnachweise, der Erwerbslosenfürsorge oder der Gewerkschaften – bestimmte Schwächen aufweist und verschiedene Beschäftigungsgruppen sehr ungleichmäßig repräsentiert werden, muß man wohl auch für das Deutsche Reich statistische Verzerrungen annehmen und von einer hohen Quote „unsichtbarer Arbeitslosigkeit" ausgehen.[4] Aufgrund dieser statistischen Schwierigkeiten ist eine quantitative Diskussion der Arbeitslosigkeit somit an den „statistischen" Vorbehalt geknüpft, welcher auch den folgenden Ausführungen – soweit sie nicht völlig auf einige Orientierungswerte verzichten mögen – vorangestellt wird.

Die unmittelbaren Nachkriegsjahre begannen und endeten in beiden Ländern mit einer erhöhten Arbeitslosigkeit.[5] So verzeichnet die deutsche Gewerkschaftsstatistik – nach einem sprunghaften Anstieg der Arbeitslosenquote im Dezember 1918 – im Januar

---

1 Schon Zeitgenossen wiesen auf Datenprobleme hin, vgl. Bachi, Fluttuazioni, 175. Vgl. zum Problem der Arbeitslosenstatistik Cerri, Disoccupazione, 441ff. Für eine deutlich höhere Arbeitslosenziffer als die statistisch registrierte spricht auch die Tatsache, daß die Präfektenberichte nicht selten eine höhere Arbeitslosigkeit dokumentieren. (Ebd.) Vgl. auch die zeitgenössische Kritik des Datenmaterials von Galletti, Disoccupazione, 561. Die Analyse Gallettis beginnt allerdings erst mit dem Jahr 1921.

2 Vgl. Curli, Lavoro, 317f.

3 Rouette, Realitäten, 152. Vgl. auch Lewek, Arbeitslosigkeit, 93f.

4 Vgl. zu den Schwächen im Detail Rouette, Realitäten. Siehe auch Bessel, Unemployment, 23f. Vgl. auch Petzina, Arbeitslosigkeit, 239. Schon Zeitgenossen wiesen auf statistische Probleme hin, vgl. Sogemeier, Entwicklung, 55.

5 Unterschiede bestehen eher in der Einschätzung der Arbeitsmarktlage im Jahr 1920/21, vgl. dazu unten, IV 2.2.

und Februar 1919 mit sechs bis sieben Prozent die höchste Quote von erwerbslosen Mitgliedern in diesem Jahr, die aber auch im April (mit 5,2 Prozent) deutlich über dem Jahresdurchschnitt lag.[1] Dieser Verlauf paßt zu der Statistik der Unterstützungsempfänger der öffentlichen Arbeitslosenfürsorge, die im März 1919 Höchstwerte registrierte.[2] So war in Deutschland der Höhepunkt der Arbeitslosigkeit im Zuge der Demobilmachung wohl nach dem ersten Quartal des Jahres 1919 bereits überschritten.

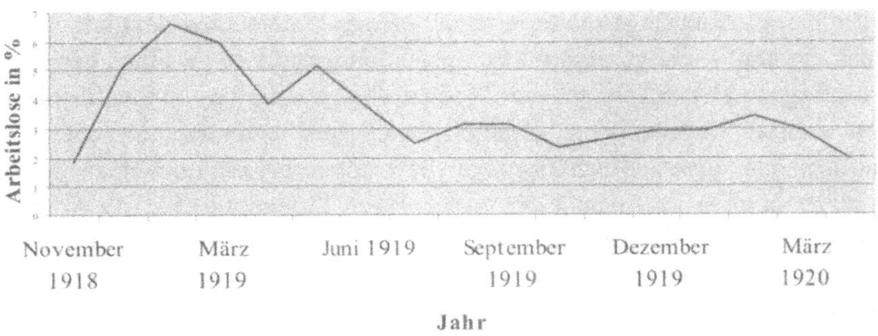

Abbildung 1: Die gewerkschaftliche Arbeitslosigkeit in Deutschland November 1918 – März 1920[3]

Gemessen am Problemumfang und an den quantitativen Ausmaßen der personellen Demobilmachung erfolgte die Reintegration der Kriegsteilnehmer und freigesetzten Rüstungsarbeiter damit anscheinend ziemlich rasch.[4] Hier machten sich die flankierenden arbeitsmarktpolitischen Maßnahmen, die auf eine Senkung der Arbeitslosenquote zielten, bereits bemerkbar.[5] Von der statistischen Untererfassung der Arbeitslosigkeit abgesehen, steht ein solches Resümee in einer gewissen Spannung zum alarmierten Grundton der zeitgenössischen Wahrnehmung, die nun massiv publizistisch in Erscheinung trat. Zudem tendiert eine solche Bilanz dazu, die krisenhaft zugespitzte Arbeitsmarktla-

1 Vgl. Tabelle A.14 im Anhang.

2 Vgl. Lewek, Arbeitslosigkeit, 94f. Im Februar 1919 wurden 1,076 Millionen unterstützte Erwerbslose registriert.

3 Vgl. Tabelle A.14 im Anhang, für November/Dezember 1918 siehe Feldman, Disorder, 127.

4 So zeigt Bessel anhand der Arbeitsnachweisstatistik, die zwischen Neuregistrierungen und Gesamtdaten unterscheidet, daß die Arbeitssuchenden nur kurz bei den Arbeitsnachweisstellen registriert blieben, also vermutlich relativ schnell einen neuen Arbeitsplatz fanden, vgl. Bessel, Unemployment, 26.

5 Vgl. unten, IV 1.6 b. Allerdings erscheint die Schlußfolgerung doch etwas beschönigend, die Arbeitslosigkeit sei „kein größeres Problem“ der Demobilmachungszeit gewesen. So Bessel, Unemployment, 29.

ge in einigen Regionen oder Städten zu marginalisieren.[1] Gewiß aber ist der relativ „reibungslose" Ablauf der Demobilmachung tatsächlich als eine „bemerkenswerte", Leistung der jungen Weimarer Republik anzusehen, die die innenpolitischen Verhältnisse wesentlich stabilisierte.[2]

Auch in Italien zeichneten die zeitgenössischen Lageberichte ein pessimistisches Bild der Arbeitsmarktverhältnisse in der unmittelbaren Nachkriegszeit. Jedoch sprechen im Vorfeld einige Anhaltspunkte dafür, daß sich die Gesamtlage auf dem industriellen Arbeitsmarkt nicht dramatisch zuspitzte. Absolut bemessen, erreichte die personelle Demobilmachung von Militär und Kriegsindustrie einen deutlich geringeren Umfang als in Deutschland.[3] Allerdings relativierte sich dieser Unterschied deutlich, wenn man – wie bereits erwähnt – die geringere Marktgröße und damit das weitaus geringere Arbeitsplatzkontingent berücksichtigt. Ein Großteil der potentiellen Arbeitslosigkeit wurde von den ebenfalls kränkelnden, ungleichgewichtigen landwirtschaftlichen Arbeitsmärkten aufgesogen, deren Beschäftigungs- bzw. Erwerbslosenquoten zu bestimmen allerdings nicht möglich ist. Gemäß der vorhandenen Daten erreichte die Arbeitslosigkeit nach Kriegsende ihren Höhepunkt im Frühjahr 1919 – zwischen März und April stiegen die Arbeitslosenzahlen in den meisten Regionen Italiens rapide an – und wies im Verlauf der folgenden Monate einen fallenden Trend auf.

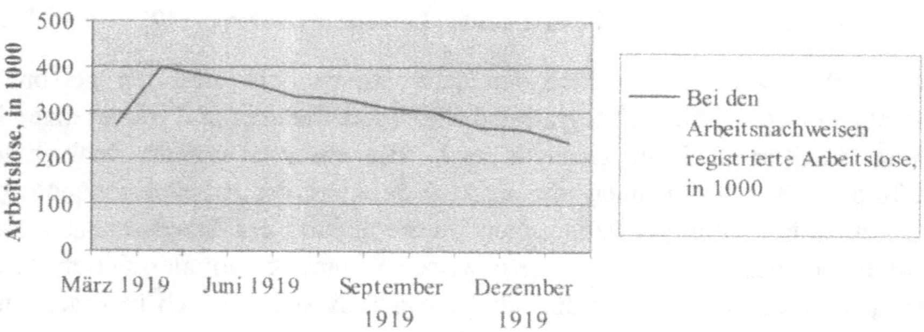

Abbildung 2: Arbeitslosigkeit in Italien (März 1919 - März 1920)[4]

1 M.E. erscheint auch das Argument nicht überzeugend, daß die Weigerung von arbeitslosen Kriegsteilnehmern eine Arbeit anzunehmen, für die sie nicht qualifiziert waren, für vergleichsweise undramatische Arbeitsmarktverhältnisse spreche. Die Bereiche, in denen Arbeitskräftemangel herrschte (z.B. Bergbau oder Landwirtschaft) setzten eine gute körperliche Konstitution sowie die Ausstattung mit Arbeitskleidung voraus – Voraussetzungen, die nach vier Kriegsjahren nicht mehr vorhanden waren.

2 Vgl. Bessel, Beunruhigung, 228.

3 Vgl. die oben referierten quantitativen Daten der personellen Demobilmachung.

4 Quelle: Tabelle A.15 im Anhang.

Analog zur Beschäftigungsdichte des Mailänder Wirtschaftsraumes waren die in der Lombardei registrierten Arbeitslosenzahlen mit rund 94.000 Erwerbslosen im April besonders hoch.[1] Auch die Berichte der Präfekten zeigen – nach der Analyse von Cerri – einen ähnlichen Trend der Arbeitsmarktentwicklung: eine schnell steigende Arbeitslosigkeit zu Beginn des Jahres 1919, danach eine allmähliche Verbesserung der Arbeitsmarktlage, die in den meisten Städten weitgehend „unter Kontrolle" zu sein schien.[2] Für Piemont mit Turin als industriellem Zentrum konstatierte der zeitgenössische Wirtschaftshistoriker Giuseppe Prato zwar „beachtliche Schwierigkeiten", die jedoch rascher überwunden worden seien als in anderen Regionen. Auch er interpretierte die „Schnelligkeit, mit welcher der Arbeitsmarkt sein Gleichgewicht wiedergefunden" habe als Indiz für eine rasche konjunkturelle Erholung.[3] Vor dem Hintergrund dieser Überlegungen erscheint somit für den italienischen industriellen Arbeitsmarkt der Demobilmachungszeit das Urteil Cerris überzeugend, daß „die Arbeitslosigkeit (...) anomalen Charakter" hatte und „keine sehr ernste Gefahr für die öffentliche Ordnung" darstellte.[4] In beiden Ländern kann die Arbeitslosigkeit der Demobilmachungsperiode alles in allem als ein vorübergehendes Phänomen von kurzfristiger Bedeutung angesehen werden.[5]

1.5. „Unruhige" Arbeitsmärkte: Revolution und sozialer Protest

In Italien wie in Deutschland besaß die „Arbeitslosenfrage" ein erhebliches destabilisierendes Potential. Sowohl bei der Mobilisierung als auch bei der „Liquidierung"[6] der kriegswirtschaftlichen Ressourcen wurde das Thema Arbeitslosigkeit als Gegenstand politischen Handelns begriffen und als Massenphänomen in neuer Qualität und Intensität öffentlich wahrgenommen.[7] Weiterhin verquickten sich in beiden Ländern die kurzfristig labilen Arbeitsmarktverhältnisse mit anderen destabilisierenden Faktoren, die eng mit den Erfahrungen der Kriegswirtschaft verknüpft waren.

Für die deutsche Seite läßt sich für die Zeit unmittelbar nach dem Krieg das Bild einer Gesellschaft im Übergang skizzieren, die von diffusen politischen Strukturen – einem Provisorium aus neuen und kontinuitätsstiftenden Elementen – getragen wurde.

---

1 Vgl. die Übersicht in Prato, Piemonte, 112. Dies entspricht rund 24 Prozent der Gesamtziffer.

2 Vgl. Cerri, Disoccupazione, 442f.

3 Prato, Piemonte, 111, 115.

4 Cerri, Disoccupazione, 443.

5 Nach Petzina, Arbeitslosigkeit, 242 betrug die Arbeitslosigkeit im Jahr 1919 in Deutschland (Gewerkschaftsstatistik) durchschnittlich 3,7%, in Großbritannien 5,2%, in Schweden 5,5%. Nach Bessel, Unemployment, 28 betrug die britische Arbeitslosenquote nur ungefähr 3%. Grundsätzlich erscheint aufgrund der meist wackligen Datenlage auch die Beurteilung der Arbeitslosenquoten im internationalen Vergleich problematisch.

6 Vgl. das Kapitel „Die innere Liquidierung des Krieges" betitelt in Peukert, Weimarer Republik, 57.

7 Vgl. auch Lewek, Arbeitslosigkeit, 15f.

Revolutionäre Unruhen, die sich seit den „Weihnachtskämpfen“ und dem „Januaraufstand“ in Berlin zunehmend radikalisierten und mit Ausständen, „wilden“ Streiks und Betriebsbesetzungen einhergingen, prägten das Klima. Dabei entfaltete der revolutionäre Sog in einigen Industriegebieten – so z.B. in Berlin und in montanindustriellen Regionen – eine besondere Dynamik.[1] In dramatischen Tönen erstattete der Phoenix-Manager Beukenberg Mitte Januar 1919 dem Reichswirtschaftsministerium über seine Sicht der Lage „im Westen“ Bericht, was als Appell für die schnelle Wiederherstellung von „Ordnung und Sicherheit“ im rheinisch-westfälischen Industriegebiet gedacht war:

„Wir leben aber hier im Bezirk schon mitten im Bolschewismus, der sich in getreuer Kopie der russischen Vorgänge – nur in sehr viel schnellerer Entwicklung – abspielt, je nach Zusammensetzung der Arbeiter- und Soldatenräte an dem einen Ort in milderen, an dem andern in sehr krassen Formen. (...) Trotz der weitgehenden Abmachungen der Arbeitsgemeinschaft über Arbeitszeit und Löhne halten sich die Belegschaften weder im Bergbau noch bei den Hütten an diese, verlangen viel mehr und erhalten auch – häufig unterstützt von den Arbeiter- und Soldatenräten – oft unter Bedrohung des Lebens der Beamten oder der Drohung, bestimmte grundlegende Teile der Werke wie Fördermaschinen, die elektrischen Zentralen der Hüttenwerke usw. zu zerstören, sowohl einmalige Auszahlungen als [auch] unerhörte hohe Löhne, vielfach unter Beseitigung der Akkordarbeit. Beim Bergbau ist dieser Zustand schon über den ganzen Bezirk verbreitet. Spartakusgruppen ziehen mit einer Reihe von Mitläufern bestimmter Belegschaften von Zeche zu Zeche, zwingen mit Gewalt die Belegschaften zur Ausfahrt und erzielen meist durch die wahnsinnigsten Versprechungen, die sie den Leuten machen, die Niederlegung der Arbeit und mehrtägige Streiks. Zum Streik entschließen sich die Bergleute um so leichter, als ungewöhnlich hohe Vergütungen für die Streikschichten gewährt wurden, umschrieben wurde die Bewilligung freilich als ‚Entschädigung für die durch den Streik herbeigeführte Not in den Familien‘. Die Förderung ist dabei natürlich erheblich heruntergegangen. (...) Bei den Hütten und Fabriken gibt es noch solche, bei denen die Verhältnisse weniger schlecht liegen. Böse sieht es aber auch in Düsseldorf, Mülheim und anderen Orten aus, wo spartakistische Arbeiter- und Soldatenräte regieren.“[2]

Tatsächlich gab es innerhalb der Region deutliche Unterschiede im Verlauf der Revolution, die im westlichen Ruhrgebiet radikaler und von anarcho-syndikalistischen Strömungen geprägt war, während in den östlichen und mittleren Ruhrgebietsstädten gemäßigtere Kräfte vorherrschten.[3] Hierfür machte das zeitgenössische Urteil auch die jeweilige Arbeitsmarktlage verantwortlich: Die Zuspitzung der Situation in Düsseldorf wurde mit der enormen Zusammenballung von Rüstungsarbeitern korreliert, deren Abwanderung hingegen in Essen so vorbildlich geklappt habe.[4] Der bereits zitierte industrielle Beobachter hielt gerade unter den gegebenen, durch Rohstoff- und Transportengpässe erschwerten Bedingungen die Entwicklung für fatal und prognostizierte ein „wirtschaftliches Trümmerfeld“, sollte sich die Lage nicht ändern: „Wenn das so weiter

1 Vgl. auch Abelshauser/ Himmelmann, Revolution.

2 MA, P.22501.3, Beukenberg an Dr. Müller, Staatssekretär im Reichswirtschaftsministerium am 17.1.1919.

3 Vgl. die Anmerkungen zum Revolutionsverlauf in Essen und bei Krupp, in Tenfelde, Krupp, 83ff., hier 86.

4 Tenfelde, Krupp, 85.

geht, werden in einigen Monaten schon die weniger kapitalkräftigen Betriebe schließen müssen, weil ihnen niemand mehr die nötigen Zahlungsmittel gibt." Seine Handlungsempfehlung an den Ministerialbeamten ließ sich zwischen den Zeilen herauslesen: Seiner Ansicht nach war „die Frage" inzwischen „mit fortgesetztem Verhandeln und Nachgeben (...) nicht mehr zu lösen" – auch wenn die Regierung dabei „mit ihren bisherigen Parteigrundsätzen in Widerspruch" gerate.[1]

Darüber hinaus bot die noch immer stockende Versorgung der Bevölkerung mit Lebensmitteln Konfliktpotential. Die anhaltenden Versorgungsengpässe konnten im Zusammenhang mit einer latenten Unzufriedenheit über die vorläufigen Ergebnisse der Revolution, die in einigen Teilen der Arbeiterschaft Raum griff, eine angespannte Lage und steigende Konfliktbereitschaft erzeugen. Nun machte sich bemerkbar, daß unter den gegebenen wirtschaftlichen Bedingungen auch die Realisierung alter Kampfziele (z.B. der Achtstundentag oder der Tarifvertrag) nicht mit einer materiellen Besserstellung der Arbeiterschaft einherging.[2]

Auch in Italien gärten massive soziale Konflikte, die bei zeitgenössischen Beobachtern und Akteuren Revolutionsängste schürten.[3] Bereits seit 1917 waren Proteste gegen Lebensmittelteuerungen aufgeflammt, die den Beginn einer Phase sozialer Unruhen markierten, welche bei Kriegsende endgültig aufbrach. Die Unruhestimmung des Jahres 1918/19 mündete in einen „tumultuarischen Zyklus von Sozialkämpfen", die sowohl von Industriearbeitern als auch vom ländlichen Proletariat getragen wurden.[4] Gerade auf dem mit Strukturproblemen behafteten Agrarsektor lastete ein Großteil der Mobilisierungsanstrengungen des soeben beendeten Krieges.[5] Hier weiteten sich die Agitationen schnell zu einer Massenbewegung aus und umfaßten im Jahr 1919, dem ersten „*punto culminante*" des Konflikts, über hunderttausend Streikende – also ungefähr hundert mal mehr als im Jahr 1917.[6] Die Forderungen der auf das Land zurückgekehrten Kriegsteilnehmer, die sich in den lokalen Verbänden der *Opera Nazionale dei Combattenti* organisierten, zielten auf materielle und strukturelle Verbesserungen ihrer Arbeits- und Lebensbedingungen und verbanden sich mit den lang umkämpften Zielen der Industriearbeiter – nach Lohnerhöhungen, betrieblichen Interessenvertretung und einem kollektiven Arbeitsrecht – zu einem umfassenden Forderungskatalog, der allerdings zu

---

1 MA, P.22501.3, Beukenberg an Dr. Müller, Staatssekretär im Reichswirtschaftsministerium am 17.1.1919.

2 Vgl. hierzu Plumpe, Mikropolitik, 159. Zum Nachhall der Revolution bei Krupp, auch im Jahr 1920, vgl. HA Krupp, FAH 4 E 10.2, 213, 215; Tenfelde, Krupp, 92ff.

3 Zur Nachkriegskrise in Italien vgl. auch Procacci, Folgen; Maier, Recasting, 109ff., Vivarelli, Storia, Bd. 1; Lyttleton, Revolution, 63-82.

4 Vgl. Mantelli, Nascita, 21.

5 Während des Krieges waren Landarbeiter - im Unterschied zu Industriearbeitern - nur unterproportional vom Heeresdienst freigestellt worden, in etwa 27% aller Freistellungen entfielen auf die Landwirtschaft. Vgl. die Übersicht in Prato, Piemonte, 31. Zur krisenbehafteten Entwicklung in der Landwirtschaft nach dem Ersten Weltkrieg vgl. Nützenadel, Landwirtschaft, 11ff.

6 Vgl. Prato, Piemonte, 49.

großen Teilen vorerst unerfüllt bleiben sollte.[1] Die enttäuschten Hoffnungen darüber sollten sich in dem sogenannten „roten Doppeljahr" entladen, das bis ins Jahr 1921 andauerte. Schon im Frühjahr 1919 kam es bei dem Unternehmen Dalmine zu einem Arbeitskampf um Arbeitszeitverkürzungen,[2] der in einer Fabrikbesetzung gipfelte und damit die Taktik der Industriearbeiter im „*biennio rosso*" präfigurierte.[3] Inzwischen gehörte Dalmine nun nicht mehr zu Mannesmann, sondern war Anfang des Krieges mit der Übernahme durch das Unternehmen *Franchi e Gregorini* italianisiert worden; die Belegschaft stand im Einflußbereich nationalistischer Syndikalisten. Zu diesem Zeitpunkt war die Strategie der Fabrikbesetzung ein Novum in der Geschichte des Arbeitskonflikts.

„Es ist also kein Streik und auch kein Ausstand" konstatierte der „Avanti!", sondern „eine neue Kampfmethode"[4], während im Präfekturbericht von einem „bolschewistischen Akt" die Rede war, der „absolut nicht toleriert werden" könne.[5] Als Mussolini wenige Tage nach der Beilegung des Konflikts eine Ansprache an die Arbeiterschaft von Dalmine hielt,[6] kommentierte ein zeitgenössischer Beobachter: „Mussolini hat im ‚Popolo d'Italia' großes Aufsehen um den Arbeitskampf gemacht. Er war auch in Bergamo und in Dalmine, um bei den Arbeitern den *kreativen Streik* zu befürworten, den sie ausprobiert haben. Schon seit einiger Zeit macht er sich zum Verkünder der kollaborativen Taktik zwischen Kapital und Arbeit."[7] Das Beispiel Dalmine mag veranschaulichen, wie widersprüchlich und vielschichtig sich die sozialen Proteste zu diesem Zeitpunkt darstellten, die zugleich von politischen Richtungskämpfen geprägt waren.

Zu diesen sozialen Spannungen trat die Frustration über den Friedensschluß und seine Ergebnisse für Italien. Dieser galt in Teilen der öffentlichen Meinung als „verstümmelter Sieg" (*vittoria mutilata*) und wurde – wie auch die zeitgenössisch verbreitete Parole vom „verlorenen Frieden" („*guerra vinta, pace perduta*") pointiert veranschaulichte – in der Folgezeit zum nationalen Trauma stilisiert.[8] Obwohl Italien zu

1 Vgl. Mantelli, Fascismo, 22; Maier, Recasting Europe, 113f.; Tasca, Glauben, 37ff.

2 Gefordert wurden Arbeitszeitverkürzungen, Lohnerhöhungen, *sabato inglese,* betriebliches Vorschlagswesen usw. Das „memoriale" mit den Forderungen findet sich in Pozzi, Occupazione. Der Verfasser war ehemaliger Angestellter bei Dalmine und wurde im Zuge späterer Arbeitskonflikte entlassen.

3 Vgl. für einen Eindruck der sozialen Unruhen nach Kriegsende mit Dokumenten Scalpelli, Dalmine.

4 So der Avanti! vom 17.3.1919, zitiert nach Scalpelli, Dalmine, 87.

5 Präfekt Scamoni am 18.3.1919, zitiert nach Scalpelli, Dalmine, 104. Übers. d. V.

6 Die Rede Mussolinis findet sich in den Dalmine-Akten im MA, M.15502. Dort wird von einem „schaffenden Streik" gesprochen, „der die Erzeugung nicht unterbricht". Diesen propagiert Mussolini als neuen Stil des Arbeitskampfes.

7 Zitiert nach einem anonymen Dokument, das anscheinend unter Ministerialbeamten kursierte, in: Scalpelli, Dalmine, 124f. Kursiv im Original. Übers. d. V.

8 Vgl. die zählebigen Auseinandersetzungen um die istrische Hafenstadt Fiume, deren Annexion von nationalistischer Seite gefordert wurde, Maier, Recasting, 111. Zum sogenannten „Siegesfrüchte-

den Siegermächten gehörte, konnte mithin ein psychologisches Klima entstehen, das mit dem der „Verliererseite" – in gewisser Weise ähnlich wie bei der Dolchstoßlegende – vergleichbar war. Der zeitgenössische Eindruck, man stehe am Vorabend einer sozialen Revolution, verband sich mit den vielfältigen Kriegserfahrungen und Zukunftserwartungen zu einer kollektiven psychologischen Ausgangssituation, die der in Deutschland durchaus ähnelte, auch wenn in Italien keine Revolution stattgefunden hatte und keineswegs ein gesellschaftlicher Umsturz unmittelbar bevorstand. Die Dynamik, mit der nach Kriegsende neue Organisations- und Mobilisierungsprozesse einsetzten, hatte derartige Ängste und Abwehrreaktionen gefördert.[1]

Sowohl in Deutschland als auch in Italien war das politische und gesellschaftliche Klima also zu einem großen Teil von der Sorge um Stabilität und öffentliche Ordnung bestimmt. Eine steigende Frequenz von Arbeitskonflikten prägte die labilen Beschäftigungsverhältnisse in beiden Ländern. In Deutschland hatte sich die Zahl der Streiks im Jahr 1919 im Vergleich zum Vorjahr beinahe versiebenfacht, die Anzahl der Streikenden umfaßte nun mehr als zwei Millionen mit über 30 Millionen verlorenen Arbeitstagen. Auch in Italien stieg die Streikziffer im Jahr 1919 explosionsartig an und erreichte nun anderthalb Millionen Streikende mit mehr als 20 Millionen verlorenen Tagen.[2] Auf der deutschen wie auf der italienischen Seite wurde die rapide angestiegene Streikintensität, die das aufgestaute soziale Konfliktpotential markierte, von einem beachtlichen organisatorischen Wachstum der Arbeiterverbände flankiert. So belief sich die Mitgliederzahl der Freien Gewerkschaften im Jahr 1919 auf über sieben Millionen, während die italienische Gewerkschaftsorganisation CGdL rund 1,2 Millionen Mitglieder – und betrug damit fast fünf Mal soviel wie im Jahr zuvor.[3]

1.6. Arbeitsmarktbezogene Demobilmachungspolitik

Angesichts der komplexen Problemlage auf dem Arbeitsmarkt erschien eine aufschiebende Behandlung von arbeitsmarktbezogenen Angelegenheiten auf der politischen Ebene, wie sie noch für die „Arbeitsmarktpolitik" vor Kriegsausbruch sowohl in Deutschland als auch in Italien typisch gewesen sein mochte, nun nicht mehr praktikabel. Vielmehr erlangte die Regelung von Arbeitsmarktfragen innerhalb der Demobilmachungspolitik ein besonderes Gewicht, da sich hier soziale Spannungen manifestierten. Die Beschäftigungsprobleme verliehen den bekannten arbeitsmarktpolitischen Themenkreisen wie z.B. dem Schutz und der sozialen Absicherung von Arbeitslosen sowie der Arbeitsbeschaffung, Arbeitsvermittlung und Lenkung der Arbeitskräfteströme erneut große Aktualität.

Syndrom", das die kollektive psychologische Ausgangssituation mitbestimmte, vgl. Feldman, Demobilmachung, 161.

1 So stiegen die Mitgliederzahlen der Arbeiterorganisationen rasch an, vgl. Tabelle A.13 im Anhang.

2 Vgl. die Tabellen A.16, A.17 im Anhang.

3 Vgl. die Tabelle A.13 im Anhang.

Dabei hatten sich in Italien wie auch in Deutschland die Instanzen, die für die Regelung von Arbeitsmarktfragen Verantwortung trugen, verändert; zum Teil waren auch neue Zuständigkeiten entstanden. Die veränderte Behördenlandschaft reflektierte nicht zuletzt einen Bedeutungswandel der Arbeitsmarktproblematik, der sich innerhalb der letzten Jahre manifestiert hatte. So wurde bereits im Laufe des Krieges in Italien das früher zuständige *Ministero di Agricoltura, Industria e Commercio* (MAIC) umstrukturiert und – nun auch unter expliziter Nennung des Ressorts für Arbeit in der Namensgebung – das neue *Ministero dell'Industria, Commercio e Lavoro* geschaffen,[1] während in Deutschland noch vor Kriegsende das „Reichsamt für Arbeit“ ins Leben gerufen worden war, dessen Zuständigkeiten sich zum Teil mit dem Wirkungskreis des Reichswirtschaftsamts sowie der neugegründeten Demobilmachungsorgane überlappten. Zudem hatten in Deutschland auch die organisierten Arbeitsmarktinteressen mit ihrem ZAG-Abkommen eine ordnungspolitische Einflußnahme reklamiert.[2]

In beiden Ländern orientierte sich die Demobilmachung im Prinzip an der Vorstellung, den Vorkriegszustand wiederherzustellen – eine illusorische Idee, die bisweilen eine gravierende Unterschätzung der während des Krieges aufgebotenen Ressourcen und der teilweise irreversiblen strukturellen Wandlungen offenbarte.[3] In der Perspektive des Arbeitsmarktes betrachtet, setzte eine Realisierung dieses Leitgedankens die Rückkehr aller Arbeitsmarktakteure in ihre Beschäftigungssituation der Vorkriegszeit voraus.

Für die Politik der Demobilmachung präsentierte sich damit auf dem Arbeitsmarkt die Kehrseite des „Zielkonflikts“ um Arbeitskräfte, der zu Kriegszeiten die Arbeitsmarktlage nachhaltig bestimmt hatte. Nun konkurrierten nicht mehr Heer und Industrie um knappe Arbeitskräfte, sondern die gesamte *manpower* aus Heer und Industrie stand in einer Konkurrenzsituation auf dem Arbeitsmarkt. Dabei rückten gerade diejenigen Arbeitskräftegruppen in den Mittelpunkt des politischen Interesses, deren Einsatz in der Kriegsindustrie gemeinhin als Provisorium betrachtet worden war – das hieß in erster Linie die Frauen.

a. Die Demobilisierung der Frauen

Schon zu Kriegszeiten gingen viele Kriegsproduzenten, die in größerem Umfang Frauen beschäftigten, mit einer großen Selbstverständlichkeit von einer raschen Demobilisierung der weiblichen Arbeitskräfte bei dem Übergang zur Friedensproduktion aus. So zeigten die Überlegungen, die der Phoenix-Manager Beukenberg im Sommer 1917 zur Demobilmachung anstellte, daß die Kriegsarbeiterinnen in seiner Personalkalkulation

---

1 Den Ministerposten bekleidete zunächst Augusto Ciuffelli, seit Juni 1919 Dante Ferraris, der Repräsentant des wichtigsten Industriellenverbandes.

2 Vgl. für die Zuständigkeiten die Beschreibung der Demobilmachungsorganisation in Abschnitt IV 1.2.; für die Behördenlandschaft in Italien siehe auch Melis, Storia, 209-211, 273, 277ff. sowie Calandra, Storia, 245ff.

3 Vgl. zu Italien Cerri, Disoccupazione, 434, für Deutschland u.a. Rouette, Sozialpolitik, passim. (79f.)

als eine flexible, nach Bedarf variable und freisetzbare Arbeitskräftegruppe fungierten:

„Erfolgt die Rückkehr [der aus dem Heere entlassenen Arbeiter, ST] nur nach und nach, braucht auch die Frauenarbeit erst allmählich aufgegeben zu werden, was für diese sehr günstig ist. Dazu gehört eine gewisse Nachsicht der Gewerbe-Aufsichtsbehörden für eine hoffentlich kurze Übergangszeit.“[1]

Dieser Einschätzung aus der Arbeitgeberperspektive lag anscheinend die Annahme vom substitutiven Charakter von Männer- und Frauenarbeitsplätzen zugrunde. Darüber hinaus wurde die weibliche Erwerbstätigkeit zu dem Arbeitsplatzanspruch der Kriegsheimkehrer in Beziehung gesetzt. Dies entsprach den arbeitsmarktbezogenen Vorstellungen in den staatlichen Behörden. Eine Denkschrift des preußischen Kriegsministeriums zur „Frauenarbeit in der Übergangswirtschaft“, die schon vor dem Abschluß der Waffenstillstandsverhandlungen bei verschiedenen Reichsbehörden und Ministerien kursierte, unterschied schlagwortartig zwei Kategorien von Beschäftigungsfeldern: Einerseits die Bereiche, die für weibliche Erwerbstätigkeit zukünftig nicht mehr adäquat erschienen („die Frauen müssen heraus“), andererseits die Tätigkeiten, die durchaus relevant sein oder bleiben sollten („die Frauen müssen herein“). Zur ersten Kategorie rechneten pauschal Arbeitsplätze, „die für die heimkehrenden Männer freigemacht werden müssen“ sowie gesundheitsgefährdende und körperlich harte Arbeit. Außerdem sollten auch „ortsfremde Frauen“ ihre Arbeitsplätze für „Ortseingesessene“ räumen.[2] Die zweite Kategorie differenzierte die Frauen nach der „Erwerbsbedürftigkeit“, verwies die nicht erwerbsbedürftigen Frauen an ihren Platz in Familie und Haushalt und spezifizierte „Hauswirtschaft“ und „Landwirtschaft“ als angemessene Betätigungsfelder für „erwerbsbedürftige“ Frauen.[3]

In Italien war die Vorstellung von einem provisorischen Arbeitseinsatz der Frau in vermeintlichen „Männerberufen“ nicht weniger ausgeprägt. Im November 1918 prognostizierte das Genueser CRMI angesichts der schwerindustriellen Wirtschaftsstruktur in und um Genua:

„Die weibliche Arbeiterschaft hingegen wird keine passende Beschäftigung in der Friedensindustrie finden und man sieht also vorher, daß ein Großteil der jetzigen Arbeiterinnen zur Arbeit auf den Feldern oder im häuslichen Bereich zurückkehren muß.“[4]

Im zeitgenössischen Urteil galten Haushalt, Familie und Landwirtschaft gemeinhin als angemessene weibliche Erwerbsbereiche, während die öffentliche Meinung nicht selten gegen die kriegsindustriell erwerbstätigen Frauen polemisierte, die „das Wohl der Fami-

---

1 MA, P.22501.3, Beukenberg an Reichert am 13.6.1917.

2 Zitiert nach Bessel, Beunruhigung, 211. Vgl. auch Rouette, Sozialpolitik, 92f., die die Denkschrift – aus anderer Quelle und in etwas anderem Wortlaut, aber sinngemäß identisch – ebenfalls analysiert.

3 Zitiert nach Bessel, Beunruhigung, 212.

4 Relazione sugli stabilimenti industriali alle dipendenze del Comitato di Genova, in: Venturini, Bollettino, 354ff., hier 355.

lie“ nur allzu leichtfertig ihrem „Luxuswahn“ opfern würden.[1] Die im Zuge der Kriegswirtschaft erweiterten Erwerbsmöglichkeiten von Frauen registrierte man mit großer Skepsis.[2] Auch in Deutschland erreichte die Polemik bisweilen ätzende Schärfe: Wie von Gewerkschaftsseite gefordert wurde, sei die weibliche Erwerbstätigkeit zu reduzieren, vor allem aber seien „parasitäre Elemente, das heißt solche, die es nicht unbedingt wirtschaftlich nötig haben zu arbeiten, aus dem Produktionsprozeß auszuschalten.“[3] Die verbale Härte, die die Kritik an weiblicher Erwerbsarbeit prägte, zeugte von der Vehemenz in der Abwehr struktureller Wandlungsprozesse und läßt zudem eine hohe gesellschaftliche Akzeptanz für die Demobilisierung der Frauenarbeit nach Kriegsende vermuten. Dabei variierten die Argumentationsweisen durchaus. Neben moralisierenden Erwägungen, die von traditionellen Frauenbildern und kulturellen Leitbildern weiblicher Erwerbstätigkeit inspiriert wurden, nährten die Arbeitsmarktprobleme Konkurrenzängste der männlichen Marktteilnehmer und leisteten auch auf politischer Ebene dem Bestreben Vorschub, auf eine Restauration der Beschäftigungsverhältnisse im Sinne der Vorkriegszeit hinzuwirken. Sowohl in Deutschland als auch in Italien erschien die Demobilisierung der Frauenarbeit von einem breiten gesellschaftlichen Konsens getragen.[4]

Bereits die spontane personelle Demobilmachung der für den Kriegsbedarf produzierenden Unternehmen hatte gezeigt, daß in beiden Ländern die Frauen in der Regel zu denjenigen Arbeitskräftegruppen gehörten, die die Kriegsindustrie als erstes freigab. Dies war vor allem dann der Fall, wenn durch die Produktionsumstellung ganze Fertigungsbereiche, die z.T. provisorisch aufgezogen und nahezu durchweg weiblich besetzt waren, komplett wegfielen – wie beispielsweise im Bereich der Munitionsfabrikation. Diese Verfahrensweise lag aber auch dann nahe, wenn die Kriegsproduktion über *zusätzliche* Arbeitskräfte oder sogenannte *dilution* aufrechterhalten worden war, ohne daß tiefergehende strukturelle oder arbeitsorganisatorische Transformationen stattgefunden hätten, deren Abbau nun ineffizient oder kontraproduktiv gewesen wäre. Anders konnte die personalpolitische Situation dann aussehen, wenn während des Krieges ein betrieblicher Strukturwandel stattgefunden hatte. Wenn beispielsweise das Wachstum eines Unternehmens – der Ausbau von Kapazitäten oder die Erweiterung der Produktpalette – struktureller und dauerhafter Natur waren, basierte es nicht ausschließlich auf dem künstlichen Schutz einer staatlichen Nachfrage, so daß Verschiebungen innerhalb der

1 So eine Publikation aus dem Jahr 1916, zitiert nach Curli, Lavoro, 533. Vgl. zu diesem Argument, das zur Abwehr des Strukturwandels beliebt war, auch oben, III, 7.

2 So ein Artikel über die *smobilitazione femminile* aus dem Jahr 1920, zitiert nach Curli, Lavoro, 535. Übers. d. V.

3 So ein Bericht der Berliner Gewerkschaftskommission für 1918, zitiert nach Rouette, Sozialpolitik, 102.

4 Diesen Konsens arbeitet für Deutschland Rouette, Sozialpolitik, heraus. Für Italien vgl. Curli, Lavoro, 529ff.

Belegschaftsstruktur nicht zwangsläufig transitorischer Art bleiben mußten.[1]

Bei der Entlassung von weiblichen Arbeitskräften wurde in der Regel differenziert. Es bestand gleichsam eine „Rangfolge“ der Kündigungen, die sich an einem impliziten oder expliziten Katalog von Kriterien orientierte.

Hierbei schienen vor allem drei Aspekte relevant: Zunächst sollten grundsätzlich diejenigen Frauen zuerst ausscheiden, die zuletzt in den Betrieb eingetreten waren – eine Maxime, die durchaus auch zuvor praktizierten betrieblichen Usancen entsprechen konnte, wenn Unternehmen das Dienstalter in ihrer Personalpolitik berücksichtigten. Weiterhin rechneten nicht ortsansässige Frauen zur Kategorie der am schnellsten gekündigten Personen. Schließlich spielte auch die „Bedürftigkeit“ der Frau eine Rolle, die mit dem Hilfskriterium des Familienstandes ermessen werden sollte, so daß auch verheiratete Frauen meist zur Gruppe der sofort Entlassenen gehörten, während die Entlassung von verwitweten, verwaisten, alleinstehenden Frauen möglicherweise noch hinausgezögert wurde.[2]

Noch bevor die personelle Demobilmachung auf dem Verordnungswege reguliert wurde, folgte die betriebliche Entlassungspraxis somit bestimmten Grundsätzen, die anscheinend auf einem weitgehenden gesellschaftlichen Konsens fußten, so daß hier bei den einzelnen Unternehmen – auch im Vergleich mit Italien – keine wesentlichen Unterschiede bestanden.[3] Etwas anders konnte sich der spontane, noch nicht durch Verordnungen regulierte Personalabbau bei den weiblichen Angestellten in der Industrie gestalten. Hier hatte sich das Qualifikationsprofil bisweilen schon soweit spezifiziert, daß die Arbeitgeber häufiger eine Weiterbeschäftigung der Frauen über die Kriegszeit hinaus wünschten und sich dabei weniger an den obengenannten Grundsätzen orientierten, sondern in erster Linie prüften, welche der Frauen am besten in die Abteilung paßte und sich an ihrem Arbeitsplatz bewährt hatte.[4]

Die Demobilisierung der weiblichen Erwerbstätigkeit bei Kriegsende wurde jedoch

---

1 Ein Beispiel für den zweiten Fall liefert das Unternehmen Pirelli, das mit einem soliden Wachstum aus der Kriegszeit hervorging, während eine Aufblähung wie bei Ansaldo – das auch Munitionsfabrikation betrieben hatte – zum großen Teil auf den kriegswirtschaftlichen Bedingungen basierte, zwar über die unmittelbare Phase der Produktionsumstellung hinaus Bestand hatte, aber nicht langfristig halten konnte. Zu Pirelli vgl. Curli, Pirelli, 466ff.; zu Ansaldo Doria, Ansaldo, 126ff. Vgl. auch die Hinweise über die Projektilfabrikation in der Relazione sugli stabilimenti industriali dipendenti dal Comitato di Bologna, in: Venturini, Bollettino, 358ff., hier 359.

2 Beispielsweise sollten bei Krupp Witwen oder Frauen, die eine Familie unterhalten mußten, zuletzt entlassen werden, während die Bewohnerinnen der Arbeiterwohnheime, mithin Ortsfremde, zuerst gehen sollten. Vgl. Tenfelde, Krupp, 89. Ähnliche Grundsätze galten auch bei anderen Unternehmen, vgl. Schwarz, Vom Krieg zum Frieden, 113f., Rouette, Sozialpolitik, 96f.

3 Vgl. dazu auch oben, Abschnitt IV 1.4.

4 So zeigen die Personalunterlagen über weibliche Angestellte bei den Mannesmann-Röhrenwerken, daß bei dem Personalabbau nach Kriegsende in dieser Beschäftigtengruppe nicht unbedingt das Eintrittsdatum oder die vereinbarte Fristklausel („für die Dauer der Kriegszeit“) im Anstellungsvertrag entscheidend war, sondern die Leistung, vgl. MA M.21017. Für die italienischen Industrieangestellten (am Beispiel von Ansaldo) vgl. Curli, Lavoro, 333ff.

weder in Deutschland noch in Italien allein der personalpolitischen Entscheidung des Unternehmers bzw. dem freien Spiel der Kräfte des Marktes überlassen, sondern durch Verordnungen unterstützt. So regelte in Italien ein „*decreto luogotenenziale*" vom 5.12.1918 die Entlassung des infolge der Produktionsumstellung überschüssigen Personals und schrieb für die weiblichen Beschäftigten die üblichen Entlassungsgrundsätze fest. So seien bei dem Abbau der Frauenarbeit diejenigen zuerst zu entlassen, die keine Familie zu versorgen hatten bzw. deren männliche Familienmitglieder nicht kriegsinvalide oder gefallen waren. Dabei konnte pro Woche nicht mehr als ein Viertel der weiblichen Anfangsbelegschaft auf einmal entlassen werden, während die wöchentlichen Kündigungsquoten bei den Männern mit dem Regionalkomitee abgestimmt werden mußten.[1] Weiterhin sahen die Bestimmungen Entschädigungszahlungen vor, die der Bedürftigkeit Rechnung tragen sollten und alleinstehenden Frauen die Hälfte der den Familienversorgerinnen zugedachten Summe gewährten.

Nach der Jahreswende wurde auch in Deutschland der Personalabbau infolge der Produktionsumstellung auf dem Verordnungswege reguliert und damit die Umstände geregelt, unter denen sich die Demobilisierung der Frauenarbeit vollziehen sollte. Zunächst einmal verpflichtete die „Verordnung über Einstellung, Entlassung und Entlohnung gewerblicher Arbeiter während der wirtschaftlichen Demobilmachung" vom 4.1.1919 – kurz darauf durch eine entsprechende Regelung für Angestellte ergänzt und später in einem einheitlichen Dekret zusammengefaßt – die Arbeitgeber zur Wiedereinstellung der „Kriegsheimkehrer". Damit waren diejenigen Arbeitnehmer gemeint, die bei Kriegsausbruch im Unternehmen beschäftigt gewesen waren.[2] Aus dieser Pflicht, die den Arbeitgebern bereits im November 1918 im ZAG-Abkommen abgerungen worden war,[3] ergaben sich zugleich die weiteren Bestimmungen für den Personalabbau. Grundsätzlich hatte der Arbeitgeber die Arbeit zu „strecken" bzw. die Arbeitszeit zu kürzen – also Kurzarbeit einzuführen – bevor er zu Entlassungen schreiten konnte. Für den Abbau der Frauenarbeit waren sodann die im Artikel „Auswahl der zu Entlassenden" aufgeführten Kriterien ausschlaggebend, hieß es doch hier, daß „die Ersetzbarkeit", weiterhin „das Lebens- und Dienstalter sowie der Familienstand" zu berücksichtigen seien. Über die Einhaltung dieser Bestimmungen wachten die lokalen Demobilmachungsausschüsse, die hohe Bußgelder gegen renitente Arbeitgeber verhän-

---

1 Vgl. FA, Fondo Gamba, b. 4, fasc. 2.

2 Vgl. RGbl. 1919, Nr. 6620, Nr. 6668; vgl. auch Nr. 6797, Nr. 7021. vgl. den Verordnungstext mit Kommentar von Krauß, Verordnung über die Einstellung und Entlassung von Arbeitern und Angestellten während der Zeit der wirtschaftlichen Demobilmachung vom 3.September 1919, Berlin 1920.

3 Hier heißt es unter Artikel 4: „Sämtliche aus dem Heeresdienste zurückkehrenden Arbeitnehmer haben Anspruch darauf, in die Arbeitsstelle sofort nach Meldung wieder einzutreten, die sie vor dem Kriege innehatten. Die beteiligten Arbeitgeber- und Arbeitnehmerverbände werden dahin wirken, daß durch Beschaffung von Rohstoffen und Arbeitsaufträgen diese Verpflichtung in vollem Umfang durchgeführt werden kann." Vgl. den Abdruck des Arbeitsgemeinschaftsabkommens in Feldman/Steinisch, Industrie, 135ff., hier 135.

gen konnten.[1] Wenngleich der Verordnungstext auch nicht – wie das italienische Dekret – explizit zwischen männlichen und weiblichen Arbeitnehmern differenzierte, so paßten die hier entwickelten Merkmale überwiegend auf die weiblichen Beschäftigten in der Kriegsproduktion, die aufgrund ihres Qualifikationsprofils häufig leicht ersetzbar und meistens noch nicht lange bei dem Unternehmen beschäftigt waren. Auch der Familienstand interessierte weitaus eher bei den weiblichen als bei den männlichen Arbeitskräften, deren Wiedereingliederung – völlig unabhängig von ihrem Familienstand – die Verordnung ja gerade bezweckte.

Mit diesen umfassenden Regulierungen griff die Verordnung tief in unternehmenseigene Entscheidungsbereiche ein, so daß eine rein an betriebswirtschaftlichen Kriterien orientierte Personalpolitik für die Unternehmen unmöglich wurde – ganz im Unterschied zu Italien, wo das entsprechende Dekret personalpolitische Entscheidungen weiterhin dem Ermessen des Arbeitgebers überließ. Aus diesem Eingriff in die betriebliche Personalpolitik resultierte ein starker personeller Überhang in den Betrieben.[2] Wenngleich die Sorge um die innenpolitische Stabilität viele Arbeitgeber zu einer verordnungsgetreuen Handhabung der Personalfrage bewogen haben mochte, so gab es dennoch Bestrebungen, Spielräume zu nutzen und die Bestimmungen zu umgehen.[3]

Die lokalen Demobilmachungsausschüsse versuchten jedoch, die Unternehmen in ihrem Bezirk zu kontrollieren und den entsprechenden Druck zur Besserung der Arbeitsmarktlage für männliche Arbeitskräfte auszuüben. So informierte der Düsseldorfer Demobilmachungsausschuß die Mannesmann-Röhrenwerke über seine aktuellen Beschlüsse „bezüglich der Entlassung weiblicher Bürohilfskräfte" und über „die Forderung an sämtliche Behörden und Privatfirmen (...), alle weiblichen Angestellten zu entlassen, welche während des Krieges an eine Stelle gesetzt sind, die vor dem Kriege von einer männlichen Kraft besetzt war." Weiterhin präzisierte das Schreiben:

> „Die Klagen mehren sich, daß bei vielen Firmen und auch einzelnen Dienststellen der hiesigen Behörden die Zahl der weiblichen Angestellten die der männlichen Angestellten überwiegt. Die Not der hier stellenlosen Kaufleute ist groß und verlangt, daß die weiblichen Hilfskräfte in weit umfangreicherer Weise entlassen werden, wie dies bisher beobachtet worden ist. Behörden und Firmen kann nicht dringend genug ans Herz gelegt werden, ihre weiblichen Kräfte überall dort, wo es sich ohne größere Härte für diese ermöglichen läßt, durch männliches Personal zu ersetzen."[4]

Die Replik des Unternehmens auf diese Eingabe rekapitulierte den bisherigen Abbau des weiblichen Büropersonals und stellte vorsorglich klar, daß man ohnehin – „auch

---

1 Vgl. zum Inhalt der Verordnung auch Leutert, Unterbringung, 48ff.

2 Wie ein Berliner Gewerkschafter konstatierte, hatten die Unternehmen nicht selten die doppelte Anzahl von Beschäftigten, die sie eigentlich benötigten, vgl. das Zitat von Sassenbach, der auch die Erwerbslosenfürsorge leitete, in Feldman, Disorder, 111, siehe auch Rouette, Sozialpolitik, 100f. Vgl. auch Belege in Knortz, Demobilmachung, 98.

3 Auch in den Wochen nach der Verordnung gab es noch Entlassungen, vgl. Rouette, 101.

4 MA, M.21017, Brief von Dr. Wilden, i.V. für den Düsseldorfer Demobilmachungsausschuß an Mannesmann-Röhrenwerke am 13.2.1919.

nach Entlassung der weiblichen Aushilfen" – nicht zur „Anstellung weiterer Arbeitskräfte (...) in der Lage" sei, „weil die Zahl unserer Angestellten so schon die vorhandene Arbeit bei weitem übersteigt."[1]

Im Hinblick auf die weiblichen Büroangestellten gestaltete sich die Lage in Italien ganz ähnlich. So verlautete aus einem Regierungsbezirk an die Adresse des italienischen Ministerpräsidenten:

> „Mir gehen ständig Stimmen von Verbänden oder Beteiligten zu, hauptsächlich Kriegsteilnehmer oder Kriegsinvalide, dafür zu sorgen, daß – nachdem die weiblichen Aushilfen aus den öffentlichen Büros entfernt wurden – es leichter gemacht werde, die nicht wenigen arbeitslosen Veteranen in eine Stelle zu bringen. (...) Was das Obige anbetrifft, so glaubte ich es als meine Pflicht, Ihre Ehrenwerte Präsidentschaft zu informieren, nicht ohne hinzuzufügen, daß sich der Unmut über den Fortbestand von weiblichem Personal in öffentlichen Diensten oder Büros zuspitzt."[2]

Die Debatte über die Beschäftigung von Frauen in den Büros – sei es als Angestellte von Industriebetrieben oder auch in den öffentlichen Verwaltungen – erwies sich als zählebig. Eine Konstante bildete dabei – wie in Deutschland – das Argument, daß die weibliche Präsenz in den Büros als Konkurrenz für die arbeitssuchenden Kriegsheimkehrer empfunden wurde und damit im Konflikt stand mit dem Ziel, die Arbeitslosigkeit gerade dieser Beschäftigtengruppe, die nun „des Vaterlandes Dank" erwartete, zu bekämpfen. Das Argumentationsmuster erschien somit in beiden Ländern ähnlich. Auch im italienischen Beispiel wurde solchen Überlegungen von Seiten der Arbeitgeber entgegengehalten, daß die demobilisierten Soldaten „in keiner Weise davon profitieren können" – „was für Entlassungen man auch vornehme".[3]

Einen weiteren Vorstoß zur Regelung der Arbeitsmarktlage, die sich auf die Beschäftigung von Frauen auswirkte, unternahm in Deutschland die Demobilmachungsleitung mit der „Verordnung über die Freimachung von Arbeitsstellen während der Zeit der wirtschaftlichen Demobilmachung" vom 28. März 1919.[4] Im Unterschied zur vorangegangenen Regelung, die eine Wiedereinstellungspflicht dekretiert und die Bestimmungen über Einstellungen und Kündigungen formuliert hatte, räumte diese Verordnung den Demobilmachungsausschüssen noch weitergehende Eingriffsmöglichkeiten bei betrieblichen Personalfragen ein, indem sie die lokalen Demobilmachungsorgane autorisierte, „zur Freimachung von Arbeitsstellen anzuhalten", also Mitarbeiter zu entlassen und arbeitslose Kriegsteilnehmer an ihre Stelle zu setzen. Widersetzte sich der Arbeitgeber den Empfehlungen des Demobilmachungsausschusses, so konnte letzterer selbst

1 MA, M.21017, Antwort der Mannesmann-Röhrenwerke an den Düsseldorfer Demobilmachungsausschuß vom 17.2.1919.

2 So der Präfekt von Florenz im Oktober 1919 an den italienischen Ministerpräsidenten, zitiert nach Curli, Lavoro, 497. Übers. d. V.

3 So die Administration des *Arsenale Militare* in La Spezia im September 1919, zitiert nach Curli, Lavoro, 501.

4 Vgl. RGbl. 1919, Nr. 6788; vgl. auch Nr. 7158; RGbl. 1920, Nr. 7475. Vgl. auch Syrup/Billerbeck, Einstellung und Entlassung, Berlin 1919, 85-89.

die Kündigung aussprechen. Es ging also nicht mehr nur um die Wiedereingliederung der Kriegsheimkehrer, die Wiedereinsetzung in ihre alten Rechte und um die Restauration des Vorkriegszustands auf dem Arbeitsmarkt, sondern zugleich um den Versuch der gelenkten Umschichtung von Arbeitslosigkeit.[1] „Freigemacht" werden sollten die Arbeitsplätze von denjenigen Erwerbspersonen, die „nicht auf Erwerb angewiesen" waren, die nun als „Berufsfremde" in einer neuen Branche arbeiteten – demnach vor dem Krieg in der Landwirtschaft, im Bergbau oder in häuslichen Diensten gearbeitet hatten – oder während des Krieges von einem anderen Ort zugezogen waren.[2]

Abermals wurde hier durch den geschlechtsneutralen Verordnungstext bemäntelt, daß im wesentlichen Frauen ihre Arbeitsplätze freizumachen hatten und daß die „Formulierung der Freimachungs-Verordnung eine frauendiskriminierende Praxis der staatlichen Arbeitsmarktregulierung nur verschleierte".[3] Daß die neue Regelung tatsächlich in erster Linie auf weibliche Erwerbstätige abzielte, gab ein Referent des Demobilmachungsamtes im Vorwort seiner kommentierten Ausgabe des Verordnungstextes zu verstehen, als er erklärte,

„daß sich in Betrieben und Büros zahlreiche, *namentlich weibliche* Angestellte und gewerbliche Arbeiter befinden, die teils gar nicht auf Erwerb angewiesen sind, teils anderwärts, vor allem in den Haushalten und in der Landwirtschaft Erwerb finden können, während die Zahl der unterstützten Arbeitslosen in Deutschland gegenwärtig eine Million übersteigt."[4]

Diesem „Mißstand" sollte die neue Regelung nun abhelfen.[5] Die von den Demobilmachungsausschüssen verhängten Beschäftigungsverbote schienen sodann auch in besonderem Maße Frauen zu treffen.[6]

Die zunehmende Etablierung des Kriteriums der Bedürftigkeit, das mit der Verordnung erneut verankert und zukünftig für die Einstellung und Beschäftigung von Frauen eine ausschlaggebende Rolle spielen sollte, wurde von Seiten der industriellen Arbeitgeber skeptisch beurteilt. So hegte beispielsweise das Krupp'sche Büro für Arbeiterangelegenheiten noch Ende 1921 „gegen die Einstellung und Beschäftigung von weiblichen Arbeitskräften auf der Fabrik nach dem Grundsatz der Bedürftigkeit (...) größte Bedenken", eben weil das Leistungs- und Qualifikationskriterium bei der Einstellung nicht hinreichend berücksichtigt werden könne. Pauschal zog man aus den bisherigen Erfahrungen eine negative Bilanz:

„Unterstützungsbedürftige Personen sind i.d.R. schwach und leistungsunfähig. Die Krankenziffern der

---

1 Vgl. für diese Interpretation Rouette, Sozialpolitik, 92, 104, 118.

2 Vgl. für die hier referierten Bestimmungen vor allem Art. 1, 5, 8, 10, 14, 15 der Verordnung.

3 So Rouette, Sozialpolitik, 119. Wie die Autorin ausführt, zeigen dies auch Äußerungen von zuständigen Stellen sowie Kommentare der Verordnungstexte.

4 Vgl. das Vorwort in Lehfeldt, Freimachung. (Hervorhebung d. V.)

5 Vgl. ebd.

6 Bei den Spandauer Siemens-Werken betrafen vier Fünftel der Verbote Frauen. Dabei waren nur 30 Prozent der Beschäftigten weiblich. Angaben nach Rouette, Sozialpolitik, 114.

auf der Fabrik beschäftigten Frauen sind drei Mal so hoch wie die der Männer. So hat sich u.a. die graphische Anstalt wiederholt beklagt, daß sie bei der bisherigen Art der Zuweisung von weiblichen Hilfskräften ein Krankenasyl werde. (...) Wirtschaftliche Gründe, die Aufrechterhaltung der Konkurrenzfähigkeit der Fabrik verbieten auf die Dauer die Beschäftigung von Frauen für produktive Zwecke nach Maßgabe ihrer wirtschaftlichen Verhältnisse oder – richtiger gesagt – ihrer Bedürftigkeit in größerem Umfange von selbst.“[1]

Aus Sicht der Arbeitgeber mußte eine Zwangsregulierung der Arbeitsmarktverhältnisse, wie sie die Verordnungen vorsahen, als eine unzulässige Einmischung in ihre unternehmerische Entscheidungsgewalt erscheinen, so daß Proteste aus den Reihen der Unternehmer kaum überraschen. Erzwungene Beschäftigungsverbote und personelle Umbesetzungen konnten zur Folge haben, daß erfahrene Arbeitskräfte ausschieden und weniger versierte Kräfte an ihre Stelle traten, daß eingespielte Teams zerbrachen und mit neuen Einarbeitungs- und Anlernzeiten gerechnet werden mußte.[2] Daß die Umverteilung der Arbeitsplätze nicht immer einvernehmlich erfolgte, zeigten auch die in den Demobilmachungsausschüssen verhandelten Einsprüche gegen die Beschäftigungsverbote.[3] Die Kritik von Arbeitgeberseite an den Folgeerscheinungen dieser neuen Bestimmungen ähnelte der Argumentation mancher ihrer italienischen Kollegen in der Debatte um die weiblichen Angestellten, hatte es doch auch dort an verschiedenen Stellen geheißen, man könne „nicht auf die Beschäftigung von Frauen verzichten“, hielte es „weder für gerecht noch für zweckmäßig sie (...) mit demobilisierten Soldaten zu ersetzen“ und scheue den Aufwand einer Reorganisation der Betriebsabläufe.[4]

Alles in allem erscheint der arbeitsmarktpolitische Nutzen der Freimachungsverordnung wie auch des vorangegangenen Dekrets ziemlich fragwürdig.[5] Zunächst einmal schufen die Bestimmungen die Grundlage für eine Arbeitsmarktregulierung, die Frauen diskriminierte, indem sie ihre Erwerbschancen bewußt schmälerte und die Zugangsmöglichkeiten zu den industriellen Arbeitsmärkten verengte. Damit wurde die Verdrängung weiblicher Erwerbstätigkeit aus den kriegsindustriellen Branchen mittels politischer Steuerung unterstützt mit dem Ziel, die geschlechtsspezifische Segmentation der

1 HA Krupp, WA 4/1395, Heinemann an Cuntz am 19.12.1921.

2 Die Personalabteilung der Spandauer Siemens-Werke beklagte den erhöhten Aufwand und die Unnachgiebigkeit der lokalen Demobilmachungsorgane sowie die „politische Unruhe“, die die neuen Kräfte „in die Betriebe getragen“ hätten. Zitat von Rouette, Sozialpolitik, 114.

3 Gegen die 324 Beschäftigungsverbote für Frauen wurde in mindestens 270 Fällen Einspruch erhoben; 56 wurden weiterbeschäftigt, 214 trotz Einspruch entlassen, die übrigen Fälle waren noch nicht entschieden oder “anderweitig erledigt”. Damit führten die Einsprüche bei Frauen auch seltener zum Erfolg, vgl. Rouette, Sozialpolitik, 114.

4 Zitate nach Curli, Lavoro, 499.

5 Zudem kann man auf Seiten der Arbeitgeber Handlungsspielräume zur Dehnung der Bestimmungen vermuten, vgl. Beispiele in Rouette, Sozialpolitik, 111 sowie in Knortz, Demobilmachung, 107.

Arbeitsmärkte, die während des Krieges an Konturen verloren hatte, zu reetablieren.[1] Auch andere Grundrechte wurden dabei verletzt – schließlich hatte man für die Zurückdrängung der sogenannten „Kriegshilfskräfte" sogar die Einschränkung der Freizügigkeit in Kauf genommen, die die Bestimmungen gerade mit den Passagen über „ortsfremde" Beschäftigte implizierten. Die Rückführung der erwerbslosen „freigesetzten" Frauen in die „klassischen" weiblichen Erwerbszweige wurde jedoch nicht von entsprechenden legislativen Maßnahmen flankiert.[2]

Ungeachtet der geschlechtlichen Diskriminierung, die in den Verordnungstexten angelegt war, schufen die Regulierungen nicht eben ideale Voraussetzungen für eine Entspannung der Arbeitsmarktlage. Zwar bewirkte die Arbeitsmarktbewirtschaftung eine Übersetzung der Betriebe und eine Kontrolle des betrieblichen Personalmanagements im Sinne dessen, was als „Gemeinwohl" betrachtet wurde – zum Beispiel innenpolitische Stabilität und u.a. eine Wiederherstellung von privilegierten Erwerbschancen für Männer – installierte dabei aber umständliche Verfahrensweisen und neigte damit zu Ineffizienz und Unwirtschaftlichkeit. Der Rückgang der Arbeitslosigkeit im Laufe des Jahres 1919, von manchen zeitgenössischen Beobachtern als Indiz für den Erfolg der Arbeitsmarktregulierung gewertet, war wohl eher dem konjunkturellen Aufschwung als den Bewirtschaftungsmaßnahmen zuzuschreiben.

Betrachtet man die Einflußnahme auf die weibliche Erwerbstätigkeit auf dem industriellen Arbeitsmarkt gewissermaßen als „Zwischenziel"[3] der arbeitsmarktbezogenen Demobilmachungspolitik, so wurde dieses Ziel über die verschiedenen Maßnahmen staatlicher Regulierung durchaus erreicht. Die Marktposition von Frauen war im Vergleich zu den männlichen Arbeitsmarktakteuren deutlich beeinträchtigt. Die übergeordneten Ziele der Arbeitsmarktregulierung – die Arbeitslosigkeit zu senken und die Arbeitsmarktlage zu stabilisieren, außerdem die Vorkriegsverhältnisse auf dem Arbeitsmarkt wiederherzustellen – konnten jedoch nicht erfüllt werden. Für ein solches „Oberziel" war die gewählte Lenkungsmaßnahme nicht besonders geeignet, da sie in ihrer Konzeption weitgehend auf der irrigen Prämisse beruhte, daß Frauen quasi als „Stellvertreterinnen" die männlichen Erwerbspersonen auf den kriegsindustriellen Arbeitsmärkten ersetzt hätten. Dies war jedoch nur selten der Fall, da weibliche und männliche Arbeitsplätze sich nicht einfach untereinander austauschen ließen und damit auch nicht einem simplen Umverteilungsprozeß unterworfen werden konnten.[4] Die übergeordnete Zielvorstellung erschien überdies insofern widersprüchlich, als eine Restaurati-

1 Zur Entwicklung der geschlechtsspezifischen Segmentation des industriellen Arbeitsmarktes im Krieg und in der unmittelbaren Nachkriegszeit am Beispiel Berlins vgl. Rouette, Sozialpolitik, 78f. Zur Bilanz der Arbeitsmarktregulierungen vgl. dies., Sozialpolitik, 127f.

2 Rouette, Sozialpolitik, 128.

3 Vgl. die wirtschaftspolitische Zielhierarchie, die „Zwischenziele" sowie „Oberziel" oder „Endziel" unterscheidet.

4 Vgl. für eine kritische Auseinandersetzung mit der zeitgenössisch populären „Verdrängungsthese" auch Kassel, Verdrängung, 145-160.

on der Vorkriegslage auf dem Arbeitsmarkt angesichts des mittlerweile vollzogenen Strukturwandels einen unwirtschaftlichen Lenkungsaufwand erfordert hätte, der mit der Idee von mehr Prosperität und Beschäftigung kontrastierte. Eine weitere Inkonsistenz der arbeitsmarktbezogenen Demobilmachungspolitik bestand in der Tatsache, daß den Konsumgüterindustrien, deren rascher Aufschwung für die Produktionsumstellung und die Regeneration des Arbeitsmarktes wichtig gewesen wäre, im wirtschafts- und arbeitsmarktpolitischen Kalkül kaum Beachtung geschenkt wurde. Von einer geschlechtsspezifisch differenzierten Warte aus gesehen, bedeutete die Vernachlässigung dieser Friedensbranchen zugleich ein Desinteresse an den Industriezweigen, in denen die weibliche Erwerbstätigkeit traditionell hoch war.

Retrospektiv betrachtet, mag es angesichts der massiven Freisetzung von Frauen aus den kriegsindustriellen Erwerbsbereichen zunächst verwundern, daß dieser Prozeß nicht mit mehr Widerstand und Protest verbunden war, sondern vergleichsweise reibungsarm ablief. Viele räumten freiwillig ihren Arbeitsplatz, was vor dem Hintergrund der zum Teil sehr bedrückenden Arbeitsbedingungen in der Kriegsindustrie verständlich ist.[1] Bereits die Darstellung der industriellen Demobilmachung hat gezeigt, daß für den Personalabbau in beiden Ländern die freiwillige Abkehr eine nicht unbedeutende Rolle spielte. Sicherlich empfand eine Reihe von Frauen die Rückkehr in die Familie und in familiale Erwerbsformen als Entlastung und den Verlust ihres möglicherweise ohnehin als vorläufig interpretierten Arbeitsplatzes nicht als Ungerechtigkeit.[2] Für viele Frauen mochten sich die veränderten Arbeitsmarktbedingungen aber auch ganz anders darstellen. So memorierte eine ehemalige Aushilfskraft von Krupp:

> „Und da war ich eigentlich traurig, als der Krieg aufhörte. Da war meine schöne Arbeit wieder weg. Plötzlich hörte der Krieg auf 1918: Bis Kriegsende war ich da. Dann kam das Ende.“[3]

Außerdem bedeutete für viele ehemalige Kriegsarbeiterinnen der Verlust des kriegsindustriellen Arbeitsplatzes sicherlich nicht die Rückkehr in Haushalt und Familie, sondern der Übergang in die Erwerbslosigkeit oder aber in geringer entlohnte, als schlechter empfundene Beschäftigungsverhältnisse.[4]

Auch die italienischen Arbeiterinnen räumten ihre Arbeitsplätze in der Kriegsindustrie bei Kriegsende größtenteils nicht freiwillig, sondern nur auf Druck des Arbeitgebers. So beruhten – den Daten aus einigen Regionalkomitees zufolge – bei den Frauen nur rund zwölf Prozent der registrierten Entlassungen auf freiwilliger Abkehr, während die deutliche Mehrheit auf forcierten Personalabbau zurückging. Anders gestaltete sich das Bild bei den männlichen Arbeitskräften, von denen über zwei Drittel aus freien

1 Vgl. Bessel, Beunruhigung, 221 siehe auch Mai, Arbeitsmarktregulierung, 221. Vgl. auch Rouette, Sozialpolitik, 94.

2 Die Zahl der Eheschließungen stieg in den ersten Nachkriegsjahren sprunghaft an, vgl. Schwarz, Krieg, 110.

3 So die Erinnerungen der Bergmannstochter Ilse Moritz, zitiert nach Hartewig, Jahrzehnt, 199.

4 Zitiert nach Hartewig, Jahrzehnt, 199.

Stücken ihre Abkehr nahmen.[1]

Vor dem Hintergrund der dargestellten Entwicklung in beiden Ländern ist es sicherlich berechtigt, die Demobilmachung der Frauenarbeit als einen Aspekt der arbeitsmarktbezogenen Demobilmachungspolitik zu verstehen, die eine Verdrängung von Frauen aus den kriegsindustriellen Arbeitsplätzen intendierte.[2]

b. Grundzüge der Arbeitsmarktpolitik: Erwerbslosenschutz, Arbeitsvermittlung, Arbeitsbeschaffung

Die arbeitsmarktbezogene Demobilmachungspolitik erschöpfte sich jedoch nicht in der Zurückdrängung der Kriegshilfskräfte und in dem Wunsch nach Restauration der Vorkriegsverhältnisse. Als zentrale Regelungsbereiche von Arbeitsmarktpolitik gewannen sowohl in Deutschland als auch in Italien der Erwerbslosenschutz, die Arbeitsvermittlung und die Arbeitsbeschaffung neue Konturen.

Die Unterstützung im Falle von Arbeitslosigkeit wurde in Deutschland mit der „Verordnung über Erwerbslosenfürsorge“ vom 13.11.1918 neu geregelt.[3] Wie sich in der arbeitsmarktpolitischen Praxis rasch herausstellte, wies die neue Regelung jedoch zahlreiche Schwächen auf. Dies offenbarte auch die Tatsache, daß die Bestimmungen, die zunächst nur für ein Jahr gelten sollten, in der Folgezeit kontinuierlich überarbeitet wurden – bis zum Frühjahr 1920 bereits neun Mal.[4] Die Verordnung verpflichtete die Gemeinden zur Einrichtung einer Erwerbslosenfürsorge und der dafür erforderlichen Verwaltungsstruktur auf paritätischer Grundlage, während die Kosten von Reich, Ländern und Kommunen zusammen getragen werden sollten, wobei drei Sechstel auf das Reich, zwei Sechstel auf das Land und ein Sechstel auf die jeweilige Gemeinde entfielen.[5] Im Vergleich zur Kriegserwerbslosenfürsorge bildete die *Verpflichtung* der Kommunen ein wichtiges neues Element.[6] Die neu zu etablierende Arbeitslosenunterstüt-

---

1 Von 9.051 Entlassungen, die bei den Regionalkomitees von Genua, Bologna, Florenz, Rom, Bari, Palermo, Cagliari registriert wurden, betrafen 4.027 Männer (mit 2.620 freiwilligen Kündigungen) und 5.024 Frauen (mit 580 freiwilligen Kündigungen), Tomassini, Mercato, 337.

2 Im Vergleich zur Kriegszeit bewirkte bereits die Reaktivierung der Schutzbestimmungen für weibliche Erwerbstätigkeit eine Dezimierung der im Zuge des Krieges erweiterten Erwerbsmöglichkeiten für Frauen. Daß diese – vom gesundheitspolitischen oder fürsorgerischen Standpunkt gesehen positive – Maßnahme auch eine arbeitsmarktpolitische Kehrseite hatte, die zur Diskriminierung genutzt werden konnte, war sowohl in Deutschland als auch in Italien Gegenstand zeitgenössischer Debatten. Vgl. für Italien Ballestrero, Tutela, 26ff., 31 sowie dies., Parità, 450. Vgl. für Deutschland Rouette, Sozialpolitik, 7, 33ff., 94.

3 RGbl. 1918, Nr. 6530 sowie Ausführungsbestimmungen dazu. Der Verordnung war ein längerer Entscheidungsprozeß vorausgegangen, vgl. Lewek, 56 sowie 42ff.

4 Bis 1926 hatte die Verordnung 22 Veränderungen durchlaufen, vgl. Feldman, Saxony, 109; vgl. auch RGbl. 1918, Nr. 6570, Nr. 6600, RGbl. 1919, Nr. 6655, Nr. 6759, Nr. 6819, Nr. 7111, RGbl. 1920, Nr. 7246, Nr. 7266, Nr. 7496.

5 Die Verordnung sah vor, daß die Kommunen paritätisch besetzte Fürsorgeausschüsse einrichteten (§13). Vgl. zum Inhalt der Verordnung auch Lehfeldt, Erwerbslosenfürsorge.

6 Vgl. Lewek, Arbeitslosigkeit, 56.

zung durfte „nicht den Rechtscharakter der Armenpflege“ aufweisen – und wurde damit dem erwerbsbezogenen Fürsorgebereich zugeordnet.[1] Zu den Unterstützungsberechtigten zählten „arbeitsfähige und arbeitswillige Personen, die sich infolge des Krieges durch (...) Erwerbslosigkeit in bedürftiger Lage“ befanden. Eine Bedürftigkeit bestand dann, wenn der Lebensunterhalt nicht mehr aus den Einnahmen des Unterstützungsempfängers oder seiner Familienangehörigen bestritten werden konnte.[2] Für Frauen bestand allerdings nur dann ein Anspruch, wenn sie „auf Erwerbstätigkeit angewiesen waren“, und dieser erlosch, sobald die „früheren Ernährer arbeitsfähig zurückkehr[t]en“. Damit knüpfte der Verordnungstext die Anspruchsberechtigung an zwei eher vage formulierte Bedingungen – die Arbeitslosigkeit mußte kriegsbedingt und die Arbeitslosen bedürftig sein – und schuf somit einen gewissen Ermessensspielraum, was angesichts der heterogenen Beschäftigungs-, Lohn- und Lebensverhältnisse im Reichsgebiet zu Schwierigkeiten führen konnte. Mit dem Kriterium der Bedürftigkeit, das einen Rechtsanspruch auf die Unterstützungsleistungen ersetzte, wurde die Erwerbslosenfürsorge gleichsam zwischen einer patriarchalischen Sozialfürsorge und modernen, erwerbsbezogenen sozialen Sicherungssystemen angesiedelt.[3]

Weitgehende Gestaltungsfreiheit gewährte die Verordnung den Kommunen hinsichtlich der „Art und Höhe der Unterstützung“[4], allerdings sollten sich die Sätze an den gängigen Ortslöhnen gemäß der Reichsversicherungsordnung orientieren. Dieses Bemessungsprinzip wies zahlreiche Schwachpunkte auf. Angesichts der steigenden Lebenshaltungskosten war die ausgezahlte Unterstützung oft zu niedrig. Das Gefälle in den kommunalen Lohnersatzleistungen, die in Analogie zu den ortsüblichen Lohnsätzen in Industriestädten wie Hamburg oder Berlin ein besonders hohes Niveau erreichten, förderte eine Konzentration von Erwerbslosen gerade in den städtischen Zentren, die ohnehin am stärksten von Arbeitslosigkeit betroffen waren.[5] Die daraus resultierenden Ungleichheiten erschienen vor dem Hintergrund der angespannten Versorgungslage und der politischen Instabilität höchst problematisch und trieben die Sätze im gegenseitigen Anpassungsdruck nach oben.[6] Der Versuch einer Deckelung durch die Dekretierung von Maximalsätzen erwies sich ebenfalls als praktisch undurchführbar für die Kommunen, während ein Konzept, das mit mehr Zwang für die Aufnahme einer Erwerbstätig-

1 Vgl. § 2 der Verordnung.

2 Vgl. Artikel 6 der Verordnung.

3 Nach Karl Kumpmann trugen „diese Unterstützungen in weitem Umfang noch die Merkmale des Almosens an sich.“ Vgl. ders., Arbeitslosigkeit, 105. Vgl. auch Lewek, Arbeitslosigkeit, 57.

4 Vgl. § 9 der Verordnung.

5 Vgl. Feldman, Disorder, 117; siehe auch ders., Saxony, 110.

6 Eine ausführliche Schilderung der Probleme und ihrer Wechselwirkung, die bei der praktischen Umsetzung der Verordnung aufkamen, bei Lewek, Arbeitslosigkeit, 65ff.; Feldman, Disorder, 117ff., ders., Saxony.

keit operierte, ebenfalls scheiterte.[1]

Auch in Italien enthielt der Maßnahmenkatalog der arbeitsmarktbezogenen Demobilmachungspolitik neue Regelungen für die Absicherung gegen das Risiko der Arbeitslosigkeit. Mit den sogenannten *Ciuffelli*-Dekreten – benannt nach dem zuständigen Minister für Industrie, Handel und Arbeit – wurde ungefähr zum gleichen Zeitpunkt wie in Deutschland, also Mitte November 1918, eine ganze Reihe arbeitsmarktbezogener Regulierungen getroffen, die sowohl die Arbeitsverwaltung als auch den Erwerbslosenschutz betrafen.[2] So wurde ein öffentlicher Fonds für die „unfreiwillige Arbeitslosigkeit", der bereits zu Kriegszeiten gegründet worden war, mit weiteren öffentlichen Mitteln in Höhe von 100 Millionen Lire erheblich aufgestockt.[3] Trotzdem blieben die Novemberdekrete, die sich vor allem auf den Ausbau der Arbeitsvermittlung und die Konsolidierung ihrer institutionellen Struktur konzentrierten, in Bezug auf die Absicherung der Arbeitslosen zu diesem Zeitpunkt noch außerordentlich fragmentarisch und defizitär. Zunächst einmal konnte nur ein eingeschränkter Kreis potentieller Unterstützungsempfänger in vollem Maße von den neuen Regelungen profitieren, insofern, als der finanziell gestärkte *fondo per la disoccupazione involontaria* in erster Linie für Unterstützungsleistungen an erwerbslose „Kriegsarbeiter" im engeren Sinne zuständig war, also die komplette Entschädigungssumme nur an arbeitslose Beschäftigte aus der Kriegsindustrie zahlte.[4] Dies geschah vor dem Hintergrund, daß die Arbeiter, die bereits während des Krieges in den Fonds eingezahlt hatten – und das waren gerade die Arbeiter in der Rüstungsindustrie – besser gestellt werden sollten.[5] Demgegenüber blieben weite Kreise der mobilisierten Arbeiterschaft – beispielsweise die Landarbeiter, die ihren Heeresdienst an der Front geleistet hatten – von einer gleichwertigen Nutznießung ausgeschlossen oder fielen sogar völlig durch das locker geknüpfte Netz des Unterstützungssystems hindurch. Erst im Januar wurde der Kreis der Unterstützungsempfänger auf die *braccianti* ausgeweitet.[6] Gemäß den Daten, die über die Erwerbslosenfürsorge in dieser Phase vorliegen, stammten ungefähr drei Viertel der Unterstützungsempfänger aus Norditalien, so daß vermutlich hauptsächlich die Fabrikarbeiter des *triangolo industriale* und die bereits relativ gut organisierten Landarbeiter der Poebene von den Maßnahmen profitierten.[7]

---

1 Dies zeigte das Beispiel Leipzig, wo es zu Krawallen im Arbeitsnachweis kam. Vgl. Feldman, Saxony, 111 sowie ders., Disorder, 121; vgl. auch Lewek, Arbeitslosigkeit, 71, 78. Auch in anderen Städten gab es ähnliche Vorfälle.

2 Vgl. d. lgt. n. 1696, 1697, 1698, 1911 vom 17.11.1918. Für den Erwerbslosenschutz war außerdem das Dekret vom 5.1.1919, n. 6 von Belang, mit dem ein „Amt für Arbeitslosenunterstützung" errichtet worden war.

3 Für die Gründung des *fondo* vgl. D.L. vom 24.7.1917, Nr. 670. Weitere 50 Millionen Lire aus der Staatskasse wurden mit dem Decr. lgt. Nr. 1679 vom 7.9.1919 bereitgestellt.

4 Vgl. Cerri, Disoccupazione, 433.

5 Vgl. Bernhard, Regelung.

6 Vgl. das Decr. lgt. Nr. 6 vom 5.1.1919.

7 Vgl. die Daten und ihre Interpretation bei Cerri, Disoccupazione, 444.

Abgesehen davon, blieb auch das Konzept der „unfreiwilligen Arbeitslosigkeit" noch klärungs- und definitionsbedürftig und ließ einen Interpretationsspielraum,[1] der Ungleichbehandlungen und Ungerechtigkeiten mitbringen konnte. Darüber hinaus erschienen auch die Unterstützungssätze den Kosten für die Lebenshaltung nicht angemessen,[2] wie ein Gewerkschafter in einer umfassenden Kritik an den Novemberdekreten monierte:

> „Wenn wir viele Arbeitslose haben werden, wird auch die Funktionsweise des Arbeitsnachweises (*ufficio di collocamento*) dementsprechend sein, wenn keine Abhilfe für die Arbeitslosigkeit geschaffen wird, wird er nichts registrieren als die Arbeitslosen selbst. Die Unterstützungssätze für Erwerbslosigkeit sind viel zu niedrig, sie werden nicht weit reichen und den Arbeitern nichts garantieren."[3]

Außerdem empfand man das System und seine provisorische Verwaltungsstruktur als kompliziert und bedrückend.[4] Weder in Deutschland noch in Italien blieb es jedoch bei der mit den Novemberdekreten geschaffenen Struktur für den Schutz vor Arbeitslosigkeit, da in beiden Ländern Reformen im Verlauf der nächsten Monate einen qualitativen Wandel in der bislang erprobten Praxis der Erwerbslosenfürsorge herbeiführten. In ihren Reformbestrebungen schlugen beide Länder einen anderen Weg ein, wobei Italien im Vergleich zu Deutschland eine progressivere Maßnahme wählte, die im Vergleich zu den Novemberdekreten zukunftsweisende Elemente beinhaltete. Hier wurde im Oktober 1919 nicht nur die Arbeitsvermittlung reorganisiert, sondern eine obligatorische Arbeitslosenversicherung gegründet.[5] Grundsätzlich bedeutete dies die Abkehr vom Fürsorgeprinzip und die Hinwendung zum modernen Sozialversicherungssystem, das auf beitragsfinanzierten paritätischen Sozialkassen mit staatlichen Zuschüssen basierte. Ein solcher Schritt stand in Deutschland noch aus.[6] Die neue italienische Arbeitslosenversicherung suchte nunmehr den Kreis der Unterstützungsberechtigten deutlich auszuweiten und erstreckte sich jetzt auf einen Großteil der abhängig Beschäftigten in Industrie und Landwirtschaft, wobei Heimarbeiter, Hausangestellte und festangestellte Arbeiter in staatlichen Betrieben von der Versicherung ausgeschlossen blieben.[7] Als zentrales

---

1 Vgl. auch Cerri, Disoccupazione, 435.

2 Die Unterstützungssätze lagen – es gab Unterschiede nach Ort, Geschlecht und Alter – zwischen 0,50 und 3 L. täglich, vgl. Cherubini, Guerra, 241.

3 So Guarnieri Ende November 1918 bei einem Treffen mit Industrievertretern, vgl. das Protokoll der Sitzung in Carracciolo, Convegno, 411ff., hier 416. Übers. d. V.

4 Vgl. Cherubini, Guerra, 241 mit Anm. 29.

5 Vgl. R.D. Nr. 2214, vom 19.10.1919. Vgl. GU 10.12.1919, Nr. 291. Siehe auch die deutsche Übersetzung in Rabl. 1, 1921, amtlicher Teil, 283ff. Ergänzungen und Abänderungen wurden dekretiert mit R. D. Nr. 805, 9.6.1921; R.D. Nr. 956, 17.7.1921; R.D. Nr. 1366, 2.10.1921; R.D. Nr. 934, 29.6.1922. Eine Neuordnung erfolgte mit dem R.D. Nr. 3158, 30.12.1923. Vgl. auch Rotondi, Gesetzgebung, 374.

6 Vgl. dazu unten, IV 3.3. In Deutschland gab es im Frühjahr 1920 einen nicht konsensfähigen Gesetzesentwurf über die Gründung einer Arbeitslosenversicherung. Vgl. zeitgenössisch Wunderlich, Bekämpfung, 57. Zum Entwurf vgl. Rabl. 18, 1920, 391ff.

7 Vgl. Bernhard, Regelung, III.

Organ wurde das *Ufficio Nazionale per il collocamento e la disoccupazione* geschaffen, das die Vorläuferorganisationen für Arbeitsvermittlung und Arbeitslosenunterstützung zusammenführen sollte. Die eigentliche Versicherungstätigkeit oblag allerdings den Provinzialorganisationen, die mit Hilfe von örtlichen Arbeitsnachweisen oder Meldestellen das Verfahren durchführten und über die Unterstützungsleistungen entschieden. Für die Beitragserhebung konnten auch bereits bestehende Arbeitslosenkassen der Arbeitsmarktparteien autorisiert werden, da das Konstruktionsprinzip eine Kombination aus selbständigen Sozialkassen mit dem allgemeinen öffentlichen Fonds als Unterbau vorsah.[1] Ein wichtiges Element der neuen Gesetzgebung stellte die institutionelle Verbindung von Arbeitsvermittlung und Arbeitslosenversicherung dar, die in Deutschland zu diesem Zeitpunkt noch diskutiert wurde.[2] Mit dieser Verknüpfung wurde eine einheitliche institutionelle Struktur geschaffen, die zugleich die Arbeitslosigkeit selbst bekämpfen und bemessen sollte.

Sozialreformerische Kreise zollten der neuen Regelung durchaus Lob: Italien habe – auch im Vergleich mit hinsichtlich der Sozialgesetzgebung „weiter fortgeschrittenen" Ländern England, Deutschland und Frankreich – „verlorene Zeit gewonnen", habe ein Unterstützungswesen geschaffen, das in seinen Leistungen der englischen Regelung und dem deutschen Modellentwurf durchaus ebenbürtig sei.[3] Tatsächlich bestand in der Konzeption der Arbeitslosenversicherung eine sichtbare Ähnlichkeit zu der Konstruktion der englischen und deutschen Sozialversicherungssysteme – abermals ein Beispiel für institutionellen Wettbewerb im europäischen Vergleich.

Wenngleich mit der Gründung einer obligatorischen Arbeitslosenversicherung auf paritätischer Grundlage in Italien ein „entscheidender Fortschritt"[4] in bezug auf den Erwerbslosenschutz und den Ausbau des Sozialversicherungssystems vollzogen wurde, so offenbarte die politische Praxis jedoch nach wie vor gravierende Schwächen des Systems, so daß manche der ehedem vorgebrachten Kritikpunkte bestehen blieben. Beispielsweise waren die vorgesehenen Beiträge nur wenig höher als zuvor und schwankten je nach Lohngruppe zwischen 1,25 und 3,75 Lire.[5] Darüber hinaus gab es allenthalben Kritik an der komplexen Organisationsstruktur, die zu einer schwerfälligen

1 Ebd., XII.

2 Vgl. zu diesem Desiderat im Zusammenhang mit den Planungen für die deutsche Arbeitslosenversicherung Kumpmann, Arbeitslosigkeit, 84, 143ff. Die fehlende Verbindung mit dem Arbeitsnachweis stellte auch einen wichtigen Kritikpunkt an dem ersten Gesetzesentwurf über die Gründung einer Arbeitslosenversicherung in Deutschland vom Frühjahr 1920 dar, vgl. Wunderlich, Bekämpfung, 57. In Deutschland erfolgte die institutionelle Verknüpfung erst mit der Reorganisation der Erwerbslosenfürsorge im Jahr 1924.

3 Garino-Canina, Assicurazioni, 362, 366ff.

4 So Garino-Canino, Assicurazioni, 361.

5 Grundsätzlich sollten die Stützungszahlungen nicht mehr als die Hälfte des vorangegangenen Lohnes betragen.

Bürokratie und Ineffizienzen führen konnte.[1] Auch von Gewerkschaftsseite fürchtete man bürokratische Auswüchse und ein „erstickendes und rückschrittliches Funktionärswesen", das auch die besten Regierungsabsichten konterkarieren könne.[2] Abgesehen von einer tiefen Skepsis gegenüber einer Ausdehnung staatlicher Regelungsbereiche kritisierten die linken Parteien und Arbeiterorganisationen auch das Prinzip der paritätischen Beitragserhebung grundsätzlich, sahen es als eine bloße Übergangsregelung auf dem Weg zu einer autonomen Regelung und strebten nach einem Finanzierungsmodell, das ausschließlich auf Arbeitgeberbeiträgen basierte.[3]

Es ist nicht unproblematisch, diese neue arbeitsmarktpolitische Maßnahme ausgewogen einzuschätzen. Die Umsetzung der Bestimmungen erscheint jedoch mit großen Schwierigkeiten behaftet gewesen zu sein, was ihre praktische Wirkung trübte. Anscheinend stieß die Regelung bald an die Grenzen ihrer organisatorischen Machbarkeit und enthüllte hierin entscheidende Planungsmängel.[4] Beispielsweise wurden im ersten Jahr aus verfahrenstechnischen Gründen überhaupt keine Beiträge für Landarbeiter erhoben, so daß diese faktisch noch nicht von der Versicherung erfaßt waren.[5] Bis zum Juni 1920 nützte die Arbeitslosenversicherung erst 1,5 Millionen Arbeitern, während die Ablehnung durch weite Kreise innerhalb der organisierten Arbeiterschaft ihren Einflußbereich schmälerte.[6]

Alles in allem beeinträchtigt die kurze Geltungsdauer der neuen sozialpolitischen Maßnahme die retrospektive Einschätzung der Wirkungspotentiale dieses institutionellen Arrangements, dessen Konsolidierung durch eine nur brüchige Akzeptanz innerhalb der beteiligten Kreise erschwert worden war. Bereits im Jahr 1923 wurde die Arbeitslosenversicherung umorganisiert und in das faschistische Sozialversicherungssystem eingegliedert.[7]

Auch in Deutschland wurde nach einigen Monaten das System der Erwerbslosenfürsorge modifiziert, als durch die Verordnung vom 27. Oktober 1919 die Grundlagen für die sogenannte „produktive Erwerbslosenfürsorge" geschaffen wurden.[8] Diese Regelung sollte den Arbeitslosenschutz mit der Schaffung von Arbeitsgelegenheit verbinden,

1 Dies räumte auch der deutsche Kommentator des italienischen Gesetzeswerkes ein: „In dem Aufbau der Organisation schwelgt der italienische Gesetzgeber in einer Fülle von Behörden und Organen." Später wird der „lückenlose Behördenapparat" als „verwickelt" bezeichnet, vgl. Bernhard, Regelung, III, XI.

2 So aus den Reihen der CGdL, allerdings bezogen auf das gesamte System der *assicurazioni sociali*. Zitiert nach Cherubini, Guerra, 307. Übers. d. V.

3 Vgl. ebd., 245f., 308.

4 Nach Cherubini, Guerra, 246, war die Vorbereitung schlechter als in anderen Sozialversicherungszweigen. Vgl. auch den Bericht des Generaldirektors des Ufficio nazionale per il collocamento e la disoccupazione an die Zentralkommission, abgedruckt in: Bollettino del lavoro e della previdenza sociale 33, 1920, I-400ff.

5 Hier sollte erst ein verändertes Verfahren Abhilfe schaffen. Vgl. Bernhard, Regelung, III.

6 Vgl. ebd.

7 Vgl. Zamagni, History, 314f. Siehe auch Silei, Stato, 135ff., 297ff.

8 Vgl. RGbl. 1919, Nr. 7111.

indem „alle diejenigen Fürsorgemaßnahmen" zu fördern waren, „die dem Erwerbslosen (...) an Stelle einer Geldunterstützung Erwerbsgelegenheit durch werteschaffende Arbeit geben."[1] Hiermit bahnte sich ein Richtungswechsel in der bislang praktizierten Erwerbslosenpolitik an, der den Abbau der Fürsorgeleistungen anstrebte.[2] Statt dessen verschob sich der Fokus nun vermehrt auf Arbeitsbeschaffungsmaßnahmen, für welche die bei der Fürsorge eingesparten Mittel ausgegeben werden sollten.[3] In dem Maße, wie ein öffentliches Projekt Unterstützungsmaßnahmen einsparte, standen also zusätzliche Gelder für Notstandsprogramme bereit, über deren Art und Umfang die Kommunen entscheiden konnten,[4] sofern es sich um „volkswirtschaftlich wertvolle" oder „werteschaffende" Projekte handelte.[5] Der Kurswechsel stand im Zusammenhang mit dem Amtsantritt von Heinrich Brauns (Zentrum), der nach dem Scheitern der Weimarer Koalition bei den Reichstagswahlen im Juni 1920 im Rahmen des bürgerlichen Minderheitenkabinetts das Reichsarbeitsministerium übernommen hatte. Die Tätigkeit von Brauns als Reichsarbeitsminister, die zahlreiche Regierungswechsel überdauerte, markierte eine Kontinuitätslinie in der Weimarer Arbeitsmarktpolitik.[6]

Schon zeitgenössische Beobachter erkannten den programmatischen Beiklang, der in dem Begriff der „produktiven Erwerbslosenfürsorge" mitschwang. Wie der Arbeitsmarktexperte Karl Kumpmann im Jahr 1920 diagnostizierte, benannte man mit diesem „neuen, reklamehaft angepriesenen Schlagwort" eine „alte Sache, nämlich die Arbeitsbeschaffung".[7]

Tatsächlich handelte es sich bei den Arbeitsbeschaffungsmaßnahmen oder „Notstandsarbeiten" als solchen keineswegs um ein neues arbeitsmarktpolitisches Instrument, denn sowohl in Deutschland als auch in Italien waren solche Aufträge bereits bei der Arbeitsmarktkrise zu Kriegsbeginn vermehrt zum Einsatz gekommen. Auch in den ersten Wochen nach Kriegsende initiierten die zuständigen Ministerien in beiden Ländern im Zuge der Demobilmachungspolitik umfangreiche Notstandsarbeiten. So waren in Deutschland bis zum Winter 1918/19 bereits knapp vier Milliarden Mark für öffentliche Arbeiten ausgegeben worden, während der Leiter des Demobilmachungsamtes, Joseph Koeth, wohl ursprünglich an die dreifache Summe gedacht hatte.[8] Von diesen Mitteln waren 1,6 Milliarden in den Eisenbahnbau, anderthalb Milliarden in Bauprojekte, vier Millionen in Eisenbahnmaterialien, 600 Millionen in den Kanalbau sowie 80 Mil-

---

1 So Regierungsrat Schiele im Artikel „Produktive Erwerbslosenfürsorge", in: Rabl. n. F. 1, 1920/21, n.a. T., 132f.

2 Vgl. dazu Lewek, Arbeitslosigkeit, 106ff. Siehe auch Song, Arbeitsmarktpolitik, 233ff.

3 Vgl. auch Wunderlich, Bekämpfung, 38ff.

4 Vgl. Knortz, Demobilmachung, 39f.; die Kostenaufteilung zwischen Reich, Ländern und Gemeinden erfolgte nach demselben Schlüssel wie bei der Erwerbslosenfürsorge, vgl. Feldman, Saxony, 116.

5 Vgl. die Formulierungen von Schiele in: Rabl. n. F. 1, 1920/21, n.a. T., 132.

6 Brauns war bis zum Sommer 1928 Reichsarbeitsminister. Zu Brauns vgl. Bähr, Schlichtung, 52ff.

7 Vgl. Kumpmann, Arbeitslosigkeit, 105.

8 Vgl. Feldman, Disorder, 111.

lionen in die Reichspost geflossen.[1]

In Italien wurden im Zuge der *Ciuffelli*-Dekrete vom 17. November 1918 rund drei Milliarden Lire für öffentliche Arbeiten in Aussicht gestellt.[2] Davon sollte das Ministerium für öffentliche Arbeiten eine Milliarde erhalten, 1,8 Milliarden waren dem Eisenbahnbau zugedacht, der Rest ging an diverse Ministerien.[3] Mit Blick auf eine flexible Durchführung der Notstandsarbeiten und eine problemorientierte regionale Verteilung der Gelder erfolgte eine Konkretisierung der Bestimmungen per Dekret vom 6. Februar 1919, das eine Aufteilung des Fonds für öffentliche Arbeiten vorsah und in einem Rundschreiben über die Ausführungen die Verwendungskriterien spezifizierte.[4] Die Realisierung dieser Maßnahme, die bereits lautstark als großzügiges Notstandsprogramm verkündet wurde, gestaltete sich jedoch schwerfällig und zäh, so daß im Frühjahr 1919 insgesamt gerade einmal rund 370 Millionen Lire verausgabt worden waren – somit sogar weniger als während der Arbeitsmarktkrise zu Beginn des Krieges.[5] Auch im internationalen Vergleich nahmen sich die tatsächlich realisierten Aufwendungen gering aus: In US-Dollar berechnet, belief sich das bis zum Frühjahr 1919 erreichte Ausgabenvolumen in Italien auf 38 Millionen, während in Deutschland die öffentlichen Arbeiten einen Wert von rund 200 Millionen US-Dollar erreichten – also über das Fünffache.[6] Auch bei Berücksichtigung der unterschiedlichen Größe beider Volkswirtschaften relativiert sich dieser Eindruck nur wenig: Während die Kosten für öffentliche Arbeiten rund zwei Prozent des mutmaßlichen deutschen Nettoinlandsprodukts ausmachten, erreichte dieser Kostenpunkt in Italien nur ungefähr ein halbes Prozent (0,5%) des geschätzten Volkseinkommens.[7] In Italien erhielt somit dieses arbeitsmarktpolitische Instrument – entgegen der ursprünglich formulierten Programmatik – in der Anfangsphase der Demobilmachung keine neue Qualität. Die Initiative schien im politischen Tagesgeschäft zu versanden.

Auch in Deutschland suggerierte das Programm der „produktiven Erwerbslosenfür-

---

1 Genauer gesagt, handelte es sich um 3,784 Milliarden Mark. Vgl. ebd., 114. Vgl. auch Rabl. n. F. 1, 1920/21, n.a. T., 9; eine Aufstellung über die vom Reich bezuschußten kommunalen Notstandsarbeiten auch in Rabl. n. F. 1, 1920/21, n.a. T., Teil 1: 66f.; Teil 2: 110f.

2 Vgl. Decr. lgt. Nr. 1698, 17.11.1918.

3 Cerri, Disoccupazione, 433.

4 Vgl. Decr. lgt. Nr. 607. Vgl. Cerri, Disoccupazione, 446.

5 Zwar hatte vor allem Bonomi (seit 1.1.1919 Minister für öffentliche Arbeiten) einige ganz interessante Ansätze in seiner ABM-Politik, die auch für die Privatinitiative hätte Impulse geben können, aber letztlich fehlte auch ihm eine kohärente Vision über den Nutzen der öffentlichen Arbeiten, deren Beschäftigungswirkung vermutlich bescheiden waren. Vgl. dazu Cerri, Disoccupazione, 448ff.

6 Für die zugrundegelegten Wechselkurse vgl. Zamagni, History, 213 sowie Holtfrerich, Inflation, 15, 19.

7 *Grosso modo* betrachtet, dürfte sich das deutsche Sozialprodukt im Jahr 1919 auf etwa 200 Milliarden Mark belaufen haben (= 10 Milliarden US-Dollar), das Sozialprodukt Italiens auf ca. 60 Milliarden Lire (= 6 Milliarden US-Dollar). Berechnet nach den Angaben in Holtfrerich, Inflation, 15, 221ff. sowie Mitchell, Statistics, 895; vgl. auch die Angaben bei Frerich/Frey, Sozialpolitik, 175 sowie Zamagni, History, 37, 39f., 160, 173.

sorge" einen arbeitsmarktpolitischen Aufbruch, der so jedoch nicht stattfand. Die Idee einer Verbindung von Arbeitslosenfürsorge und Arbeitsbeschaffung war durchaus innovativ.[1] Zudem markierte dieser Ansatz einen wichtigen Schritt zur Verknüpfung von Arbeitsvermittlung, Erwerbslosenschutz und Arbeitsbeschaffung, die in Italien bereits an Konturen gewonnen hatte, wenngleich die Bestimmungen über die Arbeitsbeschaffung auch hier noch relativ spärlich ausgefallen waren.[2] Allerdings handelte es sich bei den im Zuge der „produktiven Erwerbslosenfürsorge" geförderten Notstandsarbeiten nicht um wertschöpfende, volkswirtschaftlich ergiebige Projekte.[3] In erster Linie intendierten die neuen Bestimmungen einen Abbau der Erwerbslosigkeit und bewirkten faktisch lediglich eine Verschiebung der Arbeitslosen von Fürsorgeempfängern zu Arbeitern in staatlich subventionierten Beschäftigungsprogrammen.[4] Diese Maßnahme zielte darauf ab, einem Mißbrauch der Unterstützung durch sogenannte „arbeitsscheue" Personen vorzubeugen.[5] Bei Ablehnung des Notstandsjobs verlor der Erwerbslose seine Unterstützungsberechtigung und fiel damit ebenfalls aus der Kategorie der Fürsorgeempfänger heraus. Im Unterschied zur „alten Notstandsaktion", bei der die Projektträger gerne auf einen erfahrenen Stamm von Notstandsarbeitern zurückgegriffen hatten, mußten nun registrierte erwerbslose Unterstützungsempfänger eingestellt werden.[6] Auf diese Weise wurden bis Februar 1922 ungefähr 14.000 Maßnahmen gefördert, in denen insgesamt 491.000 Arbeitslose mit 54 Millionen Arbeitertagewerken beschäftigt waren.[7] Angesichts des hohen Drucks zum raschen Handeln, den gerade Kommunen in Regionen mit hoher Arbeitslosigkeit, wie beispielsweise in Berlin oder in Sachsen, empfunden haben mochten, lag die Wahl von schnellebigen, aber kurzfristig wirksamen Maßnahmen nahe, denen überdies durch die monetäre und fiskalische Lage ein enger Rahmen gesteckt war.[8] Nicht zuletzt erschien auch der bürokratische Verwaltungsaufwand der regulierten Erwerbslosenpolitik kritikwürdig.[9] Alles in allem erschien also die Wirksamkeit der „produktiven Erwerbslosenfürsorge" im Sinne einer aktiven Arbeits-

1 Feldman, Saxony, 116.

2 Vgl. Bernhard, Regelung, X, XXI.

3 Dies arbeitet Heike Knortz heraus, vgl. dies., Demobilmachung, 39f. Auch die zeitgenössische Soziologin Frieda Wunderlich muß trotz ihrer grundsätzlich positiven Einschätzung dieser Maßnahme zugeben, „daß eine Reihe wertloser Maßnahmen gefördert worden sind". Dies., Bekämpfung, 54.

4 Knortz, Demobilmachung, 39.

5 Zu Fällen von Missbrauch der Lohnersatzleistungen vgl. Feldman, Disorder, 119; vgl. auch ebd., 113. Lewek, Arbeitslosigkeit, 74; vgl. für das zeitgenössische Verständnis von „subjektiver" Arbeitslosigkeit, unter die die „allgemeine Arbeitsscheu" subsumiert wird, auch Kumpmann, Arbeitslosigkeit, 5ff., sowie 52f.

6 Der Erfolg dieser „Aussiebung" sei nicht gering zu veranschlagen, so Wunderlich, Bekämpfung, 55; siehe auch ebd., 39.

7 Angaben nach Frerich/Frey, Sozialpolitik, 196.

8 Vgl. Feldman, Saxony, 116ff.

9 Man spottete, „daß ein Arbeitsloser, der sich Arbeit durch eigene Bemühungen verschafft habe, diese gar nicht antreten könne, da ihm der Arbeitsnachweis den nötigen Zuweisungsschein" verweigere. Lewek, Arbeitslosenversicherung, 119.

marktbelebung gerade unter den finanziellen und sozialen Bedingungen in Deutschland[1] fraglich.

Weiterhin spielte in beiden Ländern auch die Arbeitsvermittlung im Maßnahmenkatalog der arbeitsmarktbezogenen Demobilmachungspolitik eine wichtige Rolle. Bereits im November 1918 hatte in Deutschland das Demobilmachungsamt für den Ausbau der öffentlichen Arbeitsnachweise Reichsmittel zugesagt. Diese waren im Vergleich zu den konkurrierenden Arbeitsvermittlungseinrichtungen von anderen Trägern gestärkt aus den Kriegsjahren hervorgegangen, dennoch fehlte eine einheitliche organisatorische Grundlage, die die Arbeit der öffentlichen Arbeitsvermittlungseinrichtungen hätte effektivieren können. Der entscheidende Schritt für eine Koordination der Arbeitsnachweise in öffentlicher Regie wurde mit der Einrichtung des „Reichsamtes für Arbeitsvermittlung" im Januar 1920 vollzogen, das zunächst im „Reichsamt für Arbeit" angesiedelt worden war, im Frühjahr 1920 jedoch bereits als selbständige Behörde firmierte.[2] Mit dieser organisatorischen Struktur ließ das langjährige Ringen der Arbeitsmarktparteien um das „umstrittene Vermittlungsmonopol" (Faust) auf dem Arbeitsmarkt allmählich nach, von dem sich die Interessengruppen Marktkontrolle und damit Marktmacht versprochen hatten.[3] Dabei reflektierte die paritätische Regelung des Arbeitsnachweiswesens, die Gewerkschaften und Unternehmer bereits in ihrem Arbeitsgemeinschaftsabkommen verabredet hatten, somit auch auf der Ebene der Arbeitsverwaltung die korporatistischen Elemente der Wirtschaftsverfassung auf der Basis eines tripartistischen Ausgleichs zwischen Gewerkschaften, Unternehmern und Staat.[4]

Auch in Italien bestand inzwischen ein relativ breiter Konsens im Hinblick auf die Notwendigkeit eines durchstrukturierten Arbeitsvermittlungswesens unter Mitarbeit der Sozialpartner. Mehr denn je erschienen eine überörtliche Markttransparenz und eine genaue Kenntnis der Arbeitsmarktprobleme allen Arbeitsmarktakteuren ein dringendes Erfordernis. Bereits im Oktober 1918 hatte der Arbeitsmarktexperte Attilio Cabiati konkrete Vorschläge über die Organisation der Arbeitsvermittlung in der unmittelbaren Nachkriegszeit erarbeitet und – unter Betonung der Dringlichkeit einer raschen Regelung – Pläne für eine ausbaufähige Basisstruktur entwickelt, die auf regionalen Arbeitsnachweisen beruhte und in einem zentralen nationalen Arbeitsvermittlungsamt gipfelte.[5] Orientiert am englischen Modell, sollte die Leitung der Regionalstellen paritätisch be-

1 Feldman, Saxony, 116.

2 Vgl. Verordnung vom 5. Mai 1920, in Rabl. 18, 1920, 383. Vgl. zum Ausbau der öffentlichen Arbeitsvermittlung Frerich/Frey, Sozialpolitik, 198f.

3 Vgl. zur Diskussion um die „Monopolstellung des öffentlichen Arbeitsnachweises" auch Rabl. n. F. 1, 1920/21, n.a. T., 92f. Wie das Ringen um das Arbeitsnachweisgesetz von 1922 zeigte, war die Kontroverse damit jedoch nicht abgeschlossen.

4 Vgl. oben, IV 1.2. Eine systematische Neuordnung des Arbeitsnachweiswesens erfolgte durch das „Arbeitsnachweisgesetz" im Jahr 1922, vgl. Frerich/Frey, Sozialpolitik, 198f.; Wunderlich, Bekämpfung, 34f.

5 Cabiati, Collocamento, 599-611.

setzten Kommissionen obliegen.[1] Tatsächlich gingen die Vorschläge in die bald darauf folgenden politischen Neuregelungen ein. Das Maßnahmenpaket, das das Ministerium für Industrie, Handel und Arbeit unter Ciuffelli im November 1918 vorstellte, zielte nicht zuletzt auf eine umfassende Modernisierung des Arbeitsvermittlungswesens ab. So sah eines der Dekrete den Ausbau und die staatliche Förderung bereits existierender Arbeitsnachweise vor (womit sowohl die öffentlichen als auch die von den Arbeitsmarktparteien in Eigenregie betriebenen Vermittlungsstellen gemeint waren) und verordnete die Neugründung von Arbeitsnachweisen für die Gebiete, in denen noch keine entsprechenden Strukturen bestanden.[2] Außerdem sollten ein *Ufficio centrale per il collocamento* sowie eine paritätische Zentralkommission eingerichtet werden. Damit schufen die Dekrete also die Basis für eine konsolidierte Struktur des Arbeitsnachweiswesens mit einem zentralisierten Überbau unter Beteiligung von Arbeitnehmern, Arbeitgebern und dem Staat.[3] Durch die Gründung der Arbeitslosenversicherung wurde schließlich der neu gegründete Apparat zur Arbeitsvermittlung mit der Verwaltung der Erwerbslosenfürsorge verknüpft.[4]

Über die arbeitsmarktpolitischen Kernaufgaben hinaus setzte das Krisenmanagement in Deutschland auch auf eine weitergehende Beeinflussung der *Matching*-Prozesse auf dem Arbeitsmarkt. So wurde hier auch mit Maßnahmen experimentiert, die das Ungleichgewicht zwischen dem *ländlichen* und *industriellen* Arbeitsmarkt ausgleichen sollten. Nachdem die Demobilmachungsleitung bereits mit einem absurden Konzept einer Zwangsüberweisung für körperlich taugliche Arbeitslose in der Landwirtschaft gescheitert war,[5] suchte die „Verordnung zur Behebung des Arbeitermangels in der Landwirtschaft“ im Frühjahr 1919 die während des Krieges aus dem landwirtschaftlichen Sektor abgewanderten Arbeitskräfte zurückzugewinnen, indem man den Arbeitgebern in Gewerbe und Industrie ein Einstellungsverbot für diese Arbeitskräftegruppe erteilte, die Arbeitsnachweise zu einer dementsprechenden Arbeitsvermittlung anhielt und den „zurückkehrenden“ Arbeitskräften eine Reihe von Vergünstigungen versprach.[6] Ziel dieser Regulierungen war also eine Beseitigung der sektoralen Arbeitsmarktungleichgewichte durch die Orientierung am Status quo ante. Auch diese Idee ignorierte jedoch, so scheint es, die Qualität des während der letzten Jahre vollzogenen Strukturwandels, der die Arbeitsmärkte des primären und sekundären Sektors untereinander nur noch bedingt permeabel erscheinen ließ. Wie Experimente in Sachsen zeigten, erwies

1 Ebd., 610.
2 Vgl. Decr. lgt. Nr. 1911, 17.11.1918.
3 Cerri, Disoccupazione, 439ff.
4 RD. Nr. 2214, 19.10.1919, vgl. oben.
5 Vgl. dazu Feldman, Disorder, 120. Koeth dachte an einen allgemeinen Arbeitszwang und konzipierte seinen Entwurf analog zum Hilfsdienstgesetz.
6 Vgl. RGbl. 1919, Nr. 6764; vgl. auch Nr. 7115 vom 28.10.1919. Vgl. auch Syrup/Billerbeck, Einstellungen, 82ff.

sich eine nur an Kopfzahlen orientierte Deckung von Angebot und Nachfrage als unzureichend:

„The city people do not want to go to the country and the farmers do not want to take the city workers."[1]

Auch die Bestimmungen über Betriebsstillegungen lassen sich als ein arbeitsmarktpolitisches Instrument verstehen, mit dem die Freisetzung von Arbeitskräften verhindert werden sollte. So verpflichtete die „Stillegungsverordnung" im November 1920 industrielle Arbeitgeber, die Demobilmachungsbehörde von einer geplanten Werksstillegung in Kenntnis zu setzen, verfügte eine Übergangsphase mit einer Weiterbeschäftigung der Belegschaft bei verkürzter Arbeitszeit und band die Einstellung der Produktion an eine offizielle Zustimmung seitens des Demobilmachungsamtes, bevor Kündigungen vollzogen werden durften.[2] In dieser vierwöchigen Sperrfrist konnte der Demobilmachungskommissar die Berechtigung des Stillegungsvorhabens und der geplanten Entlassungen prüfen und ggf. eine Streckung der Arbeit anraten. Grundsätzlich wurde damit den Behörden eine arbeitsmarktpolitisch nutzbare Möglichkeit zur Mitsprache bei der betrieblichen Personalpolitik eingeräumt, wenngleich die Ausführungsbestimmungen klarstellten, daß die behördliche Tätigkeit „nicht auf ein dauerndes Verbot (...) der Stillegung hinzielen" dürfe.[3] Gerade hinsichtlich der Passagen zu den Massenentlassungen existierten jedoch konkurrierende Rechtsauffassungen. An der Handhabung dieser Verordnung in der betrieblichen Praxis ließ sich somit gleichfalls beobachten, wie sich gegen Ende der Demobilmachungsphase nicht nur die Lage und die Machtverhältnisse auf dem Arbeitsmarkt, sondern auch die wirtschafts- und interessenpolitischen Konstellationen im Vergleich zur unmittelbaren Nachkriegszeit wieder veränderten. Dies zeigte sich beispielsweise bei den Düsseldorfer Röhrenwerken, die aufgrund der schlechten Auftragslage im Frühjahr 1921 einige Produktionsstätten stillegen wollten, ohne vorher – wie es die Verordnung vorsah – mit Kurzarbeit gestreckt zu haben. Von den Entlassungen waren über 1.000 Arbeiter betroffen. Trotz der verordnungswidrigen Praxis stimmten die Behörden den Kündigungen prinzipiell zu, da das Unternehmen seine Beweggründe „glaubhaft geltend machen" konnte.[4]

Zu den arbeitsmarktpolitischen Rahmenbedingungen, die entscheidend auf produktive Belange einwirkten, rechnete auch die Arbeitszeit. In dieser Frage war in beiden

1 So Koeth, zitiert nach Feldman, Disorder, 120. Auch Wunderlich spricht von „Mißerfolgen" in dieser Hinsicht, dies., Bekämpfung, 45.

2 „Verordnung betreffend Maßnahmen gegenüber Betriebsabbrüchen und -stillegungen" vom 8. November 1920, vgl. Rabl. n. F. 1, 1920, a. T., 138ff.

3 Rabl. n. F. 1, 1920, a. T., 140.

4 Vgl. MA, R.11082. Kündigungen bei den Düsseldorfer Röhren- und Eisenwalzwerken DREW (Blechwalzwerk und Stahlwerk) vom 13.5.1921. Siehe auch Eingabe von Phoenix (DREW) an den Schlichtungsausschuß vom 19.5.1921. Allerdings gab man der Arbeitnehmervertretung Gelegenheit, zu Härtefällen Stellung zu nehmen und reduzierte vorläufig den Umfang der sofortigen Entlassungen. Zur Diskussion über die VO vgl. Der Arbeitgeber, 13, 1923, 296ff., 360ff.

Ländern während der wirtschaftlichen Demobilmachung ein Durchbruch erzielt worden. Während sich in Deutschland die Tarifpartner bereits im ZAG-Abkommen auf die Einführung des Achtstundentages verständigt hatten – allerdings nicht ohne einen geheimen Zusatz, der die neue Regelung an ihre Einführung in den führenden Industrieländern band [1]– sahen auch in Italien richtungsweisende Konkordate für einen Großteil der Industriearbeiterschaft nunmehr den Achtstundentag vor.[2] Wenngleich damit in beiden Ländern kurz nach dem Weltkrieg für die Mehrheit der Arbeitnehmer die achtstündige Arbeitszeit „eine vollendete Tatsache"[3] darstellte, wie ein zeitgenössischer Chronist es im Rückblick formulierte, so blieb jedoch die neue Arbeitszeitregelung sowohl in Deutschland als auch in Italien prinzipiell reversibel. Die Ratifikation des Washingtoner Abkommens über den Achtstundentag aus dem Jahr 1919 erfolgte in beiden Ländern entweder überhaupt nicht oder – nach geraumer Verzögerung – nur bedingt.[4] Vielmehr basierte die Arbeitszeit in beiden Ländern hauptsächlich auf theoretisch kündbaren „freiwilligen" Vereinbarungen der Tarifpartner.[5] Auch die gesetzliche Verankerung, die der Achtstundentag in Deutschland im Rahmen der Demobilmachungsverordnungen erfuhr, blieb zeitlich befristet, so daß die neue Arbeitszeitregelung damit auch im deutschen Fallbeispiel den Charakter einer vorläufigen Lösung trug, deren Umsetzung in der Praxis auf Widerstände stieß.[6] Die Arbeitszeitfrage, deren Revision die Arbeitgeber alsbald anstrebten, gestaltete sich höchst umstritten und sollte sich in der Folgezeit rasch zu einem zentralen Konfliktpunkt in den zunehmend unversöhnlichen Interessengegensätzen zwischen den Arbeitsmarktparteien entwickeln.[7]

---

1 Vgl. Feldman, Weltkrieg, 122.

2 Am bedeutsamsten war der Tarifabschluß der Metallindustrie am 20. Februar 1919 mit landesweiter Geltungskraft, der für die gesamte Branche den Achtstundentag einführte, der sodann auf andere Branchen ausgeweitet wurde. Vgl. FA, Fondo Gamba, b. 4, fasc. 4 (Soc. An. it. Gio. Ansaldo & C., Regolamento per gli operai meccanici, navali e affini, 20. febbraio 1919); fasc. 5. Vgl. auch Zeitungsberichte dazu, fasc. 5; 6; 8. Vgl. z.B. Avanti! vom 21.2.1919; Il Lavoro, 20.3.1919. Vgl. auch BNCF, Regolamenti di fabbrica, b. 7; 84. Vgl. auch die Zusammenstellung von Tarifverträgen in den wichtigsten Industrien: Federazione Industriale Lombarda, Il contratto di Lavoro in Lombardia, Mailand 1921.

3 Azimonti, Tempi, 35.

4 Vgl. Fischer/Rohde, Übereinkommen, 94, 165f., 218ff.

5 In Italien kam es erst mit dem D.L. Nr. 692 vom 15.3.1923 zu einer gesetzlichen Verankerung des Achtstundentages, wobei weite Ausnahmen zugelassen wurden. Eine Aushöhlung des Achtstundentages war faktisch leicht möglich. Zu den relevanten Verordnungen vgl. Rotondi, Gesetzgebung, 371 sowie Fischer/Rohde, Übereinkommen, 218ff.

6 RGbl. 1918, Nr. 6528; Nr. 6548; Nr. 6591; vgl. auch RGbl. 1919, Nr. 6766. Die Verordnungen waren bis zum Jahr 1923 befristet, im Dezember 1923 wurde eine neue Arbeitszeitverordnung erlassen, die nun zahlreiche Ausnahmeregelungen gestattete, vgl. Frerich/Frey, Sozialpolitik, 188f.

7 Vgl. auch Feldman/Steinisch, Weimarer Republik, 353-439. Vgl. auch unten, IV 3.3.

1.7. Bilanz: Arbeitsmarkt und Demobilmachung

Die Demobilmachung, die unmittelbar nach dem Krieg in beiden Ländern zu bewerkstelligen war, bedeutete weit mehr als den Übergang vom Kriegs- zum Friedenszustand, der sich weder in Deutschland noch in Italien über die bloße Rückführung zum Status Quo der Vorkriegszeit vollziehen ließ. In beiden Ländern hatte während des Krieges ein umfassender und vielschichtiger Mobilisierungsprozeß stattgefunden, der viele gesellschaftliche Teilbereiche vernetzte und eine Eigendynamik entwickelt hatte. Die Aufgaben und Probleme, die sich den Nachkriegsgesellschaften im Zuge der Demobilmachung stellten, waren dementsprechend komplex. Es ging nicht nur um die Wiedereingliederung der Kriegsteilnehmer und der Kriegsarbeiterschaft in einen Produktionsprozeß, der den neuen Bedürfnissen entsprechend umzuformen war, sondern um die Konstruktion eines gesellschaftlichen Konsenses, der den Ansprüchen und Artikulationsformen der neuen Massenbewegungen Rechnung trug und unterschiedliche Interessen integrierte. Vor diesem Hintergrund offenbarten die Lösungsstrategien für die Arbeitsmarktkrisen zugleich eine über die akute Krisenbewältigung hinausweisende Dimension.

Während in Deutschland umfassende Arbeitsmarktregulierungen die Absorption des von Heer und Industrie freigesetzten Arbeitskräftepotentials gewährleisten sollten, ermöglichte in Italien die erhöhte Durchlässigkeit zwischen den industriellen und landwirtschaftlichen Arbeitsmärkten eine zu weiten Teilen „geräuschlose", statistisch nicht faßbare Aufnahme der durch den Demobilisierungprozeß ausgeschiedenen Erwerbspersonen in die zivile Arbeitswelt.[1] Dies bedeutete zugleich aber eine Problemverschiebung vom industriellen zum ländlichen Erwerbsbereich in Italien, der bereits auf eine gravierende Strukturkrise zusteuerte.[2]

Sowohl in Deutschland als auch in Italien verlief auch auf dem industriellen Arbeitsmarkt die Anpassung an die freie Friedenswirtschaft mit einiger Verzögerung.[3] Sei es, daß – flankiert von einem entsprechenden Verordnungswesen – eine nur „unvollständige Schrumpfungskur"[4] der Belegschaften bei so manchem stark expandierten Kriegsproduzenten stattgefunden hatte; sei es, daß durch die Fortdauer der Rüstungsproduktion die Konsolidierung einer den Friedensbedürfnissen angepaßten Produktionsstruktur verschleppt wurde. Aus der Arbeitsmarktperspektive betrachtet, kam diese Verzögerung zum Teil einem Problemaufschub gleich und ließ erahnen, daß auch nach der Demobilisierung des Arbeitsmarktes der Problemdruck nicht vollständig kanalisiert war oder sogar eine weitere Krise bevorstehen mochte – tatsächlich sollten die Stabilisierungskrisen von 1920/21 in Italien und 1924 in Deutschland nicht lange auf sich war-

1 Diese erhöhte Durchlässigkeit wurde bereits veranschaulicht, vgl. oben, Kapitel II.

2 Vgl. Nützenadel, Agrarpolitik, 284ff.; siehe auch ders., Landarbeiter, 69ff. Vgl. auch ders., Landwirtschaft, 11ff.

3 Mai, Arbeitsmarktregulierung, 233.

4 So Tenfelde, Krupp, 137 in der Überschrift zum Kapitel über die Belegschaftsentwicklung zwischen 1919 und 1925.

ten lassen. Mit Blick auf die innenpolitische Krisenstimmung wirkte diese Verlagerung allerdings vorläufig stabilisierend.

Im Unterschied zur „Anpassungskrise“ bei Kriegsbeginn, die mit der Mobilisierung für den Kriegszustand einhergegangen war, barg die „Demobilmachungskrise“ somit Problemlagen mit einer potentiell langfristigen Dimension. Auch der Fokus auf die Schwerindustrie, der in Deutschland insofern in der unmittelbaren Nachkriegszeit wurzelte, als Korrekturen der kriegsbedingten Verzerrungen in der Produktionsstruktur ausblieben, ebnete später den Weg in eine Strukturkrise,[1] die auch auf dem industriellen Arbeitsmarkt ihren Niederschlag finden sollte.[2] So schien die Politik der Demobilmachung in mancherlei Hinsicht wirtschaftliche Potentiale ungenutzt ruhen zu lassen. Die staatliche Regulierung des betrieblichen Personalwesens in Deutschland förderte Ineffizienzen und Bürokratisierungsprozesse, mit denen auch der mehr und mehr zum „pathologischen Gigantismus“[3] neigende italienische Behördenapparat den ökonomischen Restrukturierungsprozeß lähmte. Vor dem Hintergrund der Arbeitsmarktbewirtschaftung in Deutschland, die in eine überbesetzte Personalstruktur mündete, gestalteten sich private Initiative und Investitionsneigung bescheiden. Ein „nachfrageindizierter Konjunkturaufschwung“ blieb aus.[4]

Auch in der Handhabung der Arbeitsbeschaffungsmaßnahmen schlummerten ungenutzte Potentiale: Zum einen erschöpften sich auch die neuen Projekte überwiegend in althergebrachten Notstandsarbeiten wie Meliorationen, Instandsetzungen, Forstkulturarbeiten u.ä.[5] So handelte es sich auch bei der produktiven Erwerbslosenfürsorge in Deutschland nicht um ein antizyklisches Investitionsprogramm, sondern um eine beschäftigungsorientierte Sofortmaßnahme, die – trotz zukunftsweisender Ansätze in ihrem Konstruktionsprinzip – dem Modus der klassischen Notstandsarbeit verhaftet blieb. Zum anderen erschien – im Falle Italiens – auch der Umfang der für die Arbeitsbeschaffung verausgabten Mittel bei weitem nicht ausreichend, um eine antizyklische Abfederung der Arbeitsmarktprobleme darstellen zu können. Die konjunkturorientierte Beschäftigungsstimulation gehörte noch nicht in den Kanon des arbeitsmarktpolitischen Denkens.[6]

Dennoch entstanden sowohl in Deutschland als auch in Italien im Verlauf der Demobilmachung gerade auf dem Arbeitsmarkt wichtige neue Regelungen, die entscheidend zum Ausbau der Arbeitsmarktpolitik zu einem eigenständigen Politikfeld beitrugen und

---

1 Vgl. Plumpe, Unternehmerverbände, 755ff.

2 Die Vernachlässigung der Konsumgüterindustrie in Deutschland, die dieser schwerindustrielle „Bias“ implizierte, trug sicherlich zu einer Schmälerung des potentiellen Beschäftigungs- und Produktivitätsvermögens in den „leichtindustriellen“ Industriezweigen bei. Vgl. dazu Knortz, Demobilmachung, 200f.; Feldman, Demobilmachung und Sozialordnung, 168.

3 So Procacci, Folgen, 175.

4 Vgl. Mai, Arbeitsmarktregulierung, 233 sowie Knortz, Demobilmachung, 201.

5 Vgl. Knortz, Demobilmachung, 196f.

6 Vgl. Cerri, Disoccupazione, 448f., 469.

bedeutende Impulse für die sozialpolitische Entwicklung in beiden Ländern lieferten.[1]

Zum ersten Mal galt nun das Risiko der Arbeitslosigkeit als ein in staatlicher Verantwortung zu lösendes politisches Problem, das neue institutionelle Regelsysteme erforderte, die den Erwerbslosenschutz den bereits vorhandenen Systemen der sozialen Sicherung zuordneten. Zwar reihte sich die Erwerbslosenfürsorge in Deutschland vorerst in den umfangreichen Katalog der kurzfristigen Demobilmachungsmaßnahmen ein.[2] Aber trotz ihres situativen Aspekts wiesen diese Regelungen weit über eine Kurzfristlösung hinaus.[3] Daß die Behörde für die wirtschaftliche Demobilmachung zur wichtigsten Trägerin staatlicher Arbeitsmarktpolitik avancierte, bereitete den Boden für eine starke Stellung des Staates auf dem Arbeitsmarkt in den folgenden Jahren.[4] Auch in Italien wurde mit der Gründung von Erwerbslosenfürsorge und Arbeitslosenversicherung arbeitsmarktpolitisches Neuland betreten, obwohl man hier bis dato noch nicht auf eine längere Tradition einer sozialen Grundsicherung in öffentlicher Verantwortung zurückblicken konnte. Hier standen ebenfalls Sofortmaßnahmen zur Bekämpfung von Krisenherden im Vordergrund.[5]

Die neuen Regelungen der Arbeitswelt, die im Zuge der Demobilmachung in beiden Ländern getroffen wurden, lassen erkennen, daß das Ziel der sozialen Stabilisierung im politischen Handeln Priorität besaß. So sollte die Arbeitslosenunterstützung vor allem das soziale Konfliktpotential entschärfen und damit zur Revolutionsabwehr bzw. zur Eindämmung der sozialen Unruhen beitragen.[6] Schon vor Kriegsende hatte ein italienischer Arbeitsmarktexperte für die Übergangszeit eine Politik nach der Maxime prognostiziert, „politische Preise für unterschiedliche Beschäftigungsarten zu zahlen, um vorher bestimmte außerökonomische Ziele des sozialen Friedens zu erreichen“.[7]

Tatsächlich gestaltete sich die Politik der Demobilmachung, “to buy social peace at

---

1 Gerade die frühe Weimarer Republik wird gemeinhin als eine bedeutende Etappe in der Geschichte der Sozialpolitik und in der Entwicklung des Sozialstaates bzw. Wohlfahrtsstaates verstanden, vgl. z.B. Frerich/Frey, Sozialpolitik, 174; Preller, Sozialpolitik; Abelshauser, Weimarer Republik. Vgl. auch die zeitgenössische Studie von Rieber, Entwicklung, 203f. Vgl. auch Musso, Sindacalismo, 61.

2 Vgl. dazu Lewek, Arbeitslosigkeit, 25, 80, 404.

3 Vgl. auch die Einschätzungen in Forschungsarbeiten der frühen 1920er Jahre: Prange, Demobilmachung, 167f.; Müller, Regelung, 109f.

4 Vgl. für diese Sicht Lewek, Arbeitslosigkeit, 405, siehe auch ebd., 79. Daran änderte auch das verstärkte Bemühen um eine Leistungseinschränkung nichts, das sich seit der allmählichen Erholung des Arbeitsmarktes im Zuge der einsetzenden Inflationskonjunktur erkennen ließ. Vgl. ebd., 119, 404f. Der Abbau der Erwerbslosenfürsorge stand auch im Zusammenhang mit der Erzbergerschen Finanzreform, die die Reichseinnahmen konsolidieren sollte, vgl. ebd., 106ff.

5 Zum Motiv der politischen Schwäche vgl. Feldman, Demobilmachung, 176; siehe auch Cerri, Disoccupazione, 464.

6 Das politische Motiv der Revolutionsabwehr bei der Entstehung der Arbeitslosenfürsorge arbeitet heraus Lewek, Arbeitslosigkeit, 49ff.

7 Cabiati, Collocamento, 600.

any price“[1] finanziell aufwendig und nährte, finanziert über die Notenpresse, die inflationäre Entwicklung vor allem in Deutschland, wo das finanzielle Engagement der öffentlichen Hand stattliche Ausmaße annahm.[2] Vorläufig erschien diese Politik jedoch – gemessen an dem Ziel der Revolutionsabwehr – durchaus erfolgreich.

Gewiß waren die Arbeitsmarktprobleme der Demobilmachung vordergründig relativ rasch überwunden und damit vorerst nur von kurzfristiger Bedeutung. Aber dennoch läßt sich eine ausgeprägte Kontinuitätslinie erkennen, die die Zeit der Demobilmachung mitsamt ihrer neuen Arrangements zur Lösung der Arbeitsmarktprobleme mit den darauffolgenden Jahren verbindet. Gerade jetzt wurden sowohl in Deutschland als auch in Italien wichtige Organe der Arbeitsverwaltung geschaffen und eigenständige Träger von Arbeitsmarktpolitik etabliert.[3] In dem Aufgabenkatalog der Demobilmachung präsentierte sich der Arbeitsmarkt als wichtiges politisches Handlungsfeld, was den Profilierungsprozeß forcierte, der aus einer „arbeitsmarktbezogenen Demobilmachungspolitik“ eine eigenständige Arbeitsmarktpolitik entstehen ließ.

2. Arbeitsmarkt und Inflation

Nach Kriegsende hatten alle kriegführenden Länder in Europa mit Währungsproblemen und inflationären Tendenzen zu kämpfen, die mit dem enorm gestiegenen Finanzbedarf durch Krieg und Wiederaufbau zusammenhingen. Somit läßt sich das Phänomen der Inflation auch nicht mit einer klaren Zäsur von den Kriegsereignissen, der Demobilmachung und der Umstellung auf die Friedenswirtschaft abgrenzen, da es keine chronologisch nachgeordnete Episode der Inflation gab. Vielmehr zeichnete sich eine Inflations*dekade* ab, die bereits 1914 begann und erst mit der Sanierung der Währung und der Rückkehr zum Gold(devisen)standard im Laufe der 1920er Jahre endete.[4] Für die Perspektive des europäischen Vergleichs gilt diese Anmerkung besonders, weil die Intensität und der Umgang mit den landesspezifischen Währungsproblemen nicht kongruent abliefen. Bei der Betrachtung der Inflation und ihren Auswirkungen auf den Arbeitsmarkt handelt es sich also um einen besonderen Aspekt eng ineinander verzahnter Probleme, die zum Teil bereits in einem anderen Zusammenhang Erwähnung gefunden haben. Dabei lassen sich nicht nur Überschneidungen in chronologischer Hinsicht erkennen, sondern auch tiefergehende, kausale Verknüpfungspunkte – beispielsweise hatten die arbeitsmarktbezogenen Demobilmachungsmaßnahmen und die Art ihrer Finan-

1 So Feldman, Disorder, 131.

2 Die inflationsfördernde Wirkung der wirtschaftlichen Demobilmachung arbeitet Knortz, Demobilmachung, heraus, vgl. aber auch Mai, Arbeitsmarktregulierung; Feldman, Disorder, passim.

3 Vgl. z.B. die bereits erwähnte Gründung der Arbeitsministerien in Deutschland und Italien. In Deutschland fungierten die lokalen Demobilmachungsorgane, die über die „Demobilmachungsvollmacht“ einen weiten Handlungsspielraum hatten, zum Teil als direkte Vorläufer der Arbeitsverwaltung.

4 Vgl. dazu Feldman, Weltkrieg.

zierung in nicht geringem Maße zur Verschärfung der inflationären Tendenzen in Deutschland beigetragen.[1] An dieser Stelle interessieren jedoch weniger die jeweiligen Ursachen und Katalysatoren der Inflation[2] als vielmehr die Auswirkungen der Inflation auf Beschäftigung und Arbeitsmarkt in beiden Ländern. Bei Einblendung der monetären Rahmenbedingungen wird deutlich, daß das Arbeitsmarktgeschehen der Logik eines „Verteilungsspiels" folgte.

Für diesen Bezug ist es zunächst sinnvoll, vorab den Verlauf und das Ausmaß der Inflation im zeitlichen Rahmen in beiden Ländern zu skizzieren. Für das globale Arbeitsmarktgeschehen im Zeichen der „Geldblähe"[3] bildete die Entwicklung der Arbeitslosigkeit ein wichtiges Kriterium, weiterhin stellten die Löhne einen wichtigen Indikator für die Verteilungswirkung auf dem industriellen Arbeitsmarkt dar. Über diese quantitativen Merkmale hinaus sollen jedoch auch indirekte Problembezüge thematisiert werden: So lassen sich die wachsenden Unruhen innerhalb der abhängig Beschäftigten – z.B. die Proteste gegen *Caroviveri*, die einen wichtigen Antriebsfaktor für sozialen Protest in Italien darstellten – als Reaktion gegen die Vernichtung der materiellen Errungenschaften durch die Inflation verstehen. Darüber hinaus spielten auch die gleichzeitig aufkommenden Debatten über neue institutionelle Regelsysteme auf dem Arbeitsmarkt – hier wäre beispielsweise das Projekt der „Arbeiterkontrolle" als Variante der Arbeitnehmermitbestimmung zu nennen – eine Rolle.

Mit der Währungskonsolidierung schließlich waren in beiden Ländern bisweilen heftige Stabilisierungskrisen verbunden, die für das Arbeitsmarktgeschehen der Folgezeit neue Voraussetzungen schufen und so eine Scharnierfunktion zwischen der unmittelbaren Nachkriegszeit und den darauffolgenden Jahren relativer Stabilität ausübten.

2.1. Verlauf und Ausmaß der Inflation in Deutschland und Italien

Mit Beginn des Krieges verlor das internationale Währungssystem seine integrative, ausbalancierende Funktion, als die kriegführenden Länder sich vom Goldstandard abwendeten. Die Währungspolitik, mit der nach Kriegsende in Europa die finanzielle Rekonstruktion betrieben wurde, wies grundsätzlich verschiedene Wege und mündete in drei Varianten der monetären Entwicklung:[4] So gab es eine Reihe von Ländern, die ihre Währung zu Beginn der 1920er Jahre nach einer gezielten Deflationspolitik mehr oder weniger auf Vorkriegsniveau stabilisieren konnten. Davon war eine andere Gruppe von Ländern zu unterscheiden, die eine gemäßigte, „abgebremste" Inflation durchliefen und ihre Währung erst im Laufe der 1920er Jahre – abgewertet – konsolidierten, während

1 Vgl. dazu oben, Kapitel IV, 1.

2 Vgl. dazu vor allem Holtfrerich, Inflation; ders., Moneta; Feldman, Disorder; Frascani, Politica; Falco/Storaci, Fluttuazioni, 57ff.

3 Vgl. Hesse, Wirtschaftslage.

4 Vgl. für die folgenden Angaben Feinstein/Temin/Toniolo, Economy, 38f.; sowie Feldman, Weltkrieg, 57.

einige Länder sogar in eine Hyperinflation gerieten, den völligen Zusammenbruch ihres Geldwesens durchlebten und eine neue Währung schaffen mußten.[1] Deutschland und Italien gingen nicht denselben Weg. Wenngleich beide Länder sich zunächst gegen eine Politik der Deflation entschieden hatten, so variierte der Grad der Inflationserfahrung jedoch beträchtlich, da Italien eine galoppierende Inflation, Deutschland hingegen eine Hyperinflation durchlebte.[2] Dementsprechend stellte sich auch die Periodisierung in beiden Ländern unterschiedlich dar. Einen Überblick über den Gang der Inflation in Deutschland und Italien bis 1923 gibt die nachstehende Tabelle, die die Entwicklung der Großhandelspreise und des Dollarwechselkurses in beiden Ländern seit 1913/14 gegenüberstellt.

Tabelle 10: Entwicklung der Großhandelspreise und des Dollarwechselkurses in Deutschland und Italien, 1913-1923[3]

	Index Großhandelspreis Deutschland, 1913=100	Index Großhandelspreis Italien, 1913=100	Index Wechselkurs Mark/Dollar, 1913=100	Index Wechselkurs Lira/Dollar 1914=100
1913	100	100	100	
1914	105	96	102	100
1915	142	127	116	123
1916	152	185	132	124
1917	179	274	157	137
1918	217	413	143	163
1919	415	450	470	189
1920	1486	591	1501	387
1921	1911	541	2491	447
1922	34182	545	44921	401
1923	710 Mrd. (Oktober)	550	600 Mrd. (Oktober)	412

Im großen und ganzen lassen sich für das deutsche Fallbeispiel vier Phasen erkennen: Ein erster Abschnitt begann mit der November-Revolution 1918 und endete ungefähr im Frühjahr 1920 mit dem Kapp-Putsch. Die schnelle Währungserosion in diesem Zeitraum hing vor allem mit innenpolitischen Aspekten sowie einer finanziell aufwendigen

1 Dies geschah z.B. in Deutschland, Österreich, Ungarn, Polen und Rußland.

2 Die deutsche Hyperinflation war lediglich der Kulminationspunkt eines 1914 angestoßenen Prozesses; das betont auch Peukert, Weimarer Republik, 74.

3 Quellen: Angaben für Spalten 1 und 3 nach Holtfrerich, Inflation, 15, der allerdings monatsgenaue Indexwerte angibt mit 1913=1. Die Angaben sind Jahresdurchschnittswerte, außer für das Jahr 1923 – hier bezieht sich die Zahl auf den Monat September. Spalte 2 nach ISTAT, Valore, 10. Vgl. auch Zamagni, History, 213. Spalte 4 berechnet nach Schneider, Währungen, 381f. Da die Angaben bei Schneider u. a. erst 1915 einsetzen, mußte der Kurswert für 1914 allerdings aus einer anderen Quelle ergänzt werden (nach Zamagni, History, 213, deren Zahlenreihe allerdings leicht von den hier zugrundegelegten Angaben abweicht, *grosso modo* aber übereinstimmt).

Arbeitsmarkt- und Sozialpolitik zusammen.[1] An diesen Auftakt schloß sich eine kurze, ungefähr ein Jahr dauernde – relative – „Stabilitäts"-Periode an, in welcher die Inflation vergleichsweise moderat voranschritt. Seit Frühjahr 1921 beschleunigte sich der Währungsverfall im Zuge von politischer Instabilität, Krisen und Reparationszahlungen abermals, bis im Sommer 1922 aufgrund einer expansiven Kreditpolitik der Reichsbank gegenüber der Industrie der hyperinflationäre „Endspurt" begann, der durch den Finanzbedarf des passiven Widerstands an der Ruhr noch beschleunigt wurde.[2]

Im Unterschied dazu kam der Währungsverfall in Italien bereits 1920/21 zu einem vorläufigen Stillstand, als es der italienischen Regierung gelang, das Haushaltsdefizit deutlich zu senken und – zumindest vorübergehend – die Währung zu stabilisieren.[3] So nahm im Jahr 1920 die schwebende Schuld des Staates bei den Notenbanken ab, und die umlaufende Notenmenge erreichte ihren Höhepunkt.[4] Damit markierten die Jahre 1920/21 einen wichtigen Wendepunkt. Dies galt vor allem mit Blick auf die ökonomische Entwicklung: so konnte die sogenannte „kleine" Weltwirtschaftskrise von 1921 aufgrund der relativen Stabilisierung der Lira in Italien weitaus leichter durchschlagen, während Deutschland von der globalen Rezession verschont blieb, statt dessen von Exportvorteilen und einer defizitfinanzierten Konjunkturbelebung profitierte. Dieser Zusammenhang wurde auch von zeitgenössischen Beobachtern hervorgehoben. So prognostizierte man im Krupp'schen Direktorium im Sommer 1921, daß die Krise, die andere Länder zu diesem Zeitpunkt durchliefen, in Deutschland wohl bloß vertagt sei:

> „Die wirtschaftliche Lage Deutschlands ist im Vergleich zu den übrigen Ländern aus zwei Gründen relativ günstig zu nennen. Als besiegtes Volk haben wir am schnellsten und wirksamsten zur Arbeit zurückgefunden. Es wird heute in Deutschland mehr und besser gearbeitet als in fast allen übrigen Ländern der Welt. Der zweite Grund, daß wir von der Weltkrisis bis zu einem gewissen Grade bisher verschont geblieben sind, liegt in unserer durch die Notenpresse herbeigeführten Geldflüssigkeit. Das Trugbild dieser künstlichen Geldflüssigkeit muß eines Tages verschwinden. Die Krisis wird uns nicht erspart, sie kann höchstens hinausgeschoben werden und wird eines Tages um so schwerer über uns hereinbrechen, je länger und größer die Inflation gewesen ist."[5]

Das erste Argument, das der leitende Angestellte anführte, deutete bereits auf eine durch die Inflation verzerrte Wahrnehmung hin. Denn tatsächlich war es in erster Linie die Inflationskonjunktur, die die Ansicht bestärkte, in Deutschland werde „mehr und besser gearbeitet" als anderwärts. Mit der zweiten Begründung wurden die ökonomi-

1 Feldman, Weltkrieg, 59.

2 Vgl. für die Periodisierung ebd. Siehe auch Petzina, Wirtschaft, 82.

3 Vgl. Holtfrerich, Moneta, 668ff.; vgl. auch De Cecco, Bank-Cooperation, 115ff.

4 Holtfrerich, Moneta, 671f. Vgl. auch die hier aufgeführten quantitativen Daten und ihre Interpretation im Vergleich zu Deutschland. Für eine Übersicht über die „circolazione cartacea" vgl. auch Annuario Statistico italiano, Seconda serie, IX, Anni 1922-1925, Rom 1926, 321. Vgl. auch Supino, Storia, 212ff.

5 So die Ausführungen von Dr. Bruhn bei einer Besprechung mit dem Betriebsausschuß am 21.7.1921, HA Krupp, WA 4/2587.

schen Rahmenbedingungen jedoch treffend umrissen.

Auch in politischer Hinsicht bot eine solche „Stabilisierungskrise", wie sie Italien im Unterschied zu Deutschland bereits 1921 durchlebte und die sich mit anderen Krisenerfahrungen verband, ein erhebliches destabilisierendes Potential. Dies zeigt der Blick auf Italien. Hier vollzog sich seit Mussolinis Machtübernahme im Oktober 1922 ein politischer Umbruch, der mit der Umgestaltung der traditionellen liberaldemokratischen Institutionen durch den erstarkenden faschistischen Staat verfestigt wurde. Angesichts des politischen Wandels in Italien manifestierte sich somit ein wichtiger Unterschied im Hinblick auf die Rahmenbedingungen des Arbeitsmarktgeschehens in beiden Ländern. Diese Veränderungen betteten sich in die Chronologie von Inflation und Stabilisierungskrisen ein. Vor diesem Hintergrund ist zunächst die Koinzidenz von Währungsverfall, Krisenerfahrung und dem zunehmenden Erfolg der faschistischen „Bewegung" zu berücksichtigen. Darüber hinaus ist jedoch vor allem nach Kontinuitäten und Diskontinuitäten auf dem Arbeitsmarkt zu fragen, wobei sowohl Parallelen als auch abweichende Gestaltungsmöglichkeiten der Krisenbewältigung in beiden Ländern hervortreten. Mit Blick auf die monetäre Entwicklung, die durch Sequenzen von Krise und Stabilisierung geprägt war, brachte das Jahr 1922 zunächst nur scheinbar eine Zäsur. Als die Regierungsverantwortung Ende Oktober auf das Kabinett Mussolini übertragen wurde, war die Talsohle der ökonomischen Krise bereits durchschritten.

Mit der vorläufigen Währungskonsolidierung der frühen 1920er Jahre war die Inflation in Italien allerdings noch nicht zum Abschluß gekommen. Unter Finanzminister Alberto De Stefani wurde zunächst ein liberaler wirtschaftspolitischer Kurs eingeschlagen, der die finanz- und wirtschaftspolitischen Konzepte der Vorgängerregierungen fortsetzte und weiterhin auf eine Sanierung des Staatshaushaltes setzte. Dennoch konnte – trotz des erfolgreichen Haushaltsausgleichs – ein weiterer Liquiditätsanstieg nicht verhindert werden, was längerfristig inflationäre Tendenzen förderte.[1] Die italienische Wirtschaft durchlebte – nicht zuletzt begünstigt durch die Kursverluste der Lira – in diesen Jahren eine Phase konjunkturellen Aufschwungs,[2] der aber tiefgreifende strukturelle Krisenherde von Wirtschaft und Gesellschaft nur leidlich überdecken konnte.[3] Währenddessen wuchs der amerikanische Druck zur Klärung in der Frage der Auslandsschulden und zur Sanierung der Währung. Als der Verfall der Lira jedoch weder durch binnenwirtschaftliche Restrukturierungsmaßnahmen noch durch die Regelung der Kriegsschulden aufgehalten werden konnte, bestand über die Notwendigkeit einer Wäh-

1 Vgl. Frascani, Finanza, 173ff.; Zamagni, History, 247. Vgl. für eine Übersicht über die Liquiditätsraten Cohen, Rivalutazione, 316 sowie Annuario statistico italiano, Terza serie, I, 1927, Rom 1927, 285f.

2 Vgl. Rey, Sintesi, 272; vgl. auch Zamagni, History, 243ff.

3 Dazu gehörte beispielsweise unter anderem die Zunahme des Außenhandelsdefizits, die Kostenkrise in der Industrie, Probleme im Agrarsektor, rückläufige Spareinlagen, Zunahme von Konflikten auf dem Arbeitsmarkt, Verarmungstendenzen innerhalb der Arbeiterschaft und eine Börsenkrise. Vgl. Rafalski, Faschismus, 32ff., hier 36.

rungsstabilisierung weitgehender Konsens, wenngleich der Aufwertungssatz nach wie vor höchst umstritten blieb.[1] Den währungspolitischen Kurswechsel verkündete Mussolini in dramatischer Rhetorik in einer bekannten Rede in Pesaro im August 1926, mit der die „Schlacht um die Lira bis zum letzten Blutstropfen" begonnen werden sollte und die sogenannte „Quota Novanta" – gemeint war die Parität von 90 Lire zu einem Pfund Sterling – einen harten Deflationskurs festlegte.[2] Als im Dezember 1927 schließlich der Lirakurs mit 92,46 Lira zum britischen Pfund und mit 19 Lire zum US-Dollar festgeschrieben wurde, hatte somit auch Italien als letztes europäisches Land seine Währung saniert. Einen Überblick über die italienische Preisentwicklung bis zum Ende der 1920er Jahre bietet die folgende Tabelle.

Tabelle 11: Inflation und Wechselkurse in Italien 1913-1930[3]

	Index Großhandelspreise[4] 1913=100	Index Lebenshaltungskosten 1913=100	Wechselkurs[5] Lira/US-Dollar (Jahresdurchschnitt)	Index Wechselkurs Lira/Dollar 1914=100[6]
1913	100	100		
1914	96	100	*5,28 nach Zamagni*	100
1915	127	107	6,49	123
1916	185	134	6,54	124
1917	274	189	7,24	137
1918	413	264	8,62	163
1919	450	268	9,98	189
1920	591	352	20,42	387
1921	541	417	23,59	447
1922	545	414	21,17	401
1923	550	412	21,77	412
1924	547	426	22,96	435
1925	613	479	25,35	480
1926	625	517	25,91	491
1927	526	472	19,75	374
1928	508	438	18,60	352
1929	485	445	19,10	362
1930	434	431	19,09	362

1 Vgl. Castronovo, Storia economica, 256ff. Siehe auch Zamagni, History, 251.
2 Vgl. "Discorso di Pesaro", in: Mussolini, O.O., Bd. 22, 196-198, hier 197; Rafalski, Faschismus, 39; Cohen, Rivalutazione, 313-336.
3 Vgl. auch die Tabelle in Zamagni, History, 213.
4 Spalten 1 und 2 nach ISTAT, Valore, 10.
5 Angaben nach Schneider, Währungen, 381f. Der Kurswert für 1914 nach Zamagni, History, 213.
6 Berechnet nach Spalte 3.

Seit 1927 durchlief die italienische Volkswirtschaft eine zweite Stabilisierungskrise, da die Konsolidierung der Währung im Zuge der „Quota Novanta“ abermals nachhaltig auf Lohn und Beschäftigung drückte und vor allem die exportorientierten Industriezweige belastete.

2.2. Inflation und Beschäftigung: Die Entwicklung der Arbeitslosigkeit in Deutschland und Italien

Angesichts der statistischen Unsicherheiten[1] ist es wenig überraschend, daß die Einschätzungen der Arbeitsmarktlage in den ersten Nachkriegsjahren in der Forschung partiell voneinander abweichen. Dies gilt vor allem für das deutsche Fallbeispiel, da für Italien dieser Problemzusammenhang in der Literatur meist ohnehin ausgeblendet worden ist.

Der wirtschaftsgeschichtlichen Analyse der frühen 1920er Jahre in Deutschland liegt in der Regel die „Vollbeschäftigungsthese“ zugrunde – also die Auffassung, unter dem Eindruck der Inflationskonjunktur habe auf dem Arbeitsmarkt überwiegend Vollbeschäftigung geherrscht.[2] Dieser Einschätzung setzten neuere Interpretationen die Annahme eines höheren Sockels von Arbeitslosigkeit entgegen, als es die Statistik suggerierte.[3] So hält beispielsweise Peter Lewek eine Arbeitslosenziffer für realistisch, die ungefähr dreimal so hoch ist wie die Zahl der gewerkschaftlich organisierten Arbeitslosen und zugleich mindestens das Doppelte der statistisch registrierten Unterstützungsempfänger umfaßt.[4] Allerdings sollten an dieser Stelle die Unterschiede in den Interpretationslinien nicht überbetont werden. Schon Feldman konstatierte, daß die Arbeitslosigkeit ein unterschätztes Problem der Phase bis zur Währungsstabilisierung gewesen sei.[5] Über den relativen Verlauf der Arbeitslosigkeit und die wichtigsten Etappen – die auch der Annahme einer zwei- bis dreimal höheren Arbeitslosenzahl als der statistisch erfaßten standhalten – scheint jedoch im Großen und Ganzen ein Konsens zu bestehen. Für eine Skizze der Arbeitsmarktentwicklung in groben Zügen spielen die Korrekturen somit nur eine untergeordnete Rolle.

Gemäß den vorhandenen Daten veränderte sich die Arbeitsmarktlage in Deutschland analog zu den Phasen der Inflation. Die erste Entwicklungsetappe, die ungefähr vom Kriegsende bis zum Frühjahr 1920 reichte, wurde bereits im Zusammenhang mit der Demobilmachung des Arbeitsmarktes thematisiert. „Friedensschock“, Produktionsum-

1 Angesichts der Mängel der Arbeitslosenstatistik ist eine exakte Rekonstruktion der Arbeitslosenquote problematisch (vgl. oben). Für Italien muss abermals der *relative* Verlauf im Vordergrund stehen.

2 Vgl. z.B. Holtfrerich, Inflation, 199; Petzina, Wirtschaft, 83.

3 Vgl. mit entsprechenden Belegen die Diskussion in Lewek, Arbeitslosigkeit, 86ff., der von einer erhöhten verdeckten Arbeitslosigkeit in diesem Zeitraum ausgeht. So auch Knortz, Arbeitsmarkt, 120ff.

4 Lewek, Arbeitslosigkeit, 97ff.

5 Vgl. Feldman, Saxony, 103-144.

stellung und personelle Demobilisierung hatten in dieser Zeit eine hohe Arbeitslosigkeit bewirkt, die durch Arbeitsmarktregulierungen abgefedert wurde. Die regulierenden Maßnahmen hatten ihrerseits die Beschäftigungsprobleme bisweilen nur kaschiert, so daß angesichts der Übersetzung der Betriebe sicherlich nach wie vor ein nicht unbeträchtlicher Überhang an Arbeitskräften bestand. Mit dem Einsetzen der Inflationskonjunktur seit Frühjahr 1920 entspannte sich die Arbeitsmarktlage jedoch merklich. Im April 1920 war die Anzahl der arbeitslosen Gewerkschaftsmitglieder von über fünf Prozent im Vorjahr auf unter zwei Prozent gesunken.[1] Auch der latente Personalüberhang in den Betrieben, der zuvor auf dem Verordnungswege erzwungen worden war, wurde durch den konjunkturellen Aufschwung allmählich aufgesogen. Für diese Trendwende, die der quantitative Befund nahelegt, sprechen auch qualitative Quellenaussagen, da sich in den Unternehmen Klagen über Personalmangel sichtlich häuften und das zuvor dominierende Lamento über die überladene Personalstruktur zunehmend ablösten. So konstatierten beispielsweise die Mannesmann-Röhrenwerke seit Sommer 1920 eine „Anspannung der Betriebe“ und beklagten in der internen Kommunikation immer häufiger personelle Engpässe.[2] Allerdings ließ man in der betrieblichen Personalpolitik vorerst wohl eine gewisse Vorsicht walten und zeigte sich anscheinend gegenüber Neueinstellungen noch skeptisch. Nach Meinung der Mannesmann-Verwaltung machte „die undurchsichtige politische Lage es (...) ratsam“, „eine Vermehrung des Personals nicht in dem Umfange vorzunehmen, wie es der vorliegende Arbeitsstoff erfordern würde“.[3] Möglicherweise lähmte die nur kurz zurückliegende Erfahrung einer externen Regulierung der Einstellungs- und Entlassungspraxis der Unternehmen anfänglich den Anpassungsprozeß an den veränderten Arbeitsmarkttrend. Tatsächlich zeigten die Arbeitsmarktdaten bereits wenige Monate später wieder eine deutliche Verschlechterung, stiegen doch die in der Gewerkschaftsstatistik registrierten Arbeitslosenzahlen in den Sommermonaten sehr rasch auf rund sechs Prozent an.[4] Dieser abrupte Wendepunkt liefert vor allem ein anschauliches Indiz für den Zusammenhang zwischen Inflation und Beschäftigung. Eine parallele Betrachtung von Arbeitslosenquote und Preisentwicklung offenbart den diametral entgegengesetzten Verlauf beider Indikatoren: so sank die Erwerbslosenziffer bei steigenden Preisen. Diese umgekehrte Analogie der beiden Größen, die zeigen kann, „wie sehr die Geldentwertung in Deutschland die Konjunktur beeinflußte“,[5] ist im folgenden Schaubild visualisiert, das Holtfrerichs Gesamtdarstellung über die deutsche Inflation entnommen ist.[6]

1 Vgl. die Tabelle A.14 im Anhang.
2 Vgl. MA, M.21018.
3 Vgl. MA, M.21018, Mappe 2.
4 Vgl. für die Entwicklung die Tabelle A.14 im Anhang.
5 Holtfrerich, Inflation, 198.
6 Ebd.

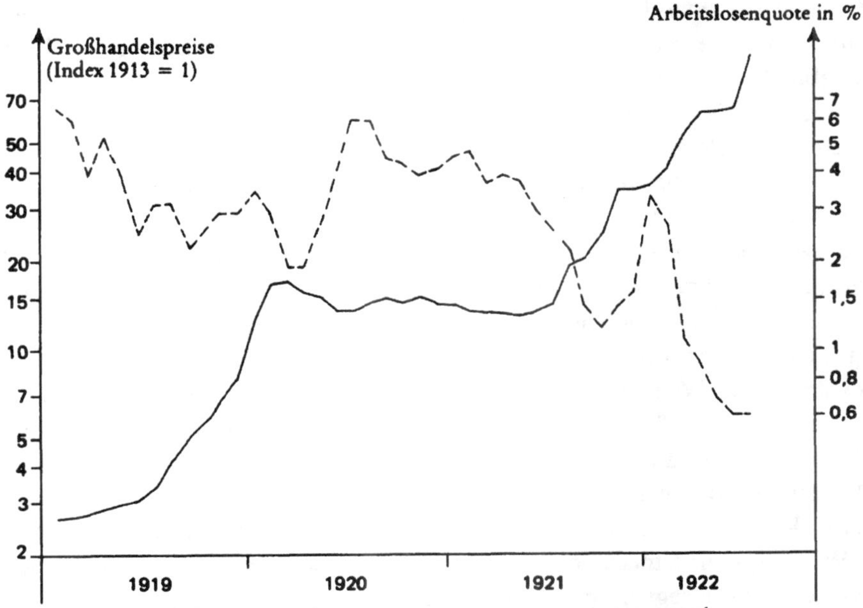

Abbildung 3: Inflation und Arbeitslosigkeit in Deutschland 1919-1922[1]

So läßt sich der Beschäftigungseinbruch im Sommer 1920 hauptsächlich auf die vorläufige Stabilisierung der Währungsverhältnisse zurückführen, während die zunehmende Abwertung der Mark seit Frühjahr 1921 abermals mit einem Rückgang der Arbeitslosenquote verbunden war. Bis zum Herbst 1922 schien – der gewerkschaftlichen Erwerbslosenstatistik zufolge – mit Quoten zwischen 0,6 und 1,5 Prozent nahezu Vollbeschäftigung zu herrschen. Wenngleich die gewerkschaftliche Arbeitslosenstatistik die Arbeitsmarktverhältnisse sicherlich nicht exakt widerspiegelte, so zeigte die Entwicklung beider Größen jedoch deutlich, wie mit der zunehmenden Liquidisierung der Wirtschaft auch die Beschäftigung – in Analogie zum Währungsverfall – „aufgebläht" wurde. Diese „Aufblähung" des Arbeitsmarktes, die auf die inflationäre Konjunkturbelebung zurückging, konnte aber nur so lange für ein hohes Beschäftigungsniveau sorgen, wie die „Geldillusion" währte und die Währung ihre Kernfunktionen als Tausch- und Zahlungsmittel noch besaß, obwohl sie zur Wertaufbewahrung nun ganz offensichtlich nicht mehr taugte. Eine längerfristige Vollbeschäftigungssituation war nur bei einem gesunden volkswirtschaftlichen Wachstum wahrscheinlich. So wie die Kriegswirtschaft die Produktionsstruktur verzerrt hatte, förderte der spekulative Boom der Inflationszeit die Verformung der Wirtschaftsstrukturen und den Aufbau von Überkapazitäten, die sich langfristig nicht als bedarfsgerecht erwiesen. Als gegen Ende des Jahres 1922 die Phase der Hyperinflation begonnen hatte, verschlechterte sich auch

1 Quelle: Reproduktion der Abbildung von Holtfrerich, Inflation, 198. Es handelt sich um monatliche Datenwerte, logarithmischer Maßstab.

die Lage auf dem Arbeitsmarkt innerhalb weniger Monate sehr deutlich, wie bereits der kontinuierliche Anstieg der Erwerbslosenquote bis auf sieben Prozent im Frühjahr 1923 zeigte.[1] Diese allmähliche Anspannung der Arbeitsmarktlage gipfelte im Herbst 1923 schließlich in dramatischen Beschäftigungseinbrüchen mit enormen Erwerbslosenquoten zwischen 20 und 30 Prozent.[2]

Der für das deutsche Fallbeispiel konstatierte Zusammenhang zwischen dem Verlauf der Geldentwertung und dem Gang der Konjunktur läßt sich auch für Italien feststellen, obwohl sich dieser hier nicht ganz so offensichtlich präsentierte. Dies hängt zum einen mit den spezifischen Mängeln der italienischen Erwerbslosenstatistik zusammen, zum anderen aber auch mit dem vergleichsweise „moderaten" Geldentwertungsprozeß in Italien, der sich nicht so dramatisch zuspitzte wie in Deutschland und dementsprechend auch nicht so drastische Wendepunkte auf dem Arbeitsmarkt verursachte. Aber auch hier läßt sich schon im Laufe des Jahres 1919 eine inflationäre Konjunkturbelebung feststellen, die sich positiv auf die Beschäftigung auf dem industriellen Arbeitsmarkt auswirkte. Das zeigte z.B. der Rückgang der statistisch erfaßten Arbeitslosen im *triangolo industriale*, deren Anzahl sich rasch beinahe halbiert hatte.[3] Der vorläufigen Stabilisierung der Währungsverhältnisse im Jahr 1921 folgte wiederum ein rasanter Anstieg der von den Arbeitsämtern registrierten Erwerbslosenziffern, die sich innerhalb weniger Monate verdreifachten und einen Höhepunkt im Januar 1922 erreichten.[4] In den folgenden Jahren ließ die statistisch erfaßte Arbeitslosigkeit gegenläufig zur Preisentwicklung einen deutlich sinkenden Trend erkennen, schrumpfte bis zum Sommer 1926 auf ein außerordentlich niedriges Niveau zusammen und hatte damit – gemessen an den Spitzenwerten zu Beginn des Jahres 1922 – um über 85 Prozent abgenommen. Auch der harte Deflationskurs zur endgültigen Konsolidierung der Lira im Zeichen der *Quota Novanta* wurde sehr deutlich vom Gang der Erwerbslosigkeit reflektiert, die sich im Winter 1927 im Vergleich zum Vorjahr mehr als verdoppelt, mit Blick auf den Tiefstand im Sommer 1926 sogar verfünffacht hatte.[5] Die gegenläufigen Tendenzen im Verlauf der Erwerbslosigkeit und der Preisentwicklung, die sich also auch in Italien bemerkbar machten, veranschaulicht die folgende Graphik.[6]

---

1 Vgl. Tabelle A.14 im Anhang.

2 Vgl. ebd.

3 Hier war die Erwerbslosenziffer von rund 122.000 auf rund 66.000 gesunken. Berechnet nach Prato, Piemonte, 112.

4 Vgl. für einen Überblick der behördlich registrierten Vollarbeitslosen Tabelle A.15 im Anhang. Diese Statistik unterschätzt den Umfang der Arbeitslosigkeit deutlich. Nach zeitgenössischer Einschätzung war die Gesamtzahl der Arbeitslosen mindestens 50% höher, vgl. Agthe, Übersicht, 158; Für die Diskussion der Arbeitslosigkeit und ihre statistische Erfassung 1921-1926 vgl. auch die Indexreihen und Graphiken bei Galletti, Disoccupazione. Leider endet diese zeitgenössische Studie im Frühling 1926 und erfaßt somit die Nachwirkungen der *Quota Novanta* nicht.

5 Vgl. Tabelle A.15 im Anhang.

6 Vgl. für die zugrundeliegenden Daten Tabelle A.15 im Anhang. Der Index der Arbeitslosigkeit basiert auf monatlichen Datenwerten.

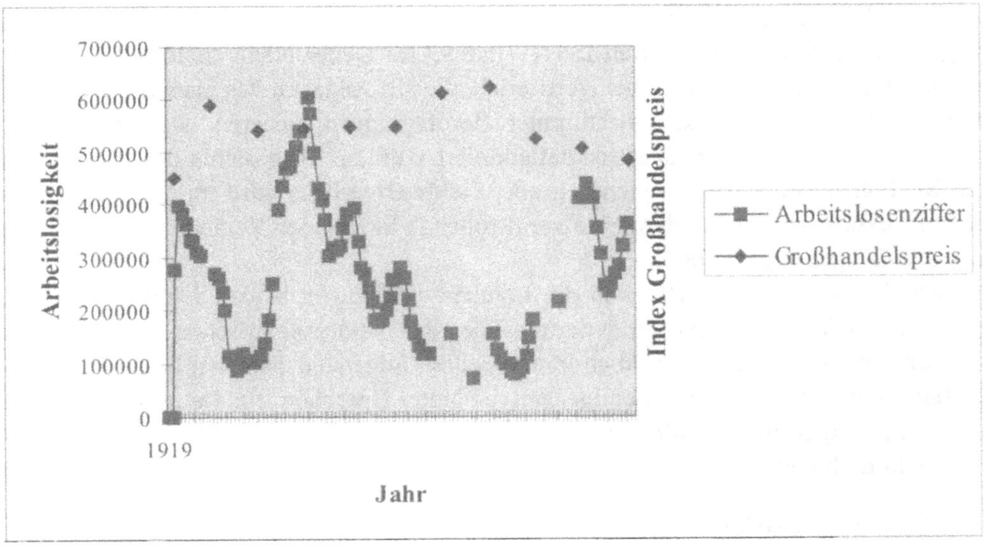

Abbildung 4: Arbeitslosigkeit und Inflation in Italien 1919-1928

2.3. Industrielles Einkommen in der Inflation

Wie die Inflation über den Stand der Beschäftigung hinaus auf die Arbeitsmarktverhältnisse einwirkte, läßt sich anhand des industriellen Einkommens nachvollziehen. Der oben skizzierte Verlauf der Inflation in beiden Ländern hat bereits einen Eindruck von der schwindenden Kaufkraft der Währung in beiden Ländern vermittelt. Damit ist die Frage verbunden, ob die Entwicklung der Löhne mit den Verzerrungen im Preisgefüge Schritt halten konnte. Angesichts der statistischen Stolpersteine wurde auch die Lohnentwicklung in der Inflationszeit kontrovers diskutiert. Neben der Auswahl der geeigneten Lohnstatistik[1] steckt auch in der Wahl des Deflationsfaktors – des Index der Lebenshaltungskosten – eine methodische Schwierigkeit, da dieser je nach Zusammensetzung des zugrundegelegten Warenkorbes erheblich variieren kann.[2] So lassen sich auch Widersprüche im zeitgenössischen Urteil über das tatsächliche Ausmaß der Inflation und der realen, preisbereinigten Lohnentwicklung mit diesen Variationsmöglichkeiten erklären.[3] Im folgenden bezieht sich die Darstellung für die italienische

1 Für eine Quellenkritik der deutschen und italienischen Lohnstatistik mit Literaturhinweisen vgl. oben, Abschnitt II 2.4.g.

2 In Italien bestanden zwischen 1917 und 1921 Preisbindungen für wichtige Güter des täglichen Bedarfs („politischer Brotpreis"), was sich bei den Lebenshaltungskosten bemerkbar machte. Zum Problem der Warenkörbe als Bemessungsgrundlage vgl. Zamagni, Wages and Workers' Protest, 143ff.

3 So zeigt Vera Zamagni, daß Arbeitgeber und Arbeitnehmer in Italien ihre Argumentation mit unterschiedlichen Indices untermauerten, dies., Wages and Workers' Protest, 146. Auch für die deutsche Seite liegen verschiedene Preisindices vor, vgl. die Beispiele in Holtfrerich, Inflation, 228f.

Seite auf die Rekonstruktion von Lohnreihen von Vera Zamagni und ihre Deflationierung mit dem bereits angeführten ISTAT-Index,[1] für Deutschland analog dazu im wesentlichen auf die Datenreihen bei Holtfrerich, die auf Angaben des Statistischen Reichsamtes zur Lohnentwicklung bestimmter Berufsgruppen basieren, welche mit dem Index der reichsamtlichen Statistik deflationiert wurden.[2] Angesichts der Problematik von Reallohnvergleichen in Zeichen großer Geldwertverluste wird im folgenden keine exakte Rekonstruktion, sondern eine vergleichende Skizze der Veränderungstendenzen in groben Zügen angestrebt.[3]

Nach Kriegsende gestaltete sich die Lohnentwicklung in beiden Ländern durchaus unterschiedlich. Zur groben Orientierung über den landesspezifischen Verlauf lassen sich für den Vergleich die Angaben in den beiden folgenden Tabellen heranziehen, die für Italien die Reallohnindices einiger ausgewählter Branchen, für Deutschland die Indexreihen einiger ausgewählter Berufsgruppen mit dem letzten Friedensjahr als Referenzpunkt darbieten.

Tabelle 12: Durchschnittliche Realtageslöhne in Italien, 1913-1922, Index 1913=100[4]

Jahr	Eisenbahnarbeiter	Bergbau	Industrie (gewichteter Durchschnitt)
1913	100	100	100
1914	101	100	102
1915	96	104	103
1916	80	104	92
1917	70	108	88
1918	74	99	79
1919	70	119	109
1920	122	137	137
1921	124	133	138
1922	130	138	134

1 Vgl. oben, Tabelle 10; Zamagni, Wages and Workers' Protest, 147.

2 Vgl. Holtfrerich, Inflation, 230f.; vgl. auch Statistisches Reichsamt (Hg.), Zahlen zur Geldentwertung in Deutschland 1914 bis 1923, Berlin 1925.

3 Siehe auch die Einwände von Holtfrerich, Inflation, 228.

4 Quelle: Zamagni, History, 239, für Spalte 3 gewichteter Durchschnitt aus Maschinenbau, Textil- und Bauindustrie, vgl. dies., Wages and Workers' Protest, 147. Vgl. auch Tabellen A.19, A.20 im Anhang.

Tabelle 13: Realwochenlöhne ausgewählter Berufsgruppen in Deutschland 1913-1923, Index 1913=100[1]

Jahr	Eisenbahnarbeiter		Buchdrucker	Bergarbeiter (Hauer und Schlepper, Ruhrgebiet)	Einfacher Durchschnitt[2]
	Gelernte	Ungelernte			
1913	100	100	100	100	100
1914	97,2	97,2	97,2	93,3	96,2
1915	79,7	80,8	77,3	81,3	79,8
1916	69,2	73,8	60,6	74,4	69,5
1917	63,9	74,2	49,4	62,7	62,6
1918	83,3	99,8	54,1	63,7	75,2
1919	92,2	119,8	72,3	82,4	91,7
1920	66,7	89,1	60,8	77,6	73,6
1921	74,5	100,0	68,9	89,1	83,1
1922	64,2	87,6	60,9	69,9	70,7
1923	50,9	69,1	54,2	70,1	61,1

Als wesentlicher Unterschied ist zunächst festzuhalten, daß die Löhne in Deutschland während der Inflationsjahre ihr Vorkriegsniveau nicht wieder erreichten, während in Italien die im Krieg erfahrenen Lohneinbußen schon bald nach Kriegsende wieder wettgemacht, das Lohnniveau sogar verbessert werden konnte. Beim Vergleich der Indexreihen beider Länder bleibt allerdings zu berücksichtigen, daß das Lohnniveau in Italien vor dem Ersten Weltkrieg niedriger war als in Deutschland.[3] Außerdem verdecken die hier aus Gründen der Übersicht gewählten Jahresdurchschnitte die Schwankungen innerhalb kürzerer Zeitspannen, die vor allem in Deutschland mit dem Tempo der Währungsverfalls stark variierten. So konnte ein Großteil der Arbeiterschaft in Deutschland seit Sommer 1920 bis zum Frühjahr 1921 mehr oder weniger kontinuierliche Verbesserungen des Reallohnes verbuchen.[4] Angesichts der starken Schwankungen und Sprünge ist es nicht unproblematisch, einen generellen Trend[5] zu bestimmen, jedoch ist für die

1 Quelle: Spp. 1-3 Holtfrerich, Inflation, 230f., Sp. 4: eigene Berechnung.

2 Es handelt sich um den einfachen, ungewichteten Durchschnitt dieser drei Berufsgruppen, der die durchschnittlichen Reallohnverluste wohl eher unterschätzt, vgl. die nach Kriegs- und Friedensindustrien sowie nach Geschlecht differenzierte Übersicht über die Lohnentwicklung während des Krieges sowie ihr Durchschnitt (25-35% Reallohnverluste) im Anhang, Tabellen A. 18.

3 Vgl. dazu oben, II 2.4.g.

4 Vgl. Feldman, Disorder, 406ff.; für eine monatsgenaue Abbildung der Reallohnentwicklung für die ausgewählten Berufskategorien vgl. Holtfrerich, Inflation, 230f.

5 Die am zeitgenössischen Urteil orientierte These, der während des Krieges begonnene Verelendungsprozeß der Arbeiterschaft habe sich nach 1918/19 ununterbrochen fortgesetzt, entspricht den statistischen Befunden – zumindest in den ersten Inflationsjahren – nicht, vgl. Abelshauser, Verelendung, 475. Die dramatischen Erfahrungen im Hyperinflationsjahr 1923 prägten wohl das zeit-

deutsche Seite eine Zäsur seit Beginn der hyperinflationären Phase 1922/1923 zu erkennen, in welchem die Reallohnverluste dramatische Ausmaße annahmen und die Verdienste aus industrieller Erwerbsarbeit die Kosten der Lebenshaltung nicht mehr annähernd deckten. So reichte beispielsweise der Wochenlohn eines Berliner Druckers im November 1922 nur noch in etwa für die Hälfte des Bedarfs einer Familie mit einem Kind, während ein Arbeiter der Berliner Chemieindustrie nur noch rund 60 Prozent der für das Existenzminimum notwendigen Summe verdiente.[1] In Italien hatte der Aufwärtstrend der Löhne seinen Höhepunkt bereits im Jahr 1921 erreicht. Besonders dynamisch erwies sich dabei die Maschinenbau- und die Textilbranche, die überdurchschnittlich hohe Lohnzuwächse verzeichnete.[2] Beispielsweise war der Lohn bei der Dalmine SpA zwischen Januar 1920 und Herbst 1921 in den meisten Betriebsstätten um 60-70 Prozent gestiegen.[3] Danach spiegelte sich die relative Stabilisierung der Lira auch in stagnierenden Reallöhnen, während die Kampagnen zur Lohnsenkung im Zuge des harten Deflationskurses seit 1926/27 das Reallohnniveau deutlich hinabdrückten, so daß die Arbeiterschaft im Vergleich zu den ersten Nachkriegsjahren empfindliche Lohneinbußen hinnehmen mußte.[4]

Während der Inflationsjahre ebneten sich die Lohnunterschiede zwischen den verschiedenen Beschäftigungskategorien zunehmend ein. Ungelernte konnten ihr Einkommen im Vergleich zu gelernten Arbeitern deutlich verbessern, während auch die Frauen überdurchschnittliche Lohnzuwächse realisierten, die jedoch die seit langem praktizierte Lohndiskriminierung von weiblichen Erwerbspersonen noch nicht kompensierten.[5] Daß sich dieser Nivellierungsprozeß in Deutschland besonders akzentuiert vollzog, ist angesichts des Umfangs der Geldentwertung nicht verwunderlich. Mit dem beschleunigten Währungsverfall verengten sich die Spielräume für einen differenzierten Lohnfächer, bis sich die Anpassung der Löhne zunehmend am Existenzminimum orientierte.

---

genössische Urteil für die ganze Inflationszeit. Allerdings wurde die Analyse Abelshausers zumindest für das Jahr 1922 als zu optimistisch gewertet, vgl. Feldman, Disorder, 613 mit Anm. 122.

1 Vgl. Feldman, Disorder, 613 mit Tab. 31.

2 Siehe auch Tabellen A.19, A.20 im Anhang. Vgl. neben Zamagni, Wages and Workers' Protest, 138ff. auch die zeitgenössischen Studien zur Lohnentwicklung, z.B. Vicentini, Variazioni, 148-166 sowie – mit einigen Abstrichen – Madia, L'aumento, 345-403.

3 Vgl. FD, MG, Statistiche Generali, Bd. 3, 1922. (Aufstellung vom 6.10.1921).

4 Ausführlicher dazu unten, IV, 2.5.d. Vgl. Rafalski, Faschismus, 53ff. Ende der 1920er Jahre waren die Reallöhne der Industriearbeiter nur noch ungefähr zehn Prozent höher als vor dem Weltkrieg. Vgl. auch Zamagni, History, 309.

5 Im Mailänder Maschinenbau erzielte ein Hilfsarbeiter im Jahr 1914 rund 69% des nominalen Tageslohnes eines gelernten Mechanikers, im Jahr 1914 konnte er hingegen 89% des Lohnes erzielen, berechnet nach den Nominallohnangaben bei Vicentini, Variazioni, 161. Zur Einebnung der Lohnunterschiede in Italien vgl. auch Berta, Cooperazione, 215. In Deutschland überstieg das Lohnniveau der Facharbeiter im Jahr 1914 das der ungelernten Arbeiter um rund 46%, im Jahr 1921 nur noch um 8,5%, im Jahr 1923 nur noch um 5,5%. Vgl. Holtfrerich, Inflation, 232, Tab. 42. Eine Indexübersicht über Lohnentwicklung der Frauen in Feldman, Disorder, 614, Tab. 33.

Der fortwährende Druck zur Anpassung der Löhne an das sich mehr oder weniger rasch verändernde Preisgefüge wirkte sich auch auf die Formen des Lohnes bzw. der Lohnzahlung aus. Immer häufiger ergänzten variable Bestandteile, die teilweise provisorischen Charakter hatten und manche Erhöhungen im Arbeitseinkommen prinzipiell reversibel gestalteten, den eigentlichen Arbeitslohn. Diese konnten als regelmäßige „Teuerungszulagen" – in Italien *caroviveri* – oder als außerordentliche Zuschüsse gewährt werden, um Engpässe in der Versorgungslage oder eine saisonbedingte Zuspitzung der Lebenssituation zumindest etwas abzufedern. So leisteten die Mannesmann-Röhrenwerke z.B. „Kartoffelbeschaffungsbeihilfen", als es im November 1920 an das Einkellern ging. Darüber hinaus waren pauschale Winter- oder Wirtschaftsbeihilfen für die Mitarbeiter vorgesehen. Da sich der Geldwert auch nach Lohnanpassungen schnell verringern konnte und eine Valorisierung des Lohnes somit nur bei einer zeitnahen Ausgabe erfolgen konnte, spielten auch Vorschußzahlungen eine große Rolle, so daß sich Arbeitnehmer und Arbeitgeber nicht selten über das Verfahren und den Zeitpunkt der Lohnzahlung auseinandersetzen mußten. Letztere standen einer Ausweitung des Vorschußwesens aufgrund des erhöhten administrativen Aufwandes eher zögerlich gegenüber.[1]

Auch an einer automatischen Anpassung der Löhne an das veränderte Preisniveau schieden sich die Geister. Als Vorteil einer Lohn-Preis-Indizierung galten die Zeitersparnis, die verringerte Anpassungsverzögerung (*time-lag*) sowie die relativ einfache Umsetzbarkeit, die keine langwierigen Einigungsverfahren der Tarifpartner voraussetzte. Dagegen sprach zum einen der schematische Charakter dieses Verfahrens, der eine differenzierte Berücksichtigung spezieller Branchen- oder Arbeitsverhältnisse ausschloß. Zum anderen erschien die Annahme berechtigt, daß so der Anreiz unterminiert würde, die Preise unter Kontrolle zu halten.[2] In Deutschland gab es jedoch in einigen Regionen Experimente mit einem an den Teuerungsraten orientierten Lohnindex.[3] Auch in Italien war bereits während des Krieges mit einer gleitenden Lohnskala experimentiert worden. Tatsächlich sahen auch die Tarifverträge der ersten Nachkriegsjahre für viele Industriezweige praktisch das Prinzip einer *scala mobile* vor. So wurde ein gestaffeltes System von Teuerungszulagen geschaffen, die nach einem festgelegten Berechnungsmodus in die Lohnsetzung eingingen.[4]

---

1 MA, M21018.

2 Vgl. die Argumentation im Geschäftsbericht der Vereinigung der Deutschen Arbeitgeberverbände (VdA) für das Jahr 1922: VdA, Geschäftsbericht 1922, 74ff. Vgl. auch die Diskussion in Feldman, Disorder, 615f.

3 Z.B. in Flensburg und in Brandenburg. Vgl. Feldman, Disorder, 616; VdA, Geschäftsbericht 1922, 76f.

4 Der richtungsweisende Tarifvertrag vom 20.2.1919 für die eisenverarbeitende und Maschinenbau-Industrie, der den Achtstundentag einführte, sah auch die Errichtung einer paritätischen Studienkommission vor, die die Frage der Teuerungszulagen systematisch klären sollte. Im September desselben Jahres legte die Kommission die Ergebnisse und die Berechnungsgrundlage für die Lohnerhöhungen vor, die im Avanti! vom 30.9.1919 detailliert vorgestellt wurden. Vgl. FA, Fondo

Es erscheint nicht unproblematisch, die Verteilungswirkungen der Inflation auf dem industriellen Arbeitsmarkt zusammenfassend zu bilanzieren. Angesichts von Inkongruenzen im statistischen Material sind auch globalen Quantifizierungsversuchen methodisch enge Grenzen gesetzt.[1] Im Vergleich von Deutschland und Italien offenbaren sich durchaus ähnliche Tendenzen, aber auch charakteristische Unterschiede in der durch die Inflation bewirkten Umverteilung. Die drastischen Verarmungsprozesse, wie sie in der Zeit der Hyperinflation einen Großteil der Arbeitnehmer in Deutschland betrafen, hatten in Italien keine Parallele. Hier wie dort ließ die Geldentwertung v.a. die Einkommen von Rentiers schwinden, also derjenigen Bevölkerungsgruppen, deren materielle Lebensgrundlage nicht auf abhängiger Erwerbsarbeit ruhte.[2] Die gängige Annahme, daß die Inflation vor allem den Mittelstand getroffen habe, wird in der pauschalen Form jedoch nicht vom quantitativen Befund getragen.[3] In einer auf die Akteure des industriellen Arbeitsmarktes verengten Perspektive schien sich jedoch in beiden Ländern die relative Position der mittelständischen Industrieangestellten im Vergleich zur Situation der industriellen Arbeiterschaft tatsächlich verschlechtert zu haben. Zunächst einmal konnte bei einer beschleunigten Geldentwertung bereits der an längeren Intervallen orientierte Zahlungsrhythmus die Empfänger von Monatsgehältern gegenüber Lohnempfängern benachteiligen. Außerdem lagen die Gehaltssteigerungen bei den industriellen Angestellten im Durchschnitt unter den entsprechenden Entwicklungstendenzen der Industrielöhne.[4] Bei den Mannesmann-Röhrenwerken hatten sich die nominalen Jahresgehälter für „Handlungsgehilfen" zwischen 1919 und 1921 im Schnitt ungefähr verdreifacht, für andere Angestelltenberufe im Hause in etwa verdoppelt.[5]

Gamba, b. 4, fasc. 4, fasc. 8. Vgl. für eine Übersicht über die Systematik der Lohnerhöhungen und der *Caroviveri* für diesen Industriezweig auch die Sammlung der Tarifvereinbarungen vom Herbst 1920, mit denen die Fabrikbesetzungen endeten, FA, Fondo Gamba, b. 4, fasc. 9.

1 Vgl. z.B. die Skepsis von Scholz, Lohn, 278-320 gegenüber Ansätzen der volkswirtschaftlichen Verteilungsrechnung, die z.B. den Anteil an Arbeitnehmereinkommen am Volkseinkommen berechnen oder die „kumulierte Reallohnposition" mit der Produktivität korrelieren, wie z.B. Abelshauser, Verelendung oder Holtfrerich, Inflation, 264ff.

2 Vgl. für Italien Zamagni, Alterazioni, 509-532; für Deutschland Holtfrerich, Inflation, 264ff.

3 So hat Holtfrerich für die deutsche Seite nachgewiesen, daß „die Bezieher mittelständischer Einkommen als einzige mit Einkommensgewinnen aus dem Umverteilungsprozeß während der Kriegs- und Inflationsjahre hervorgingen" und vermutet, daß nur „insoweit der Mittelstand Einkommen aus Kapitalvermögen bezog, (...) auch er Verlierer der Inflation war." Ders., Inflation, 272f. Für Italien vgl. Zamagni, Alterazioni, 514ff.

4 So waren im Februar 1920 die Stundenlöhne in der deutschen Industrie – je nach Branche – im Vergleich zu 1913/14 ungefähr um das 5,5-8-fache gestiegen, die Vierwochenlöhne ungefähr um das 5,5-7,1-fache, die Gehälter der Industrieangestellten im selben Zeitraum nur um das 4,6-4,7-fache. Vgl. Holtfrerich, Inflation, 234f. Für Italien vgl. Zamagni, Alterazioni, 517f. Allerdings gibt es für die italienischen Industrieangestellten keine aggregierten Daten. Die Einzelbefunde deuten jedoch auf eine vergleichbare Tendenz hin. Vgl. z.B. den *ruolo impiegati* (Stammrolle der Angestellten) von Ansaldo, FA, Fondo Ansaldo, Misc. Pers., b.4. Daten zu Angestelltengehältern bei Dalmine in FD, MG, Statistiche Generali, Bd. 5-6.

5 Vgl. die Gehaltslisten vom 1.7.1920 sowie vom 1.7.1921, MA, M.21018.

Mit Beginn der Hyperinflation, die das Preisgefüge völlig aus den Angeln hob, nahm auch die Debatte um die angemessene Anpassung von Löhnen und Gehältern schärfere Töne an. So schrieb der Betriebsrat der Mannesmann-Röhrenwerke im August 1922 in einer Eingabe, die beinahe alle Angestellten unterzeichnet hatten, an den Vorstand mit eindringlichem Vokabular von der zunehmenden „Verelendung der Angestelltenschaft", die in „katastrophalem Ausmaß" fortschreite. Die „tropfenweisen Zuwendungen", die den Angestellten durch die Tarifverhandlungen mit dem Arbeitgeberverband[1] zukämen, bildeten „nur einen Bruchteil dessen, was zur heutigen Lebenshaltung unbedingt erforderlich ist", man setze nunmehr die ganze Hoffnung auf die Firma, um aus der Spirale von „Verschuldung und Vorschußwirtschaft" einigermaßen herauszukommen.[2] Ungefähr ein Jahr später hatte sich die Lage erneut zugespitzt, und das Anliegen der Mitarbeiter las sich noch dringender:

> „Die gesamten Lebenshaltungskosten sind in den letzten Jahren erschreckend hoch gestiegen, z.B. Fleisch, Gemüse um circa das 50.000-fache. Immer verhängnisvoller wird die Sorge des Durchkommens. Wir stehen vor der besorgniserregenden Tatsache baldigster Verelendung, da unsere Bezahlung bei weitem nicht ausreicht, nur die allernötigsten Nahrungsmittel zur Erhaltung unserer Arbeitskräfte zu kaufen. Keiner der Beamten und Angestellten hat heute noch genügend Geld, die Not steht allen bis an den Hals, weshalb wir den Betriebsrat bitten, allerschnellstens mit der Direktion zu beraten, in den nächsten Tagen eine weitere Abschlagszahlung auf das Juligehalt zu leisten. Wir wollen durchaus nicht unbescheiden erscheinen, die allgemeine Notlage zwingt uns. Wir sind überzeugt, daß die Direktion, die stets und immer in Fragen der Not sociales Verständnis zeigte, uns auch in der momentan schlimmen Zeit helfen wird.[3]

Allerdings schien auch der abschließende Appell mit der Anspielung auf das traditionell konfliktarme Betriebsklima in diesem Fall nur wenig zu fruchten. Die Direktion lehnte die Bitte um Abschlagszahlung mit dem Verweis auf frühere, im gegenseitigen Einverständnis getroffene Vereinbarungen lapidar ab. Eine Woche später verpflichtete sodann ein Schiedsspruch die Arbeitgeber zu Erhöhungen der Tarife.[4]

Die Positionen der industriellen Arbeitgeber in Lohn- und Gehaltsfragen ließen sich auch während der Inflationsjahre nicht auf einen Nenner reduzieren. Hier fanden sowohl branchenspezifische Unterschiede als auch die gesamtwirtschaftlichen Rahmenbedingungen und die Phasen der monetären Entwicklung ihren Niederschlag. Sowohl in Deutschland als auch in Italien wurde die mit der steigenden Lohndynamik zunehmende Angleichungstendenz der Arbeitseinkommen mit Skepsis betrachtet, da die Lohndifferentiale als wichtiges Moment der betriebsinternen Organisation und Anreizstruktur

---

1 Es handelte sich um die Nordwestliche Gruppe des VdESI.

2 Vgl. den Brief des Betriebsrates an den Vorstand des Mannesmann-Röhrenwerke vom 11.8.1922, MA, M.21019.

3 MA, M.21019, Eingabe der Angestellten vom 18.7.1923.

4 MA, M.21019, Antwort der Mannesmann-Röhrenwerke am 20.7.1923; VdESI Nordwestliche Gruppe an Ortsvereinigungen und selbstabschließende Werke am 27.7.1923.

fungierten.[1] Die Notwendigkeit zur Anpassung der Löhne an die steigenden Lebenshaltungskosten sah man auch im Arbeitgeberlager ein, wenngleich kritisch hinterfragt wurde, ob die Lohnzuwächse die Teuerungsraten nicht gar überstiegen. Als typisches Argument gegen das gegenwärtige Lohnniveau und die gewerkschaftliche Lohnpolitik wurde von den Unternehmern die durch eine zu hohe Lohnquote beeinträchtigte Wettbewerbsfähigkeit der deutschen oder italienischen Industrie ins Feld geführt. Andererseits stellten ungeregelte Lohnfragen für viele Unternehmen auch einen potentiellen Unruhefaktor für die Produktion dar, den es nach Möglichkeit zu vermeiden galt. Außerdem ließen sich gerade bei einem nachgiebigen Preisgefüge die Lohnerhöhungen auf die Preise und damit wieder auf den Verbraucher abwälzen, was sehr häufig geschah.

Die Vereinigung der deutschen Arbeitgeberverbände (VdA) skizzierte – bereits unter dem Eindruck der Hyperinflation – im Frühjahr 1923 die grundlegende Problematik der unternehmerischen Lohnpolitik im Zeichen des Währungsverfalls und zog eine kritische Bilanz, die zugleich den Versuch einer Positionsbestimmung darstellte.

> „Äußerungen, die wir aus Mitgliederkreisen bekommen, lassen darauf schließen, daß man für die nächste Zeit in der Lohnpolitik auf Unternehmerseite mit einer gewissen Meinung rechnen muß, die Zügel (...) locker oder gar schleifen zu lassen, da es doch aussichtslos sei, ‚bei weiterem Zerfall der Währung eine wirklich durchführbare Lohnpolitik zu treiben.'"[2]

Angesichts der monetären Entwicklung hielt man ein rigoroses Abbremsen der Lohnentwicklung – wie es noch vor wenigen Wochen angedacht worden war – für derzeit nicht umsetzbar, schloß aber einen zukünftigen Kurswechsel nicht aus:

> „Wir verschließen uns der Skepsis, die in diesen Gedankengängen liegt, ganz gewiß nicht und glauben auch, daß ein starres Festhalten an dem für März und April aufgestellten Grundsatz des Ablehnens weiterer Erhöhungen bei offensichtlich zunehmender Teuerung nicht möglich ist. Hierbei wollen wir allerdings die Frage offen lassen, wann durch die Wirtschaftslage einmal die Unmöglichkeit eintritt, trotz weiteren Sinkens der Mark und weiteren Ansteigens der Teuerung weitere Lohnerhöhungen tragen zu können, wenn nicht zum mindesten die grundsätzlichen Forderungen der Wirtschaft erfüllt werden, die jetzt immer noch durchgeschleppten, an sich für die Produktion entbehrlichen Arbeitskräfte zu entlassen."[3]

Damit wurde die Übersetzung der Betriebe infolge der arbeitsmarktbezogenen Demobilmachungspolitik thematisiert, die sich nun – zu dem Zeitpunkt, als die inflationäre Scheinblüte ihren Zenit überschritten hatte und sich die Zerrüttung der Währung mit ihren verheerenden Begleiterscheinungen ankündigte – wieder bemerkbar machte. Für den Moment standen jedoch pragmatische Überlegungen im Vordergrund, wobei die

1 Vgl. z.B. Feldman, Disorder, 614f.; vgl. die Ausführungen in VdA, Geschäftsbericht 1922, 62ff.

2 Vgl. das als „vertraulich" etikettierte Schreiben des Reichsverbandes der deutschen Industrie an seine Vorstandsmitglieder und die Mitglieder des geschäftsführenden Ausschusses der Kartellstelle am 18.5.1923, welches einige Überlegungen der Vereinigung der deutschen Arbeitgeberverbände referierte. HA Krupp, WA 4/2055.

3 HA Krupp, WA 4/2055, Schreiben des RdI vom 18.5.1923.

gängige Praxis, die Lohnzuschläge ungeschmälert in die Preispolitik einfließen zu lassen, den neuralgischen Punkt darstellte. Gleichwohl wurde eine maßvolle Lohn- und Preispolitik angemahnt:

„Hierbei erinnern wir an den (…) Satz, bei Berücksichtigung der Steigerung der Löhne im Endpreis müsse die unbedingte Folge sein, daß das Fordern nach Lohnerhöhung intensiver und die Nachgiebigkeit bei Gewährung höherer Löhne größer sein wird, als dies bei unbedingt einzuhaltenden festen Preisen der Fall wäre. Hier tritt uns der richtige Gedanke entgegen (…), daß die Möglichkeit, Lohnerhöhungen auf die Preise abzuwälzen, zweifellos den Widerstand gegen Lohnerhöhungen schwächt, ja daß diese Möglichkeit als ein ‚Kuhhandel der Unternehmer und Arbeiter' über Lohn- und Preiserhöhungen auf Kosten des konsumierenden Publikums bezeichnet und kritisiert worden ist.“[1]

Für mehr öffentliche Akzeptanz der unternehmerischen Lohnpolitik betonte die VdA die Notwendigkeit einer einheitlichen Linie der diversen wirtschaftlichen Interessenverbände auch bei der Preispolitik.

„Wenn nicht die Arbeit der Kartellstelle des Reichsverbandes der deutschen Industrie und der wirtschaftlichen Spitzenorganisationen in der Landwirtschaft, im Groß- und Einzelhandel zur Durchführung gesunder Preispolitik, und wenn nicht die Bemühungen der Vereinigung der deutschen Arbeitgeberverbände um eine dem Allgemeinwohl Rechnung tragende Lohnpolitik in einem so entscheidenden Augenblick wie heute vergeblich sein sollen, halten wir eine gegenseitige Unterstützung unserer Maßnahmen für dringend notwendig. Dabei liegt uns selbstverständlich fern, von unserem Standpunkt aus die Preispolitik der Industrie zu kritisieren. Es wird aber wohl der Öffentlichkeit gegenüber wie in den Lohn- und Schlichtungsverhandlungen viel für uns gewonnen sein, wenn die Arbeitgeberverbände sich gerade in dieser wichtigen und dem Stimmungsurteil der Öffentlichkeit besonders ausgesetzten Frage der Preispolitik auf eine mit unserer Lohnpolitik übereinstimmende Richtlinie der Kartellstelle des Reichsverbandes der deutschen Industrie und der übrigen auf die Preispolitik Einfluß nehmenden Spitzenorganisationen in Landwirtschaft und Handel berufen könnten.“[2]

Der Vorschlag, eine öffentliche Stellungnahme der einschlägigen Interessenverbände „gegen Preis- und Lohnwucher, gegen Preistreiberei und Lohntreiberei“ anzustrengen, der als konkrete Handlungsempfehlung die Ausführungen beschloß, stieß beim RdI jedoch mit Blick auf „taktische Erwägungen“ auf Vorbehalte.

Im Prinzip hatte die zusammenfassende Skizze des Arbeitgeberverbandes über die Schwierigkeit, zu einer angemessenen lohnpolitischen Praxis zu gelangen, die Grundlinien der während der Inflationsjahre von Zeit zu Zeit intensivierten Diskussion über die Höhe des Lohnniveaus umrissen. Dabei spielte die gesunkene Arbeitsleistung, die viele Unternehmer seit Kriegsende diagnostizierten, für die Debatte um eine Senkung der Lohnkosten eine entscheidende Rolle. Schon im Jahr 1921 resümierte man im Hause Krupp mit Blick auf die Gußstahlfabrik:

„Hier muß unbedingt Wandel geschaffen werden. Es muß entweder mit der gleichen Anzahl von Arbeitern viel mehr geleistet werden oder, wenn die Leistung sich nicht steigern läßt, eine Verminderung

1 Ebd.
2 Ebd.

der Belegschaft bzw. des Lohnes eintreten, wenn die Werke wettbewerbsfähig bleiben sollen. Es ist mir von anderen Werken bekannt, daß dort sehr viel günstigere Leistungen unter sonst vergleichbaren Bedingungen erzielt werden."[1]

Auch für andere Produktionsstätten wurden zu hohe Lohnkosten moniert.[2] Während man von Seiten des Betriebsrates die Anreizwirkung des Lohnes betonte und zugleich die einseitige Hervorhebung des Lohnaspekts im betriebswirtschaftlichen Kalkül der Firma kritisierte, versuchte die Firmenleitung, den Arbeitnehmervertretern die betriebswirtschaftlichen Aspekte des Lohnkostenargumentes transparenter zu machen:

„Hierzu bemerkt Herr Hartwig, daß die Löhne der Radsatzwerkstatt tatsächlich schon die höchsten seien. Er mache darauf aufmerksam, daß bei weiterer Erhöhung die Waren verteuert und die Firma die Auftraggeber vielleicht verlieren würde. Dies sei letzten Endes für die Arbeiter nachteiliger als eine geringe Besserstellung im Lohne. Die Frage der Kesselschmiede soll noch aufgeklärt werden. Betriebsausschußmitglied Hohn führt aus, daß nicht immer behauptet werden dürfe, es werde zu wenig gearbeitet. Sicherlich seien noch Umstände anderer Art – Kalkulation, Konstruktionsfehler etc. – zu berücksichtigen. Es mache bei den Arbeitern einen schlechten Eindruck, wenn die schlechte Geschäftslage immer auf ihre geringere Arbeitsleistung zurückgeführt werde."[3]

Damit hatte der Krupp'sche Betriebsrat einen Aspekt angesprochen, der einen veränderten Akzent in der Lohndebatte andeutete. So bot die Arbeitgeberposition zur Lohnkostendiskussion, die auf Produktivität und Arbeitsleistung abzielte, zugleich eine breite Argumentationsbasis gegen die herrschenden Arbeitszeitregelungen. Tatsächlich mündete die Ablehnung von Lohnerhöhungen seitens der Arbeitgeber immer häufiger in Angriffe auf den Achtstundentag. Proteste gegen tariferhöhende Schiedssprüche – wie sie z.B. im Bergbau massiv auftraten – ließen sich zugleich als eine taktische Intervention gegen den Achtstundentag deuten.[4] Als Ende 1922 Kohlenengpässe teure Importe aus England erforderlich machten, schien die Position der montanindustriellen Arbeitgeber argumentativ gestärkt. Zudem deutete sich hier im Hinblick auf die Lohn- und Arbeitszeitfrage bereits ein Argumentationsmuster an, das die wirtschafts- und interessenpolitischen Auseinandersetzungen der Weimarer Republik in den folgenden Jahren nachhaltig bestimmen sollte. Ob die Löhne im Hinblick auf die Kostenspielräume der Unternehmen tatsächlich überhöht waren, ließ sich allerdings wohl erst nach einer Konsolidierung der Währungsverhältnisse angemessen beurteilen.[5]

---

1 HA Krupp, WA 4/2587. Protokoll einer Besprechung des Betriebsausschusses am 21.7.1921. Der Betriebsausschuß setzte sich aus leitenden Beamten und dem Betriebsrat der Firma zusammen.

2 „[Die] Akkorde seien immer noch zu hoch und müßten, um konkurrieren zu können, herabgesetzt werden. Wenn wir nicht billiger arbeiten, bekommen wir keine neuen Aufträge und können die fertigen Waren nicht absetzen." Diese Aussage bezog sich auf die Abteilung Waggonbau. Protokoll der Betriebsausschußsitzung am 21.7.1921. HA Krupp, WA 4/2587.

3 Protokoll der Betriebsausschußsitzung vom 21.7.1921, HA Krupp, WA 4/2587.

4 Vgl. Feldman, Disorder, 612.

5 Die Frage der Lohnhöhe bestimmte nicht nur die wirtschafts- und sozialpolitischen Diskussionen während der sogenannten „Stabilitätsjahre" der Weimarer Republik nachhaltig mit, sondern stellte

Mehr und mehr schien jedoch auch in der Öffentlichkeit die Ansicht auf Akzeptanz zu stoßen, daß nunmehr die Arbeiter einen größeren Beitrag zur Gesundung der Wirtschaft zu leisten hätten, daß nur Mehrarbeit langfristig den Weg aus der Krise weisen könne. Damit veränderten sich die Vorzeichen der lohn- und arbeitszeitpolitischen Debatte, und Produktivitätskriterien rückten stärker in den Vordergrund.[1]

Auch in Italien hatte sich das Klima der lohnpolitischen Diskussion zu Ungunsten der Arbeiterschaft verändert. Bereits Ende des Jahres 1920 formulierte Pio Perrone, der an der Spitze des in Kriegsjahren gewaltig expandierten Genueser Konzerns Ansaldo stand, die Lohnkostenproblematik in der technisch-nüchternen Diktion des ökonomischen Kosten-Nutzen-Kalküls:

> „Ich teile Ihre Meinung, daß die stärkere Bewertung des Faktors Mensch in der Produktion das Hauptphänomen ist, was sich mit größerer Wucht abzeichnet, da sowohl die Arbeiter als auch die Angestellten – indem sie (...) auf den Produktionskosten lasten – aktuell das größte Hindernis darstellen für die Erreichung der Prosperität (...). Daher ist die Notwendigkeit, ihre Anzahl auf das notwendige Minimum zu reduzieren, offensichtlich (...).“[2]

Hier wurde Arbeit als ausschlaggebender Kostenfaktor betont. Solche Lohnkostenerwägungen konnten auch instrumentellen Charakter haben. Die ökonomische Krise, die bereits ihre Schatten vorauswarf, versprach Möglichkeiten, die Position der Arbeitgeber zu stärken.

Sowohl in Deutschland als auch in Italien hatte die Lohnentwicklung während der Inflationszeit Ressentiments gegen die Arbeiterschaft geschürt. Die Kämpfe um Teuerungszulagen boten einen idealen Nährboden für den Mythos der „hohen Löhne“, der schon während der Kriegsjahre verbreitet worden war.[3] Vor allem in Italien suchten nationalistische Kreise dieses ökonomische Motiv für politische Ziele zu instrumentalisieren, Sozialneid zu schüren und damit gegen die organisierte Arbeiterschaft zu agitieren.[4] Demgegenüber zeigte die Entwicklung der Reallöhne, daß diese nicht so „fabulös“ ausfielen, wie es manch zeitgenössische Einschätzung zu suggerieren suchte.[5]

---

auch ein zentrales Element einer bedeutenden wirtschaftshistorischen Debatte – die sogenannte Borchardt-Kontroverse - dar. Vgl. dazu ausführlicher unten, Kap. IV 2.5 e., c, IV 3.3.

1 Vgl. Feldman, Disorder, 611.

2 Pio Perrone in einem Brief an einen leitenden Angestellten am 25.11.1920. FA, Fondo Sarli-Biandrà, b. 24, fasc. 2. Übers. d. V.

3 Vgl. dazu oben, III 7.

4 Man denke an die Kampagnen Roccos gegen die „alti salari industriali“.Vgl. dazu Berta, Cooperazione, 219.

5 Vgl. auch Zamagni, Wages and Workers' Protest, 148.

2.4. Inflation und „rote Jahre“: Konfliktpotentiale auf dem Arbeitsmarkt

Sowohl in Deutschland als auch in Italien war die lange Inflationsepoche von innenpolitischen Spannungen geprägt, die revolutionäres Konfliktpotential bargen. Die dadurch bewirkte „Beunruhigung“ der industriellen Arbeitsmärkte wurde bereits an anderer Stelle thematisiert.[1] Ein Erzählstrang reicht aber nicht immer aus, um die sich zeitlich überlappenden Ereignisse mit Blick auf den Arbeitsmarkt zu kontextualisieren. Die frühen 1920er Jahre sind zutreffend als die „hektischsten, ereignisreichsten der Weimarer Republik“ etikettiert worden[2] – eine Einschätzung, die auch für die italienische Seite zutrifft. So wird an dieser Stelle die bereits kursorisch erwähnte Episode des *biennio rosso* – die beiden „roten Jahre“ – aufgegriffen. In diesem Zusammenhang interessieren diese revolutionären Bewegungen jedoch nicht als Phänomen an sich.[3] Hier sind vielmehr ihre Bezüge zur Arbeitsmarktentwicklung im Zeichen der Inflation von Belang. Mit Blick auf den Arbeitsmarkt läßt sich so die These formulieren, daß im Zusammenhang mit dem spezifischen Verlauf der monetären Entwicklung in beiden Ländern die revolutionären Unruhen in Deutschland zu Beginn der 1920er Jahre zu einer Lohnbewegung abflauten, während in Italien als Lohnbewegung begann, was sich später zu einer darüber hinausgreifenden sozialen Bewegung auswuchs.

Wie bereits angesprochen, stieg kurz nach dem Krieg in beiden Ländern die Zahl der Arbeitskämpfe sprunghaft an. Dabei drückte die gestiegene Streikhäufigkeit ein während des Krieges angewachsenes, aber unterdrücktes Konfliktpotential aus und spiegelte zugleich die Strukturwandlungen der industriellen Arbeitswelt wider. Das Unternehmenswachstum während des Krieges, das den Trend zum Großbetrieb gefördert hatte, die Konzentration von Arbeitermassen, deren Zusammensetzung, Rekrutierungsfelder und Qualifikationsprofile sich verändert hatten, ihre Repräsentierung durch Arbeiterorganisationen, die diese Strukturwandlungen nicht unbedingt synchron vollzogen hatten – dies waren nur einige Aspekte der Konstellation, die vor dem Hintergrund der kärglichen Lebensverhältnisse vieler Arbeitnehmer und einer mangelhaften Teilhabe am politischen Willensbildungsprozeß den Nährboden für revolutionäre Spannungen boten, die sich auch in Arbeitskämpfen entluden. Die folgende Tabelle gibt einen Überblick über die quantitative Entwicklung der Arbeitskonflikte in Deutschland und Italien im Vergleich.

---

1 Vgl. oben, Kapitel IV 1.5.

2 Peukert, Weimarer Republik, 61.

3 D.h. z.B. die Analyse von Ursachen, Struktur und Dynamik, eine Bilanz ihrer Erfolge oder Mißerfolge sowie Gründe ihres Scheiterns im Vergleich – insgesamt sicherlich ein eigenes Thema.

Tabelle 14: Arbeitskämpfe in Italien und Deutschland 1918-1923[1]

Jahr	Anzahl der Streiks		Anzahl der Streikenden (in 1000)		Anteil der verlorenen Arbeitstage (in 1000)	
	Italien	Deutschland	Italien	Deutschland	Italien	Deutschland
1918	313	531	159	391	1000	1452
1919	1871	3 682	1555	2100	22 325	32464
1920	2070	3 693	2314	1418	30 569	15444
1921	1134	4 093	724	1415	8180	22696
1922	575	4 348	448	1683	6917	23383
1923	201	1878	66	1507	296	11014

In beiden Ländern fällt die erhöhte Frequenz von Arbeitskonflikten in der Zeit von 1919-1922 auf. Allerdings ist bei dem Vergleich der statistischen Daten zu bedenken, daß sich die Zahlen auf durchaus unterschiedliche industrielle Realitäten bezogen. In dieser Hinsicht erscheinen die italienischen Ziffern noch beachtlicher, da sie ausdrükken, daß während des *biennio rosso* 1919/20 mindestens ein Drittel der Arbeiterschaft in Arbeitskämpfen mobilisiert war, während in Deutschland die entsprechende Quote nur rund 20 Prozent betrug.[2]

Als in Italien die Streiktätigkeit im Hinblick auf die Frequenz, den personellen Umfang und die Dauer der Streiks im Jahr 1920 einen Höhepunkt erreichte – wie die Anzahl der Streiks, Streikenden und verlorenen Tage nahelegen – schien in Deutschland die größte Intensität der Arbeitskämpfe zu diesem Zeitpunkt bereits überschritten. Zwar stieg hier die Streikhäufigkeit bis zum Jahr 1922 an, jedoch gingen Umfang und Dauer der Streiks seit 1919 zurück. Bereits im August 1919 notierte die Gewerkschaftspresse:

> „Die Zeiten, in denen man durch Massenaufgebote die Unternehmer einschüchterte und selbst die ‚hanebüchensten' Forderungen durchsetzte, sind vorbei. Das sollte auch dem revolutionärsten Metallarbeiter nicht unbekannt sein. (...) Das alte Kräfteverhältnis ist wiedergekehrt und damit müssen die realen gewerkschaftlichen Kampfmittel wieder zu Ehren kommen."[3]

Wenngleich es in der Retrospektive verfrüht erscheint, die „Wiederkehr" des „alten Kräfteverhältnisses" mit dem Jahr 1919 zu datieren, so vollzog sich tatsächlich allmählich eine Wende in den Auseinandersetzungen zwischen den Arbeitsmarktparteien – insofern, als die politischen Inhalte, die in den frühen Revolutionsmonaten eine entschei-

1 Daten für Italien nach Bordogna/Cella/Provasi, Labor Conflicts, 220; für Deutschland nach SGA III, 114.

2 Aufgrund der statistischen Unsicherheiten läßt sich die Quote für Italien nur näherungsweise berechnen. Ich beziehe mich hier auf die Einschätzung von Zamagni, Wages and Workers' Protest, 152 mit Anm. 44. Ihrer Einschätzung liegen allerdings die Daten der europäischen Statistik von Mitchell zugrunde, die die Anzahl der Streikenden und der verlorenen Tage sogar noch geringer veranschlagen – nach den hier verwendeten Streikdaten könnte die Quote also noch deutlich darüber liegen.

3 Correspondenzblatt im August 1919, zitiert nach Opel, Metallarbeiter-Verband, 92.

dende Triebfeder der Streiktätigkeit dargestellt hatten, nach dem Weimarer Verfassungskompromiß zunehmend von Forderungen ökonomischer Natur abgelöst wurden.[1] Auch der sozialdemokratische Reichskommissar für das Rheinisch-Westfälische Industriegebiet, Carl Severing, konstatierte bereits im Herbst 1919, daß die Streikwaffe stumpf geworden sei: nach und nach würden Streikdrohungen an Kraft verlieren und nunmehr beinahe etwas Alltägliches darstellen.[2]

In Italien entzündete sich die von den Zeitgenossen beobachtete *scioperomanìa*[3] zunächst vor allem an ökonomischen Motiven. Lebensmittelknappheit und Preissteigerungen verschärften das soziale Konfliktpotential, das sich im Sommer 1919 in einer spontanen Protestbewegung entlud, die in Plünderungen von Geschäften für Güter des täglichen Bedarfs gipfelte.[4] Die vor allem durch die monetäre Entwicklung verursachte Teuerung der Lebenshaltungskosten – der sogenannte *carovita* oder *caroviveri* – bildete damit den Auslöser für eine längere Phase sozialer Insurrektion, die sich aus der Arbeitsmarktperspektive in der Kontinuität von Arbeitskonflikten mit durchaus unterschiedlichen Formen oder Artikulationsmodi wahrnehmen ließ.

Schon im Frühjahr 1919 beklagte die FIAT-Leitung die „Gleichgültigkeit des Personals, das heute mehr darauf bedacht ist, seine eigene Position abzusichern als die Leistung des Unternehmens".[5] In einem Klima allgemeiner Unruhe und Spannungen zwischen den Tarifpartnern schien unter dem Eindruck der Geldentwertung eine inflationäre Lohnspirale in Gang zu kommen, die materielle Forderungen verschiedener Gruppen nach dem Dominoprinzip nach sich ziehen konnte. Im Protokoll einer Vorstandssitzung bei FIAT hieß es dazu:

> „Nach der letzten Vereinbarung (...) mußte man dafür sorgen, spezielle Anfragen von Arbeiterkategorien zu überprüfen, die sich durch die Übereinkunft benachteiligt sehen. In verschiedenen Fällen mußte man neue Modifikationen vornehmen, um einigen Unausgewogenheiten abzuhelfen (...). Leider hat jedoch das Entgegenkommen bei diesen speziellen Fragen neue, nicht begründete Forderungen hervorgerufen, welche sehr oft von der unmittelbaren Einstellung der Arbeit begleitet werden, ohne der Direktion Zeit zu lassen, die vorgebrachten Fragen zu prüfen. Alles das hält das Unternehmen in einem neuen Zustand der Unordnung, der sich auf die Produktion niederschlägt."[6]

---

1 Feldman, Weltkrieg, 77.

2 Vgl. MA, M.21018, Mappe 1, Unterlagen der Ortsarbeitsgemeinschaft Duisburg mit Schiedsspruch Severings und Sitzungsprotokollen vom September 1919.

3 D.h. „Streikmanie", von sciopero = Streik. Auch die sogenannte „scioperosità", wörtlich vielleicht am ehesten mit „Streikhaftigkeit" zu übersetzen, wurde von zeitgenössischen Beobachtern diagnostiziert.

4 Vgl. z.B. die Schilderung in Einaudi, Condotta, 243ff. Vgl. auch Bachi, L'alimentazione, 169ff. In einigen Kommunen wurden nach Intervention der Präfekten die Preise für manche Güter des täglichen Bedarfs halbiert.

5 So das Protokoll der Vorstandssitzung vom 3.3.1919. PASF, FIAT 1915-1930, 308. Übers. d. V.

6 Protokoll vom 18.3.1919, PASF, FIAT 1915-1930, 317f.

Nicht nur bei den Arbeitern, sondern auch aus den Reihen der Angestellten wurde Unzufriedenheit laut, während beispielsweise die *capi tecnici* bei FIAT Forderungen erhoben, deren „enormes Ausmaß“ zugleich ihren Mißerfolg besiegelte und in den Augen der Geschäftsleitung schlichtweg nicht diskutabel erschien.[1] Im Laufe des Jahres präsentierten die FIAT-Angestellten weitere Memoriale, die in Vorstandskreisen als „nicht mehr berechtigt“ interpretiert und demzufolge abgewiesen wurden.[2] Auch bei dem ehemaligen Mannesmann-Röhrenwerk Dalmine bei Bergamo gingen aus den Reihen der Angestellten entscheidende Impulse für Arbeitskonflikte aus. Die *libri societari* berichten im Frühjahr 1920 rückblickend von einem „Chor von Forderungen“ ihrer Beschäftigten, die zum Teil angesichts der fortschreitenden Geldentwertung als berechtigt erachtet und mit deutlichen Nachbesserungen der Teuerungszulagen für alle Arbeitnehmer beantwortet wurden.[3] Wenige Monate später war im Unternehmen eine „Bewegung der Angestellten“ im Gange, „die zur Eroberung von wichtigen und inakzeptablen Ansprüchen tendierte“ und der Firmenleitung schon deshalb Sorgen bereitete, da „prinzipielle Fragen“ berührt wurden.[4] Für die zunehmende Verschärfung des industriellen Konflikts im Laufe des Jahres sollten die Angestellten sodann eine so wichtige Rolle spielen, daß die Firmenleitung die Aufspaltung der Bewegung von Angestellten und Arbeiterschaft vorantrieb, die als zentraler Schritt auf dem Weg zur Wiederherstellung des Betriebsfriedens empfunden wurde.[5]

Auch in Deutschland gewannen während der Inflationsjahre die Gehaltsbewegungen der Angestellten immer mehr an Bedeutung für den industriellen Konflikt. Seit Frühjahr 1919 kämpften Industrieangestellte in verschiedenen Branchen und Regionen um eine Erhöhung ihrer Bezüge, um diese an das neue Preisgefüge anzupassen. Die Bewegungen im Herbst 1919, die beispielsweise in der Düsseldorfer Eisen- und Stahlindustrie im Gange waren, zogen sich zunächst bis zum Jahreswechsel hin – jedoch sollte sich ohnehin jeder erzielte Abschluß sehr schnell nur als vorläufige Etappe erweisen, da die materiellen Errungenschaften im Zuge der raschen Geldentwertung schnell zunichte ge-

1 Ebd., 318. Vgl. auch Sitzung vom 3.3.1919, ebd., 305ff. Vgl. auch den Kommentar von Giuseppe Berta zu dem Ausgreifen der Bewegung, ebd., 309, 319.

2 Nunmehr gelte es, „den neuen Forderungen nach Verbesserung zu widerstehen.“ Sitzung vom 24.6.1919, vgl. PASF, FIAT 1915-930, 340.

3 Die *libri societari* enthalten Protokolle von Vorstandssitzungen. Vgl. FD, Archivio Storico, Fondo Dalmine, Serie libri societari, Consiglio d’amministrazione, D Lcda/2, Buch VI (Dalmine SpA, Verbali Consiglio dal 6.3.1920 al 3.3.1925), 13, 24ff., vgl. vor allem die Sitzungen vom 8.5.1920 sowie vom 3.12.1920.

4 Vgl. Protokoll der Vorstandssitzung vom 3.12.1920. FD, Archivio Storico, Fondo Dalmine, Serie libri societari, Consiglio d’amministrazione, D Lcda/2, Buch VI (Dalmine SpA, Verbali Consiglio dal 6.3.1920 al 3.3.1925), 27.

5 Vgl. die Schilderung der Ereignisse vom Herbst 1920 im Vorstandsprotokoll vom 3.12.1920, bei denen die Isolierung der Angestellten von der „massa operaia“ betont wird, FD, Archivio Storico, Fondo Dalmine, Serie libri societari, Consiglio d’amministrazione, D Lcda/2, Buch VI (Dalmine SpA, Verbali Consiglio dal 6.3.1920 al 3.3.1925), 30.

macht wurden.[1]

In Italien wuchsen die Arbeitskonflikte allmählich über materielle Aspekte hinaus. Wenn Forderungskataloge – wie im Fall des oben erwähnten Memos der Dalmine-Angestellten – die Arbeitgeber aufgrund ihres „prinzipiellen" Charakters beunruhigten, so veranschaulichte dies einen Wandel der Inhalte des industriellen Konflikts. Auch bei FIAT war es schon im Frühjahr 1920 zu einem heftigen Arbeitskampf gekommen, nachdem sich die betriebliche Arbeitnehmervertretung – die *commissione interna* – in Bezug auf die geltende Zeitregelung Befugnisse angemaßt hatte, die nach Einschätzung der Geschäftsleitung nicht tolerabel waren und mit harten Disziplinarmaßnahmen geahndet wurde.[2] Der darauf folgende, als „Uhrzeigerstreik" (*sciopero delle lancette*) etikettierte Arbeitskampf, der sich eigentlich an einem geringfügigen Anlaß entzündet hatte und Zehntausende, später über hunderttausend Beschäftigte in den Ausstand versetzte, nahm den Charakter einer Machtprobe an, bei dem es um die Entscheidungsgewalt im Betrieb ging. In den Augen Agnellis hatte der Konflikt eindeutig „politischen Charakter: (...) ein Teil der Arbeiter möchte Revolution machen."[3] Von industrieller Seite fürchtete man die „Degeneration" der bisherigen Organe zur betrieblichen Interessenvertretung der Arbeitnehmer in *consigli di fabbrica* nach den Ideen Antonio Gramscis, der die Fabrikräte als progressives Modell der Arbeitermitbestimmung im Unternehmen konzipiert hatte.[4] Diesbezüglich stellte der tonangebende Industriellenverband, die Turiner *Lega industriale* (LIT) unmißverständlich klar, daß „die Lega absolut nicht und in keiner Art und Weise irgendeinen Vorschlag diskutieren kann, der auch nur indirekt die *Commissione interna* in ein Organ zur Produktionskontrolle zu transformieren beabsichtige".[5] Die Ausstrahlungskraft der Rätebewegung blieb allerdings auch im weiteren Verlauf des roten „Bienniums" im wesentlichen auf Turin begrenzt, wo im Jahr 1920 rund 85 Fabrikräte bestanden.[6] In Deutschland hatte die Rätebewegung, die während der revolutionären Übergangsphase von 1918/19 noch eine wichtige Rolle gespielt hatte, schon im Laufe des Jahres 1919 immer mehr an Dynamik verloren. Die Weimarer Reichsverfassung, die im Sommer 1919 in Kraft trat, integrierte das Räteprinzip nur in

---

1 Vgl. zu Gehaltsbewegungen der Angestellten im Jahr 1919 z.B. MA, M.21018. Vgl. auch M.21017.

2 Uneinigkeit herrschte zwischen Beschäftigten und Firmenleitung hinsichtlich der Frage, ob die „ora legale" (Sommerzeit) oder die „ora solare" (echte Sonnenzeit, d.h. Normalzeit) gelten solle. Die *commissione interna* hatte eigenmächtig die Uhrzeiger wieder auf Normalzeit gestellt. Vgl. Protokoll der Vorstandssitzung vom 23.3.1920, PASF, FIAT 1915-1930, 394.

3 So Agnellis Stellungnahme im Protokoll einer Sitzung der Lega industriale di Torino (LIT) des Turiner Industriellenverbandes am 27.3.1920, vgl. die Edition der Sitzungsprotokolle von Giuseppe Berta: "La crisi italiana del primo dopoguerra nei verbali della Lega industriale di Torino 1920-1923" (im folgenden zitiert als Verbali LIT) in ders., Occupazione. Für das Zitat siehe ebd., 76.

4 Vgl. z.B. die Stellungnahme von Freschi in einer Sitzung der LIT am 14.4.1920, vgl. Verbali LIT, 78.

5 So De Benedetti zur Sitzungseröffnung am 18.4.1920, vgl. Verbali LIT, 81. Übers. d. V.

6 Bei FIAT Brevetti wurde am 1.9.1919 der erste *consiglio di commissari di fabbrica* gewählt, vgl. zu den Fabrikräten z.B. Castronovo, FIAT 1899-1999, 190ff., 215; siehe auch den Kommentar Bertas, in PASF, FIAT 1915-1930, 389f.

reduzierter Form.[1] Mit den revolutionären Kampforganen, die Gramsci für den *autogoverno operaio* in Italien entworfen hatte, hatten die damit geschaffenen deutschen Betriebsräte jedoch wenig gemeinsam.[2]

Mit der Verbrämung von materiellen und politischen Forderungen erhielten die Arbeitskonflikte in Italien nunmehr eine neue Tragweite und Intensität.[3] Als im Sommer 1920 diverse Memoriale von verschiedenen Arbeitergruppierungen an die FIAT-Leitung herangetragen wurden, die Lohnerhöhungen, aber u.a. auch die Abschaffung der Fabrikreglements forderten, prognostizierte Agnelli, „daß die Diskussion schwer und der Kampf hart sein würden".[4]

Tatsächlich veränderte sich nun auch die Form des Konfliktes, wie man sehr rasch im Laufe eines Arbeitskampfes beobachten konnte, den die Metallarbeitergewerkschaft FIOM auf nationaler Ebene anstrengte. Auf die umfangreichen Forderungen wollte die Mehrheit der Industriellen inzwischen mit einer verhärteten Position reagieren: „Die Industriellen sind gegen die Gewährung von irgendeiner Verbesserung. Seitdem der Krieg zu Ende ist, haben sie fortwährend die Hosen heruntergelassen. Jetzt reicht es, und wir fangen mit euch an."[5] Auf Seiten der Arbeiterschaft setzte man dem die Taktik des *obstruzionismo* entgegen, eine Art gezielter Produktionsverzögerung durch bewußt langsames Arbeiten, das einen „Dienst nach Vorschrift" noch unterbot. Eine Aussperrung bei Romeo in Mailand löste sodann eine Welle von Fabrikbesetzungen aus, die – von Mailand ausgehend – in den industriellen Zentren vor allem im Herbst 1920 an Dynamik gewann.[6] Nun hatte die Konfrontation der Arbeitsmarktparteien im industriellen Konflikt einen Höhepunkt erreicht. Den Auftakt für diese neue Kampftaktik bildete der sogenannte „Fall Mazzonis", die Besetzung eines Piemonteser Unternehmens, die im Arbeitgeberlager große Besorgnis hervorrief und neue Organisationsbestrebungen weckte.[7] Schon der Streik der *Capi* bei FIAT hatte einen entscheidenden Impuls für die Gründung des AMMA (*Associazione Metallurgici Meccanici e Affini*), eines wichtigen

1 Artikel 165 der Weimarer Verfassung postulierte programmatisch die gleichberechtigte Mitwirkung von Arbeitnehmern und Arbeitgebern an der Ausgestaltung der Produktionsbedingungen und an der wirtschaftlichen Entwicklung. Hierfür war die Gründung eines Reichswirtschaftsrates vorgesehen, in dem tarifpartnerschaftliche Angelegenheiten beraten werden sollten. Als Ausführungsgesetz wurde im Jahr 1920 das Betriebsrätegesetz beschlossen, das ab einer bestimmten Unternehmensgröße gewählte Betriebsräte einrichtete, welche den Arbeitnehmervertretern Mitspracherechte bei personellen und sozialen Belangen einräumten sowie Kontroll- und Beratungsfunktionen in wirtschaftlichen Fragen übernahmen. Vgl. zum Betriebsrätegesetz Frerich/Frey, Sozialpolitik, 177-179; Plumpe, Mitbestimmung.

2 Vgl. zur Rätebewegung in Deutschland auch Arnold, Rätebewegung,; Schmillen, Revolution.

3 Vgl. zum *biennio rosso* - vor allem im Industriegebiet Turin - Berta, Turin, 105-124.

4 Protokoll der Vorstandssitzung am 19.7.1920, PASF, FIAT 1915-1930, 414.

5 So Rotigliano, ein Repräsentant der *Federazione degli industriali meccanici e metallurgici*, zitiert nach Bigazzi, Portello, 409. Auch zitiert in Castronovo, FIAT 1899-1999, 210. Übers. d. V.

6 Vgl. dazu Bigazzi, Portello, 407ff.

7 Vgl. zu den Ereignissen Prato, L'epilogo, 11-29.

Branchenverbandes gegeben.[1] Die wachsende Konfliktneigung innerhalb der Arbeitnehmerschaft, die Radikalisierung der Konfliktformen und das Ausgreifen auf Beschäftigtenkreise, die nicht auf eine Arbeitskampftradition zurückblicken konnte, wie sie die ehedem kämpferische Turiner Metallarbeiterelite besaß, steigerte in den Augen der Industriellen die Dringlichkeit zur Stärkung ihrer eigenen Interessenorganisationen. Eine rigorose Verbandsdisziplin wurde beschworen.[2] Dies geschah auch in Abgrenzung zur politischen Führung, deren neutraler Standpunkt heftig kritisiert wurde. Dabei wurden moderatere Stimmen, wie sie Signale der Verhandlungsbereitschaft und Vermittlungsangebote seitens Agnellis erahnen ließen, von intransigenten Positionen übertönt.[3] So beklagte man, daß die Regierung „keinen, auch nur entfernten und formalen Versuch" machen wolle „zur Verteidigung der Industriellen, die sie komplett verlassen hat".[4] Die Regierung sei „komplett auf die Seite der Arbeiter geschwenkt"[5] und wolle „die Industriellen dazu (...) bringen, gegenüber den Arbeiterforderungen einzuknicken".[6] In einem Telegramm an Giolitti wurde der „*assenteismo completo*" der Regierung beklagt.[7]

Inzwischen ging es nicht mehr nur um eine Machtprobe zwischen den Arbeitsmarktparteien, sondern auch um die Rolle des Staates beim Ausgleich der Interessen. Giolitti, der trotz der Symbolträchtigkeit der Agitationen angesichts der Zersplitterung und Führungsschwäche der Arbeiterbewegung die Gefahr einer sozialen Revolution als gering einstufte, setzte jedoch auf eine Verhandlungslösung der Interessenverbände mit staatlicher Vermittlung. Mitte September wurde bei einem Treffen von reformistischen Gewerkschaftsvertretern und *Confindustria*-Repräsentanten mit Giolitti[8] ein Kompromiß ausgehandelt, der einen Gesetzesentwurf über die gewerkschaftliche Kontrolle im Betrieb in Aussicht stellte. Ein entsprechendes Konkordat, das eine paritätische Kommission für die Ausarbeitung des Gesetzesentwurfs bestellte und außerdem einige materielle Verbesserungen gewährte, wurde wenige Tage später in Rom unterzeichnet, wenngleich vor allem die LIT die Einigung ablehnte und den Ausgang der Ereignisse scharf kritisierte.[9] Tatsächlich verkannte wohl ein Großteil der Industriellen die politische Vermittlungsleistung Giolittis, dem es so gelungen war, die Fabrikbesetzungen nach drei Wochen zu beenden und dabei das umstrittene Kernthema der Arbeiterkon-

---

1 Zum Ausbau der Interessenorganisationen vgl. z.B. Abrate, Lotta, 207f., vgl. auch PASF, FIAT 1915-1930, 323.

2 Vgl. Protokoll einer LIT-Sitzung am 9.9.1920, Verbali LIT, 102.

3 Vgl. Castronovo, FIAT 1899-1999, 215ff.

4 Sagt der Präsident der LIT einleitend bei einer Sitzung am 3.9.1920, Verbali LIT, 100.

5 Stellungnahme Boella, aus dem Protokoll der LIT-Sitzung am 3.9.1920, Verbali LIT, 101.

6 Sagt der Präsident der LIT einleitend bei einer Sitzung am 3.9.1920, Verbali LIT, 100.

7 Vgl. die Protokolle der LIT-Sitzungen am 10. und 11.9.1920, Verbali LIT, 110f.

8 Die CGdL–Delegation wurde von D'Aragona und Buozzi geleitet, auf Seiten der Industrie verhandelten der *Confindustria*-Sekretär Gino Olivetti, Senator Conti, ein Unternehmer aus der Elektrizitätsbranche sowie Agnelli, vgl. dazu Castronovo, FIAT 1899-1999, 220ff.

9 Vgl. für den Inhalt des Konkordates die vom *Consorzio industriale ligure meccanici metallurgici navali ed affini* kommentierte Sammlung der Vertragstexte, in FA, Fondo Gamba, b. 4, fasc. 9.

trolle auf unbestimmte Zeit zu vertagen.[1] Retrospektiv betrachtet, erschienen die praktischen Ergebnisse dieses Arbeitskampfes relativ gering, zumindest aber im Hinblick auf den massiven Mitteleinsatz in diesem Kräftemessen, aus dem beide Arbeitsmarktparteien letztlich geschwächt hervorgingen.[2] Dennoch hielt sich die industrielle Sichtweise einer einseitigen Parteinahme des Staates zugunsten der Arbeitnehmer wohl auch in der Konsens stiftenden kollektiven „Erinnerung" weit über die Unruhephase hinaus.[3] Diese Interpretation prägte auch den Rückblick auf die Ereignisse aus Sicht der deutschen Arbeitgeberpresse: Nachdem die Regierung Giolitti mit ihrem Versöhnungsversuch „einseitig vom Arbeitgeber Opfer verlangt" habe, sei die Ruhe nur „äußerlich wiederhergestellt" worden, während „die Auflehnung gegen die Verbolschewisierung Italiens" weiterhin gärte.[4]

Wenngleich das „Kontrollprojekt" durch die vorbereitende Kommissionsarbeit zunächst verschoben worden war und seine tatsächliche Realisierung wohl auch manchen Arbeitgebern fraglich erschien, bot es in Unternehmerkreisen Anlaß zur Sorge. In einem Brief an einen leitenden Mitarbeiter gab Ansaldo-Chef Pio Perrone zu bedenken:

> „Bezüglich der Frage der Kontrolle kann ich nicht anders, als den Wunsch zu formulieren, daß Ihre Vorhersage sich bewahrheiten möge und daß [man] die betreffenden Dinge so lassen möge, wie sie jetzt sind, ohne die freie Entwicklung der Arbeit zu behindern; da andernfalls, wenn die gewerkschaftlichen Ideen, die von den Arbeiterrepräsentanten in ihrer Eingabe entwickelt wurden, sich durchsetzten, die italienische Industrie verurteilt wäre, an galoppierender Schwindsucht zu sterben."[5]

Auch eine Umfrage der *Riforma Sociale* – die bereits stattfand, bevor die paritätische Kommission ihre Diskussionen abgeschlossen hatte – offenbarte eine tiefsitzende Skepsis gegenüber dem Projekt, die weniger auf seiner Grundidee als auf seiner praktischen Realisierbarkeit beruhte.[6] So überwogen die Gegenstimmen die Befürworter des Gedankens deutlich, wobei letztere in der genannten Befragung tendenziell mit utopistischen Ideen argumentierten. Diese magere Zwischenbilanz ließ bereits erahnen, daß sich die Basis für einen tragfähigen Entwurf beider Seiten nur ziemlich schmal gestaltete. Und tatsächlich sollte es der Kommission auch nach mehrmonatigen Beratungen nicht gelingen, einen gemeinsamen Entwurf vorzulegen. Den beiden separat ausgearbeiteten Modellen lag eine völlig unterschiedliche Vorstellung des „Kontrollbegriffs" zugrunde. Während die Arbeitnehmer Kontrolle als eine Angelegenheit der Gewerk-

---

1 Vgl. für diese Interpretation Bigazzi, Portello, 422.

2 Vgl. auch den Kommentar Bertas in PASF, FIAT 1915-1930, 415.

3 Die Bedeutung der „sinnstiftenden Erinnerung" im Rahmen faschistischer Regimebildung betont Petri, Führungskräfte.

4 So der Leitartikel in dem von der VdA herausgegeben Organ „Der Arbeitgeber", 16. Jg., H.21, 1926, 445ff., hier 446.

5 So Pio Perrone in einem Brief an einen leitenden Angestellten am 25.11.1920. FA, Fondo Sarli-Biandrà, b. 24, fasc. 2. Übers. d. V.

6 Vgl. L'inchiesta sul controllo operaio delle Aziende, in: Riforma Sociale, Jg. 28, Bd. 32, 1921, 201ff.

schaften verstanden wissen wollten, hatte die Arbeitgeberseite ein komplexes Modell einer Branchenkontrolle konzipiert, das einer Expertenkommission aus Repräsentanten diverser Gruppen von Arbeitnehmern, Arbeitgebern und dem Staat die Aufgabe der sachbezogenen Informationsbeschaffung für die jeweilige Branche übertrug.[1] Der Gesetzesentwurf, den die italienische Regierung aus den beiden unversöhnlichen Ansätzen zusammenstrickte, war von dem Grundgedanken der Kollaboration getragen und orientierte sich an den gemischten Arbeitsgemeinschaften, wie sie die ZAG in Deutschland darstellte. Abgesehen davon, daß auch die ZAG auf einem höchst brüchigen Konsens basierte, der zum Teil auf einem inflationären Lohn-Preis-*trade-off* ruhte,[2] erschien die Durchsetzungskraft einer solchen Idee im italienischen Kontext auch insofern problematisch, als die reformistische Gewerkschaft die radikaleren Strömungen innerhalb der Arbeiterbewegung nicht kontrollieren konnte. Die korporatistischen Regelungspraktiken, die in anderen Ländern Europas gewählt wurden, waren deshalb in Italien noch nicht erfolgversprechend. Hier kam statt dessen ein anderes Korporatismusmodell zum Zuge.[3]

Nur wenige Wochen nach der Räumung der Fabriken warf die ökonomische Krise, die mit der monetären Stabilisierung einherging, bereits ihre Schatten voraus. Schon Ende des Jahres 1920 hatte Ansaldo-Chef Pio Perrone die Notwendigkeit, seinen Personalbestand „auf das notwendige Minimum zu reduzieren“, für „offensichtlich“ gehalten und damit einen Gedanken ausgesprochen, der für die Personalpolitik vieler Arbeitgeber während der ersten Stabilisierungskrise des Jahres 1921 programmatisch werden sollte.[4] Gemäß seiner Einschätzung würden alle Anzeichen zur Vorsicht gemahnen:

> „Die Arbeiterkrise, die Arbeiterkontrolle, das monetäre Problem, das des Leitungspersonals und das der Organisation, [– dies alles Probleme], welche nur Schritt für Schritt gelöst werden können gleichsam über die natürliche Evolution.“[5]

So schlug er als konkrete Handlungsempfehlung für die bevorstehende Krise eine abwartende Haltung sowie eine deutliche Personalreduktion vor:

> „Lassen wir den Sturm vorüberziehen, während wir sicher vor Anker und in den Leinen liegen, verbessern Sie mir das Personal, indem Sie es angemessen säubern.“[6]

Wie die „natürliche Evolution“ in diesem konkreten Fall tatsächlich aussehen würde, sollte sich im folgenden Jahr erweisen, das nicht nur für Wirtschaft und Arbeitsmarkt in Italien, sondern gerade für den Ansaldo-Konzern ein folgenschweres Krisenjahr darstel-

1 Die Entwürfe beider Seiten sind abgedruckt in International Labour Office (ILO), Bill.

2 Dies hat das Kapitel über die Lohnentwicklung veranschaulicht, vgl. oben, IV 2.3.

3 Vgl. den Abschnitt IV 3.3.

4 Pio Perrone in einem Brief an einen leitenden Angestellten am 25.11.1920. FA, Fondo Sarli-Biandrà, b. 24, fasc. 2. Vgl. auch das Zitat in Abschnitt 2.3. Übers. d. V.

5 Ebd.

6 Ebd.

len würde. Der Akzent jedoch, den diese Ausführungen auf den personellen Aspekt legten, ließ bereits die Konturen der Strategie erkennen, die in vielen Unternehmen zur Überwindung der ökonomischen Krise gewählt wurde. Als die inflationäre Entwicklung in Italien im Jahr 1921 zu einem vorläufigen Stillstand gebracht wurde, hatten auch die beiden „roten Jahre" der Nachkriegszeit ihren Höhepunkt überschritten. Die steigende Arbeitslosigkeit, die die ökonomische Krisenkonstellation mitbrachte, sollte zugleich einen Hebel für die Stärkung der Arbeitgeberposition bieten.

Auch in Deutschland hatten sich während der Inflationsjahre die Konfliktpotentiale auf dem industriellen Arbeitsmarkt verändert. Eine neue Intensität im industriellen Konflikt ließ sich nicht nur an der hohen Streikfrequenz im Jahr 1922 ablesen, sondern auch daran, daß die zumeist an Lohnfragen entzündeten Auseinandersetzungen – direkt oder indirekt – auch die gegenwärtigen Arbeitszeitregelungen berührten. So zeigten die Arbeitskämpfe in diesem Zeitraum, beispielsweise im Bergbau und in der süddeutschen Metallindustrie, eine Verknüpfung von lohn- und arbeitszeitpolitischen Inhalten gemäß der in industriellen Kreisen weitverbreiteten Ablehnung des Achtstundentages.[1] Für die Gewerkschaften besaß der Schutz des „formalen" Achtstundentages[2] eine hohe Priorität, stellte er doch eine zentrale Errungenschaft der Revolution dar. An den gewandelten Konfliktinhalten – wie auch an den langwierigen Debatten im Reichswirtschaftsrat zur Arbeitszeitfrage – ließ sich ein allmähliches Wiedererstarken der Arbeitgeberposition beobachten.[3] Damit zeichneten sich bereits am Übergang zur Hyperinflation Konfliktlinien ab, die sich während der Stabilisierungskrisen weiter zuspitzten.

Die Entwicklung der Konfliktpotentiale in beiden Ländern spiegelte die spezifischen währungspolitischen Rahmenbedingungen wider. Der deutlich ausgeprägte Verlauf der Geldentwertung in Deutschland sorgte – in kurzfristigen Zeitintervallen betrachtet – für relativ großzügige Verteilungsspielräume, deren materieller Nutzen allerdings rasch wieder durch den Wertverlust zunichte gemacht wurde und daher nur von kurzfristiger Natur war. So verwundert es nicht, daß die Anpassung von Löhnen und Gehältern das zentrale Thema der Arbeitskonflikte in diesem Zeitraum darstellte. Durch die inflationäre Scheinblüte, die zwischenzeitlich ein relativ hohes Beschäftigungsniveau garantierte, wurden konfliktbesetzte Themen im Bereich von Arbeitsmarkt und industriellen Beziehungen vorläufig erfolgreich in den Hintergrund gedrängt, da ein Kompromiß zwischen den Arbeitsmarktparteien relativ leicht „erkauft" werden konnte. Ebensowenig verwundert, daß die Zahl der Arbeitskonflikte in Deutschland gerade dann in die Höhe schnellte, als die Inflation in Hyperinflation kippte, was die Verteilungsspielräume abrupt verengte.

Auch in Italien waren Lohnforderungen zunächst der wesentliche Inhalt von Arbeitskonflikten, und die Teuerung bildete einen wichtigen Motor für die Mobilisierung wei-

---

1 Vgl. dazu Feldman, Disorder, 609f. Vgl. auch Steinisch, Arbeitszeitverkürzung, 428ff.

2 D.h. die tägliche Arbeitszeit stand im Fokus, nicht die entsprechende Wochenarbeitszeit von 48 Stunden.

3 Feldman, Disorder, 611.

ter Teile der Arbeitnehmer im industriellen Konflikt. Dabei wurden – in beiden Ländern – immer häufiger auch Personengruppen in die Arbeitskämpfe einbezogen, die zuvor eher passiv waren und keine Arbeitskampftradition besaßen. Der Druck zur Anpassung von Löhnen und Gehältern, der durch die fortschreitende Geldentwertung aufrechterhalten wurde, schuf so eine gewisse Erfahrung in der Partizipation am industriellen Konflikt. Hier wie dort fungierten Lohnzugeständnisse auf inflationärer Basis als materielle Beschwichtigung und damit zur vorläufigen Eindämmung von Konfliktpotentialen. So zeigt der Vergleich zwischen beiden Ländern die Bezüge zwischen dem Arbeitsmarkt, seinen Konfliktpotentialen und der Geldwertstabilität auf, indem die vorläufige Harmonisierung der ökonomischen Konflikte zwischen den Arbeitsmarktparteien als Nebenwirkung der Inflation aufscheint.

Da der Verfall der Lira nach Kriegsende zu keinem Zeitpunkt das Niveau der Markentwertung erreichte, waren die Spielräume für einen „inflationären Kuhhandel"[1] in Italien wesentlich schmaler bemessen. Hier war eine Zuspitzung des industriellen Konflikts zu beobachten, die sich in gewandelten Inhalten und Protestformen ausdrückte. Zu ökonomischen Anliegen traten politische Forderungen nach mehr Mitbestimmung und Debatten um die „Macht" im Betrieb. Obstruktion und Fabrikbesetzungen waren relativ neue, militantere Kampfformen, die allerdings nicht dazu beitrugen, das Anliegen der Arbeitnehmer in der Öffentlichkeit populärer zu machen, sondern – ganz im Gegenteil – eher ihre Isolation förderte. Während Teile der Unternehmerschaft die Mobilisierung der Arbeiterschaft unter dem Signum der *grande paura*[2] zur großen Revolutionsgefahr hochstilisierten, hegten auch andere Bevölkerungsgruppen Ressentiments gegenüber den Arbeitern in Bezug auf ihre vermeintliche oder tatsächliche relative Verbesserung ihrer ökonomischen Position.

In beiden Ländern vollzog sich so ein ähnlicher Argumentations- und Umdeutungsprozeß, der die Arbeiterschaft zunehmend isolierte.[3] In diesem Kontext betrachtet, erhielt das Phänomen der Inflation – abgesehen von seiner ökonomischen Wirkung – eine weit darüber hinausweisende Bedeutung, da es mit gesellschaftlichen und moralischen Bedeutungen korreliert wurde. So konnte die Inflation auch in Italien – das von der drastischen Erfahrung der Hyperinflation verschont blieb – von einem wirtschaftshistorischen Epiphänomen zu einem bedeutsamen Wendepunkt avancieren.[4]

1 So z.B. die Ausführungen des VdA, vgl. oben.

2 D.h. die „große Furcht".

3 Auf das Argument der Isolation und Besänftigung der Arbeiter durch die Inflation verweist Feldman, Weltkrieg, 65f., 82; sowie ders., Disorder, 609.

4 Nach Berta, Cooperazione, 217, symbolisiert sie die Erosion der alten Ordnung.

2.5. Die Stabilisierungskrisen in Deutschland und Italien 1921-1927

Wie der Überblick über den Verlauf der Inflation und Deutschland veranschaulicht hat, wurden die Währungen in beiden Ländern zu unterschiedlichen Zeitpunkten konsolidiert. In chronologischer Folge betrachtet, lassen sich im Vergleich beider Länder drei Stabilisierungsphasen erkennen: Hierbei machte zunächst Italien den Auftakt, wo im Jahr 1921 die Preise rapide fielen und innerhalb weniger Monate die Inflation zum Stillstand kam. Gut zwei Jahre später wurde in Deutschland mit der Währungsreform die monetäre Stabilisierung eingeleitet. Da die italienische Lira jedoch nur eine vorläufige Konsolidierung erreicht hatte, kam die Nachkriegsinflation in Italien erst mit der Deflationspolitik im Zuge der *Quota Novanta* 1926/27 zu einem endgültigen Abschluß.

Der monetäre Konsolidierungskurs war in beiden Länder mit hohen volkswirtschaftlichen Kosten verbunden. Nachdem die Währungsturbulenzen – ob nun vorläufig oder endgültig – überwunden waren, ließen die sogenannten „Stabilisierungskrisen", mit denen als Folgeerscheinung der monetären Restriktion zu rechnen war,[1] nicht lange auf sich warten. Erst nach dem Schwinden der Geldillusion konnte sich erweisen, ob die während des Inflationsjahrzehnts ausgebauten und veränderten produktiven Kapazitäten tatsächlich den jeweiligen Marktrealitäten angemessen, effizient und rentabel waren.

So durchlebte Italien im Jahr 1921 eine erste, im Jahr 1927/8 die zweite *crisi di stabilizzazione*, während in Deutschland das erste Krisenintervall unmittelbar nach dem Zusammenbruch und der Reformierung der Währung 1923/24 einsetzte, eine zweite Stabilisierungskrise – auch „Reinigungskrise" genannt – im Herbst 1925 hereinbrach und bis zum Sommer 1926 andauern sollte. Die Sequenz von Währungsverfall und Stabilisierung, die somit bis in die zweite Hälfte der 1920er Jahre andauerte, erfolgte in einem sich wandelnden politischen Umfeld.

a. Die politischen Rahmenbedingungen in Deutschland und Italien

Die politischen Vorzeichen veränderten sich rasch. Beim Vergleich der Stabilisierungsszenarien auf dem Arbeitsmarkt sind somit auch die unterschiedlichen politischen Rahmenbedingungen in Deutschland und Italien zu berücksichtigen. Ein wichtiger Akteur des Arbeitsmarktgeschehens – der Staat – durchlief einen Transformationsprozeß und war in Italien am Ende der 1920er Jahre ein völlig anderer als zu Beginn des Jahrzehnts.

Schon in der unmittelbaren Nachkriegszeit war der liberale Staat in Italien stark geschwächt und immer weniger der Aufgabe gewachsen, den Ausgleich gesellschaftlicher Gruppen herbeizuführen.[2] Die liberale *classe dirigente*, so schien es, verkörperte eine

1 Gemäß geldpolitischer Standarddoktrin geht die monetäre Stabilisierungspolitik nach einer inflationären Phase mit einer Stabilisierungskrise einher, vgl. für eine allgemeine Definition des Phänomens Starbatty, Stabilisierungskrise.

2 Vgl. für den ganzen Abschnitt die Interpretationen von Lyttelton, Seizure, 30ff., 42ff., 77ff.; Lill, Geschichte, 297ff.; Schieder, Strukturwandel.

alte Politikergeneration und hatte nicht mit dem sozioökonomischen Strukturwandel Schritt halten können, während die Integration der Massen in die Gesellschaft nur ansatzweise gelang.[1] Volksparteien – wie z.B. der *Partito Popolare Italiano*, (die christlich-demokratische Partei des sizilianischen Paters Don Luigi Sturzo) oder der *Partito Socialista Italiano* (PSI) – befanden sich noch im Aufbau und wurden immer wieder politisch isoliert. Schon bei der Einführung des Verhältniswahlrechts im Jahr 1919 war die geringe Bindekraft der Politik zutage getreten. Die Maßnahme gestaltete die politische Willensbildung demokratischer, brachte Wahlerfolge für die Sozialisten und die katholische Volkspartei und erschütterte die Machtbasis der traditionellen politischen Kräfte. Gleichwohl spiegelte die geringe Wahlbeteiligung von etwa 50 Prozent die Staatsferne großer Bevölkerungsteile wider.[2] Zudem waren schwierige Probleme zu meistern: die Unzufriedenheit über den Friedensschluß leistete einer revisionistischen außenpolitischen Propaganda Vorschub, die auf breite Zustimmung stieß. Diese Stimmung untergrub den Rückhalt der alten Eliten, denen es nur noch mühsam gelang, gesellschaftliche Spannungen zu meistern. Dies hatte auch die Auseinandersetzung über das Kontrollprojekt gezeigt. Wenn die Akzeptanz eines altgedienten Staatsmannes wie Giolitti dahinschwand, obwohl er divergierende Ansprüche noch erfolgreich ausbalanciert hatte, so wirkte sein Nachfolger Bonomi zunehmend hilflos gegenüber den aktuellen Herausforderungen. Der paramilitärischen Gewalt der faschistischen *squadre* und den revolutionären Bewegungen der radikalen Linken setzte die Regierung nur Versöhnungsappelle entgegen. Obwohl die Systembedrohung nicht von der erstarkten politischen Linken, sondern von der extremen Rechten ausging, fand in staatstragenden Schichten – wie z.B. im Verwaltungsapparat und im Militär – die Vision einer rechtskonservativen Restrukturierung der Gesellschaft durchaus Zustimmung.[3] Die Führungsschwäche der Liberalen hinterließ ein Vakuum, in das die faschistische Bewegung mit neuen politischen Praktiken vorrückte, während die auch von Giolitti gehegte Vorstellung, den Faschismus zähmen und in verfassungsgemäße Bahnen lenken zu können, die Realitäten unterschätzte.[4]

Vor diesem Hintergrund sind die Parallelen zu Deutschland offensichtlich. In den Anfangsjahren der Republik war das gesellschaftliche Klima von einer „inneren Verweigerung des Friedens" geprägt.[5] Umsturzversuche, separatistische Tendenzen, außenpolitische Spannungen, wachsender Radikalismus und zerrüttete Währungsverhältnisse hatten sich im Spätherbst 1923 zu einer schweren Belastungsprobe für die Republik zusammengefügt. Nach dieser krisenhaften Zuspitzung zeichneten sich um die Jahreswende allmählich Konsolidierungstendenzen ab. Welche Faktoren mochten dazu beigetragen haben, das bestehende parlamentarische System zu stützen? Diese Frage

1 Vgl. dazu auch Saija, Prefetti.
2 Vgl. Lill, Geschichte, 290.
3 Siehe auch Roccucci, Roma.
4 Vgl. auch Lyttelton, Seizure, 79ff.
5 Mommsen, Aufstieg, 119ff.

drängt sich bei dem Vergleich mit Italien auf, wo Mussolini seit Oktober 1922 nicht nur die Koalitionsregierung aus faschistischer Partei (PNF), katholischer Volkspartei (PPI) und Liberalen (*Partito Liberale Italiano*) anführte, sondern auch das Außen- und Innenministerium in Personalunion ausübte und die Festigung des faschistischen Regimes methodisch vorantrieb. Da diese Fragestellung weit über den hier behandelten Themenhorizont hinausreicht, können mögliche Erklärungsansätze an dieser Stelle nur skizzenhaft angedeutet werden. Es wird in den folgenden Abschnitten darum gehen, den Arbeitsmarktbezug des *ökonomischen* Krisenmanagements herauszuarbeiten.

Doch die unterschiedlichen Weichenstellungen in Deutschland und Italien seien dennoch kurz erwähnt. Der Versuch, in Bayern eine rechtsgerichtete Diktatur zu etablieren, wurde von einem Interessenbündnis zwischen Schwerindustrie und Militärs unterstützt.[1] Jedoch stand der in Teilen des Deutschen Reichs gärenden Revolution von rechts die eindeutige Position des Reichskanzlers Stresemann entgegen.[2] Zudem hatten die in rechtskonservativen Kreisen vorangetriebenen Umsturzversuche einen Gutteil ihrer Dynamik aus der Kritik an der außenpolitischen Konstellation und dem Konflikt mit Frankreich bezogen. Nach dem Ende des Ruhrkampfes setzte sich allmählich die Einsicht durch, daß eine grundlegende Revision der Gegebenheiten, verbunden mit der Umwälzung des politischen Systems im Deutschen Reich, nur um einen hohen politischen Preis möglich sein werde. Aus Sicht der Schwerindustrie sprachen ökonomische Erwägungen langfristig gegen die Option, separatistische Tendenzen zu forcieren.[3] Für einen Systemwechsel auf bundesstaatlicher Ebene reichte die Konzentration antirepublikanischer Kräfte (noch) nicht aus. Vor diesem Schritt scheute man angesichts des deutsch-französischen Konflikts wohl noch zurück, weil – wie z.B. die Prognose von Hugo Stinnes nahe legte – der Verlust des Rheinlandes wahrscheinlich die Folge gewesen wäre.[4]

Die erfolgreiche Währungsreform, die Ende 1923 und Anfang 1924 mit „Rentenmark" und „Reichsmark" schrittweise vollzogen worden war,[5] gab der politischen und wirtschaftlichen Ordnung wieder Legitimität zurück. Das trug zur Konsolidierung bei.

1 Als ein Beispiel dafür kann die Bereitschaft Friedrich Minouxs (Generaldirektor des Berliner Departements des Stinnes-Konzerns) gewertet werden, in einem neu zu bildenden rechten „Direktorium" einen Ministerposten zu übernehmen, vgl. Thoss, Ludendorff-Kreis; vgl. dazu auch Mommsen, Aufstieg, 184; Deuerlein, Hitler-Putsch, 93.

2 Siehe auch Mommsen, Aufstieg, 216.

3 Vgl. z.B. die Überlegungen von Robert Röchling (aus der Familie des saarländischen Schwerindustriellen) zu den ökonomischen Folgen einer Abtrennung Bayerns, Dok. 74, in Deuerlein, Hitler-Putsch, 288ff.

4 So die Interpretation von Mommsen, 217. Vgl. auch Dok. 272, in: Deuerlein, Hitler-Putsch, 666; 667ff. Vgl. zum Modellcharakter des italienischen Faschismus für den Aufstieg des Nationalsozialismus Schieder, Experiment, 73-125.

5 Vgl. zur Währungsreform, die - nach der Regelung der Reparationsfrage im Dawes-Plan – mit der Einführung einer international konvertierbaren, goldgedeckten „Reichsmark" abgeschlossen war Feldman, Disorder, 708ff.

Dennoch spiegelten die Folgen der monetären Stabilisierung die veränderten politischen Vorzeichen insofern wider, als sie nunmehr einen mühsamen gesellschaftlichen Ausgleich voraussetzten. Dabei gerieten die sozialpolitischen Errungenschaften der Revolutionsphase zunehmend unter Druck. Vor diesem Hintergrund wurde der Arbeitsmarkt zu einem Ort der „gesellschaftlichen Spannungsmeisterung“[1] in mehrfacher Hinsicht. Die Stabilisierung mußte sich auf einem wachsenden Sockel von Arbeitslosigkeit vollziehen, während das Verteilungsspiel um Löhne und institutionelle Arrangements mit verhärteten Fronten andauerte.

In Italien hatte mit der Machtübernahme durch Mussolini eine neue politische Ära begonnen. Dies war ihm mit einer Kombinationsstrategie aus „legalistischen“ Mitteln und faschistischem Terror gelungen.[2] In der sich nun anschließenden Phase der Regimebildung setzte sich die systematische Lähmung der Steuerungsmechanismen des parlamentarischen Systems bis zu ihrer völligen Aushöhlung fort. Im Jahr 1925 markierte der mit den *leggi fascistissime* geschaffene Rahmen schließlich den Wendepunkt zu einer autoritären Diktatur mit dem *Duce* Mussolini an der Spitze eines weitgehend gleichgeschalteten faschistischen Staates.[3]

Die systematische Analyse des Krisenmanagements auf dem Arbeitsmarkt in beiden Ländern zeigt erhebliche Parallelen der ökonomischen und politischen Destabilisierung der industriellen Arbeitsmärkte und läßt erkennen, wie der schwindende Verteilungsspielraum die Konfliktlinien verschärfte. Ab Mitte der 1920er Jahre fallen jedoch nicht bloß unterschiedliche Lösungen für ähnliche Probleme ins Gewicht, da die alternativen Krisenbewältigungsszenarien zugleich darauf verweisen, daß es in Italien nun ein veränderter staatlicher Akteur war, der auf der politischen Bühne agierte. Aus der Arbeitsmarktperspektive betrachtet, ist somit 1925 die Zäsur, die größeres Gewicht besitzt.

b. Die italienische Stabilisierungskrise von 1921

In Italien deutete sich der Ausklang der expansiven Konjunkturphase bereits gegen Ende des Jahres 1920 an. Die internationale Rezession – die sogenannte „kleine“ Weltwirtschaftskrise des Jahres 1920/21[4] – verschärfte die internen ökonomischen und sozialen Krisensymptome des Landes, die mit einer stagnierenden großindustriellen Produktion, mit Konzentrationsbestrebungen, Kämpfen um Kontrollen und Beteiligungen innerhalb des Finanz- und Industriesektors und mit den sozialen Unruhen im Zuge

1 Wehler, Gesellschaftsgeschichte, 270.

2 Schieder, Experiment, 121.

3 Vgl. dazu auch unten. Siehe auch die drei Stufen der Entwicklung des Faschismus gemäß der Faschismustheorie von Wolfgang Schieder, die Bewegungs-, Durchsetzungs- und Regimephase unterscheidet. Ders., Faschismus, 199ff.

4 Vgl. Feinstein/Temin/Toniolo, European Economy, 38ff.

des *biennio rosso* bereits an Konturen gewonnen hatten.[1] Mit den restriktiven Impulsen des monetären Stabilitätskurses spitzte sich die ohnehin prekäre Lage nunmehr weiter zu. Die industrielle Produktion fiel im Durchschnitt auf das Niveau der Vorkriegszeit zurück, während finanzielle Engpässe und Notlagen die Unternehmenslandschaft bestimmten und die Zahl der Firmenpleiten und Betriebsschließungen sprunghaft anstieg. Allein in der Turiner Metall- und Maschinenbauindustrie hatte sich die Zahl der Konkurse im Laufe des Jahres deutlich erhöht.[2] In den Unternehmen gehörten „Personalreduktionen" – sprich Entlassungen – und Kurzarbeit zu den wichtigsten Strategien, mit denen die Werksleitungen die Krisenlage zu bewältigen suchten. Auf dem industriellen Arbeitsmarkt spiegelte sich diese *crisi industriale* in sinkenden Beschäftigtenzahlen und einem markanten Anstieg der Arbeitslosigkeit wider. Gegenüber dem Jahr 1920 war die Beschäftigung von Arbeitern in Nordwestitalien um rund 15 Prozent gesunken, während der durchschnittliche Beschäftigungsrückgang in ganz Italien ungefähr 13,5 Prozent erreichte.[3] Besonders ausgeprägt war die Kontraktion der Beschäftigtenziffern in der Metall- und Maschinenbauindustrie, deren Arbeiterzahlen zwischen Juli 1920 und November 1921 um rund 30 Prozent zurückgegangen waren.[4] Auch in den Werften, in der Chemie und in der Stahlindustrie reduzierte sich die Beschäftigung merklich – hier schwankten die Rückgänge sogar zwischen 30 und über 40 Prozent. Generell waren Großunternehmen von den Schrumpfungstendenzen weitaus stärker betroffen als kleinere oder mittlere Betriebe.[5] Dieser Befund spiegelte den Charakter des industriellen Wachstums während der Kriegs- und Inflationsjahre wider, für das die Großindustrie die entscheidende Basis gebildet hatte.[6]

Schon im Frühjahr 1921 zeigte das Großunternehmen Ansaldo, das sich mit seiner megalomanen Expansionsstrategie der letzten Jahre beträchtlich übernommen hatte und zum Jahresende einen spektakulären Zusammenbruch erleiden sollte, unübersehbare Schwächesymptome. Angesichts der problematischen Lage sah die Unternehmensleitung, wie ihre interne Korrespondenz demonstriert, eine radikale Schrumpfkur und umfangreiche Sparmaßnahmen vor. So plante man, allmählich diverse Betriebsstätten zu schließen, in den verbleibenden Werken die Belegschaft merklich auszudünnen und ungefähr ein Drittel aller Arbeiter zu entlassen.[7] Auch von den kaufmännischen und tech-

---

1 Zum „roten Doppeljahr" vgl. oben, Abschnitt IV 2.4., zu den anderen Aspekten vgl. z.B. Castronovo, Storia, 221ff.; für eine summarische, chronologische Übersicht der wichtigsten Fakten und Ereignisse vgl. Battilossi, Annali, 234ff.

2 Abrate, Lotta, 352. Vgl. auch die Übersicht über den Output ausgewählter Industrien in Zamagni, History, 224.

3 Vgl. Tattara/Toniolo, L'industria, 112.

4 Tattara/Toniolo, Industria, 112, Anm. 29.

5 Bei den mittleren Betrieben war die Beschäftigung um ca. 7%, bei den kleinen Betrieben nur um etwa 5% geschrumpft, vgl. Tattara/Toniolo, Industria, 111.

6 Vgl. oben, Kapitel III.

7 FA, AP, SSNB Scat. 265, fasc. 1, Pio an Mario Perrone am 17.5.1921 über das von Vallino erarbeitete Programm zur Kostensenkung.

nischen Angestellten sollten in Zukunft nur noch etwa zwei Drittel beschäftigt bleiben, wobei man die „weniger Alten und weniger Fähigen beseitigen" wollte.[1] Weiterhin wurde eine Arbeitszeitverkürzung avisiert: künftig sollte in den meisten Betriebsstätten die Fünf-Tage-Woche herrschen. Mit einem Sechsstundentag stand Kurzarbeit auf dem Programm.[2] Tatsächlich wurde dieses rigorose Maßnahmenpaket auch in Angriff genommen: Innerhalb von ungefähr vier Wochen wurden fast 26 Prozent aller Arbeiter, 26 Prozent des Hilfspersonals und sogar 36 Prozent der Angestellten entlassen.[3] Trotz des Umfangs der realisierten Entlassungen erschien diese Maßnahme noch nicht ausreichend. Die Überlegung stand im Raum, weitere 2.000 Arbeiter und 500 Angestellte zu entlassen, so daß die Personalreduktion damit insgesamt fast 40 Prozent des vorherigen Personalbestandes erreicht hätte.[4] Auch Lohnkürzungen wurden angedacht. Da dies allerdings einem Bruch des geltenden überbetrieblichen *Concordato* gleichkam, überlegte man, den aktuellen Vertrag – unter Betonung seines privaten, von beiden Seiten widerrufbaren Charakters – zu revidieren, um damit von dem Kollektivvertrag entbunden zu sein, gleichsam offiziell freie Hand in der Lohnpolitik zu haben und zugleich – bei Gelingen dieser Strategie – dem Tarifvertragsprinzip an sich eine empfindliche Schlappe zuzufügen.[5] Zu diesem Zeitpunkt lag der endgültige Zusammenbruch des komplexen Imperiums der Perrone-Brüder wohl schon in der Luft.[6] Trotzdem lassen sich an diesem Beispiel wichtige Grundlinien erkennen, die für die Krisenreaktion vieler industrieller Arbeitgeber aufschlußreich sind und den allmählichen Wechsel des Klimas und der relativen Kräfteverhältnisse auf dem Arbeitsmarkt im Zeichen der ökonomischen Krise andeuten. Auch weniger spektakuläre Fälle weisen durchaus Ähnlichkeiten in der Praxis der Arbeitgeber auf. Die Arbeitskonflikte bei FIAT, die in den ersten Monaten des Jahres 1921 Unternehmensleitung und Belegschaft beschäftigten, hatten sich ebenfalls hauptsächlich an gängigen „Sanierungsmaßnahmen" entzündet. So berichtete das Protokoll einer Direktionssitzung im Februar 1921 von Agitationen, „die durch Entlassungen, die Arbeitszeitverkürzung und die Diskussion um die Akzeptanz des kollektiven

---

1 Ebd.

2 FA, AP, SSNB Scat. 265, fasc. 1; fasc. 3.

3 Vgl. die Zahlen in FA, AP, SSNB Scat. 265, fasc. 4: Zwischen Mitte Juni und Mitte Juli wurden die Belegschaftszahlen von rund 20.000 auf rund 15.000 gesenkt.

4 Vgl. die Zahlen in FA, AP, SSNB Scat. 265, fasc. 4.

5 Vgl. die Ausführungen Vallinos in einem Brief an Mario Perrone am 22.7.1921, FA, AP, SSNB Scat. 265.

6 Im Sommer/Herbst 1921 waren auf Weisung Bonaldo Stringhers, des Leiters der *Banca d'Italia*, bereits zwei Funktionäre des Instituts mit Untersuchungen der Firmengeschäfte betraut, die die Gesundheit des Ansaldo-Konzerns prüfen sollten. Vgl. Doria, Ansaldo, 145ff. Vgl. zum Hintergrund, zur Struktur des Ansaldo-Konzerns mit allen Beteiligungen und zur Verflechtung mit der *Banca Italiana di Sconto* ebd., 137ff. Für die Entwicklung aus Sicht des Unternehmens vgl. einen Brief Pio Perrones an den Arbeitsminister Beneduce am 21.9.1921, in dem er seine Strategie rechtfertigt und scharfe Kritik an der Regierung übt, FA, Fondo Virgilio, b. 3, fasc. 1.

Akkords ausgelöst worden sind".[1] Wenige Wochen zuvor hatte man die Entlassung von rund 1.300 Arbeitern angekündigt, die durch die Kürzung der Wochenarbeitszeit von 44 auf 36 Stunden zwar für kurze Zeit aufgeschoben werden konnte, aber keineswegs vom Tisch war: „ (...) der kollektive Akkord wurde akzeptiert, die Arbeitszeit reduziert, und die Frage der Entlassungen ist offen geblieben".[2] Was das Protokoll hier nüchtern bilanzierte, deutete auf eine relative Stärkung der Arbeitgeberposition im Vergleich zu den Turbulenzen des vorangegangenen Jahres hin, hatte sie sich doch in fast allen Punkten durchgesetzt.[3] Nur kurze Zeit später wurde ein noch enger geschnürtes Maßnahmenpaket realisiert: Die Kurzarbeit umfaßte jetzt 32 Stunden wöchentlich, 1.500 Arbeiter kamen zur Entlassung, denen das Unternehmen eine Stütze zahlen wollte, sofern sich die betriebliche Arbeitnehmervertretung bereit fand, der Wiedereinführung der alten Arbeitsordnung zuzustimmen. Auch hier konnte die Unternehmensleitung ihre Linie verwirklichen gemäß ihrer Überzeugung, daß auch die Belegschaft einen „Beitrag zur Überwindung der Krise" zu leisten habe.[4]

Der Ausgang der FIAT-Konflikte mochte somit deutlich machen, daß die Verschlechterung der Arbeitsmarktlage, die mit der Krise einherging, die Verhandlungsposition der Arbeitnehmer merklich schwächte.[5] Die schlechte Konjunktur hatte die Verhandlungsspielräume zwischen den Arbeitsmarktparteien zusehends verengt und einen materiellen Ausgleich problematisch gemacht, während auf Seiten der Arbeitnehmer die Wahrung des Arbeitsplatzes eine immer wichtigere Rolle spielte. Angesichts der steigenden Arbeitslosenzahlen enthielt das Szenario des Arbeitsplatzverlustes auch für diejenigen Arbeitnehmergruppen, die aufgrund ihres Qualifikationsprofils gute Marktchancen besaßen, durchaus Drohpotential. Zudem wog unter den verschlechterten ökonomischen Rahmenbedingungen die Zersplitterung im Arbeitnehmerlager – man denke an die heterogene Gewerkschaftsbewegung, die politische Spaltung und an den Bruch zwischen Sozialisten und Kommunisten – noch schwerer.

Mit dem Sanierungsprogramm im Frühjahr war die Krisenbewältigung bei FIAT jedoch noch nicht abgeschlossen. Gegen Ende des Jahres stand eine weitere, umfangreiche Entlassungswelle bevor, so daß nach der Krise die Zahl der bei FIAT direkt be-

---

1 Vgl. Protokoll der Sitzung des *comitato direttivo* am 23.2.1921, PASF, FIAT 1915-1930, 465f. Siehe für den Hintergrund auch Castronovo, FIAT, 254ff.

2 PASF, FIAT 1915-1930, 465f.

3 Allerdings ist anzumerken, daß der kollektive Akkord wohl kein „Politikum" darstellte. Gegenüber der Frage des kollektiven Akkordes war die FIAT-Belegschaft gespalten, mehrheitlich jedoch aufgeschlossen. Auch innerhalb der Arbeiterorganisationen befürworteten weite Teile dieses Prinzip. Die Spaltung der Arbeiterschaft, die sich in dieser Frage einmal mehr offenbarte, schwächte jedoch ihre Verhandlungsposition grundsätzlich. Vgl. Castronovo, FIAT, 254f. Vgl. auch den Kommentar Bertas, PASF, FIAT 1915-1930, 487.

4 Vgl. Protokoll der Vorstandssitzung am 18.4.1921, PASF, FIAT 1915-1930, 485ff., vgl. auch Castronovo, FIAT, 256f.

5 Vgl. Berta, Cooperazione, 245; siehe auch seinen Kommentar in PASF, FIAT 1915-1930, 487 sowie Sitzungsprotokolle von April-Mai 1921, ebd., 490ff.

schäftigten Arbeiter insgesamt um gut ein Drittel geschrumpft war.[1]

In der Ausdünnung von Belegschaften und Arbeitszeiten hatten sich für viele Unternehmen die Strategien zur Anpassung an die veränderten Marktbedingungen aber nicht erschöpft. Das Argument einer zu hohen Kostenquote, das das industrielle Lamento in der Zeit der *crisi industriale* merklich prägte, implizierte die Senkung der Produktions- und Betriebskosten als vorrangige Handlungsmaxime und lenkte das Augenmerk verstärkt auf den Kostenfaktor Lohn.[2] Ohnehin hatte der Aufwärtstrend der Löhne seit Kriegsende für Irritationen gesorgt.[3] Als nun die Inflation einen vorläufigen Stillstand erreichte und unter den gegenwärtigen Bedingungen eine inflationäre Lohn-Preispolitik ausgeschlossen war, erschien eine forcierte Anpassung des Lohnniveaus nunmehr wahrscheinlich. Zur Jahresmitte war schon eine Reihe der bestehenden Vereinbarungen aufgekündigt worden, was – wie ein Mitglied der Turiner *Lega industriale* klarstellte, „unvermeidlich zu Lohnsenkungen führen muß, wenn man nicht den definitiven Ruin der Unternehmen [riskieren] möchte".[4] Bei FIAT erreichten die faktischen (Tages-)Lohnsenkungen im Herbst 1921 ungefähr 6,40 Lire,[5] während die Lohnkürzungspläne bei Ansaldo vom September 1921 exakt denselben Umfang vorsahen, zuzüglich einer Senkung der Teuerungszulagen um weitere 0,50 Lire.[6] Zu Beginn des Jahres 1922 war das Lohnniveau in der italienischen Industrie – Schätzungen der *Confindustria* zufolge – um rund 15 Prozent gesunken.[7] Dieser Negativtrend in der industriellen Lohnpraxis hing zum einen zusammen mit dem unternehmerischen Kostendruck im Zeichen der Krise, war aber auch vor dem Hintergrund einer prinzipiellen Standortbestimmung in Lohnfragen zu sehen, die man auf industrieller Seite in dieser Zeit immer dezidierter vorzunehmen bestrebt war. Im Fokus der industriellen Kritik seitens der *Confindustria* stand zum einen die Lohnstruktur, deren fixe, arbeitsunabhängige Anteile (wie sie beispielsweise in Form der *caroviveri* bestanden), als zu hoch angesehen wurden.[8] Demgegenüber sollte der Bezug zwischen Lohn und Leistung bzw. Arbeitsproduktivität wieder stärker in die Lohnfindung einfließen, während die Einebnung des Lohndifferentials, die sich in letzter Zeit abgezeichnet hatte, abgelehnt wurde. Gegenüber einer überbetrieblichen Lohnfindung postulierte man den Vorrang der individuellen Aushandlung im jeweiligen Unternehmen, was einer Revision des Tarifvertragsprinzips gleichkam. Für die unterschiedlichen betrieblichen Realitäten und für die Anpassung an wirtschaft-

1 Nach Berta betrug die Zahl der bei FIAT beschäftigten Arbeiter nach der Krise nur noch 9.045, zuvor 13.775. Vgl. ders., Cooperazione, 245.

2 Vgl. für eine detaillierte Beschreibung der unternehmerischen Lohnpolitik in den 1920er Jahren Bettini, Fabbrica, 236ff.

3 Vgl. oben, Abschnitt IV 2.3.

4 Vgl. Protokoll einer LIT-Sitzung am 11.6.1921, Verbali LIT, 234.

5 Vgl. Protokoll einer Vorstandssitzung im Oktober 1921, PASF, FIAT 1915-1930, 525; siehe auch Bettini, Fabbrica, 240.

6 FA, AP, SSNB Scat. 265, fasc. 5.

7 Bettini, Fabbrica, 241.

8 Vgl. zum folgenden ausführlich ebd., xviiff., 236ff.

liche Wechsellagen böten Tarifverträge keine hinreichende Flexibilität. Damit stellte die Kritik einen wesentlichen Stützpfeiler der Arbeitnehmerposition auf dem Arbeitsmarkt in Frage, hatte doch das Tarifwesen an sich – abgesehen von der effektiven Lohnhöhe und anderweitigen Vereinbarungen – bereits eine organisationsstärkende Funktion. Schon die oben zitierten Überlegungen zu einem lohnpolitischen Kurswechsel bei Ansaldo hatten gezeigt, daß dieser Sanierungsmaßnahme eine globalere Perspektive innewohnte. Es schien nicht nur um die in der aktuellen Lage betriebswirtschaftlich notwendige Korrektur der Lohnhöhe zu gehen, sondern um den grundsätzlicheren Versuch – mit durchaus langfristiger Perspektive –, das in den letzten Jahren verlorene Terrain wieder zurückzugewinnen und die Krise dafür nutzbar zu machen. Aus der entsprechenden Aktennotiz in der Ansaldo-Korrespondenz ließ sich herauslesen, daß man sich der Tragweite dieser Strategie durchaus bewußt war.[1] Die Lohnpolitik mag somit als ein Beispiel dafür dienen, wie die Krise und die daraus resultierende Arbeitsmarktlage instrumentalisiert werden konnte, um die Arbeitgeberposition generell zu stärken. Nicht zufällig fiel dieser Kurswechsel zusammen mit dem Inflationsstopp und der Wirtschaftsflaute, die die Verteilungsspielräume sehr schnell weiter verengten. Zunehmend bestimmten nicht nur betriebswirtschaftliche Notwendigkeiten, sondern „Arbeitgeberideologie“ die Grenzmarken des Interessenkonflikts.

Auf den industriellen Arbeitsmärkten hatte die ökonomische Rezession gravierende Probleme verursacht, die deutlich über die Schwierigkeiten hinausgingen, die der ohnehin strukturell schwache italienische Arbeitsmarkt in den letzten Jahren durchlebt hatte. Mit an die 600.000 registrierten Arbeitslosen war im Winter 1921/22 eine Rekordzahl erreicht, die sich nicht nur mit dem statistischen Effekt eines fortwährenden Ausbaus der Arbeitsmarktberichterstattung erklären ließ, sondern tatsächlich einen steigenden Problemdruck widerspiegelte.[2] Trotz der neuen Qualität der Arbeitsmarktprobleme kamen jedoch keine neuen arbeitsmarktpolitischen Instrumente zum Einsatz. So wurde zwar ein Extrafonds für öffentliche Arbeiten geschaffen, dessen praktische Wirksamkeit jedoch – bei aller Vorsicht angesichts der Datenlage – als gering zu veranschlagen sein dürfte. Was die arbeitsmarktpolitische Praxis angeht, hatte man wohl bereits während der Demobilmachungsphase alles aufgeboten, was man auf diesem Gebiet an Neuem zu leisten bereit war, so daß von dem Druck der Stabilisierungskrise vorerst keine qualitativ neuen Impulse auf die Arbeitsmarktpolitik ausgingen.

Bei der Betrachtung dieser ersten „Stabilisierungskrise“ in Italien ist weiterhin besonders zu berücksichtigen, daß sie nicht „isoliert“ in eine Phase relativer Stabilität hereinbrach, sondern mit anderen schwerwiegenden Belastungsfaktoren koinzidierte und interagierte, so daß sich verschiedenartige „Krisenphänomene“ miteinander verbinden konnten und dieses Amalgam ein erhebliches destabilisierendes Potential erhielt. Nach den heftigen Sozialkämpfen der beiden vorangegangenen Jahre war die Haltung der

1 Hier hieß es sinngemäß: „Wenn wir damit erfolgreich sind, hat das Auswirkungen auf geltendes Recht.“ Vgl. den „Lagebericht“ Vallinos vom 22.7.1921, FA, AP, SSNB Scat. 265.

2 Vgl. Tabelle A.15 im Anhang.

meisten industriellen Arbeitgeber von dem Bestreben geprägt, zur relativen Stabilität im Betrieb zurückzukehren, während die Rezession die Wirtschaftskreise zusätzlich in Unruhe versetzte. Überdies mehrte sich bei vielen Industriellen die Unzufriedenheit über die giolittianische Wirtschaftspolitik, die mit der Einführung der Namensaktien, dem oben skizzierten Kontrollprojekt und der gesetzlichen Handhabe der Kriegsprofite zunehmend unpopulär geworden war.[1] „Welch ein Wunder", fragte Pio Perrone in einem anklagenden Brief an das Arbeitsministerium, „daß die industrielle Krise wütet, daß die Arbeitslosigkeit steigt, daß der Hunger an das Haus vieler Arbeiter klopft, daß sich ein Winter voller finsterer Ereignisse ankündigt?"[2]

Die ökonomische Lage fungierte nicht nur als Druckmittel für die Stärkung der Arbeitgeberposition in den Arbeitsbeziehungen – theoretisch konnte die Kündigungsdrohung leicht mißbraucht werden, um der Belegschaft Zugeständnisse abzupressen –, sondern ließ sich auch dafür instrumentalisieren, einem zunehmend verhärteten industriellen Standpunkt im öffentlichen Diskurs mehr Akzeptanz zu verschaffen. So wurden die in Folge von internationaler Rezession und Preisverfall auftretenden Krisenphänomene nicht selten der Arbeiterschaft, ihrer Konfliktneigung und ihren Forderungen zugeschrieben und damit den Arbeitnehmern fälschlicherweise eine Entwicklung angelastet, „deren Produkt sie eher waren als ihr Urheber".[3] Dieses Motiv eignete sich außerdem für die Selbstinszenierung von führenden Unternehmergruppen auf der politischen Bühne, um eine Politik der „Verteidigung des Eigentums" und der bestehenden sozialen Ordnung zu reklamieren.[4] So begannen weite Teile der Unternehmerschaft, sich politisch zu organisieren und bei den Wahlen im Mai 1921 die „blocchi nazionali" zu unterstützen, ein modernisierungsfeindliches Bündnis, in dem sich unterschiedliche liberale und rechtsstehende Strömungen zusammenfanden, darunter Nationalisten, Liberaldemokraten und Faschisten.[5] Zugleich gewann die faschistische Bewegung immer mehr an Zugkraft. Der Terror der *squadre d'azione* erschütterte die agrarischen Provinzen, wo faschistische, gewalttätige Übergriffe das organisatorische Geflecht der

---

1 Vgl. für die industrielle Kritik dazu die außerordentliche Generalversammlung der LIT am 14.2.1921, auf der eben diese Maßnahmen diskutiert wurden. Verbali LIT, 183ff. Vgl. außerdem die Analyse von Forsyth, Crisis, 236ff.; siehe auch Abrate, Lotta, 339ff.

2 Vgl. den umfangreichen Brief Pio Perrones an den Arbeitsminister Beneduce am 9.9.1921, FA, Fondo Virgilio, b.3, fasc. 1. Übers. d. V. Hier äußert Perrone scharfe Kritik an der Politik („politica demolitrice"), wobei allerdings der situative Aspekt des Schreibens zu berücksichtigen ist, sollte es doch als Rechtfertigung für die fehlgeschlagenen Unternehmensstrategien fungieren zu einem Zeitpunkt, als der Ansaldo-Konzern schon stark in Bedrängnis geraten war.

3 So Giuseppe Berta, allerdings mit Blick auf die soziale Situation des Jahres 1920, vgl. ders., Cooperazione impossibile, 224. Vgl. für Kritik an der Arbeiterschaft mit Bezug auf die *crisi industriale* auch die Protokolle der LIT-Sitzungen, zum Beispiel 29.4.1921, Verbali LIT, 261ff., hier 218.

4 Battilossi, Annali, 239.

5 Die Nationalisten wurden von der Schwerindustrie unterstützt. Vgl. Maier, Recasting, 328. Schon Ende 1919 hegte man in Industriekreisen politische Ambitionen, vgl. ihre Aktivitäten bezüglich einer Wirtschaftspartei, der „Partito liberale economico", die in Turin 4,6% der Stimmen erhielt, Castronovo, FIAT, 186ff.

sozialistischen und katholischen ländlichen Gewerkschaftsbewegung nach und nach zerschlugen und auch die industriellen Arbeiterorganisationen in den Städten zunehmend bedrohten.[1] Für die Stabilisierungsaufgabe besaß Regierungschef Bonomi weder die Führungsstärke noch den politischen Rückhalt.[2] So verstrich die Chance, die faschistische Bewegung – die sich zu diesem Zeitpunkt noch mit einem charakteristischen Doppelgesicht [3] präsentierte – vom anarchisch-spontanen „Agrarfaschismus“ und *squadrismo* abzuspalten und als parlamentarische Kraft im Rahmen der bestehenden staatlichen Ordnung einzuhegen.

Wie die faschistische Bewegung während der krisenhaften Rahmenbedingungen im Jahr 1921 kräftiger werden konnte, läßt sich auch aus der engeren Perspektive des Arbeitsmarktes wahrnehmen. So stellte der Marsch der Arbeitslosen, den der Provinzführer Italo Balbo initiierte, als er mit 30-40.000 Arbeitslosen auf Ferrara marschierte,[4] eine Instrumentalisierung der schlechten Arbeitsmarktlage dar, mittels derer der Faschismus wohl als dynamische Reformkraft inszeniert und zugleich symbolhaft die Unfähigkeit der Regierung zur Krisenbewältigung demonstriert werden sollte. Auf der anderen Seite suchte Mussolini sich als adäquater Bundesgenosse für die Industrie zu präsentieren, wobei die (Re-)Etablierung „geordneter“ Rahmenbedingungen für die künftigen Beziehungen zwischen Arbeitgebern und Arbeitnehmern eine wichtige Rolle spielte.[5] Im Januar 1922 charakterisierte Ettore Conti, ein führender Repräsentant der Elektrizitätsindustrie und scheidender Präsident der *Confindustria*, die Haltung Mussolinis gegenüber der organisierten Arbeiterschaft als einen Punkt, der in industriellen Kreisen durchaus mit einem breiten Konsens rechnen konnte:

---

1 Zum Aufstieg des Faschismus existiert eine sehr weite, umfangreiche Literatur, die hier nicht erschöpfend vorgestellt werden kann. Vgl. z.B. das klassische Werk von Salvemini, Dittatura, (erstmals erschienen 1928) sowie ders., Lezioni; Vivarelli, Storia; Lyttleton, Seizure; Maier, Recasting, 305ff.; für die Entwicklung des Faschismus nach der Gründung des PNF vgl. Schieder, Strukturwandel, 69-96.

2 Vgl. dazu Forsyth, Crisis, 254; Lyttelton, Seizure, 78ff.

3 Vgl. die Beschreibung des „janusköpfigen“ Faschismus bei Mantelli, Faschismus, 49ff. Der „Agrarfaschismus“ war von den zeitgenössisch als „Ras“ etikettierten autoritären Provinzführern geprägt, vgl. z.B. Mussolinis Konflikt mit Dino Grandi, der den strukturellen Konflikt des Faschismus zwischen Bewegungs- und Regimebildungsphase verdeutlicht.

4 Dieser „Marsch auf Ferrara“ fand im Mai 1922 statt. Vgl. Maier, Recasting, 315.

5 Vgl. Sarti, Fascism, 29; vgl. auch die Rede Mussolinis am 21.6.1921 im Parlament, hier heißt es unter anderem im Hinblick auf die organisierte Arbeiterbewegung: „(…) Wenn Sie das Gesetz über den Achtstundentag einbringen, werden wir dafür stimmen. Wir werden auch für alle Maßnahmen und Vorkehrungen stimmen, die geeignet erscheinen, die Sozialgesetzgebung zu vervollkommnen. (…) Aber wir werden mit allen unseren Kräften Versuchen entgegentreten, die auf Sozialisierung, Gleichmachung und Kollektivierung abzielen. Wir haben vom Staatssozialismus genug (…).“ Vgl. Mussolini, Schriften, Bd. 2, 180. Vgl. auch die Kritik an Streiks und Fabrikbesetzungen, z.B. in einer Rede vor den Abgeordneten am 17.2.1922, vgl. auch die Rede in Udine am 19.9.1922, ebd., 246, 304. Vgl. auch die Ausführungen zum faschistischen Parteiprogramm vom 8.10.1921, O.O., Bd. 17, 174-178, hier 176f. Hier werden öffentliche Ordnung und Disziplin als Kriterien der Neuordnung betont.

„A man of his disposition, (...) who opposes the agricultural workers leagues which threaten the physical safety of the landowners, and imperil their goods and their crops, who is against the introduction of the regime of the hammer and sickle, who trusts the elites more than the masses, is made to order for the Confederation of Industry. Such, at least, is the opinion of Giovanni Silvestri, my successor to the presidency of the Confederation."[1]

Im Zeichen der Krise ließ sich eine starke Politisierung der industriellen Beziehungen beobachten, die auch durch die politische Aktion von industriellen Arbeitgebern vorangetrieben worden war. Tatsächlich jedoch zeichnete die Stilisierung der Arbeitsbeziehungen zum Politikum wie auch die Selbstinszenierung des Faschismus als ordnungsstiftende Kraft ein verzerrtes Bild von den innerbetrieblichen Verhältnissen. Belege aus Großunternehmen deuten jedoch darauf hin, daß es – wie Berta für FIAT herausarbeitet – zu diesem Zeitpunkt nicht mehr viel zu ordnen gab. Nach den beiden turbulenteren Vorjahren hatte man bereits zu einem „normalen" Betriebsalltag zurückgefunden – und das aus eigener Kraft. Die Arbeitsbeziehungen bei FIAT schienen bereits seit Sommer 1921 recht ruhig zu laufen, so daß die für das „rote Biennium" noch charakteristische „*microconflittualità*" bereits überwunden war, als Mussolini an die Macht kam.[2] Seit den Jahren der Instabilität hatte sich jedoch bei Teilen der industriellen Arbeitgeber ein erhebliches Kritikpotential an der politischen Führung aufgestaut. Der Enttäuschung über einen Staat, der dieser Sicht zufolge nicht zur Unterstützung der Industrie interveniert, sondern in zunehmendem Maße Beschränkungen des Wirtschaftslebens entwikkelte hatte, setzte Mussolini wirtschaftspolitische Vorstellungen entgegen, die als effizienteres, industriefreundliches Gegenmodell fungieren sollten.[3]

Daß die Stabilisierungskrise einen Bruch im Hinblick auf den Industrialisierungsschub der Kriegs- und Inflationsjahre markierte, führten auch die spektakulären Unternehmenszusammenbrüche vor Augen, als mit dem ILVA-Trust der größte Stahlproduzent Italiens kollabierte und zum Jahresende auch der Schwermaschinenbauer Ansaldo und mit ihm seine Hausbank *Banca Italiana di Sconto* (BIS) sich aus eigener Kraft nicht mehr tragen konnten und schließlich zusammenbrachen.[4] Der Doppelkollaps von

1 So Conti am 7.1.1922, zitiert nach Sarti, Fascism, 29. Vgl. für dieses Zitat auch Nolte, Klassen, 185. Conti selbst blieb in seiner Einschätzung etwas vorsichtiger als manche seiner philofaschistischen Mailänder Kollegen, wie z.B. Antonio Benni, vgl. auch Maier, Recasting, 340 mit Anm. 340.

2 Vgl. die Analyse von Berta, Cooperazione, 244f. So auch der Eindruck, den die Vorstandsprotokolle in der zweiten Jahreshälfte vermitteln, in denen Arbeitskonflikte kein Thema mehr sind, vgl. PASF, FIAT 1915-1930, 442ff.

3 Vgl. z.B. einen Artikel Mussolinis, der am 25.6.1922 in der Zeitschrift "Gerarchia" veröffentlicht wurde, in Mussolini, Schriften, Bd. 2, 283ff., hier 288; siehe die Rede in Udine am 20.9.1922, ebd., 298ff., hier 311; sowie programmatische Ausführungen am 8.11.1921 in Rom, O.O., Bd. 17, 216-223, hier 220; vgl. auch die Erörterung der „neuen ökonomischen Richtlinien" am 18.3.1923, O.O., Bd. 19, 181f. Siehe auch Maier, Recasting, 339 sowie Sarti, Fascism, 33f.

4 Vgl. zu ILVA Forsyth, Crisis, 247ff.; zum Zusammenbruch des Ansaldo-Konzerns und der BIS Doria, Ansaldo, 145ff.; Zamagni, History, 230ff.; Falchero, Banca Italiana di Sconto,; dies., Gruppo, 543-571; vgl. auch Castronovo, Storia economica, 234f.

Ansaldo und BIS sorgte für Verärgerung und Unruhe in Industrie- und Bankkreisen, die sich durch die Weigerung des Staates, für die Rettung der Bank einzuspringen, im Stich gelassen fühlten, während auch bei den kleinen Sparern die Verunsicherung infolge des Bankenzusammenbruchs wuchs, da sie um ihre Notgroschen fürchteten. Diese Ereignisse beschleunigten den Sturz der Regierung Bonomi zu Beginn des Jahres 1922, infolgedessen die parlamentarische Lähmung auffällig zutage trat.

Aufgrund der Überlappung der verschiedenen Krisenstränge, die die Wirtschafts- und Sozialgeschichte Italiens im Jahr 1921 prägten, ist es schwierig, einen klaren Endpunkt der „Stabilisierungskrise“ zu bestimmen. Jedoch weisen viele Indikatoren darauf hin, daß die Talsohle der Krise bereits durchschritten war, als im Oktober 1922 die faschistische Regierung gebildet wurde.[1] Zum Jahresende 1921 konstatierte ein zeitgenössischer Beobachter: „(...) Daß Italien auf Rosen gebettet sei, wäre eine tollkühne Behauptung; – wenn man jedoch die Hindernisse bedenkt, die gestern überwunden wurden, kann man ohne übermäßige Furcht die Probleme von heute betrachten.“[2]

c. *Die deutschen Stabilisierungskrisen 1923/24 und 1925/26*

Auch in Deutschland vollzog sich der stabilitätsorientierte Kurswechsel nicht ohne Friktionen. Die beiden Stabilisierungskrisen, die in kurzen Abständen aufeinander folgten, unterbrachen die kurzen Aufschwungphasen der „Goldenen Zwanziger“ und trugen zum wechselhaften Konjunkturverlauf bei, der die wirtschaftliche Entwicklung in Deutschland in den Jahren von 1924-1928 charakterisierte.[3] Angesichts des dramatischen Ausmaßes, den der Währungsverfall in Deutschland im Vergleich zu Italien angenommen hatte, stand zu erwarten, daß auch der Stabilisierungsschock für größere Erschütterungen sorgen würde. Jedoch waren im letzten Inflationsjahr die negativen Begleiterscheinungen des Währungsverfalls für Wirtschaft und Arbeitsmarkt – mit einer kontinuierlich steigenden Arbeitslosenquote – unübersehbar geworden, was die Akzeptanz eines restriktiven Stabilitätskurses in der Folgezeit erhöht haben mochte.[4] Dessen problematische Konsequenzen machten sich vor allem auf dem industriellen Arbeitsmarkt bemerkbar.

Als im Oktober die Währungsreform[5] eingeleitet wurde, stiegen die Arbeitslosenquo-

1 Die internationale Rezession war Mitte des Jahres 1922 überwunden, vgl. Feinstein/Temin/Toniolo, European Economy, 45ff.; Toniolo, L'economia, 18ff. Vgl. auch Castronovo, Storia economica, 251. Siehe auch Nützenadel, Landwirtschaft, 55. Wie Petri, Storia, 61f. ausführt, spielten De Stefanis Reformmaßnahmen zugleich eine wichtige Rolle, so daß die Wende nicht bloß als Verdienst der Vorgängerregierung gewertet werden kann.

2 So Giorgio Mortara zitiert nach Salvemini, Scritti, 326. Übers. d. V.

3 Vgl. zur wirtschaftlichen Entwicklung in diesem Zeitraum Balderston, Economics, 61ff., siehe auch Ambrosius, Kriegswirtschaft, 286ff.; sowie nach wie vor Abelshauser/Petzina, Problem, 57-76; Petzina, Zwischenkriegszeit; Borchardt, Wachstum und Wechsellagen 1914-1970, 703ff.

4 Vgl. Petzina, Zwischenkriegszeit, 84.

5 Gründung der deutschen Rentenbank am 15. Oktober 1923, Einführung der Rentenmark am 15. November 1923, vgl. Feldman, Disorder, 708ff.

ten rapide an und bewegten sich rasch im zweistelligen Bereich. Die Arbeitslosenquote der Gewerkschaftsmitglieder betrug im Oktober 1923 19,1, im November 23,4 und stieg im Dezember 1923 sogar auf 28,2 Prozent an.[1] Besonders kritisch erschien die Lage auf den ruhrindustriellen Arbeitsmärkten, die durch die Okkupation und die neun Monate des passiven Widerstandes bereits stark belastet waren. Ein Krupp'sches Direktoriumsmitglied berichtete gegen Ende des Jahres an Gustav Krupp, alle „Finanzfragen" würden sich in „reißendem Fluß" befinden, bisher habe die Arbeiterschaft „noch mit Hilfe der Reichszahlungen durchgeschleppt werden" können, was nun nicht mehr möglich sei.[2] In den Augen der Unternehmensleitung brach nunmehr eine Zeit an, in der „soziale Gesichtspunkte hinter die Rettung des Unternehmens zurücktreten" müßten.[3] Tatsächlich wurde die Belegschaft der Krupp AG in den nächsten Monaten spürbar reduziert: so war die Beschäftigung auf der Gußstahlfabrik zwischen Oktober 1923 und Januar 1924 bereits um rund 23 Prozent gesunken, hatte damit aber noch nicht ihren Tiefstand erreicht. Im Oktober 1924 betrugen die Beschäftigtenziffern nur noch rund zwei Drittel ihres vorjährigen Standes.[4] Während sich der Personalabbau bei Krupp relativ allmählich vollzogen zu haben schien,[5] lagen manche vergleichbare Unternehmen in der Übergangszeit völlig still. So fanden beispielsweise die Phoenix-Werke im Mai 1924 noch lange nicht zu ihrem regulären Betrieb zurück, sondern hatten – nach einer Stillegungsphase – die Arbeit nur im beschränkten Umfang mit einem schmalen Personalbestand wieder aufgenommen.[6]

Mit dem Übergang zur Stabilisierungspolitik endete auch die Regulierungsdichte, die die außerordentlichen Verordnungen im Zuge der Demobilmachungspolitik auf dem Arbeitsmarkt, vor allem für die Einstellung und Entlassung von Arbeitnehmern, geschaffen hatten. Bis zu diesem Zeitpunkt waren – über die eigentliche „Kernzeit" der Demobilmachung hinaus – einige zentrale Regelungen noch immer in Kraft gewesen. Erst im Herbst 1923 wurde eine besonders umstrittene Verordnung aufgehoben, die einschlägige Kriterien für die Kündigung und Weiterbeschäftigung von Arbeitskräften be-

---

1 Vgl. Tabelle A.14 im Anhang.

2 So Direktor Bruhn an Krupp von Bohlen und Halbach am 4.12, zitiert nach der Chronik Berdrows. Berdrow selbst hält die Einschätzung der Wirksamkeit der Reichsbeihilfen für zweifelhaft. HA Krupp, FAH 4 E 10.2, 113.

3 HA Krupp, FAH 4 E 10.2, 113, vgl. auch 119.

4 Vgl. die Übersicht über die Belegschaftsentwicklung 1919-1924 in Tenfelde, Krupp, 139.

5 Dieser Aspekt wird von der Unternehmensleitung bei der Rechtfertigung dieses unpopulären Schritts betont, aber auch die Übersicht über die Belegschaftsentwicklung bei Tenfelde, Krupp, 139 weist darauf hin. Es entspricht den Krupp'schen paternalistischen Arbeitsbeziehungen, daß die Unternehmensleitung bei mehreren Gelegenheiten bei den Mitarbeitern um Verständnis für solcherart „eingreifende Maßnahmen" warb, die Idee der Werksgemeinschaft („in bösen wie in guten Tagen") evozierend, unter Betonung der Tatsache, daß „nur ein neuer Anfang mit stark eingeschränkter Belegschaft das Werk vor dem Untergang würde retten können." Vgl. die Ausführungen Gustav Krupps auf dem Krupp-Tag im Januar 1925 sowie auf der Jubilarfeier am 17.2.1924, vgl. HA Krupp, FAH 4 E 10.2, 117 und 119; vgl. auch Pierenkemper, Krupp AG, 169ff.

6 Vgl. MA, R.21044.

stimmt und damit relativ weit in die betriebliche Personalpolitik hineingeragt hatte.[1] Der Personalüberhang, der sich bei vielen Betrieben als Begleiterscheinung dieser speziellen Kündigungsschutzregelungen manifestiert hatte, konnte nun abgebaut werden. Bis dahin hatten nicht wenige Unternehmen als Erblast der arbeitsmarktbezogenen Demobilmachungspolitik mit einer latenten Unterbeschäftigungssituation zu kämpfen, deren Brisanz durch die temporäre Inflationskonjunktur überdeckt worden war. Die Liberalisierung der Entlassungs- und Einstellungsbestimmungen schuf die Voraussetzungen für einen „Freisetzungseffekt" von Arbeitskräften, der somit nicht allein den Stabilisierungswirkungen zugeschrieben werden konnte, sondern zugleich eine verzögerte Anpassung an die Arbeitsmarktprobleme der vorangegangenen Jahre darstellte.

Allerdings schien sich die Arbeitsmarktlage – nach dem dramatischen Auftakt im Winter 1923/24 – im Frühjahr 1924 allmählich wieder – relativ gesehen – zu entspannen. Die gewerkschaftliche Arbeitslosenquote, die im Januar und Februar noch weit über 20 Prozent betragen hatte, sackte im April auf rund zehn Prozent ab und fiel im Mai 1924, allerdings nur für wenige Wochen, sogar unter die Zehn-Prozent-Marke.[2] Diese Entspannung der ökonomischen Lage, die einem zarten wirtschaftlichen Aufschwung zu verdanken war, währte allerdings nur kurz, bis der erneute Konjunktureinbruch im Herbst 1925 die vermeintliche Normalisierung der durch die Währungsreform und die Reparationsregelungen neugeordneten ökonomischen Verhältnisse als Trugbild entlarvte und nunmehr auch deutlicher die Verzerrungen offenbarte, die die Inflationsjahre bewirkt hatten. Ausgelöst worden war diese zweite Stabilisierungskrise, die gut ein Jahr dauerte, vor allem durch eine restriktive Geldpolitik der Reichsbank, die im Frühjahr 1924 mit Kreditrationierung und Hochzinspolitik die Stabilität der neuen Währung zu sichern suchte.[3] Die kumulierten Effekte von Kreditstopp, Absatzproblemen, stagnierender Binnennachfrage verringerten die Liquidität in einem Maße, das sich krisenbeschleunigend auswirkte und im Sommer/Herbst 1925 schließlich den seit der Währungsreform bestehenden „Schwebezustand"[4] beendete. Bis dahin hatten sich viele Unternehmen noch mit Provisorien behelfen können – z.B. durch den Aufschub von notwendigen Umstrukturierungsmaßnahmen, möglicherweise mit einer unrentablen Produktion auf Lager. Der Mangel an Betriebskapital gestaltete nunmehr die Strategie des „Durchwurschtelns", die solche Ineffizienzen tolerierte, problematisch.

Schon im Januar 1926 formulierte der zeitgenössische Ökonom Costantino Bresciani-Turroni, dessen Forschungen über Jahrzehnte eine der wichtigsten, umfassenden

1 Vgl. „Verordnung zur Einstellung und Entlassung von Arbeitern und Angestellten während der Zeit der wirtschaftlichen Demobilmachung" vom 12.2.1920. Siehe auch oben, IV 1.6. Zur Aufhebung dieser Bestimmungen, die in modifizierter Form fortgalten, vgl. auch: Deutsche Sozialpolitik 1918-1928, Erinnerungsschrift des Reichsarbeitsministeriums, 120ff.

2 Vgl. Tabelle A.14 im Anhang.

3 Vgl. Feldman, Disorder, 847; Hertz-Eichenrode, Wirtschaftskrise, 20.

4 So Hertz-Eichenrode, Wirtschaftskrise, 21.

Analysen der deutschen Inflation darstellten,[1] die Kehrseite der monetären Konsolidierung folgendermaßen:

„Eines der Hauptmerkmale der Wirtschaft derjenigen Länder, die ihre Währung nach einer mehr oder weniger langen Inflationsperiode ‚stabilisiert' haben, ist das Fehlen von ‚Betriebskapital' für die Unternehmen. In diesem Mangel faßt man, so kann man sagen, die ‚Krise der monetären Stabilisierung' zusammen."[2]

Ein eindeutiges Symptom der Krise, die für die Industrie Stagnation der Produktion und Wachstumseinbußen bedeutete, war der jähe Anstieg von Konkursen und Betriebsschließungen, die im Herbst und Winter 1925/26 eine Rekordzahl erreichten. Innerhalb weniger Monate hatte sich die Häufigkeit der Firmenpleiten beinahe verdreifacht: gegenüber einem Monatsdurchschnitt von 700-800 Konkursen vor der Krise stieg die Anzahl der zahlungsunfähigen Betriebe im Januar 1926 auf rund 2.092.[3] Bis Oktober 1925 wurden allein im Ruhrgebiet 63 Zechen stillgelegt, deren Weiterbetrieb unter den veränderten Marktbedingungen nicht mehr rentabel erschien.[4]

Ähnlich wie in Italien, so kam es auch in Deutschland unter dem Druck der Stabilisierungskrise zu spektakulären Zusammenbrüchen – oder komplizierten Rettungsoperationen durch die Banken – von Großunternehmen, die während der Kriegs- und Inflationsjahre hypertroph gewachsen waren. So geriet beispielsweise der saarländische Stumm-Konzern im Zeichen der monetären Stabilisierung in Schwierigkeiten, die nur durch Intervention der Großbanken überwunden wurden. Das bekannteste Beispiel für ein mit Inflationsspekulationen gewaltig expandiertes Firmenimperium stellte jedoch gewiß der Stinnes-Konzern[5] dar, der bald nach dem Tode seines Gründers angesichts seiner Finanzstrukturen zerfiel, wobei nach dem Entflechtungsprozeß nur noch der Stinnes'sche Bergbaubetrieb übrigblieb.[6] Schon den Zeitgenossen galten die Geschicke des Stinnes-Konzerns als Symbol der inflationären Wirtschaft und ihrer Profiteure.[7]

1 Vgl. sein Standardwerk: „The Economics of Inflation", dessen italienische Erstauflage Anfang der dreißiger Jahre erschien.

2 Bresciani-Turroni, Crisi, 1. Übers. d. V. Die Analyse Bresciani-Turronis ruhte vor allem auf Beobachtungen der wirtschaftlichen Entwicklung in Deutschland.

3 Oktober 1925: 1.164, November 1925: 1.343, Dezember 1925: 1.660 Konkurse. Im Januar erreichte die Entwicklung ihren Höhepunkt, ein Normalisierungstrend läßt sich ab Frühjahr 1926 erkennen. Angaben nach Hertz-Eichenrode, Wirtschaftskrise, 22. Vgl. auch die Angaben in Sartor, Wirtschaftsentwicklung, 329ff.

4 Die Kohlenknappheit während der Inflationsjahre hatte Anreize für die Aufrechterhaltung bzw. den Aufbau unrentabler Betriebsstätten geboten, vgl. Bresciani-Turroni, Crisi.

5 Der Stinnes-Konzern umfaßte rund 1.500 Unternehmen mit ungefähr doppelt so vielen Betriebsstätten, in den rund 600.000 Mitarbeiter beschäftigt waren. Er stellte ein anschauliches Beispiel für den vertikalen Konzentrationsprozeß dar, der von Rohstoffgewinnung bis zum Fertigprodukt alles in einer Firma vereinte.

6 Vgl. zu Stinnes Feldman, Hugo Stinnes; vgl. auch ders., Disorder, 844.

7 Wie Feldman demonstriert, lassen sich an der Sanierung der Stinnes-Gruppe zugleich typische Grundmuster für das Krisenmanagement in den 1920er Jahren erkennen, bei dem aufgeblähte Un-

Weiterhin waren als Antwort auf den gestiegenen Kostendruck im Zeichen der Stabilisierungskrise erneut Konzentrations- und Kartellisierungsprozesse in der Industrie in Gang gekommen.[1]

Auf den industriellen Arbeitsmärkten spiegelte sich der Einbruch der Krise in einer schrumpfenden Beschäftigung und in – analog dazu – hochschnellenden Arbeitslosenziffern wider. So hatte sich im September 1925 die Zahl der im Bergbau beschäftigten Arbeiter, gemessen an dem Stand von 1922, um etwa 30 Prozent verringert und lag sogar leicht unter dem Beschäftigungsstand im letzten Vorkriegsjahr. Die Beschäftigtenzahlen in der Stahlindustrie waren zwischen 1923 und 1925 – den Angaben des VdESI zufolge – um rund 27 Prozent zurückgegangen.[2] Im Winter 1925/26 kletterte die gewerkschaftliche Arbeitslosenquote wieder auf über 20 Prozent.[3] Im März 1926 betrug die Zahl der behördlich registrierten Arbeitslosen über zwei Millionen.[4]

Mit diesem Angebotsüberhang war auf dem Arbeitsmarkt ein massives Ungleichgewicht entstanden, das in seinem Umfang die bisherigen Problemerfahrungen zu übersteigen schien und politischen Handlungsbedarf eröffnete. Im Unterschied zu den vorangegangenen Arbeitsmarktkrisen im Zuge von Demobilmachung, wirtschaftlichem Übergang, Währungsturbulenzen oder Reparationskonflikten erschien es nun ungleich problematischer, eine klar umrissene, externe Ursache zu benennen, die es ermöglicht hätte, die Arbeitsmarktlage für ein temporär zwar brisantes, aber überwindbares Phänomen zu halten, dem auch mit abwartenden oder aufschiebenden Maßnahmen beizukommen war.[5] Außerdem zeigte sich nun um so deutlicher, daß ein Teil der Arbeitsmarktregulierungen, die in der unmittelbaren Nachkriegszeit als Sofortmaßnahmen realisiert wurden, zu einer Verschleppung von Problemen, teilweise auch zu ihrer Verlagerung in die Betriebe geführt hatten. Dennoch war in den Jahren von 1918-1923 mit dem Ausbau von Erwerbslosenschutz, Arbeitsbeschaffung und Arbeitsvermittlung das Fundament der Arbeitsmarktpolitik konsolidiert worden, auf dem nun das arbeitsmarktpolitische Krisenmanagement ruhte.

Schon im Herbst 1923 hatte die bisherige Praxis des Erwerbslosenschutzes im Zuge der Währungsreform eine entscheidende Wandlung vollzogen, als sich der Modus seiner Finanzierung prinzipiell veränderte: an die Stelle der ausschließlich aus öffentlichen Mitteln bestrittenen Fürsorge trat nun eine Unterstützungsleistung, an deren Finanzierung die Arbeitnehmer und Arbeitgeber über Beitragszahlungen maßgeblich beteiligt

---

ternehmen zerschlagen, die verbleibenden Unternehmensbereiche – oft unter der Hilfe von Bankkonsortien – saniert wurden und Rettungsoperationen, z.T. mit Regierungshilfen, durchgeführt wurden, während auch amerikanisches Kapital, wie im Fall Stinnes, eine wichtige Rolle spielte. Feldman, Disorder, 845.

1 Spektakuläre Beispiele waren die Gründung der IG Farben sowie die Entstehung der Vereinigten Stahlwerke im Winter 1925/26. Auch Daimler und Benz fusionierten 1926.

2 Vgl. die Angaben bei Bresciani-Turroni, Crisi.

3 Dezember 1925: 19,4%; Januar 1926: 22,6%. Vgl. Tabelle A.14 im Anhang.

4 Feldman, Disorder, 844. Vgl. auch Blaich, Wirtschaftskrise.

5 Vgl. auch Hertz-Eichenrode, Wirtschaftskrise, 23.

waren.[1] Aus der alten Fürsorge entstand so ein institutioneller „Zwitter" zwischen staatlicher Wohlfahrt und paritätischer Sozialversicherung.[2]

Der Umfang der Arbeitsmarktschwierigkeiten im Zeichen der Stabilisierungskrise verlieh altbekannten arbeitsmarktpolitischen Problemen und Diskussionspunkten eine neue Schärfe. Die Umstrukturierung der Arbeitslosenunterstützung änderte daran nichts. Zum einen blähte sich der Finanzbedarf für den Erwerbslosenschutz sehr schnell auf und stieg innerhalb der kritischen Jahre von 271 Millionen auf 1.221 Millionen Reichsmark.[3] Weiterhin spielte nach wie vor die Höhe der Sätze, zunehmend aber auch die Dauer der Unterstützung eine Rolle in der arbeitsmarktpolitischen Debatte, als die Zahl der „Ausgesteuerten", also derjenigen Fürsorgeempfänger, die die maximale Unterstützungsdauer ausgeschöpft hatten und nun aus dem sozialen Netz herauszufallen drohten, markant anstieg und die kommunale Wohlfahrtspflege überforderte.[4] Als Antwort darauf wurden die Bestimmungen nachgebessert und die Bezugsberechtigungsdauer von Fürsorgeleistungen ausgedehnt, schließlich aber – in Anbetracht des aktuellen Problemdrucks – mit der sogenannten „Krisenfürsorge" eine neue Sofortmaßnahme realisiert, die den Langzeitarbeitslosen zugute kommen sollte.[5] Weiterhin sollte auch die „produktive Erwerbslosenfürsorge" reaktiviert werden, die in den Krisenmonaten anzog, aber die Arbeitslosigkeit nicht merklich lindern konnte. Für die Kommunen bedeutete die Realisierung von „produktiven" Notstandsarbeiten eine Entlastung der kommunalen Etats, abgesehen von dem statistischen Effekt, der durch den Statuswechsel des Unterstützungsempfängers eintrat und die offizielle Zahl der Vollerwerbslosen minderte.[6] Ansonsten war die „produktive Erwerbslosenfürsorge" wohl aber deutlich teurer für die öffentliche Hand als die Arbeitslosenunterstützung.[7] Im Mai 1926 belief

1 Vgl. Frerich/Frey, Sozialpolitik, 197. Die Neuordnung der Erwerbslosenfürsorge – aufgrund der akut verengten Finanzlage der öffentlichen Hand im Herbst 1923 kurzfristig realisiert – entsprach einem schon in den Inflationsjahren offenkundig gewordenen Regelungsbedarf und profitierte von Vorbereitungsarbeiten der zuständigen Stellen für ein derzeit nicht durchsetzbares Versicherungsmodell. Vgl. zu diesem Zusammenhang Lewek, Arbeitslosenversicherung, 135ff.

2 So Volker Hentschel, zitiert nach Lewek, Arbeitslosigkeit, 149. Die Problematik bestand darin, daß die Unterstützung zwar beitragsfinanziert war, aber dennoch eine Bedürftigkeitsprüfung eingefordert wurde, so daß „kein Anrecht auf vorwegbestimmte Leistungen" durch die Beitragszahlungen geschaffen wurde.

3 So die für Erwerbslosenunterstützung im Jahr 1925 bzw. 1926 verausgabten Beträge, Angaben nach Hertz-Eichenrode, Wirtschaftskrise, 153.

4 So war beispielsweise in Essen der Umfang der Aufwendungen von rund 97.000 Reichsmark im März 1925 auf 540.000 Reichsmark im Jahr 1926 gestiegen, vgl. Sartor, Wirtschaftsentwicklung, 144. Vgl. zu den „Ausgesteuerten" auch: Der öffentliche Arbeitsnachweis, Jg. 3, 1926, Spp. 276-298 sowie Rabl. n. F. 6, 1926, n.a.T., 812.

5 Das Gesetz über die Krisenfürsorge datiert vom 19.11.1926, vgl. dazu Frerich/Frey, Sozialpolitik, 1998; Hertz-Eichenrode, Wirtschaftskrise, 155.

6 Vgl. auch Sartor, Wirtschaftsentwicklung, 263.

7 Das konstatiert auch die Erinnerungsschrift des RAM, Deutsche Sozialpolitik 1918-1928, 137.

sich die Zahl der Notstandsarbeiter auf ca. 171.000,[1] eine Ziffer, hinter der sich – im Vergleich mit dem Umfang der produktiven Erwerbslosenfürsorge in den frühen 1920er Jahren – keine arbeitsmarktpolitische Dynamik verbirgt.[2]

Deutlich dynamischer präsentierte sich demgegenüber das große Arbeitsbeschaffungsprogramm, das im Sommer 1926 verabschiedet wurde. Die Sorge vor einem „zweiten Krisenwinter", die die vorausgegangenen politischen Diskussionen bestimmte,[3] war durchaus berechtigt, hatten doch die industriellen Arbeitsmärkte – obwohl die Talsohle der Stabilisierungskrise bereits durchschritten war – bis zum Frühjahr 1927 mit ihren Folgen zu kämpfen.[4] Das neue Arbeitsbeschaffungsprogramm sollte nun die öffentlichen Arbeiten im Rahmen der produktiven Erwerbslosenfürsorge „durch einen weit gespreizten Fächer konjunkturpolitischer Maßnahmen überlagern" und war bestrebt, einen Teil der zum Einsatz kommenden Notstandsarbeiter auch längerfristig wieder in den Arbeitsmarkt zu integrieren.[5] Allerdings formulierte das Reichsarbeitsministerium seine mit dem Programm verbundenen Zielvorstellungen eher vage und vorsichtig, um von vorneherein allzu hochgesteckte Erwartungen zu dämpfen. „Eine durchgreifende Veränderung unseres Arbeitsmarktes", so führte der zuständige Ministerialbeamte aus, „ist bis auf weiteres nur von der Entwicklung der Wirtschaft heraus zu erwarten." Das „beschränktere Ziel" des Arbeitsbeschaffungsprogramms lautete schlichtweg, die Krise zu erleichtern und ihre Folgen für die Beteiligten nach Möglichkeit zu lindern. Unter Betonung der vielfältigen direkten und indirekten Wirkungszusammenhänge auf dem Arbeitsmarkt hielt man sich somit mit einer konkreten Prognose zurück:

> „Wie sich das alles freilich im einzelnen zahlenmäßig auswirken wird, kann niemand voraussagen, und deshalb ist es nicht möglich, heute schon eine bestimmte Ziffer zu nennen, um die sich die Zahl der unterstützten Erwerbslosen vermindern wird, wenn das Programm der Reichsregierung voll zur Durchführung gelangt."[6]

Die Gesamtsumme der effektiv für Arbeitsbeschaffungsmaßnahmen bereitgestellten Mittel läßt sich nur schwer bestimmen. Im Sommer 1926 hatte das RAM den Betrag grob auf 800 Millionen Reichsmark geschätzt. In ihrer Erinnerungsschrift bezifferte die Behörde allein die Reichsmittel auf circa 600 Millionen Reichsmark, die jedoch nicht voll verausgabt worden seien.[7] Da noch Mittel der Länder und Gemeinden sowie Reichspost und Reichsbahn hinzukamen, beliefen sich die öffentlichen Aufwendungen

1 Vgl. Hertz-Eichenrode, Wirtschaftskrise, 159, 163.
2 Siehe auch oben, Abschnitt IV 1.6.b.
3 Vgl. Hertz-Eichenrode, Wirtschaftskrise, 163.
4 Vgl. die detaillierten Arbeitsmarktanalysen der rheinischen Großstädte in Sartor, Wirtschaftsentwicklung, 123ff.
5 Hertz-Eichenrode, Wirtschaftskrise, 165.
6 So O. Weigert, Arbeitsbeschaffung und Reichsregierung, in: Rabl., n. F. 6, 1926, n.a.T., 506ff., hier 508f.
7 Deutsche Sozialpolitik 1918-28, Erinnerungsschrift des RAM, 134.

für das Arbeitsbeschaffungsprogramm Ende des Jahres auf über 1.000 Millionen Reichsmark.[1] Schwerpunktmäßig konzentrierte sich das Programm auf zusätzliche Aufträge für die Reichsbahn, von denen man sich einen stimulierenden Effekt für die Eisenindustrie erhoffte, auf den Ausbau von Notstandsarbeiten im Zuge der produktiven Erwerbslosenfürsorge, auf den Wasserstraßenbau und auf die Wohnungsbauförderung.[2] Vor allem der letztgenannte Investitionsbereich stellte im Hinblick auf traditionelle Arbeitsbeschaffungspolitik eine Neuerung dar. Während die Arbeitsbeschaffung früher eine Domäne der Kommunen gewesen war, fiel nun das starke Engagement des Reichs auf, das sich außerdem mit Steuersenkungen und Exportförderungen konjunkturpolitisch einsetzte.[3] Das Arbeitsbeschaffungsprogramm der Stabilisierungskrise bildete so ein Element eines breiter angelegten Kataloges konjunkturbelebender Maßnahmen, die antizyklisch konzipiert waren und durchaus Wirkung zeigten.[4] Angesichts der fehlenden haushaltspolitischen Sicherung – die Finanzierung sollte auf dem „Anleihewege", vorzugsweise über Auslandsanleihen erfolgen, was aber später mißlang, den Staatshaushalt in Ungleichgewicht versetzte und damit mit einer schwierigen Hypothek belastete – barg das konjunkturpolitische Programm jedoch beachtliche Risiken und neues Problempotential.[5]

Dieser Aspekt ist auch bei einer Beurteilung der ABM-Politik zu berücksichtigen, deren Wirksamkeit auch in der Rückschau schwer zu quantifizieren ist. Auch für das historische Urteil gelten die oben zitierten Vorbehalte, die der Sachverständige aus dem Reichsarbeitsministerium kurz nach der Lancierung des Maßnahmenpaketes äußerte: So erscheint es schwierig und spekulativ, die arbeitsmarktpolitischen Ergebnisse konkret zu bestimmen. In ihren Rechenschaftsberichten beschränkten sich die zuständigen Behörden auf nebulöse Schätzungen eines Beschäftigungseffekts „für mehrere hunderttausend Arbeitskräfte".[6] Weiterhin trübte ein schwerfälliges Timing die arbeitsmarktpolitische Bilanz. Kompetenzkonflikte und Auseinandersetzungen um die praktische Umsetzung zwischen den Reichsstellen und anderen Trägern hatten die Realisierung der Maßnahmen hinausgezögert.[7]

Allmählich ließen sich auf den industriellen Arbeitsmärkten im Herbst Zeichen der Besserung erkennen, bis im Frühjahr bzw. Sommer 1927 auch die akute Arbeitsmarkt-

---

1 Vgl. die detaillierte Übersicht bei Hertz-Eichenrode, Wirtschaftskrise, 172f., die auf Daten aus einer Denkschrift des RAM vom Januar 1927 beruht.

2 Weigert, Arbeitsbeschaffung, 506; Hertz-Eichenrode, Wirtschaftskrise, 171.

3 Vgl. Hertz-Eichenrode, Wirtschaftskrise, 94ff., 114ff.

4 Vgl. die Analyse von Blaich, Wirtschaftskrise, 152ff. Der wirtschaftspolitische Erfolg der Konjunkturpolitik von 1925/26 war zeitgenössisch sehr umstritten.

5 Vgl. Hertz-Eichenrode, Wirtschaftskrise, 168, 247ff.

6 Ebd., 179. Vermutlich erhielten 200.000 bis maximal 400.000 Personen mit Hilfe des Programms vorübergehend einen Arbeitsplatz.

7 Vgl. Blaich, Wirtschaftskrise, 148f.

krise als überwunden gelten konnte.[1] Inwieweit das Arbeitsbeschaffungsprogramm tatsächlich zu dieser Erholung beigetragen hatte, sei dahingestellt. Jedoch hatte die Arbeitsmarktpolitik im Zeichen der Stabilisierungskrise durch die Einbettung in das konjunkturpolitische Instrumentarium einen neuen Akzent erhalten. Nun ging es den politischen Akteuren auch darum, aktive Impulse auf dem Arbeitsmarkt zu setzen und ihn als Aufgabenfeld für Konjunkturpolitik zu erkennen. Dieser qualitative Entwicklungsschritt reflektierte zudem eine grundsätzliche Trendwende der Arbeitsmarktpolitik, die inzwischen – im Unterschied zur unmittelbaren Nachkriegszeit – immer häufiger den wirtschaftspolitischen Ansatz der sozialpolitischen Sichtweise vorzog.[2]

Die verschiedenen wirtschafts- und sozialpolitischen Krisenbewältigungsstrategien sind jedoch auch vor dem Hintergrund der haushalts- und währungspolitischen sowie zahlungsbilanztechnischen Restriktionen zu beurteilen, die sich aus der Reparationsfrage ergaben.[3] Im Rahmen des Dawes-Planes von 1924 – der für die Anfangszeit gestaffelte, jährlich steigende Beiträge für die Tilgung der Reparationsschuld vorsah, bis die „normale“ jährliche Tilgungsrate von 2,5 Milliarden Reichsmark erreicht wurde – waren im Haushaltsjahr 1926 110 Millionen, 1926/27 eine halbe Milliarde, 1928/29 bereits 1,25 Milliarden Reichsmark für die Erfüllung der Zahlungsverpflichtungen gebunden.[4] Unter dem Druck der Wirtschaftskrise hatte die Reichsregierung die Thesaurierungspolitik, also die vorbeugende Reservenbildung für die zukünftigen Zahlungsverpflichtungen, aufgegeben und einen neuen Kurs „hart am Rande des Defizits“[5] eingeschlagen, der die Haushaltsreserven aufzehrte, während die Etatlücken nicht sofort im vollen Umfang zutage traten.[6] Hiermit demonstrierte die Regierung politische Handlungsbereitschaft. Das Krisenmanagement von 1926 setzte darauf, gewisse Spielräume zu nutzen, die sich angesichts der Haushaltslage und des reparationstechnischen Arrangements boten. Durch eine starke Verschuldung im Ausland wurde – wie Ritschl betont – der Transfer von Reparationen „planmäßig“ unterlaufen. Während der Geltungsdauer des Dawes-Planes war die deutsche Leistungsbilanz beinahe durchgängig defizitär, was die

---

1 Vgl. die Entwicklung der gewerkschaftlichen Arbeitslosenquote in Tabelle A.14 im Anhang; vgl. auch die Zahl der Hauptunterstützungsempfänger der Erwerbslosenfürsorge 1926/27 in Lewek, Arbeitslosigkeit, 423; vgl. auch die Zahl der unterstützten Erwerbslosen in den rheinischen Großstädten in Sartor, Wirtschaftsentwicklung, 319f.

2 Dies deuten auch Standortbestimmungen des Reichsarbeitsministeriums an. Vgl. Lewek, Arbeitslosigkeit, 233f., 405. Auch das oben angeführte Zitat von Regierungsrat Weigert weist in diese Richtung, Weigert, Arbeitsbeschaffung, 506.

3 Vgl. zu diesem Zusammenhang Ritschl, Krise, 16ff.

4 Der Dawes-Plan legte keine zeitliche Begrenzung der Zahlungspflicht fest, spezifizierte damit also den Endbetrag der Reparationsleistungen noch nicht. Die Jahresbeiträge von 2,5 Mrd. Goldmark waren je zur Hälfte vom Reich und von Industrie und Reichsbahn aufzubringen. Vgl. Hertz-Eichenrode, Wirtschaftskrise, 222 und 216.

5 Blaich, Wirtschaftskrise, 172.

6 1926 sollten Ausgaben in Höhe von rund 870 Millionen (1927: rund 540 Millionen) Reichsmark mittels Anleihen gedeckt werden, jedoch konnten nur für rund 450 Millionen Reichsmark Anleihen aufgebracht werden, vgl. Hertz-Eichenrode, Wirtschaftskrise, 217.

Stabilität der Währung gefährdete. Die hohe Auslandsverschuldung belastete die deutsche Zahlungsbilanz erheblich und bildete – gemeinsam mit der relativen Schwäche der deutschen Reichsmark – den Grundstein für eine zukünftige Restriktion der wirtschaftspolitischen Handlungsmöglichkeiten.[1]

So trug das Krisenmanagement auf dem Arbeitsmarkt gleichzeitig dazu bei, die finanzpolitische Bewegungsfreiheit in den folgenden Jahren zu verengen. Der Versuch einer Konjunkturbelebung über expansive Impulse war an sich durchaus bemerkenswert, gestaltete sich jedoch in dem Moment problematisch, als der Abbau des Haushaltsdefizits nicht vor Fälligkeit der vollen Reparationsannuitäten gelang und mit steigenden Sozialleistungen und sinkenden Steuereinnahmen zu einem gravierenden finanzpolitischen Engpaß kumulierte. Diese Konstellation schwächte die Verhandlungsposition der Reichsregierung in ihrem Streben nach einer Revision der Reparationsregelungen und hatte Anteil daran, in den Augen mancher Zeitgenossen das Instrumentarium einer antizyklisch konzipierten Krisenpolitik zu diskreditieren.[2]

Auch in Deutschland ließen sich in einigen industriellen Arbeitsmarktsegmenten schon bald deutliche Indizien dafür erkennen, daß ein Teil der industriellen Arbeitgeber die schlechte Arbeitsmarktlage dazu nutzte, wesentliche Elemente der geltenden Arbeitsbeziehungen zu revidieren. So richtete sich die industrielle Kritik nicht nur gegen das Lohnniveau, das angesichts der ökonomischen Gesamtsituation nach der Konsolidierung der Währung vielerorts schlechthin als „zu hoch" angesehen wurde, sondern bezog auch die Formen und Strukturen der Löhne ein.[3] Der „egalisierende" Effekt, den die Inflation auf die Löhne der Industriearbeiterschaft ausgeübt hatte, war schon früh kritisiert worden, da die innerbetriebliche Lohnskala die spezifischen Hierarchie- und Arbeitsstrukturen im Betrieb abbildete, die als unternehmenseigener Gestaltungsbereich reklamiert wurden. Der wichtigste Kritikpunkt, der in schwerindustriellen Arbeitgeberkreisen erhoben wurde, hatte jedoch – wie in Italien – prinzipiellen Charakter und zielte auf einen Kernbereich der Weimarer Sozialordnung: das Tarifwesen.[4] So wurden nach dem Ende der Inflation alte Konfliktlinien wiederbelebt, als eine einflußreiche Gruppe der deutschen Arbeitgeber, die schon seit jeher Kollektivvereinbarungen kategorisch abgelehnt hatte, ihre Angriffe auf die Errungenschaften der Revolution intensivierte. Schon im Herbst 1923 war mit dem „Arbeitszeitdiktat" im Ruhrkohlenbergbau eine Machtprobe initiiert worden, die die Arbeitsbeziehungen in diesem Industriezweig in

---

1 Vgl. Ritschl, Krise, 16-29, hier 17. Dieser Analyse zufolge war angesichts des Transferschutzes unter den gegebenen binnenökonomischen Bedingungen das Reparationsarrangement nicht „anreizkompatibel", d.h. es gab bis zum Young-Plan 1929/30 für die deutsche Seite keinen Anreiz zu einem „Nettotransfer von Ressourcen". Ebd. Mitte 1928 betrug die Auslandsverschuldung bereits ungefähr ein Drittel des deutschen Sozialproduktes, ebd., 18. Vgl. darüber hinaus auch ders., Reparation Transfers, 49-72.

2 Vgl. Brünings Kritik an Reinholds Finanzpolitik in Blaich, Wirtschaftskrise, 172ff.

3 Vgl. ausführlich zu lohnpolitischen Fragen VdA, Geschäftsbericht 1925 und 1926, 197-262, hier 215f.

4 Vgl. VdA, Lohnpolitik, 36f., 64f.

den nächsten Jahren fortwährend belasten sollte.[1] Hier zeichnete sich in der Übergangsphase zwischen Währungszusammenbruch und Stabilisierung in einer wichtigen, großbetrieblich strukturierten Branche der prekäre Zustand der Tarifvereinbarungen ab, während die Gewerkschaften angesichts leerer Kassen und eines rapiden Mitgliederschwundes finanziell und organisatorisch besonders geschwächt erschienen.[2]

Zugleich manifestierten sich jetzt Änderungen in den institutionellen und organisatorischen Rahmenbedingungen, die zuvor durch die inflationäre Aufblähung des Arbeitsmarktes und seiner Indikatoren noch verdeckt worden waren. Die Übergangskrise von 1923/24 machte deutlich, daß nur ein dürftiger „Inflationskonsensus" die Zusammenarbeit der Arbeitsmarktparteien in der ZAG noch ermöglicht hatte.[3] So brach zu Beginn der Stabilisierungsphase die wacklige Basis, auf der die Kooperation im Rahmen der ZAG während der letzten Jahre noch geruht hatte, endgültig weg: der Austritt der Freien Gewerkschaften Anfang 1924 besiegelte den Zusammenbruch der ZAG und signalisierte das Scheitern der kooperativen Allianz der Arbeitsmarktparteien gegen den Staat.[4] Dessen Mitwirkung beim Schutz der kollektiven Vereinbarungen wurde durch die „Verordnung über das Schlichtungswesen" vom Oktober 1923 entscheidend gestärkt, die eine öffentliche Schlichtung bei Arbeitskonflikten verankerte und staatlichen Instanzen eine Hilfsfunktion beim Abschluß kollektiver Vereinbarungen übertrug.[5] Staatliche Schlichter konnten bei festgefahrenen Tarifverhandlungen einen Schiedsspruch fällen und mittels Verbindlichkeitserklärung für die gesamte Tarifgruppe bindend festsetzen.[6] Wenngleich der staatliche Schiedsspruch als Ausnahmeregelung gedacht war, so entwickelte sich das Procedere der „Zwangsschlichtung" nach dem Ende der ZAG im Laufe der Stabilisierungsjahre bald zu einem gängigen Modus im industriellen Konflikt, wie die Zahl der Schlichtungsverfahren anschaulich demonstrierte: in den Jahren 1924-32 wurden rund 76.000 Verfahren angestrengt, die mit rund 4.000 Verbindlichkeitserklärungen endeten.[7]

Mit dem Institut der Zwangsschlichtung etablierte sich somit ein neuartiges Regelsystem auf dem industriellen Arbeitsmarkt, das einen wesentlichen Unterschied im *set of*

---

1 Hier hatte eine Gruppe von Zechenbesitzern versucht, zur Vorkriegsarbeitszeit zurückzukehren. Vgl. Feldman/Steinisch, Weimarer Republik, 388ff. Zur Argumentation der Arbeitgeberverbände in der Arbeitszeitfrage vgl. VdA, Arbeitszeitfrage.

2 Vgl. zur Mitgliederentwicklung der Gewerkschaften Tabelle A.13 im Anhang.

3 Feldman/Steinisch, Industrie, 128.

4 Siehe auch unten, IV 3.3; vgl. auch Feldman/Steinisch, Industrie, 128ff.

5 S. auch den kommentierten Text der VO: Wölbling, Verordnung.

6 Das Schlichtungswesen ging bereits auf die entsprechenden Regelungen im Hilfsdienstgesetz zurück, war aber bis zur VO vom 30.10.1923 nur vorläufig geregelt worden. Grundsätzlich gab es einen Widerspruch zwischen den frühen Ansätzen einer öffentlichen Schlichtung und dem Anspruch auf Tarifautonomie, den die ZAG-Vereinbarungen impliziert hatten. Vgl. zur Entwicklung des Schlichtungswesens Frerich/Frey, Sozialpolitik, 184f.; Bähr, Staat, 185-203; ders., Schlichtung; Hartwich, Arbeitsmarkt.

7 Vgl. die Übersichten in Frerich/Frey, Sozialpolitik, 185 sowie Balderston, Origins, 32; Hartwich, Arbeitsmarkt, 215f..

rules der deutschen und italienischen Arbeitsmärkte in diesem Zeitraum konstituierte und damit auch andere Anpassungsprozesse im Zeichen der Stabilisierungskrisen hervorbrachte. Im Unterschied zu Italien wurde in Deutschland also ein Mechanismus installiert, der dem Staat ein effektives „Instrument zur Durchsetzung sozialpolitischer Vorstellungen“ [1] an die Hand gab, das in die unabhängigen Entscheidungsfelder der Arbeitsmarktparteien hineinragte. Damit war auch die seinerzeit im Stinnes-Legien-Abkommen formulierte Tarifautonomie faktisch weiter ausgehöhlt.[2] Im Aufschwung des Schlichtungswesens, der vor allem in den ersten beiden Jahren nach der Inflation einen Höhepunkt erreichte,[3] offenbarte sich die schwindende Fähigkeit und Bereitschaft der Arbeitsmarktparteien, selbständig zu einem Interessenausgleich zu gelangen, wobei dieser Schwund auf die verengten Verhandlungsspielräume durch die Währungsstabilisierung und die damit einhergehenden Arbeitsmarktkrisen hindeutete.

Im Vergleich mit Italien implizierte diese Entwicklung, daß bestehende institutionelle Regelsysteme auf dem Arbeitsmarkt (wie beispielsweise Tariflöhne, Arbeitszeiten, Arbeitsordnungen usw.), im Konfliktfall nicht in Eigenregie angepaßt wurden, sondern theoretisch nur insoweit dehnbar und variabel werden konnten, wie die staatlichen Schlichtungsinstanzen dies billigten oder sanktionierten. Dies konnte beiden Seiten zum Vor- oder Nachteil gereichen. So ließen sich aus beiden Arbeitsmarktlagern kritische oder skeptische Stimmen über das staatliche Schlichtungswesen vernehmen. Auf Seiten der Arbeitgeber gab es massive Vorbehalte gegenüber den staatlichen Eingriffsmöglichkeiten, was – wie im Falle der konservativen schwerindustriellen Arbeitgeber – auf einer pauschalen Ablehnung von Kollektivverhandlungen und Tarifwesen schlechthin beruhen konnte, während auch in tariffreundlichen Industriezweigen Sorgen vor einer zu starken staatlichen Kontrollfunktion verbreitet waren.[4] Auf Seiten der Gewerkschaften mochte man den Abbau sozialpolitischer Errungenschaften befürchten – so hatte beispielsweise die Arbeitszeitverordnung von Dezember 1923 zahlreiche Ausnahmen vom Achtstundentag für zulässig erklärt und damit diese Arbeitszeitregelung entscheidend aufgeweicht.[5] Der dadurch geschaffene Spielraum zur Arbeitszeitverlängerung

1 Petzina, Wirtschaft, 90 bezeichnet die Zwangsschlichtung als eines der „wirksamsten Instrumente zur Durchsetzung sozialpolitischer Vorstellungen des Staates.“

2 Diese war ohnehin nur begrenzt praktiziert worden.

3 Rund 40% aller Verfahren und Schiedssprüche zwischen 1924-1932 fielen in die Jahre 1924/25. Vgl. die Übersicht in Frerich/Frey, Sozialpolitik, 185.

4 Feldman, Disorder, 807. Vgl. die Argumentation in VdA, Lohnpolitik der deutschen Arbeitgeber, 28ff.; sowie VdA, Geschäftsbericht 1925 und 1926, 207, 220, 236f. Vgl. auch Der Arbeitgeber 15, 1925, 257ff.; 588ff. Siehe auch diverse Artikel zum Verhältnis von Wirtschaft und Staat in: Der Arbeitgeber 13. Jg., 1923, H. 19, 294ff.; H. 20, 307ff., zur Lohnpolitik 17. Jg, 1927, 276ff. sowie zur Arbeitszeitfrage, die in dem Arbeitgeberorgan seit 1924/25 stark diskutiert wurde, vgl. besonders emphatisch z.B. Paul Reusch, 16. Jg., 1926, 489ff.

5 Vgl. Verordnung über die Arbeitszeit vom 21. Dezember 1923. Vgl. Feldman, Disorder, 807 sowie ders./Steinisch, Weimarer Republik.

wurde nach der Währungsreform tatsächlich in vielen Betrieben genutzt.[1]

Jedoch gehörte nicht nur die Vermeidung oder Beilegung von Arbeitskonflikten, sondern die „Förderung der kollektiven Arbeitsverfassung" zu den erklärten Zielen des staatlichen Schlichtungswesens, was einen grundsätzlichen Schutz des Tarifvertragsprinzips – auch in tariffeindlichen Industriezweigen – implizierte.[2] Den seit der Inflationszeit geschwächten Gewerkschaften versprach dieses Bekenntnis zum kollektiven Arbeitsrecht eine strukturelle Unterstützung.

In der Praxis bedeutete dieser Übergang zu einem Modell des Interessenausgleichs mit hoher potentieller staatlicher Einflußnahme aber nicht, daß die Marktbedingungen damit neutralisiert wurden. Die relativen Kräfteverhältnisse auf dem Arbeitsmarkt, die sich während der Stabilisierungskrisen für die Arbeitnehmer ungünstig verzerrten, wurden auch durch das Schlichtungswesen nicht aufgehoben. Oder – anders formuliert – das Schlichtungswesen implizierte keinen automatischen Schutz der Arbeitnehmer vor den negativen Konsequenzen der Arbeitsmarktkrise. Angesichts der steigenden Arbeitslosigkeit rückten für viele Arbeitnehmer Fragen nach Arbeitszeit und Lohnhöhe in den Hintergrund und wurden von der Sorge um den Erhalt ihres Arbeitsplatzes überlagert. Gerade in der Arbeitszeitfrage ließ sich eine veränderte Haltung innerhalb der Arbeiterschaft ausmachen.[3] Nach der Währungsstabilisierung war ein Großteil der Arbeitnehmer viel eher geneigt, längere Arbeitszeiten zu akzeptieren. Wie Plumpe am Beispiel der Leverkusener Farbenfabriken gezeigt hat, trat die „politische" Bedeutung des Achtstundentages, die bis zum Ende der Inflation vorgeherrscht hatte, zugunsten des Einkommensaspektes von erweiterten Arbeitszeiten zurück, während die Arbeitsmarktlage Arbeitskämpfe um den Achtstundentag unattraktiver und riskanter gestaltete und – insgesamt betrachtet – die „Opportunitätskosten" des Achtstundentages im Angebotskalkül der Arbeitnehmer nach dem Ende der Inflation stiegen.[4] Mit dem steigenden Risiko des Arbeitsplatzverlustes im Zeichen der Stabilisierungskrise erhöhten sich auch die Opportunitätskosten des Arbeitskampfes. Tatsächlich schrumpfte die Streiktätigkeit in Deutschland, nach einer kämpferischen Phase 1923/24, im Krisenjahr 1926 auf ihren tiefsten Stand seit 1918 zusammen.[5]

So manches Unternehmen schien die Gelegenheit, die die Arbeitsmarktlage bot, für allmähliche Modifikationen an der Arbeitsordnung zu nutzen. So schrieb der Betriebsrat der Phoenix AG im Herbst 1924 an den Düsseldorfer Schlichtungsausschuß:

„Im März d. J. wurden die Betriebe der Phoenix AG nach längerem Stillegen wieder eröffnet, den eingestellten Arbeitern wurde ein Nachtrag zur Arbeitsordnung zur Unterschrift vorgelegt, dieser Nach-

---

1 Erhebungen der „Sozialen Praxis" zufolge, arbeiteten im Frühjahr 1924 über die Hälfte der befragten Arbeitnehmer mehr als 48 Stunden die Woche. Angaben nach Frerich/Frey, Sozialpolitik, 189.

2 Vgl. Bähr, Staat, 186, 193.

3 Vgl. dazu die Ausführungen von Plumpe, Tarifsystem, 1-15.

4 Plumpe, Tarifsystem, 2.

5 Das galt hinsichtlich Anzahl der Streiks, der Streikenden und der verlorenen Arbeitstage. Vgl. Tabelle A.16 im Anhang.

trag, der eine bedeutende Verschlechterung für die Belegschaft darstellt, ist – ohne mit dem Betriebsrat Rücksprache zu nehmen, ebenfalls ohne vom Gewerbe-Aufsichts-Amt geprüft worden zu sein, eingeführt worden. Da dieses Vorgehen der Phoenix Direktion eine Überschreitung der gesetzlichen Bestimmungen darstellte, bitten wir (...) den Schlichtungsausschuß durch Spruch diesen Nachtrag (...) für ungültig zu erklären."[1]

Dieser Nachtrag ergänzte die geltende Arbeitsordnung dergestalt, daß nunmehr eine eintägige Kündigungsfrist gelten sollte – nach Auffassung der Unternehmensleitung ein zulässiger Zusatz, da die seit mehreren Jahren gültige Arbeitsordnung einen Passus über die Möglichkeit „anderweitiger Vereinbarungen" enthalte. Bei der wenig diversifizierten Arbeitsmarktstruktur in der Hüttenindustrie sei die eintägige Kündigungsfrist die marktgerechte und übliche Form, während die vierzehntägige Kündigungsfrist „eine einseitige Bindung für den Arbeitgeber" bedeute. Ohnehin käme die eintägige Kündigungsfrist seitens des Arbeitgebers fast ausschließlich in Disziplinarfällen zum Tragen, da konjunkturbedingte Kündigungen aufgrund von Arbeitsmangel in der Regel ganze Arbeitergruppen beträfen, demnach frühzeitig avisiert würden und meist im Rahmen der Stillegungsverordnung zu regeln seien.[2] Allerdings mußte auch die Unternehmensleitung einräumen, daß unter den gegenwärtigen Marktbedingungen die Arbeitnehmer durch die neue Regelung benachteiligt würden. Zudem konzedierte sie, daß das Argument der „einseitigen Bindung für den Arbeitgeber" sich eher auf Boomphasen bezog, wischte diese Erwägung aber sogleich mit dem Verweis auf einer notwendigen Regelung „für die Dauer" beiseite.[3]

Tatsächlich folgte die Schlichtungsstelle dieser marktorientierten Logik der Arbeitgeber und erklärte nach vergeblichen Einigungsverhandlungen der Vertragspartner mit einem Schiedsspruch die eintägige gegenseitige Kündigungsfrist für gültig.[4] Hier zeigte sich also, daß die Bedingungen des Arbeitsmarktes durch das Schlichtungsverfahren nicht entkräftet wurden.

Die zentrale Funktion des Schlichtungswesens entfaltete sich aber – neben der grundsätzlichen Garantie des Tarifprinzips – in der lohnpolitischen Praxis.[5] Das zeitgenössische Diktum der „politischen Löhne" – von Gewerkschaftsseite gutgeheißen, in der schwerindustriellen Großindustrie verhaßt, als kostentreibend gebrandmarkt und für wirtschaftliche Probleme verantwortlich gemacht – umschrieb einen von politischer Seite mitgesteuerten Lohnfindungsprozeß und sollte auch für die historische Betrach-

1 MA, R.110082, Betriebsrat des Phoenix an den Schlichtungsausschuß am 24.10.1924.

2 Überdies habe der Arbeiterausschuß der neuen Regelung zunächst zugestimmt, seine Zustimmung erst nachträglich wieder zurückgezogen. MA, R.110082, Phoenix-Direktion an den Schlichtungsausschuß am 2.12.1924.

3 MA, R.110082, Phoenix-Direktion an den Schlichtungsausschuß am 2.12.1924.

4 Schiedsspruch vom Schlichtungsausschuß Düsseldorf vom 11.12.1924. MA, R.110082. Damit waren die Streitigkeiten zwischen Belegschaftsvertretung und Direktion zu diesem Thema aber nicht beendet.

5 Wie ein Mitarbeiter des RAM 1930 ausführte, gehörte die Lohnpolitik zu den wichtigsten Aufgaben des Schlichtungswesens, vgl. Bähr, Staat, 186; ders., Schlichtung, 3f.

tung eine entscheidende Rolle spielen. So hatte sich eine der einflußreichsten und nachhaltigsten Debatten zur Wirtschaftsgeschichte der Weimarer Zeit – die Borchardt-Kontroverse – u.a. an der Frage des Lohnniveaus und der staatlichen Einflußnahme auf die Lohnbildung entzündet. Ende der 1970er Jahre hatte Knut Borchardt in einem Aufsatz zur Wirtschaftspolitik Brünings die umstrittene These von der „kranken" Wirtschaft Weimars entwickelt, die unter einem überhöhten, den ökonomischen Realitäten nicht angemessenen Lohnniveau gelitten habe, das durch die staatliche Zwangsschlichtung in die Höhe getrieben worden sei und sich an (sozial-) politischen Kriterien orientiert habe. In der zweiten Hälfte der 1920er Jahre seien die Löhne schneller gestiegen als die Produktivität, was den Kostendruck erhöht, die Investitionen gelähmt und damit eine elementare Triebfeder des wirtschaftlichen Wachstums blockiert habe. Dieser Befund habe späterhin die wirtschaftspolitischen Handlungsspielräume verengt und während der Weltwirtschaftskrise keine Alternative im Krisenmanagement möglich gemacht. [1] In diesem Zusammenhang kann nicht in die Tiefe der komplexen wirtschaftshistorischen Debatte eingestiegen werden. Ohnehin ist der zweite Teil der Borchardtschen Argumentation – zu den wirtschaftspolitischen Handlungsalternativen Brünings – an dieser Stelle nicht das zentrale Thema. Jedoch ist für die Arbeitsmarktperspektive im Zeichen der Stabilisierungskrisen die Frage nach der Höhe der Löhne und ihrer „politischen" Setzung sehr wohl von Belang.

Ein erster Teil der Diskussion konzentrierte sich auf die Lohnkosten. So verwies Holtfrerich in einer richtungsweisenden Studie auf Inkonsistenzen bei der Borchardt'schen Berechnung.[2] Mit anderer Datenbasis zeigte er, daß dieser Kalkulation zufolge die Lohnkosten in den 1920er Jahren nicht höher lagen als 1913. Dem hielt Ritschl entgegen, daß diese Schlussfolgerungen auf einer besonders optimistischen Rekonstruktion der Datenreihen beruhen.[3] Im Rahmen der langwierigen Kontroverse um Lohndaten gewannen einige Grundtendenzen an Kontur. In der wirtschaftshistorischen Forschung besteht weitgehend ein Konsens darüber, daß sich die Einkommensposition der Arbeitnehmer nach dem Ende der Inflation erholte und daß ein wachsender Anteil am Volkseinkommen auf die Arbeitnehmer entfiel.[4] Die relative Verbesserung der Arbeitnehmerposition in den 1920er Jahren war allerdings von einem sehr geringen Niveau ausgegangen. Wenngleich die Anpassung der Löhne nach der Währungsreform im Winter 1923/24 die Spanne, die die Preissenkungen anboten, nicht voll ausnutzte,[5] so

1 Vgl. Borchardt, Zwangslagen, 85-132. Vgl. auch ders., Gewicht, 233-260. Vgl. zur Borchardt-Kontroverse zusammenfassend: Borchardt, Decade, 99-151; sowie die Aufsätze in Kershaw, Weimar; Siehe auch das von H.A. Winkler herausgegebene Themenheft von Geschichte und Gesellschaft 11, 1985, H.3; vgl. auch Balderston, Economics, 68ff; Feinstein/Temin/Toniolo, European Economy, 70f.

2 Holtfrerich, Löhne, 122ff. Siehe auch ders., Policy, 63ff.

3 Ritschl, Löhne, 375ff.

4 Vgl. Abelshauser/Petzina, Krise, 75-114; Feldman, Disorder, 850; Feinstein/Temin/Toniolo, European Economy, 70; Balderston, Origins, 16ff.

5 Vgl. Scholz, Lohn, 293.

erreichten die Reallöhne nach der Währungsstabilisierung nur mühsam das Vorkriegsniveau. Nach der Überwindung der ersten Stabilisierungskrise folgte eine Phase intensiver Lohnforderungen seitens der Arbeiterschaft, die zum Teil durch eine gestiegene Arbeitskampfaktivität – wie die hohe Streik- und Schlichtungstätigkeit anzeigte – erstritten wurden.[1] In der zweiten Stabilisierungskrise flachte die Steigerungsrate der Reallöhne sodann sichtlich ab. Einen Eindruck von der Lohnentwicklung seit 1924 gibt die folgende Tabelle.

Tabelle 15: Reallöhne und Pro-Kopf-Produktion in der deutschen Industrie 1924-1932[2]

Jahr	Lohnsatz pro Stunde		Stundenverdienst		Pro-Kopf-Produktion	
	Index 1913-1914=100	Veränderung zum Vorjahr in %	Index 1913-1914=100	Veränderung zum Vorjahr in %	Index 1913-1914=100	Veränderung zum Vorjahr in %
1924	82	-18	86	-14	74	-26
1925	95	13	103	17	88	14
1926	102	7	109	6	82	-6
1927	104	2	114	5	104	22
1928	110	6	125	11	106	2
1929	115	5	130	5	106	0
1930	122	7	131	1	92	-14
1931	125	3	132	1	76	-16
1932	120	-5	125	-7	61	-15

Damit stiegen die Löhne wohl tatsächlich schneller als die Produktivität. Dieser Befund scheint in der wirtschaftshistorischen Diskussion inzwischen auch weitgehend akzeptiert.[3] Daraus läßt sich jedoch nicht zwangsläufig auf einen „politischen" Lohn schließen. Der erhöhte Anteil der Arbeitereinkommen am Volkseinkommen mußte nicht auf eine Lohnfindung hindeuten, die sich jenseits des Marktes bewegte, sondern ließ sich auch mit der im Vergleich zur Vorkriegszeit gestiegenen Erwerbsquote begründen.[4] Außerdem war die öffentliche Schlichtung, wie Johannes Bähr darlegt, nicht auf allen industriellen Teilarbeitsmärkten gleichermaßen verbreitet.[5] Eine zentrale Bedeutung entfaltete das Schlichtungswesen im Ruhrbergbau, wo annähernd alle tariflichen Vereinbarungen mit Hilfe von Schlichtungsverfahren zustande gekommen waren und quasi keine freien Tarifabschlüsse mehr erzielt wurden. Auch in der Textil- und in der Metallindustrie war das Schlichtungsprinzip fest verankert. Demgegenüber kamen traditionell tarifstarke Branchen wie die Holz- oder Bauindustrie weiterhin gut ohne staatliche Re-

1 Vgl. Balderston, Origins, 38; Feldman, Disorder, 850.
2 Quelle: Feldman, Disorder, 850.
3 Vgl. die Synthese in Balderston, Economics, 71.
4 Vgl. Balderston, Origins, 14ff., 38; vgl. ders., Economics, 70; Feinstein/Temin/Toniolo, European Economics, 70.
5 Vgl. Bähr, Staat, 194ff. ; ders., Schlichtung, 105ff.

gulierungsmöglichkeiten zurecht.[1] Dasselbe galt auch für die Chemiebranche.[2]

Wenngleich auf bedeutenden Segmenten des industriellen Arbeitsmarktes Tarife mit öffentlicher Mitwirkung entstanden waren, so erwies sich die Lohnentwicklung in den Branchen ohne Zwangsschlichtung tendenziell dynamischer, was der These von dem lohntreibenden Effekt des Zwangstarifs zuwiderläuft.[3] So konnte beispielsweise das „Lohnprivileg" des Ruhrbergmannes, das für die frühe Weimarer Republik noch eine Rolle gespielt haben mochte, auch mit der staatlichen Zwangsschlichtung nicht aufrechterhalten werden, hatte sich doch gerade die Einkommenssituation der Bergleute im Vergleich zu anderen Industriezweigen merklich verschlechtert.[4]

Insgesamt erscheint es somit zweifelhaft, daß mittels staatlicher Schlichtung ein „politisches" Lohnniveau installiert wurde und daß die Schlichter mehr taten, „als die Löhne in Übereinstimmung mit den Marktbedingungen festzusetzen".[5]

Damit sollen jedoch die Schwächen, die das staatliche Schlichtungswesen aufwies bzw. die gravierenden Folgen, die die Schlichtungspraxis für die Zukunft der industriellen Beziehungen in einigen Schlüsselbranchen mitbrachte, nicht bestritten werden. Die Möglichkeit, die Verantwortung für die Lohnhöhe auf den Staat abzuwälzen, bot den Tarifpartnern Gelegenheit, der eigenständigen Suche nach einem Konsens auszuweichen, und schuf indirekt Anreize für ein unnachgiebiges Festhalten an überzogenen Forderungen, da diese Strategie in den Augen der Kontrahenten bessere Ergebnisse versprach.[6] Das Konstruktionsprinzip der Zwangsschlichtung, die sich gerade in den traditionell tarifkritischen Industriezweigen etablierte, nährte die Argumentation tariffeindlicher Arbeitgeber gegen die „wirtschafts-schädigende" Lohnpolitik sowie gegen das

1 Im Bergbau waren rund 96% aller Tarife vor der Schlichtungsinstanz entstanden, in der Textilindustrie rund zwei Drittel, in der Metallindustrie über 70%. In den alten Tarifbranchen waren die Relationen umgekehrt: in der Bauindustrie beruhten rund 98%, in der Holzindustrie knapp 70% der Tarifabschlüsse auf freiwilligen Vereinbarungen, Bähr, Staat, 194ff.

2 In der Chemieindustrie blieb Zwangsschlichtung die Ausnahme. Werner Plumpe zeigt am Beispiel der Leverkusener Farbwerke, daß die betrieblichen Handlungsspielräume trotz Tarifbindung groß waren und charakterisiert die gängige Kritik an dem Weimarer kollektiven Arbeitsrecht als „einseitig". Plumpe, Tarifsystem, 2 mit Anm. 1.

3 Die alten Tarifbranchen hatten überdurchschnittliche Lohnsteigerungen aufzuweisen. So stiegen die Tariflöhne bei den Bauarbeitern zwischen 1924-29 um 106-116%, während sich die durchschnittlichen Tariflohnsteigerungsraten um 68-80% bewegten. Die Spanne zwischen Löhnen in der Bauindustrie und den durchschnittlichen Industrielöhnen vergrößerte sich bereits bis 1925 merklich, Bähr, Staat, 195; ders., Schlichtung, 125. Bezogen auf die Eisen- und Stahlindustrie relativiert auch C. Kleinschmidt die aus Sicht der Unternehmen stark angestiegenen Lohnbelastung. Für die sogenannte „Selbstkostenkrise", die von den Unternehmen beklagt wurde, habe der Faktor Lohn nur eine untergeordnete Rolle gespielt, vgl. ders., Rationalisierung, 342ff.

4 Vgl. Tschirbs, Ruhrbergmann, 308-345.

5 Feldman, Disorder, 850. Vgl. darüber hinaus - auch zu anderen Aspekten der Borchardt-These – James, Slump, 190ff.; sowie Balderston, Economics and Politics, 68ff.; siehe auch Ritschl, Reparation Transfers.

6 Vgl. Peukert, Weimarer Republik, 116; Feldman, Disorder, 850.

Institut des Tarifvertrags an sich. Die aktive Rolle, die der Staat im Tarifkonflikt in einigen Industriezweigen übernehmen mußte, ging über die ursprünglich intendierte Garantiefunktion für den Tarifvertrag hinaus und begünstigte eine „Politisierung der Tarifkonflikte".[1] Die scharfe Kritik, der sich die staatlichen Schlichtungsinstanzen ausgesetzt sahen,[2] mochte den Boden bereiten für eine globalere Kritik am Weimarer „Sozialstaat", der die so vehement angeprangerten Prinzipien schützte. Bei der Betrachtung der Weimarer Schlichtungsverfahren und seiner Konstruktionsfehler ist allerdings zweierlei zu bedenken: Erstens, daß der Schutz der institutionellen Regelsysteme notwendig erschien, als eine intransigente Gruppe von Arbeitgebern nach dem Ende der Inflation zu einem Revisionskurs in den Arbeitsbeziehungen ansetzte und damit einen elementaren Bestandteil der Weimarer Sozialverfassung bedrohte; und zweitens, daß der Schlichtungsmodus auf einigen industriellen Teilarbeitsmärkten durchaus so funktionierte, wie er beabsichtigt war – als stabilisierender Rahmen, der die Kompromißfindung und Aushandlungsprozesse der Tarifpartner nicht ersetzen konnte.[3] Gleichwohl wurde die Politisierung des Arbeitsmarktgeschehens durch dieses Arrangement entscheidend vorangetrieben.

Im Unterschied zu Italien hatten die Stabilisierungskonflikte in Deutschland also einem System zum Durchbruch verholfen, das die kollektive Arbeitsmarktverfassung stärken sollte, aber in diesem krisenhaften Stabilisierungsprozeß zunehmend diskreditiert wurde. Mit dem staatlichen Lenkungselement wurde ein Kontrollmechanismus eingebaut, der die Arbeitgeberstrategien zur Krisenbewältigung überprüfen und – sofern sie das kollektive Arbeitsrecht betrafen – blockieren konnte. Eine Aushöhlung der Kollektivverträge, wie sie einige industrielle Arbeitgeber in Italien vorantreiben konnten, war für die deutschen Arbeitgeber nicht in der Form möglich. Dadurch wurde in Deutschland zwar der Fortbestand des Tarifwesens garantiert, zugleich erhielt jedoch die unternehmerische Argumentation eines übermäßig steigenden Kostendrucks, einer wachstumsschädigenden Knappheit an Betriebskapital eine größere Überzeugungskraft, so daß dieses Motiv auch nach Überwindung der Stabilisierungskrisen die wirtschafts- und sozialpolitischen Debatten prägen sollte.[4] Wenngleich wahrscheinlich ist, daß die Lohnentwicklung durch den öffentlichen Eingriff nicht substantiell verändert wurde, so muß doch die Frage offen bleiben, wie die Investitionsneigung bei geringeren Lohnkosten ausgesehen hätte. Möglicherweise hätte jedoch auch eine geringere Lohnkostenquote keine andere Investitionsleistung bewirkt.[5]

---

1 Peukert, Weimarer Republik, 116.

2 Vgl. für eine Kritik an der staatlichen und gewerkschaftlichen Lohnpolitik auch VdA, Geschäftsbericht 1927/1929, 264ff., 312ff.

3 Vgl. Plumpe, Tarifsystem.

4 Vgl. dazu unten, Abschnitt IV 3.3.

5 Einerseits erscheint es plausibel, die verbesserte Einkommensposition der Arbeitnehmer – im Sinne der Borchardt-These – als eine Investitionsbremse zu interpretieren, auch vor dem Hintergrund, daß die „Investitionskasse" angesichts einer geringeren Sparneigung der Wirtschaftssubjekte infolge der Inflationserfahrung kontrahierte. Dieser Interpretation wurde in der wirtschaftshistorischen For-

Im Unterschied zur Entwicklung in Italien erfüllten in Deutschland also staatliche Instanzen eine Schutz- und Garantiefunktion für das Institut der Tarifverträge, was die Durchlöcherung dieses konstitutiven Elementes der Arbeitsmarktverfassung schwieriger gestaltete als in Italien. Dennoch wurden auch in Deutschland die Markteffekte dadurch nur begrenzt abgefedert. Im Spiel der Kräfte auf dem Arbeitsmarkt hatte sich die Balance im Zeichen der Krise zugunsten der Arbeitsnachfrage verändert, was sich für eine allmähliche Stärkung der Arbeitgeberposition hinsichtlich grundsätzlicher Arrangements im Arbeitsbereich – wie beispielsweise Arbeitszeiten, Kündigungsschutz o.ä. – instrumentalisieren ließ.

d. *Quota Novanta und Stabilisierungskrise 1926/27*

Der Stabilitätskurs von 1920/1921 hatte die monetären Probleme in Italien nur vorübergehend gelöst. Angesichts fortdauernder Wechselkursprobleme erschien das Vertrauen in die Lira zunehmend erschüttert, als Mussolini im Sommer 1926 seinen Propagandafeldzug für einen wirtschaftspolitischen Kurswechsel begann:

> „Ich habe noch eine Schlacht zu gewinnen: es ist die Schlacht um die ökonomische Restauration Italiens. In den anderen Schlachten, die das faschistische Regime schlagen mußte, ist der Sieg bereits errungen. (…) Nun widme ich meine ganze Aufmerksamkeit der Ausbesserung der Handelsbilanz und der Stabilisierung des Lira-Wechselkurses."[1]

Wenige Wochen später folgte in der bekannten Rede in Pesaro die Ankündigung des umstrittenen Stabilisierungskurses für die Lira: die „Quote Neunzig" als angesteuerte Wechselkursparität der Lira zum britischen Pfund Sterling. Damit nahm eine restriktive Stabilitätspolitik ihren Anfang, die sich merklich in der Produktivitätsentwicklung und in den Exportzahlen niederschlagen sollte. Bei dem raschen Preisverfall war schon gegen Ende des Jahres eine negative Inflationsrate zu verzeichnen. Die Stagnation der Industrieproduktion unterbrach den Wachstumstrend, den die italienische Wirtschaft seit 1922 wieder aufgenommen hatte und markierte den Beginn einer ökonomischen Rezession.[2]

---

schung auch die Position entgegengehalten, daß – verkürzt gesprochen – das Problem nicht in einem zu knappen Kapitalangebot lag, sondern eher darin, daß die Investitionsnachfrage auf unproduktive Zwecke gelenkt wurde, der Kapitalimport beispielsweise in die Bauindustrie und das öffentliche Bauwesen floß, die Auslandsschuld erhöhte, ohne die produktive Kapazität zu steigern. Vgl. für eine Zusammenfassung Feinstein/Temin/Toniolo, European Economy, 70. Christoph Buchheim führte den Rückgang der Profite in der deutschen Exportindustrie nicht auf die Lohnkosten zurück, sondern auf erhöhte Fixkosten im Zusammenhang mit der mangelnden Auslastung der deutschen Industrie, vgl. ders., Crisis, 113-122. Vgl. auch Feldman, Disorder, 845.

1 So Mussolini in einem Interview mit einem Korrespondenten der Daily Mail Ende Juni 1926, vgl. O. O., Bd. 22, 169. Übers. d. V.

2 Allerdings ist zu berücksichtigen, daß eine Vielzahl von Faktoren die Rezession begünstigte, die nicht allein der Währungsstabilisierung zugeschrieben werden kann. Vgl. Tattara/Toniolo, L'industria, 117ff. Vgl. für die wirtschaftliche Entwicklung in diesem Zeitraum auch Castronovo,

Wie bereits die erste italienische Stabilisierungskrise und auch die Erfahrungen in anderen Ländern – so auch in Deutschland – gezeigt hatten, war die Konsolidierung der Währung bzw. der wirtschaftspolitische Kurswechsel mit gravierenden internen Folgeerscheinungen verbunden, die sich besonders auf den industriellen Arbeitsmärkten abzeichneten. Für eine Beurteilung dieser Auswirkungen muß jedoch der politische Kontext des Stabilisierungsprogramms berücksichtigt werden. So bildete der Plan zur Währungssanierung ein zentrales Element innerhalb eines umfassenderen sozioökonomischen und politischen Umstrukturierungsprozesses, der im faschistischen Italien im Gange war und weiter vorangetrieben werden sollte. Dabei machten die veränderten Rahmenbedingungen, die sich unter dem faschistischen Regime darboten, die praktische Umsetzung des rigorosen Deflationskurses überhaupt erst möglich[1] und schufen eine spezifische, kompromißlose Form des Krisenmanagements auf dem Arbeitsmarkt, die unter anderen politischen Rahmenbedingungen nur schwerlich denkbar gewesen wäre. Darüber hinaus besaßen die Arbeitsmarktmaßnahmen an sich eine besondere Funktion in dem gesamten „Restrukturierungsprozeß“, da sie „die materiale Basis für den diesem Kurswechsel zugrundeliegenden Herrschaftskompromiß“ darstellten.[2] Die flankierenden Maßnahmen und die dadurch hervorgebrachte Gestalt der Arbeitsmarktverfassung lassen sich so also auch als ein Bestandteil einer Übereinkunft deuten, die dem faschistischen Regime die Unterstützung der ökonomischen Kräfte für den wirtschaftspolitischen Kurswechsel sicherte.

In den vorangegangenen Jahren hatten sich die Interessengegensätze im Unternehmerlager, die zwischen Fertigwaren- und Grundstoffindustrien, zwischen Großindustrie und Gewerbe sowie zwischen Industrie und Banken und auch zwischen agrarischen und industriellen Interessen bestanden, zugespitzt.[3] Eine neue Balance der Kräfte zeichnete sich schon seit der personellen Umbesetzung des Finanzministeriums im Sommer 1925 ab, das nunmehr von dem der *Banca Commerciale* nahestehenden Geschäftsmann und Elektrizitätsindustriellen Giuseppe Volpi bekleidet wurde.[4] Während ein weitgehender Konsens über das allgemeine Ziel der Währungsstabilisierung bestand, wurde über die stabilitätspolitischen Alternativen – gemäßigte Aufwertung oder harte Deflationspolitik – längere Zeit gestritten.[5] Zu Beginn des Jahres 1927 bekräftigte die *Confindustria*, in der hauptsächlich die Großindustrie organisiert war, ihre Unterstützung des Regimes bei

Storia economica, 256ff.; sowie Filona/Rey/Sitzia, Schema, 51-101; Fratianni/Spinelli, Storia monetaria.

1 Castronovo, Storia economica, 258.

2 Rafalski, Faschismus, 53.

3 Ebd., 36. Vgl. auch Petri, Führungskräfte, 207ff.

4 Volpi ist auch als „italienischer Rockefeller” bezeichnet worden. Vgl. Salvemini, Costituzione dello stato totalitario, in: ders., Scritti, 634-646, hier 640. Vgl. auch Castronovo, Storia economica, 258f.

5 Rafalski, Faschismus, 39. Vgl. auch Maier, Recasting, 574.

dem angekündigten Stabilitätskurs, postulierte jedoch Lohnkürzungen als notwendige Begleitmaßnahme.[1]

Daß das Umstrukturierungsprogramm nur unter Regimebedingungen möglich war, hatte auch Mussolini selbst – unter umgekehrten Vorzeichen – bereits im Sommer 1926 betont:

"Ich bin entschlossen, die ökonomische Prosperität Italiens bis zu dem bestmöglichen Punkt zu entwickeln. (...) Die Maßnahmen, die ergriffen wurden, und jene, die ich vorbereite, hätten nicht in einem sozialistischen Regime zur Anwendung kommen können – oder aber mit unnützen und sterilen parlamentarischen Diskussionen. Jene Maßnahmen können – das ist wahr – nur der festen und weisen Autorität des Staates entspringen, der so in sich die Stärke der Arbeitgeber wie der Arbeiter enthält und beides für das Wohl der nationalen Gemeinschaft anwendet."[2]

Mit diesem Zitat hatte Mussolini in schönfärberischer, großsprecherischer Rhetorik die Grundlinien der neuen Konstellation angedeutet, die die Basis des angestoßenen wirtschafts- und gesellschaftspolitischen Veränderungsprozesses darstellte. So hatte sich das Beziehungs- und Kräftegefüge zwischen den Arbeitsmarktparteien und dem Staat entscheidend verändert, wobei der Staat, zum *stato di intervento* avanciert, einen entscheidenden Funktionswandel durchlaufen hatte.[3] Voraussetzung und integraler Bestandteil dieses veränderten Kräfteverhältnisses war der Übergang zum autoritären faschistischen Regime.[4] Anfang Januar 1925 hatte Mussolini, mit Rückendeckung der königlichen Armee, in einem Staatsstreich das parlamentarische System entmachtet und diktatorische Vollmachten usurpiert. Vorausgegangen war eine innenpolitische Krise, die die Machtstellung Mussolinis vorübergehend schwanken ließ: Nach der Ermordung des sozialistischen Abgeordneten Matteotti im Jahr 1924 hatte sich der Druck durch die antifaschistische Opposition erhöht, während die faschistische Bewegung außer Kontrolle zu geraten drohte.[5] Durch das Austarieren verschiedener politischer Kräfte gelang es Mussolini jedoch, seine Herrschaft zu stabilisieren und die für den italienischen Faschismus typische „Vermittlungsdiktatur" (Schieder) zu errichten, die die Machtressourcen aus Partei und Monarchie für die Regimebildung nutzte und in seiner Person zusammenführte.[6] Eine Reihe von Sondergesetzen[7] ermöglichte die Unterdrückung der politischen Gegner, beispielsweise die Auflösung der Parteien, die „Faschisierung" von Organisationen und Presse, während über Freizeit- und Jugendorganisationen auch ein kulturelles Massenangebot zur Indoktrination und Disziplinierung (z.B. *Opera Naziona-*

---

1 Bettini, Fabbrica, 251 mit Anm. 158.

2 So Mussolini im Interview mit der Londoner Daily Mail Ende Juni 1926, Vgl. O. O., Bd. 22, 170. Übers. d. V.

3 Der „Kernbereich" für diese Entwicklung stellte das als „öffentlicher Sektor neugeordnete Finanzsystem" dar, vgl. Rafalski, Faschismus, 52.

4 Vgl. die Phasen faschistischer Regimebildung nach Schieder, Faschismus, 213.

5 Vgl. dazu Lyttelton, Seizure, 308ff.

6 Schieder, Faschismus, 217.

7 Vgl. insbesondere die sogenannten *leggi fascistissime* im November 1925.

le Dopolavoro als Freizeitorganisation für Arbeitnehmer, *Opera Nazionale Balilla* als Jugendorganisation) geschaffen wurde.[1]

Für einen qualitativen Wandel der Arbeitsmarktverfassung war jedoch der *Patto di Palazzo Vidoni* von herausragender Bedeutung, ein zwischen dem Unternehmerverband *Confindustria* und den faschistischen Gewerkschaften geschlossener „Pakt“, in dem sich die beteiligten Organisationen einen alleinigen Vertretungs- und Anerkennungsanspruch für die Arbeitgeber bzw. Arbeitnehmer zusicherten.[2] Damit waren nur noch die faschistischen Gewerkschaften, die von der Partei abhingen, als Akteure auf dem Arbeitsmarkt gebilligt und berechtigt, mit den Arbeitgebern kollektive Verhandlungen zu führen. Zudem wurde die tonangebende Rolle der *Confindustria* im industriellen Verbandswesen gestärkt. Offiziell handelte es sich nicht um ein Verbot der nichtfaschistischen Gewerkschaften. Deren Strukturen wurden jedoch durch das Bekenntnis der Arbeitgeberseite zum Faschismus sowie das repressive Gesamtklima empfindlich geschwächt und ausgetrocknet. Ein entsprechendes Gesetz, das sogenannte *legge sindacale*, das im Frühjahr 1926 folgte, vollendete diesen Unterdrückungsprozeß der freien Gewerkschaftsorganisationen, indem es den faschistischen Gewerkschaften das Monopol der Arbeitervertretung zuerkannte, während das Streikrecht abgeschafft und durch ein Schiedsgericht in Arbeitsfragen (*magistratura del lavoro*) ersetzt wurde.[3]

Mit der neuen Regelung wurde das Prinzip der kollektiven Arbeitsbeziehungen formal aufrechterhalten, aber gemäß faschistischer Ordnungs- und Hierarchievorstellungen reorganisiert und vereinheitlicht. Für die Arbeitgeber und Arbeitnehmer waren separate, jeweils nach Berufs- oder Industriezweig untergliederte „Verbände“ (*federazioni* bzw. *confederazioni nazionali*) vorgesehen, welche in einer *Korporation* zusammengefaßt werden sollten, die also Arbeitgeber- und Arbeitnehmer in eine Organisation eingliederte.[4] Nur die gleichgeschalteten Verbände waren berechtigt, Kollektivverträge zu schließen, die – gemäß dem Prinzip *erga omnes* – für die ganze Branche gelten sollten, obwohl den vertragsschließenden Organisationen selbst nur ein Zehntel aller Erwerbstätigen dieses Industriezweiges angehören mußten. Das „Korporationsministerium“, das wenige Monate später entstand,[5] sollte das neue System stärken und ausbauen und die autoritär verordnete „Zusammenarbeit der Klassen“, die harmonistische Ideologie einer „Kollaboration von Arbeit und Kapital“ im faschistischen Staat organi-

1 Vgl. für diesen Zusammenhang unten, Kapitel IV 3.2.3. Siehe auch Liebscher, Freizeit, 67-90. Vgl. auch die faschistische Propagandabroschüre „Dopolavoro“. Freizeitgestaltung in Italien, Rom 1935.

2 Vgl. auch unten, IV 3.3.

3 Vgl. das Gesetz Nr. 563 vom 3.4.1923, betreffend „la disciplina giuridica dei rapporti collettivi del lavoro“. sowie die dazu erlassenen Ausführungsbestimmungen R.D. Nr. 1130 vom 3.4.1926. Abgedruckt in Pennachio, Stato, 161ff.

4 Allerdings wurden die ersten Korporationen erst 1934 gebildet. Mit dem Gesetz von 1926 wurden die Arbeitsbeziehungen, die bis dahin auf der Grundlage des privaten Vertragsrechts ruhten, systematisch als eigener, separater Themenkreis geregelt, vgl. dazu Jocteau, Olivetti, 350.

5 R.D. Nr. 1131, 2.7.1926, zahlreiche ergänzende Bestimmungen zum Aufbau und zur Funktion des Ministeriums folgten.

satorisch verankern. Tatsächlich erlangte das Korporationsministerium in den ersten Jahren jedoch wenig praktische Bedeutung.[1] Im Frühjahr 1927 wurde die korporativ ausgestaltete Arbeitsmarktverfassung mit dem Erlaß der sogenannten *Carta del Lavoro* fundiert.[2] Dabei handelte es sich um ein propagandistisches Manifest über die gültigen arbeitsrechtlichen Richtlinien, zu dem sich die neuen faschistischen Arbeitsmarktorganisationen und die Regierung gemeinsam bekannten. Im Vergleich zu den im Vorjahr getroffenen Regelungen enthielt die *Carta* keine substantiellen Neuerungen, sondern bot statt dessen eine formelhafte Bekräftigung der dort bereits entfalteten Grundsätze und blieb hinsichtlich Ausführung und praktischer Umsetzung eher vage. Jedoch erhob dieser mit viel Pathos formulierte Leitfaden der faschistischen Arbeitswelt die Kategorien „Nation" und „Arbeit" – *nazione e lavoro* – zu neuen Schlüsselbegriffen. Dem Konzept der Nation als eine den Individuen überlegene, „ethische, politische und wirtschaftliche Einheit" entsprach das Prinzip der Arbeit als einer staatlich geschützten „sozialen Pflicht", wobei sich die „individuelle Aktivität" dem „nationalen Interesse" unterzuordnen habe („*tutto nello Stato, nulla fuori e contro lo Stato*").[3]

Für die Betrachtung des Arbeitsmarktgeschehens im Zeichen der Stabilisierungskrise sind diese veränderten Rahmenbedingungen ein zentraler Punkt. Mit dem Verbot der Arbeitskämpfe wurde ein Ventil geschlossen, durch das sich das Konfliktpotential, das infolge der Stabilisierungseffekte auf dem Arbeitsmarkt zu erwarten war, hätte unkontrolliert entladen können. Zudem beschnitt der Aufbau der „korporativen" Arbeitsmarktverfassung die Freiheiten der Arbeitsmarktorganisationen nicht für beide Arbeitsmarktparteien in demselben Maße. Im Kontrast zu den Handlungsbeschränkungen, die den Arbeitnehmern durch die neuen Regulierungen auferlegt wurden, hatte sich die Bewegungsfreiheit für die Arbeitgeber kaum verengt. Die Organisations- und Führungsstruktur der industriellen Interessenrepräsentation blieb von den neuen Regelungen im Kern unberührt. Auf der betrieblichen Ebene behielten die Arbeitgeber die volle Verfügungsgewalt und konnten in dem Maße Handlungsspielräume hinzugewinnen, in dem die Arbeitnehmer diese verloren.

Die ökonomische Rezession spiegelte sich in einer deutlich gestiegenen Arbeitslo-

---

1 Das Ministerium wurde im Juli 1926 gegründet. Erster Korporationsminister wurde Mussolini, Staatssekretär war Giuseppe Bottai, der maßgeblich an der Formulierung der korporativen Ideologie des Faschismus beteiligt war. 1929 wurden dem Korporationsministerium weitere Kompetenzen einverleibt, die bis dahin das weit gefächerte Wirtschaftsministerium innehatte. Das frühere Ministerium für Arbeit agierte zum Zeitpunkt der Gründung des Korporationsministeriums seit längerem nicht mehr mit eigenem Portefeuille, sondern war bereits im Sommer 1923 aufgelöst und dem neu gegründeten *Ministero dell'economia nazionale* eingegliedert worden, das damit einen sehr umfangreichen Kompetenzbereich besaß. Vgl. zum Korporationsministerium Aquarone, L'organizzazione, 136ff.

2 Vgl. die mehrsprachige Edition der Carta, hg. von der Confederazione Nazionale Sindacati Fascisti dell'Industria, Carta del Lavoro, Rom 1932.

3 D.h. also: „Alles im Staat, nichts außerhalb [des Staates] oder gegen den Staat." Vgl. für die Zitate Absatz 1 und 2 der Carta del lavoro, vgl. auch Pennachio, Stato, 53ff.

sigkeit wider. Im Januar 1928 hatte sich die Zahl der behördlich registrierten Arbeitslosen, verglichen mit dem Stand im Sommer 1926, ungefähr verfünffacht.[1] Dabei waren nicht alle Industriezweige gleichermaßen von den Effekten der Deflationspolitik betroffen. Die Elektrizitäts-, Gummi- und Chemieindustrie, die Baumwoll- und Wollindustrie durchliefen weiterhin einen expansiven Trend. Demgegenüber war in der Bauindustrie, in den kleineren und mittleren Betrieben der Konsumgüterindustrie ein Anstieg der Konkurse zu beobachten, während sich auch für den Maschinenbau, den Fahrzeugbau und die Nahrungsmittelindustrie die Lage problematisch gestaltete.[2]

Auf Seiten der Unternehmen suchte man die schwierige Wirtschaftslage mit einer Ausdünnung des Personals und Druck auf die Löhne zu bewältigen. So berichteten die *libri societari* der ehemaligen Mannesmann-Tochter Dalmine S.p.A. im März 1927 von Produktionsstockungen, die angesichts der monetären Krise unvermeidlich wären und Entlassungen notwendig machten. Diese Maßnahme sollte jedoch „allmählich, in Entsprechung zur Wiederaufnahme der landwirtschaftlichen Arbeiten und in Harmonie zu der Aufnahmefähigkeit der Gewerkschaften und faschistischen Organisationen“ vollzogen werden, um die Härten so gering wie möglich zu halten.[3] Einige Monate später hielt man jedoch – „im allgemeinen Interesse der Industrie und auch großen Mehrheit der Arbeiter“ – einen radikalen Personalschnitt für effektiver, weil man „der Realität ohne Euphemismen und schädliche Verzögerungen ins Auge sehen“ müsse und nicht „die Sorge vor der Entlassung für zu lange Zeit über dem ganzen Kollektiv schweben lassen“ mochte.[4] Darüber hinaus betonten die Vorstandsprotokolle die große Zufriedenheit über die Belegschaften, „die sich ruhig verhalten“.[5] Trotz der widrigen Umstände schien die Arbeitsdisziplin gewährleistet.[6] Hier zeigte das faschistische Kontroll- und Regulierungsinstrumentarium anscheinend erste Wirkungen. Die Vorstandsprotokolle bei FIAT wiesen in dieselbe Richtung. Der allgemeine Geschäftsgang präsentierte sich im Sommer 1927 beklagenswert, der Kostendruck stieg, während „jede andere Maßnahme, einschließlich der schmerzhaften Entlassung von Arbeitern und Angestellten, im Rahmen des Möglichen ausgeführt“ wurde.[7] Auf den steigenden Kostendruck wurde mit umfangreichen Lohnkürzungen reagiert. Bis August 1927 wurden bei FIAT Lohnsenkungen von 10-15 Prozent avisiert, die jedoch vor dem Hintergrund der Ertragsein-

1 Rafalski, Faschismus, 60ff.; vgl. auch Tabelle A.15 im Anhang.

2 Castronovo, Storia economica, 260f.

3 FD, D Lcda/2, Buch 7, Protokoll der Sitzung am 1.3.1927. In den Geschäftsbüchern ist die Rede von 400-800 geplanten Entlassungen. Nach den Statistiken wurde der Personalbestand zwischen 1926 und 1927 bei den Angestellten um rund 10%, bei den Arbeitern um rund 15% verringert, FD, Statistiche Generali, MG, Buch 4.

4 FD, D Lcda/2, Buch 7, Protokoll der Sitzung am 26.7.1927.

5 Diese schienen auch die Angebote des Dopolavoro anzunehmen, vgl. dazu unten, Kapitel IV, 3.2.c.

6 Vgl. z.B. die Hinweise auf das Verhalten der Belegschaften in den Sitzungsprotokollen vom 8.11.1926, 26.7.1927, FD, D Lcda/2, Buch 7.

7 Vgl. Sitzung am 3.6.1927, PASF, FIAT 1915-1930, 926ff., hier 928.

bußen als zu geringfügig erachtet wurden.[1] Zum selben Zeitpunkt waren die Löhne bei Dalmine um zehn Prozent verringert worden.[2] Hierbei ist zu bedenken, daß die Aussicht auf die Realisierung einer an Unternehmerinteressen orientierten Lohnpolitik überhaupt erst eine Politik der *Quota Novanta* durchsetzungsfähig gemacht hatte.

So stand im Hintergrund der industriellen Lohnpolitik eine breit angelegte, die Deflationspolitik flankierende Kampagne, die Lohnsenkungen propagierte und zu freiwilligem Lohnverzicht anregen sollte. Im Zuge dessen war im Frühjahr 1927 der Weg für eine rund zehnprozentige Senkung der nominalen Industrielöhne geebnet worden, nachdem die faschistische Gewerkschaft diesem Lohnschnitt zugestimmt bzw. diesen vorgeschlagen hatte.[3] Wenige Monate später gewährte die Parteispitze abermals Spielraum für Lohnsenkungen von weiteren zehn Prozent.[4] Da die nominalen Lohnkürzungen nicht immer dem Verlauf der Preisentwicklung entsprachen, gestaltete sich die Lohnanpassung nicht unbedingt verteilungsneutral, sondern konnte auch Reallohnverluste mitbringen. Besonders deutlich illustrierte das der im Herbst 1927 durchgesetzte „präventive" Lohnverzicht, der die Preissenkungen antizipierte und damit die Reallöhne in der Industrie im Vergleich zum Vorjahr durchschnittlich um elf Prozent senkte.[5] Verglichen mit dem Stand der Löhne Anfang der 1920er Jahre konnten die Reallohnverluste gemäß zeitgenössischer Einschätzung je nach Industriezweig und Region zwischen 15 und 40 Prozent betragen.[6] Längerfristig betrachtet, wies der Index der industriellen Reallöhne seit 1921 tatsächlich einen fallenden Trend auf, der sich im Zeichen des Stabilisierungsschocks 1928 intensiviert hatte und darüber hinaus anhalten sollte. Diese Entwicklung vernichtete die realen Lohnzuwächse, die während des *biennio rosso* erstritten worden waren, wenngleich die Reallöhne in der Industrie auch gegen Ende der 1920er Jahre noch etwas höher waren als vor dem Krieg.[7] Der Lohnabbau, der sich während des Stabilisierungsmanövers vollzog, wurde in der Propagandasprache des faschistischen Regimes mit ideologischen Grundsätzen bemäntelt und als notwendige Maßnahme für den gesellschaftspolitischen Aufbruch propagiert, was die Akzeptanz für den mit Härten verbundenen wirtschaftspolitischen Kurs erhöhen sollte. Der Terminus

1 Vgl. die Sitzungsprotokolle vom 3.6.1927 und 13.7.1928, PASF, FIAT 1915-1930, 928 und 1016. Im Frühjahr 1928 wurden die Löhne abermals um fünf Prozent gekürzt, nachdem ursprünglich zehn Prozent geplant waren und im Vorjahr zehn Prozent realisiert worden waren.

2 Vgl. Vorstandssitzung vom 26.7.1927, FD, D Lcda/2, Buch 7.

3 Zamagni, Dinamica, 337.

4 Vgl. hierzu Rafalski, Faschismus, 53ff. Umfangreiche Lohnkürzungen hatten in zwei Intervallen stattgefunden, im Frühjahr und im Herbst jeweils zehn Prozent. Vgl. Bettini, Fabbrica, 252.

5 Zamagni, Dinamica, 337ff,

6 So die Einschätzung des Gewerkschafters Buozzi, zitiert nach Zamagni, Dinamica, 338.

7 Vgl. die Berechnungen der komparativen Reallöhne für europäische Hauptstädte in ILO, Wage changes, 30. Demnach lag betrug die Kaufkraft des Mailänder Industrielohnes im Jahr 1924/25 ungefähr die Hälfte des Londoner Reallohnes, die Löhne in Berlin waren etwa ein Drittel schwächer als in London. Vgl. auch Rafalski, Faschismus, 54. Für einen Index der Reallöhne 1913-1946 vgl. Zamagni, Dinamica, 331, 339, 342. Vgl. auch Tabellen A.19, A.20 im Anhang.

vom „korporativen Lohn" spiegelte die dem *ordine corporativo* zugrundeliegende harmonisierende Beschwörung einer klassenübergreifenden Produzentenallianz wider und zielte vorrangig auf die außerökonomische Dimension des Lohnes.[1]

Der Druck zur Anpassung der Löhne richtete sich nicht nur auf die Lohnhöhe, sondern bezog auch andere Lohnkomponenten mit ein. So wurde beispielsweise die Teuerungszulage stark vermindert.[2] Insgesamt veranschaulicht das Beispiel der Lohnpolitik, daß die oben skizzierten Veränderungen des Beziehungsgefüges auf dem Arbeitsmarkt, die sich mit der Konsolidierung des faschistischen Regimes vollzogen, eine Reihe von Ansatzpunkten für eine Aufweichung der nach dem Weltkrieg etablierten institutionellen Arrangements beinhalteten. Dem vielfach kritisierten Trend zur Einebnung der Lohnunterschiede suchten manche Arbeitgeber durch eine diversifizierende, heterogene Lohnpolitik entgegenzuwirken. Möglichkeiten dafür boten beispielsweise Variationen in den Akkordnormen und im innerbetrieblichen Qualifikationsfächer[3] – Variationsmöglichkeiten, für die sich Arbeitgeber in größeren Unternehmen in der Regel genug Handlungsspielräume erschließen konnten, zum einen, weil die Arbeitnehmer keine effektive Interessenvertretung im Unternehmen mehr besaßen,[4] zum anderen, weil die regulierenden Maßnahmen von 1926/27 zwar ein zentralisiertes und autoritäres Moment in die Arbeitsmarktverfassung gebracht hatte, das die Arbeitgeber aber in der Praxis nicht zwangsläufig binden mußte. So enthielt das Gesetz von 1926 zwar eine Menge grundsätzlicher Regelungsansätze, aber keine Garantien für die Arbeitnehmerseite und blieb über Vertragslaufzeiten und Revisionsmöglichkeiten eigentümlich vage.[5] Vor dem Hintergrund, daß – ex post betrachtet – die Schlichtungsmaschinerie nur wenig Wirkung entfaltete[6] und eher eine Scheinfunktion besaß, gab es keinen überzeugenden Kontrollmechanismus oder Sanktionen bei Verletzung der Tarifverträge und bot damit die Möglichkeit zur Aushöhlung bzw. Nichterfüllung seitens des stärkeren Vertragspartners. Zudem gestatteten die Lücken im System auch längere tariflose Übergangszeiten, wenn Nach- oder Neuverhandlungen der Tarife anstanden – eine geduldete „*tregua contrattuale*", wie sie beispielsweise für die Anpassungsprozesse in der Stabilisierungsphase 1926/28 typisch war.[7]

Auch die geltenden Arbeitszeitregelungen standen im Zeichen der Stabilisierungskrise auf dem Prüfstein. Wie in Deutschland, so war auch in Italien die Geschichte des Achtstundentages alles in allem eher holprig verlaufen. Der nationale *accordo* von 1919, der den Achtstundentag in den größten Industriezweigen etabliert hatte, hatte einen

---

1 Vgl. zum „korporativen Lohn" Rafalski, Faschismus, 56.
2 Vgl. z.B. FD, D Lcda/2, Buch 7, Sitzung vom 30.3.1928. Vgl. auch Rafalski, Faschismus, 56.
3 Vgl. Bettini, Fabbrica, 253; Rafalski, 57.
4 Vgl. ausführlicher zu diesem Punkt unten, Kapitel IV 3.3.
5 Vgl. auch die Ausführungen von Bettini, Fabbrica, 252f.
6 Bis 1937 waren in dieser Instanz nur 41 Fälle verhandelt und lediglich 16 bindende Schiedssprüche gefällt worden, vgl. Maier, Recasting, 565.
7 Bettini, Fabbrica, 252f.

Punktsieg der organisierten Arbeiterbewegung dargestellt, aber noch keine verbindliche gesetzliche Regelung geschaffen, über die seitdem in parlamentarischen Gremien langwierig beraten wurde. Nach der Regierungsübernahme durch die Faschisten wurde diese Lücke unter veränderten politischen Rahmenbedingungen mit dem Arbeitszeitgesetz vom Frühjahr 1923 geschlossen.[1] Italien ratifizierte, wenngleich bedingt, im Unterschied zu Deutschland das „Washingtoner Abkommen" von 1919 über die Begrenzung der täglichen Arbeitszeit.[2] Schon die Arbeitszeitregelung von 1923 hatte jedoch Schlupflöcher für eine faktische Ausdehnung der Arbeitszeiten geboten, indem Ausnahmen gewährt wurden, die dauerhafter oder vorübergehender Natur sein konnten, während dem Wirtschaftsminister das Recht vorbehalten blieb, weitergehende temporäre Abweichungen zu gestatten.[3] Im Zeichen der Stabilisierungsbemühungen wurde der Achtstundentag mit dem Gesetz über die „neunte Arbeitsstunde" schließlich ausgehebelt, das die Verlängerung des Arbeitstages in allen Industriezweigen ermöglichte.[4] Somit hatte auch dieses Arrangement dem Druck der Stabilisierungskrise nicht standgehalten.[5]

Das sinkende Reallohnniveau und die überhöhte Liraaufwertung drückten auf die Binnennachfrage, während sich auf dem Arbeitsmarkt massive Unterbeschäftigung manifestierte. Diese offenbarte sich nicht nur in den Arbeitslosenziffern, sondern ließ sich aus der Ausdehnung der Kurzarbeit herauslesen, die für die Produktionskrise des Jahres 1928 symptomatisch wurde.[6] Trotz der Rechtfertigung des Regimes für ihr Umstrukturierungsmanöver, das die gegenwärtigen Probleme als schmerzhaftes Opfer, als einen schwierigen Schritt auf dem richtigen Weg zu stilisieren suchte,[7] lief die krisenhafte

---

1 Das D.L. 692 vom 15.3.1923 führte den Achtstundentag bzw. die 48-Stundenwoche für Arbeiter und Angestellte in Industrie und Handel ein, vgl. dazu Rotondi, Gesetzgebung, 371f. Vgl. auch die ergänzenden Verordnungen vom 22.7.1923, 19.10.1923.

2 Die internationale Arbeitskonferenz hatte 1919 dieses Übereinkommen über den Achtstundentag geschlossen. In Italien wurde das Washingtoner Abkommen im Oktober 1924 bedingt ratifiziert, d.h. die Ratifikation an die Bedingung geknüpft, daß auch andere Länder ratifizierten, vgl. dazu Fischer/Rhode, Übereinkommen, passim.

3 Dauerhafte Ausnahmeregelungen galten beispielsweise für saisonabhängige Industriezweige, beispielsweise in der Bauindustrie, sowie u.a. in der Nahrungs- und Genußmittelindustrie, im Schiffsbau. Vgl. für die lange Liste von Ausnahmen die einschlägigen Bestimmungen dazu in FA, Fondo Gamba, b. 4, fasc. 10, fasc. 11, fasc. 12; siehe auch Fischer/Rhode, Übereinkommen, 218ff. Vgl. R.D. Nr. 1957 vom 10.9.1923; sowie R.D. Nr. 2657, 6.12.1923.

4 D.L. Nr. 1096 vom 30.6.1923, vgl. auch Ausführungsbestimmungen vom 11.1.1927. Vgl. auch Bettini, Fabbrica, 205f. International sorgte die neue Regelung in Italien für Irritation, weil sie der Ratifikation des Washingtoner Abkommens widersprach, vor allem aber den Vereinbarungen der Londoner Arbeitskonferenz zuwiderlief, an denen Italien fast unmittelbar zuvor mitgewirkt hatte, vgl. Fischer/Rhode, Übereinkommen, 93.

5 Allerdings ist zu berücksichtigen, daß sich in den nächsten Jahren wieder ein Trend zur Arbeitszeitverkürzung erkennen ließ - dergestalt, daß in den frühen dreißiger Jahren trotz des niedrigen Reallohnes anscheinend kein kostenbereinigender Effekt eintrat, vgl. Zamagni, Dinamica, 339.

6 Vgl. Battilossi, Annali, 270.

7 Vgl. dazu z.B. Rafalski, Faschismus, 63

Arbeitsmarktlage der Vision eines bald bevorstehenden ökonomischen Aufbruchs zuwider. Sieht man von der skizzierten „korporatistischen" Umgestaltung der Arbeitsmarktverfassung einmal ab, begegnete die politische Führung dem arbeitsmarktpolitischen Handlungsbedarf nicht mit qualitativ neuen Handlungskonzepten. Was jedoch – verglichen mit der bislang erlebten arbeitsmarktpolitischen Praxis – durchaus eine neue Qualität besaß, war die bisweilen geräuschvolle Inszenierung und Propagierung der arbeitsmarktpolitischen Maßnahmen und ihre ideologische Einbettung. So enthielten auch die großen Themen der faschistischen Propagandainitiativen – wie die Idee des *ruralismo* sowie die bevölkerungspolitische Kampagne (*campagna demografica)* – eine arbeitsmarktpolitische Dimension. Nicht zufällig rückten diese ideologischen Kampagnen gerade seit der *Quota Novanta* mehr und mehr in den Vordergrund – zu einem Zeitpunkt, als das Regime an einem wirtschafts- und gesellschaftspolitischen Wendepunkt um Stabilität und Konsens bemüht war, zugleich aber die Folgen der Deflationskrise zu bewältigen hatte. Der faschistischen Agrarideologie zufolge sollte die ländliche Lebens- und Erwerbsform als Idealbild im negativen Kontrast zu Verstädterung und Wachstum von industriellen Ballungszentren zunehmend an Konturen gewinnen. Das Erstarken des *ruralismo* in Ideologie und Praxis der faschistischen Politik erschöpfte sich nicht in Agrarromantik und Propaganda, sondern verwies auf ein weiter ausgreifendes ökonomisches und machtpolitisches Ideengebäude.[1] Allen Strukturproblemen zum Trotz setzte Mussolini auf den primären Sektor als Vehikel für ökonomischen Fortschritt und den „Aufstieg" Italiens, gemäß seiner Überzeugung, daß – sehr verkürzt ausgedrückt – eine starke Landwirtschaft und eine dynamische Bevölkerungsentwicklung die Basis für ökonomische und machtpolitische Stärke bildeten.[2] Die faschistische Agrarideologie besaß somit eine wichtige Funktion im gesellschaftspolitischen „Reformprogramm", das das faschistische Regime in der zweiten Hälfte der 1920er Jahre propagierte. Arbeitsmarktpolitisch ließ sich dieser Ansatz insofern nutzen, als in industriellen Zentren die hohe Arbeitslosigkeit unübersehbar zutage trat, während die Probleme auf dem unübersichtlichen ländlichen Arbeitsmarkt nicht immer im gleichen Maße sichtbar waren.[3] Ein hohes Arbeitsmarktrisiko lastete auf den marginalen Arbeitskräftegruppen der industriellen Arbeitsmärkte, die ihren Lebensunterhalt nicht unbedingt ausschließlich in der Industrie, sondern über „multiple" Erwerbsformen – also mit einer Kombination unterschiedlicher Tätigkeiten – erwirtschafteten und dabei auf verschiedenen Arbeits-

1 Vgl. Nützenadel, Landwirtschaft, 40ff., hier 44. Vertiefend zur Agrarideologie, die hier nicht ausgeführt werden kann, ebd., 45ff., 149ff.

2 Vgl. z.B. – für die Rolle der Landwirtschaft – Mussolinis Ansprache an die Bauern des Polesine am 15.12.1926, Mussolini, Scritti, Bd. 5, 473f. Vgl. für den Zusammenhang zwischen Bevölkerungsentwicklung und dem „Schicksal der Völker" z.B. die kurze Ansprache anläßlich des Ausbaus der amtlichen Statistik, Mussolini am 20.12.1926, ebd., 477f. Ausführliche Entfaltung dieser Ideen im bekannten "Discorso dell'ascensione" am 26.5.1927, vgl. Mussolini, Scritti, Bd. 6, Mailand 1934, 37-77. besonders 42ff.

3 Vgl. auch Zamagni, History, 311.

marktsegmenten agierten.[1] Gerade bei diesen Arbeitskräftegruppen – zu denen, wie geschildert, vor allem erwerbstätige Frauen gehörten – war von einer hohen Quote verdeckter Arbeitslosigkeit auszugehen, die statistisch nicht in Erscheinung trat. Bei diesen Erwerbsformen konnten Unterbeschäftigung und Erwerbslosigkeit fließend ineinander übergehen, während die Statistiken – ob beabsichtigt oder nicht – ohnehin tendenziell ein zu positives Bild der Arbeitmarktlage vermittelten[2] und die Art der Erhebung „gemischte" Erwerbsformen nur unzureichend erfaßte. Für diese Gruppe von Erwerbspersonen mochten die ländlichen Arbeitsmärkte auch in der jetzigen Arbeitsmarktkrise als ein Auffangbecken fungieren, dessen Aufnahmekapazität allerdings begrenzt war – berücksichtigt man die Strukturschwäche des landwirtschaftlichen Arbeitsmarktes mit seiner Neigung zur Überbesetzung und Unterbeschäftigung.

Während sich die Arbeitsmarktlage seit 1926/27 zuspitzte und die Erwerbschancen für weibliche Erwerbspersonen weiterhin schmälerten, begann ein bevölkerungspolitischer Propagandafeldzug – eine *campagna demografica* – gegen die „Sterilität der Bevölkerung" [3] mit dem Ziel, die italienischen Frauen für die „demographische Schlacht" (*battaglia demografica*) zu mobilisieren.[4] Diese Kampagne sollte Mutterschaft und Mutterrolle aufwerten und transportierte somit ein Frauenbild, das die bereits zaghaft vollzogenen Schritte im Strukturwandel der weiblichen Erwerbstätigkeit konterkarierte.[5] Dem fortschreitenden Urbanisierungsprozeß, der in Mussolinis bevölkerungspolitischer Konzeption als Ursache für die abnehmende demographische Dynamik identifiziert wurde,[6] sollte mit einer Beschränkung des Zuzugs in die größeren Städte und industriellen Ballungszentren entgegengewirkt werden.[7] Aus der Perspektive des Arbeitsmarktes betrachtet, richteten sich diese Kampagnen gegen städtische Arbeitslosigkeit, indem die Rolle der ländlichen Arbeitsmärkte als Auffangbecken gestärkt wurde. Allerdings ist anzumerken, daß auch der *ruralismo* einen widersprüchlichen Bedeutungsgehalt besaß und sich nicht auf die Förderung der Landwirtschaft beschränkte. Vielmehr vollzog sich im Zeichen des *ruralismo* auch eine industrielle bzw. gewerbli-

---

1 Vgl. dazu auch oben, II 2.5.

2 Vgl. dazu oben, IV 1,4., 1.6., 2.2., vgl. zum Problem der geschönten Statistiken im Faschismus auch Nützenadel, Landwirtschaft, 259f.

3 So Mussolini im „Discorso dell'ascensione", vgl. Scritti, Bd. 6, 46.

4 Vgl. Rafalski, Faschismus, 65. Vgl. auch Mussolinis Skizze seiner bevölkerungspolitischen Ideen in O. O., Bd. 23, 209-216.

5 Die Kampagne war begleitet von praktischen Maßnahmen zum Mutterschutz, zur Kinderbetreuung und Familienförderung im weitesten Sinne, vgl. dazu Rafalski, Faschismus, 66.

6 In einem Brief an den Minister für öffentliche Arbeiten schrieb Mussolini am 27.3.1927: „(...) Il problema è grave e bastano queste cifre a rilevarlo. Dal 1921 a oggi, l'Italia ha perduto un milione di individui, cioè il supero degli emigranti restati su quelli che sono tornati. L'urbanesimo assume anche in Italia aspetti sempre più inquietanti, anche dal lato demografico. Il coefficiente di natalità è disceso dal 32 al 27 percento e in talune provincie è già inferiore a quello della Francia. (...)", O. O., Bd. 40, Appendice IV, Carteggio III, 298.

7 Vgl. das Gesetz Nr. 2961 vom 24.12.1928; vgl. Mussolinis Artikel "Sfollare le città", in: O.O., Bd. 23, 256ff.; vgl. auch Nützenadel, Landwirtschaft, 42f.; 256; vgl. Treves, Migrazioni, 72ff.

che „Dezentralisierung in den ländlichen Raum“, also die Ansiedlung an einem neuen Standort unter Nutzung der traditionellen Balance aus ländlichen und industriellen Erwerbsformen.[1] Zudem orientierte sich Mussolinis Wirtschaftspolitik – u.a. getragen von produktivistischen Rationalisierungs- und Modernisierungsappellen – sicher nicht an dem Ziel einer Deindustrialisierung.[2] Vielmehr lieferte der *ruralismo* ein Beispiel dafür, daß die verschiedenen wirtschafts-, agrar-, bevölkerungspolitischen und ideologischen Konzepte in einer gewissen Spannung zueinander standen.

Alles in allem ließ sich die bevölkerungs- und agrarideologische Überzeugungsarbeit *arbeitsmarkt*politisch auch als ein Versuch interpretieren, den Überhang an Arbeitskräften in den industriellen Zentren aufzusaugen und in andere – gewerbliche, familiale und ländliche – Erwerbsformen überzuleiten, wobei vor allem die Frauen aus dem Kreis des industriellen Arbeitskräfteangebots herausgedrängt werden sollten. Dahinter verbarg sich die Überzeugung von einem starken Wachstums- und Beschäftigungspotential der Landwirtschaft bei entsprechender Förderung.[3] Tatsächlich wurde mit dieser Sicht die Aufnahmefähigkeit der ländlichen Arbeitsmärkte überschätzt und überlastet. Ein solcher Ansatz war arbeitsmarktpolitisch unangemessen und nicht erfolgversprechend, weil er die bestehenden Strukturprobleme des italienischen Arbeitsmarktes ignorierte. Ohnehin waren *campagna demografica* und *ruralismo* nicht als Instrument für das aktuelle, kurzfristige Krisenmanagement geeignet und auch nicht als solche gedacht, da sie langfristige Weichenstellungen und Entwicklungsperspektiven anboten. Beide fügten sich aber sehr wohl in die Legitimationsbestrebungen ein, die das faschistische Regime im Zuge des Stabilisierungsmanövers, der Deflationskrise und der damit verbundenen Arbeitsmarktprobleme an den Tag legte. Zudem offenbarte sich auch in diesem Zusammenhang ein arbeitsmarktpolitischer Ansatz, der auf eine Verlagerung des Problems hinauslief. Konkrete Handlungsmaßnahmen bezogen sich auf die Symptome der Arbeitsmarktkrise, während für die Ursachenbekämpfung eine gesellschaftspolitische Utopie beschworen wurde.

Für die kurzfristige Krisenpolitik auf dem Arbeitsmarkt im Zuge der forcierten Währungsstabilisierung waren die arbeitsmarktpolitischen Kernbereiche ausschlaggebend. Was Erwerbslosenschutz, Arbeitsvermittlung und Arbeitsbeschaffung anbetraf, schien das Gesamtbild in der Praxis wenig Neues zu bieten. Der Erwerbslosenschutz war seit der Gründung der Arbeitslosenversicherung nach dem Krieg kaum ausgebaut, jedoch entscheidend umstrukturiert worden: Schon im Jahr 1923 war ein neues Gesetz in Kraft getreten, das die alten Regelungen ablöste, die Arbeitslosenversicherung reorganisierte und nunmehr in die Verwaltung des nationalen Versicherungsinstituts – *Cassa Naziona-*

---

1 Vgl. Petri, Führungskräfte, 208.

2 Vgl. auch Nützenadel, Landwirtschaft, 421.

3 Vgl. die Ausführungen Mussolinis im “Discorso dell’ascensione”, Scritti, Bd. 6, 42f., vgl. auch Nützenadel, Landwirtschaft, 43.

le per le Assicurazioni Sociali (CNAS) – überstellte.[1] Damit wurde aber das institutionelle Bindeglied zwischen Arbeitslosenversicherung und Arbeitsvermittlung, das im Vorgängermodell konzeptualisiert worden war, wieder aufgebrochen. Nach wie vor blieben weite Arbeitnehmerkreise vom Versicherungsschutz ausgeschlossen, während die Lohnersatzleistungen der paritätisch, ohne staatliche Zuschüsse finanzierten Versicherungskasse dürftig blieben und nur gemäß einem strengen Kriterienkatalog gewährt wurden. Gemessen an den Bedürfnissen, die die Arbeitsmarktlage während der Stabilisierungskrise anzeigte, kann der Erwerbslosenschutz nur als „inadäquat" bezeichnet werden,[2] sowohl was die Dauer – maximal vier Monate – als auch, was die Höhe der Unterstützung anbetraf, die mit dem maximalen Tagessatz von ungefähr 3,75 Lire nur einem Bruchteil des durchschnittlichen industriellen Tageslohnes entsprach.[3] Die *Carta del Lavoro*, die die soziale Sicherung als einen „erhabenen Ausdruck" des idealisierten „Prinzips der Zusammenarbeit" etikettierte, kündigte zwar programmatisch den Ausbau der Arbeitslosenversicherung an – zu einem Zeitpunkt, als sich die Begleiterscheinungen der Stabilitätspolitik auf dem Arbeitsmarkt bemerkbar machten.[4] Die versprochenen Reformmaßnahmen sollten jedoch noch einige Jahre auf sich warten lassen und in der Praxis keine substantiellen Veränderungen mitbringen.[5]

Auch die Arbeitsvermittlung gehörte in den Kanon des in der *Carta* entworfenen Programms. Demgemäß waren paritätische, durch die „korporativen Organe" kontrollierte Arbeitsämter vorgesehen, die bevorzugt die Mitglieder der faschistischen Arbeitsmarktorganisationen vermitteln sollten.[6] Die Reorganisation des Arbeitsnachweiswesens, die im Frühjahr 1928 stattfand, installierte kommunale *uffici di collocamento* bei den örtlichen faschistischen Gewerkschaftsniederlassungen. Diese Arbeitsämter, die das Vermittlungsmonopol beanspruchten, unterstanden der Aufsicht von Parteifunktionären und dem Korporationsministerium, waren also „gleichgeschaltet". Diese Reorganisationsmaßnahme ermöglichte, die Arbeitsvermittlung für die politische Kontrolle des Arbeitsmarktes zu instrumentalisieren und diente damit eher der Festigung des Regimes

1 Vgl. R.D. Nr. 3158 sowie R.D. Nr. 2270, 7.12.1924, vgl. Rotondi, Gesetzgebung, 374; Vgl. Cherubini/Piva, Libertà, 355, 384f.

2 So die Einschätzung von Cherubini/Piva, Libertà, 387.

3 Die Unterstützungssätze waren je nach Beitrag gestaffelt und reichten von 1,25-3,75 Lire täglich. Dies mochte gerade einmal ungefähr zwei Stundenlöhnen eines durchschnittlichen Industriearbeiters im Jahr 1927/28 entsprechen oder gut einem Viertel seines Tagesverdienstes. Nach den Erhebungen von Zamagni betrugen die Tageslöhne in der Metallindustrie und im Maschinenbau im Jahr 1927 20-25 Lire, die Angaben der nationalen Unfallkasse setzt einen durchschnittlichen industriellen Reallohn von ca. 18,60 Lire an (1927/28), während die Löhne der Industrie im Durchschnitt zwischen 15-20 Lire gelegen haben dürften (Zamagni berechnet 17,47 Lire für 1927; 14,42 Lire für 1928), vgl. dies., Dinamica, passim.

4 Vgl. Art. 26 und 27 der Carta del Lavoro.

5 Erst im Jahr 1935 wurden einige Bestimmungen der Arbeitslosenversicherung geändert (vgl. R.D. Nr. 1827), aber keine wesentlichen Neuerungen bewirkt.

6 Vgl. Art. 22 und 23 der Carta del Lavoro.

als einem neuen Krisenmanagement auf dem Arbeitsmarkt.[1]

Eine direkte Belebung der Arbeitsmarktlage wurde mit der Wiederaufnahme der öffentlichen Arbeiten intendiert. Das Instrument der Arbeitsbeschaffung hatte, wie bereits deutlich wurde, in der arbeitsmarktpolitischen Praxis durchaus Tradition. Unter dem Eindruck der Stabilisierungskrise wurden im Haushalt 1927/28 rund zwei Milliarden Lire für öffentliche Arbeiten bereitgestellt, was ungefähr acht Prozent der öffentlichen Ausgaben entsprach.[2] Im Vergleich zu den konjunkturell günstigeren Vorjahren hatte sich dieser Haushaltsposten seit 1926/27 deutlich aufgebläht und nominal um rund 40 Prozent erhöht.[3] Die reale Zunahme fiel angesichts der Liraaufwertung noch markanter aus.[4] Kernbereiche der Arbeitsbeschaffungspolitik waren die Ausbesserung und Elektrifizierung der Eisenbahnen, der Ausbau des Straßenverkehrsnetzes, die Erweiterung und Sanierung der großen Häfen, der Aufbau eines Industriegebietes bei Venedig (Porto Marghera) sowie Bonifizierungs- und Urbarmachungsarbeiten im ländlichen Bereich.[5] In Anbetracht der dünnen Datenlage ist eine Beurteilung des beschäftigungspolitischen Effektes schwierig, jedoch erscheinen Zweifel an der Wirksamkeit der Maßnahmen angebracht. Die öffentliche Arbeitsbeschaffung – nach Zamagni die „produktivistische Antwort“ des faschistischen Regimes auf das Problem der Arbeitslosigkeit – schien nur einen geringen Prozentsatz der registrierten Erwerbslosen vorübergehend mit Arbeit zu versorgen.[6] Angesichts der restriktiven Finanzierungsspielräume, die der Deflationskurs diktierte, war ein Arbeitsbeschaffungs-Projekt mit antizyklischem Wirkungspotenzial, das deutlich großzügiger hätte ausfallen müssen, nicht zu erwarten.

Insgesamt bot die faschistische Arbeitsmarktpolitik im Zeichen der „Stabilisierungskrise“ von 1926/28 wenig Handlungsansätze für eine erfolgversprechende Krisenbewältigung und kann somit nur als halbherzig charakterisiert werden. Der Arbeitsmarktproblematik begegnete der Staat weder mit wirtschaftspolitischen Interventionen, noch mit einem erweiterten sozialpolitischen Instrumentarium, sondern wies den Unternehmern als gestaltenden Arbeitsmarktakteuren einen großen Teil der Verantwortung zu.[7] Unter dem Eindruck des Umstrukturierungsprozesses, den das faschistische Regime seit Mitte

---

1 R.D. Nr. 1003 vom 29.3.1928.

2 Vgl. Rafalski, Faschismus, 64; vgl. auch die Übersicht über öffentliche Ausgaben 1922-1943 in Zamagni, History, 246.

3 1924/25 betrugen die Ausgaben für öffentliche Arbeiten noch 1,208 Mrd. Lire. Vgl. Annuario Statistico Italiano 1928, 3. Serie, Bd. II, Rom 1928, 266.

4 Vgl. Nützenadel, Landwirtschaft, 261.

5 Dabei scheint Norditalien von dem Arbeitsbeschaffungsprogramm mehr profitiert zu haben als die süditalienischen Regionen, vgl. Rafalski, Faschismus, 64. Vgl. auch die Übersicht über die Beschäftigungsprojekte in Annuario Statistico Italiano 1928, 267-274.

6 Die Angaben über die in Notstandsarbeiten beschäftigten Personen variieren; eine sektorale Spezifikation der Daten über die Bekämpfung der Erwerbslosigkeit durch Notstandsarbeiten ist problematisch. Insgesamt wird der Beschäftigungsimpuls jedoch kritisch beurteilt, vgl. Zamagni, History, 311; Nützenadel, Landwirtschaft, 261; vgl. auch Piva/Toniolo, Disoccupazione, 345-383.

7 Vgl. dazu oben, IV 3.2.c.

der 1920er Jahre anstrengte und dessen Bestandteil die (monetäre) Stabilisierungspolitik bildete, hatte sich der industrielle Arbeitsmarkt zu einem Ort hierarchischer, staatlich kontrollierter Beziehungen gewandelt, wohingegen die arbeitsmarktpolitische Praxis hinter der Programmatik zurückblieb.[1] Die veränderten Kräfteverhältnisse auf dem Arbeitsmarkt spiegelten den veränderten politischen Rahmen wider. Es handelte sich jedoch nicht um eine bloße Reflektion des Übergangs zur diktatorischen Herrschaftsform, vielmehr bildeten die veränderten institutionellen Arrangements auf dem Arbeitsmarkt einen entscheidenden Faktor im Verteilungsspiel der gesellschaftlichen Kräfte, zwischen denen Mussolini vermittelte und die er für die „Faschisierung" des Staates genutzt hatte. Darüber hinaus brachte der wirtschafts- und gesellschaftspolitische Kurswechsel Weichenstellungen mit sich, die bereits bestehende Strukturprobleme auf dem Arbeitsmarkt langfristig verschärfen konnten.

e. *Stabilisierung oder Destabilisierung? Die Arbeitsmarktperspektive*

Sowohl in Deutschland als auch in Italien hatte sich die Rückkehr zu geordneten Währungsverhältnissen nur unter krisenhaften Bedingungen vollziehen können, deren Auswirkungen auf den industriellen Arbeitsmärkten deutlich in Erscheinung traten. Dabei waren die Krisensymptome in allen Fällen dieselben: Betriebsstillegungen, Konkurse, spektakuläre Unternehmenszusammenbrüche und nachfolgende Entflechtungen, Massenentlassungen, Kurzarbeit – auf dem industriellen Arbeitsmarkt widergespiegelt in Form von Kontraktion der Beschäftigung und Anstieg der Arbeitslosenzahlen. In allen geschilderten Krisenkonstellationen waren die Symptome mit einer Verschiebung des relativen Kräfteverhältnisses auf dem industriellen Arbeitsmarkt verbunden, das auf Seiten der industriellen Arbeitgeber – je nach den ordnungspolitischen Rahmenbedingungen – mehr oder weniger effektiv für die Stärkung der eigenen Interessenposition auf dem Arbeitsmarkt instrumentalisiert werden konnte. Hierzu gehörten die Angriffe auf das Lohnniveau, die in beiden Ländern lanciert wurden, sowie die ebenfalls in beiden Ländern beobachtbaren Ansätze zur Revision von Arbeitszeitregelungen und Tarifverträgen. Ziel dieser Bestrebungen war es – verallgemeinert gesprochen – die betrieblichen Handlungsspielräume zu vergrößern und kollektive institutionelle Arrangements zu flexibilisieren. Dabei wurden in beiden Ländern die Lohnkosten zum Hauptproblem einer angesichts des Kapitalmangels generell verschlechterten betrieblichen Kostensituation stilisiert. Sowohl in Deutschland als auch in Italien förderte die Auseinandersetzung um diese Fragen eine Politisierung der Arbeitsbeziehungen. Diese konnte sich zu einer politischen „Überlebensfrage" aufblähen, wenn – wie in Deutschland – der Staat als Garant der kollektiven Arbeitsmarktverfassung agierte und im Machtkampf gegen eine intransigente Arbeitgebergruppe an Legitimität einbüßte, oder – wie in Italien Mitte der 1920er Jahre – arbeitsmarktbezogene institutionelle Arrangements zur Verhand-

1 Die „*grandi riforme*" des Faschismus ließen auf sich warten. Was in der *Carta del lavoro* stand, blieb zum größten Teil auf dem Papier.

lungsmasse wurden, die den Konsens gesellschaftlicher Eliten zu einem autoritären Regime sichern sollte.

Für eine historische Erklärung der Machtübernahme des Faschismus und die anschließende Konsolidierung des faschistischen Regimes reichen Argumente aus der Perspektive des Arbeitsmarktes und der industriellen Beziehungen keinesfalls aus. Dennoch drängen sich Parallelen zwischen Italien und Deutschland auf, was die Verhärtung einer rückwärtsgewandten Arbeitgeberideologie in Teilen der Unternehmerschaft anbetrifft, die während der Stabilisierungskrisen in beiden Ländern mit ähnlichen Argumentationsmustern voranschritt. Sie trug dazu bei, den Konsens mit einem System, das Partizipationsrechte von Arbeitnehmern unterstützte und auf die Kompromißbereitschaft der Interessengruppen angewiesen war, zu untergraben. Inwieweit die Klagen der Wirtschaft über Kostendruck und ungleiche Lastenverteilung, die nicht nur von tariffeindlichen „Hardlinern", sondern auch von tariffreundlichen, verhandlungsbereiten Arbeitgebern bisweilen vehement vorgetragen wurden, angesichts der ökonomischen Umstände berechtigt waren, ist eine andere Frage. Hier repräsentieren die Fallbeispiele Deutschland und Italien zwei alternative Modelle der Krisenreaktion unter dem Stabilisierungsdruck, in denen sich die Strukturmerkmale der beiden Volkswirtschaften widerspiegelten. Während Italien, dessen Industriestruktur passend zum eher bescheidenen Stand der technologischen Entwicklung und Innovationsleistung von arbeitsintensiver Produktion geprägt war, den Weg des Lohnabbaus ging und sich im Zuge der Stabilisierung des faschistischen Regimes zu einer „Billiglohnökonomie" (Toniolo) auswuchs, wurde in Deutschland – wo eine kapitalintensive Industrie dominierte – ein tarifliches Lohnniveau garantiert, das nicht beliebig durchlöchert werden konnte. Beide Wege waren problematisch und bargen langfristig – ex post betrachtet – Momente, die einen autoritären Kurswechsel erleichtern mochten. Die Schwächen der staatlichen Zwangsschlichtung in Deutschland, die dem Staat die undankbare Rolle zwischen den Fronten zuwies, lagen auf der Hand. Der Stabilisierungskurs, wie er in Italien seit 1926 angesteuert wurde, war überhaupt nur unter Regimebedingungen realisierbar, während das erste Stabilisierungsmanöver einige Jahre zuvor, das zweifelsohne die Konsolidierung der staatlichen Finanzen auf den Weg gebracht hatte[1] unter den Bedingungen der ökonomischen Rezession die parlamentarische Basis der liberalen Reformkoalition zersplittert hatte.[2]

Im Krisenjahr 1921 präsentierten sich die politischen Institutionen im liberalen Italien schon stark geschwächt, während auch in Deutschland der Fortbestand der Republik am Ende der Hyperinflation im Herbst 1923 ernsthaft gefährdet war. In beiden Ländern standen die monetären Stabilisierungsbemühungen und ihre realökonomischen Beglei-

1 In der Selbstdarstellung des Regimes war die Behauptung, die wirtschaftlichen Reformen und die Finanzpolitik De Stefanis hätten die italienischen Staatsfinanzen saniert – bzw. vor dem „finanziellen Zusammenbruch" bewahrt, ein wiederkehrendes Motiv, dem schon Salvemini widersprochen hat, vgl. dazu Forsyth, Crisis, 284. Siehe aber auch Petri, Storia economica, 61.

2 Vgl. die Analyse von Forsyth, Crisis, 236ff., 284f.

terscheinungen also in einem übergeordneten Kontext politischer Instabilität, der die Dringlichkeit des Stabilisierungsmanövers erhöhte, dessen Durchführung zugleich prekär gestaltete. In dieser Konstellation fungierte der Arbeitsmarkt – wie in den ersten Nachkriegsjahren – zugleich als ein Indikator des gesellschaftlichen Konfliktpotentials, das den arbeitsmarktpolitischen Handlungsbedarf anzeigte. In beiden Ländern wurde die Arbeitsmarktpolitik während der Stabilisierungskrisen jedoch überwiegend halbherzig betrieben. Eine Ausnahme bildete allerdings das deutsche Arbeitsbeschaffungsprogramm von 1925, das einen Bestandteil eines konjunkturpolitischen Maßnahmenkataloges bildete, welcher insgesamt durchaus antizyklisches Wirkungspotential besaß. Die unzureichende Konsolidierung des dafür erforderlichen Finanzbedarfs relativierte diese positive Einschätzung allerdings erheblich.

Die vergleichende Analyse der Stabilisierungskrisen aus der Arbeitsmarktperspektive hat veranschaulicht, wie die Akzeptanz einiger institutioneller Arrangements auf dem Arbeitsmarkt, die nach dem Krieg etabliert worden waren und Kompromisse der Interessengruppen benötigten, empfindlich litt, sobald nach dem Ende der Inflation die Verteilungsspielräume enger wurden und die ökonomische Rezession Wachstumseinbußen bedingte. Gemäß dem volkswirtschaftlichen Modell haben Stabilisierungskrisen die ökonomische Funktion, Verzerrungen und Ungleichgewichte in der Produktionsstruktur zu „bereinigen" und das Lohn- Preisgefüge wieder in ein marktgerechtes Verhältnis zu bringen. In der wirtschaftshistorischen Betrachtung geht die Dimension der Stabilisierungskrisen aber deutlich über die Reinigungs- und Anpassungsfunktion hinaus, da diese eine Eigendynamik besaßen und somit zwischen den zu bereinigenden Folgen der Inflation und den Folgen der Stabilisierung ein Unterschied bestand. Weiterhin hat sich die „Reinigungsfunktion" nicht unbedingt voll entfaltet – wie die ungenügende Kapazitätsauslastung in der deutschen Schwerindustrie veranschaulichen mag, die langfristig in die Strukturkrise wies. Wie die Analyse von Feldman veranschaulicht hat, brachte die Konsolidierung der Währungsverhältnisse nur eine vordergründige Stabilisierung und brachte neue Probleme mit sich, während die Konsequenzen der „great disorder" weit über die Inflationsdekade hinauswiesen.[1] Sowohl in Deutschland als auch in Italien waren mit der Währungskonsolidierung wichtige Wendepunkte verbunden, die die unmittelbare Nachkriegszeit beendeten und den Beginn einer neuen Phase markierten. Den „Stabilisierungskrisen" wuchs somit in beiden Ländern eine Bindegliedfunktion zu: In Deutschland für den Beginn der – vermeintlichen – Stabilitätsjahre, in Italien zunächst für die Krise des liberalen Staates, in einem zweiten Schritt sodann für die Konsolidierungs- und Umstrukturierungsbemühungen des faschistischen Regimes.

1 Vgl. Feldman, Disorder, 754ff., 803ff., 837ff.

3. Arbeitsmarktakteure und Krisenbewältigung: Industrielle Beziehungen im Wandel?

3.1. Die Arbeitsmarktlage Mitte der 1920er Jahre

Im Vergleich zur Lage vor dem Ersten Weltkrieg präsentierten sich die industriellen Arbeitsmärkte in den 1920er Jahren in veränderter Gestalt. Nun gewannen generelle Wandlungstendenzen und Entwicklungstrends eine schärfere Kontur, die sich während der Währungsturbulenzen noch nicht so deutlich hatten erkennen lassen.

Inzwischen waren in Italien gut 19 Millionen, in Deutschland rund 32 Millionen Menschen erwerbstätig.[1] Rein rechnerisch dürfte das Arbeitskräftepotential Mitte der 1920er Jahre in Italien ungefähr 24-25 Millionen, in Deutschland rund 35 Millionen Menschen umfaßt haben.[2] *Grosso modo* betrachtet, war die Erwerbsquote in Deutschland und Italien nach dem Krieg mit durchschnittlich 50 Prozent in etwa gleich hoch.[3]

Die industriellen Arbeitsmärkte waren in den letzten Jahren in beiden Ländern weiter gewachsen. Allerdings verlief das industrielle Wachstum in Deutschland zunächst äußerst schleppend. Im Durchschnitt konnte die Industrieproduktion das Niveau der Vorkriegszeit auch im Jahr 1924 nicht wieder erreichen und erst Ende der 1920er Jahre Wachstumserfolge im Hinblick auf die Vorkriegszeit verbuchen.

Tabelle 16: Industrieproduktion in Europa[4]

	Durchschnittliche Wachstumsrate 1913-29 (in % p.a.)	**Index, 1913 = 100**		
		1920	**1924**	**1929**
Deutschland	1,1	64	82	120
Italien	2,9	104	128	158
Europa	1,9	78	102	134

1 Die Angaben beziehen sich für Deutschland auf 1925, für Italien auf 1921/31. Vgl. Tabellen A.1, A.4 im Anhang. Vgl. auch Vitali, Aspetti, 144f., 330f.

2 Vgl. Tabelle A. 4 im Anhang, sowie Reulecke, Arbeitskräftepotential, 86.

3 Die Erwerbsquote war in Deutschland seit dem letzten Vorkriegszensus deutlich angestiegen – um ca. 5%. In Italien manifestierte sich keine dynamische, sondern langfristig eher eine konstante Entwicklung. Vgl. Tabelle A. 5 im Anhang.

4 Quelle: Feinstein/Temin/Toniolo, European Economy, 60. Vgl. auch die Indizes in Abelshauser/Petzina, Krise und Rekonstruktion, 88, die eine noch breitere Scherenentwicklung in der Wachstumsentwicklung beider Länder im Vergleich zur Vorkriegszeit anzeigen. Vgl. für Italien auch die Übersicht verschiedener Datenquellen in Zamagni, History, 273.

Im Unterschied dazu entwickelte sich die industrielle Produktion in Italien – gemessen am Vorkriegsstand – weitaus dynamischer und erzielte sogar ein im europäischen Vergleich überdurchschnittliches Wachstum. Allerdings war hier der Ausgangsstand von 1913 auch deutlich niedriger, was bei der vergleichenden Betrachtung der nur für *relative* Tendenzen aufschlußreichen Produktionsindices zu berücksichtigen ist. Die Wachstumsverläufe spiegelten zugleich die spezifischen Kriegsfolgen, mit denen die beiden Länder zu kämpfen hatten. In Deutschland waren Produktionseinbußen angesichts des Rekonstruktionsbedarfs, auch in Anbetracht von Besatzung und territorialer Verluste nach der Kriegsniederlage wenig verwunderlich.[1]

Trotz der stockenden Entwicklung im industriellen Sektor gewann der industrielle Arbeitsmarkt auch nach dem Krieg in Deutschland im Verhältnis zum landwirtschaftlichen Erwerbsbereich noch weiter an Bedeutung. Inzwischen waren hier rund 42 Prozent aller Erwerbspersonen industriell beschäftigt, während in Italien Ende der 1920er Jahre immerhin bereits ungefähr ein Viertel aller Erwerbstätigen in Industrie und Handwerk arbeitete und die Landwirtschaft im Vergleich zur Vorkriegszeit um weitere fünf Prozentpunkte geschrumpft war.[2] Metallerzeugung und -verarbeitung, Maschinenbau, Chemie und Versorgungsindustrie (Gas- Elektrizitäts- und Wasserversorgung) stellten in beiden Ländern die Wachstumsbranchen auf den industriellen Arbeitsmärkten dar. Gerade hier setzte sich der schon in der Vorkriegszeit beobachtbare Trend zum Großbetrieb weiter fort.[3]

Der sektorale Strukturwandel auf dem Arbeitsmarkt erschöpfte sich allerdings nicht im relativen Bedeutungszuwachs industrieller Beschäftigungsverhältnisse. Sowohl in Deutschland als auch in Italien gewann die Erwerbstätigkeit im tertiären Sektor nach dem Krieg sichtlich an Bedeutung. Gegen Ende der 1920er Jahre verdienten in Deutschland knapp 30, in Italien knapp 20 Prozent aller Erwerbspersonen ihren Lebensunterhalt im Dienstleistungsbereich. Dieser Befund der „Tertiarisierung" fügte sich in einen europäischen Trend und führte zur massiven Aufblähung der Bürokratie durch einen zunehmend unorganischen Ausbau des Behördenapparates im faschistischen Italien, was sich auch in einem sprunghaften demographischen Wachstum von Rom als Hauptstadt und Verwaltungszentrum widerspiegelte.[4]

Aber auch im sekundären Sektor ließ sich – vor allem in den sogenannten Wach-

1 Vgl. auch Feinstein/Temin/Toniolo, European Economy, 61.

2 Vgl. die Tabellen A.2, A.3, A.6, A.9 im Anhang. In den leicht abweichenden Angaben bei Feinstein/Temin/Toniolo, European Economy, 56 wird der relative Bedeutungszuwachs der Industrie noch deutlicher: hier wird die prozentuale Verteilung der Erwerbspersonen auf die Beschäftigungszweige im Jahr 1930 folgendermaßen beziffert: Industrie 31%, Dienstleistungen 22%, Landwirtschaft 47%. Demgegenüber sehen diese Angaben für Deutschland 40% der Erwerbstätigen in der Industrie, 31% im Dienstleistungsbereich und 29% in der Landwirtschaft beschäftigt.

3 Vgl. unten, Tabellen A.7, A.8 im Anhang.

4 Von 1926 bis 1929 waren per Saldo über 115.000 Menschen nach Rom gezogen. Damit war die Einwanderungsziffer hier deutlich höher als der Zuzug in andere Großstädte in diesem Zeitraum, vgl. die Übersicht in Sori, Emigrazione, 448.

stumssegmenten – eine Tendenz zum Ausbau administrativer Tätigkeiten feststellen, wie die steigende Ziffer der Industrieangestellten nahelegt. Zu dieser Entwicklung hatten zum einen industrielle Konzentrationsbewegungen beigetragen: eine gewisse Betriebs- oder Unternehmensgröße stellte das jeweilige Management vor komplexe Planungs-, Koordinations- und Kontrollaufgaben, die einen hohen Verwaltungsaufwand erforderten. Zum anderen spiegelte sich hier die zunehmende Bedeutung des „organisatorischen Moments" in der Betriebsführung und im praktischen Arbeitsablauf vieler Unternehmen, das einen elementaren Bestandteil in Theorie und Praxis der mit dem Schlagwort „Rationalisierung" zu etikettierenden Bewegung bildete.[1]

Sowohl in Deutschland als auch in Italien gliederte sich der Arbeitsmarkt auch in geschlechtsspezifische Segmente. Während in Deutschland die weibliche Erwerbsquote seit der Jahrhundertwende kontinuierlich gestiegen war, hatte Italien im selben Zeitraum einen fallenden Trend durchlaufen.[2] Hier wie dort war ungefähr ein Drittel aller Erwerbspersonen weiblich. In beiden Ländern blieben jedoch die Erwerbschancen für Männer und Frauen höchst ungleich verteilt, was sich in Lohndifferenzen und grundsätzlichen Unterschieden hinsichtlich Qualifikationsgelegenheiten, Aufstiegswahrscheinlichkeiten und generellen Zugangsmöglichkeiten zu den Arbeitsmärkten ausdrückte. Dies galt besonders für den industriellen Sektor. Nach wie vor gab es typische „Frauenarbeitsplätze" in typischen Frauenarbeitsmärkten – beispielsweise in der Textil- und Bekleidungsindustrie – die nur wenig Durchlässigkeit zu anderen Arbeitsmarktsegmenten besaßen. Der Fortbestand geschlechtspezifischer Segmentationslinien verweist auf Beharrungstendenzen sowie auf eine Abwehr struktureller Wandlungsprozesse, die politisch gefördert wurde.[3] In beiden Ländern beschränkte sich die Eindämmung des Strukturwandels von Frauenarbeit nicht nur auf die rhetorische Ebene der zeitgenössischen Debatten, sondern wurde auch in der arbeitsmarktpolitischen Praxis sanktioniert.[4]

Im Vergleich zur Vorkriegszeit hatte sich auch das Wanderungsgeschehen in beiden Ländern deutlich verändert. Dies galt nicht nur für die Bewegungen innerhalb der nationalen Arbeitsmärkte, sondern im besonderen für den Transfer von Arbeitskraft auf den internationalen Arbeitsmarkt und dabei auch für die Austauschbeziehungen zwischen den deutschen und italienischen Arbeitsmärkten.

Mitte der 1920er Jahre war die Zahl der in Deutschland statistisch registrierten Ausländer deutlich geringer als vor dem Krieg.[5] Angesichts einer Emigrationswelle in den Inflationsjahren, die sich vor allem im Krisenjahr 1923 mit der sprunghaften Zunahme

---

1 Vgl. ausführlicher dazu Abschnitt unten, IV 3.2. Siehe auch SGA III, 46f.

2 Vgl. für eine ausführliche Problematisierung dieses Aspektes oben, Abschnitt II 2.2.d.

3 Vgl. die Diskussion der Frauenerwerbstätigkeit in Krieg und Nachkriegszeit, oben, Abschnitt III 6.1; IV 1.6.a.

4 Siehe beispielsweise die Praxis der Demobilmachung in beiden Ländern, oben, Kapitel IV, 1.

5 1925 hatte sich die Zahl der im Reich anwesenden Ausländer gemäß der Statistik im Vergleich zu 1910 um rund 16% verringert, vgl. Köllmann, Bevölkerungsentwicklung, 81.

von Auswanderungen nach Übersee verdichtete, fiel die Wanderungsbilanz negativ aus.[1]

Im Unterschied zu den Jahrzehnten vor dem Krieg, in denen Deutschland sich mit einer positiven Wanderungsbilanz zum „Arbeitseinfuhrland" entwickelt hatte,[2] hatte sich die Aufnahmekapazität des inländischen Arbeitsmarktes wohl deutlich verringert. Auf administrativer Ebene schlug sich diese Entwicklungstendenz in verschärften Bestimmungen zur „Inlandslegitimierung" ausländischer Arbeitskräfte nieder, die auf ein verstärktes Bemühen um Kontrolle der Zugangsmöglichkeiten auf den nationalen Arbeitsmarkt hindeuten.[3] Schon vor dem Krieg hatte für bestimmte Arbeitskräftegruppen ein „Legitimierungszwang" bestanden, der von den Behörden – je nach Nationalität der Einwanderer – mehr oder weniger rigoros gehandhabt worden war, zu großen Teilen auf rassistischen Ressentiments basierte und eher nationalistisch als arbeitsmarktpolitisch motiviert war.[4] Analog zum neuartigen arbeitsmarktpolitischen Engagement des Staates nach dem Krieg rückten bei der Begründung der ausländerpolitischen Maßnahmen nun vermehrt arbeitsmarktbezogene Argumente in den Vordergrund. Dies bedeutete allerdings nicht, daß nationalistische oder ausländerfeindliche Vorbehalte in der öffentlichen Meinung an Anziehungskraft verloren, wie unter anderem die plumpe Diktion in offiziellen Kommentaren oder Ausführungsbestimmungen verrät.[5] In einer Vorbemerkung zu einem Erlaß des preußischen Innenministers hieß es:

> „Die Bedeutung der Legitimierung beruht auf der Einführung einer geordneten Kontrolle über die ausländischen Arbeiter zur Beseitigung der unhaltbaren Zustände, die sich bei dem Andrang ausländischer Arbeiter zur Arbeit im Inland herausgebildet hatten. Insbesondere stellt sich der Legitimierungszwang gegenwärtig dar als eine soziale Schutzmaßnahme zur Verhütung der Einstellung ausländischer Arbeitskräfte in Betriebe, die den einheimischen Arbeitern vorbehalten bleiben müssen (...)."[6]

Unabhängig von der Branche betraf der „Legitimierungszwang" alle in einem Arbeitsverhältnis stehenden Ausländer, wobei Angestellte und Selbständige von der Pflicht befreit waren.

Tatsächlich wurden die Möglichkeiten, die die Bestimmungen zur Kontrolle des Ar-

---

1 Für den Zeitraum 1920-25, im zweiten Jahrfünft war der Wanderungssaldo wieder positiv, allerdings nicht aufgrund von Arbeitsmigration nach Deutschland, sondern hauptsächlich aufgrund der Rückwanderung von Emigranten bei gleichzeitiger Kontraktion der Auswanderung Ende der 1920er, Anfang der 1930er Jahre. Köllmann, Bevölkerungsentwicklung, 81f.

2 Vgl. Tilly, Zollverein, 104. Vgl. ausführlich dazu oben, Kapitel II 2.3.

3 Vgl. die einschlägigen Verwaltungsanordnungen Reichsarbeitsministeriums, des Innenministeriums und der Landesregierungen; sowie die Neufassung der Bestimmungen bezüglich der Zulassung ausländischer Arbeitskräfte nach dem Arbeitsnachweisgesetz, vor allem durch die „Verordnung über die Einstellung und Beschäftigung ausländischer Arbeiter" vom 2.1.1923, überarbeitet Anfang 1926. Überblick dazu in: Reichsarbeitsministerium, Sozialpolitik, 129ff.

4 Vgl. dazu oben, Abschnitt II 2.3.

5 Vgl. z.B. die Zusammenstellung der wichtigsten Bestimmungen über die Inlandslegitimierung ausländischer Arbeiter, in: MA, R.21075.

6 Ebd.

beitsmarktes boten, unter dem Eindruck der akuten Arbeitsmarktkrise 1923 ausgeschöpft. So verfügte das Landesarbeitsamt der Rheinprovinz, „daß im Hinblick auf die außergewöhnliche Lage des Arbeitsmarktes im Einvernehmen mit der Reichsarbeitsverwaltung (...) alle 1923 erteilten Genehmigungen zur Beschäftigung ausländischer Arbeiter in Gewerbe und Industrie" zurückgezogen würden.[1] Sofern Arbeitgeber auch im darauffolgenden Jahr Ausländer beschäftigen wollten, hatten sie erneut einen Antrag zu stellen.

Die strikte Handhabung des Kontrollinstrumentariums spiegelte eine veränderte Konstellation von Angebot und Nachfrage auf dem deutschen Arbeitsmarkt wider, der in weiten Teilen oder Segmenten einen Arbeitskräfteüberschuß aufwies. Dieser Umstand ließ die Kapazitäten für die Aufnahme von zugewanderten Arbeitskräften schrumpfen, verschlechterte die Erwerbschancen und erhöhte insgesamt den Druck zur „Ausfuhr" von Arbeitskraft. So hatten sich die Vorzeichen des Wanderungsgeschehens nach dem Krieg tendenziell verkehrt. Allerdings nahm die transnationale Mobilität der deutschen Arbeitskräfte gegen Ende der 1920er Jahre wieder deutlich ab, wie die rückläufige Auswanderungsrate zeigte. Hierbei spielte auch die restriktive Einwanderungspolitik der USA eine Rolle.[2] Auch die inländische Mobilität war verebbt. Nur noch die größeren Städte registrierten einen Zuzug von Arbeitskräften, während das Wanderungsgeschehen abseits der Metropolen Berlin oder Hamburg weitgehend stagnierte.[3] Die sinkende Aufnahmekapazität des industriellen Arbeitsmarktes reflektierte nicht nur die veränderten administrativen Rahmenbedingungen, sondern verwies auf tiefer liegende Strukturprobleme.

Die Stockung der Arbeitsmigration nach Deutschland ließ sich auch an der Austrocknung der Austauschbeziehungen mit dem italienischen Arbeitsmarkt feststellen, die im wesentlichen in der saisonalen Zuwanderung von italienischen Arbeitern bestanden hatte. Hier hatte der Weltkrieg die Wanderungsströme unterbrochen und auch die zaghaften Ansätze für eine Abkehr vom temporären Wanderungsmuster zunichte gemacht.[4] Während vor dem Krieg in der Saison um die 200.000 Italiener in Deutschland lebten und arbeiteten, bezifferte das monatliche Mitteilungsblatt der italienischen Auswanderungsbehörde den transalpinen Wanderungsstrom Anfang 1920 nur noch auf rund 1.300 Menschen, im letzten Drittel des Jahres erklärten nur noch 183 Wanderungswillige die Destination Deutschland zum Wanderungsziel.[5]

Im Gegensatz zur allmählichen Lähmung des internen Wanderungsgeschehens in Deutschland erfuhren die Binnenwanderungsbewegungen in Italien nach dem Weltkrieg

---

1 Rundschreiben der Arbeitgebervereinigung für Düsseldorf und Umgebung, 21.12.1923, MA, R.21075.

2 Vgl. auch Briefs, Bevölkerungsbewegung, 63.

3 Vgl. Köllmann, Bevölkerungsentwicklung, 83.

4 Vgl. dazu oben, Abschnitt II 2.3.

5 Vgl. Pestalozza, L'emigrazione, 18-20. Allerdings ist zu bedenken, daß 1920/21 einen besonderen Tiefpunkt darstellte, vgl. Sori, Emigrazione, 31.

eine sichtliche Belebung. Vor allem die Fernwanderung von Süden nach Norden gewann im Vergleich zur Vorkriegszeit merklich an Bedeutung, wobei *triangolo industriale* und Rom die beliebtesten Wanderungsziele darstellten.[1] Demgegenüber dünnten sich die Wanderungsströme ins Ausland allmählich aus. Vermutlich hatten sich die Ziele allmählich vom Ausland ins Inland verlagert – so mochte die Fernwanderung im Inland für manche Migranten die Auswanderung ersetzen.[2] Hierfür spielten allerdings die veränderten Rahmenbedingungen im In- und Ausland eine entscheidende Rolle. Ähnlich wie in Deutschland machte sich auch für die italienische Wanderungsbilanz die zunehmend restriktivere Einwanderungspolitik in den Zielgebieten – wie beispielsweise die Quotenregelung für die USA – bemerkbar. Darüber hinaus zeigten auch die im Inland verschärften Bestimmungen erste Wirkung: Das faschistische Regime suchte seit 1927 mit diversen Restriktionen die Auswanderung einzuschränken und hatte so mit der Abkehr von der traditionell liberalen Auswanderungspolitik einen klaren Kurswechsel vollzogen. Während die temporäre Auswanderung in europäische Nachbarstaaten über Toleranzregelungen immerhin geduldet blieb, sollte ein Verbot die dauerhafte, endgültige Emigration grundsätzlich verhindern.[3]

Diese Wende, die vor dem Hintergrund einer komplexen Vermischung von bevölkerungs- und gesellschaftspolitischen Zielvorstellungen und machtpolitischen Erwägungen des faschistischen Regimes zu sehen ist,[4] trug dazu bei, den bereits ersichtlichen Bedeutungsschwund der transnationalen Wanderungsbewegungen weiter zu verstärken. Der faschistische Steuerungsanspruch beschränkte sich jedoch nicht nur auf die Auswanderung, sondern hielt auch die Binnenwanderungsströme im Blick, denen verstärkte Kontrollanstrengungen gewidmet wurden. Beispielsweise sollte eine Zuzugssperre für größere Städte den Urbanisierungsprozeß abbremsen und das Phänomen der Landflucht eindämmen.[5] Die administrativen Bemühungen um eine Regulierung und Kontrolle des inländischen Wanderungsgeschehens erwiesen sich jedoch sehr bald als ineffizient. „Nie machten die internen Wanderungsbewegungen und die Verstädterung so rasche Fortschritte", resümiert Sori, wie zu dem Zeitpunkt, „als man diese am meisten zu hemmen suchte."[6] In der Praxis erschien eine rigorose Umsetzung der Bestimmungen problematisch – wenn nicht undurchführbar – und bedeutete für die zuständigen Behörden einen hohen Verwaltungsaufwand. In letzter Konsequenz wurde eine regeltreue Realisierung wohl auch nicht angestrebt, da die antistädtische Gesetzgebung den öko-

---

1 Vgl. dazu Sori, Emigrazione, 456ff. Vgl. auch ders., Assetto, 223-267.

2 Kritische Auseinandersetzung mit der Substitutionsbeziehung von Emigration und Binnenwanderung bei Sori, Emigrazione, 449ff. sowie 456.

3 Vgl. dazu Sori, Emigrazione, 427ff. Vgl. auch Rafalski, Faschismus, 58ff.

4 Vgl. auch unten, Abschnitt IV 3.3.

5 Vgl. die Bestimmungen von 1928 und 1931, darüber hinaus auch andere Projekte und Maßnahmen im Rahmen der *Ruralismo*-Kampagne: z.B. die Politik der Urbarmachungsarbeiten, der Binnenkolonisation usw. Vgl. auch Rafalski, Faschismus, 60. Zu den agrarpolitischen Maßnahmen vgl. Nützenadel, Landwirtschaft, 211ff.

6 Sori, Emigrazione, 471.

nomischen Interessen der industriellen Ballungszentren zuwiderlief.[1]

Die veränderten Mobilitätsprozesse waren für die Grundkonstellation auf dem Arbeitsmarkt von großer Bedeutung, da die Stockungen im transnationalen Wanderungsgeschehen – in italienischer Perspektive betrachtet – die vorhandenen, aus einer Neigung zum Angebotsüberschuß resultierenden Arbeitsmarktungleichgewichte ungünstig verstärkten und damit den Druck auf den Arbeitsmarkt erhöhten. Restriktionen und Hemmnisse der Auswanderung verengten das Ventil, das diesen Druck auf den ländlichen und industriellen Arbeitsmärkten kanalisiert hatte.

Der Strukturwandel, der sich auf den industriellen Arbeitsmärkten vollzog, war mit erheblichen Friktionen und Härten verbunden. Die zunehmende „Neutralisierung" oder „Entmarktung"[2] des Arbeitsmarktes stellte das institutionelle Gegenstück dieses Wandels dar. Die Durchsetzung von institutionellen Arrangements zur Regelung von abhängiger Erwerbsarbeit flankierte den Anpassungsprozeß der Arbeitsmarktakteure. Die zunehmende Kollektivierung der Marktverhältnisse mochten eine „Entmarktung" darstellen, wenn man vom Idealtyp eines atomistisch strukturierten Gütermarktes bei vollständiger Konkurrenz ausgeht – zugleich handelte es sich aber um eine zunehmende Institutionalisierung des Arbeitsmarktgeschehens und der dort eingegangenen Beziehungen, die dem Anpassungsbedarf der im Strukturwandel befindlichen Wirtschaft und Gesellschaft Rechnung trug. Tatsächlich drückte sich der strukturelle Wandel auch in dem Zusammenspiel von Normen und Regeln, Traditionen, Strategien, Handlungen und Handlungserwartungen der Arbeitsmarktakteure aus, das üblicherweise unter dem Oberbegriff der „industriellen Beziehungen" zusammengefaßt wird. Zugleich waren die hier zu beobachtenden Veränderungen als eine Antwort auf den Druck von Strukturwandel und seinen negativen Begleiterscheinungen zu verstehen. Die beobachtbaren Transformationen wurden durch Strategien der Akteure zur Bewältigung von Krisensituationen mitgeformt. Dies ließ sich auf der betrieblichen Ebene beispielsweise in Organisations- und Rationalisierungsbemühungen beobachten, während sich in der übergeordneten Perspektive Experimente mit korporativen Regelungspraktiken offenbarten.[3]

Darüber hinaus schien sich auch auf politischer Ebene aus dem Arbeitsmarktgeschehen in weitaus dringenderem Maße als vor dem Krieg ein neuartiger Handlungsbedarf zu ergeben.[4]

Sowohl in Deutschland als auch in Italien hatte sich in der Nachkriegszeit auf dem Arbeitsmarkt – abgesehen von einigen Ausnahmephasen – überwiegend ein ungleichgewichtiger Zustand etabliert. In der Mitte der 1920er Jahre konnte sowohl in Deutschland als auch in Italien die unmittelbare Nachkriegszeit als abgeschlossen gelten. Die erfolgreiche Überwindung der Währungsprobleme einerseits, die zunehmende Erstar-

1 Vgl. ebd.; sowie Treves, Migrazioni, 86ff.
2 So ein zeitgenössischer Arbeitsmarktexperte, Regierungsrat Oscar Weigert. Vgl. ders., Organisation, 499.
3 Vgl. Abschnitt 3.2. und 3.3. in diesem Kapitel.
4 Vgl. Abschnitt 3.3. in diesem Kapitel.

kung des faschistischen Regimes andererseits markierten den Beginn einer neuen Phase, in der die Kriegswirkungen noch immer eine Rolle spielten, aber nicht mehr den vorrangigen Bezugspunkt darstellten. Dies galt auch für die persistenten Arbeitsmarktprobleme in beiden Ländern.

Zweifelsohne hatte die Arbeitslosigkeit – im Vergleich zur Vorkriegszeit oder zur unmittelbaren Nachkriegszeit – inzwischen eine neue Qualität gewonnen. So konnten nunmehr keine exogenen Triebfedern mehr als zentrale Ursache für die hohe Arbeitslosigkeit verantwortlich gemacht werden. Gewiß hatte schon vor dem Krieg die Neigung zum Angebotsüberschuß ein wichtiges Strukturkriterium des italienischen industriellen Arbeitsmarktes dargestellt – und auch in Deutschland hatte es Beschäftigungseinbrüche gegeben. Nun aber besaßen in beiden Ländern der Umfang und auch der hartnäckige Fortbestand eines relativ hohen Sockels an industrieller Arbeitslosigkeit, die augenscheinlich nicht nur saisonal oder konjunkturell oder durch exogene ökonomische Schocks motiviert war und auch nicht mehr von anderen Beschäftigungssegmenten aufgesogen oder kaschiert werden konnte, eine neue Qualität. Die Intensivierung der zeitgenössischen Debatten über die Art, die Ursachen und die mögliche Bewältigung von Arbeitslosigkeit reflektierte die Wahrnehmung und ein gestiegenes Bewußtsein für das Problem der Arbeitslosigkeit. Dies galt im besonderen für den deutschen Kontext.[1] Schon 1913 hatte Karl Kumpmann auf die „wachsende Wichtigkeit dieses Problems" hingewiesen und ein rasch wachsendes Schrifttum zu diesem Thema prognostiziert.[2] Beinahe 20 Jahre später konnten sich einschlägige Studien „kaum ein Problem der Gegenwart" vorstellen, „das wichtiger wäre" – und zwar in vielfacher Hinsicht: „ (…) rein wirtschaftlich oder gesellschaftlich, produktions- oder sozialpolitisch, vom Standpunkt des einzelnen oder von dem der Gesellschaft, unter dem Gesichtswinkel der soziologischen Qualität oder auch nur der quantitativen Bedeutung, innen- oder außenpolitisch (…)".[3]

Im Unterschied zur älteren Forschung gehörte seit Mitte der 1920er Jahre auch eine dauerhafte, „strukturelle" Arbeitslosigkeit zur Typologie der unterschiedlichen Formen von Erwerbslosigkeit.[4] So konstatierte Goetz Briefs vor allem seit dem Ende der Inflation eine „perennierende Erwerbslosigkeit", somit einen Arbeitskräfteüberhang, der auch durch den Konjunkturaufschwung des Jahres 1927 nicht beseitigt werden konnte und für den er vor allem „endogene, strukturelle Verschiebungen" als ursächlich vermutete.[5] Auch die einige Jahre später vom Verein für Socialpolitik angeregte Studie sah „die in

1 Demgegenüber war die wissenschaftliche Beschäftigung mit dem Thema Arbeitslosigkeit in Italien – zumindest während der Weltwirtschaftskrise - nicht ganz so populär. Vgl. Piva/Toniolo, Disoccupazione, 345-383.

2 Vgl. Kumpmann, Reichsarbeitslosenversicherung, 1.

3 Vgl. Saitzew, Welle, 3.

4 Vgl. Petzina, Arbeitslosigkeit, 251. So bleibt beispielsweise bei Kumpmann auch in der überarbeiteten Neuauflage von 1920 das Phänomen der strukturellen Arbeitslosigkeit ausgespart, vgl. ders., Arbeitslosigkeit und ihre Bekämpfung.

5 Briefs, Bevölkerungsbewegung, 66f.

mehreren Ländern durch lange Jahre, durch ein Jahrzehnt anhaltende und in ihrer Grundtendenz kontinuierlich zunehmende Arbeitslosigkeit" als wesentliches „Charakteristikum unserer Zeit" an.[1] Dabei sei die „strukturelle Arbeitslosigkeit" definitionsgemäß jene, die aus einmaligen, die Struktur der Wirtschaft betreffenden Ursachen entstehe: „Abgestellt wird auf die Nichtperiodizität und sodann auf die tiefgehende Wirkung, also auf die innere Qualität, die Durchschlagkraft der die Arbeitslosigkeit bewirkenden Ursache."[2]

Gemäß modernen arbeitsmarkttheoretischen Erklärungskonzepten versteht man unter „struktureller Arbeitslosigkeit" die Form von Arbeitslosigkeit, die auf eine von drei elementaren „Mismatchfaktoren" zurückzuführen ist.[3] Dazu gehören zum einen Ungleichgewichte, die aus Informationsdefiziten der beteiligten Akteure resultieren – d.h. die Beteiligten sind nicht hinreichend über geeignete Arbeitsplatzvakanzen oder passende potentielle Bewerber informiert. Zweitens können auch qualitative Inkongruenzen zwischen Such- und Angebotsprofilen den Marktausgleich verhindern – wenn beispielsweise die Unternehmen bestimmte Ansprüche an Qualifikation und Ausbildung stellen oder die Einkommensvorstellungen beider Seiten nicht harmonieren. Drittens machen sich auch räumliche Disparitäten bemerkbar, falls die Arbeitskräfte und die Arbeitsplätze in verschiedenen Gegenden angesiedelt und zugleich nicht mobil sind.

Für die Arbeitslosigkeit als Strukturproblem der 1920er Jahre lassen sich alle Erklärungsfaktoren heranziehen. So spielte der räumliche *Mismatch* eine Rolle, für den es in Anbetracht des veränderten Wanderungsgeschehens keinen hinreichenden Ausgleich durch Mobilitätsprozesse gab. Zudem stellte die Arbeitskräfteknappheit in einigen Arbeitsmarktsegmenten – man denke beispielsweise an den Mangel an Facharbeitern – bei einem gleichzeitig hohen Sockel an Arbeitslosigkeit in beiden Ländern – ein typisches Charakteristikum des industriellen Arbeitsmarktes dar. Angesichts der fehlenden Transparenz der industriellen Arbeitsmärkte und einer trotz bemühter Ansätze noch unzureichenden Arbeitsmarktberichterstattung dürften zudem massive Informationsdefizite bestanden haben. Darüber hinaus hatte Deutschland ein gestiegenes Arbeitskräftepotential zu verarbeiten, während in Italien die latente Unterbeschäftigung in der Landwirtschaft auch im sekundären Sektor für eine hohe Angebotselastizität sorgte. Hierbei machten sich wiederum demographische Aspekte und die Gestalt der Sozialbeziehungen (z.B. Familie und Familienwirtschaft) bemerkbar.[4] Während in Deutschland Wachstumspo-

---

1 Saitzew, Welle, 5.

2 Ebd., 29. Vgl. zu diesem Thema Führer, Arbeitslosigkeit.

3 Vgl. für die Definition und die einschlägigen Kriterien Franz, Arbeitsmarktökonomik, 223ff.

4 Vgl. auch oben, II 2.1., 2.5.. Zur demographischen Entwicklung in Deutschland vgl. Wehler, Gesellschaftsgeschichte, Bd. 4, 231ff., für Italien Hertner, Italien 1915-1980, 1006. Nach dem Weltkrieg befand sich Deutschland in der Endphase eines ‚demographischen Übergangs' (vgl. Wehler), die die dynamische Bevölkerungsentwicklung des vergangenen Jahrhunderts beendete. Zwischen 1910 und 1920 war die Bevölkerung geschrumpft. Erst in der zweiten Hälfte der 1920er Jahre wurde die Bevölkerungszahl des Jahres 1910 wieder erreicht. Demgegenüber wuchs die italienische Bevölkerung zwischen 1912 und 1921 jährlich um 5,4‰, im Jahrzehnt darauf betrug die entspre-

tentiale – nicht zuletzt aufgrund der Investitionsschwäche der deutschen Industrie – ungenutzt blieben und Überkapazitäten bestanden, reichten die relativen Wachstumserfolge der italienischen Wirtschaft nicht aus, um die Begrenztheit des Binnenmarktes und des industriellen Arbeitsmarktes zu überwinden. Die Dualismen und Ungleichgewichte der italienischen Wirtschaft, ihre relativ ungünstige Faktor- und Rohstoffausstattung, der eher zögerliche technische Fortschritt – kurzum all jene Faktoren, die für die italienische Industrialisierungsgeschichte üblicherweise als Wachstumshemmnisse identifiziert werden, beeinträchtigten – analog dazu – auch die Aufnahmekapazität des industriellen Arbeitsmarktes. Für die deutsche Seite machte sich auch der weltwirtschaftliche Strukturwandel (mit veränderten Protagonisten im Außenhandel, einem protektionistischen Trend und Veränderungen im internationalen Finanz- und Währungssystem) bemerkbar, insofern, als der Export als „traditioneller Wachstumsmotor" der deutschen Industrie sich im Unterschied zur Vorkriegszeit teilweise „funktionsunfähig" zeigte.[1]

Sowohl in Deutschland als auch in Italien bestanden neben den tiefgreifenden ökonomischen Strukturproblemen auch periodische, konjunkturell bedingte Schwankungen der Arbeitsmarktlage fort. Auch der technologisch-organisatorische Wandel stellte eine potentielle Triebfeder von Erwerbslosigkeit dar. Grundsätzlich erscheint es in Anbetracht der Quellenlage und der Interdependenz der verschiedenen Einflußfaktoren problematisch, die verschiedenen möglichen Ursachen von Arbeitslosigkeit zu differenzieren und den Problemlagen zuzuordnen. Vor dem Hintergrund des komplexen, über periodische Erklärungsmuster hinausgehenden Ursachenkataloges kann jedoch das in vielerlei Hinsicht neue Gesicht der Arbeitslosigkeit erkannt und als Strukturproblem in beiden Ländern identifiziert werden. Diese Problematik stand im Zusammenhang mit den skizzierten, langfristigen strukturellen Wandlungen und veranschaulichte zugleich die mit dem Anpassungsdruck verbundenen Friktionen.

Seit Kriegsende reihten sich auf den industriellen Arbeitsmärkten also krisenhafte Situationen aneinander, die angesichts der Überlappung von exogenen Schocks, kurz- oder mittelfristigen – z.B. konjunkturellen – Schieflagen und strukturellen Ungleichgewichten besondere Brisanz besaßen und auch nach dem Ende der Nachkriegszeit im eigentlichen Sinne – das heißt also nach der Rückkehr zu relativ stabilisierten Verhältnissen – fortbestanden. In den folgenden Abschnitten sollen nun die Strategien und Handlungsansätze im Mittelpunkt stehen, mit denen die beteiligten Akteure versuchten, sich den veränderten situativen Bedingungen anzupassen und die Krise zu bewältigen. Dabei sind verschiedene Ebenen des Arbeitsmarktgeschehens zu berücksichtigen. Die Bemühungen um rationalisierte Arbeitsabläufe in den Unternehmen, die sich auf die generelle Arbeitsmarktlage auswirken konnten, zugleich neue Anforderungen und Möglichkeiten für die beteiligten Arbeitskräfte bedeuteten, lassen sich auch als ein Ansatz

---

chende Wachstumsrate etwa 11,3‰. In Deutschland drängten nach dem Krieg die geburtenstarken Jahrgänge auf den Arbeitsmarkt.

1 Vgl. Petzina, Arbeitslosigkeit, 253. Hier auch ausführliche Diskussion möglicher Ursachen der langfristigen Arbeitsmarktprobleme.

zur Krisenbewältigung auf der betrieblichen Ebene deuten. Auf der überbetrieblichen Ebene rückten die sich wandelnden Formen des Interessenausgleichs die Arbeitsmarktverfassung auf den Prüfstand, als die korporative „Parallelverfassung" (Peukert) in Deutschland in der Praxis zunehmend ausgehöhlt und in Italien der Weg für pseudokorporatistische Arbeitsbeziehungen bereitet wurde. Alles in allem präsentierten sich die industriellen Beziehungen nunmehr in einer veränderten Gestalt, wobei die krisenhafte Lage des Arbeitsmarktes – die anhaltende Problematik der Arbeitslosigkeit – einen entscheidenden Bezugspunkt für den Veränderungsprozeß darstellte. So boten die unausgeglichenen Arbeitsmarktverhältnisse nicht nur den Anlaß für gezielte politische Eingriffe und Steuerungsversuche – wie beispielsweise die seit langem diskutierte und endlich vollzogene Arbeitslosenversicherung in Deutschland, vielmehr bestimmte die Rahmenbedingung der Arbeitslosigkeit zugleich auch die Zukunftschancen für einen Teil der gefundenen Arrangements, Kompromisse, Kooperationsformen und politischen Ansätze mit, da sie die relative Marktmacht des schwächeren Vertragspartners unterminierte.

3.2. Technischer Fortschritt, Arbeitsmarkt und Unternehmen. Rationalisierung als Arbeitsmarktstrategie?

Die Beziehungen zwischen den Arbeitsmarktakteuren laufen im Unternehmen zusammen, das eine wichtige Struktureinheit des industriellen Arbeitsmarktes darstellt. Auch dieser Handlungsrahmen besitzt eine ökonomische und soziale Dimension und lässt sich als das historisch realisierte Zusammenspiel von Effizienz- und Machtkriterien deuten.[1] Mit dem Stichwort „Rationalisierung", das zeitgenössische Debatten und praktische Organisationsbemühungen vor allem in den späten 1920er Jahren prägte, rückt die Unternehmensebene stärker in den Vordergrund.

Gemäß gängiger Auffassung wird unter „Rationalisierung" eine möglichst zweckmäßige, wirtschaftliche Ausgestaltung von Arbeitsvorgängen verstanden, wobei zumeist betriebliche Arbeitsvorgänge impliziert werden. Eine allgemeine lexikalische Definition umschreibt das Phänomen der „Rationalisierung" als „die Durchführung von Maßnahmen zur Verbesserung bestehender Zustände im Betrieb" und ordnet es damit vollständig der Unternehmensebene zu.[2] Jedoch läßt sich der komplexe und mehrdeutige Rationalisierungsbegriff nicht auf die betriebliche Dimension reduzieren. Dies gilt vor allem für die Weimarer Zeit, da sich das Schlagwort „Rationalisierung" gerade in den 1920er Jahren zu einem polyvalenten Sammelbegriff aufblähte, gewissermaßen als epochales „Leitmotiv" (Peukert) fungierte und dabei durchaus verschiedene Bedeutungsstränge subsumierte.[3] Das „Handbuch der Rationalisierung" von 1930 hielt eine eindeutige Be-

1 Vgl. dazu das Kapitel über die Arbeitsmarkttheorie, I, 2. Vgl. auch Tilly/Tilly, Work, 121ff.

2 Vgl. die Definition in der Brockhaus-Taschenbuchausgabe: dtv-Lexikon, Bd. 15, Mannheim/München 1997, 55.

3 Vgl. Peukert, Weimarer Republik, 117ff.; vgl. auch Kleinschmidt, Rationalisierung, 10f.

griffsbestimmung für schwierig, da es „technische, kommerzielle und volkswirtschaftliche Rationalisierung" unterschied.[1] Schon 1925 hatte der Reichsverband der Deutschen Industrie in einer Denkschrift erklärt:

> „Wir verstehen unter Rationalisierung die vernunftgemäße Anwendung aller technischen und organisatorischen Mittel, um die Ergiebigkeit der menschlichen Arbeit möglichst zu steigern. Es muß das Bestreben aller an der Gütererzeugung Beteiligten sein, durch Anwendung dieser Mittel die Erzeugung zu verbessern, zu vermehren und zu verbilligen.[2]

Diese Definition stellte zwar ausschließlich auf den ökonomischen Kontext von Rationalisierung ab,[3] verengte diese jedoch nicht auf die betriebliche Perspektive. Auch für übergeordnete Handlungsfelder – z.B. eine Gruppe von Unternehmen oder eine ganze Branche besaß das Ziel der Effizienzsteigerung mittels Technik und Organisation Gültigkeit.[4] Das rationalisierungstheoretische Postulat einer möglichst zweckmäßigen gesamtwirtschaftlichen Arbeitsteilung oder einer effizienten Organisation von Produktion und Markt zielte auf die ganze Struktur der Volkswirtschaft und barg somit eine gesellschaftspolitische Dimension.[5] Von einem solch weiten Rationalisierungsbegriff ließ sich leicht die Brücke schlagen zu technokratischen Utopien einer „rationalisierten" Gesellschaft, die auf einem illusionären technologischen Machbarkeitsglauben ruhten.[6]

In diesem ausgedehnten Begriffsverständnis, das viele ideologische Anknüpfungspunkte anbot, lag auch die neue Qualität des Phänomens im hier interessierenden Zeitraum der 1920er Jahre im Vergleich zu früher. Schließlich war das Streben nach mehr Rentabilität und Effizienz durchaus keine neue Erscheinung, sondern „so alt wie die

---

1 Reuter, Handbuch, 2. Das vom „Reichskuratorium für Wirtschaftlichkeit" herausgegebene „Handbuch" stellte ein umfangreiches Nachschlagewerk zu den verschiedenen Formen der Rationalisierung dar und listete die einschlägigen Organisationen auf. Die letzte Auflage stammte aus dem Jahr 1932.

2 Diese Begriffsklärung bewegte sich sehr nah an einer Definition des „Reichskuratoriums für Wirtschaftlichkeit", vgl. Eggert, Rationalisierung, 6. Ein anderer zeitgenössischer Erklärungsversuch sah das Wesen der Rationalisierung in der „Überwindung der aus Gewohnheit, Gedankenlosigkeit und Affekt entstehenden Verlustmöglichkeiten der Wirtschaft durch das Streben nach vollkommener und ausschließlicher Herrschaft der *ratio* in Technik, Betriebsorganisation und volkswirtschaftlicher Struktur." Vgl. Heyde, Rationalisierung, 287.

3 Demgegenüber hat A. Scheffbuch betont, daß sich der „Grundsatz der Rationalisierung" im Prinzip auf „alle Lebensgebiete und Lebensformen übertragen" lasse, so auch auf Politik und Kultur. Vgl. ders., Einfluß der Rationalisierung, 7 .

4 Man denke z.B. an die Standardisierung von Produkten, Fertigungsteilen oder Werkstoffen. Vgl. zur Geschichte von „Normung" und „Typisierung" Scheffbuch, Einfluß der Rationalisierung, 195ff.

5 Vgl. die Inhalte und Motive der sogenannten „Gemeinschaftsarbeit", die verschiedene Einrichtungen verabredet hatten, die an der deutschen Rationalisierungsbewegung beteiligt waren, Homburg, Rationalisierung, 273ff., passim. Vgl. auch Reuter, Handbuch, 1056ff.

6 Vgl. auch Peukert, Weimarer Republik, 119 sowie v. Freyberg, Rationalisierung, 385ff. Vgl. auch Kleinschmidt, Rationalisierung, 21 mit Anm. 41.

Menschheit".[1] Wie ein Zeitgenosse konstatierte, schienen „an diesem Vorgang (...) nur Radikalismus, Planmäßigkeit und volle Bewußtheit neu".[2]

Tendenzen zur Verwissenschaftlichung des Rationalisierungsgedankens ließen sich seit der Jahrhundertwende ausmachen. Der 1915 verstorbene amerikanische Ingenieur Frederick W. Taylor, Begründer der „wissenschaftlichen Betriebsführung", hatte wesentliche Impulse für eine methodische Beschäftigung mit dem Prozeß industrieller Fertigung gegeben. Im Mittelpunkt des „Taylorismus", der eine Lehre von effizienzsteigernden Eingriffsmöglichkeiten in den Produktionsablauf darstellte, stand die planmäßige Analyse der Arbeitsvorgänge im Betrieb. Diese zielte auf die Erfassung der Bearbeitungszeiten von einzelnen Produktionsschritten und ihre Zergliederung in normierte Arbeitsabschnitte ab, wobei der Lohnanreiz einen möglichst effizienten Arbeitseinsatz gewährleisten sollte.[3] Mit diesen in Fachkreisen debattierten Ideen wurde bereits vor dem Krieg partiell experimentiert.

Gemäß dem Vorbild von Henry Ford in Detroit, der seit 1913 in Fließbandarbeit das „T-Modell" – die sogenannte „Tin Lizzy" als ein auch für die Massen erschwingliches Automobil – produzierte, galt der „Fordismus" als standardisierte Produktion von Konsumgütern für den Massenbedarf, basierend auf technisierten und „verwissenschaftlichten" Fertigungsweisen, flankiert von loyalitätsstiftenden und kaufkraftfördernden hohen Löhnen und stabilen Arbeitsverhältnissen.[4] Nach dem Krieg wurden die amerikanischen Erfolgskonzepte à la Taylor und Ford in Europa – so auch in Deutschland und Italien – zunehmend populärer, wobei sowohl die erstarkende Stellung der amerikanischen Exportindustrie auf dem Weltmarkt als auch der Beitrag, der den fordistischen und tayloristischen Rezepten bei der Überwindung der Weltwirtschaftskrise von 1921 zugeschrieben wurde, die Verbreitung förderten.

Als „die" Rationalisierungsperiode schlechthin gilt allerdings – vor allem im deutschen Kontext – die zweite Hälfte der 1920er Jahre.[5] Das „Reichskuratorium für Wirtschaftlichkeit" datierte den Beginn einer „Rationalisierungs*bewegung*" in das Jahr 1925, als ein sprunghafter Anstieg von privaten und öffentlichen Organisationen zu verzeichnen war, die sich mit theoretischen und praktischen Aspekten der Rationalisierung beschäftigten.[6] Seit der Währungsstabilisierung intensivierte sich die publizistische Auseinandersetzung mit Rationalisierungsfragen zusehends, während sich auch praktische Experimente mit neuen Methoden zur „Hebung der Wirtschaftlichkeit" sichtlich verdichteten. Nicht zufällig entwickelte sich die Rationalisierung ausgerechnet jetzt zu

---

1 Vgl. Scheffbuch, Einfluß der Rationalisierung, 1.

2 Heyde, Rationalisierung, 287.

3 Vgl. zum Taylorismus und zu seiner Rezeption in Deutschland Homburg, Rationalisierung, 275ff. mit Anm. 73; für Italien vgl. Bigazzi, Modelli, 909ff.

4 Vgl. zu Ford z.B. Meyer, Five Dollar Day; Ford, Leben und Werk.

5 Vgl. für eine Kritik an einer zeitlichen „Verengung" in der Darstellung von Rationalisierung auf die Jahre 1924-1929 Kleinschmidt, Rationalisierung, 11f.

6 Beispielsweise nahm die Zahl der dem RKW angegliederten Fachausschüsse sprunghaft zu. Vgl. von Freyberg, Rationalisierung, 300ff.

einem Modethema. Nach dem Ende der Inflation waren viele Probleme, die die wirtschaftliche Rekonstruktion nach dem Krieg aufwarf, noch ungelöst. Zugleich verengte die Konsolidierung der Währung die Verteilungsspielräume deutlich und lenkte das Augenmerk verstärkt auf Ineffizienzen und Kostenprobleme. Angesichts der belastenden, krisenhaften Erfahrungen im Zuge der Stabilisierung war eine Krisenlösungsstrategie dringend gefragt – und diesen schien die Rationalisierungspropaganda anzubieten.[1]

Sowohl in Deutschland als auch in Italien waren seit Mitte der 1920er Jahre neue Einrichtungen als Träger des Rationalisierungsgedankens entstanden: so gründeten italienische Industrielle 1926 die „nationale Organisation für wissenschaftliche Arbeitsorganisation" (ENIOS), die als Informations- und Forschungszentrum für Rationalisierungsfragen fungieren sollte.[2] Wenig später entstanden die italienische Bedaux-Gesellschaft, die das gleichnamige Akkordprinzip propagierte,[3] sowie ein nationaler Normenausschuß (1928), der die Standardisierung von Fabrikatteilen fördern sollte.[4] Darüber hinaus konnten in einigen industriellen Zentren externe Beratungsorganisationen Fuß fassen, die – nach dem amerikanischem Vorbild des *budget controlling* – Hilfe und Unterstützung beim betrieblichen Kostenmanagement anboten.[5] In Deutschland war das „Reichskuratorium für Wirtschaftlichkeit" (RKW) einer der wichtigsten Träger der Rationalisierungsbewegung. Dabei handelte es sich um eine auf Initiative des Verbandes technisch-wissenschaftlicher Vereine und des Wirtschaftsministeriums 1921 gegründete, private, aber staatlich geförderte Einrichtung, deren Vorsitz Carl von Siemens führte.[6] Der „Reichsausschuß für Arbeitszeitermittlung" (REFA), der im Herbst 1924 errichtet wurde, beschäftigte sich mit Theorie und Praxis der Arbeitszeiterfassung, vorrangig in der Metallindustrie, und verstand sich als Drehscheibe für Informationen und Fortbildungsmaterial zu diesem Thema.[7] Im Jahr 1925 wurde mit Sitz in Düsseldorf das „Deutsche Institut für technische Arbeitsschulung" (DINTA) gegründet, das vom „Verein deutscher Eisenhüttenleute", namentlich von Albert Vögler – Generaldirektor der Vereinigten Stahlwerke – gefördert wurde. Die Aktivitäten des DINTA kreisten vorrangig um Aus- und Weiterbildungsfragen, Arbeitspsychologie und Psychotechnik, so daß der „Faktor Mensch" stärker in den Mittelpunkt des Interesses rückte und im besonderen Maße soziale und weltanschauliche Aspekte eines umfassenden Rationalisierungs-

1 Vgl. Kleinschmidt, Rationalisierung, 11.

2 ENIOS = Ente Nazionale Industriale Organizzazione Scientifica. Vgl. Bigazzi, Modelli, 942f.; vgl. Reuter, Handbuch, 71f.

3 Vgl. dazu unten, 3.2.2.

4 Vgl. Reuter, Handbuch, 71.

5 Vgl. z.B. die Tätigkeit der Beratungsagentur ORGA (Mailand), sowie SIRA (Società italiana per la razionalizzazione aziendale), dazu Bigazzi, Modelli, 951, 957.

6 Das RKW läßt sich als ein Organ der korporatistischen Zusammenarbeit von Industrie und Staat in der Tradition des späten 19. Jahrhunderts interpretieren. Vgl. Shearer, Reichskuratorium, 569-602.

7 Vgl. Homburg, Rationalisierung, 273 mit Anm. 68, passim; Reuter, Handbuch, 36. Der REFA wurde auf Initiative der Metallindustrie und des Vereins deutscher Ingenieure gegründet.

verständnisses verbreitet wurden.[1] Programmatisch hatte sich das Institut dem „Kampf um die Seele des Arbeiters“[2] verschrieben, wobei arbeitswissenschaftliche Fragen in eine arbeits- und betriebsgemeinschaftliche Ideologie eingebettet wurden, die eine antigewerkschaftliche und antimarxistische Dimension besaß. Die Erziehung zu einem loyalen, effizienten Mitarbeiter sollte mit diversen betrieblichen Bildungs- und Informationsaktivitäten (Werkszeitung, Werksschule, Freizeitgestaltung) angestrebt werden. Über die technische oder organisatorische Rationalisierung hinaus gewann also im Laufe der 1920er Jahre zunehmend auch die Idee einer „sozialen Rationalisierung“ Kontur.[3] Hierunter lassen sich Maßnahmen verstehen, die auf die „Anwendung seelischer Wirkkräfte“ zwischen den Menschen zur „Best-Gestaltung der innerbetrieblichen Arbeits- und Sozialverhältnisse“ zielten.[4] Dazu rechneten vor allem Maßnahmen der betrieblichen Sozialpolitik, die zeitgenössisch als „soziale Betriebspolitik“ etikettiert wurden.[5] Wie die junge Disziplin der Betriebssoziologie betonte, wurden nun der „soziale“ und der „technisch-wirtschaftliche Betriebszweck“ nicht mehr als Gegensatz, sondern als Einheit verstanden und grundsätzlich die betriebswirtschaftliche Relevanz des „Faktors Mensch“ erkannt.[6]

Auch in Italien zeichneten sich vergleichbare Tendenzen ab, wie sich z.B. in der wachsenden Bedeutung des „*Opera Nazionale Dopolavoro*“ – der faschistischen Freizeitorganisation für Arbeitnehmer – zeigte. Diese war von der nationalen bis zur lokalen Ebene hierarchisch gegliedert und inkorporierte auch betriebliche Einrichtungen. In der *Dopolavoro*-Organisation verband sich das Interesse der faschistischen Regierung, den Konsens zum Regime auf dem Arbeitsmarkt abzustützen mit dem Interesse des Arbeitgebers an einem konfliktarmen und produktiven Betriebsklima.[7] Darüber hinaus offenbarten partielle Analogien in der Konzeption der Arbeitswelt die Anschlußfähigkeit von

---

1 Vgl. zum DINTA, das später als „Amt für Berufserziehung und Betriebsführung“ in die DAF integriert wurde und die nationalsozialistische Werksgemeinschaftsideologie propagierte v. Freyberg, Rationalisierung, 332; Homburg, Rationalisierung, 322ff.; vgl. zum Ingenieur Carl Arnhold - dem Leiter des Dinta, der spezifische Personalführungs- und Berufsbildungstechniken („industrielle Menschenführung“) entwickelte - auch den Beitrag von Fiedler, Carl Arnhold, 318-343; vgl. darüber hinaus auch Mason, Sozialpolitik, 197 mit Anm. 49; Abelshauser, Wirtschaft, 472f.; Kleinschmidt, Rationalisierung, 270. Für die verschiedenen Konzeptionen der Werksgemeinschaftsidee vgl. Hinrichs, Seele, 146ff.

2 Vgl. die Programmschrift des DINTA-Geschäftsführers, Osthold, Kampf um die Seele unseres Arbeiters.

3 Vgl. auch die Berichterstattung in der Arbeitgeberpresse, z.B. Der Arbeitgeber 16. Jg., 1926, 69ff.; 377ff., 474ff., 515ff.; 17. Jg., 51f.

4 Vgl. Mayer, Soziale Rationalisierung, 19ff., 22. Zur Formel „soziale Bestgestaltung“ siehe bereits Äußerungen des VDA-Geschäftsführers Studders, vgl. Fiedler, Sozialpolitik, 370.

5 Vgl. Kleinschmidt, Rationalisierung, 23. Kleinschmidt betont, daß im Unterschied zu traditionellen Formen der betrieblichen Sozialpolitik bei den neuen Maßnahmen der ‚sozialen Rationalisierung‘ ein enger Zusammenhang mit dem Arbeitsplatz und der Produktion bestanden habe.

6 Kleinschmidt, Rationalisierung, 23 (Zitat des Betriebssoziologen Schwenger).

7 Vgl. De Grazia, Disciplina, 170.

einem weit gefaßten Rationalisierungsbegriff an die faschistische Ideologie. Die technokratische Vision einer Überwindung des Klassenkampfes in einer produktivitäts- und effizienzorientierten Gesellschaft – die Idee „der harmonischen Neuordnung von Arbeit, Wirtschaft und Gesellschaft aus den Betrieben heraus“[1] – paßte zur Beschwörung einer friedlichen, produktiven „Kollaboration der Klassen“ gemäß den pseudokorporatistischen Ordnungsvorstellungen des Faschismus. Auch das Motiv des *produttivismo*, das die wirtschaftspolitische Propaganda im Faschismus entscheidend mitprägte, entsprach dem Zeitgeist der Rationalisierungsformeln. Gewissermaßen ließ sich der faschistische Korporatismus, wie beispielsweise die Interpretation von Traute Rafalski nahelegt, als eine „Strategie der gesamtgesellschaftlichen Rationalisierung“ begreifen.[2] In beiden Ländern vollzog sich also in den 1920er Jahren, vor allem nach dem Währungsschnitt, eine organisatorische und institutionelle Verfestigung der Rationalisierungsidee, die staatlich gefördert wurde.

Im folgenden Abschnitt soll ein Schlaglicht auf einige Rationalisierungserfahrungen in beiden Ländern geworfen werden. In diesem Zusammenhang ist danach zu fragen, wie sich die Rationalisierungsbemühungen auf die industrielle Arbeitswelt und den Arbeitsmarkt auswirkten. Gibt es Zusammenhänge zwischen der rationalisierenden Umgestaltung und der Arbeitsmarktlage, lassen sich Wandlungen in der Beschäftigungsstruktur, vor allem im Hinblick auf die nachgefragten Qualifikationsprofile, erkennen?

Gemäß dem zeitgenössischen Verständnis ließ sich Rationalisierung im engeren Sinne in technische, organisatorische und soziale Maßnahmen untergliedern, wobei alle Aspekte miteinander zusammenhingen und sich gegenseitig beeinflußten.[3] Zudem besaßen alle eine arbeitsmarktrelevante Dimension. Noch heute zählt „technischer Fortschritt“ zu den „Standardthemen der beschäftigungspolitischen Diskussion“. Abgesehen von der grundsätzlichen Frage nach der „Beherrschbarkeit neuer Technologien“ steht die Gefahr der potentiellen „Wegrationalisierung von Arbeitsplätzen“ dem erwarteten Nutzen des technischen Fortschritts entgegen.[4] Die ambivalente Einschätzung der Folgen von Innovationen in der Produktions- und Arbeitswelt spiegelt die Herausforderung, die technologischer Wandel für das Beschäftigungssystem und seine Akteure mitbringt. Es ist problematisch, die Beschäftigungswirkungen von technischem Fortschritt eindeutig zu beurteilen – nicht nur, weil sich hinter dieser Formel eine Vielfalt von Maßnahmen verbergen kann, sondern auch, weil gegenläufige Effekte denkbar und möglich sind. Ein- und dieselbe Neuerung kann je nach Unternehmen oder Industriezweig oder Arbeitnehmergruppe positive oder negative Beschäftigungseffekte mitbrin-

---

1 So Homburg in ihrer Definition des Taylorismus in Deutschland nach 1918, dies., Rationalisierung, 674.

2 Vgl. Rafalski, Faschismus, 391.

3 Vgl. für diese Einteilung in technische, organisatorische, soziale Rationalisierung Kleinschmidt, Rationalisierung, 21.

4 Franz, Arbeitsmarktökonomik, 179.

gen.[1] Dies gilt auch für die Rationalisierung.

a. Rationalisierungserfahrungen in Deutschland und Italien

Während der Rationalisierungsbegriff ein umfassendes Spektrum von Maßnahmen und Ansätzen abbildete, blieben die praktischen Experimente in den Unternehmen hinter dem Umfang von Theorie und Publizistik zurück. Nicht selten bewegte sich das Schrifttum suggestiv auf Propagandaniveau. Sowohl in der zeitgenössischen als auch in der historiographischen Auseinandersetzung kam den US-amerikanischen Konzepten von Taylor und Ford besondere Aufmerksamkeit zu, die allmählich nahezu paradigmatischen Charakter erhielten.[2] Die Rezeption der amerikanischen Ideen fand jedoch in europäischer Vermittlung statt und keineswegs in „der Reinheit der Lehre".[3] Trotz dieser Einschränkungen soll im folgenden – angesichts der Datenlage – hauptsächlich auf Beispiele von Unternehmen Bezug genommen werden, die ihre praktischen Rationalisierungsbemühungen an diese dominanten Muster anlehnten.

In der Automobilindustrie besaß das Ford'sche System für die Umgestaltung der Fertigungsprozesse eine wichtige Vorbildfunktion. Allerdings repräsentierten die Ford-Werke, die im übrigen nicht alle für das Ford-Modell typischen produktionstechnischen Wandlungen selbst angestoßen hatten, nicht die gesamte amerikanische Autobranche.[4] Zudem waren die amerikanischen Verhältnisse – u.a. geprägt von einem größeren und aufnahmefähigeren Binnenmarkt und einer anderen Faktorausstattung – nur bedingt auf Deutschland und Italien zu übertragen, während auch die Ausgangsvoraussetzungen für eine Motorisierung variierten.[5]

Dies war auch den deutschen und italienischen Ingenieuren und Unternehmern, die zu Studien- und Informationszwecken nach Amerika reisten, meist bewußt.[6] Dennoch zeigten sie sich in der Regel beeindruckt von den amerikanischen Vorzeigewerken, zu denen die Ford'sche Produktionsstätte Highland Park in Detroit gehörte. Die intensive Reisetätigkeit in die USA in den 1920er Jahren dokumentierte das sowohl in Deutschland als auch in Italien gestiegene Interesse an betriebsorganisatorischen Fragen und die Bereitschaft zur Auseinandersetzung mit anderen Methoden der industriellen Ferti-

1 Vgl. ebd., 180.

2 Vgl. die Taylor-Rezeption in Deutschland und Italien, die schon vor dem Krieg einsetzte. Hierzu ist anzumerken, daß Taylor und Ford Anwendungsbeispiele für rationalisierende Gestaltungskonzepte bereitstellten, die nur für einen Teilbereich der Industrie – beispielsweise den Automobilbau oder die Elektroindustrie – interessant waren, für einige Branchen jedoch weitaus weniger Relevanz besaßen – wie beispielsweise für den Bergbau und die Hüttenindustrie.

3 Vgl. für Deutschland Fiedler, Sozialpolitik, 368ff.; für Italien Bigazzi, Modelli, 940ff., besonders 954.

4 Vgl. Braun, Automobilfertigung, 184f.

5 Hierbei konnten viele Faktoren eine Rolle spielen, z.B. der Zustand des Straßenverkehrsnetzes, das Vorhandensein alternativer Verkehrsmittel (Eisenbahn), deren Akzeptanz und Lobby, zusätzliche Kosten (Steuern, Treibstoff, Versicherung usw.). Vgl. Braun, Automobilfertigung, 192.

6 Vgl. Kleinschmidt, Rationalisierung, 208ff.; Braun, Automobilfertigung, 190.

gung.[1]

Schon vor dem Ersten Weltkrieg war FIAT-Chef Giovanni Agnelli in die Vereinigten Staaten gereist, um – neben anderen Verpflichtungen – einen näheren Eindruck der Ford'schen Produktionsmethoden zu gewinnen.[2] Auch nach dem Krieg setzte sich der italienische Konzern mit den Methoden im amerikanischen Fahrzeugbau auseinander, wie weitere USA-Reisen von FIAT-Managern und Technikern zu diversen Automobilherstellern in Übersee demonstrierten. Dabei ging es nicht nur um technische Fragen, sondern vor allem darum, das „Wesen" der Produktion besser zu erfassen.[3]

Aber nicht nur in der amerikanischen Industrie, sondern auch innerhalb Europas wurden Anregungen oder Vergleichsbeispiele für technische oder organisatorische Neuerungen gesucht. Wie ein zeitgenössischer Beobachter für den italienischen Fall konstatierte, schienen hier nach dem Krieg „alle ein bißchen ‚amerikanisiert' und auch ‚germanisiert'" zu sein.[4]

Der gezielte Blick ins europäische Ausland – bzw. auf die praktischen Erfahrungen in Betrieben derselben Sparte – läßt sich auch am Beispiel von Dalmine veranschaulichen, das seine Kontakte zur ehemaligen Mutterfirma in Deutschland nutzte, um direkt „vor Ort, bei den anderen Geschwisterfirmen, die von dem Mutterhaus Mannesmann abstammten", „alle neuesten technischen Verbesserungen zu studieren". Dabei schnitt Dalmine bei dem Vergleich durchaus gut ab, deckte aber zugleich eine Reihe von Ansatzpunkten für Rationalisierungsmaßnahmen auf:

> „Während unsere Werkstätten hinsichtlich der Ausdehnung, Modernität, Perfektion und Geschlossenheit der Anlagen und hinsichtlich ihres Potentials an weiteren Vergrößerungen in vorderster Stelle stehen, erreichen die deutschen Werke ein besseres Produkt, sind stärker mit automatischen Mitteln ausgestattet, [haben] eine geringere Arbeiteranzahl und einen schnelleren Maschinenpark."[5]

Die systematischen Studien bei den Geschwisterwerken sollten sodann bei der entsprechenden Umgestaltung bei Dalmine Berücksichtigung finden.[6]

---

1 Vgl. zum Vorbild Amerika z.B. Hughes, Erfindung Amerikas, 287ff. Für die Reisetätigkeit deutscher Industrieller und Ingenieure auch Kleinschmidt/Welskopp, Amerika, 73ff. Hier wird allerdings durchaus eine „selektive" Wahrnehmung der Amerikareisenden konstatiert, die von den eigenen Vorstellungen präfiguriert war.

2 Vgl. die beiden USA-Reisen Agnellis vor dem Krieg, in den Jahren 1906 und 1911 (bzw. nach abweichenden Angaben 1905 und 1912), dazu Castronovo, FIAT, 48f., 63f., 74f. sowie Bigazzi, Fabbrica, 22.

3 Die Devise lautete: „Kommt erst zurück, wenn ihr es verstanden habt." Vgl. Bigazzi, Fabbrica, 47.

4 So Gaetano Angelici im Jahr 1928, zitiert nach Bigazzi, Modelli, 930.

5 FD, Libri societari, Consiglio d'amministrazione, D Lcda/2, Buch 6: Verbali Consiglio, Sitzungsprotokoll vom 24.3.1923, 117. Übers. d. V.

6 Untersucht wurden die Mannesmann-Betriebe in Düsseldorf, Rath, Remscheid, Bous und in Polen, vgl. FD, Libri societari, Consiglio d'amministrazione, D Lcda/2, Buch 6: Verbali Consiglio, Sitzungsprotokoll vom 24.3.1923, 117.

Im selben Jahr hatte FIAT[1] für seine Automobilproduktion bereits die neue, seit langem geplante Produktionsstätte *Lingotto* in Betrieb genommen, die Mitte der 1920er Jahre rund 18.000 Arbeiter beschäftigte.[2] Dieses neugegründete Werk, das 1923 offiziell eröffnet worden war, konnte bald als eine der modernsten Fabriken in Europa gelten, was die an „Rationalitätskriterien" orientierte Konzeptualisierung der Produktion anbetraf.[3] Im Unterschied zum alten FIAT-Werk *Centro* basierte die neue Betriebsstätte auf einer linearen, „fließenden" Organisation des Produktionszyklus. Statt in traditioneller Weise den Aufbau der Werkstatt an der Funktion der Maschinen auszurichten, was innerhalb der Werkstätten eine knotenpunktartige Konzentration von Produktionsschritten nach Maschinentyp bedingte und damit die häufige Hin- und Herbewegung von Materialien und Personal erforderlich machte, gab nun – so weit wie möglich – die *lineare* Abfolge der Herstellungsschritte den Ausschlag für die Werkstattorganisation, wodurch überflüssige Transportwege entfielen.[4] Dabei spielte der Einsatz neuer, funktional spezialisierter Werkzeugmaschinen eine wichtige Rolle. Möglich wurde die Umgestaltung durch die Zerlegung der mechanischen Fertigung und der Montage in einzelne, in Gruppen und Untergruppen zusammengefaßte Arbeitssequenzen, was eine bessere Kontrolle der Bearbeitungszeiten ermöglichen sollte. Zudem eignete sich eine solche, vom „strömenden" Fertigungsprinzip à la Ford und Taylor inspirierte Produktionsorganisation für den Einsatz der Fließtechnik durch das automatisch betriebene Fließband. Dieses kam nach und nach in den mechanischen Werkstätten und im Karosseriebau zum Einsatz, wenngleich nicht der gesamte Produktionszyklus auf Bandarbeit ruhte.[5] Obwohl die Mechanisierung des Fertigungsprozesses durch das automatische Förder- und Montageband sicher einen bedeutenden Fortschritt darstellte, besaßen die konzeptionellen

---

1 Der FIAT-Konzern beschäftigte sich nicht allein mit der Automobilproduktion. In den 1920er Jahren gehörten Eisen- und Stahlerzeugung, Gießereiprodukte, metallurgische Halbfabrikate für die Weiterverarbeitung im Maschinenbau, große Motoren, Flugzeugmotoren, Eisenbahnmaterial, Industriebedarf und Ersatzteile für Industriefahrzeuge und landwirtschaftliche Maschinen ebenfalls zu den Aktivitäten des Konzerns. Vgl. ILO, Studien, 27f. sowie Castronovo, FIAT, 400f.

2 Im Mai 1926 betrug der Beschäftigungsstand 18.131 Personen. Danach wurde das Personal – im Zuge des Stabilisierungsmanövers - allerdings radikal verschlankt. Siehe auch oben, Abschnitt IV, 2.5. Vgl. für die folgenden Ausführungen zu *Lingotto* vor allem Bigazzi, Fabbrica, 21ff. sowie ders., Operai, 895-949; sowie Castronovo, FIAT, 362ff.; vgl. außerdem Olmo, Lingotto.

3 Bigazzi, Fabbrica, 43.

4 Die „Zerlegung" des Produktes Automobil gab – wie Castronovo und Bigazzi darlegen - den Ausschlag für den Aufbau der Werkstatt, die sich in die Abteilungen „Chassis" und „Karrosserie" gliederte. Zur ersten Abteilung gehörten die Gruppen Motor; Getriebe, Kupplung und Lenkung; Elektrik; Achsen usw. Die verschiedenen Gruppen flossen am Chassis-Montageband im fünften Stock zusammen. Analog dazu vollzogen sich die einzelnen Etappen des Karosseriebaus, bis sich beide Hauptwerkstätten in der Endmontage trafen. Castronovo, FIAT, 362, ausführlich Bigazzi, Fabbrica, 35ff.

5 Allerdings war das bereits seit 1915 geplante Werk Lingotto - wie Bigazzi anmerkt - weder ursprünglich streng nach ford'schen Kriterien konzipiert worden, noch hauptsächlich für den Einsatz des Fließbandes gedacht, trotzdem stark von amerikanischen Vorbildern beeinflußt.

Neuerungen der Arbeits- und Produktions*organisation* eine grundlegendere Bedeutung. Hier lag der innovatorische Kern, der *Lingotto* von seinem Vorgängerwerk unterschied. Während FIAT *Centro* im großen und ganzen eine Maschinenbaufabrik darstellte, die „für die diversifizierte und wechselnde Produktion geeignet" war, wies die fertigungstechnische und organisatorische Spezialisierung das Werk *Lingotto* unverwechselbar als eine „Automobilfabrik" aus.[1]

Mit der Inbetriebnahme von *Lingotto* hatte FIAT eine Phase der forcierten Rationalisierungsbemühungen begonnen. Vergleicht man diese Erfahrung mit praktischen Rationalisierungsansätzen innerhalb der deutschen Automobilindustrie, so deuten sich ähnliche Erfahrungen an. Seit Anfang der 1920er Jahre strukturierten die Opel-Werke in Rüsselsheim die Automobilproduktion grundlegend um.[2] Hierfür spielten auch die Erfahrungen aus der Fahrradproduktion eine wichtige Rolle. Seit 1924 wurden Fahrräder am Fließband montiert, und auch in der Automobilherstellung wurde ein 45 Meter langes Fließband für die Endmontage in Betrieb genommen, das sich ungefähr im Halbstundentakt vorwärtsbewegte.[3] Ähnlich wie bei *Lingotto* etablierte sich auch in der Opel'schen Automobilfertigung zunächst eine Art „Mischsystem", das neue Organisationsformen adaptierte und „Fließarbeit" mit „Fließbandarbeit" kombinierte.[4] Auch bei Opel wurde mit einem neuen, am Vorbild der *Tin Lizzy* orientierten Produktkonzept operiert, so sollte der in großer Serie hergestellte „Laubfrosch" – wie der im *Lingotto*-Werk gefertigte FIAT 501 bzw. 509 – breite Käuferschichten ansprechen und neue Marktsegmente erschließen.

Nach der Inflation steckten auch andere deutsche Autohersteller in umfassenden Umstrukturierungsprozessen. Im Frühjahr 1924 wurde – angesichts von Überkapazitäten und massiver Verluste – auf Druck der im Aufsichtsrat vertretenen Deutschen Bank die „Interessengemeinschaft Daimler und Benz" gegründet, die den krisengeschüttelten Automobilproduzenten aus der Talsohle heraushelfen sollte und gut zwei Jahre später in die Fusion der beiden Unternehmen mündete.[5] Die neue Daimler-Benz AG – nach Opel der zweitgrößte Hersteller von Automobilen in Deutschland – besaß eine tendenziell ineffiziente und redundante Produktionsstruktur. Diesem Problem, das schon vor der Fusion erkannt und angegangen wurde, begegnete man seit 1925 mit einer gezielten Reorganisation der Produktionsstätten in Untertürkheim und Sindelfingen, wobei ähnliche Organisationsgrundsätze und technische Neuerungen wie bei FIAT und Opel zur Anwendung kamen. So zielten die Maßnahmen, die im Sindelfinger Werk besonders forciert wurden, auf eine zeitersparende Minimierung der Transportwege von Material und

1 Vgl. Bigazzi, Operai, 895.
2 Vgl. dazu Kugler, Werkstatt, 304-339.
3 Vgl. Neugebauer, Frauen, 172-195, hier 185; Kugler, Werkstatt, 337; Braun, Automobilfertigung, 198. Vgl. zur Fließ(band)arbeit bzw. Fließtechnik in Deutschland die Studie von Bönig, Fließbandarbeit.
4 Kugler, Werkstatt, 337.
5 Bellon, Mercedes, 207ff. Vgl. auch Feldman, Deutsche Bank, 3-14.

Werkteilen durch organisatorische Veränderungen ab, umfaßten außerdem die Inbetriebnahme neuer, spezialisierter Werkzeugmaschinen und den Einsatz eines Fließbandes für die Endmontage.[1] Mit einer Aufteilung der Zuständigkeiten zwischen den Produktionsstätten – Karosseriebau in Sindelfingen, Chassisbau in Untertürkheim – sollten Redundanzen im produktiven Apparat abgebaut und Arbeitsteilung und Spezialisierung weiter vorangetrieben werden.[2] Im Unterschied zu Opel und FIAT blieb man bei der Umstrukturierung jedoch noch stärker traditionellen Organisationselementen verhaftet. Hier orientierte sich die Umgestaltung am Prinzip der „Gruppenfabrikation", was noch Elemente der herkömmlichen Werkstattorganisation konservierte, indem man sie „dezentral in kleine Fertigungsinseln" zusammenfaßte.[3] So ließ sich hier keine durchgängige, lineare Produktionsorganisation erkennen, die entlang des Endproduktes „Automobil" modelliert war, sondern vielmehr ein Übergangsstadium zwischen beiden Organisationsprinzipien, das bei FIAT und Opel übersprungen worden war.[4] Stärker als bei FIAT und Opel handelte es sich angesichts der kritischen Umstände, in denen sich die Fusionspartner befunden hatten, bei den Rationalisierungsanstrengungen in diesem Fall zugleich um eine situationsbezogene, akute Krisenbewältigungsstrategie.[5]

Wie die geschilderten Beispiele veranschaulichen, ließen sich innerhalb der deutschen und italienischen Automobilindustrie Rationalisierungsanstrengungen erkennen, die einem von fordistischen Einflüssen geprägten Muster folgten. So bildete die allmähliche Hinwendung zu Fließfertigung und -technik einen gemeinsamen Nenner der forcierten Rationalisierungsbemühungen bei FIAT, Opel und Daimler-Benz.

Grundsätzlich war denkbar, daß dies einen gleichförmigen Veränderungsprozeß der betrieblichen Arbeitsbeziehungen anstieß. Mit den organisatorischen und technischen Maßnahmen wurden die praktischen Arbeitsbedingungen einem qualitativen Wandel unterworfen, da die neuen Organisationsprinzipien systemimmanente Besonderheiten – beispielsweise spezifische Anreizmechanismen – mitbrachten. Im Unterschied zu traditionellen Organisationsmodellen war bei einer fordistisch inspirierten Produktionsorganisation die Zerlegung in einzelne Fertigungsstufen weiter vorangetrieben, was aber auch die Autonomie von einzelnen Bearbeitungsvorgängen beschnitt. Verschiedene Arbeitsschritte waren in einem linearen System miteinander verbunden und die Beschäftigten somit in einen übergeordneten Zusammenhang integriert, der einen bestimmten Arbeitsrhythmus erforderte. Für die Kontrolle des regelmäßigen Produktionsverlaufs sorgten technische und organisatorische Momente: Die Arbeit am Fließband zwang zur Einhaltung einer vom Fließtempo diktierten Arbeitsgeschwindigkeit, während auch in

---

1 Dieses bewegte sich nur ungefähr 3,5 m in der Stunde. Vgl. zu den Änderungen Bellon, Mercedes, 210f.

2 Braun, Automobilfertigung, 198.

3 Kugler, Werkstatt, 335 sowie 329ff. Dieses Prinzip war bereits 1919 im Untertürkheimer Werk eingeführt worden, nun aber gezielt ausgebaut, Bellon, Mercedes, 210.

4 Vgl. für das Prinzip der Gruppenfabrikation Kugler, Werkstatt, 330f.

5 Bellon, Mercedes, 213f.

nicht-mechanisierten Arbeitsbereichen Stockungen oder Leerlaufzeiten viel stärker als früher ins Auge fielen. Durch Maßnahmen technischer und organisatorischer Rationalisierung steigerte sich somit im Betrieb das Potential an „unpersönlichen Disziplinierungsformen“[1].

Gemessen an der Produktionsleistung bestanden jedoch merkliche Unterschiede zwischen den genannten Unternehmen, die überdies noch Welten vom US-Pionier trennten: Während in Detroit Mitte der 1920er Jahre täglich 7.000 T-Modelle gefertigt wurden, produzierten die Rüsselsheimer Werke Ende 1924 täglich 100 Autos.[2] Bis 1927 konnte die Tagesproduktion bei Opel auf 125 gesteigert werden, wobei an der Fertigung eines Fahrzeuges pro Tag ungefähr 90 Arbeiter mitwirkten, damit zehn Mal so viel Arbeitskräfte, wie bei Ford dafür benötigt wurden.[3] Ähnlich gestaltete sich das Ergebnis des italienischen Vorzeigewerkes *Lingotto*, dessen Produktionsleistung zunächst wenig beeindruckte. In der Anfangsphase wurden in der neuen FIAT-Betriebsstätte ungefähr 60 bis 80 Fahrzeuge am Tag hergestellt – somit noch nicht einmal die Hälfte des geplanten Tagesoutputs von 200 Autos erreicht. Nach einigen Anpassungen und organisatorischen Verbesserungen konnte das Produktionsziel zwar erfüllt werden, aber noch immer blieb die Produktivität hinter den Erwartungen zurück.[4] Bei Daimler-Benz lagen die Verhältnisse ohnehin anders, da sich das Produktkonzept vorrangig an einem anderen Nachfragesegment orientierte, dabei nach wie vor auf hohe Produktqualität, Luxusfahrzeuge und weniger auf große Serien setzte. So produzierte das Untertürkheimer Werk nur 20 Exemplare der preiswertesten und lediglich zwei der leistungsstarken Modelle in der oberen Hubraumklasse am Tag.[5]

Bei dem Vergleich zwischen den genannten Unternehmensbeispielen und dem mehr oder weniger locker nachgeahmten amerikanischen Vorbild ist allerdings zu berücksichtigen, daß - angesichts der unterschiedlichen Rahmenbedingungen – weder im deutschen noch im italienischen Fahrzeugbau eine genaue Adaption des Ford'schen Produktionsmaßstabs angestrebt wurde. Während in der Automobilindustrie in Deutschland die deutsche „Qualitätsarbeit“ gegenüber den massengefertigten amerikanischen Standardprodukten als höherwertig gepriesen wurde,[6] suchte man auch bei FIAT bewußt die be-

1 Vgl. Bigazzi, Fabbrica, 56.

2 Braun, Automobilfertigung, 196. Vgl. auch unten: Aufgrund der anderen Marktbedingungen in Deutschland wurde die Ford'sche Produktionsleistung auch nicht angestrebt, sondern auf die Bedeutung einer diversifizierten Produktpalette verwiesen.

3 Während ein Ford-Arbeiter mit zwei Monatslöhnen ein T-Modell erwerben konnte, mußte bei Opel anscheinend der Lohn von 32 Monaten gespart werden, um einen „Laubfrosch“ erstehen zu können. Vgl. hierzu die Hinweise in der von der Adam Opel AG herausgegebenen Firmendarstellung: Lewandowski, Opel, 55. Vgl. auch die Übersicht über die Kaufpreise deutscher und ausländischer Automobilfabrikate in Kugler, Arbeitsorganisation, 112f.

4 Bigazzi, Fabbrica, 40 und 46 f.

5 Bellon, Mercedes, 210.

6 Vgl. das Stichwort: „Hier sauber und gründlich, dort husch-huschfertig.“ Zitiert nach Kugler, Werkstatt, 315. Auch zitiert in Braun, Automobilfertigung, 191.

währten „Regeln der Kunst" und die geschätzten Produktmerkmale aufrechtzuerhalten. Dazu zählten – der Selbstdarstellung zufolge – die „konstruktive Raffinesse, die Eleganz und äußere Klarheit".[1]

Die Transformation der Produktionsweise durch rationalisierende Maßnahmen war ein langfristiger, allmählicher, unter Umständen konflikthafter Prozeß. Diese bisweilen experimentelle Übergangsphase ließ sich auch am Beispiel von FIAT feststellen. Eine wichtige Voraussetzung für die Umstellung stellte hier die Einführung des kollektiven Akkordlohnprinzips dar. Nach diesem Modus bemaßen sich die Prämienverdienste aller Autoarbeiter an der Differenz zwischen der als „normal" kalkulierten Herstellungszeit für ein Fahrzeug und der tatsächlich dafür benötigten Arbeitszeit.[2] Im Hinblick darauf, daß diese Form der Entlohnung in einem Ford-System in Reinkultur ein wesensfremdes Anreizelement bildet, erscheint die Maßnahme durchaus bemerkenswert. Bei FIAT erfüllte der gemeinschaftliche Leistungslohn eine mehrfache Funktion: Zum einen erhöhte er durch die Evaluierung des kollektiven Moments die Akzeptanz der Arbeiterschaft von neuen Formen der Produktionsorganisation. Vor dem Hintergrund des angespannten Klimas, in dem sich der Umzug der wichtigsten Werkstätten zu dem neuen Standort vollzog[3] – nach dem Ende der Fabrikbesetzungen klangen die „roten Jahre" aus – wurde die kollektive Entlohnung von Seiten der FIAT-Arbeiterschaft als ein wichtiger Schritt auf dem Weg zur angestrebten Mitbestimmung interpretiert.[4] Zum anderen ermöglichte das neue Verfahren die Vereinfachung des inzwischen überaus komplizierten Systems gestaffelter Lohnprämien und bot zugleich eine Alternative zu der langwierigen und potentiell konfliktträchtigen Anpassung der Prämiensätze an die neuen Verhältnisse. Darüber hinaus erhielt die Arbeiterschaft Mitverantwortung und einen gewissen Freiraum bei der Umgestaltung des Produktionsprozesses, insofern, als Anreize für die Kooperation und eine effektive Arbeitsteilung im Team geschaffen wurden, ohne die – nach Einschätzung eines FIAT-Managers – die Umstellung „äußerst schwierig" gewesen wäre.[5]

Die Haltung der Arbeitnehmer zu den Maßnahmen einer technischen und organisatorischen Rationalisierung war ambivalent, aber nicht grundsätzlich ablehnend. Innerhalb der Arbeiterschaft in der norditalienischen metallverarbeitenden Industrie, besonders im Automobilbau, schien zunächst eine optimistische Sicht verbreitet, die

1 Bigazzi, Fabbrica, 40. FIAT war der bedeutendste Automobilproduzent Italiens, aber nicht repräsentativ für die gesamte italienische Automobilindustrie. Ein Gegenbeispiel ist Alfa Romeo, das auch nach dem Krieg auf die Produktion qualitativ hochwertiger Fahrzeuge setzte und sich darüber hinaus einer weiten Produktpalette widmete, vgl. ders., Strategies, 76-96.

2 Bigazzi, Management, 87.

3 Im Dezember 1921 waren einige Abteilungen schon im *Lingotto* angesiedelt, vgl. Bigazzi, Fabbrica, 30 mit Anm. 42.

4 Vgl. zum Kollektivakkord Musso, Gestione, 39 sowie Bigazzi, Strategies, 86f., zum „Kontrollprojekt" und zum Handlungszusammenhang des *biennio rosso* vgl. oben, Kapitel IV, 2.4. Siehe auch Berta, Imprese, 1008ff.

5 Vgl. das Zitat des verantwortlichen Ingenieurs Ugo Gobbato in Bigazzi, Strategies, 87.

Innovation und technologischen Wandel als Katalysator von sozialem Fortschritt interpretierte.[1] Auch in Deutschland neigten die organisierte Arbeiterschaft und die Sozialdemokratie zu einer positiven Interpretation von technischem Fortschritt und befürwortete die Rationalisierung, sofern die Arbeitnehmer durch hohe Löhne an den „Rationalisierungsgewinnen" beteiligt würden. In diesem Gedankengebäude fungierten hohe Löhne als konstanter Anreiz für weitere Rationalisierungsfortschritte und stellten – aufgrund des kaufkraftsteigernden Effekts – die Basis für einen nachfrageindizierten Konjunkturaufschwung dar, in dem standardisierte Massengüter eine wichtige Rolle spielen sollten.[2] Rationalisierungsmaßnahmen, die langfristig keine Perspektive auf materielle Kompensation boten, wurden jedoch abgelehnt.[3]

Im Fall von FIAT *Lingotto* zeigten – trotz der anfänglichen Kooperationsbereitschaft der Arbeitnehmer – die zunächst enttäuschenden Ausstoßzahlen die Grenzen der neuen Produktionspraxis auf.[4] Für das Ziel, die Effizienz so zu steigern, daß sich die enorme Investition rechnete, schienen weder das neue Organisationsprinzip der Werkstätten noch deren zunehmende Mechanisierung und Vernetzung durch Fließtechnik eine hinreichende Bedingung zu bieten. In der Praxis ergaben sich vielfältige Schwierigkeiten. Abgesehen von den Schwankungen in der Nachfrage nach Automobilen setzten marktstrategische und technische Erwägungen der Reorganisation Grenzen.[5] Vor diesem Hintergrund gewann die planmäßige Analyse von „work in progress" an Bedeutung, wobei Arbeitsteilung, -entgelt, -zeit und -leistung sowie Kontrollverfahren für Produktqualität und Produktionstechnik dergestalt optimiert werden sollten, daß nach Möglichkeit eine gerechte und leistungsfördernde Bezahlung zu einem maximalen Arbeitseinsatz führte und so mit dem geringstmöglichen Ressourceneinsatz das quantitativ und qualitativ beste Ergebnis erzielt werden konnte.[6] Vor allem der Faktor Arbeitszeit rückte in den Mittelpunkt des Interesses. So entstanden Büros für Zeitstudien, die Messungen von durchschnittlichen Bearbeitungszeiten und Kostenberechnungen anstellten und eine „Sättigung" (*saturazione*) des Produktionsprozesses anstrebten, damit die Präsenzzeiten der Beschäftigten voll ausgenutzt werden konnten und sogenannte „tote Zeiten" entfielen.[7] Dabei sollte die Zentralisierung dieser *uffici analisi tempi e metodi* einen möglichst neutralen und gleichförmigen Blick auf den Arbeitsprozeß im gesamten Betrieb gewähren und so eine „Objektivierung" der Ergebnisse ermöglichen. Die Zeitstudien gaben

---

1 Vgl. Bigazzi, Fabbrica, 46.

2 Vgl. den Vortrag des Gewerkschafters Wilhelm Eggert auf der Berliner Betriebsrätekonferenz im Oktober 1926, ders., Rationalisierung sowie kurz Peukert, Weimarer Republik, 116f.

3 Vgl. Eggert, Rationalisierung, 28ff.

4 Für die Beziehungen zwischen Arbeitnehmern und Management bei FIAT vgl. auch oben, IV, 2.4.

5 Da noch der Mehrfachantrieb für Maschinen verbreitet war, konnten nicht alle Maschinen unabhängig plaziert werden. Zudem hielt man an Typenvielfalt fest.

6 Vgl. für eine Beschreibung der bei FIAT etablierten Organisationsstrukturen für Rechnungswesen, technische Planung und Kontrolle Gobbato, Organizzazione. Es handelte sich um Ausbildungskurse am Turiner *Politecnico*, die vom Leiter der Werks *Lingotto* verfaßt waren.

7 Vgl. über intensivierte Zeitstudien bei *Lingotto* Bigazzi, Operai, 919.

nicht nur Aufschluß über Verbesserungsmöglichkeiten, sondern lieferten zugleich einen detaillierten Überblick über den gesamten Arbeits- und Produktionsprozeß, was das betriebliche Rechnungswesen und Kostenmanagement auf ein neues Fundament stellte.[1]

Nach einigen Jahren schien der kollektive Leistungslohn bei FIAT überholt. Dieses Verfahren bot nun, da die Phase der Umstellung und Eingewöhnung längst als abgeschlossen gelten konnte, nicht mehr die erforderlichen Leistungsanreize. Die *Lingotto*-Arbeiter akzeptierten die Rückkehr zum Individualakkord, wohl auch vor dem Hintergrund, daß sich die Kräfteverhältnisse auf dem Arbeitsmarkt durch die Weichenstellungen des faschistischen Regimes gewandelt hatten.[2] Basierend auf den Kalkulationen des Zeitstudienbüros wurden die neuen, individuellen Prämiensätze kontinuierlich überarbeitet.[3]

Für die italienische Seite ist anzumerken, daß FIAT einerseits als ein Paradebeispiel für forcierte Rationalisierungsanstrengungen fungierte, was sich sowohl in der zeitgenössischen Darstellung als auch im historischen Urteil niederschlug. Andererseits schuf der Turiner Konzern mit der Gründung von *Lingotto* ein Ausnahmemodell, an das nur wenige andere Unternehmen heranreichten.[4] Andere Beispiele aus der Automobilbranche (z.B. Alfa Romeo) veranschaulichen diesen Sondercharakter von FIAT sehr deutlich. Auch der Vergleich mit dem Genueser Schwermaschinenbauer Ansaldo demonstriert die Spannbreite der Rationalisierungserfahrungen in Großunternehmen der nordwestitalienischen Maschinenbauindustrie.[5] Obwohl auch das Ansaldo-Management neuen, fordistisch inspirierten Organisationsmodellen durchaus aufgeschlossen gegenüberstand, sah die praktische Umsetzung dieser Ideen im Ergebnis ganz anders aus. Alles in allem präsentierte sich hier in den 1920er Jahren ein langsamer, häufig stockender Rationalisierungsprozeß. Zwar hatte man auch bei Ansaldo schon früher über eine Produktrationalisierung nachgedacht, die als Strategie erwägenswert erschien, um die Unternehmenskrise der frühen 1920er Jahre zu überwinden und den Personalbedarf zu reduzieren. [6] Diese Ansätze schienen jedoch nicht über theoretische Pläne hinauszukommen. Die Erfahrungen, die das Unternehmen im Zeichen der Kriegsproduktion mit standardisierter Massenfertigung von Kriegsmaterial gemacht hatte, ließen sich nur sehr begrenzt für die Nachkriegszeit nutzen, denn diese waren mehr vom Pro-

---

1 Diesen Aspekt hebt auch Kleinschmidt, Rationalisierung, 282f. hervor.

2 Bigazzi, Management, 87.

3 Ebd.

4 So beispielsweise Magneti Marelli, vgl. Bigazzi, Modelli, 956.

5 Vgl. zur Rationalisierung bei Ansaldo Dewerpe, Lost Paradigm, 273-309; Gibelli, Tecnici, 161-181. Siehe auch Rugafiori, Uomini.

6 Vgl. einen Brief von Pio Perrone an Ingenieur Locarni, zu diesem Zeitpunkt noch Direktor der elektrotechnischen Werke, am 25.11.1920. FA, Fondo Sarli-Biandrà, b. 24, fasc. 2. Hier heißt es: „Daher ist die Notwendigkeit, ihre [d.h. der Beschäftigten, ST] Anzahl auf das notwendige Minimum zu reduzieren, offensichtlich, opportun und empfehlenswert ist der Vorschlag, diese Reduktion über die *Normalisierung der Produkte* in den einzelnen Industriesparten zu erreichen." Übers. u. Hervorh. d. Verf.

duktivismus der Kriegsjahre als von gezielten Bemühungen um die Adaption neuartiger technisch-organisatorischer Prinzipien geprägt.[1]

Für Ansaldo gestalteten sich die Voraussetzungen für eine Hinwendung zu neuen Formen der Produktionsorganisation zunächst nicht besonders günstig. Ohnehin waren die Gestaltungsspielräume durch die Struktur des Marktes und der Produkte im Schwermaschinenbau beschränkt.[2] Darüber hinaus hatte die Unternehmenskrise im Jahr 1922, der eine Umstrukturierung des Ansaldo-Konzerns folgte, die Belegschaften verunsichert.[3] Am Beispiel der *stabilimenti elettrotecnici,* die Ende der 1920er Jahre ungefähr 1.500 Beschäftigte zählten, lassen sich die Schwierigkeiten in der Rationalisierungspraxis bei Ansaldo veranschaulichen. Mitte der 1920er Jahre steckte diese Betriebsstätte – nach Einschätzung des neuen Werksdirektors Sarlì – „bis zum Hals in unüberlegten, im Hinblick auf verfügbare Kräfte und Mittel unverhältnismäßigen Verpflichtungen".[4] Die Produktion war in den letzten Jahren äußerst schleppend verlaufen, und zahlreiche Aufträge hatten nur mit großer Verspätung erfüllt werden können.[5] Für die desolate Lage machte die mit der Umstrukturierung betraute Werksleitung eine Reihe von externen und internen Umständen verantwortlich. Abgesehen von der Tatsache, daß die elektrotechnische Großindustrie in Italien lange Zeit rückständig gewesen war, wirkte sich die „extreme Knappheit an technisch ausgebildeten und spezialisierten Kräften" äußerst ungünstig aus.[6]

> „Die Situation der Unzulänglichkeit, der Verwaisung, der Desorganisation des technischen Personals war beeindruckend. Der Rückstand der Arbeiten enorm."[7]

---

1 Zu Ansaldo im Krieg vgl. oben, Kapitel III; zu den Erfahrungen mit standardisierter Massenproduktion von Kriegsmaterial vgl. Dewerpe, Lost Paradigm, 284ff.; siehe auch Rugafiori, Occupazione, 244-267.

2 Der Ansaldo-Konzern umfaßte die Fertigung von Halbfabrikaten und Maschinenbauzubehör, Lokomotiven, Landwirtschaftsmaschinen, Elektrotechnik (-mechanik), Schiffsbau, Eisen- und Stahlerzeugen, Gießereiprodukten. Für eine Übersicht über die Belegschaftsstruktur nach Werken vgl. Gibelli, Tecnici, 200.

3 Vgl. für die Krise im Jahr 1922 oben, IV 2.5.b. sowie die dort angegebene Literatur.

4 So Sarlì in einem Brief an den Generaldirektor A. Rullini vom 25.11.1925, FA, Fondo Sarlì-Biandrà, b. 20, fasc. 3. Cristianino Sarlì, ein ehemaliger leitender Ingenieur der Mailänder Compagnia Generale di Elettricità (CGE) hatte im Jahr 1925 die Werksleitung übernommen, um den Betrieb zu restrukturieren.

5 Vgl. die Angaben in einem undatierten Memorandum („Promemoria"), das vermutlich aus der Feder von Sarlì stammt und wahrscheinlich gegen Ende 1926/Anfang 1927 verfaßt wurde, FA, Fondo Sarlì-Biandrà, b. 24, fasc. 14. Das Memo gibt auch Aufschluß über die Produktionsleistung der elektrotechnischen Werke, die Entwicklung des Marktes und der Produkte seit der Jahrhundertwende.

6 Vgl. FA, Fondo Sarlì-Biandrà, b. 20, fasc. 3 sowie b. 24, fasc. 14. Die Argumentation ist in beiden Dokumenten recht ähnlich, teilweise auch mit ähnlichen Formulierungen. Die Qualifikationsdefizite hatten, nach Einschätzung des Werksdirektors, mit Schwächen der beruflichen Ausbildung in Schule und Industrie zu tun.

7 FA, Fondo Sarlì-Biandrà, b. 24, fasc. 14. Übers. d. V.

So richtete die Betriebsleitung ihr Augenmerk zunächst auf die Verbesserung der Personalstruktur:

„Was die technischen Kräfte in diesen Werken (...) anbetrifft, so waren diese – und sind es noch – völlig unzureichend (...). Eine ganz radikale Verstärkungsmaßnahme war und ist notwendig, und ich habe sie bereits angepackt. Einige Lücken schließen sich, viele andere sind noch zu schließen."[1]

Darüber hinaus ging es in erster Linie darum, den „produktiven Rhythmus wiederzubeleben" und die als Grundproblem diagnostizierte „ernsthafte Untersättigung" (*sottosaturazione*) des produktiven Potentials zu überwinden. Durch arbeitsorganisatorische Verbesserungen sollte der Arbeitseinsatz effizienter und das Verhältnis von „unproduktiver" und „produktiver" Arbeit verbessert werden.[2] In technischer Hinsicht hatten verfehlte Modernisierungsansätze in der Vergangenheit die Situation bis dato eher verschlimmert als verbessert, so daß auch die technische Ausstattung der Werkstätten einer systematischen Erneuerung bedurfte.[3] Daß die gezielten Rationalisierungsbemühungen sehr bald erste Wirkungen zeigten, ließen die gestiegenen Produktivitätsziffern im Jahr 1926 deutlich erkennen.[4] Was technische Verbesserungsmaßnahmen anbetrifft, blieben bis zum Ende der 1920er Jahre anscheinend enorme Rationalisierungspotentiale ungenutzt, da hier das Kostenproblem bzw. die „extreme Sparsamkeit", wie Sarlì es formulierte, den praktischen Gestaltungsmöglichkeiten enge Grenzen setzte. Noch im Jahr 1930 klagte der Werksdirektor über einen hoffnungslos veralteten Maschinenpark, der zum Teil noch aus der Vorkriegszeit stammte und nicht auf die Bedürfnisse der elektromechanischen Fertigung abgestimmt war.[5] Nach seiner Einschätzung waren nunmehr technische Rationalisierungsmaßnahmen – insbesondere die Neuanschaffung funktional spezialisierter Maschinen – angesichts fortwährender Produktionsstockungen dringend angezeigt. Auch betriebswirtschaftlich schien diese Investition sinnvoll, da sie sich, wie nachdrücklich betont wurde, schon aus den laufenden Arbeiten heraus amortisieren würde.[6] Anscheinend scheute die Konzernleitung je-

1 FA, Fondo Sarlì-Biandrà, b. 20, fasc. 3. Übers. d. V. In seinem Brief an die Konzernleitung rechtfertigte sich Sarlì gegenüber dem Vorwurf, qualifiziertes Personal zu „hamstern", das er von seiner alten Wirkungsstätte abgeworben habe. Wenngleich er den Vorwurf als unbegründet zurückweist, so betont er doch den Vorteil geschulter Kräfte bei einem solchen Rationalisierungsprojekt gegenüber zeitaufwendigen Anlernprozessen neuer Mitarbeiter. („Extreme Umstände erfordern extreme Mittel".)

2 Hier heißt es „(...) der Fortschritt ist enorm, nicht so sehr bezüglich der Belegschaftsstärke (numero del personale) (...), sondern hinsichtlich ihrer Reorganisation und Reanimation wie auch hinsichtlich ihrer Qualität und spezifischen Effizienz." FA, Fondo Sarlì-Biandrà, b. 24, fasc. 14.

3 Zu den verfehlten Verbesserungsversuchen in der Vergangenheit FA, Fondo Sarlì-Biandrà, b. 24, fasc.14.

4 Vgl. Berechnungen in FA, Fondo Sarlì-Biandrà, b. 24, fasc. 14.

5 Memorandum Sarlis vom 14.4.1930. FA, Fondo Sarlì-Biandrà, b. 24, fasc. 26,

6 FA, Fondo Sarlì-Biandrà, b. 24, fasc. 26.

doch grundsätzlich vor kostenintensiven Rationalisierungsstrategien zurück.[1] Demgegenüber betrieb man auch bei Ansaldo gegen Ende der 1920er Jahre intensivierte „Analysen der Bearbeitungszeiten" im Hinblick auf eine weitere Anpassung der Arbeitsorganisation, jedoch waren die Möglichkeiten der Effizienzsteigerung bzw. Kostensenkung in diesem Bereich inzwischen wohl annähernd ausgeschöpft.[2]

Alles in allem veranschaulichte die Rationalisierungspraxis in diesem Ansaldo-Werk wohl ziemlich deutlich – wie Dewerpe anmerkt – daß auch auf einer jungen, dynamischen Produktionssparte wie der Elektrotechnik das „Gewicht der traditionellen Produktionsgepflogenheiten" lasten konnte.[3] Wenngleich sich die beiden Unternehmen FIAT und Ansaldo wohl nur begrenzt vergleichen lassen, so weisen doch die kontrastierenden Rationalisierungserfahrungen darauf hin, daß für eine erfolgreiche Erschließung von Rationalisierungspotentialen die Unternehmens- bzw. Managementkultur und die Gestaltung der Arbeitsbeziehungen wichtige Einflußfaktoren darstellten.[4]

b. *Arbeitsmarkteffekte von Rationalisierung: Qualifikation, Beschäftigung und Lohn*

Es ist schwierig, die Auswirkungen der forcierten Rationalisierungsanstrengungen für die Beschäftigten genau zu erfassen, da sich verschiedene Faktoren überlagern und unter Umständen gegenseitig aufheben konnten. So erscheint es beispielsweise problematisch, konjunkturelle Schwankungen im Beschäftigtenstand von einem langfristigen Arbeitsplatzabbau aufgrund erfolgreicher Rationalisierungsmaßnahmen zu unterscheiden. Noch komplizierter wird die bilanzierende Betrachtung, wenn dem Abbau von Arbeitsplätzen in einigen Bereichen die Entstehung neuer Beschäftigungsmöglichkeiten in anderen Aufgabenkreisen – möglicherweise sogar innerhalb desselben Unternehmens oder Industriezweigs – gegenüberstand. Die arbeitsmarktbezogenen Effekte lassen sich also nicht ohne weiteres erkennen und – angesichts von unterschiedlichen Ergebnissen in verschiedenen Betrieben – auch nur schwer verallgemeinern. Der Vergleich der qualitativen Befunde aus den Unternehmen deutet darauf hin, daß sich die Rationalisierungswirkungen keinesfalls mit den gängigen Formeln „Arbeitsplatzabbau" und „Dequalifizierung" erschöpfend beschreiben ließen.[5]

---

1 Aus den vorhandenen Quellen läßt sich nicht erschließen, ob die Unternehmensleitung dem Antrag Sarlis Folge leistete. Die Tatsache, daß im Frühjahr 1930 noch mit einem derartig veralteten Apparat gearbeitet wurde, spricht jedoch für sich.

2 Auf jeden Fall hielt Sarlì technische Maßnahmen für entscheidender, FA, Fondo Sarlì-Biandrà, b. 24, fasc. 26.

3 Hierfür ist die fehlende Erneuerung der technischen Anlagen ein Beispiel, vgl. Dewerpe, Lost Paradigm, 304.

4 Da dies auch abgesehen von den jeweiligen technologischen, markt- und produktbezogenen Gegebenheiten zutrifft, relativiert sich das Problem der Vergleichbarkeit der beiden Unternehmen. Zur Managementkultur als Rahmenbedingung bei Ansaldo vgl. Dewerpe, Lost Paradigm, 304-306.

5 Für eine quantitativ evaluierende Bewertung der Arbeitsmarkteffekte von Rationalisierung fehlen oftmals die Quellen. Angesichts der erforderlichen Differenzierungen greifen die Erwerbsstatistiken meist zu kurz. Zudem sind verzögert einsetzende Veränderungen zu bedenken. Auch die Un-

Die sogenannte „Dequalifizierungsthese" – die Annahme einer kontinuierlich rückläufigen Bedeutung von Qualifikation in der Industriearbeit durch technischen Fortschritt und Rationalisierung – hat längere Zeit die historische Forschung dominiert.[1] Da ein Teil der betrieblichen Rationalisierungsmaßnahmen auf eine Vereinfachung der einzelnen Arbeitsvorgänge abzielte, erscheint es zunächst naheliegend, einen Bedeutungsschwund von beruflichen Qualifikationen anzunehmen. Jedoch bewertet eine solche Interpretation die Rolle des „technischen Moments" im Produktionsprozeß tendenziell über. Zugleich wird die Bedeutung der menschlichen Arbeitskraft marginalisiert und die Entstehung neuer Arbeitsinhalte leicht übersehen. Gerade im hier interessierenden Untersuchungszeitraum der 1920er Jahre konnten die intensive Propaganda und Diskussion der potentiellen Auswirkungen von Rationalisierung durchaus dazu verleiten, den Umfang der tatsächlichen Rationalisierungspraxis zu überschätzen, während auch die unübersichtliche Arbeitsmarktlage in der Nachkriegszeit mit der dichten Abfolge von Krisen und konjunkturellen Wechsellagen Fehlschlüsse begünstigte.[2]

Hinsichtlich der Umgestaltung des Qualifikationsprofils boten die praktischen Erfahrungen, die man in den genannten Unternehmen mit Rationalisierungsmaßnahmen machte, kein eindeutiges Ergebnis. Vielmehr drängte sich der Eindruck auf, daß auch hier die These von der „Dequalifizierung der Industriearbeit" in der pauschalen Form nicht zutraf. Allerdings ließ sich durchaus in einigen Tätigkeitsbereichen ein Rückgang der qualifikatorischen Voraussetzungen für die Übernahme eines „rationell" umgestalteten Jobs feststellen. Einen solchen Trend konnte der Einsatz von Frauen in traditionellen Männerjobs anzeigen, wenn beispielsweise gering qualifizierte Frauen am Fließband ein Produkt fertigten, das früher männliche Facharbeiter in mehr oder weniger aufwendiger Einzelmontage hergestellt hatten – wie es etwa in der Fahrradproduktion bei Opel oder in der Staubsaugerproduktion bei Siemens der Fall war. Dies galt allerdings nur für einen eng umrissenen Einsatzbereich.[3] Zudem blieb Fließbandarbeit in der Automobilproduktion bei Opel eine Domäne des männlichen Metallarbeiters.[4] Auch bei FIAT *Lingotto* vollzogen sich eher zweischneidige Entwicklungstendenzen. Einerseits schien, wie der allmähliche Umstrukturierungsprozeß zeigte, nach wie vor eine hohe Abhängigkeit des Unternehmens von dem qualifizierten Metallarbeiter zu bestehen. Die erfolgreiche Inbetriebnahme der neuen Betriebsstätte ruhte auf der Arbeitserfahrung

---

ternehmensdaten sind oft lückenhaft oder nur für kurze Zeiträume aufschlußreich, so beispielsweise bei Opel und FIAT, vgl. hierfür Kugler, Arbeitsorganisation, 74ff., sowie Bigazzi, Fabbrica, 62; vgl. für Siemens die strukturelle Analyse des Elmo-Werkes von Homburg, Rationalisierung, 528ff.

1 Vgl. mit Belegen Kleinschmidt, Rationalisierung, 317f. Seit Beginn der 1980er Jahre ließ sich ein Wandel in der industriesoziologischen Forschung erkennen, der diese Annahme zunehmend hinterfragte, ebd. Vgl. auch oben.

2 Auf die Unübersichtlichkeit der Kriegs- und Nachkriegszeit verweist auch Kleinschmidt, Rationalisierung, 318.

3 In der Staubsaugerproduktion bei Siemens arbeiteten zunächst sechs, später dann 35 „Mädchen" am Fließband, vgl. Homburg, Rationalisierung, 507.

4 Neugebauer, Frauen, 185.

und dem praktischen Wissen dieser qualifizierten Beschäftigtenkategorie, ohne deren Mitarbeit die Hinwendung zu neuen Produktionsmethoden nicht erfolgreich zu bewerkstelligen war.[1] Andererseits gab es Hinweise darauf, daß die Werksleitung nach einigen Jahren – bereits unter dem Einfluß der Weltwirtschaftskrise – gezielt eine formal dequalifizierende Einstellungspraxis betrieb, indem sie Arbeiter, die einer bestimmten gehobenen Qualifikationsgruppe angehörten, entließ und in einer niedrigeren Beschäftigungskategorie wiedereinstellte.[2] Diese Verfahrensweise reflektierte aber wohl weniger eine direkte, „objektive" Rationalisierungswirkung, sondern eher eine gezielte Nutzung des Handlungsspielraumes, den die drastisch verschlechterte Arbeitsmarktlage für eine Realisierung von Unternehmensinteressen bot.

Dennoch schienen sich während der „Rationalisierungsära" in der italienischen metallverarbeitenden Industrie Verschiebungen im gängigen Qualifikationsmuster vollzogen zu haben, wie die Schaffung der neuen Kategorie des „spezialisierten Hilfsarbeiters" in den Tarifverträgen der Metallindustrie 1928/29 veranschaulicht. [3] Hiermit wurde eine Arbeitskraft bezeichnet, die nach kurzer Anlernzeit für leichtere Tätigkeiten eingesetzt wurde. Darüber hinaus deuten weitere Informationen zur Qualifikationsstruktur bei FIAT *Lingotto,* die sich allerdings nur auf einen kurzen Zeitraum beziehen, auf die Stärkung der mittleren Qualifikationsgruppe hin, da einem leichten Beschäftigungsrückgang in der „Spitzenkategorie" ein Zuwachs der zweithöchsten Qualifikationsstufe gegenüberstand. Angesichts der Tatsache, daß es sich um vergleichsweise geringfügige Veränderungen handelte, daß die beiden oberen Kategorien in der Gesamtbetrachtung relativ konstant blieben und während des ganzen Zeitraumes mehr als zwei Drittel der Arbeiterschaft umfaßten, erscheint es jedoch übertrieben, einen gravierenden Dequalifizierungsprozeß anzunehmen.[4] Auch weit über den hier interessierenden Zeitraum der 1920er Jahre hinaus besaßen qualifizierte Metallarbeiter eine zentrale Funktion für FIAT, aber auch für andere Unternehmen, und hielten eine gewichtige Position auf den

1 Vgl. Bigazzi, Modelli, 930; siehe auch ders., Fabbrica, 46 sowie Musso, Production Methods, 245.

2 Bigazzi, Fabbrica, 62. Trotz der Herabstufung aus Kostengründen blieb das Qualifikationsniveau dasselbe.

3 Vgl. Bigazzi, Fabbrica, 62. Für die im Februar 1928 verhandelten, im darauffolgenden Jahr in Kraft getretenen Tarifverträge vgl. diverse Vertragswerke in BSNF, Pubbl. Min. "Società", z.B. Contratto Nazionale per gli operai meccanici e metallurgici, 15.2.1928, in: CNSFI/Unione Provinciale Sindacati Fascisti dell'Industria di Milano, Contratti integrativi per le province di Milano, Bergamo, Brescia, Como, Pavia e Varese, Mailand 1934; Società An. Fabbrica Bresciana Automobili Brescia, Libretto degli Utensili in consegna all'operaio ed unito regolamento per gli operai, Brescia o.J. [wahrscheinlich 1932].

4 Dies suggeriert Bigazzi vor dem Hintergrund, daß „Normalarbeiter" und „Maschinenarbeiter" zusammen rund zwei Drittel der Belegschaft stellten. Qualifizierte Facharbeiter wurden zur Maschinenbedienung eingesetzt. Vgl. ders., Fabbrica, 62 mit Tab. 6. Die Übersicht über die Qualifikationsstufen bezieht sich auf die Jahre 1932/34; in diesem Zeitraum war die Beschäftigung des „Normalarbeiters" (*operai comuni*) um fast 2% gesunken, von qualifizierten Arbeitern um 4,7%; die Beschäftigung von *operai specializzati* (wohlbemerkt: nicht *manovali specializzati*) hatte um knapp 6% zugenommen.

industriellen Arbeitsmärkten der metallverarbeitenden und Maschinenbauindustrie im *triangolo industriale.*[1]

Bei der Daimler-Benz AG schienen im Zuge der Umstrukturierungen qualifizierte Arbeitskräfte in den reorganisierten Betriebsstätten an Bedeutung zu verlieren.[2] Aber auch hier drängen sich bei näherer Betrachtung Zweifel an einem eindeutigen Zusammenhang zu den Rationalisierungsmaßnahmen auf. Zum einen waren von dieser Entwicklung anscheinend in erster Linie Arbeitskräfte betroffen, die nicht dem Metallbereich entstammten, sondern anderen Tätigkeitsfeldern zuzuordnen waren, so z.B. im Karosseriebau beschäftigte Holzarbeiter oder Lackierer.[3] Für diese Arbeitnehmergruppen weichten neue Bearbeitungstechniken das gängige Qualifikationsprofil auf.[4] Zum anderen ist zu bedenken, daß der Anteil der Qualifizierten bei Daimler-Benz absank, obwohl hier die technischen Rationalisierungsmaßnahmen im Laufe der 1920er Jahre – im Vergleich zu Opel oder FIAT – noch nicht allzu weit vorangeschritten waren. Im Unterschied dazu blieb die Qualifiziertenquote bei den restrukturierten Opelwerken *grosso modo* unverändert.[5] Dieser Umstand legt nahe, daß eine mechanistische Gleichsetzung von technischer Rationalisierung mit Dequalifizierungseffekten zu kurz greift.[6]

Auch Rationalisierungserfahrungen in Betriebsstätten des Siemens-Konzerns, die die Studie von Heidrun Homburg vorstellt, weisen in dieselbe Richtung. Ähnlich wie bei *Lingotto*, bildete auch im Elmo-Werk von Siemens das Erfahrungswissen der qualifizierten Metallfacharbeiter eine unverzichtbare Grundvoraussetzung für die Implementierung technisch-organisatorischer Rationalisierungsmaßnahmen.[7] Mit der Hinwendung zu neuen Produktionsmethoden hatten sich auch die Arbeitsinhalte gewandelt. Die Nutzung und Wartung der Maschinen erforderten spezifische Kenntnisse, deren Fehlen kostspielige Bedienungsfehler oder Produktionsausfälle zur Folge haben konnte.[8] Darüber hinaus schloß die Diversifikation der Produktpalette eine schematische Adaption fordistischer Prinzipien aus. Nach wie vor stellte somit die Flexibilität der Produktion im Gegensatz zur standardisierten Massenfertigung ein maßgebliches Orientierungskriterium dar. Diese Voraussetzungen förderten die Tendenz, trotz umfassender Rationali-

1 Vgl. auch die Ausführungen von Musso, Production Methods, 245ff.

2 Braun, Automobilfertigung, 198.

3 Bellon, Mercedes, 211.

4 Bellon verweist auf neue Lackiertechniken mit Hilfsmitteln wie Sprühpumpen o.ä., ders., Mercedes, 211.

5 Im Jahr 1929 betrug der Facharbeiteranteil bei Opel noch ungefähr zwei Drittel. Bei Daimler-Benz lag die entsprechende Quote bei 53,7%. Vgl. Kugler, Werkstatt, 337f.

6 Möglicherweise hatte allerdings die funktionale Aufgabenteilung (Karosserie- und Chassis-Bau) zwischen den wichtigsten Betriebsstätten bei Daimler Benz Synergieeffekte bewirkt, die den Rückgang an Qualifizierten bewirkten, vgl. Braun, Automobilfertigung, 198.

7 Vgl. die Analyse bei Homburg, Rationalisierung, 426-528.

8 Vgl. ebd., 548.

sierungsbemühungen ein gehobenes Qualifikationsniveau zu erhalten.[1] Das damit verbundene Anforderungsprofil setzte nicht unbedingt eine berufsbezogene Lehre voraus, sondern schien sich im Gegenteil zunehmend auf unternehmensspezifische Anlernprozesse zu konzentrieren.[2]

Auch in der Eisen- und Stahlindustrie Deutschlands führten die technischen Rationalisierungsmaßnahmen nicht zu einer Absenkung des Qualifikationsniveaus. Vielmehr gewann hier ein gegenläufiger Prozeß Kontur: Wie Kleinschmidt betont, war „der Trend zur Höherqualifikation in der Branche (...) geradezu das Ergebnis der technologischen Entwicklung (...)“[3]

Betrachtet man abschließend noch einmal den Ansaldo-Konzern als ein Beispiel für ein Großunternehmen im italienischen Schwermaschinenbau, so erscheint auch hier die Abhängigkeit des Unternehmens von qualifizierten Arbeitskräften ungebrochen. Wenn der Betriebsleiter Sarlì für die Elektrosparte das Fehlen qualifizierter und erfahrener Mitarbeiter als eines der Haupthindernisse für die effizienzsteigernde Umgestaltung der von ihm geleiteten Betriebsstätte identifizierte, bestätigt sich abermals die zentrale Funktion, die Qualifikation in der betrieblichen Rationalisierungspraxis spielen konnte.[4] Dies galt im besonderen Maße für das noch experimentelle Anfangsstadium.

Wie diese Ausführungen zur „Dequalifizierungsthese“ zum Teil bereits impliziert haben, liefen Rationalisierungsmaßnahmen nicht notwendigerweise auf einen Abbau von Arbeitsplätzen und Belegschaften hinaus, obwohl die Redewendung über das „Weg*rationalisieren*“ von Arbeitsplätzen und Beschäftigten diesen Zusammenhang suggeriert. Vielmehr konnte durch die Bemühungen um technische oder organisatorische „Rationalität“ ein struktureller Wandlungsprozeß der Tätigkeitsfelder und Arbeitsinhalte ausgelöst oder beschleunigt werden, der sich auch in der Umgestaltung der Ar-

---

1 Die Metallfacharbeiter spielten eine Schlüsselfunktion in der Rationalisierungsphase im Siemens-Konzern im ersten Nachkriegsjahrzehnt. Während dieser Zeit waren mehr als zwei Drittel der Beschäftigten als qualifiziert, 40% der Beschäftigten als „hochqualifiziert“ einzustufen. In anderen Unternehmen der Elektroindustrie gestaltete sich die Lage ähnlich, vgl. Homburg, Rationalisierung, 555ff.

2 Daß sich der Zusammenhang von Qualifikation zu Beruf und Lehre allmählich löste, zeigt die Arbeitergattung „Facharbeiter“ (im Unterschied zum „gelernten Arbeiter“), die im Tarifvertrag von 1919 formuliert wurde, Homburg, Rationalisierung, 561. Auch die Entwicklung der geschlechtsspezifischen Belegschaftsstruktur spiegelte die nach wie vor hohe Bindung an qualifizierte – männliche – Facharbeit wider und dokumentierte den Fortbestand von „Qualifikationsbarrieren“ zwischen weiblichen und männlichen Tätigkeitssegmenten. Vgl. die Analyse der geschlechtsspezifischen Belegschaftsstruktur im Elmo-Werk von ebd., 529ff.

3 Kleinschmidt, Rationalisierung, 318.

4 Vgl. oben die Beschreibung des zögerlichen Rationalisierungsprozesses in den elektrotechnischen Werken von Ansaldo, FA, Fondo Sarlì-Biandrà, b. 20, fasc. 3; b. 24, fasc, 14. Allerdings differenziert Sarlì in seinen Ausführungen nicht nach Belegschaftsteilen, sondern spricht hauptsächlich verallgemeinernd von „Personal“ und „Kräften“, womit er auch Ingenieure und Techniker einbezog, die mittlere und höhere Angestelltenpositionen bekleiden konnten. Zur Rolle von Ingenieuren und Technikern im Ansaldo-Konzern vgl. Gibelli, Tecnici.

beitsplätze ausdrückte. Die Bilanz dieses betrieblichen Strukturwandels mußte nicht unbedingt negativ ausfallen und einen Nettoverlust an Beschäftigungsmöglichkeiten ausweisen. Eine genaue Quantifizierung dieses Effektes scheitert oftmals an den nicht verfügbaren Quellen und an zahlreichen methodischen Schwierigkeiten bei der Ursachendifferenzierung von Arbeitslosigkeit.[1]

Die Vehemenz, mit der dieses Argument die Debatten über Vor- und Nachteile von Rationalisierung bestimmt und bestimmt hat, beruht – wie die heutige Arbeitsmarkttheorie darlegt – auf dem Umstand, daß „Gewinner und Verlierer" meist verschiedene Akteure sind, „wodurch sich auch die kontrovers geführte Diskussion über Technologiefolgen erklärt".[2] Aus Sicht der Arbeitnehmer war eine Gleichsetzung von „Rationalisierung" und „Arbeitsplatzabbau" naheliegend, wenn sie an ihrem eigenen Arbeitsplatz eine Personalreduktion beobachteten und mit der zeitgenössischen „Rationalisierungsdebatte" verknüpften. So erklärte ein Arbeitnehmer vor dem Enquete-Ausschuß[3] bei einer Befragung zur Arbeitsleistung im Hochofenbetrieb:

> „Uns ist daran gelegen, daß mehr produziert wird. Denn je mehr produziert wird, desto mehr verdienen wir. Allerdings ist damit verbunden ein Abzug von Leuten, was man sozusagen Rationalisierung nennt."[4]

In dieser Perspektive wurde somit das Phänomen „Rationalisierung" als eine Schrumpfung der *Manpower* definiert. Für eine Reihe von Arbeitsbereichen traf diese Auslegung zu. Als ein typisches Merkmal der Hinwendung zum Fließfertigungsprinzip, wie sie in der Automobil- und Elektroindustrie allmählich vollzogen wurde, kann die Rationalisierung der Transportarbeiten gelten. Durch die Reorganisation der Werkstätten und die Einführung von neuen Techniken des Materialtransports – sei es über Förderbänder, schiefe Ebenen, Transportrutschen o.ä. – wurden in der Tat traditionelle Handarbeitsplätze für gering qualifizierte (Hilfs-)Arbeiter überflüssig und demzufolge ersatzlos ge-

---

1 Vgl. die Problematisierung der methodischen Probleme in Kleinschmidt, Rationalisierung, 308ff. Vgl. auch Homburg, Rationalisierung, 560, die trotz ihrer fundierten und materialreichen Strukturanalyse der komplexen Rationalisierungswirkungen die Bilanzierung eines Reineffektes vermeidet und auf die differenzierten Wirkungszusammenhänge verweist.

2 So Franz, Arbeitsmarktökonomik, 180.

3 Der Enquete-Ausschuß („Ausschuß zur Untersuchung der Erzeugungs- und Absatzbedingungen der deutschen Wirtschaft") war eine im Jahr 1925 gegründete Kommission von Wirtschaftssachverständigen, die die Lage der deutschen Wirtschaft in der Nachkriegszeit untersuchen sollte, vgl. zum Aufbau und Vorgehen: Die Untersuchung der deutschen Wirtschaft. Der Enquete-Ausschuß. Seine Aufgaben und seine Arbeitsmethode, Berlin 1927. Im Rahmen der Studien sind zahlreiche Veröffentlichungen entstanden. Vgl. auch den Gesamtbericht: Erzeugungs- und Absatzbedingungen der deutschen Wirtschaft, zusammengestellt von B. Dernburg, W. Hecht, K. Neu, Berlin 1930.

4 Ausschuß zur Untersuchung der Erzeugungs- und Absatzbedingungen der deutschen Wirtschaft (Enquete-Ausschuß), Verhandlungen und Berichte des Unterausschusses für Arbeitsleistung (IV. Unterausschuß), Bd. 4, Arbeitszeit, Arbeitslohn und Arbeitsleistung im Hochofenbetrieb, Berlin 1929. Zugleich – allerdings noch nicht in der Endfassung - HA Krupp, WA 59/34, hier 41-47.

strichen.[1]

Über solche augenfälligen Beispiele hinaus erscheint der Zusammenhang zwischen Rationalisierungsmaßnahmen und Freisetzungseffekten der Unternehmen oftmals viel weniger eindeutig. Viele Zeitgenossen nahmen die Wirtschaftskrise in Deutschland, die Mitte der 1920er Jahre die Arbeitslosenziffern in die Höhe schnellen ließ, als eine „Rationalisierungskrise“ wahr, was angesichts der Präsenz des Rationalisierungsbegriffs im zeitgenössischen Diskurs kaum verwunderlich ist. Tatsächlich handelte es sich jedoch um den Arbeitsmarkteffekt der Stabilisierungskrise von 1925, für den die betrieblichen Rationalisierungsanstrengungen nur eine untergeordnete Rolle spielten.[2] In der zweiten Hälfte der 1920er Jahre, die gemeinhin als „Hochphase der Rationalisierung“[3] gilt, kam es in vielen Unternehmen nach der Überwindung der Stabilisierungskrise wieder zu einem sichtbaren Ausbau der Belegschaften, bis im Jahr 1929/30 die große Weltwirtschaftskrise ihre Schatten vorauswarf.[4] Insgesamt erscheint es – angesichts der möglichen Überlagerung von Konjunktur- und Produktivitätseffekten und aufgrund der im Zeitverlauf schwankenden Produktionsbedingungen – kaum möglich, eine endgültige Bilanz der „rationalisierungsbedingten Arbeitslosigkeit“ zu erstellen.[5] Darüber hinaus ist zu berücksichtigen, daß es „die“ Rationalisierung nicht gab, sondern daß unter diesem Etikett ein umfassender Katalog von gleichgerichteten, gleichwohl heterogenen technischen und organisatorischen Maßnahmen rangierte, die nicht alle die beabsichtigten Erfolge und Effekte zeigten. Gerade im hier interessierenden Untersuchungszeitraum müssen wohl bei allen eindimensionalen Bilanzierungsversuchen Abstriche gemacht werden – sowohl bei den negativen als auch bei den positiven Beschäftigungswirkungen von Rationalisierung. So können weder die Beschäftigungszuwächse in einigen Industriezweigen als reine „Rationalisierungsgewinne“ verbucht noch die vergangenen und bevorstehenden Arbeitsmarktkrisen einer „Fehlrationalisierung“ angelastet werden.[6] Während die erste These gut zum zeitgenössisch verbreiteten

1 Vgl. die ausführliche Analyse der Umstrukturierung von Transportarbeiten bei Siemens Homburg, Rationalisierung, 496ff.; die Auswirkungen der Rationalisierung auf diesen Arbeitsbereich dürften bei Opel und FIAT ähnlich gewesen sein.

2 Vgl. zur Stabilisierungskrise oben, IV 2.5. Vgl. für die Eisen- und Stahlindustrie Kleinschmidt, Rationalisierung, 311. Auch in neuere Darstellungen hat die Sicht der Arbeitsmarktprobleme als „Rationalisierungskrise“ Eingang gefunden, vgl. Schmuhl, Arbeitsmarktpolitik, 105f.

3 So Kleinschmidt, Rationalisierung, 313.

4 Vgl. für Siemens die Daten bei Homburg, Rationalisierung, 530 und 710; für die Eisen- und Stahlindustrie die Beispiele in Kleinschmidt, Rationalisierung, 314; für FIAT vgl. Bigazzi, Fabbrica, 47.

5 Mit Blick auf die Eisen- und Stahlindustrie hält Kleinschmidt, Rationalisierung, 312f. „genauere Aussagen über die rationalisierungsbedingte ‚technologische Arbeitslosigkeit‘ (...) nur für einen Zeitraum mit vergleichbaren Produktionsbedingungen“ für möglich, diese habe es angesichts der unterschiedlichen Kapazitätsauslastungen nur zwischen 1926-29 gegeben. Vgl. auch Homburg, Rationalisierung, 558f.

6 So weist Kleinschmidt am Beispiel der Eisen- und Stahlindustrie darauf hin, daß die Rationalisierungsmaßnahmen nicht unbedingt die Kostensituation verbesserten. Steigende Produktionszahlen

technizistischen Fortschrittsglauben paßte, entsprach das zweite Szenario der Ernüchterung aufgrund enttäuschter Hoffnungen und fortgesetzter Krisenerfahrung, die vor allem die Arbeitnehmer durchlebten.

Um den Katalog der Arbeitsmarkteffekte der betrieblichen Rationalisierungspraxis abzurunden, seien abschließend noch einige Beobachtungen zur Lohnentwicklung angeführt.[1] Sowohl in Deutschland als auch in Italien blendete die Adaption „fordistischer" Modelle der Produktionsorganisation ein wesentliches Element des Originalmodells aus: Weder hier noch dort fanden die Ford'schen „Effizienzlöhne" – beispielhaft geworden mit dem *five dollar day* von 1914 – eine gezielte Nachahmung.[2] Gerade dieser Aspekt, so schien es nicht wenigen zeitgenössischen Beobachtern, ließ sich nur schwerlich auf europäische Marktverhältnisse übertragen.[3] Demgegenüber gewannen sowohl in Deutschland als auch in Italien verschiedenartige Leistungslohnsysteme erneut an Attraktivität. Das Akkordwesen stand im Einklang mit den Prinzipien der wissenschaftlichen Arbeitsorganisation und gab den Verantwortlichen ein Instrumentarium an die Hand, um den Faktor Lohn – bzw. die Arbeitskosten insgesamt – zu „objektivieren" und dabei, so hoffte man, den „optimalen" Arbeitseinsatz zu erhalten.

Tatsächlich gestaltete sich der Zusammenhang zwischen Arbeitslohn und Arbeitsleistung und anderen Rahmenbedingungen aufgrund vielschichtiger Interdependenzen sehr komplex und nicht eindeutig bestimmbar.[4] Darüber hinaus war auch im Hinblick auf den Faktor Lohn – wie bei den anderen Arbeitsmarkteffekten von Rationalisierung auch – eine Trennung der „rationalisierungsbedingten" Wirkungen von konjunkturellen Einflüssen ausgesprochen problematisch.

Wie das Beispiel von FIAT *Lingotto* gezeigt hat, fanden im Zuge der forcierten Rationalisierungsanstrengungen permanente Anpassungen der Akkordsätze statt, da mit den neuen Fertigungsmethoden und den dazugehörigen „Prämien" noch experimentiert wurde. Dieser vorläufige Charakter war nicht eben förderlich für die Transparenz der unternehmerischen Lohnpolitik. Für die Arbeitnehmer waren die variierenden Bestimmungen wohl eher verwirrend und schufen Unsicherheit über den Zusammenhang von Arbeitseinsatz und dem dafür bezahlten Entgelt. Auch die Vergleichbarkeit mit anderen Zeitabschnitten oder anderen Arbeitnehmergruppen gestaltete sich zunehmend schwieriger.

---

konnten auch mit einer steigenden Kostenbelastung einhergehen, ders., Rationalisierung, 316f. Für die Debatte der „Fehlrationalisierung" vgl. ebd., 310.

1 Vgl. zum Thema Lohn auch oben, IV 2.3.; IV 2.5.

2 Zum Beispiel Ford vgl. Meyer, Five Dollar Day, 95ff.; Ford, Leben und Werk, 135ff.

3 Vgl. für Italien die Einschätzung des Ingenieurs Carlo Tarlarini, in De Grazia, Culture, 64f.; sowie die Ablehnung einer fordistischen Hochlohnpolitik durch Mussolini selbst, ebd., 68; vgl. für Deutschland z.B. Der Arbeitgeber, 17. Jg., 1927, 276ff.

4 Vgl. die Diskussion dieses Zusammenhangs in Kleinschmidt, Rationalisierung, 298ff. In der Eisen- und Stahlindustrie bestand die Funktion von Leistungslohnsystemen wohl eher umgekehrt darin, bei Produktionsschwankungen infolge von schwankenden Absatzlagen die Akzeptanz für Leistungssteigerungen zu erhöhen, ebd., 301.

Grundsätzlich sagte die Bedeutungszunahme von Leistungslohnsystemen a priori nichts über die Entwicklung der effektiven Verdienstmöglichkeiten aus. Mit der Anwendung von „wissenschaftlichen" Akkordsätzen konnten sowohl Lohnerhöhungen als auch Lohnkürzungen verbunden sein, während nach wie vor außerbetriebliche, vor allem konjunkturelle Einflüsse sehr stark auf die Lohnhöhe einwirkten. Zudem waren noch andere Wirkungszusammenhänge zu berücksichtigen, wie eine Befragung von Arbeitern eines Hochofenbetriebes vor dem Enquete-Ausschuß demonstrierte. Auf ihre durch Leistungslöhne effektiv verbesserte Lohnsituation angesprochen, gaben einige von ihnen zu bedenken, daß nun – mit den intensivierten Arbeitsrhythmen – auch der Bedarf an Nahrungsmitteln und Arbeitskleidung höher sei. So erklärte ein Arbeiter:

„Ich habe im vorigen Jahr weniger verdient und bin genauso weit gekommen wie heute, wo ich mehr verdiene. (...) Ich muß mehr essen, mehr Fleisch essen. Unbelegtes Brot kann ich überhaupt nicht mehr essen, weil ich sonst die Arbeit nicht leisten kann. Ich verschleiße außerdem mehr Kleider."[1]

Da andere Arbeiter diesen Zusammenhang bekräftigten, lautete der Tenor des Arbeitnehmerurteils: „Die Mehrleistung ist größer, als der Verdienst ausmacht." Der Betriebsleiter teilte diese Einschätzung nicht und betonte demgegenüber die hohe Akzeptanz seitens der Arbeiterschaft auch von solchen Lohnsteigerungen, die eine Erhöhung des Arbeitsrhythmus erforderten. („Ich weiß sehr genau, daß die Leute sich kolossal darüber freuen, wenn sie einen halben Pfennig pro Tonne mehr haben.")

Die Ausschußmitglieder taten sich mit einem eindeutigen Fazit schwer. Ihrer Meinung nach konnten die wiederkehrenden Argumentationsmuster innerhalb der Arbeiterschaft auch auf eine mittlerweile verfestigte Meinungsbildung in Lohnfragen hindeuten:

„Die immer erneute Wiederkehr dieser Aussage führt zu der Frage, ob sich darin die typische Haltung der Arbeiter zu den obwaltenden Lohnverhältnissen überhaupt zeigt als eine Folge der dauernden Erörterung der Lohnfrage bei den Lohnverhandlungen und in den Kreisen der Arbeiter selbst."[2]

Das Streben nach einem ausgewogenen Verhältnis von Bearbeitungszeiten, Arbeitslöhnen und Arbeitsleistung stellte ein wichtiges Thema der „Rationalisierungsbewegung" in Deutschland dar. Für die „Gemeinschaftsarbeit", zu der sich insbesondere die metallverarbeitende Industrie des Berliner Raumes zusammengefunden hatte, erhielt dieses Motiv zentrale Bedeutung. Mit umfangreichen Zeitstudien, die vor allem durch die Arbeit des REFA-Ausschusses vorangetrieben wurden, wollte man eine Kalkulationsgrundlage für die Lohnfindung bereitstellen, die nach Möglichkeit – über die Festsetzung einer Einheitsmethode – auch überbetriebliche Geltungskraft besitzen sollte.[3]

Von einer solcherart „verwissenschaftlichten" Lohnfindung versprachen sich die beteiligten Akteure eine Reihe von Vorteilen. So hoffte man, durch eine systematische

1 HA Krupp, WA 59/34. Enquete-Ausschuß, Verhandlungen und Berichte, Bd. 4, 48.

2 HA Krupp, WA 59/34. Enquete-Ausschuß, Verhandlungen und Berichte, Bd. 4, 56f.

3 Vgl. hierzu Homburg, Rationalisierung, 293ff. In den 1920er Jahren gaben beteiligten Rationalisierungsträger zahlreiche Richtlinien und Leitfäden zu diesem Thema heraus.

Anwendung die zwischenbetriebliche Lohnkonkurrenz zu mindern, Lohnkonflikte zu „neutralisieren“ und Lohnverhandlungen weitgehend aus den Betrieben herauszuhalten und den Verhandlungen der Tarifpartner zu überantworten.[1] Diese übersteigerten Hoffnungen erwiesen sich sehr bald als illusorisch. Es war ein Trugschluß, durch eine Vereinheitlichung der Kalkulationsmethode Konflikte zu vermeiden, da sich die Debatte nur auf die festgelegten Zeiten verlagerte.[2] Diese Entwicklung ließ sich auch in Italien beobachten, wo die *tagli dei tempi* ein rekurrierendes Motiv für Spannungen in den Arbeitsbeziehungen darstellten.[3]

Für eine „rationalisierte“ Lohngestaltung auf Basis von festgelegten Leistungseinheiten gab es verschiedene Modelle. Eine Variante, die in den USA seit einiger Zeit mit Erfolg praktiziert wurde, stellte das sogenannte Bedaux-System dar, das sich seit Ende der 1920er Jahre vor allem in Italien zunehmender Beliebtheit erfreute, während es in der deutschen Industrie nur vereinzelt zur Anwendung kam und hier mehrheitlich abgelehnt wurde.[4]

Dieses auf den Ingenieur Charles Bedaux zurückgehende Lohn- und Zeitstudienverfahren legte für die Bemessung der Akkordsätze die gleichnamige Maßeinheit zugrunde, wobei ein „Bedaux“ die Menge an Arbeit bezeichnete, die ein durchschnittlicher „Normalarbeiter“ in einer Minute ohne übermäßige Anstrengung leisten konnte. Auch die entsprechenden Erholungsphasen flossen in die Kalkulation der Grundeinheit ein.[5] Im Kontrast zum weitaus komplexeren Taylor-System war die Bedaux-Methode relativ primitiv. Sie ließ sich im Prinzip mit geringem Aufwand im Unternehmen installieren, ohne tiefere Eingriffe in die Arbeitsorganisation vorauszusetzen. Das Bedaux-System zielte auf eine Erhöhung der Produktivität durch die Intensivierung der Arbeitsleistung, so daß die Effizienzsteigerung allein auf der Optimierung des Faktors Arbeit basierte, während andere – arbeitsorganisatorische oder technische – Rationalisierungspotentiale ausgeblendet wurden.[6]

Zur Verbreitung dieses Lohnsystems außerhalb der Vereinigten Staaten sollten die in verschiedenen Ländern gegründeten Bedaux-Gesellschaften beitragen, die ein Forum für Informationen und Studien darstellten und als externes Beratungsorgan für Unternehmen fungierten, die auf die Bedaux-Methode umstellen wollten. Die italienische Bedaux-Gesellschaft wurde in Italien von FIAT-Chef Agnelli und dem prominenten Vertreter der italienischen Gummiindustrie, Piero Pirelli, ins Leben gerufen.[7] Im selben

---

1 Vgl. Homburg, Rationalisierung, 299-303.

2 Vgl. ebd.

3 Vgl. zur Entwicklung der Lohnstrukturen und Akkordsysteme Musso, Gestione, passim.

4 Vgl. zum Bedaux-System Musso, Gestione, 40-81; Bigazzi, Operai, 924ff.; ders., Modelli, 948ff.; ders., Fabbrica, 55ff.; vgl. für Deutschland Erker, Bedaux-System, 139-158.

5 Ausführlicher zur Funktionsweise Musso, Gestione, 41 sowie 67f. (Anm. 77); vgl. auch die Verfahrensbeschreibung in Verband der Fabrikarbeiter Deutschlands, Rätsel, 14-25.

6 Vgl. Rafalski, Faschismus, 116; siehe auch die zeitgenössische Kritik von Montagnana, L'organizzazione, 609-615; sowie ders., Sistema Bedaux, 423-431.

7 Vgl. mit Literatur Bigazzi, Modelli, 948.

Jahr war auch in Deutschland unter dem Vorsitz von Willy Tischbein, dem Generaldirektor der in Hannover ansässigen Continental-Gummi AG, eine solche Gesellschaft gegründet worden.[1]

Bald darauf fand das System innerhalb der italienischen Industrie Verbreitung, wobei insbesondere kleine und mittlere Betriebe diese Rationalisierungsmethode aufgrund ihrer vergleichsweise einfachen Umsetzung schätzten, aber auch Großunternehmen – u.a. Riv, FIAT, Breda, Pirelli, Montecatini, Snia Viscosa – zunehmend „bedauxisierten".[2]

Demgegenüber konnte sich das Verfahren in Deutschland nicht so recht durchsetzen – hier läßt sich kein der italienischen Entwicklung vergleichbarer „Bedauxisierungsschub" erkennen. Nur eine Handvoll Unternehmen – unter ihnen die Continental-Gummi AG und die Rosenthal-Porzellanwerke – experimentierte mit dieser Methode, während eine von Continental-Direktor Tischbein gestartete Informationsinitiative in industriellen Kreisen weitgehend auf Ablehnung und Skepsis stieß.[3]

Warum genoß das Bedaux-Verfahren in Italien eine so ungleich größere Popularität als in Deutschland? Dieser Umstand verweist auf Besonderheiten der jeweiligen Rationalisierungserfahrungen. Im Vergleich von Deutschland und Italien erscheinen sofort einige abweichende Rahmenbedingungen augenfällig. Als im Jahr 1927 die deutschen und italienischen Bedaux-Gesellschaften gegründet wurden und damit – mehr oder weniger – die Adaption dieser Methode ihren Anfang nahm, steckte Italien noch mitten in der schweren Deflations- und Stabilisierungskrise, die den ökonomischen Kurswechsel dieser Jahre begleitet hatte und eine staatliche Lohnsenkungspolitik auf den Plan rief.[4] In diesen Kontext schien eine auf den Faktor Arbeit konzentrierte Rationalisierungsstrategie gut hineinzupassen. Nur kurze Zeit später zeichnete sich bereits der Beginn der Weltwirtschaftskrise ab. Demgegenüber hatte Deutschland im Jahr 1927 die Auswirkungen der zweiten Stabilisierungskrise bereits annähernd überwunden und durchlief zwischen 1927 und 1929 eine vergleichsweise günstige Konjunkturlage.[5] Zudem konnten sich hier aufgrund der vielfältigen Aktivitäten im Zuge der „Rationalisierungsbewegung" bereits andere Modelle verfestigen, die eine Alternative zum Bedaux-System darstellten, so daß die Mehrheit der Unternehmen das auf deutsche Verhältnisse zugeschnittene REFA-System bevorzugte.[6]

Darüber hinaus galt die starke Verbreitung des Bedaux-Systems in Italien als ein Indiz für einen besonders problematischen und drückenden Rationalisierungsweg: Hier sei eine Art „Rationalisierung für Arme" im Gange, die allein auf die Ausbeutung der

1 Erker, Bedaux-System, 147.

2 Im Italienischen ist von *bedonizzare* und *bedonizzazione* die Rede. Vgl. zur Verbreitung Rafalski, Faschismus, 117; Bigazzi, Modelli, 948 mit Anm. 167.

3 Erker, Bedaux-System, 147f.

4 Vgl. oben, IV 2.5.d.

5 Vgl. SGA III, 61 sowie Borchardt, Wachstum und Wechsellagen, 704.

6 Vgl. Erker, Bedaux-System, 147.

Arbeiterschaft bis an die Grenze des Möglichen abziele.[1] Diese Interpretationsschiene hatte – ausgehend von der zeitgenössischen Kritik seitens der Arbeiterschaft – Eingang in die historische Forschung gefunden. Im Bedaux-System wurde gleichsam die Entsprechung für den „faschistischen Charakter der Rationalisierung" in Italien gesehen.[2]

Wenngleich diese Einschätzung in mancherlei Hinsicht durchaus zutrifft, so greift eine solche Lesart doch zu kurz, um die Bedeutung des Bedaux-Systems für die italienische Rationalisierungserfahrungen zu bewerten.[3] So zeigt das Beispiel von FIAT, wo das Bedaux-System 1928/29 eingeführt wurde, durchaus einen breiten Fächer an Rationalisierungsmaßnahmen, die sich keineswegs ausschließlich auf eine forcierte Erhöhung der Arbeitsleistung beschränkten. [4] Zudem waren mit dem Bedaux-System nicht zwangsläufig sinkende Reallöhne verknüpft.[5] Wie Stefano Musso darlegt, ist es sehr wahrscheinlich, daß die mit dem Bedaux-Verfahren erzeugten Lohnergebnisse „mit jedem anderen beliebigen chronometrischen Akkordsystem" hätten erreicht werden können. Das heißt mit anderen Worten, daß die Bedaux-Löhne nicht wesentlich von anderen Akkordlöhnen abwichen.[6]

Weiterhin sei noch angemerkt, daß durch die Aktivität der Bedaux-Ingenieure, die die erforderlichen Lohn- und Zeitstudien durchführten, eine außerbetriebliche, „neutrale Zwischeninstanz" im Unternehmen an Einfluß gewann, die die Rolle der *capi* herausforderte.[7] Unter den Bedingungen einer solcherart „objektivierten" Lohnfindung waren Praktiken wie die vielkritisierte „Meisterwillkür" bei der Akkordgestaltung kaum noch möglich.[8]

Gegenüber der staatlichen Lohnpolitik ließen sich mit der zunehmenden „Bedauxisierung" jedoch weitere Handlungsspielräume für die Unternehmen gewinnen. Dies

1 Den Ausdruck „*razionalizzazione da straccioni*" prägte Montagnana, L'organizzazione, 615. Die Übersetzung erscheint etwas problematisch („Lumpenrationalisierung" o.ä.).

2 So tendenziell Rafalski, Faschismus, 115ff.; hier lautet eine Zwischenüberschrift: „Zum faschistischen Charakter der Rationalisierung – das Bedaux-System".

3 Die Interpretation einer „*razionalizzazione da straccioni*" weisen zurück Musso, Gestione, 106f.; sowie Bigazzi, Strategies, 86; ders., Operai, 925; ders., Modelli, 949.

4 Bigazzi, Strategies, 86.

5 Vgl. ebd., 89; wie Paul Erker zeigt, waren bei der Continental-Gummi AG die Löhne unter dem Bedaux-System um ca. 18% gestiegen, ders., Bedaux-System, 149.

6 Musso, Gestione, 107. Außerdem machten nicht die in organisatorischer Hinsicht „rückständigsten" Unternehmen den Anfang mit dieser Rationalisierungsmethode, sondern ein modernes, auf Serienfertigung ausgerichtetes Unternehmen wie die Società anonima officine di Villar Perosa. Der Autor hält es eher - in umgekehrter Perspektive – für sinnvoll, die Verbreitung des Bedaux-Systems vor dem Hintergrund der großindustriellen Interessenpolitik zu betrachten, die über die Beratungs- und Kontrollfunktion bei der Bedauxisierung der kleinen und mittleren Industrie Einfluß und Bindungen erzeugen konnte, ebd.

7 Vgl. Erker, Bedaux-System, 153; Musso, Gestione, 40.

8 Vgl. die von Plumpe geschilderte Entwicklung der Akkordsysteme bei Bayer Leverkusen, wo die Kritik an der „Meisterwillkür" zu einer „Objektivierung" der Akkordlöhne geführt hatte, Plumpe, Tarifsystem.

förderte die Durchlöcherung des Tarifschutzes für die Arbeitnehmer und legte die Kontrolle der Lohnpolitik in die Hand der Unternehmen und ermöglichte ihnen damit eine weitgehend freie Anpassung an die Marktverhältnisse – demnach auch die Ausnutzung der Arbeitsmarktverhältnisse zu ihren Gunsten.[1] Diese Entwicklung vollzog sich zu einem Zeitpunkt, als durch die faschistischen Regulierungen die Handlungsmöglichkeiten der Arbeiterschaft beschnitten wurden.[2]

Somit verdichteten sich gegen Ende der 1920er Jahre, als viele Unternehmen in Italien die Bedaux-Methode praktizierten, verschiedene Faktoren zu einem Bedingungsgefüge, das der italienischen Arbeiterschaft erhebliche Härten und materielle Verluste aufbürdete. Vor diesem Hintergrund erscheint auch die bisweilen massive Kritik von Seiten der Arbeiterschaft an dieser „aus dem Ausland importierten Methode" verständlich.[3] Tatsächlich stellte die vermehrte Durchsetzung des Bedaux-Systems jedoch nur eine Facette des Krisenmanagements dar, das die spezifischen sozioökonomischen Rahmenbedingungen und die wirtschaftspolitischen Weichenstellungen widerspiegelte.[4] Abschließend betrachtet, greifen also sowohl die Gleichsetzung der italienischen Erfahrungen auf eine „Lumpenrationalisierung" als auch die für dieses Argumentationsmuster typische Verengung auf das Bedaux-System zu kurz. Gleichwohl schien – auf den ersten Blick – die Wahl eines „arbeitsintensiven" Rationalisierungsmusters durchaus zur charakteristischen Faktorausstattung der italienischen Wirtschaft zu passen.

Weder in Deutschland noch in Italien waren die forcierten Rationalisierungsanstrengungen der 1920er Jahre von einer gezielten Hochlohnpolitik begleitet. Dennoch hielt in Deutschland die Klage der Arbeitgeber über zu hohe Löhne an und fungierte als Instrument, die bereits vollzogenen Rationalisierungserfolge zu relativieren. Möglicherweise reflektierte dies auch die Enttäuschung darüber, daß die forcierten Rationalisierungsbemühungen bei vielen Unternehmen die Abhängigkeit von qualifizierten, teureren Arbeitskräften nicht hatten brechen können.[5]

In dieser Hinsicht bleibt die Bilanz der Rationalisierungswirkungen wenig eindeutig. Weder resultierten die vergleichsweise höheren Reallöhne in Deutschland aus einem bestimmten, effizienzlohnorientierten „Rationalisierungstyp", noch lassen sich die sinkenden effektiven Tagesverdienste der italienischen Arbeiter – auch der traditionell

1 Vgl. dazu Bigazzi, Operai, 930, Musso, Gestione, 52.
2 Siehe auch Musso, Production Methods, 247.
3 So die Polemik, vgl. Musso, Gestione, 54ff., hier 56. Vgl. auch die Kritik des Verbandes der Fabrikarbeiter in Deutschland, ders., Rätsel, passim.
4 Vgl. auch Musso, Gestione, 108.
5 Vgl. die Bilanz des Siemens-Managers Köttgens über die Rationalisierungserfolge bei Siemens, die seines Erachtens angesichts der hohen Lohnbelastung nicht zufriedenstellend ausfiel, Homburg, Rationalisierung, 521 sowie 558. Was die Eisen- und Stahlindustrie anbetrifft, so weist Wolfhard Weber darauf hin, daß die Spannung zwischen einem tendenziell fixkostenerhöhenden wachstumsorientierten Rationalisierungstyp und dem Streben nach Einsparen der Lohnkosten von industriellen Führungskräften – wie im Falle Walter Borbets - nicht erkannt wurde, vgl. ders., Borbet, 232.

besserbezahlten FIAT-Arbeiter – vornehmlich auf die Bemühungen um wissenschaftliche bzw. „objektivierte" Lohnbemessungsgrundlagen zurückführen.[1] Vielmehr überlagerten sich hier die Effekte der staatlichen Deflationspolitik, der Stabilisierungskrise und des gestiegenen Kostendrucks, der generell das Streben nach effizienter Betriebsführung forcierte.

c. *„Soziale Rationalisierung"*

Sowohl in Deutschland als auch in Italien ließ sich im Zuge der forcierten Rationalisierungsbemühungen in den 1920er Jahren bei vielen Unternehmen ein gezielter Ausbau von Maßnahmen beobachten, die in der Summe eine qualitativ neue Auseinandersetzung mit Belangen des betrieblichen Personals anzeigten. Eine Reihe von Unternehmen entfaltete ein weitgefächertes Angebot an betrieblicher Sozialpolitik, interessierte sich dabei aber auch zunehmend für Fragen der betriebsbezogenen beruflichen Aus- und Weiterbildung, für die Auswahl und bestmögliche Beschäftigung geeigneter Mitarbeiter und – nicht zuletzt – für die Freizeitgestaltung ihrer Belegschaften.

Diese Entwicklung demonstrierte ein gestiegenes Bewußtsein für die Bedeutung des sogenannten „menschlichen Faktors" für die Produktion, das im Zuge der Auseinandersetzung mit möglichen Rationalisierungsansätzen und praktischen Erfahrungen innerhalb der deutschen und der italienischen Industrie allmählich Fuß faßte.[2]

Bereits 1922 hatte der kaufmännische Leiter von FIAT, Mario Fassio, die Bedeutung des „*fattore umano*" betont und hierin eine „große Kraft" erkannt. Diese sollte man gezielt „entwickeln für die größere Verwertung, zum Vorteil des Arbeiters und der Produktion. Der menschliche Faktor will nicht *gezwungen*, sondern *überzeugt* werden."[3]

Diese Sicht interpretierte den „Faktor Mensch" als Rationalisierungspotential, für dessen systematische Erschließung die oben skizzierte Palette von Maßnahmen einer „sozialen Betriebspolitik"[4] genutzt werden konnte. Mit der Erkenntnis in die Bedeutung der „menschlichen Beziehungen" und der „seelischen Wirkkräfte" für die Welt der Produktion erhielten auch psychologische Zusammenhänge im betrieblichen Alltag ein größeres Gewicht.[5] Diese Einblendung der Sozialzusammenhänge fungierte als Ergänzung des ursprünglichen Taylorismus amerikanischer Prägung, der betrieblichen Wohlfahrtsmaßnahmen keinerlei Beachtung schenkte und demzufolge von seinen europäischen Kritikern als „mechanistisch" und „unzureichend für eine wirklich rationale

---

1 Vgl. zur Lohnentwicklung in den 1920er Jahren, insbesondere der FIAT-Arbeiter Musso, Americanismo, 138ff.

2 Vgl. auch oben, IV 3.2.

3 So Mario Fassio, zitiert nach Bigazzi, Modelli, 930. Kursiv im Original. Übers. d. V. Für die Ausführungen Fassios vgl. außerdem Castronovo, FIAT, 288f.

4 Vgl. auch oben, IV 3.2. Der Begriff „soziale Betriebspolitik" entsprach dem zeitgenössischen Sprachgebrauch der Betriebssoziologie. Vgl. hierzu die Analyse von Kleinschmidt, Sozialpolitik, 29-41. Im Unterschied zum Terminus „betriebliche Sozialpolitik" deutet dieser Begriff auf den Funktionswandel betrieblicher Sozialmaßnahmen nach dem Krieg hin, ebd.

5 Vgl. Mayer, Soziale Rationalisierung, 15ff., Hinrichs, Um die Seele des Arbeiters, 146ff.

Produktionsorganisation" empfunden wurde."[1] So wurden die Ansätze der technischen und organisatorischen Rationalisierung im Betrieb mit den Ideen einer „sozialen Rationalisierung" kombiniert.[2] Auch diese Dimension der Rationalisierung war vorrangig betrieblich orientiert, bot jedoch – wie sich in einigen Unternehmen oder Industriezweigen erkennen läßt – einen weiten Spielraum für die Einbettung in eine umfassendere Ideologie.

Nicht alles an diesen Ideen war neu. Schon vor dem Krieg hatte eine Reihe von Unternehmen in Deutschland und Italien betriebliche Sozialpolitik praktiziert und „paternalistische" Strategien im Unternehmensinteresse zu nutzen gewußt. Auch hier galt, daß weniger der Grundgedanke, sondern vor allem die Systematik in seiner Betrachtung und Anwendung und – nicht zuletzt – seine Verwissenschaftlichung einen qualitativen Wandel bewirkten.

Tatsächlich hatten sich die Voraussetzungen jedoch in mancherlei Hinsicht so verändert, daß der Trend, der sich nunmehr in den 1920er Jahren sowohl in Deutschland als auch in Italien mit dem Ausbau der betrieblichen Sozialpolitik abzeichnete, nicht nur als Wiederbelebung alter Traditionen gelten konnte. Auf die Dimension einer „sozialen Rationalisierung" ließ sich das Phänomen jedoch ebensowenig reduzieren. Vielmehr zeigte die Entwicklung in beiden Ländern, daß der Ausbau des betrieblichen Engagements mehrere, teilweise neue Funktionen erfüllte und erst vor dem Hintergrund der übergeordneten sozioökonomischen und politischen Rahmenbedingungen voll verständlich wurde. Der folgende Abschnitt soll die Hinwendung zu solchen betrieblichen Maßnahmen anhand einiger Beispiele aus Deutschland und Italien veranschaulichen und dabei Gemeinsamkeiten und Besonderheiten aufzeigen. Beides gibt Aufschluß über die strategische Funktion betrieblicher Sozial- und Personalpolitik im Unternehmenskalkül und verweist auf die spezifischen Herausforderungen, denen sich die Arbeitsmarkteure im Strukturwandelprozeß vom Arbeitsmarkt- und Beschäftigungssystem gegenübergestellt sahen.

So schritt beispielsweise der bei Bergamo ansässige Röhrenproduzent Dalmine in den 1920er Jahren zu einem gezielten Ausbau betrieblicher Sozialmaßnahmen. Nach einem Besuch bei den italienischen Werken im Herbst 1926 zeigte man sich im Management der Mannesmann-Röhrenwerke – der ursprünglichen *casa madre* – ziemlich beeindruckt von der Entwicklung, die die ehemalige Tochterfirma in den letzten Jahren vollzogen hatte. Die Korrespondenz des Vorstandsvorsitzenden Heinrich Bierwes brachte „große Überraschung" über die gesammelten Eindrücke zum Ausdruck, wobei sich die positive Einschätzung nicht nur auf die Produktionsanlagen, sondern auch auf die betrieblichen Wohlfahrtseinrichtungen bezog:

1 So die *Confindustria* im Herbst 1927, zitiert nach Benenati, Anni, 72; auch seitens der deutschen Arbeitswissenschaft wurde die „technizistische 'Seelenlosigkeit'" des Taylorismus kritisiert, vgl. Fiedler, Sozialpolitik, 370, der die „betriebspsychologische Offensive" als ein „Korrektiv zum Taylorismus" interpretiert.

2 Vgl. für eine Definition der „sozialen Rationalisierung" oben, IV 3.2.

„Ich wußte (...), daß man große Neuanlagen nach dem Krieg geschaffen hatte, aber das, was wirklich gemacht war und noch im Bau begriffen ist, übertraf meine Erwartungen ganz erheblich." Auch habe man – „in wirklich großzügiger Weise" – „eine Kolonie gebaut, mit vielen ansehnlichen Beamten- u. Arbeiterhäusern, ein Kasino, Spielplätze" und des weiteren mehr. Aus Italien zurückgekehrt, gab sich der Mannesmann-Vorstand somit „außerordentlich überrascht, auch angenehm berührt durch die gute Ordnung, die überall herrscht".[1]

Die Fürsorgeleistungen, die Dalmine für seine Mitarbeiter anbot, erstreckten sich in der Folgezeit auf traditionelle Bereiche, wie den Bau von Werkswohnungen und -häusern, die Bereitstellung von Nutzflächen für Gemüsegärten, die Einrichtung einer Mensa, eines Werkshotels, einer Kantine für Arbeiter und Angestellte sowie eines „Konsumvereins" für den Verkauf von Lebensmitteln.[2] Einen zentralen Punkt bildeten zudem die werkseigenen Einrichtungen für die soziale Sicherung der Mitarbeiter, die für die Angestellten breiter ausgestaltet war als für die Arbeiterschaft. So waren alle Angestellten in eine paritätische „Vorsorgekasse" eingeschrieben, die als Rentenabsicherung fungierte und zusätzlich zu dem gesetzlich vorgesehen Umfang Leistungen anbot. Darüber hinaus war sowohl für Arbeiter als auch für Angestellte eine betriebliche Krankenkasse vorgesehen, die – analog zur Beitragshöhe – jedoch der letztgenannten Gruppe einen besseren Versicherungsschutz bot. Seit 1924 errichtete Dalmine zudem Kindererholungsheime in den Alpen und am Meer. Außerdem hatte sich das Unternehmen vor Ort in diversen Infrastrukturmaßnahmen engagiert, so beispielsweise eine Kirche, sowie eine Schule und einen Kindergarten gebaut, deren Lehr- und Betreuungspersonal es bezahlte. Davon abgesehen, wurde auch das Freizeitangebot für die Belegschaften zunehmend ausgebaut und umfaßte schließlich kulturelle Veranstaltungen, Weiterbildungsmöglichkeiten, diverse Sportangebote, Unterhaltung und Gemeinschaftsaktivitäten – beispielsweise Ausflüge an *Ferragosto* oder eine Wallfahrt nach Rom.[3]

Das verstärkte Engagement im Freizeitbereich stand im Zusammenhang mit der wachsenden Bedeutung der faschistischen Freizeitorganisation *Opera Nazionale Dopo-*

1 MA, M.15502, Heinrich Bierwes an Max Steinthal (Mitglied des Aufsichtsrates, ehemaliger Vorstand der Deutschen Bank) am 23.9.1926.

2 Die Spannbreite der betrieblichen Fürsorgeleistungen geht aus verschiedenen Dokumenten des MAs und der FD hervor. Vgl. zunächst MA, M.15502, Broschüre: S.A. Stabilimenti di Dalmine, Die Fürsorge des Werkes für Angestellte und Arbeiter, Bergamo 1938. Daß bereits seit 1924 die betrieblichen Sozialmaßnahmen gezielt ausgebaut wurden, zeigen die regelmäßigen Hinweise in den *libri societari*, die u.a. Protokolle des *Consiglio d'amministrazione* dokumentieren, FD, D Lcda/2, serie Libri societari 1920-1936, Buch 6-9. Vgl. vor allem die Sitzungen am 19.1.1924, 22.5.1924, 13.7.1925, 24.9.1925, 8.11.1926, 30.3.1928, 26.3.1929. Vgl. auch die Protokolle des leitenden Ausschusses, FD, Archivio Storico, D Lc/2, Serie libri societari, Comitato direttivo 1922-1933; sowie die Protokolle der Generalversammlungen, FD, D Das/1, Assemble e bilanci, 1911-1930.

3 FD, D Lcda/2, serie Libri societari, Consiglio d'amministrazione, Buch 7, 17 sowie FD, D Lc/2, serie Libri societari, Comitato direttivo 1922-1933, Sitzung am 24.3.1925.

lavoro (OND).[1] Im Jahr 1925 – im Zuge der Verfestigung des faschistischen Regimes – wurde die bis dato eher bescheidene private Initiative in eine „parastaatliche Organisation"[2] umgewandelt, mittels derer eine faschistische Massen- und Freizeitkultur bereitgestellt und eine Einflußmöglichkeit auf die Betriebe verankert werden sollte.[3] Tatsächlich entwickelte sich die OND jedoch zu einer heterogenen Organisation: Einerseits verfügte sie über eine der faschistischen Partei verpflichtete, hierarchische Bürokratie, andererseits stellte sie jedoch ein „Mischmasch von (...) ungleichartigen Zirkeln" dar, die zu einem großen Teil schon vor der Gründung der Organisation bestanden hatten.[4] Ein Teil der lokalen *Dopolavoro*-Gruppen wurde von Unternehmen betrieben, während das faschistische Regime vor allem in ländlichen Gegenden völlig neue *Dopolavoro*-Einrichtungen schuf.[5] Diesen uneinheitlichen Strukturen und Wurzeln entsprach es, daß die OND variierende Funktionen abdeckte und durchaus widersprüchliche Ergebnisse bewirkte.[6] Mit der Einrichtung von betrieblichen *Dopolavoro*-Einrichtungen wurde jedoch im Unternehmen keine außerbetriebliche Instanz implementiert. Mit dem fortschreitenden Ausbau des *Dopolavoro*-Netzwerkes schien der Begriff auch zunehmend an Trennschärfe zu verlieren und konnte – wie das Beispiel FIAT zeigt – eine Vielzahl von freiwilligen Werksleistungen umschreiben.[7]

Die Gründung der OND war eingebettet in einen umfassenden Umstrukturierungsprozeß, den das faschistische Regime seit Mitte der 1920er Jahre anstrengte.[8] Nach den heftigen Arbeitskämpfen im Frühjahr 1925 forderte Mussolini eine gewandelte Unternehmenspolitik gegenüber den Arbeitnehmern und resümierte schonungslos: „Intelligente Kapitalisten haben nichts vom Elend, deshalb beschäftigen sie sich nicht nur mit Löhnen, sondern auch mit Wohnungsbau, Krankenhäusern und Sportplätzen für ihre Arbeiter."[9]

Mit dieser Logik suchte Mussolini den Industriellen eine aktive Rolle im Konsolidierungsprozeß des faschistischen Staates zuzuweisen. Dabei ging es zunächst vor allem darum, die ökonomische Leistungsfähigkeit des Landes zu steigern, was implizierte, eventuelle Widerstände gegen Modernisierungsmaßnahmen zu brechen und die Ratio-

---

1 Vgl. zum *Dopolavoro* die Ausführungen oben, IV 2.7.3. sowie vor allem De Grazia, Culture sowie dies., Disciplina, 169ff. Für einen Vergleich der konzeptionellen Verbindungen zwischen OND und der NS-Organisation „Kraft durch Freude" vgl. Liebscher, L'opera nazionale dopolavoro, 307-322. Siehe auch dies., Freizeit, 67-90.

2 Bigazzi, Permanences, 97.

3 Im Jahr 1927 wurde die Dopolavoro-Organisation sodann dem PNF unterstellt, was für die faschistische Gewerkschaft, die um Kontrollmöglichkeiten gekämpft hatte, einen weiteren Rückschlag bedeutete. Vgl. Benenati, Anni, 72 mit Anm. 125.

4 Hierzu gehörten auch frühere Arbeiterclubs, bürgerliche Kleinstadt-*circoli*, Treffpunkte in Landgemeinden, vgl. De Grazia, Culture, 16.

5 Ebd.

6 Vgl. dazu unten, siehe auch Bigazzi, Permanence, 104.

7 Vgl. De Grazia, Culture, 77.

8 Vgl. dazu oben, IV 2.5.

9 So Mussolini im Mai 1925, zitiert nach De Grazia, Culture, 62. Übers. d. V.

nalisierungsidee zu fördern.[1] Auch die heftige Wirtschaftskrise, die mit dem forcierten Stabilisierungskurs seit Mitte der 1920er Jahre schwelte, stellte neue Herausforderungen an die unternehmerische Politik und hatte deren Rahmenbedingungen entscheidend verändert. Auf der einen Seite drohte der Abbau von Löhnen bzw. materiellen oder immateriellen Errungenschaften der Arbeitnehmer die betrieblichen Arbeitsbeziehungen erheblich zu belasten. Wenngleich die Möglichkeiten der Interessenartikulation für die Arbeitnehmer zunehmend schrumpften, so waren die Unternehmen doch auf ein Mindestmaß an Motivation und Kooperation im Arbeitsverhalten angewiesen, das sich nicht mit externen repressiven Regulierungen erzwingen ließ. Hier zeigten die Arbeitsbeziehungen besonders deutlich, was die institutionenökonomische Arbeitsmarkttheorie unter den Schlagworten „Informationsasymmetrie“ und „unvollständiger Arbeitsvertrag“ modellhaft formuliert hat. Bei der Umwandlung von Arbeitspotentialen in Arbeitsleistung spielt die intrinsische Motivation eine ausschlaggebende Rolle, die nicht mit Zwangsmaßnahmen erpreßt, sondern nur freiwillig erbracht werden kann. Hier kommen die Inhalte des zweiten, „informellen“ Arbeitsvertrages zum Zuge, der durch die Art der Ausgestaltung der Arbeits- und Sozialbeziehungen im Unternehmen impliziert wird.[2] Für die Arbeitgeber stellte sich damit die Aufgabe, Kompensation für die Positionsverluste anzubieten und Anreize für ein erwünschtes Arbeitsverhalten zu schaffen. Dies galt erst recht, wenn sie im Zuge forcierter Rationalisierungsbemühungen innerbetriebliche Veränderungen anstrebten und dafür Akzeptanz schaffen mußten.[3] Darüber hinaus hatte die Zerschlagung der sozialistischen und der katholischen Arbeiterorganisationen ein dichtes und funktional differenziertes Netzwerk zerstört und damit eine Lücke gerissen, die nicht über die defizitäre faschistische Sozialpolitik aufgefangen wurde und ansatzweise über die OND und betriebliche Sozialmaßnahmen gestopft werden sollte.[4]

Vor dem Hintergrund der seit Mitte der 1920er Jahre veränderten Rahmenbedingungen erscheint der oben skizzierte Maßnahmenkatalog der betrieblichen „Wohlfahrtspolitik“ bei Dalmine in einem anderen Licht. Die weitgefächerte betriebliche Sozialpolitik war hier durch das Zusammenspiel von traditionellen und modernen Elementen gekennzeichnet. Als Unternehmen, das sich gleichsam *ex novo* in einem ländlichen Umfeld angesiedelt hatte, spielten freiwillige betriebliche Leistungen traditionell eine Rolle und wurden für unternehmensbezogene Arbeitsmarktinteressen und örtliche Infrastrukturpolitik genutzt.[5] Neu war jedoch die diversifizierte Angebotspalette im Bereich der Freizeitgestaltung und Erholung für die Mitarbeiter. Auch die Betonung des harmonischen Betriebsklimas, die die Sitzungsprotokolle der Unternehmensleitung in den 1920er Jahren kennzeichnete, verlieh dem Engagement des Unternehmens ein neues

1 Vgl. Benenati, Americanism, 8.
2 Vgl. für die theoretischen Ausführungen oben, I, 2.
3 Vgl. zu den veränderten Rahmenbedingungen und ihren Konsequenzen De Grazia, Culture, 64.
4 Vgl. Bigazzi, Permanence, 96.
5 Vgl. auch oben, II 2.5.

Gepräge.[1] Seit 1923 durchzog der Hinweis auf die ausgeglichenen internen Verhältnisse – jenes „Geistes von Disziplin, Arbeitsamkeit und Verbundenheit zum Unternehmen" – regelmäßig, später nahezu formelhaft die Berichterstattung über die „Belegschaftsangelegenheiten" und wurde kausal mit der betrieblichen Wohlfahrtspolitik verknüpft, die genau in dieser Intention intensiviert worden war. „Die zufriedenstellenden (...) Ergebnisse", so heißt es in den Ausführungen eines leitenden Ingenieurs, seien „durch ein Programm der einträchtigen und dauerhaften Zusammenarbeit der verschiedenen Produktionskräfte erreicht worden", indem man den Arbeitern und Angestellten gegenüber unternehmerische „Wohlfahrtspolitik" betrieben habe.[2] „Der kollaborationistische Geist" sei – wie an anderer Stelle bilanziert wird – als ein „Produkt der Maßnahmen im Bereich der Wohlfahrtspolitik zu betrachten."[3] Vor allem im Kontrast zu den internen Auseinandersetzungen, die einige Jahre zuvor die Arbeitsbeziehungen charakterisiert hatten, wurden die aktuellen Erfahrungen lobend hervorgehoben.[4]

Mit dem wiederkehrenden Motiv der Betriebsharmonie schilderte die Firmenleitung nicht nur die aktuellen Betriebsverhältnisse, sondern evozierte zugleich den werksgemeinschaftlichen Gedanken eines friedlichen Miteinanders von Arbeit und Kapital, der ein Grundelement der faschistischen Korporativideologie darstellte. Hierzu paßte auch die in der Rationalisierungsbewegung verbreitete Vorstellung, mittels technischem Fortschritt und wissenschaftlicher Betriebsführung eine konfliktfreie, harmonische Gestaltung der Arbeitsbeziehungen zu erreichen.

Anscheinend war in den Jahren, in denen das Management bewußt den Ausbau der betrieblichen Sozialleistungen vorantrieb, bei Dalmine tatsächlich eine konfliktarme Zeit angebrochen. Jedoch ist zu berücksichtigen, daß die Berichterstattung der Firmenleitung eine subjektive Darstellung der eigenen Leistungen zum Ausdruck brachte, während die Perspektive der Arbeitnehmer in der Überlieferung ausgeblendet ist. Die Harmonisierung der früher konfliktlastigen Arbeitsbeziehungen beruhte jedoch sicherlich auch zu einem großen Teil auf dem Umstand, daß sich die Belegschaftszusammensetzung nach den Unruhen verändert hatte und politische Aktivisten gezielt ausgeschlossen worden waren,[5] während die Handlungsmöglichkeiten für die Arbeitnehmer generell durch die Zerschlagung ihres organisatorischen Netzwerkes und die Aushöhlung der betrieblichen Repräsentationsorgane schrumpften.

Auch bei FIAT wurde dem Aufbau einer betrieblichen Wohlfahrtspolitik gesteigerte Aufmerksamkeit gewidmet. Bereits Anfang der 1920er Jahre hatte man hier mit freiwil-

1 Vgl. hierfür die Protokolle des *Consiglio d'amministrazione* 1920-1936, FD, D Lcda/2, Libri societari, Buch 6-9.

2 So Ingenieur Garbagli in der Sitzung am 22.5.1924, FD, D Lcda/2, Libri societari, Buch 6, 163. Übers. d. V.

3 Vgl. Protokoll vom 24.9.1925, FD, D Lcda/2, Libri societari, Buch 7, 17. Übers. d. V.

4 Man sei "mehr als zufrieden mit dem Verhalten der Belegschaften", vgl. Protokoll vom 8.11.1926, siehe auch Protokoll vom 24.9.1925, FD, D Lcda/2, Libri societari, Buch 7, passim.

5 Vgl. dazu oben, IV 2.4.

ligen Sozialleistungen des Unternehmens experimentiert und diese im Laufe der Zeit systematisch ausgebaut.[1] Gegen Ende des Jahrzehnts hatte der Katalog der unternehmerischen Wohlfahrtsmaßnahmen einen stattlichen Umfang erreicht und umfaßte werksbezogene ärztliche Dienste, Krankenkassen für Arbeiter und Angestellte, das sogenannte Agnelli-Sanatorium, Gartenbaugenossenschaften, Wohnungsbauprojekte, vielfältige *Dopolavoro*-Angebote, darunter Sport, Erholung und Kulturprogramme, Veranstaltungsräume, Sportplätze, Kantinen, Gästehäuser, Ferienanlagen sowie eine Bibliothek.[2] Mit den betrieblichen Sozialleistungen – dem „Stolz des Unternehmens"[3] – sollte gezielt unternehmerische Selbstdarstellung betrieben und der Aufbau einer spezifischen, elitären Arbeiter- und Unternehmenskultur transportiert werden. Die Freizeitmöglichkeiten im Rahmen des *Dopolavoro*-Programms umfaßten elitäre Sportarten wie Tennis oder Rudern, die Veranstaltungsräume befanden sich in repräsentativer Lage in Turin und waren modern und ambitioniert ausgestattet, während insbesondere die Feriensiedlungen – wie sich ähnlich auch am Beispiel der Dalmine SpA und ihren werkseigenen Erholungsanlagen erkennen läßt – einen demonstrativen Charakter besaßen und das soziale Engagement des Unternehmens und seinen gesellschaftspolitischen Stellenwert im Wettbewerb der Großindustrie repräsentieren sollten.[4] Im Unterschied zu Dalmine, das einen ländlichen Standort gewählt hatte, war FIAT mit dem urbanen Kontext von Turin verflochten, weshalb beispielsweise der Wohnungsbau oder andere Maßnahmen der Infrastrukturpolitik hier eine untergeordnete Rolle spielten.[5]

Die Entwicklung der betrieblichen Sozialpolitik bei FIAT schien jedoch von vornherein mit den wichtigsten Etappen der technisch-organisatorischen Umgestaltung zu korrespondieren und gerade in Krisenzeiten eine Belebung zu erfahren. So hatten zunächst freiwillige Sozialleistungen den Umzug nach *Lingotto* flankiert und einige Jahre später auch die Einführung des Bedaux-Systems begleitet.[6] In dieser Perspektive wird die komplementäre Funktion[7] deutlich, die die betriebliche Sozialpolitik für den technischen und organisatorischen Rationalisierungsprozeß übernahm. Sie sollte die Akzeptanz für neue Verfahrensweisen erhöhen und möglicherweise entstandene Nachteile kompensieren. Zudem boten die dabei neu entstehenden Strukturen – beispielsweise die spezifische Handhabung des *dopolavoro aziendale* bei FIAT – zum Teil auch neue Möglichkeiten für die Arbeiterschaft, gestaltend mitzuarbeiten, was dem eventuellen Verlust an Verantwortung im Produktionsprozeß mit neuen Aufgaben im nicht-

---

1 Vgl. für die ersten Erfahrungen bei FIAT De Grazia, Culture, 62, 75 sowie Bigazzi, Permanence, 102.

2 Vgl. dazu ILO, Studien, 52ff., 60-75.

3 De Grazia, Culture of Consent, 74.

4 Vgl. Bigazzi, Permanence, 101f. sowie ILO, Studien, 74.

5 Vgl. auch De Grazia, Culture, 77.

6 Vgl. ebd., 75.

7 Vgl. Kleinschmidt, Sozialpolitik, der mehrfach die „Komplementärfunktion" einer „sozialen Betriebspolitik" im Hinblick auf Rationalisierungsmaßnahmen in der Schwerindustrie betont, ebd., 32, 40.

produktiven Bereich entgegenwirken konnte.[1] Darüber hinaus barg gerade das wachsende Gewicht der mit dem Signum des *Dopolavoro* betriebenen Maßnahmen, die mitsamt ihrem unternehmensinternen Verwaltungsapparat eine gewisse Eigendynamik entfalteten, noch eine weitere Funktion in der Unternehmenspolitik. Angesichts der spezifischen Voraussetzungen, die sich einem Großunternehmen wie FIAT boten – beispielsweise, daß der *dopolavoro aziendale FIAT* zu den größten im OND assoziierten Freizeitorganisationen gehörte und daß das Unternehmen in der OND-Bürokratie eigene Führungspersonen installieren konnte – bewirkte der auf Disziplinierung und Konsensbildung gerichtete Ansatz des faschistischen Regimes keine unmittelbare Beschneidung der Handlungsspielräume des Unternehmens, sondern ließ sich im Gegenteil für die Wahrung und Erweiterung der betrieblichen Handlungsspielräume nutzen.[2] Dies soll nicht heißen, daß *Dopolavoro*-Aktivitäten oder andere betriebliche Maßnahmen nicht für die faschistische Ideologiebildung eingesetzt werden konnten. Dies geschah durchaus, wie nicht zuletzt der Beitrag der FIAT-Formationen an effektvoll inszenierten faschistischen Massenveranstaltungen vor Augen führte.[3] Der Eintritt von außerbetrieblichen Instanzen in die Entscheidungssphäre des Unternehmens konnte jedoch erfolgreich verhindert werden. Mit dem Ausbau der betrieblichen Sozialmaßnahmen, die zu einem großen Teil im Rahmen des *Dopolavoro*-Programms erfolgte, konnte das Unternehmen eigene Einflußbereiche behaupten und erweitern, während die gesamte betriebliche Sozialpolitik darauf abzielte, die Unabhängigkeit und das Eigengewicht des Unternehmens zu demonstrieren.

Auch in Deutschland gewann die betriebliche Sozialpolitik in den 1920er Jahren erneut an Popularität. Wie in Italien, so läßt sich dieser Prozeß vor allem am Beispiel von Großunternehmen veranschaulichen, die in diesem Zeitraum forcierte Rationalisierungsbemühungen an den Tag legten. Wie die Studie von Heidrun Homburg über Rationalisierung bei Siemens zeigte, ähnelte die Palette an freiwilligen Sozialleistungen, die der Siemens-Konzern für seine Belegschaften bereitstellte, in mancherlei Hinsicht den Beispielen aus der italienischen Industrie.[4] Neben der Altersfürsorge für die Mitarbeiter, Jubiläumsgeschenken, Weihnachtsgratifikationen und Ernährungsfürsorge engagierte sich der Arbeitgeber im Wohnungsbau und – über die Förderung von Sportmaßnahmen – auch in der Freizeitgestaltung.[5] Jedoch besaß das Thema „Freizeit" oder „Erholung" in diesem Katalog deutlich weniger Gewicht als im italienischen Beispiel. Sportliche Freizeitaktivitäten besaßen wohl vor allem aus gesundheitlichen Erwägungen heraus Relevanz. Überhaupt wurde dem Gesundheitsaspekt mit der Zeit immer mehr

1 Bei FIAT wirkten sogenannte *dopolavoro-fiduciari*, die aus den Reihen der Belegschaften stammten, an der Gestaltung des Programms mit, vgl. De Grazia, Culture, 76.

2 Vgl. Bigazzi, Permanence, 102 sowie 104; De Grazia, Culture, 74ff.

3 Auch die Werkszeitschrift von FIAT „*Bianco e Rosso*" fungierte unter anderem als „Vehikel für faschistische Propaganda". Vgl. De Grazia, Culture, 81.

4 Vgl. ausführlich Homburg, Rationalisierung, 586-661.

5 Vgl. die Übersicht über das Volumen der Sozialleistungen von Siemens, ebd., 642 sowie ebd., 647.

Beachtung geschenkt, was einen wichtigen Unterschied im Vergleich zur traditionellen betrieblichen Sozialpolitik des Konzerns darstellte.[1] Fragen der „Betriebshygiene" sowie einer regelmäßigen ärztlichen Versorgung und Kontrolle der Mitarbeiter paßten zu dem Konzept einer „sozialen Rationalisierung" und einer darauf basierenden wissenschaftlichen Betriebsführung. Analog zur technischen Seite der Produktion erforderte in dieser Sicht auch der „Faktor Mensch" betriebliche Vorkehrungen für seine konstante „Pflege" und „Wartung".

Der enge Zusammenhang zum Rationalisierungsprozeß, den das Unternehmen in diesen Jahren forcierte, wird auch aus der Tatsache ersichtlich, daß die freiwilligen betrieblichen Leistungen in etwa zeitgleich mit den wichtigsten Rationalisierungsmaßnahmen bereitgestellt oder erweitert wurden.[2] Ähnlich wie bei FIAT wurde die Hinwendung zu neuen Formen der Produktionsorganisation durch zusätzliche Anreizinstrumente abgestützt, wobei hier insbesondere leistungsmotivierende Maßnahmen zum Einsatz kamen, die auf den „betriebsverbundenen Facharbeiter" abzielten.[3]

Auch in der deutschen Schwerindustrie war die Entwicklung der betrieblichen Sozialpolitik in den 1920er Jahren vor allem im Kontext der Rationalisierungsbemühungen in den Unternehmen zu betrachten.[4] Der weite Fächer der „sozialen Betriebspolitik" in der Gutehoffnungshütte – einem vertikal gegliederten schwerindustriellen Riesenkonzern mit einer langen Tradition betrieblicher Wohlfahrtspolitik – umfaßte u.a. Maßnahmen zur Wohnungsbauförderung, Werkssparkassen, betriebliche Sozialversicherungskassen, Fortbildungs- und Ausbildungsaktivitäten, Freizeitangebote, Sportförderung sowie Einrichtungen im Bereich der Gesundheitsversorgung und -kontrolle der Mitarbeiter.[5] Wichtiger als die mittlerweile erreichte Bandbreite des betrieblichen Engagements erschien jedoch der qualitative Wandel der Methoden, der sich in schwerindustriellen Großunternehmen merklich abzeichnete.[6] So entstanden in den Betrieben zunehmend eigenständige sozialpolitische Abteilungen, „Sozialsekretariate" oder „Büros für Arbeiterangelegenheiten", die sich mit den betrieblichen Sozialleistungen befaßten, sich um Lohn- und Gehaltsfragen kümmerten, entsprechende Statistiken führten und neue Arbeitskräfte einstellten.[7] Damit wurde die Verwaltung von Belegschaftsbelangen innerhalb der Unternehmen allmählich zentralisiert und nicht mehr – wie es früher häufig der Fall war – als Angelegenheit der einzelnen Werke betrachtet.

1 Vgl. die Skizze der Maßnahmen in Homburg, Rationalisierung, 594.

2 Ebd., 653.

3 Ebd.

4 Kleinschmidt, Sozialpolitik.

5 Vgl. über hierzu den Überblick von Pütz-Majer, Einrichtungen. Allerdings ist kritisch anzumerken, daß es sich eher um einen additiven Überblick der einzelnen Instrumente betrieblicher Sozialpolitik des Konzerns handelt, der den funktionalen Wandel dieser Instrumente, ihre strategische Bedeutung für die Unternehmenspolitik nicht hinreichend beleuchtet. So wird auch der Bezug zu Fragen der Rationalisierung und ideologischen Elementen der Rationalisierungsbewegung nur gestreift.

6 Kleinschmidt, Sozialpolitik, 33.

7 Vgl. ebd., 34; Fiedler, Sozialpolitik, 371.

Dies entsprach dem Bemühen um eine „rationalisierte“ Organisation. Dieser organisatorische Wandel reflektierte die veränderte Betrachtungsweise des „menschlichen Faktors“ im Produktionsprozeß und bewirkte eine Professionalisierung des Managements von Sozial- und Personalfragen im Betrieb. Die Aufwertung des betrieblichen Sozial- und Personalmanagements, die mit der betrieblichen Reorganisation einherging, war jedoch nicht auf die schwerindustrielle Verbundwirtschaft beschränkt. Auch im Siemens-Konzern hatte sich im Zuge der forcierten Rationalisierungsbemühungen eine „sozialpolitische Abteilung“ mit umfangreichen Zuständigkeiten konstituiert, die im Laufe der 1920er Jahre einen immer größeren Geschäftsbereich verantwortete.[1] Bei FIAT war vor dem Hintergrund der Reorganisationsmaßnahmen ebenfalls eine zentralisierte Personalverwaltung entstanden.[2]

An der Profilierung von „Personalabteilungen“ innerhalb der administrativen Struktur von „rationalisierenden“ Unternehmen ließ sich jedoch vor allem ein weiterer Aspekt ablesen: die intensivierte Beschäftigung mit Fragen der Rekrutierung, Auswahl und Ausbildung der Arbeitskräfte. Auch in dieser Hinsicht offenbarte sich der enge Zusammenhang, der zwischen dem technisch-organisatorischen Rationalisierungsprozeß und dem Ausbau einer betrieblichen Sozialpolitik bestand.

Die betrieblichen Maßnahmen im Bereich Personalrekrutierung und -ausbildung griffen zunehmend auf neuere arbeitswissenschaftliche Ansätze zurück, mit denen sich die industrienahen Einrichtungen der „Rationalisierungsforschung“ beschäftigten – im Fall der deutschen Schwerindustrie beispielsweise das DINTA.[3] In der Eisen- und Stahlindustrie des Ruhrgebietes wandten sich viele Unternehmen der Reorganisation des Ausbildungswesens zu.[4] Dabei lieferte die „industrielle Psychotechnik“ entscheidende Impulse. Hierbei handelte es sich um eine experimentalpsychologische Lehre, die sich mit der Frage der Auswahl und Eignung von Arbeitskräften für bestimmte Tätigkeiten unter Berücksichtigung ihrer individuellen psychischen und physischen Dispositionen auseinandersetzte.[5] Nach dem vielzitierten Grundsatz „der richtige Mann an der richtigen Stelle“ gewannen nunmehr psychotechnische Eignungstests bei der Personalrekrutierung an Bedeutung, während auch die betriebliche Lehrlingsausbildung zunehmend psychotechnische Kriterien berücksichtigen sollte.[6] So kamen in der Lehrlingsschule von FIAT psychotechnische Eignungstests zum Einsatz. Innerhalb des Reorganisationsprogramms, das FIAT mit den diversen technisch-organisatorischen und sozialen Rationalisierungsmaßnahmen vorantrieb, erhielt der Ausbau seiner betrieblichen Aus- und Wei-

1 Vgl. Homburg, Rationalisierung, 402ff.

2 Vgl. dazu ILO, Studien, 51ff.

3 Zum DINTA vgl. oben, 3.2.

4 Vgl. dazu ausführlich Kleinschmidt, Rationalisierung, 271ff.

5 Die Begründung der Psychotechnik nahm mit den Arbeiten von Hugo Münsterberg ihren Anfang, vgl. dazu Hinrichs, Um die Seele des Arbeiters, 208ff.

6 Vgl. dazu Kleinschmidt, Rationalisierung, 271ff.

terbildungsstrukturen besonderes Gewicht.[1] Auch bei Krupp wurde ein „Psychotechnisches Institut“ gegründet, das an die Krupp'sche Lehrwerkstatt angebunden war.[2] Es ist schwer zu sagen, ob die psychotechnischen Instrumente zur Auswahl und Ausbildung von Arbeitnehmern tatsächlich den gewünschten Effekt erzielten, durch eine „optimale“ Besetzung des Arbeitsplatzes und die Förderung bestimmter Fähigkeiten einen besseren, effizienteren Arbeitseinsatz zu erhalten.[3] Auch wissenschaftliche Methoden konnten die Anreize der Arbeitsmarktlage nicht neutralisieren.[4]

Wenngleich betriebliche „Wohlfahrtspolitik“ sowohl in Deutschland als auch in Italien eine solide Tradition besaß, ließen sich doch deutliche Unterschiede im Vergleich zu patriarchalischen Modellen der Vorkriegsjahre erkennen. Das systematische Kalkül der *Effizienz* war hervorgetreten: die Erkenntnis in die ökonomische Logik sozialer Zusammenhänge, die eine Sicht des Betriebes als komplexen, durch technische, soziale und ökonomische Faktoren determinierten Mikrokosmos begünstigte. In dieser Perspektive hatte die betriebliche Sozialpolitik einen funktionalen Wandel vollzogen. Das Streben nach Wirtschaftlichkeit schloß nun den Bereich der Arbeits- und Sozialbeziehungen ein.

Im Hinblick auf den Entwicklungstrend sind jedoch hier wie dort Differenzierungen vonnöten. Auch vor dem Krieg ließen sich bei vielen Unternehmen ökonomische Motive für den Ausbau von Wohlfahrtsmaßnahmen erkennen, die beispielsweise als Instrumente der Arbeitsmarktstrategie oder der lokalen Infrastrukturpolitik genutzt wurden.[5] Auch das Motiv der Leistungssteigerung, der Anreizwirkung auf die „intrinsische Motivation“ spielte eine Rolle. Mithin läßt sich die Erfahrung der Vorkriegszeit nicht auf den Atavismus eines rückständigen, überkommenen „Patriarchalismus“ mit vormodernen Wurzeln reduzieren, für den karitative, erzieherische oder ethisch-religiöse Motive eine Rolle gespielt hatten. Zudem konnten auch hier die Erscheinungsformen mit der Größe des Unternehmens, dem Industriezweig und den charakteristischen Arbeitsmarktstrukturen deutlich variieren. Berücksichtigt man diese Einschränkung, so erscheint der Wandel der betrieblichen Sozialpolitik nicht als radikaler Kontrast. Die Ein-

---

1 Der Turiner Konzern bot zwei Ausbildungsstränge an: ein dreijähriges Berufsbildungsprogramm für Lehrlinge sowie einen einjährigen Fortbildungskurs für Arbeitnehmer, die sich weiterentwickeln wollten und eine andere Position anstrebten. Diese Weiterbildungsmöglichkeit stand prinzipiell allen offen, wenngleich die Teilnehmerzahl begrenzt war und demzufolge nicht alle Bewerber zugelassen wurden. Die Erfolgsquote bei den Abschlußprüfungen schwankte sehr stark, im Jahr 1928 bestanden 37 Personen von 148 Kandidaten die Prüfung, ungefähr die Hälfte konnte hinterher eine bessere Position realisieren. ILO, Studien, 55ff., 60.

2 Kleinschmidt, Sozialpolitik, 36.

3 Vgl. dazu Homburg, Rationalisierung, 339. Eine Studie über Arbeiterinnen bei Osram kam allerdings zu dem Ergebnis, daß die Fluktuation von Arbeitnehmern, die nach psychotechnischen Kriterien ausgewählt worden waren, relativ hoch blieb.

4 Vgl. zur Psychotechnik in der italienischen Industrie Sapelli, Organizzazione, 345ff.

5 Vgl. für eine Betonung der Funktionen einer betrieblichen Sozialpolitik Fiedler, Sozialpolitik, 358 sowie Welskopp, Sozialpolitik, 333-374.

bettung in eine umfassende betriebliche Rationalisierungsstrategie, die sich bei einigen deutschen und italienischen Großunternehmen abzeichnete, besaß in ihrer Systematik und Verwissenschaftlichung jedoch zweifelsohne eine neue Qualität.

Über die Dimension einer „sozialen Rationalisierung“ hinaus übernahm der Ausbau der betrieblichen Sozialpolitik weitere Funktionen in der Unternehmenspolitik von Großkonzernen. Die betriebliche Sozialpolitik konnte zugleich als Vehikel dienen, um den Bereich des Unternehmens vor (sozial-)staatlichen Eingriffen und gewerkschaftlichen Einflüssen oder Mitbestimmungsansprüchen abzuschotten. Sowohl in Deutschland als auch in Italien ließ sich das sozial- und personalpolitische Engagement in Großunternehmen als Element in einer Strategie interpretieren, die auf die Behauptung der unternehmerischen Unabhängigkeit abzielte.[1] Dabei gestalteten sich die spezifischen Rahmenbedingungen für eine solche unternehmerische „Defensivstrategie“ (Kleinschmidt) in beiden Ländern durchaus unterschiedlich.

In Deutschland war seit dem Ende der Inflation und dem Zusammenbruch der ZAG eine Kontroverse um die staatliche Sozialpolitik im Gange, die sich in den folgenden Jahren sichtlich verschärfte. Unternehmer und Verbände vor allem der Schwerindustrie führten eine zunehmend geräuschvolle Kampagne gegen den Weimarer „Interventionsstaat“, der sich in ihren Augen mit Zwangsschlichtung, „politischen Löhnen“ und einer expandierenden sozialen Gesetzgebung zum „Gewerkschaftsstaat“ entwickelt hatte, welcher – so die Argumentation – die unternehmerische Handlungsfreiheit immer mehr zu beschneiden drohte.[2]

Vor diesem Hintergrund konnte der gezielte Ausbau einer eigenen betrieblichen Sozialpolitik dem Interesse des Unternehmens nutzen, für den „Mikrokosmos“ Betrieb eine möglichst weitreichende Unabhängigkeit von „externen“ Einflüssen zu bewahren. Die betriebliche Lösung sollte als das bessere und zukunftsfähigere Modell erscheinen und diente als Legitimationsgrundlage für einen Feldzug gegen die staatliche Wirtschafts- und Sozialpolitik. Mit der Orientierung an der Idee der „Werksgemeinschaft“ und einer harmonischen, produktiven Zusammenarbeit von Arbeit und Kapital auf der Basis von „sozialer Betriebspolitik“ wurde ein Gegenmodell zur „konstitutionellen Fabrik“ und gewerkschaftlichen Partizipationsmöglichkeiten entworfen. So besaß das Engagement der Unternehmen in diesem Bereich zugleich eine antigewerkschaftliche Zielrichtung. Die kontinuierliche Erweiterung des Leistungskatalogs zielte zunehmend auf die „totale“ Durchdringung außerbetrieblicher Lebensbereiche der Belegschaften ab. Die Identifikation mit der „Werksgemeinschaft“ im Unternehmen sollte als Gegenentwurf zur Klassensolidarität fungieren. Das Ideal eines „gewerkschaftsfreien“ Betriebes war jedoch noch lange nicht realisiert: Dies zeigten beispielsweise die Resultate der Betriebsratswahlen bei Siemens, trotz der umfangreichen betrieblichen Initiativen des

1 Vgl. zu diesem Interpretationsansatz für Deutschland Fiedler, Sozialpolitik, 362ff. sowie Kleinschmidt, Sozialpolitik, 29ff. Für Italien vgl. Bigazzi, Permanenze, 55f.

2 Vgl. dazu oben, IV, 2.5.; siehe auch Weisbrod, Schwerindustrie, 395ff.; vgl. auch James, Slump, 162ff.

Konzerns.[1]

Darüber hinaus sollte die Konsolidierung eines betrieblichen Kontrastprogramms zur staatlichen Sozialpolitik weitere Regulierungen im Bereich der Arbeitswelt abwehren und zusätzliche Kostenbelastungen ausschließen – man denke an die kontinuierlich geführten Klagen über überhöhte Sozialleistungen und „politische Löhne".

Diese Strategie stärkte die Position des Unternehmens auf dem „vermachteten Arbeitsmarkt" (Homburg) gegenüber den Organisationen der Arbeiterschaft, aber auch im Hinblick auf konkurrierende Unternehmen, die in denselben Marktsegmenten Arbeitskräfte nachfragten. In dieser Arbeitsmarktdimension liegt eine wichtige Funktion der betrieblichen Sozialpolitik, die mit ihrem Akzent auf Betriebsverbundenheit und *corporate identity* auf lange Belegschaftszugehörigkeiten, damit zugleich auf Berufserfahrung und unternehmensspezifisches Humankapital abzielte. Mit der Verschlechterung der Arbeitsmarktlage und der damit einhergehenden Tendenz zum Angebotsüberschuß verlor diese arbeitsmarktstrategische Funktion, die schon vor dem Krieg ein gängiges Motiv für betriebliche Sozialleistungen dargestellt hatte, jedoch – relativ gesehen – an Bedeutung.[2] Allerdings ist zu bedenken, daß – wie die Analyse der Rationalisierungswirkungen gezeigt hat – trotz der Rationalisierungsanstrengungen die Abhängigkeit von qualifizierten Arbeitskräften hoch blieb und daß die Bedeutung von unternehmensspezifischen Qualifikationen dabei eher zu- als abnahm. Auch unter den krisenhaften Arbeitsmarktbedingungen mit hohen Arbeitslosenziffern konnte es im Unternehmenskalkül also durchaus zweckrational sein, in die Bindung von diesen Arbeitskräftegruppen forciert zu investieren.

In Italien vollzog sich der Ausbau der betrieblichen Sozialpolitik mit anderen politischen Vorzeichen. In Italien waren in der zweiten Hälfte der 1920er Jahre die Handlungs- und Artikulationsmöglichkeiten der Arbeiterschaft und ihrer Organisationen durch die Zwangsregulierungen des faschistischen Regimes radikal beschnitten.[3] Ein massiver Lohnabbau und ein schwaches Sozialleistungssystem entzogen einer der deutschen Kontroverse vergleichbaren Kampagne gegen Hochlohnpolitik und sozialstaatliche Intervention die Grundlage. Mit diesen Schritten – systematische Lohnkürzungen und Aushöhlung des Tarifwesens – hatten sich wesentliche Ziele der Arbeitgeber aus früheren Jahren bereits erfüllt. Hier ging es also nicht vorrangig um die Wahrung der unternehmerischen Autonomie im Hinblick auf externe Bindungen durch Tarifsystem oder andere sozialpolitische Regelungen im Arbeitsbereich, sondern um die Behauptung der unternehmerischen Handlungsfreiheit gegenüber der Einmischung und Kontrolle durch die faschistische Partei und Gewerkschaft. In dieser Hinsicht hatte die Industrie bereits Positionsgewinne zu verbuchen: die Blockade gegen den Einzug einer faschistischen Gewerkschaftsvertretung in den Betrieb erwies sich letztlich als erfolgreich, und auch das Tarifsystem stellte in seiner ausgehöhlten Form keine nennenswerte

---

1 Vgl. die Übersicht über die Wahlergebnisse in Homburg, Rationalisierung, 656.

2 Vgl. auch Fiedler, Sozialpolitik, 360.

3 Vgl. dazu oben, 2.5 d.

Beschränkung für die unternehmerische Lohngestaltung dar.[1]

Mit dem Aufbau der faschistischen *Dopolavoro*-Organisation rückte ein weiterer Einflußfaktor auf den Plan, der potentiell in den Handlungsbereich des Betriebs hineinwirken konnte. Die Wirkungen dieser heterogenen Organisation waren allerdings durchaus widersprüchlich. So ist vorab zu betonen, daß die betrieblichen Erfahrungen mit dem *Dopolavoro* innerhalb der italienischen Industrie beträchtlich variierten.[2] Zunächst einmal boten sich eigentlich nur in den Großunternehmen – angesichts der betrieblichen Realitäten und der Investitionsspielräume – die geeigneten Voraussetzungen dafür, auf dieser Schiene eine auf Unabhängigkeit gerichtete Unternehmensstrategie aufzubauen. Tatsächlich konnten Konzerne wie FIAT mit dem Ausbau betrieblicher Sozialleistungen unter dem Etikett des *Dopolavoro* ihre Unabhängigkeit wahren und die unternehmerischen Handlungsspielräume mit dem Wachstum der betrieblichen Einrichtungen tendenziell vergrößern. Daß die OND zunächst größere Organisationserfolge bei der Großindustrie erzielte, erscheint somit nicht verwunderlich.[3] Die Zielsetzungen der OND ließen sich mit den Ideen einer „sozialen Rationalisierung" vereinbaren, die hier mit der Adaption von Rationalisierungsansätzen auch Eingang in die großindustrielle Unternehmenspolitik gefunden hatten. Die *Confindustria* – die vor allem die Großindustrie repräsentierte – engagierte sich zunehmend für die Verbreitung „moderner", sozialpolitisch modellierter Managementpraktiken, als sie im Jahr 1927 eine Abteilung für betriebliche Sozialpolitik gründete und die Zeitschrift *L'assistenza sociale nell'industria* herausbrachte, die fortan betriebliche Sozialmaßnahmen propagierte und die neue „soziale" Rolle der Industrie herausstellte.[4] Damit leistete die *Confindustria* zugleich ihren Beitrag in dem Stabilisierungsmanöver, welches das faschistische Regime seit Mitte der 1920er Jahre anstrengte. Ihr Part bestand quasi darin, dem offiziellen Appell nach betrieblicher Wohlfahrtspolitik zu folgen und diesen zu unterstützen, um Konfliktpotentiale zu lindern. Daß die Großindustrie ihren Anteil im „Herrschaftskompromiß" für ihre Autonomiestrategie nutzen konnte, ist – wie auch Bigazzi betont hat – eines der paradoxen Ergebnisse in der Geschichte des *Dopolavoro*.[5]

In den kleinen und mittleren Betrieben waren demgegenüber noch Widerstände gegen den kostspieligen und verwaltungsaufwendigen Ausbau von „modernen" betrieblichen Sozialleistungen zu überwinden.[6] Bei kleineren und mittleren Betrieben fiel der Nutzwert für die unternehmerische Selbstdarstellung kaum ins Gewicht. Hier traf es gegen Ende der 1920er Jahre im weitaus stärkeren Maße als in der Großindustrie zu, daß

1 Vgl. für diesen Punkt auch IV 2.3. und 2.5.

2 Vgl. dazu die Analysen von De Grazia, Disciplina; dies., Culture; Benenati, Americanism.

3 Vgl. für die Organisationserfolge der OND De Grazia, Culture of Consent, 67ff.

4 Ebd., 66.

5 Auf die widersprüchlichen Ergebnisse weist hin Bigazzi, Permanence, 104.

6 Dementsprechend war die Dopolavoro-Bewegung zuerst in der Großindustrie erfolgreich. Nach der Gründung der OND im Jahr 1925 schrieben sich zunächst vor allem Großunternehmen ein, während kleine und mittlere Betriebe erst allmählich für die Freizeitorganisation gewonnen werden konnten. Bigazzi, Permanence, 97.

die Hinwendung zu einer „staatlich verordneten“ Sozialpolitik nur auf massiven Druck von oben erfolgte. Die Einsicht in den ökonomischen Nutzen von betrieblicher Wohlfahrtspolitik im Sinne einer „sozialen Rationalisierung“ scheint in den klein- und mittelbetrieblich strukturierten Gewerben für den Aufbau betrieblicher Sozialleistungen eine geringere Rolle gespielt zu haben. Dazu paßt, daß diese hier eher zu traditionellen paternalistischen Mustern tendierten.[1]

Damit gestalteten sich die verschiedenen Funktionen der betrieblichen Sozialpolitik innerhalb der italienischen Industrie also durchaus unterschiedlich. Für die kleine und mittlere Industrie trifft sicherlich die Feststellung zu, die Investition in betriebliche Sozialleistungen sei nicht durch das Unternehmensinteresse, sondern durch die Vorgaben des Regimes motiviert gewesen.[2] Für die Großindustrie läßt sich das jedoch nicht behaupten, vielmehr übersieht eine solche Interpretation die funktionale Vielfalt, die die betriebliche Sozialpolitik auch aus ökonomischer Hinsicht für die Unternehmen bieten konnte. Hier folgte – wie in Deutschland – betriebliche Sozialpolitik eben zugleich dem Streben nach Effizienz und nach unternehmerischer Autonomie.

Angesichts der durch Wirtschaftskrisen und faschistische Gesetzgebung veränderten Rahmenbedingungen übernahm die betriebliche Sozialpolitik in Italien – im Unterschied zu Deutschland – viel stärker eine kompensatorische Funktion. Die dürftige Ausstattung der staatlichen Sozialpolitik, der Verlust persönlicher Freiheitsrechte der Arbeitnehmer, die Zerstörung alter Solidarstrukturen schufen einen Bedarf an institutionellen Arrangements, die diese Lücke zumindest in Ansätzen schließen konnten. Mit dem Ausbau der betrieblichen Sozialpolitik wurden solche Institutionen zunehmend bereitgestellt.

Sowohl die in deutschen Industriekreisen populäre Werksgemeinschaftsideologie als auch die faktische Repression von Arbeitnehmerrechten im faschistischen Regime wirkte auf den Verlust von individueller Freiheit für abhängig Beschäftigte hin. Dieser Verlust ließ sich nicht mit betrieblicher Sozialpolitik auffangen. Dennoch trugen die Regimebedingungen zur Popularität betrieblicher Sozialmaßnahmen erheblich bei, da diese eine identitäts- und solidaritätsstiftende Funktion übernahmen und materiellen Ausgleich für die Defizite der staatlichen Wirtschafts- und Sozialpolitik anboten. Die Vorteile, die soziale Betriebspraktiken für beide Arbeitsmarktparteien mitbrachten,

---

1 Zu dem Charakter des *dopolavoro* als Erweiterung eines traditionellen Paternalismus in der Textil- und Nahrungsmittelindustrie, De Grazia, Culture, 74. Daß die Hinwendung zu einer betrieblichen Sozialpolitik im Faschismus auf Druck des Regimes erfolgte, betont Benenati, Americanism, 8f., die die betriebliche Sozialpolitik eines mittelständischen Bekleidungsherstellers analysiert. Einmal etabliert, konnte sich die betriebliche Wohlfahrtspolitik jedoch auch hier weit über den Faschismus hinaus halten.

2 Vgl. die verallgemeinernde Feststellung von Benenati, Americanism, 5, die für einen Teil der italienischen Industrie sicherlich zutrifft, aber zu differenzieren wäre: “Companies investing in assistance and recreation did not so because this was perceived as being in the firms’ interest in managing workers, but in obedience to directives from the Fascist government and in keeping with the corporate ideology of a regime that seemed to assure protection of the country’s industry.”

sorgten für den Fortbestand dieser Einrichtungen weit über den Faschismus hinaus.[1] Langfristig gewann die Einsicht in den ökonomischen Nutzen von sozialpolitisch reflektierten Managementtechniken an Kontur. Von der arbeitsmarkttheoretischen Warte aus betrachtet, war dies dem Wesen der Arbeitsbeziehungen – die durch eine asymmetrische Informationsverteilung beider Vertragspartner und ungleiche Handlungsmöglichkeiten gekennzeichnet war – angemessener als traditionelle, rein disziplinarische Formen des *labour managements*, da der „unvollständige Arbeitsvertrag" durch neue Anreizmechanismen ergänzt wurde. Die Rahmenbedingungen in den 1920er Jahren liefen jedoch auf eine instrumentalisierende Verzerrung des institutionellen Arrangements hinaus: Die Möglichkeiten für „Abwanderung" und „Widerspruch" – die elementaren Formen der Interessenartikulation seitens der Arbeitnehmer in ökonomischer Lesart – waren sowohl in Deutschland als auch in Italien zum einen durch die krisenhafte Arbeitsmarktlage, zum anderen durch die spezifische Ausgestaltung der politischen Rahmenbedingungen ungleich verteilt und sichtlich eingeschränkt.

d. Bilanz: Rationalisierung als Arbeitsmarktstrategie?

Trotz vergleichbarer Ansätze einer technischen und organisatorischen Rationalisierung in den geschilderten betrieblichen Beispielen gab es – so läßt sich bilanzierend feststellen – durchaus Unterschiede bei den Rationalisierungsexperimenten im Mikrokosmos Unternehmen. Vor dem Hintergrund der Polyvalenz des Rationalisierungsbegriffs an sich und einer variantenreichen Rationalisierungspraxis auch innerhalb verwandter Industriezweige erscheint es nicht sinnvoll, für Deutschland und Italien einen bestimmten, landesspezifischen „Rationalisierungstyp" identifizieren zu wollen.

In beiden Ländern war nach der Überwindung der Währungsprobleme, angesichts der nun zutage tretenden Problemlagen und instabilen Arbeitsmarktverhältnisse Krisenmanagement gefragt, das mit ähnlichen Konzepten operierte. Hier wie dort war die experimentelle Rationalisierungspraxis jedoch als Arbeitsmarktstrategie überfordert. Das Patentrezept hatte bei Arbeitnehmern und Arbeitgebern überzogene Erwartungen geschürt, die nicht eingelöst werden konnten.

Zum einen entfaltete die systematische Erschließung von „Rationalisierungspotentialen" nicht genug Zugkraft, um die sich manifestierenden Krisensymptome auf dem Arbeitsmarkt kompensieren zu können – der innerhalb von Gewerkschaftskreisen imaginierte nachfrageindizierte, massenkonsumorientierte Konjunkturaufschwung blieb aus. Auch Arbeitgeberhoffnungen realisierten sich nicht. Nach wie vor war die Abhängigkeit von qualifizierten Arbeitskräften, die auf den Arbeitsmärkten nicht uneingeschränkt zur Verfügung standen und einen höheres Arbeitsentgelt kosteten, vergleichsweise hoch. Um so wichtiger konnte es fallweise erscheinen, in die Ausbildung eines unternehmensspezifischen Humankapitals und dessen Bindung an das Unternehmen gezielt zu investieren.

---

1 Vgl. Benenati, Anni, 75ff.

Allerdings ließ sich – sowohl in Deutschland als auch in Italien – die Rationalisierung als eine Strategie betrachten, um die Handlungsspielräume der Unternehmen gegenüber der staatlichen Einflußnahme zu erhöhen. Der Vergleich hat hier eine bemerkenswerte Ähnlichkeit im funktionalen Wandel der betrieblichen Sozialpolitik offenbart. Dies ließ sich für den italienischen Fall am Beispiel der verwissenschaftlichten Lohnbildung veranschaulichen und für beide Fälle anhand der sogenannten „sozialen Rationalisierung", die die Bindung der Arbeitnehmer an den Betrieb fördern, die Akzeptanz für betriebliche Umstrukturierungen erhöhen sollte und gleichzeitig Alternativen und Ergänzungen für staatliche Funktionen im Bereich der Sozialpolitik und Daseinsfürsorge bereitstellte. Diese Bemühungen besaßen in beiden Ländern eine antigewerkschaftliche, konfliktvermeidende Zielsetzung. Alles in allem hatte die betriebliche Sozialpolitik als „soziale Rationalisierung" einen Funktionswandel durchlaufen, der in beiden Ländern bemerkenswerte Parallelen aufwies. Weder hier noch dort erfüllten sich jedoch die illusionären, utopistischen Vorstellungen, mit dem weitgefächerten Instrumentarium einer technischen, organisatorischen und sozialen Rationalisierung zur vollständigen Harmonisierung der Arbeitsbeziehungen zu gelangen. Weder durch wissenschaftliche Lohnfindung noch durch soziale Betriebspolitik ließ sich die strukturelle Konfliktträchtigkeit, die sich auf dem Arbeitsmarkt abzeichnete und im Betrieb fortsetzte, vollständig harmonisieren. Wohl aber war vor allem letztere als ein Instrument geeignet, die grundlegende Informationsasymmetrie des Marktes aufzufangen und damit dem Dilemma auszuweichen, indem neue institutionelle Regelungen geschaffen wurden. Diese gewannen vor allem dann an Bedeutung, als unter Regimebedingungen der Mikrokosmos „Unternehmen" für die Akteure immer zentraler wurde.

3.3. Arbeitsmarkt, Verbände und Staat: Industrielle Beziehungen und Korporatismus

Im Jahrzehnt zwischen Kriegsende und Weltwirtschaftskrise hatten Arbeitsmarktfragen immer wieder die sozial- und wirtschaftspolitischen Auseinandersetzungen in Deutschland und Italien bestimmt. Spätestens seit Kriegsende trat der Arbeitsmarkt in beiden Ländern als ein hochgradig politisiertes Handlungsfeld in den Vordergrund, auf dem Arbeitsmarktakteure und Staat um einen Ausgleich der Interessen rangen. Dabei vollzog sich mit der veränderten Balance der Kräfte ein qualitativer Wandlungsprozeß der industriellen Beziehungen. Die krisenhaften Arbeitsmarktverhältnisse stellten neue Herausforderungen an die Fähigkeit zur Problemlösung und Krisenbewältigung aller beteiligten Akteure.

In diesem Kontext zeichneten sich in beiden Ländern spezifische Modelle des Interessenausgleichs ab, die als „korporatistisch" oder „pseudo-korporatistisch" zu kennzeichnen sind. Die Bezeichnung Korporatismus ist durchaus nicht eindeutig und wurde in der soziologischen, wirtschafts- und sozialwissenschaftlichen Forschung diskutiert, um unterschiedliche Dimensionen der Interessenrepräsentation in Industriegesellschaften zu charakterisieren. Zum einen lässt sich mit dem Begriff Korporatismus eine „soziopolitische Ordnungskonfiguration" (Wehler) beschreiben, in welcher gesellschaftliche Gruppen in politische Entscheidungsprozesse involviert sind und diese beeinflussen. [1] Mächtige Interessengruppen kooperieren untereinander und mit öffentlichen Akteuren bei der Durchsetzung von politischen Entscheidungen, Normen und Wertvorstellungen, wobei sich bestimmte Muster des Interessenausgleichs einspielen und verfestigen.[2] Gemäß einem anderen Verständnis von Korporatismus ist nicht die Teilnahme am Politikprozeß ausschlaggebend, sondern vor allem die Art der Interessendurchsetzung der ökonomischen Akteure. Diese Sichtweise stellt ab auf die ökonomische Dimension der zur Körperschaftsbildung neigenden „Ordnungskonfiguration": auf die Begrenzung des Wettbewerbs durch die Herausbildung von Kooperationsstrukturen zwischen Unternehmen, beispielsweise durch Verbände, Kartelle oder informelle Absprachen. Dieser Definition zufolge ist entscheidend, daß die Koordination des Interessenausgleichs nicht wettbewerbsmäßig über den Markt und seine Mechanismen erfolgt, sondern durch die Kooperation jenseits des Marktes und damit quasi durch eine Reduktion des Interessenpluralismus und der Vielfalt der Verbände.[3] In den folgenden Ausführungen wird der Begriff des Korporatismus im umfassenden Sinne, d.h. mit beiden Bedeutungsdimensionen, verstanden.

Entscheidende Rahmenbedingungen für die Hinwendung zu korporatistischen Arrangements waren das organisatorische Wachstum der gesellschaftlichen Interessenverbände sowie die Ausdehnung der staatlichen Interventionstätigkeit. Die Beziehung zwischen öffentlichem und privatem Sektor veränderte sich, während staatliche Bürokratien ihren Einfluß zu Lasten des parlamentarischen Systems stärken konnten.[4] Auch in Deutschland und Italien bauten die Interessengruppen ihre Organisationsmacht aus und fanden phasenweise zu einer „Konzertierung" ihrer Interessen zusammen. Diese korporatistischen Arrangements standen in beiden Ländern unter unterschiedlichen Vorzeichen. Mitte der 1920er Jahre konnte in Deutschland der erste „Probelauf des Korporatismus" (Peukert) bereits als gescheitert gelten. Nach dem Ende der Inflation war die ZAG als „korporative" Arbeitsgemeinschaft von Arbeitgebern und Gewerkschaften an unüberbrückbaren Gegensätzen zerbrochen und hatte sich letztlich als unfähig erwiesen, eine auf mehrheitsfähigen Kompromissen fundierte Kooperation zu betreiben.[5] Die Konzertierung der beiden Arbeitsmarktparteien blieb also eine Periode.

1 Vgl. Wehler, Gesellschaftsgeschichte, Bd. 4, 268. Lehmbruch, Korporatismusforschung. Vgl. zum Interpretationsansatz des Korporatismus im europäischen Vergleich vor allem Maier, Recasting; sowie ders., Strukturen, 195-213; für Deutschland vor allem Abelshauser, Korporatismus, 147 – 170; siehe auch Puhle, Konzepte; Czada, Konjunkturen, 37-64.

2 Vgl. Lehmbruch, Beitrag, 735-751. Lehmbruch arbeitete seit den 1970er Jahren die „makroökonomische Konzertierung" heraus.

3 So der Ansatz von Schmitter, Century, 85ff., der mit diesem Aufsatz die Korporatismus-Debatte anstieß. Siehe auch Czada, Konjunkturen.

4 Vgl. Maier, Strukturen, 195ff.

5 Vgl. dazu auch oben, IV 2.5.

Demgegenüber hatte in Italien bis zu diesem Zeitpunkt die Basis für einen „freiheitlichen Korporatismus" gefehlt.[1] Zwar konnten sich auch hier Teile der gesellschaftlichen Interessengruppen durch eine Straffung ihres Verbandswesens organisatorisch festigen – so gab sich beispielsweise der Unternehmerverband *Confederazione generale dell'industria* (später: *Confindustria*) eine neue Struktur und rückte als nationaler Dachverband von Branchenverbänden und territorialen Organisationen zur Interessenvertretung vor allem der Großindustrie auf.[2] Damit wurde die industrielle Verbandsstruktur den Anforderungen einer modernen Massengesellschaft angepaßt.[3] Auch die Gewerkschaften waren nach dem Krieg beträchtlich gewachsen.[4] Dennoch besaßen die gesellschaftlichen Interessengruppen noch nicht genug Eigendynamik, Kohärenz und Durchsetzungsfähigkeit, um – wie in Deutschland – „wirtschaftliche und quasipolitische Veränderungen (...) ‚von unten' her" anzuregen.[5] Hier wurde im Zuge der Stabilisierungsphase des faschistischen Regimes Mitte der 1920er Jahre programmatisch eine „korporative" Wirtschaftsordnung verkündet. Im Unterschied zu Deutschland gewann somit in Italien ein staatlich verordneter „autoritärer Korporatismus" an Kontur.[6]

Obwohl es in Deutschland nach dem Zusammenbruch der ZAG nicht mehr zu einer „Konzertierung" der Interessen kam, besaß die Idee einer Arbeitsgemeinschaft der Interessengruppen auf beiden Seiten noch immer eine gewisse Anziehungskraft.[7] Wenn auch keine formalen oder informellen Bündnisse zwischen den Tarifpartnern im Hinblick auf ein gemeinsames Ziel verabredet wurden, wies die gesellschaftspolitische Praxis auch in den sogenannten „Stabilitätsjahren" der Weimarer Republik korporatistische Züge auf. Für die Etikettierung als „korporatistisch" spricht nicht nur die Bedeutung der Interessenverbände als gesellschaftliche Großformation, sondern ihr faktischer Einfluß auf den Aushandlungsprozeß bei der Umgestaltung sozial- und wirtschaftspolitischer Rahmenbedingungen sowie die Abwägung von Arbeitnehmer- und Arbeitgeberinteressen bei der Vermittlung durch den Staat bzw. das Reichsarbeitsministerium.

Im folgenden stehen nun die wichtigsten Spannungsmomente des korporativen Interessenausgleichs in beiden Ländern im Mittelpunkt, die sich auf Arbeitsmarktfragen bezogen. Damit soll die Entwicklungslogik des „korporatistischen Krisenmanagements"[8]

1 Vgl. für diesen Begriff Abelshauser, Korporatismus, 149.

2 Vgl. für die Neuorientierung sowie für Aufbau, Mitgliederstruktur und Reglement der Organisation den Jahresbericht des Verbandes: CGdL, Annuario, 79ff.

3 Vgl. zur Organisationsgeschichte der *Confindustria* in diesen Jahren Lanzalaco, Impresa, 115ff.

4 Siehe Tabelle A.13 im Anhang.

5 Vgl. Maier, Strukturen, 202. Nach Lehmbruch brauchen Verbände ein „Repräsentationsmonopol" und eine „Organisationsstruktur, die ihnen Verpflichtungsfähigkeit gegenüber ihren Mitgliedern verleiht", um politisch mitgestalten zu können, vgl. ders., Beitrag, 735ff.

6 Vgl. dazu oben, IV 2.5. Zur Begrifflichkeit vgl. Abelshauser, Korporatismus, sowie Maier, Strukturen.

7 Vgl. z.B. z.B. Der Arbeitgeber 14. Jg. 1924, ; 19. Jg., 1929, H.14, 391f.

8 Wehler, Gesellschaftsgeschichte, Bd. 4, 268.

in Deutschland und Italien schlaglichtartig beleuchtet werden. Diese Perspektive gibt Aufschluß über die zentrale Bedeutung von arbeitsmarktbezogenen Regelungen und Arbeitsmarktpolitik im konflikthaften Prozeß des Interessenausgleichs und demonstriert dabei, wie sich die Formen der industriellen Beziehungen in beiden Ländern verändert hatten.

In Italien war der Höhepunkt gewerkschaftlicher Machtentfaltung bereits Anfang der 1920er Jahre – gegen Ende des *biennio rosso* – überschritten. Mit dem Regierungswechsel im Herbst 1922 und der Machtübernahme durch Mussolini veränderten sich die Rahmenbedingungen für die Interessenvermittlung der sozialen Kräfte auf dem Arbeitsmarkt spürbar. Die Regelsysteme auf dem Arbeitsmarkt hatten sich jedoch dadurch nicht schlagartig gewandelt.[1] Dies läßt sich auch anhand der zunächst noch eher vagen, mehrdeutigen Vorstellungen über die Ordnung der Arbeitswelt erkennen, deren theoretische Konzeptualisierung vorerst offen blieb. Die ideologischen Bezugspunkte entstammten einem heterogenen, teilweise widersprüchlichen Konglomerat an Ideen, das sich noch nicht zu einer klar konturierten gesellschaftspolitischen Ideologie verdichtet hatte. Die ordnungspolitische Diskussion rankte sich um Konzepte von Korporatismus oder Syndikalismus, die als Schlagworte zum Teil synonym gebraucht wurden.[2] In Arbeitgeberkreisen blieb die Sorge um das revolutionäre Potential, das den syndikalistischen Kräften des Faschismus entspringen könnte – zum Beispiel dem „integralen Syndikalismus“ à la Edmondo Rossoni, dem Führer der faschistischen Arbeitnehmerorganisationen – in den Anfangsjahren der faschistischen Herrschaft verbreitet.[3]

Für die Entwicklung der Arbeitsmarktbeziehungen markierte das Jahr 1925 den zentralen Wendepunkt, da nun – im Anschluß an den in Rom geschlossenen *Patto di Palazzo Vidoni* – eine autoritäre Umgestaltung der Arbeitsmarktverfassung forciert wurde.[4] Vorausgegangen war ein Kräftemessen zwischen verschiedenen organisierten Interessen und dem Staat – ein Ringen um Einflußbereiche, das mit einer zuungunsten der Arbeiterschaft veränderten Machtbalance endete. Die letzte große Welle von Arbeiterunruhen im faschistischen Italien, die im Frühjahr 1925 stattfand und vor allem von den Turiner Metallarbeitern entscheidende Impulse erhielt, spitzte sich mehr und mehr zu einer Machtprobe zwischen der faschistischen Gewerkschaft, den Überresten der freien Metallarbeiterorganisationen (FIOM), den Unternehmern und der faschistischen

1 Dieser Eindruck kann bei einer Zusammenfassung der faschistischen industriellen Beziehungen im europäischen Vergleich entstehen – wenngleich eine solche Komprimierung bei einem Überblick mit langfristigen Untersuchungszeiträumen natürlich sinnvoll ist, vgl. z.B. Crouch, Industrial Relations, 127.

2 Vgl. dazu Sarti, Fascism, 58f.

3 Der „integrale Syndikalismus“ strebte die Errichtung gemeinsamer Verbände für Industrielle und Arbeitnehmer an, vgl. Maier, Recasting, 428f.

4 Vgl. dazu oben, IV 2.5.

Partei bzw. Regierung zu.[1] Innerhalb der faschistischen Gewerkschaftsorganisation stand Rossoni zunehmend in der Kritik, während sein Streben, mittels der Plazierung von Betriebsobleuten (*fiduciari*) eine dauerhafte gewerkschaftliche Interessenvertretung auf Unternehmensebene einzurichten, durch die Fortexistenz von Betriebsräten behindert wurde. Die *commissioni interne* waren als frei gewählte betriebliche Arbeiterausschüsse ein Überbleibsel vergangener Jahre und ohne einen neuen Modus operandi für die faschistische Gewerkschaft schwer zu durchdringen.[2] Deshalb richtete sich die Agitation des faschistischen Arbeitnehmerflügels gegen diese Kommissionen, die sich nach Einschätzung mancher Arbeitgeber als Bollwerk gegen die Ausbreitung faschistischer Einfluß- und Kontrollmöglichkeiten in den Bereich des Unternehmens hinein eigneten.

Diese Gemengelage aus gegenläufigen Interessen läßt sich am Beispiel von FIAT veranschaulichen, wo der Streit um die betriebliche Arbeitnehmervertretung zur Kraftprobe um unternehmerische Handlungsspielräume geriet. Hier hatten die Kommunisten in den Betriebsratswahlen im Mai eine deutliche Mehrheit erzielt.[3] Mit der neu zusammengesetzten Kommission handelte Agnelli eine verbesserte Betriebsvereinbarung aus, nicht zuletzt, um lautstarken Forderungen seitens der faschistischen Gewerkschaften die Grundlage zu entziehen.[4] Für die Bevorzugung der alten Betriebsräte als Verhandlungspartner mochte allerdings auch eine Rolle gespielt haben, daß die erfahrenen Gewerkschaftsführer der traditionellen Arbeitsorganisationen – im Vergleich zu Repräsentanten des faschistischen Arbeitnehmerflügels – im Arbeitgeberlager größtenteils noch mehr Respekt genossen und man nur ihnen die integrativen Fähigkeiten zutraute, den Betriebsfrieden zu garantieren.[5] Demgegenüber hegte man auf industrieller Seite faschistischen Gewerkschaftern gegenüber eine gewisse Skepsis. Nach Einschätzung eines Unternehmers war diesen nicht jenes „Minimum an Anstand" zuzusprechen, „das bei Verhandlungen über gegensätzliche Interessen notwendig ist".[6] In jedem Fall beharrten die Turiner Arbeitgeber, allen voran Agnelli, in dem darauffolgenden Schlagabtausch auf dem Standpunkt, daß es nicht ihre Aufgabe sei, die Betriebsräte abzuschaffen und

1 Vgl. zu den Konflikten und Krisen der Jahre 1924/25 Lyttelton, Seizure, 308ff. Nach der Matteotti-Krise von 1924 – einer Phase der innenpolitischen Instabilität, die der Ermordung des gleichnamigen sozialistischen Abgeordneten folgte – hatte sich das Klima im Lande verändert, was sich auch in der gestiegenen Protestbereitschaft der Arbeitnehmer und der inneren Führungskrise faschistischer Organisationen ausdrückte.

2 Lyttelton, Seizure, 318.

3 Castronovo, FIAT, 352.

4 In ihrer Agitation forderten die faschistischen Gewerkschaften die Abschaffung der *commissioni* sowie neue kollektive Vereinbarungen, Lyttelton, Seizure, 318.

5 Der antifaschistische Publizist Piero Gobetti kommentierte im Herbst 1925: „Es scheint, daß Senator Agnelli diesen Forderungen [zur Einrichtung des faschistischen Repräsentationsmonopols im Betrieb, ST] einen langen Widerstand entgegengesetzt habe: er fürchtete, daß die Vereinbarungen mit den faschistischen Gewerkschaften Verträge auf dem Papier bleiben würden, während er in den Betriebsräten von den Massen autorisierte und für diese verantwortliche Organismen finden konnte." Zitiert nach Castronovo, FIAT, 356. Übers. d. V. Vgl. auch ebd., 326ff.

6 Zitiert nach Lyttelton, Seizure, 320.

durch *fiduciari* zu ersetzen. Dies sei vielmehr Angelegenheit der Regierung.[1] Damit brachte die Arbeitgeberseite zum Ausdruck, daß man nicht bereit sei, eine externe Instanz innerhalb des Betriebs zu implementieren und dafür – quasi als Handlanger der vollziehenden Gewalt – die bestehenden Strukturen aufzubrechen. Mussolinis *Popolo d'Italia* kommentierte, „nicht wenige Industrielle" hätten mit ihrem Verhalten „die letzten Statthalterschaften der Umsturzbewegung (...) begünstigt."[2] Als die Agitationen den Sommer hindurch andauerten, stand eine Klärung an oberster Stelle an. Die Auseinandersetzung über die zukünftige Form der Arbeitnehmervertretung im Betrieb entwickelte sich also zu einem Politikum, das von den Verbandsspitzen der beteiligten Interessengruppen in Rom verhandelt wurde. Das Ergebnis dieses Ringens bildete der bereits thematisierte Vidoni-Pakt vom Oktober 1925, der die Kontroverse abschloß, indem die Betriebsräte abgeschafft, im Gegenzug aber auch die Pläne für faschistische *fiduciari* fallengelassen wurden. Einer potentiellen „Verwässerung" der unternehmerischen Autorität wurde also Einhalt geboten.[3] Ein regionaler Unternehmerverband kommentierte:

„1. Das Abkommen, das sich am Konzept der Zusammenarbeit zwischen Industriellen und Arbeitern orientiert, stärkt die interne Disziplin der Fabrik und die hierarchische Autorität, indem im Betrieb jede Mittlerinstanz (sowohl die internen Kommissionen als auch die *fiduciari*) zwischen der Direktion und ihren Arbeitern ausgeschlossen ist. Die Unternehmen müssen sich weigern, die Nominierung oder Anwesenheit von *fiduciari* in der Fabrik – in welcher Form auch immer – anzuerkennen.
2. Das Abkommen legt fest, daß die Gewerkschaftsvertretungen ausschließlich mit den entsprechenden Vertretungen der industriellen Organisationen Beziehungen eingehen dürfen.
Die Unternehmen dürfen nicht mit den Gewerkschaftsvertretern verhandeln – es sei denn, mit der Unterstützung der industriellen Organisationen. Jede Ausnahme von dieser Regel muß von der Organisation selbst autorisiert sein."[4]

Damit hatte der industrielle Spitzenverband *Confindustria* das wichtigste Ziel erreicht, den Betrieb als unabhängige Entscheidungssphäre zu bewahren, während das faschistische Regime mit dieser Regelung die faschistische Gewerkschaftsbewegung disziplinierte und die Entstehung von autonomen Machtzentren verhinderte. Im faschistischen Arbeitnehmerflügel sollte es – wie Maier konstatiert – „keine Ras geben".[5] Politische Führung und Arbeitgeber konnten also ihre Interessen – zu Lasten der Arbeitnehmerseite – erfolgreich durchsetzen.[6]

1 Vgl. für die Auseinandersetzung um FIAT den Schriftwechsel zwischen Mussolini und dem Turiner Präfekten im Sommer 1925, Castronovo, FIAT, 354f.
2 Zitiert nach Castronovo, FIAT, 355. Übers. d. V.
3 Vgl. auch Maier, Recasting, 560.
4 FA, Fondo Gamba, b.2, fasc. 4, Schreiben der *Federazione industriale ligure* vom 17.10.1925. Übers. d. V. Vgl. dazu auch Gibelli, Tecnici, 163.
5 Vgl. Maier, Recasting, 559.
6 Wie Lyttelton betont, läßt sich in diesen Erfolg für die Unternehmensseite jedoch kein strategisches Kalkül hineindeuten, demzufolge die „Industriellen eine schöne Dividende für ihre totale Gefolgschaft des Faschismus" aushandelten – vielmehr verhandelten die Unternehmer aus einer Position der Stärke heraus: „The degree of independence shown by industry was great enough to force Mus-

Darüber hinaus wies das Abkommen den Weg für die zukünftige „korporatistische" Gestaltung des Interessenausgleichs auf dem Arbeitsmarkt. Die *Confindustria* führte fortan das Prädikat „faschistisch" vor ihrem Verbandsnamen, erhielt den offiziellen Vertretungsanspruch als industrieller Spitzenverband und vollzog damit die Einbettung in den faschistischen Staat. Analog dazu bekamen nur die faschistischen Gewerkschaften das Recht zugesprochen, die Angelegenheiten der Arbeitnehmer zu vertreten. Konflikte zwischen den Arbeitsmarktparteien wurden nicht mehr unabhängig geregelt, sondern in „korporativer Vermittlung" – durch die faschistischen oder faschisierten Interessenverbände – unter „staatlicher Obhut".[1]

Damit zeichnete sich ein autoritäres, pseudo-korporatistisches Modell des Interessenausgleichs ab, das mit weiteren Regelungen in den folgenden Jahren – das Korporationsgesetz von 1926 und die *Carta del lavoro* von 1927 – spezifiziert wurde. Die Vertretung der Arbeitnehmer und Arbeitgeber oblag den jeweiligen faschistischen Verbänden, die in gemeinsamen Körperschaften zusammengefaßt werden sollten. Die Bildung dieser „Korporationen" wurde jedoch vertagt – die ersten *corporazioni* konstituierten sich erst im Jahr 1934.

Während diese Neuordnung die Handlungsmöglichkeiten der Arbeitnehmer zunehmend einschränkte, blieb den Unternehmen noch Bewegungsfreiheit zur Durchsetzung ihrer Interessen.[2] Der „integrale Syndikalismus" im Sinne Rossonis hatte sich nicht durchgesetzt. Demgegenüber basierte die Hinwendung zum „Korporatismus" stärker auf den autoritär-organizistischen Vorstellungen des Justizministers Rocco und dem zukünftigen Korporationsminister Bottai, die beide an der Erarbeitung der *Carta del lavoro* beteiligt waren.[3] Die zähe Entstehungsgeschichte und auch die konkurrierenden Entwürfe für dieses Manifest, das in offizieller Sicht als Geburtsurkunde des korporativen Staates galt, demonstrierten dabei, daß die beteiligten Interessengruppen noch immer Konflikte um eine ganze Palette arbeitsmarktbezogener Regelungen ausfochten.[4] Von Beginn an hatte die *Confindustria* deutlich gemacht, daß sie bindende Bestimmungen im Hinblick auf Mindestlöhne, Arbeitszeitverkürzungen, Sozialversicherungsleistungen nicht dulden werde und auch die Kontrolle von Arbeitsämtern durch die faschistische Gewerkschaft scharf abgelehnt.[5] Der mit der endgültigen Version der *Carta* gefundene Kompromiß besaß vor allem programmatischen Charakter, umschiffte die kritischen Punkte und bot – außer eindringlicher Rhetorik – wenig substantielle Regelungen.[6] Auch hier mußte die faschistische Arbeitnehmervertretung deutliche Abstriche

solini to make substantial concessions in order to win the support and confidence which he needed so badly for the stability of the regime." Ders., Seizure, 320.

1 Vgl. Petri, Führungskräfte, 210.

2 Vgl. dazu auch oben, IV 2.5.d. Siehe auch Jocteau, Gino Olivetti, 375ff.

3 Vgl. dazu Sarti, Fascism, 77; Maier, Recasting, 566ff.; Lyttelton, Seizure, 347f., 360f.

4 Vgl. die diversen Entwürfe und den endgültigen Wortlaut im Quellenanhang von De Felice, Mussolini il fascista, Bd. 2, 525ff.

5 Maier, Recasting, 569.

6 Vgl. dazu oben, IV 2.5. d. sowie Lyttelton, Seizure, 330f.

von ihren Forderungen machen.

Aufgrund der unausgewogenen Machtbalance eignete sich der in Italien geschaffene Rahmen nur bedingt für einen kompromißorientierten Ausgleich zwischen den verschiedenen Interessengruppen. Die *magistratura del lavoro*, als Instanz für die Schlichtung von Arbeits- und Lohnkonflikten konzipiert, wurde nur selten in wichtige kollektive Konflikte involviert und befaßte sich mehr mit Einzelfragen – blieb also als ausgleichende Vermittlungsstelle relativ unbedeutend. Zunehmend übernahm das Korporationsministerium die vermittelnde Rolle bei Fragen grundsätzlicher Natur.[1]

Die allmähliche Umformung des interessenpolitischen Rahmens vollzog sich vor dem Hintergrund der Bemühungen des faschistischen Regimes, sich strukturell zu konsolidieren. Die Stabilisierungsphase ging mit neuen wirtschaftspolitischen Weichenstellungen einher und war von bisweilen massiven Konflikten zwischen Teilen der Unternehmerschaft und der Regierung begleitet.[2] Dabei bot vor allem die forcierte Währungsstabilisierung auf dem Kurs der *Quota Novanta* einen Anlaß für Kontroversen, die – von anderen strittigen Fragen einmal abgesehen – sowohl innerhalb der Unternehmerschaft als auch zwischen Teilen der Industrie und der Regierung für Spannungen sorgten. Auch für diesen Punkt stellten die Ereignisse bei FIAT ein anschauliches Beispiel dar. Zudem veranschaulichte die neuerliche Machtprobe zwischen dem Turiner Konzern und der Regierungsspitze, welche zentrale Rolle Arbeitsmarktfragen bei den Streitigkeiten spielten.

Als Vertreter eines exportorientierten Unternehmens stand FIAT-Chef Agnelli einem harten Deflationskurs ablehnend gegenüber und hatte im Vorfeld entschieden gegen eine überhöhte Liraaufwertung agitiert.[3] Nach der Hinwendung zur „Quote Neunzig" fühlte er sich nicht mehr durch besondere Rücksichten an die Interessen des Regimes gebunden und sah in seinem Unternehmen – als Anpassung an die Stabilisierungseffekte – rigide personalpolitische Maßnahmen vor. Abgesehen von den erforderlichen Lohnanpassungen plante man bei FIAT die Entlassung von weiteren 4.000 Arbeitern.[4] In den Augen Mussolinis war diese Personalpolitik inakzeptabel.[5] Seiner Einschätzung nach ging von einem Personalabbau in diesem Umfang gerade zu diesem Zeitpunkt eine höchst ungünstige Signalwirkung aus, die seine politischen Konsolidierungsbemühungen zu gefährden drohten. Gerade bei einem Großunternehmen wie FIAT, das trotz seiner Ausnahmestellung innerhalb der industriellen Landschaft eine wichtige Vorbild- und Orientierungsfunktion übernahm, besaß die Maßnahme zugleich symbolischen Gehalt. Mussolini suchte zu vermeiden, daß die Neuregelungen im Bereich der Arbeitsmarktverfassung mit einem jäh einsetzenden, markanten Arbeitsmarkteffekt in Verbin-

1 Lyttelton, Seizure, 331; Maier, Recasting, 577; Haider, Capital, 186ff.

2 Vgl. dazu oben, IV 2.5; siehe auch Petri, Führungskräfte, 207ff.

3 Vgl. für den Konflikt zwischen Mussolini und Agnelli und seine Vorgeschichte Castronovo, FIAT, 376ff.

4 Vgl. dazu auch oben, IV 2.5.d.

5 Vgl. auch Maier, Recasting, 568.

dung gebracht wurden, was ihre Akzeptanz beeinträchtigen konnte. Von einem Unternehmen wie FIAT hatte er sich an einem solchen Wendepunkt wohl mehr Zurückhaltung und Gespür für die allgemeine Lage erwartet.[1] Vor diesem Hintergrund entsprach es dem Regierungsinteresse, Agnelli in die Schranken zu verweisen und auch den Sonderstatus von FIAT in Zweifel zu ziehen:

> „Um die ernste und absurde Gefahr zu vermeiden, daß FIAT sich als unantastbare und heilige Institution des Staates betrachtet – wie das Königshaus, die Kirche oder das Regime – und kontinuierlich Ansprüche stellt, muß man bedenken, daß FIAT ein privates Unternehmen ist wie tausend andere, um dessen Schicksal sich der Staat auch einfach nicht mehr kümmern kann."[2]

In dieser Stellungnahme Mussolinis schwang ein drohender Unterton mit. Die Tatsache, daß FIAT einen der größten Arbeitgeber auf dem industriellen Arbeitsmarkt darstellte, sollte keinen Freibrief in grundsätzlichen Angelegenheiten bedeuten: „Das Problem der Arbeitslosigkeit wird zum gegebenen Zeitpunkt durch das Regime gelöst mit seinen Mitteln. Die FIAT kann ihr Spiel machen. Das Regime macht seins."[3]

Durch solche Stellungnahmen ließ sich Agnelli jedoch nicht beirren. In den folgenden Wochen hielt er an seinem Kurs fest und vollzog die geplanten Entlassungen wie angekündigt.[4]

In seiner verärgerten Erklärung zur Unternehmenspolitik von FIAT hatte Mussolini die Arbeitslosigkeit als neuralgischen Punkt erkannt. Dennoch blieb das arbeitsmarktpolitische Engagement des Regimes auch in den Jahren der forcierten Stabilisierungsbemühungen ziemlich schmalspurig. Daß die arbeitsmarktpolitischen Kernbereiche Arbeitslosenschutz, Arbeitsvermittlung und Arbeitsbeschaffung keine nachhaltigen Impulse erfuhren, entsprach durchaus der veränderten Balance der Kräfte im korporativen „Krisenmanagement". Hierzu paßte auch, daß weitere Regelungen im Arbeitsbereich dem Ausgleich durch die Marktparteien selbst vorbehalten blieben, was die Heterogenität solcher Regelungen förderte und damit auch die Vielgestalt der Arbeitsbeziehungen innerhalb der Industrie aufrechterhielt. So konnte beispielsweise die soziale Absicherung des Arbeiters vor Risiken wie Arbeitslosigkeit und Arbeitsunfällen je nach Unternehmen deutlich variieren.

Auch in Deutschland hatte sich die Balance im Beziehungsgefüge der verschiedenen gesellschaftlichen Interessengruppen sichtlich verschoben. Dies ließ sich auch an veränderten Kräfteverhältnissen auf dem Arbeitsmarkt ablesen. Um Arbeitsmarktfragen und ihre Regelungen (wie beispielsweise die Arbeitszeit) wurde heftiger gestritten, weil nun kein anderweitiger Ausgleich, wie ihn die Inflationskonjunktur und die Lohn-Preis-

1 Vgl. dazu Castronovo, FIAT, 377ff.

2 So Mussolini an den Turiner Präfekten am 5.7.1927, mit Bitte um Weiterleitung. Zitiert nach Castronovo, FIAT, 378. Übers. d. V.

3 So Mussolini, zitiert nach Castronovo, FIAT, 378. Übers. d. V.

4 Diese wurden mit der verschlechterten Auftragslage im Bereich des Flugzeugbaus begründet. Zur Schlichtung der Streitigkeiten trug im folgenden der FIAT-Manager Valletta entscheidend bei, vgl. Castronovo, FIAT, 379

Spirale vorübergehend geboten hatten, mehr möglich war. Seit Mitte der 1920er Jahre führten Teile der Unternehmer massive und lautstarke Klagen über zu hohe Löhne und Soziallasten, die gegen Ende des Jahrzehnts in einen regelrechten Feldzug von einigen Unternehmerkreisen gegen den „Weimarer Interventionsstaat" mündeten.[1] In diesen Jahren folgten konjunkturelle Auf- und Abschwünge in einem raschen Wechsel, was auch entsprechende Wechsellagen auf dem Arbeitsmarkt nach sich zog. Mit einem hohen Sockel an Arbeitslosigkeit blieb die Arbeitsmarktlage über den ganzen Zeitraum hinweg jedoch grundsätzlich problematisch.[2] Diese Voraussetzung schmälerte die Möglichkeiten für die Arbeitnehmer, ihre Interessen zu artikulieren und durch ihr Arbeitsmarktverhalten strategisch zum Ausdruck zu bringen. Das Risiko der Arbeitslosigkeit gestaltete sowohl die „Abwanderung" als auch den „Widerspruch" gewagter und „kostspieliger", als es unter besseren Marktbedingungen der Fall gewesen wäre, da sich die Opportunitätskosten beider Handlungsoptionen erhöhten.[3]

Vor diesem Hintergrund veränderte sich auch der Modus im Ausgleich der Interessen. Für eine freiwillige Kooperation der Arbeitsmarktparteien hatten sich mit dem Ende der ZAG – sei es aufgrund von Interessengegensätzen innerhalb der einzelnen Interessengruppen, sei es aufgrund von mangelnder Kompromißbereitschaft – die Chancen eindeutig verschlechtert. Für die Auseinandersetzung in Tariffragen gewann statt dessen die staatliche Zwangsschlichtung zunehmend an Bedeutung. Aus der Perspektive des Korporatismus bedeutete die Zunahme der staatlichen Partizipation, daß in das „tripartistische" Modell des Interessenausgleichs zwischen Gewerkschaften, Unternehmerverbänden und Staat ein „autoritatives Element" hineinrückte, dessen Funktion immer zentraler wurde.[4] Der Staat übernahm eine Schlichtungsfunktion und versuchte damit zu garantieren, daß auch bei unversöhnlichen Forderungen beider Seiten kein „tarifloser Zustand" auf angespannten industriellen Teilarbeitsmärkten eintrat. Kristallisierte sich also auch in Deutschland allmählich ein System der korporativen Konfliktregulierung unter staatlicher Obhut nach dem Muster des autoritären italienischen Korporatismus heraus? Trotz partieller Analogien läßt sich dies sicherlich nicht behaupten. Der Vergleich beider Länder führt einige wichtige Unterschiede vor Augen: Zum einen stellten sich in Deutschland die Mittlerfunktion und die Tendenz der Einflußnahme anders dar als in Italien. Das Reichsarbeitsministerium bemühte sich um einen Ausgleich zwischen den Arbeitsmarktparteien und versuchte den Kern der kollektiven Arbeitsmarktverfassung – das Tarifwesen – konsequent zu schützen. Wenngleich die Richtigkeit des zeitgenössischen Diktums von den „politischen Löhnen" in der vorangegangenen Analyse bezweifelt wurde, so bleibt dennoch – im Vergleich mit Italien – festzuhalten, daß die

1 Vgl. dazu oben, Kapitel IV, 2.5.; IV, 3.2.c. Vgl. z.B. Der Arbeitgeber, 15. Jg., 1925, H.11, 257ff.; 19. Jg., 1929, H. 1, 3ff., 7ff.; H.7, 179ff.; H. 10, 270ff.

2 Vgl. die Übersicht über die Arbeitslosenziffern, Tabellen 19b, c im Anhang; siehe auch Kapitel IV 2.2., 3.1.

3 Vgl. Kapitel IV 3.2.c.

4 Abelshauser, Korporatismus, 163.

gewerkschaftsnahen Vermittlungsinstanzen durch das Bekenntnis zum Weimarer Sozialstaat und seinen arbeitsrechtlichen Bestimmungen Arbeitnehmerinteressen besser vertraten als das italienische Korporationsministerium.[1] Hier wurde eine Interessenvermittlung angestrebt, obwohl diese in Anbetracht von beharrlich vorgetragenen Maximalforderungen auf beiden Seiten nicht immer gelang und schwerwiegende Begleiterscheinungen mitbrachte.[2] Demgegenüber ging das italienische Modell von einem anderen Kräfteverhältnis zwischen den beteiligten Akteuren aus. Die Interessenvertretung der Arbeitnehmerseite hatte sich aus einer vergleichsweise schwächeren Position heraus „inkorporieren“ lassen, während die Interessen von Staat und Arbeitgebern dominierten. Es handelte sich also eher um ein „bipartistisches“ als um ein „tripartistisches“ Modell. Dementsprechend tendierte das Arrangement zwischen diesen beiden Hauptakteuren eher dazu, daß die Arbeitgeber Fragen der Arbeitsbeziehungen weitgehend selbst regeln durften, dafür ihre „soziale Verantwortung“ übernahmen und „ihren Beitrag“ im Stabilisierungsprozeß leisteten.[3] Die arbeitsmarktpolitische Passivität des Staates spiegelte diese Verteilung der Zuständigkeiten.

Darüber hinaus läßt sich der Rahmen für den korporatistischen Interessenausgleich in Deutschland nicht auf die Variante der Zwangsschlichtung und den dadurch eingebrachten „autoritären Bias“ reduzieren. In einigen Branchen funktionierte der Interessenausgleich auch ohne staatliche Eingriffe.[4] Dies setzte die Kooperationsbereitschaft der Arbeitsmarktparteien und gewisse materielle Verhandlungsspielräume voraus, die in einigen Branchen durch Wachstums- oder Rationalisierungserfolge gegeben waren. Bei einer Verhärtung der Fronten und einem Rekurs auf staatliche Lohnfestsetzung war auch in dem deutschen korporatistischen System zwangsläufig die Problematik angelegt, daß die staatlichen Instanzen als Schlichter zwischen verhärteten Fronten „Legitimitätsverluste“ erlitten, die später zum Scheitern der Republik beitrugen.[5]

Dieser „autoritäre Bias“, den das korporatistische Modell des Interessenausgleichs seit Mitte der 1920er Jahre erhielt, rückte jedoch beide Korporatismus-Modelle enger aneinander. Auch in Deutschland wurde der tripartistische, „freiheitliche Korporatismus“ zunehmend ausgehöhlt und mündete schließlich – unter den Bedingungen der politischen und wirtschaftlichen Krise Anfang der 1930er Jahre – in eine Legitimations-

---

1 Vgl. auch Maier, Recasting, 577.

2 Vgl. für eine Bewertung der Zwangsschlichtung vor allem Bähr, Schlichtung, 345ff.

3 Maier spricht von einem „italienischen Ehevertrag“, demzufolge Mussolini die Unterstützung der Industrie für seinen finanz- und wirtschaftspolitischen Kurs gewann, wofür die Industrie im Gegenzug „Garantien einer sicheren und respektierten Position in ihrem eigenen Haus sowie Einfluß auf Entscheidungen des Duce“ erhielt, ders., Strukturen, 203.

4 So beispielsweise in der Chemie und in tariffreundlichen Branchen, vgl. dazu oben, IV 2.5.c. sowie Bähr, Schlichtung, 117ff.

5 Vgl. dazu auch oben, IV 2.5, c. sowie vor allem Bähr, Schlichtung, 350. Darüber hinaus führte die staatliche Zwangsschlichtung dazu, daß „die gesamte Tarifpolitik von den Verhältnissen in industriellen Krisenbranchen (...) bestimmt“ wurde, die dadurch einen „weit über ihre wirtschaftliche Bedeutung hinausgehenden politischen Stellenwert erhielten.“ Ebd.

krise des Weimarer Staates.[1]

Schon Mitte der 1920er Jahre war die Basis für eine freiwillige Zusammenarbeit der Interessengruppen im Geiste der ZAG empfindlich zusammengeschrumpft. Dies zeigte die Kontroverse um das Kooperationsangebot, das der rheinische Braunkohlenindustrielle Paul Silverberg an die Sozialdemokratie richtete.[2] Im Herbst 1926 hatte Silverberg auf einer Tagung des Reichsverbands der deutschen Industrie (RDI) in einer spektakulären Rede die prinzipielle Bereitschaft für eine Reaktivierung der Zusammenarbeit mit der organisierten Arbeiterschaft signalisiert. Zugleich sprach er sich für eine Beteiligung der sozialdemokratischen Partei an der Regierungsverantwortung aus. Diese Offerte war jedoch an bestimmte Bedingungen geknüpft: so vor allem an die Überwindung des Klassenkampfgedankens und den Verzicht auf Streik als Mittel zur Durchsetzung von Forderungen.[3] Somit schwebte Silverberg wohl weniger eine Arbeitsgemeinschaft im Sinne der ZAG'schen Kräfteverhältnisse vor, sondern ein Kooperationsmodell, das der veränderten Machtbalance und der im Vergleich zu 1918 konsolidierten Position der Industrie Rechnung trug.[4] Unterstützung fand die Position Silverbergs aus den Reihen der „neuen" Wachstumsbranchen, u.a. der Chemie- und Elektroindustrie, während die Schwerindustrie diese Initiative ablehnte und mit heftiger Kritik beantwortete.[5] Sowohl im Unternehmerlager als auch innerhalb der organisierten Arbeiterbewegung wurde der Vorstoß Silverbergs kontrovers diskutiert. Von der Arbeitgeberseite betrachtet, zeigte seine Koalitionsofferte keine generelle Neuorientierung der industriellen Interessenpolitik an. Das Unternehmerlager war in verschiedene interessenpolitische „Fraktionen" gespalten und demnach kaum in der Lage, auf gemeinsamer, verbindlicher Basis eine Zusammenarbeit zu offerieren.[6] Seitens der schwerindustriellen Produktionszweige, vor allem der Steinkohlenbergbau und der Eisen- und Stahlindustrie des Ruhrgebietes, tendierte man überwiegend zu einem radikalen Standpunkt, der das Institut der Tarifverträge, eine Zusammenarbeit mit Gewerkschaften und Sozialdemokratie und den Weimarer Sozialstaat überhaupt ablehnte. Daß Silverberg in Abgrenzung zu solch radikalen Positionen einleitend explizit einen „staatsbejahenden Standpunkt" einnahm und damit Aufsehen erregte, zeigte sehr deutlich die Brechungen im „Verhältnis der Unternehmer zur Republik".[7] Die Ablehnung der Schwerindustrie verband sich mit Kritik von Seiten der Vertreter kleiner und mittlerer Betriebe, die ei-

1 Vgl. dazu Abelshauser, Korporatismus, 164ff.

2 Vgl. zur sogenannten Silverberg-Kontroverse Weisbrod, Schwerindustrie, 246ff.; Bähr, Schlichtung, 155f.; Abelshauser, Korporatismus, 163f.; siehe auch Stegmann, Silverberg-Kontroverse.

3 Die Rede Silverbergs ist abgedruckt in: Veröffentlichungen des RDI, 32, 55-65. Vgl. auch ebd., 74f.

4 Vgl. Abelshauser, Korporatismus, 163.

5 Vgl. Bähr, Schlichtung, 155.

6 Vgl. auch Abelshauser, Korporatismus, 164.

7 Wie Bähr betont, war nicht die „Loyalitätsbekundung" Silverbergs das Entscheidende, sondern die Tatsache, „daß ein derartiges Bekenntnis eines führenden Industriellen in der deutschen Öffentlichkeit fast schon wie eine Sensation aufgenommen wurde." Ders., Schlichtung, 155.

nen Kompromiß der Großindustrie auf Kosten ihrer Interessen befürchteten.[1]

Auch auf Arbeitnehmerseite wurde das Angebot Silverbergs mit Skepsis aufgenommen. Weite Teile der organisierten Arbeiterschaft hielten die Bedingungen für inakzeptabel. Da auch das Arbeitnehmerlager in verschiedene Richtungen gespalten war, erschien ein Konsens bezüglich einer potentiellen Zusammenarbeit, ihrer Form und ihrer Voraussetzungen auch aus dieser Perspektive heraus unwahrscheinlich.[2] Angesichts der Tatsache, daß der Vorschlag weder von Seiten der Arbeitgeber noch von Seiten der Arbeitnehmer kompromißfähig war, entfaltete der Vorstoß Silverbergs – außer den heftigen Auseinandersetzungen – keine praktische Bedeutung im Sinne der Wiederbelebung eines unabhängigen und freiheitlichen Interessenausgleichs. Von einer gemeinsamen Programmatik, die die ZAG hätte wiederbeleben können, war man weit entfernt.

Darüber hinaus ist die Initiative Silverbergs im Kontext der veränderten politischen Konstellation zu betrachten, in der das Plädoyer für die „Mitverantwortung" der Sozialdemokratie vorgetragen wurde. Im Herbst 1926 standen mit der Arbeitszeitfrage und der Arbeitslosenversicherung potentiell konfliktträchtige „sozialpolitische Grundsatzentscheidungen" an.[3] Zudem war angesichts der Pläne für eine Große Koalition oder der alternativen Option auf die Erneuerung der bürgerlichen Minderheitsregierung vorerst unsicher, wie sich die Bedingungen für die industrielle Interessenpolitik entwickeln würden.[4] Die Öffnung gegenüber sozialdemokratischen Partizipationsansprüchen ließ sich vor diesem Hintergrund als ein Versuch deuten, der „Sozialdemokratie die Mitverantwortung für die Durchführung unpopulärer Maßnahmen unter Führung der Unternehmerschaft zu übertragen und den Druck der sozialpolitischen Kompensationsforderungen in Rechtskoalitionen zu beseitigen".[5] Für eine „vertrauensvolle Zusammenarbeit" beider Arbeitsmarktparteien war die Basis jedoch zu schmal.

Auch der Einführung der Arbeitslosenversicherung, die im Sommer 1927 mit dem „Gesetz über Arbeitsvermittlung und Arbeitslosenversicherung" (AVAVG) erfolgte, war ein langwieriger und zäher Prozeß vorausgegangen, in welchem die unterschiedlichen Interessenpositionen vermittelt und erst allmählich aneinander angenähert wurden.[6] Die Pläne, den bisherigen Erwerbslosenschutz zu einer obligatorischen Sozialversicherung auszubauen, wurden schon seit langem von den beteiligten Interessengruppen diskutiert, aber aufgrund von unterschiedlichen Zielvorstellungen immer wieder vertagt. Dies hatte auch etwas damit zu tun, daß die Arbeitsmarktprobleme bis Mitte der 1920er Jahre überwiegend als vorübergehende, exzeptionelle Krisensymptome bewertet wur-

1 Abelshauser, Korporatismus, 164.
2 Kritik kam nicht nur aus den Reihen der Sozialdemokratie, sondern auch von nichtsozialistischen Gewerkschaften, vgl. Bähr, Schlichtung, 156 mit Anm. 252.
3 Vgl. dazu ebd., 276f.
4 Vgl. Lewek, Arbeitslosigkeit, 275.
5 So die Interpretation von Weisbrod, Schwerindustrie, 251; vgl. auch Lewek, Arbeitslosigkeit, 276.
6 Vgl. zu dem Gesetz Frerich/Frey, Sozialpolitik, 199ff. Den politischen Aushandlungsprozeß, der die Einführung der Arbeitslosenversicherung begleitete, analysiert ausführlich und fundiert Lewek, Arbeitslosigkeit, 256ff. Vgl. auch Führer, Arbeitslosigkeit, 189ff.

den. Das arbeitsmarktpolitische Engagement schien in dem Maße abzunehmen, in dem die von revolutionären Strömungen und Arbeitsmarktunruhen ausgehende potentielle Destabilisierung der innenpolitischen Verhältnisse eingedämmt worden war. Gleichwohl zeigte die angespannte Arbeitsmarktlage – vor allem aber der hohe Anteil an Langzeitarbeitslosen und „Ausgesteuerten" – die Persistenz von Arbeitsmarktproblemen an, für die noch keine politische Antwort gefunden war. Innerhalb der Gewerkschaften, der Reichsregierung und der Länder wurden nunmehr die Bemühungen um einen raschen Abschluß der lang bestehenden Pläne forciert.[1] Die Arbeitgeber hatten lange Zeit die Hinwendung zum obligatorischen Versicherungsprinzip kategorisch abgelehnt, was ihrer grundsätzlichen Skepsis vor dem Ausbau der staatlichen Sozialpolitik entsprach. Allmählich ließ sich jedoch – wie auch der Vorstoß Silverbergs demonstriert hatte – eine Flexibilisierung der Arbeitgeberposition beobachten, die nun auf ein ordentliches Gesetzgebungsverfahren setzte. Bei diesem hofften die Arbeitgeber, ihre eigenen Interessen hinsichtlich der konkreten Ausgestaltung einbringen zu können, wenngleich sie vom Standpunkt der strikten Ablehnung abrückten.[2] Im interessenpolitischen Kalkül der Arbeitgeberseite besaß nach wie vor die Arbeitszeitfrage weitaus mehr Brisanz als die Reform des Erwerbslosenschutzes. Dieser Umstand verbesserte die Voraussetzungen für einen Kompromiß, der auch durch die Annäherung der arbeitsmarktpolitischen Grundsätze von SPD und Zentrum im Laufe des Jahres 1926 begünstigt wurde. Die Frage der Arbeitslosenversicherung – vor allem ihre konkrete Gestaltung – stand so allerdings im engen Zusammenhang mit einer Neuordnung der Arbeitszeitregelungen.[3] Faktisch war inzwischen in den meisten Produktionszweigen die „Entscheidung gegen den Achtstundentag"[4] gefallen. Die Kombination von langen Arbeitszeiten, Überstunden und hohen Arbeitslosenziffern verlieh den Forderungen der Gewerkschaften nach einer Nachbesserung der bestehenden Regelungen jedoch Überzeugungskraft und steigerte den Druck zu einer Neufassung der gesetzlichen Bestimmungen.[5] Mit dem „Arbeitszeitnotgesetz" vom Frühjahr 1927 reagierte die Regierung auf die zugespitzte Lage. Dieses Gesetz sollte „mißbräuchliche Überschreitungen der regelmäßigen Arbeitszeit" bekämpfen, reduzierte dafür den Katalog an Ausnahmen und verteuerte die Überstunden durch eine Zuschlagspflicht.[6] Diese Maßnahme brachte also nicht die Rückkehr zum Achtstundentag mit sich. Vielmehr wurde – durch die Überstundenzuschläge – Mehrarbeit verteuert und damit indirekt auf eine Verkürzung der Arbeitszeit hingesteuert.[7] In der praktischen Umsetzung bedeutete das für die Arbeitnehmerseite einen Lohnzuschlag, aber keinen gesetzlichen Anspruch auf eine Maximalarbeitszeit.

1 Vgl. Lewek, Arbeitslosigkeit, 277.
2 Ebd.
3 Vgl. ebd., 299ff., 311f.
4 Vgl. den Untertitel des zentralen Aufsatzes von Feldman/Steinisch, Weimarer Republik, 353.
5 Vgl. auch Steinisch, Arbeitszeitverkürzung, 521.
6 Vgl. Frerich/Frey, Sozialpolitik, 190.
7 Steinisch, Arbeitszeitverkürzung, 521.

Dennoch schränkte die neue Regelung die Möglichkeiten für eine Ausdehnung der Arbeitszeiten ein und lief dem Arbeitgeberinteresse zuwider, was im interessenpolitischen Ringen um andere arbeitsmarktpolitische Themen – allen voran die Arbeitslosenversicherung – ein Argument darstellte, die Interessen der Arbeitgeberseite nicht völlig unberücksichtigt zu lassen. Dies wurde von der inhaltlichen Ausgestaltung des AVAVG, das im Sommer verabschiedet wurde, durchaus reflektiert: „Eine der wichtigsten sozialpolitischen Forderungen der Arbeiterbewegung" – resümiert Lewek – hatte sich in „ein bürgerliches Reformkonzept der sozialen Befriedung" verwandelt.[1] Mit dem AVAVG wurde nicht nur eine Zwangsversicherung gegen Arbeitslosigkeit eingeführt, die aus paritätischen Beiträgen und öffentlichen Zuweisungen finanziert wurde, sondern auch die Arbeitsvermittlung neu geordnet.[2] Im Zuge dessen konstituierte man die „Reichsanstalt für Arbeitsvermittlung und Arbeitslosenversicherung", welche Arbeitsvermittlung und Erwerbslosenschutz unter einem Dach zusammenfaßte und aus der kommunalen Selbstverwaltung löste.[3] Zweifelsohne stellte die Einführung der Arbeitslosenversicherung eine wichtige sozialpolitische Etappe dar, die das Sozialversicherungssystem um eine wichtige Komponente vervollständigte.[4]

Das Urteil über die Arbeitslosenversicherung wurde jedoch durch die dramatische Arbeitsmarktentwicklung während der Weltwirtschaftskrise, die wenige Jahre nach Verabschiedung des AVAVG hereinbrach, deutlich getrübt. Sehr bald sollte die neue Einrichtung an der Grenze ihrer Leistungsfähigkeit ankommen und damit abermals demonstrieren, daß das lange Zögern und Aufschieben nunmehr ihre Funktionsfähigkeit und Krisentauglichkeit beeinträchtigte. Die kurze Zeit reichte nicht aus, um bis zur Bewährungsprobe der Weltwirtschaftskrise einen einigermaßen soliden finanziellen Grundstock zu errichten. Wenn die Initiative vorher realisiert worden wäre, hätte sich das möglicherweise anders dargestellt.[5] Zudem lag die Kapazität der neuen Versicherung bei maximal 600-800.000 Versicherungsfällen, was schon in der Gründungsphase eine optimistische Annahme war, die nicht so recht mit den arbeitsmarktpolitischen Realitäten harmonierte.[6] Auch dieser Befund erschwert es, die Arbeitslosenversicherung ohne Einschränkungen als bahnbrechenden sozialpolitischen Erfolg zu verstehen, auch wenn ihr ein solcher Stellenwert mit Blick auf die langfristige Dimension sicher zukam.[7] Gleichwohl ist zu betonen, daß keiner der beteiligten Akteure zum Zeitpunkt der Gründung der neuen „Reichsanstalt" die bevorstehende Arbeitsmarktkatastrophe im

1 Lewek, Arbeitslosigkeit, 312.

2 Vgl. Frerich/Frey, Sozialpolitik, 199-203.

3 Ebd., 199.

4 Vgl. beispielsweise Preller, Sozialpolitik, der das AVAVG für eines der wichtigsten Gesetzeswerke der Nachkriegszeit hält.

5 Hierbei ist allerdings zu bedenken, daß der Druck der Weltwirtschaftskrise wohl jedes System überlastet hätte. Vgl. zu allen Bewertungen Lewek, Arbeitslosigkeit, 403ff.

6 Vgl. Wehler, Gesellschaftsgeschichte, Bd. 4, 433. Die Angaben über die Zahl der anfänglich zugrundegelegten Bedarfsfälle variieren. Frerich/Frey, Sozialpolitik, 201 sprechen von 600.000.

7 Vgl. zur Arbeitslosenversicherung auch die Kritik von Hertner, Entstehung, 43.

Zeichen der Weltwirtschaftskrise vorhersehen konnte. Ein solches Risiko war ohnehin nicht versicherbar. Aber auch vor kleineren Bewährungsproben schützte die Versicherung nur suboptimal. Man darf zudem bezweifeln, ob eine großzügigere Arbeitslosenversicherung finanzierbar gewesen wäre. Vor diesem Hintergrund läßt sich aus der Perspektive des korporatistischen Krisenmanagements die Arbeitslosenversicherung als „ein Stück sozialer Reform"[1] verstehen, die auf dem erfolgreichen Interessenausgleich der verschiedenen Interessengruppen basierte. Damit demonstrierte sie die Fähigkeit dieses Modells, in einer zentralen Arbeitsmarktfrage einen Konsens zu erzielen und eine zukunftweisende Lösung bereitzustellen – und dies zu einem Zeitpunkt, als sich die Fronten zwischen den Interessengruppen verhärteten und die Basis für sozialpolitische Kompromisse schrumpfte. Zugleich veranschaulichte die Gründung der Arbeitslosenversicherung das „konsequente Bemühen um staatliche Spannungsmeisterung".[2] Diese Ambivalenzen verweisen auf typische Merkmale und Funktionsmängel des korporatistischen Interessenausgleichs.[3] Einerseits erhöhte der politische Aushandlungsprozeß die Akzeptanz und Funktionsfähigkeit der Reform erheblich. Andererseits schien gerade dieser zähe Aushandlungsprozeß[4] Konstruktionsmängel zu begünstigen, die den Kompromißcharakter des institutionellen Arrangements reflektierten. Die Verzögerung der Reformmaßnahme, die letzten Endes auch ihre Leistungsfähigkeit minderte, hing nicht zuletzt mit der Blockadehaltung der Arbeitgeber zusammen, die lange Zeit den Status Quo zu wahren suchten.

Ein gutes Jahr später boten Tarifstreitigkeiten den Anlaß für einen heftigen Konflikt auf dem Arbeitsmarkt, der in die „größte und folgenschwerste Aussperrung in der Geschichte der Weimarer Republik"[5] mündete und darüber hinaus einen Wendepunkt in der korporatistischen Krisenbewältigung darstellte. Im Zuge des sogenannten „Ruhreisenstreits" wurden im Herbst 1928 rund 220-240.000 Arbeiter der eisen- und stahlerzeugenden Industrie im Rheinisch-Westfälischen Industriegebiet ausgesperrt.[6] Unmittelbarer Auslöser dieser vehementen Auseinandersetzung war ein Schiedsspruch von Ende Oktober, den die Gewerkschaften akzeptiert hatten und der wenig später für verbindlich erklärt wurde, was den neuen Tarifvertrag in Kraft setzte. Die Arbeitgeberseite – repräsentiert von Arbeitnordwest, dem Arbeitgeberverband der nordwestdeutschen

1 Lewek, Arbeitslosigkeit, 407.

2 Wehler, Gesellschaftsgeschichte, Bd. 4, 270. Vgl. auch ebd., 319f., 432f.

3 Vgl. zu Chancen und Risiken des Korporatismus aus aktueller Sicht das vom Bundesministerium für Wirtschaft und Technologie in Auftrag gegebene Gutachten: Wissenschaftlicher Beirat beim Bundesministerium für Wirtschaft und Technologie, Aktuelle Formen des Korporatismus, Gutachten vom 26./27. BMWA Dokumentation 479, Juni 2000. Für den Hinweis auf diese Publikation danke ich Reinhard Spree.

4 Dieser Aushandlungsprozess ist bei Lewek, Arbeitslosigkeit, herausgearbeitet.

5 Bähr, Schlichtung, 250.

6 Vgl. zum Ruhreisenstreit Feldman/Steinisch, Notwendigkeit, 57-117; Steinisch, Arbeitszeitverkürzung, 525ff.; Hüllbusch, Ruhreisenstreit; Bähr, Schlichtung, 250ff.; Weisbrod, Schwerindustrie, 415ff.

Eisen- und Stahlindustrie – verweigerte jedoch die Anerkennung des Schiedsspruchs, dessen Rechtmäßigkeit sie bezweifelte. Die Nichtanerkennung bezog sich auf den Umstand, daß es sich um einen „Einmannschiedsspruch" handelte, der in dem Bemühen, die unversöhnlichen Forderungen der Tarifpartner zu harmonisieren eigenständig die Bedingungen formulierte und dabei in Detailfragen in noch gültige Mantelvereinbarungen eingriff. Tatsächlich gab es somit einen gewissen Interpretationsspielraum, der den Schiedsspruch „rechtlich fragwürdig" erscheinen ließ – jedoch war diese Praxis keineswegs neu.[1] Darüber hinaus entlarvte das weitere kompromißlose Vorgehen der Eisenindustriellen die formalrechtlichen Aspekte als Vorwand für einen globaleren Angriff auf das Schlichtungswesen an sich.[2] Mit dem Beschluß zur Aussperrung stellte die Arbeitgeberseite die Autorität der Schlichtungsinstanz – und damit den Weimarer Staat – in Frage. Darin spitzte sich die schon lange vorgebrachte Kritik an der staatlichen Zwangsschlichtung auf das Schärfste in einem Arbeitskampf zu, in dem es weniger um die tariflichen Vereinbarungen mit den Gewerkschaften, als vielmehr um das Verhältnis zwischen Wirtschaft und Staat ging. Für ihren „Kampf aufs Ganze" erntete die rheinisch-westfälische Eisen- und Stahlindustrie jedoch wenig Verständnis. Weder im Reichstag noch in der Öffentlichkeit wurde ein solcher radikaler Standpunkt geteilt.[3] Auch in industriellen Kreisen war die Haltung zu diesem rigorosen Vorgehen gespalten. In den betroffenen Kommunen zeigte die Massenaussperrung verheerende Folgen für den ganzen industriellen Arbeitsmarkt, da auch andere Industriezweige unter Druck gerieten und die Zahl der Betroffenen somit rasch wuchs. Diesen Problemen sahen sich die städtischen Fürsorgeeinrichtungen nicht gewachsen. Unter diesen Voraussetzungen konnten die Eisenindustriellen diese Kraftprobe nicht gewinnen. Nach verschiedenen Vermittlungsansätzen akzeptierten beide Tarifparteien ein neues Schlichtungsverfahren, das die Interessen beider Parteien zu berücksichtigen suchte und mit einem neuen Kompromiß endete.[4]

Für den hier relevanten Zusammenhang war der Ruhreisenstreit in mehrfacher Hinsicht aufschlußreich und entfaltete eine Tragweite, die deutlich über die strittigen Verteilungsfragen hinauswies. Zwar hatte der Konflikt nicht zu einer Neubestimmung des Beziehungsgefüges von Industrie, Staat und Arbeitnehmern geführt. Die Eisenindustriellen waren mit ihrem Vorhaben gescheitert, sich gegen Gewerkschaften und staatliche Intervention durchzusetzen und konnten in Lohn- und Arbeitszeitregelungen keinen Sonderkurs einschlagen. Die praktischen Resultate standen im Kontrast zur unverhältnismäßig harten Auseinandersetzung.[5] Dieser Arbeitskampf führte die grundsätzliche Problematik des staatlichen Schlichtungswesens vor Augen, die in der Politisierung der

1 Vgl. Steinisch, Arbeitszeitverkürzung, 526; Hüllbusch, Ruhreisenstreit, 275.

2 So weigerte sich die Arbeitgeberseite, die Aussperrung bis zur (gerichtlichen) Klärung der Fragen vorläufig ruhen zu lassen, vgl. dazu Hüllbusch, Ruhreisenstreit, 276; Bähr, Schlichtung, 252f.

3 Vgl. Bähr, Schlichtung, 253ff.

4 Vgl. für Details Hüllbusch, Ruhreisenstreit, 283ff.

5 Vgl. Steinisch, Arbeitszeitverkürzung, 527.

Tarifkonflikte bestand. Denn durch die Zwangsschlichtung „waren Tarifkonflikte immer zugleich auch politische Konflikte, die im Extremfall die staatliche Autorität selbst in Mitleidenschaft ziehen konnten".[1] Darüber hinaus hatten die Ergebnisse dieser Machtprobe demonstriert, daß mit den Mitteln des Arbeitskampfes keine Klärung der Verhältnisse im Sinne der schwerindustriellen Interessen zu erreichen war. „Verlorene Positionen" im Bereich der industriellen Beziehungen konnten auf diese Weise nicht wiedererlangt werden.[2] Damit gewann für Arbeitgeber in der Schwerindustrie die direkte politische Einflußnahme als alternative interessenpolitische Strategie an Bedeutung. Auf parlamentarischer Basis ließ sich der Feldzug gegen sozialpolitische Intervention jedoch wohl kaum erfolgreich führen, wenngleich industrienahe Politiker in den rechten Parteien zunehmenden Einfluß erhielten – man denke z.B. an die Wahl Alfred Hugenbergs zum DNVP-Vorsitzenden. Mithin trugen die Erfahrungen im Ruhreisenstreit dazu bei, daß „die Politisierung der Tarifkonflikte (...) nach dem Ruhreisenstreit in eine Radikalisierung der Politik" umschlug.[3]

Damit markierte dieser Arbeitskampf für das korporatistische System des Ausgleichs der Interessen eine wichtige Zäsur. Bereits ein Jahr bevor die Weltwirtschaftskrise ausbrach und das sozioökonomische Gleichgewicht erschütterte, zeichnete sich ein Wandlungsprozeß ab, der die Stabilität der bestehenden Verhältnisse gefährdete und die Arrangements zwischen den gesellschaftlichen Interessengruppen prekär gestaltete. Die Balance der Kräfte ruhte auf der Akzeptanz der vermittelnden Funktion des Staates. Als diese zunehmend in Frage gestellt wurde, geriet aber nicht nur die aktuelle Form der industriellen Beziehungen, sondern die Staatsautorität selbst in Bedrängnis, da die sozialpolitische Gestaltungsfunktion ein Kernstück der Weimarer Verfassung darstellte.

Sowohl in Deutschland als auch in Italien hatte sich in den 1920er Jahren, vor allem aber nach dem Ende der Inflation, das System des Interessenausgleichs verändert, was sich in der Form der industriellen Beziehungen, die zwischen Arbeitnehmern, Arbeitgebern und Staat bestanden, widerspiegelte. Mit dem Ringen um die Form der betrieblichen Arbeitnehmervertretung, um Tariffragen, Arbeitszeitregelungen sowie Sozialversicherungsleistungen stellten Arbeitsmarktfragen bzw. institutionelle Regelsysteme des Arbeitsmarktes einen zentralen Gegenstand dieses spannungsreichen Aushandlungsprozesses dar. Die Veränderungen der industriellen Beziehungen vollzogen sich also in einem konflikthaften Entwicklungsprozeß, der in beiden Ländern mit dem Schwund materieller Verteilungsspielräume mehr Platz für staatliche Steuerung bot.

Die staatliche Einflußnahme präsentierte sich in beiden Ländern aber in anderer Form. In Deutschland verhinderte die Intervention des Reichsarbeitsministeriums –

---

1 Ebd., 527.

2 Vgl. Bähr, Schlichtung, 268; Weisbrod, Schwerindustrie, 497.

3 Bähr, Schlichtung, 269. Vgl. auch ebd., 274. Vgl. Weisbrod, Schwerindustrie, 497ff. Nach Wehler schlug die „Distanzierung vom Interventionsstaat" inzwischen „offensichtlich Züge einer Fundamentalopposition gegen die Weimarer Republik überhaupt." Ders., Gesellschaftsgeschichte, Bd. 4, 380.

über das Institut der Zwangsschlichtung – die Revision von elementaren Bestandteilen der industriellen Beziehungen und erhielt damit ihre Grundform aufrecht. Dies geschah unter Berücksichtigung der Marktlage. So versuchten die Schlichter, überhöhte Gewerkschaftsforderungen zurückzuweisen und andererseits die wirtschaftliche Lage und die spezifischen Ausgangsvoraussetzungen im jeweiligen Industriezweig zu berücksichtigen.[1] Demgegenüber kristallisierte sich in Italien ein autoritärer „Korporatismus“ mit einer kontrollierten Arbeitnehmerseite und einem hierarchisch verfaßten Betrieb ohne gewerkschaftliche Interessenvertretung heraus.[2] Damit war in Italien ein Rahmen geschaffen, der eine Umformung der industriellen Beziehungen im Sinne der Arbeitgeber und somit auch die Aushöhlung einiger institutioneller Regelsysteme des Arbeitsmarktes eher ermöglichte als in Deutschland. Vor dem Hintergrund eines domestizierten faschistischen Arbeitnehmerflügels, einer weitgehenden arbeitsmarkt- und sozialpolitischen Abstinenz des Staates, eines „gewerkschaftsfreien“ Betriebes und einer schwachen Tarifbindung ließ die „korporatistische“ Neuordnung für die Unternehmen noch genügend Handlungsspielräume für die Durchsetzung ihrer Interessen.[3] Angesichts der Tatsache, daß die Möglichkeiten der Interessenartikulation und -durchsetzung bei den Arbeitsmarktparteien so ungleich verteilt waren, scheint es jedoch angemessener, die italienische Variante als ein „pseudo-korporatistisches“ Modell des Interessenausgleichs zu charakterisieren, zumal die als „Korporationen“ bezeichneten gemeinschaftlichen Körperschaften der Interessengruppen – ein wesentlicher Bestandteil im ordnungspolitischen Modell – lange aufgeschoben und erst 1934 gegründet wurden.[4] Der autoritäre Pseudo-Korporatismus in Italien wich also in vielerlei Hinsicht von den korporatistischen Strukturen im deutschen Fallbeispiel ab, wenngleich auch in Deutschland spätestens nach der Währungsstabilisierung die freiwillige Kooperation im Sinne einer zentralen Arbeitsgemeinschaft der Arbeitsmarktparteien am Ende war. Die Gestaltungsfreiheit, die italienische Arbeitgeber in Fragen der betrieblichen Arbeitsbeziehungen besaßen, bestand in der deutschen Industrie nicht, entsprach aber durchaus auch

1 Vgl. auch Hüllbusch, Ruhreisenstreit, 286f., zum Schiedsspruch Severings für die Eisen- und Stahlindustrie Ende 1928.

2 Der „hierarchische“ Aufbau des Industriebetriebs wird in den faschistischen Tarifverträgen stets betont, vgl. z.B. FA, Fondo Gamba, b.4, fasc. 14 (Tarifvertrag für die Arbeiter im Maschinenbau, Schiffsbau, Gießereien und ähnliche Industrien in Genua, Savona, La Spezia vom 15.2.1928, Art. 18). Siehe auch Confederazione Nazionale dei Sindacati Fascisti dell'Industria/Unione Provinciale di Milano, Contratto Collettivo di Lavoro da valere per le maestranze addette all'industria del legno nella Provincia di Milano, Mailand 1930, 8 (Artikel 16).

3 Vgl. dazu oben, IV 3.2.c.

4 Allerdings ist bei dieser Einschätzung einschränkend anzumerken, daß im agrarischen Bereich die korporatistischen Strukturen in den 1930er Jahren durchaus die ursprünglich intendierte „Selbstverwaltung der Produzenten“ begünstigten. Vgl. Nützenadel, Landwirtschaft, 419. Für diesen Sektor und diesen Zeitraum wäre eine Charakterisierung als „Pseudo-Korporatismus“ somit problematisch.

hier unternehmerischen Zielvorstellungen.[1] Allerdings ist anzumerken, daß der radikale Standpunkt, den Arbeitgeber aus der Schwerindustrie hinsichtlich der Neuorientierung der industriellen Beziehungen verfolgten, nicht die Haltung des gesamten Arbeitgeberlagers repräsentierte. Dies hatte auch das Ringen um die Initiative Silverbergs gezeigt, die vorübergehend die Chance auf eine neue Kooperation zu eröffnen schien. Zugleich kristallisierte sich an diesem Beispiel eine typische Konstellation von Interessen heraus, die in ihrer gegenseitigen Blockade auf gleichsam „typische" Grenzen der korporatistischen Interessenrepräsentation verweist.[2] Gegenüber dem revisionistischen Interesse der Schwerindustrie, die als „Vetomacht" (Weisbrod) auftrat,[3] hatten sich die neuen Industrien nicht durchsetzen können – obwohl es sich um diejenigen industriellen Branchen handelte, die mehr zur wirtschaftlichen Leistungs- und Zukunftsfähigkeit beitrugen als die mit Selbstkosten- und Strukturproblemen behaftete Montanindustrie.[4] Die Konzentration und die weitreichende Kartellierung der Grundstoffindustrie, ihre Rolle im unternehmerischen Verbandswesen und die interessenpolitische Kooperation mit der Großlandwirtschaft boten die organisatorischen Ressourcen, um die Interessenposition abzustützen.

Die allmähliche Neuordnung der Arbeitsmarktverfassung in Italien wurde von der Ausformung einer korporatistischen Ideologie flankiert, die nunmehr intensiver propagiert wurde. Dieser ideologische Überbau zeigte in einigen Versatzstücken Parallelen zur Werksgemeinschaftsideologie, die in Deutschland im Zuge der forcierten Rationalisierungsexperimente seit Mitte der 1920er Jahre vor allem in der Schwerindustrie Fuß faßte. Dabei dürfte der italienische Weg durchaus Modellcharakter eingenommen haben.[5] Die Idee einer Überwindung des Klassenkampfes durch eine harmonische und friedliche Zusammenarbeit der am Produktionsprozeß beteiligten Klassen besaß in diesem Gedankengebäude eine zentrale Funktion.[6] Die faschistische Arbeitsmarktverfassung wurde als eine „korporative Lösung der sozialen Frage" vorgestellt, auf die Gewerkschaften und Verbände bislang keine Antwort gefunden hätten.[7] Gleichwohl suchte man sich von utopistischen Gesellschaftsentwürfen abzugrenzen und den Korporatismus als „realistische Theorie" vorzustellen. Bei einem Vortrag im Kölner Petrarca-Haus erklärte der Parteitheoretiker und Korporationsminister Giuseppe Bottai den Klassen-

1 Vgl. z.B. Der Arbeitgeber, 15. Jg., 1925, H. 14, 340f.; 17. Jg., 1927, H. 9, 191ff. Für den Blick nach Italien vgl. unten.

2 Vgl. zu den typischen Grenzen korporatistischer Politik das Gutachten des BMWT, Formen.

3 So die Analyse von Weisbrod, Schwerindustrie, 215ff.

4 Vgl. auch Mommsen, Scheitern, 33 und 36.

5 Der Blick nach Italien spielte sicherlich eine Rolle. Berichte in der Arbeitgeberpresse werteten die korporatistischen Arbeitsbeziehungen recht positiv, obwohl eine abwartende Sicht postuliert wurde. Vgl. z.B. Der Arbeitgeber 17. Jg., 1927, H. 8., 174f., H. 16, 379ff; 20. Jg., 1930, H. 6, 147ff. Siehe auch 16. Jg., 222ff., 316ff., 445f.

6 Vgl. zur Interpretation des *diritto corporativo* in industrieller Sicht auch Jocteau, Gino Olivetti, 349ff.

7 Vgl. diverse Artikel in den Informazioni corporative, Jg. 1, Bd. 2, 1928, H. 3-5.

kampf zwar für „abgeschafft".[1] Zugleich räumte er den Fortbestand von Interessengegensätzen ein und erkannte diese sogar als „Grundenergie der sozialen Entwicklung" an. Da sich diese Energie, so die Argumentation, aber nicht gegen den Staat richten dürfe, wolle die Korporativideologie die Gegensätze nicht unterdrücken, sondern ihnen den gebührenden Raum bereitstellen.[2]

Darüber hinaus präsentierte sich die „korporative Bewegung" mit Blick auf Ähnlichkeiten zu werksgemeinschaftlichen Konzepten in anderen Ländern als „Weltbewegung", in der das faschistische Italien mit seiner korporatistischen Ordnung der Arbeitswelt einen führenden Platz beanspruchte.[3] Zudem wurde der „Korporatismus" als höhere Entwicklungsstufe der Wirtschaft im nachliberalen Zeitalter interpretiert:

> „Der Korporatismus ist eine disziplinierte, damit auch kontrollierte Wirtschaft, weil man sich keine Disziplin vorstellen kann, die keine Kontrolle hat. Der Korporatismus überwindet den Sozialismus und den Liberalismus und schafft eine neue Synthese."[4]

Ähnlich argumentierte auch Bottai, als er den faschistischen Korporatismus im Rückblick als zeitgemäße und zugleich überfällige Überwindung der Krise präsentierte, die den modernen Staat seit dem Ende des Ersten Weltkriegs befallen habe. Die staatliche Ohnmacht gegenüber dominanten wirtschaftlichen Interessen habe der faschistische Staat mit dem „korporativen Prinzip" bewältigt. Diese Krisenlösungsstrategie beruhte auf einem widersprüchlichen theoretischen Konzept zum Verhältnis von Wirtschaft und Staat. Zum einen sollte der Staat als „Kontrolleur der Wirtschaft und als Wächter der allgemeinen Interessen" fungieren. Zum anderen postulierte die Korporativideologie eine Identität von Wirtschaft und Politik:

> „Wir sind der Überzeugung, daß die Wirtschaft identisch ist mit der Politik, die Gesellschaft mit dem Staat. (...) Politik und Wirtschaft sind ein einziges Gewebe. Es gibt keinen wirtschaftlichen Vorgang, der nicht politischen Wert hat, es gibt keine politische Handlung, die nicht auch von wirtschaftlicher Bedeutung ist. (...) Politik und Wirtschaft sind (...) zwei Seiten der gleichen Wirklichkeit. (...) Das korporative Prinzip setzt eben das Bewusstsein dieses zweifachen Seins voraus".[5]

Die „Inkorporierung" der Wirtschaft in den Staat folgte dieser Logik. Demgegenüber hatte die Praxis des Interessenausgleichs im faschistischen Regime eine andere Balance der Kräfte gezeigt. Statt der vermeintlichen Identität zwischen Wirtschaft und Politik in dem „vorgeblichen" *stato totalitario*[6] mußte Mussolini seine Diktatur mit Kompromis-

---

1 Bottai, Grundprinzipien, 18.

2 Ebd.

3 Vgl. die Berichterstattung aus dem Ausland in den Informazioni corporative, Jg. 1., Bd. 1, 1928, H. 1-3.

4 So Mussolini in einer Rede vor der Generalversammlung des *Consiglio Nazionale delle Corporazioni* am 14.11.1933, vgl. Ufficio stampa e propaganda del comando generale della Milizia, Quaderni di cultura e propaganda, Serie B, Rom 1933, 11. Übers. d. V.

5 Bottai, Grundprinzipien, 27.

6 Schieder, Faschismus, 217.

sen abstützen, die wirtschaftliche Interessen berücksichtigten und in das faschistische Regime einbanden.

Die Rolle des Staates schien auch der kritische Punkt zu sein, wenn deutsche Arbeitgeber das italienische Korporativmodell rezipierten. Eine „Einverleibung" der Wirtschaft in den Staat, wie sie die faschistische Korporativideologie behauptete, wirkte gewiß abschreckend und förderte die Skepsis, während man andere Aspekte wie z.B. den gewerkschaftsfreien Betrieb und die Abschaffung des Streiks befürwortete.[1]

In beiden Ländern waren die Rahmenbedingungen für den korporatistischen Interessenausgleich problematisch. Aus der Arbeitsmarktperspektive betrachtet, deuteten die Beschäftigungsprobleme auf ein Versagen des Marktes hin. Die Anpassung an den Strukturwandel verschärfte die Interessengegensätze bei veränderten Machtressourcen (z.B. Drohpotential oder Verhandlungs- und Organisationsmacht) der beteiligten Marktteilnehmer. Korporativideologie und Arbeitsgemeinschaftsgedanken schienen vor diesem Hintergrund eine Krisenlösungsstrategie anzubieten. Aus eigener Kraft gelang es den Arbeitsmarktparteien jedoch nicht mehr, ihre Interessen auf freiheitlicher Basis zu konzertieren. Dies scheiterte nicht nur an den geschrumpften Verteilungsspielräumen, sondern, wie das deutsche Fallbeispiel zeigt, auch an dem organisatorischen Gewicht derjenigen Interessen, die diesen Weg ablehnten. Ob dieser Weg in ein besseres Krisenmanagement gemündet hätte, muß jedoch offen bleiben.

Für die Gegenwart hat die wirtschafts- und sozialwissenschaftliche Forschung – neben zahlreichen Vorteilen – typische Funktionsprobleme korporatistischer Strukturen hervorgehoben. Dazu gehört die Tendenz, Partikularinteressen zu begünstigen und die Möglichkeit der beteiligten „Insider", Kompromisse auf Kosten Dritter („Outsider") zu schließen. Die sogenannten „Status-Quo-Interessen" verfügen über bessere organisatorische Ressourcen, die sie mobilisieren und für den Interessenausgleich nutzen können.[2] Diese Konstellation kann zu einer Einbetonierung bestehender Verhältnisse führen. Für das korporatistische Gefüge in der Weimarer Republik lassen sich solche Tendenzen erkennen, wobei man differenzieren muss. Sicherlich litt die Anpassungsfähigkeit der ökonomischen Strukturen daran, daß die Organisationsmacht der Interessengruppen nicht das wirtschaftliche Leistungspotential abbildete und die Zukunftsindustrien nicht in gleicher Weise repräsentierte wie die „rezessiven Sektoren des volkswirtschaftlichen Systems".[3] So gesehen, konnte die Krisenbranche Montanindustrie auch zur „Blockademacht" für den wirtschafts- und sozialpolitischen Reformkurs avancieren und erfolgreich die Rückbildung institutioneller Arrangements vorantreiben. Die korporatistischen Strukturen lähmten somit die Funktionalität der Arbeitsmarktverfassung. Aber ob das Krisenmanagement auf dem Arbeitsmarkt wesentlich anders ausgesehen hätte, wenn die interessenpolitische Konstellation keinen „schwerindustriellen Bias" gehabt hätte? Die Politisierung der Arbeitsbeziehungen wäre vermutlich nicht so entscheidend vorange-

1 Vgl. z.B. Der Arbeitgeber 18, 1928, H. 24, 608ff.

2 BMWT, Formen.

3 Mommsen, Scheitern, 33.

trieben worden, der Staat wäre nicht in der Form zwischen die Fronten geraten, aber hätte das an der ökonomischen Situation kurzfristig etwas verändert? Man könnte dagegen halten, daß sich die rückwärtsgewandten Partikularinteressen zwar geräuschvoll bemerkbar machten, Reformen im Sinne von neuen sozialpolitischen Arrangements hinauszögerten, verwässerten, darüber hinaus das Tarifwesen verzerrten. In anderer Hinsicht setzten sie sich jedoch nicht durch, denn immerhin bemühte sich der Weimarer Staat zumindest bis zum Beginn der Präsidialkabinette um den Schutz von Arbeitnehmerinteressen und setzte sich verteilungspolitisch so ein, daß die Löhne *nicht* unter ein bestimmtes Niveau fielen. Gerade die Schwerindustrie klagte über die Selbstkostenkrise und eine hohe Lohnbelastung. Die Löhne waren zwar nicht „politisch", sondern von den Schlichtern auf Marktbedingungen abgestimmt und trugen dabei auch schwerindustriellen Interessen Rechung.[1] Dennoch stiegen – in der Gesamtbetrachtung – die Löhne schneller als die Produktivität.[2] Fraglich bleibt jedoch, ob für die Kostenkrise und Absatzprobleme[3] die Lohnkosten der ausschlaggebende Punkt waren, ob die Schwerindustrie bei einer anderen Kostenbelastung ein Motor für Produktion und Beschäftigung hätte werden können. Vermutlich trug die zwischen verschiedenen Interessen vermittelnde staatliche Intervention dazu bei, unrentable Branchen wie den Steinkohlenbergbau zu konsolidieren und deren Strukturprobleme zu überdecken.[4] So oder so erschien die Bilanz des korporatistischen Interessenausgleichs somit seit Mitte der 1920er Jahre prekär. Vor allen Dingen taugte der Korporatismus weder in Deutschland noch in Italien als kurzfristige Krisenlösungsstrategie. Dennoch erscheint sein Bedeutungsaufschwung in krisenhaften Anpassungsprozessen offensichtlich. Hier wie dort sollten korporatistische Regelungspraktiken als Vehikel dienen, um die Anpassung an den Strukturwandel und die damit verbundene vielfach diagnostizierte Krise des Staates und der Wirtschaft zu manövrieren. Festzuhalten bleibt, daß die Machtbalance des korporatistischen Interessenausgleichs in beiden Ländern variierte, indem der Staat in unterschiedlicher Weise vermittelnd eingriff. Daran spiegelte sich die verschiedene Wesensart des staatlichen Akteurs in beiden Ländern: der demokratisch legitimierte Staat der Weimarer Republik und der faschistische Staat in Italien.

Alles in allem zeigte die Entwicklung der „korporatistischen" und „pseudokorporatistischen" Regelungspraktiken in Deutschland und Italien, daß die Modelle des Interessenausgleichs in beiden Ländern schon vor der Weltwirtschaftskrise merklich überfordert waren. Sowohl hier als auch dort war die Balance der sozialen Kräfte höchst fragil. Angesichts der krisenhaften Arbeitsmarktlage gerieten die industriellen Beziehungen in beiden Ländern zunehmend unter Druck.

---

1 Ebd., 36.

2 Vgl. dazu oben, Tabelle 15.

3 Die Schwerindustrie besaß Überkapazitäten und war in ein „Rationalisierungsdilemma" geraten: effizienteren Kapazitäten standen sinkende Absatzmöglichkeiten auf dem Weltmarkt gegenüber. Vgl. dazu Kleinschmidt, Rationalisierung.

4 Vgl. Mommsen, Scheitern, 36.

V. Schlußbetrachtung: Wandel und Krise auf industriellen Arbeitsmärkten

Der sozioökonomische Strukturwandel, der sich in den ersten Jahrzehnten des 20. Jahrhunderts vollzog, machte das Arbeitsmarktgeschehen zu einem spannungsreichen Anpassungsprozeß, der durch die Beziehung und Interaktion von Arbeitnehmern, Arbeitgebern und Staat entscheidend geprägt wurde. Zugleich unterlag dieser Prozeß in den einzelnen Phasen des Untersuchungszeitraumes variierenden Rahmenbedingungen: Einerseits veränderten immer wieder konjunkturelle Auf- und Abschwünge und wirtschaftliche Krisen die Vorzeichen der Arbeitsmarktlage, andererseits bildete die Arbeitsmarktverfassung selbst ein Element des institutionellen Wandlungsprozesses und wurde daher ebenfalls umgeformt und angepaßt. Obwohl das institutionelle Gefüge die spezifischen Arbeitsmarktstrukturen widerspiegelte, determinierten die Strukturmerkmale dabei nicht den institutionellen Wandel.

Mit dem Wachstum der industriellen Arbeitsmärkte bis zum Vorabend des Ersten Weltkrieges gewannen in Deutschland und Italien die charakteristischen Merkmale zunehmend an Kontur. Während der industrielle Arbeitsmarkt im deutschen Kaiserreich eine hohe Aufnahmekapazität für ein wachsendes Arbeitskräftepotential besaß, tendierte der italienische Arbeitsmarkt vor 1914 latent zum Arbeitskräfteüberschuß, d.h. zu verdeckter Arbeitslosigkeit. Darüber hinaus zeichnete sich die Arbeitsmarktlage in Italien durch eine ausgeprägte Segmentation, einen weiten Fächer nebeneinander existierender Beschäftigungsformen und Erwerbsmuster aus, die eine enge Verflechtung mit ländlichen und familialen Erwerbsformen anzeigten. Damit wies der industrielle Arbeitsmarkt in Italien eine relativ hohe Durchlässigkeit zu landwirtschaftlichen Arbeitsmarktsegmenten auf. Dieses Merkmal kanalisierte den angebotsseitig erzeugten Druck auf die Marktlage und förderte wandlungsfähige Arbeitsmarktstrategien der Akteure, die z.B. auf eine Kombination verschiedener Erwerbsformen oder saisonale Mobilität setzten.

Im Vergleich dazu präsentierte sich der deutsche Arbeitsmarkt größer und kompakter. Die latente Neigung zur Arbeitskräfteknappheit kehrte sich erst nach dem Krieg in einen Angebotsüberhang um. Hier wie dort gliederte sich das Marktgeschehen in verschiedenartige Teilarbeitsmärkte mit vielfältigen Formen und Zweigen der Beschäftigung. Gleichwohl waren auf dem industriellen Arbeitsmarkt in Deutschland ausgedehnte homogene Beschäftigungssegmente, wie z.B. der Steinkohlenbergbau, eingelagert. Den Marktfeldern mit relativ gleichförmigen Beschäftigungsformen kam eine vergleichsweise höhere Bedeutung zu als in Italien. In beiden Ländern waren die Segmentationslinien zwischen männlichen und weiblichen „Teilarbeitsmärkten“ sichtlich ausgeprägt. Auch das Qualifikationsprofil markierte eine Scheidewand zwischen den Marktsegmenten, die sich häufig mit der geschlechtsspezifischen Differenzierung deckte. Diese Arbeitsmarktstrukturen waren aber nicht festgeschrieben, sondern verschoben und entwickelten sich. Das vorhandene Wandlungspotential sollte sich vor allem unter dem Eindruck der Krisen zeigen, die seit dem Ausbruch des Krieges die Arbeitsmärkte unter Druck setzten. Trotzdem behielten die jeweiligen Charakteristika der beiden industriellen Arbeitsmärkte im hier relevanten Untersuchungszeitraum im Wesentlichen ihre Gültigkeit. In der Gesamtschau spiegelten die strukturellen Unterschiede den Industrialisierungsstand und landestypische Spezifika der Industrialisierungsgeschichte wider.

Jedoch war schon vor dem Krieg das Arbeitsmarktgeschehen ansatzweise mit institutionellen Regelsystemen strukturiert, an deren Gestaltung und Wandel die Arbeitsmarktakteure mitwirkten. Zu solchen „Spielregeln“ des Arbeitsmarktprozesses gehörten die Anfänge des Tarifwesens, Bestimmungen zum Arbeitsschutz, Formen der Interessenvertretung auf dem Arbeitsmarkt, Praktiken der Arbeitsvermittlung sowie Regelungen im Hinblick auf die typischen Risiken der industriellen Arbeitswelt – Erwerbslosigkeit, Invalidität und Alter. Bis zum Ersten Weltkrieg hatten die Arbeitsmarktakteure hauptsächlich in Eigenregie Arrangements getroffen, die das Arbeitsmarktgeschehen in dieser Hinsicht abstützten, während sich der Staat noch weitgehend aus den Angelegenheiten des Arbeitsmarktes heraushielt. Es paßte zur größeren Ausdehnung und Stabilität des deutschen industriellen Arbeitsmarktes, daß die Marktteilnehmer ihre organisatorischen Ressourcen nutzten und mit entsprechender Marktmacht ihre Interessen vertraten. Dies spiegelte sich auch im institutionellen Gefüge wider. Demgegenüber bot der italienische Arbeitsmarkt ein weitaus enger umrissenes Handlungs- und Rekrutierungsfeld für eine wirksame Interessenorganisation. Dennoch offenbarten sich in einigen Beschäftigungssegmenten in Deutschland und Italien bemerkenswerte Parallelen zwischen beiden Vergleichsfällen im Hinblick auf die dort verabredeten institutionellen Arrangements. Das verweist auf die funktionale Äquivalenz und den Nutzwert dieser Institutionen und spricht für das Vorhandensein ähnlicher Anreize, Kalküle und Handlungsoptionen der Akteure auf den Teilarbeitsmärkten. Darüber hinaus zeigen solche Brechungen, daß die Lesart, die Unterschiede zwischen beiden Ländern schlechthin auf die „relative Rückständigkeit“ Italiens zurückführt, zu kurz greift.

Die bestehenden institutionellen Regelungen sollten die Asymmetrie des Marktes und das damit verbundene Marktversagen korrigieren. Im Zuge der Ausdehnung von marktvermittelter Industriearbeit war das, was die Ökonomie als negativen „externen Effekt“[1] konstruiert, nicht ausgeblieben: Soziale Schieflagen, z.B. die Verelendung in Folge von Arbeitslosigkeit, führten das strukturelle Ungleichgewicht zwischen Anbie-

1 Vgl. ähnlich Hertner, Arbeitsmarktinstitutionen, 29.

tern und Nachfragern auf dem Arbeitsmarkt anschaulich vor Augen.

Im Laufe des Krieges rückte nunmehr der Staat als wichtiger Akteur des Arbeitsmarktes zunehmend in den Vordergrund. Angesichts kriegswirtschaftlicher Erfordernisse griff der Staat in beiden Ländern regulierend in das Arbeitsmarktgeschehen ein und schuf damit die Grundlagen für die Ausformung eines neuen politischen Handlungsfeldes. Aufgrund der Bedeutung, die die Industriearbeit für eine Kriegführung auf industrieller Basis besaß, erhielt das Arbeitsmarktgeschehen eine zentrale Funktion im wirtschaftspolitischen Kalkül. Zudem stellte die Intensität der Arbeitsmarktprobleme in unmittelbarer Folge des Krieges eine neue Erfahrung dar, die nach einer politischen Lösung verlangte. In beiden Ländern belasteten gravierende Beschäftigungseinbrüche die Arbeitsmärkte in den industriellen Zentren und bargen die Gefahr, vorhandene sozioökonomische Konfliktpotentiale weiter zu schüren. Die an kriegswirtschaftlichen Prioritäten orientierten Regulierungsbemühungen folgten in Italien und Deutschland zunächst unterschiedlichen Mustern. Im Laufe des Krieges wurden die Instrumentarien aber modifiziert und näherten sich in der kriegswirtschaftlichen Praxis aneinander an. Dieser Anpassungsprozeß der „Spielregeln“ verweist auf die Grenzen von Akzeptanz und Wirksamkeit oktroyierter Institutionen wie z.B. Arbeitszwang und Arbeitsplatzbindung.

Sowohl in Deutschland als auch in Italien boten Krieg und Demobilmachung somit den Rahmen für ein qualitativ neues arbeitsmarktpolitisches Engagement des Staates. Im Zeichen der Mobilisierung und anschließenden Demobilisierung der industriellen Arbeitsmärkte waren Weichenstellungen erfolgt, die weit über den Krieg und die unmittelbare Nachkriegszeit hinauswiesen. Die Hinwendung des Staates zu arbeitsmarktpolitischen Fragen, die sich in beiden Ländern zwischen Kriegs- und Friedenswirtschaft abzeichnete, ging mit einem Ausbau von Arbeitsämtern und Ministerialbehörden einher, die als zentrale öffentliche Träger von Arbeitsverwaltung und Arbeitsmarktpolitik fungieren sollten. Dabei prägten die im Zuge des aktuellen Krisenmanagements entstandenen organisatorischen und institutionellen Strukturen auch in der Folgezeit Formen und Inhalte der Arbeitsmarktpolitik mit. So förderte in Deutschland die straffe Organisation des Demobilmachungsapparates, der als Träger von Arbeitsmarktpolitik auftrat, eine relativ starke Stellung des Staates auf dem Arbeitsmarkt, der auch in den folgenden Jahren das Arbeitsmarktgeschehen charakterisierte.[1] Demgegenüber nahm sich in Italien die Rolle des Staates auf dem industriellen Arbeitsmarkt sichtlich schwächer aus. Auch hier wurde jedoch wie in Deutschland die Regelung von Arbeitsmarktfragen in öffentlicher Verantwortung allmählich in Angriff genommen.

Darüber hinaus erhielten in beiden Ländern grundlegende institutionelle Regelsysteme des Arbeitsmarktes spürbare Impulse. Dazu gehörten nicht nur die arbeitsmarktpolitischen Regulierungen, sondern auch eine Kollektivierung der Spielregeln für die Beziehungen zwischen Arbeitnehmern und Arbeitgebern. So konnten sich einschlägige

1 Die starke Stellung des Staates auf dem Arbeitsmarkt als Konsequenz der Demobilmachungspolitik betont auch Lewek, Arbeitslosigkeit, 405.

Regelungen zum Schutz der Arbeitnehmer auf breiterer Basis als zuvor durchsetzen, wodurch die Bedingungen des Verkaufs von Arbeitskraft zunehmend reglementiert wurden. Dabei spielten beispielsweise der Achtstundentag und das Prinzip des Tarifvertrages eine wichtige Rolle, während neue Prozeduren für den Ausgleich zwischen den Arbeitsmarktparteien an Bedeutung gewannen. Sowohl im Betrieb als auch auf dem Arbeitsmarkt konnte sich die Interessenvertretung der Arbeitnehmer allmählich konsolidieren. Für diese qualitativen Veränderungen waren die im Laufe des Krieges gewandelten Rahmenbedingungen eine wichtige Voraussetzung. Nicht nur die strategische Bedeutung des Faktors „Arbeit" im allgemeinen, sondern auch der akute Arbeitskräftemangel während des Krieges hatte die relative „Marktmacht" der Arbeitnehmerseite gestärkt. Zudem vollzogen sich die institutionellen Wandlungsprozesse vor dem Hintergrund eines beachtlichen organisatorischen Wachstums der Interessenverbände auf dem Arbeitsmarkt, das in beiden Ländern – in Deutschland manifest, in Italien behutsam – nach Kriegsende den Übergang zu einer modernen industriellen Massengesellschaft anzeigte.

Somit zeichneten sich sowohl in Deutschland als auch in Italien im Zuge von Krieg und Demobilmachung die Konturen einer arbeitsmarkt- und sozialpolitischen Umgestaltung ab, die die industrielle Arbeitswelt im Vergleich zur Vorkriegszeit qualitativ veränderte. Dieser Wandel tendierte dazu, die zuvor auf Teilarbeitsmärkten bewährten institutionellen Arrangements zu universalisieren und ihre Geltung staatlich zu garantieren. Im deutschen Fallbeispiel reichten die sozialpolitischen Reformmaßnahmen weit und stifteten als konkrete „Errungenschaft" der Revolution von 1918/19 sogar den sozioökonomischen Grundkonsens der neuen staatlichen Ordnung. Hier hatten die Gewerkschaften die volle Koalitionsfreiheit erreicht und waren als rechtliche Vertretung der Arbeitnehmer anerkannt. Demgegenüber betrafen die Veränderungen in Italien mit ihrer latenten Privilegierung der Industriearbeiterschaft der nördlichen Industrieregionen nach wie vor nur einen Teil der Volkswirtschaft und waren demnach nur tendenzieller Natur. Die Einführung des allgemeinen Verhältniswahlrechts im Jahr 1919 kam den politischen Partizipationsansprüchen der Arbeiterbewegung zwar entgegen, aber die Wahlerfolge der Sozialistischen Partei führten weder zum Durchbruch neuer politischer Praktiken noch zum gelungenen Abschluß der verfassungspolitischen Modernisierung.[1]

Hier wie dort barg der Arbeitsmarkt in der Übergangszeit zwischen Kriegserfahrung und Konstruktion einer Friedensgesellschaft ein erhebliches destabilisierendes Konfliktpotential. Angesichts dieses Umstands lassen sich die arbeitsbezogenen Regulierungen auch als ein Instrument verstehen, um die gesellschaftliche Stabilität durch staatliche Intervention abzustützen. In der Diktion der volkswirtschaftlichen Theorie erscheint dieses Stabilitätsziel als ein „öffentliches Gut", das über den Allokationsmechanismus des Marktes nicht automatisch bereitgestellt wird, sondern staatliches Handeln verlangt und daher ein typisches Indiz für Marktversagen darstellt. Die arbeits- und sozialpoliti-

1 Vgl. zur „mißlungenen" Modernisierung des Verfassungssystems Schieder, Geburt, 172ff.

sche Basisausstattung, die in beiden Ländern in diesen Jahren sichtlich an Profil gewann, sollte dieses Marktversagen kompensieren. Dabei verlor die Arbeitsmarktpolitik jedoch in dem Maße, wie man sich dem Stabilitätsziel politisch angenähert hatte, ihre Kompensationsfunktion und büßte dementsprechend bald darauf wieder an sozialpolitischer Substanz ein. Dies hing zugleich damit zusammen, daß sich die Frage der Finanzierbarkeit nach der Währungskonsolidierung weitaus dringender stellte.

Für die deutsche und italienische Arbeitsmarktgeschichte von der Jahrhundertwende bis zum Ausgang der 1920er Jahre waren Krieg und Demobilmachung eine zentrale Entwicklungsphase des institutionellen und strukturellen Wandels. Sowohl in Deutschland als auch in Italien schufen Mobilisierung und Demobilisierung der kriegswirtschaftlichen Ressourcen einen enormen Krisendruck auf dem Arbeitsmarkt, der in beiden Ländern mit unterschiedlichen, auf die jeweiligen Rahmenbedingungen zugeschnittenen Lösungsstrategien beantwortet wurde, welche im Endeffekt jedoch in beiden Ländern ähnliche Ergebnisse herbeiführten.

Weder in Deutschland noch in Italien waren nach der Rückkehr zur Friedenswirtschaft die Arbeitsmarktprobleme überwunden. Vielmehr sollte sich nun in eindrücklicher Weise zeigen, daß fortan frappierende Ungleichgewichte das Arbeitsmarktgeschehen dauerhaft prägten. Für den italienischen Arbeitsmarkt stellte dies keine neue Erfahrung dar. Schon vor dem Krieg hatte dieser angesichts der hohen Quote verdeckter Arbeitslosigkeit zu einem instabilen Zustand tendiert. Auf dem deutschen Arbeitsmarkt hatten sich in Anbetracht des steigenden Sockels an Erwerbslosen die Vorzeichen des Arbeitsmarktgeschehens jedoch grundlegend gewandelt. Sowohl in Deutschland als auch in Italien trat somit die Arbeitslosigkeit nunmehr als Massenphänomen einer industriellen bzw. sich industrialisierenden Gesellschaft markant in Erscheinung.

Damit kristallisierten sich zugleich die neuralgischen Punkte für den Fortbestand und die Entwicklungsperspektive der vollzogenen institutionellen und strukturellen Wandlungsprozesse heraus. Zum einen drängte sich die Frage auf, inwieweit die im akuten Krisenmanagement gefundenen Lösungen dauerhaften oder langfristigen Wandel hervorbrachten. Zum anderen schuf die relativ dichte Folge an krisenhaften Störungen des ökonomischen Geschehens ein Klima der Unsicherheit. Jede neue Krisensituation konnte die zur Bewältigung der vorangegangenen Problemlage getroffenen Arrangements erneut auf den Prüfstand heben. Dieses Dilemma zeigt, daß „Krisen" zumeist den kumulierten Anpassungsdruck auf ein überkommenes System verkörpern und daß „Krisenüberwindung" nur partiell als „rationaler Akt" gedeutet werden kann.[1]

In den Ausnahmesituationen von Krieg, Demobilmachung, Inflation und Stabilisierungskrise wurden in Deutschland und Italien häufig unterschiedliche Wege beschritten, um die Problemlagen auf dem Arbeitsmarkt zu überwinden. Dennoch zeichneten sich im Vergleich beider Fallbeispiele wichtige Parallelen ab. Weder hier noch dort be-

1 Diese Aspekte betont Ziebura, Weltwirtschaft, 13.

schränkten sich die Mechanismen der Krisenbewältigung auf Ansätze der politischen Steuerung. Vielmehr ergaben sich die unterschiedlichen Muster, die im Vergleich beider Länder für die Lösung ähnlicher Probleme hervortraten, aus dem Zusammenspiel der Interaktionen zwischen allen Akteuren des Arbeitsmarktes. Mithin war es das interdependente Beziehungsgeflecht zwischen Arbeitnehmern, Arbeitgebern und Staat, das erst in seiner Gesamtheit ein komplexes Modell des Krisenmanagements erkennen ließ, welches arbeitsmarktpolitische Regelungen ebenso einbezog wie informelle Arrangements oder Kooperationsformen zwischen den Arbeitsmarktparteien. Somit reflektierten die jeweiligen Krisenlösungsansätze zugleich die Arbeitsmarktverfassung und die Form der industriellen Beziehungen zwischen den Arbeitsmarktparteien.

In der Perspektive des Arbeitsmarktes wurde zugleich deutlich, daß ein Teil der vollzogenen strukturellen und institutionellen Wandlungen, die Wirtschaft und Gesellschaft so nachhaltig zu verändern schienen, nur vorübergehenden Charakter hatte, wenngleich die im Krieg erlebten „Umwälzungen“ in ihrer Summe und zeitlichen Dichte bahnbrechend und spektakulär wirken mochten. Bereits die Arbeitsmarktprobleme während der Demobilmachungszeit riefen in beiden Ländern arbeitsmarktpolitische Strategien auf den Plan, die sich gezielt an dem Status Quo der Vorkriegszeit orientierten und kriegsbedingte Transformationen wieder zu revidieren suchten. Dies ließ sich in beiden Ländern am Beispiel der kriegsindustriellen Frauenarbeit deutlich erkennen. Sowohl in Deutschland als auch in Italien hatten Frauen im Zeichen der Kriegswirtschaft neue Erwerbsbereiche erschließen können, was erste Bruchstellen in den tradierten Trennlinien zwischen männlichen und weiblichen Tätigkeitsfeldern erzeugte. Die geschlechtsspezifischen Qualifikationsprofile und die daraus resultierenden Besonderheiten von Arbeitsmarktstrategien und Erwerbschancen schienen nicht mehr so „einbetoniert“ wie zuvor. In beiden Ländern wirkten jedoch die Bestimmungen und Regulierungen der wirtschaftlichen Demobilmachung gezielt darauf hin, die gängigen Arbeitsmarktstrukturen wiederherzustellen. Damit wurden weibliche Erwerbstätige tendenziell erneut auf eine Randposition des industriellen Arbeitsmarktes verwiesen. Die rückwärtsgewandte Orientierung an der Ausgangslage vor 1914 hatte als Referenzpunkt für eine arbeitsmarktpolitische Weichenstellung gedient, was dieser ein strukturkonservierendes Element verlieh und zugleich die Abwehr von strukturellen Wandlungsprozessen im Rahmen eines kurzfristigen Krisenmanagements beispielhaft vor Augen führte. Der Rekurs auf tradierte Beschäftigungsmuster veranschaulichte die hohe Anpassungsleistung, die marginale Arbeitskräftegruppen – nicht selten als flexibles Arbeitskräftepotential angesehen – im Zeichen des Strukturwandels zu erbringen hatten.

Der Vergleich des Arbeitsmarktgeschehens in beiden Ländern machte den konflikthaften, historischen Prozeß transparent, der mit dem Vollzug von institutionellen und strukturellen Veränderungen verbunden war, der schließlich keineswegs friktionslos oder linear vonstatten ging. Darüber hinaus präsentierte sich der doppelte Bedeutungsgehalt des Arbeitsmarktes als ein Handlungsfeld ökonomischer *und* sozialer Interaktion in der vergleichenden Perspektive besonders anschaulich. Die unterschiedliche Entwicklung, die funktional äquivalente Arbeitsmarktarrangements angesichts der jeweiligen Rahmenbedingungen durchliefen, demonstrierte die sozialen und wirtschaftlichen Triebfedern der Arbeitsmarktgeschichte und zeigte ihre alternativen Entfaltungsmöglichkeiten auf. Sowohl Machterwägungen als auch Effizienzkriterien erwiesen sich als zentrale Bestimmungsfaktoren für den historischen Verlauf der Arbeitsmarktprozesse und für die jeweilige Gestalt institutioneller „Spielregeln" des Marktgeschehens.

Wie der historische Vergleich gezeigt hat, übernahmen die institutionellen Regelsysteme des Arbeitsmarktes die wichtige Funktion, die Defekte des versagenden Marktes zu kompensieren, strukturelle Asymmetrien zu überwinden und verfehlte Anreizstrukturen zu korrigieren. Dennoch hing ihre Durchsetzungsfähigkeit in entscheidendem Maße von den Machtressourcen der beteiligten Arbeitsmarktakteure ab, die sich für die historische Analyse ebenfalls aus der Arbeitsmarktperspektive fassen ließen. So geriet in beiden Ländern eine Reihe von arbeitsmarktrelevanten Regelungen, die nach dem Krieg vorläufig beibehalten worden waren, im Nachkriegsjahrzehnt zunehmend unter Druck – obwohl sich ihr wirtschaftlicher Wert nicht schlagartig nivelliert hatte. Angesichts der sich verändernden Rahmenbedingungen variierte allerdings die Machtbasis, auf der die Arbeitsmarktakteure den Ausgleich ihrer Interessen praktizierten. An diesem Punkt zeigt sich, wie die Entwicklungslogik institutioneller Regelsysteme zugleich außerökonomischen Kriterien folgte.

Dies wurde im Vergleich von Deutschland und Italien besonders deutlich. So blähte der Verfall der Währungen bzw. die dadurch forcierte Inflationskonjunktur das Arbeitsmarktgeschehen zunächst künstlich auf. Wenngleich Tempo und Ausmaß der Geldentwertung in Deutschland und Italien deutlich voneinander abwichen, so trugen doch in beiden Ländern die inflationsbedingten Verzerrungen dazu bei, bestehende Strukturprobleme des Arbeitsmarktes zu kaschieren und die Beschäftigung auf einem erhöhten Niveau zu halten, was die Marktposition der Arbeitnehmerseite vorübergehend zu stabilisieren schien. Zudem stellte die inflationäre Entwicklung die materielle Basis dar, auf deren Grundlage über Lohnzugeständnisse und Arbeitszeitregelungen der Interessenausgleich zeitweilig „erkauft" werden konnte. Der Ausweg über die Lohnspirale konnte jedoch nur so lange funktionieren, wie die Inflation schleichend voranschritt und wies aufgrund des Lohn-Preis-Junktims in eine Endlosschleife fortschreitender Geldentwertung, die den Arbeitsmarkt zunehmend belastete und neue Konfliktpotentiale schuf.

Allerdings hatten sich in Italien seit der faschistischen Regierungsübernahme im Herbst 1922 die politischen Rahmenbedingungen sichtlich gewandelt. Faschistische Ordnungsvorstellungen in Bezug auf den Arbeitsmarkt hatten dazu beigetragen, einen Teilkonsens der Arbeitgeber zu einem System zu stiften, das eine Re-Etablierung geordneter Arbeitsverhältnisse zu versprechen schien. Schon vor Beginn der faschistischen Regierung – als der industrielle Arbeitsmarkt in den frühen 1920er Jahren durch eine erste „Stabilisierungskrise“ und heftige soziale Konflikte erschüttert wurde – hatte in italienischen Arbeitgeberkreisen der „Wunsch nach einer autoritären Überwindung des institutionellen Status Quo“[1] (Petri) merklich an Profil gewonnen. Noch retrospektiv wurden die Unruhen und Verteilungskämpfe dieser Jahre zur Systembedrohung hochstilisiert. Aus der Perspektive des Arbeitsmarktes betrachtet, spielt die politische Zäsur der faschistischen „Machtergreifung“ im Oktober 1922 jedoch nicht so eine große Rolle, wie man vielleicht annehmen könnte. Dafür sprechen nicht nur die strukturellen Kontinuitäten von Arbeitsmarktmerkmalen. Darüber hinaus war auch die Umformung der institutionellen Regelsysteme ein gradueller, schrittweise vollzogener Prozeß. Erst seit Mitte der 1920er Jahre verdichtete sich die autoritäre Umgestaltung des institutionellen Gefüges zu einem markanten Wendepunkt im Arbeitsmarktgeschehen. Vor diesem Hintergrund erscheinen somit die seit 1925 forcierten Konsolidierungsbemühungen des faschistischen Regimes arbeitsmarkthistorisch als der stärkere Einschnitt. Umgekehrt fallen gerade angesichts der unterschiedlichen politischen Rahmenbedingungen seit Ende 1922 die bemerkenswerten Parallelen in beiden Ländern hinsichtlich der politischen Destabilisierung der industriellen Arbeitsmärkte auf. Diese Sichtweise bietet auch den Anknüpfungspunkt, um die Transformation der institutionellen Arrangements, die auf ihre Demontage oder auf eine Blockade des institutionellen Wandels hinauslaufen konnte, systematisch zu vergleichen. Dabei ist der währungspolitische Rahmen ein wichtiger Bezugspunkt.

Mit der Konsolidierung der Währungsverhältnisse veränderte sich die Grundkonstellation auf beiden industriellen Arbeitsmärkten in mehrfacher Hinsicht. Die Stabilisierung deckte Fehlentwicklungen und Ungleichgewichte des Arbeitsmarktes auf und war in beiden Ländern von Krisen begleitet, in deren Folge Überkapazitäten abgebaut wurden. Die Kontraktion der Beschäftigung im Zuge der monetären Stabilisierung beeinträchtigte die Handlungsmöglichkeiten der Arbeitnehmer erheblich, während Teile der Arbeitgeberschaft die verschlechterte Arbeitsmarktlage für eine Revision der bestehenden Arrangements zu instrumentalisieren suchten. Zudem hatten sich die Verteilungsspielräume angesichts monetärer Konsolidierung und wirtschaftlicher Stagnationstendenzen in vielen Industriezweigen sichtlich verengt. Unter diesen Voraussetzungen hielten nicht alle arbeitsbezogenen „Errungenschaften“ aus Krieg und unmittelbarer Nachkriegszeit dem Krisendruck stand. Sowohl in Deutschland als auch in Italien ließ sich eine Zerrüttung der geltenden Arbeitszeitregelungen erkennen – hier wie dort wurde der Achtstundentag nach und nach ausgehebelt. Zudem rückte in beiden Ländern die Lohnfrage in den Vordergrund, wobei Lohnniveau, Tarifbindung und Lohnsetzungsverfahren kontroverse Punkte der interessenpolitischen Auseinandersetzungen darstellten. Trotz variierender Rahmenbedingungen zeigten diese Debatten in Deutschland und Italien ähnliche Argumentationsmuster von Seiten der industriellen Arbeitgeber. Die Kritik an staatlicher Arbeiterpolitik und vermeintlich überhöhten Löh-

1 Petri, Führungskräfte, 206.

nen wurde von Arbeitgebervertretern in einigen Industriezweigen äußerst vehement vorgetragen und verhärtete sich dabei zur „Arbeitsmarktideologie".

Vor dem Hintergrund verengter Verteilungsspielräume gewann die Rationalisierungsidee in den 1920er Jahren sichtlich an Popularität. Die Rationalisierungserfahrungen innerhalb der deutschen wie der italienischen Industrie zeigten, wie sich die betriebliche Arbeitswelt und die Arbeitsbeziehungen in einigen Unternehmen durch Maßnahmen der technischen, organisatorischen und sozialen Rationalisierung in ähnlicher Form wandeln konnten. Darüber hinaus ließen sich die Rationalisierungsansätze auch als eine Arbeitsmarktstrategie deuten, mittels derer industrielle Arbeitgeber verschiedene arbeitsmarktbezogene Ziele zu erreichen suchten. Die Rationalisierung fungierte zum einen als eine Methode, um den unternehmerischen Kostendruck – für den auch Lohnargumente eine wichtige Rolle spielten – zu kanalisieren. Weiterhin bot der Fundus an rationalisierungstheoretischen Ideen zahlreiche Anknüpfungspunkte, mit denen eine Neutralisierung des Konfliktpotentials auf dem Arbeitsmarkt und eine „Harmonisierung" der betrieblichen Arbeitsbeziehungen angestrebt wurden. In institutionenökonomischer Diktion formuliert, boten soziale Betriebsführungstechniken einen Handlungsansatz, um den Asymmetrien des Marktes – z.B. Informationsmängeln oder Handlungsbeschränkungen – entgegenzuwirken. Statt ausschließlich auf disziplinarische Techniken zu setzen, wurde der „unvollständige Arbeitsvertrag" um neue Anreizmechanismen ergänzt. Als institutionelles Regelsystem besaß die soziale Betriebspolitik im Zusammenhang mit den Rationalisierungsmaßnahmen in beiden Ländern eine klar identifizierbare Ausgleichsfunktion, die einen Anpassungsprozeß erleichtern sollte – sei es, um für gesteigerte Produktionsrhythmen oder veränderte Betriebsabläufe zu entschädigen oder sei es, um die schleichende Entrechtung und beschränkte Handlungs- und Artikulationsmöglichkeiten zu kompensieren. Überdies mochte eine Reihe von Rationalisierungsmaßnahmen darauf abzielen, innerhalb des Unternehmens einen höheren Grad an Unabhängigkeit von bestimmten strukturellen und institutionellen Gegebenheiten des Arbeitsmarktes – beispielsweise von den verfügbaren Qualifikationsangeboten sowie von sozial- und arbeitspolitischen Reglementierungen – zu realisieren.

In beiden Ländern hatten sich die industriellen Beziehungen zwischen den Akteuren des Arbeitsmarktes im Laufe der 1920er Jahre merklich gewandelt. Hier wie dort zeichnete sich nach der Konsolidierung der Währungsverhältnisse ein Wendepunkt im Hinblick auf Form und Praxis der Arbeitsmarktbeziehungen ab. In Deutschland und Italien bildeten sich unterschiedliche Modelle des Interessenausgleichs heraus, die die organisatorischen Merkmale der beiden Arbeitsmärkte widerspiegelten. Hierbei spielten die personelle Stärke, die Vernetzung und das politische Gewicht der Arbeitnehmer- und Arbeitgeberorganisationen eine wichtige Rolle.

In Italien bettete sich die forcierte monetäre Stabilisierung in einen umfassenden wirtschafts- und gesellschaftspolitischen Umgestaltungsprozeß ein, der zur strukturellen Festigung des faschistischen Regimes beitragen sollte. Im Zuge dessen wurde allmählich eine „korporative" Arbeitsmarktverfassung aufgebaut, die mit einem Streikverbot und der Unterdrückung von freien Gewerkschaftsorganisationen die „Spielregeln“ des Marktgeschehens neu definierte.

Als sich die Verteilungskonflikte nach dem Ende der Inflation zuspitzten, stieß auch in Deutschland der zuvor praktizierte Modus des Interessenausgleichs – die Aushandlung von Lohn- und Tariffragen durch die Tarifpartner – in einigen Industriezweigen an seine Grenzen. Immer häufiger trafen verhärtete Positionen aufeinander, die eine Einigung auf freiwilliger Basis scheitern ließen. In diesen Fällen war mit dem Instrument der „Zwangsschlichtung“ eine staatliche Intervention vorgesehen, die über den behördlichen Schiedsspruch die neuen Modalitäten regulierte. Im Unterschied dazu existierte in Italien ein solcher staatlicher Schutz nicht. Hier konnte sich in den Jahren der monetären Stabilisierung ein fortschreitender Lohnabbau vollziehen, der in Deutschland durch die staatliche Lohnpolitik blockiert wurde. Zwar besaß auch in Italien das Prinzip der kollektiven Tarifbindung nach wie vor Gültigkeit. Jedoch hatte sich hier im Laufe der Konsolidierungsbemühungen des faschistischen Regimes ein System von arbeitsbezogenen Regelungen herauskristallisiert, die zwar formal das Kollektivprinzip der industriellen Beziehungen abstützte, dabei aber die Möglichkeiten für die Artikulation und Vertretung von Arbeitnehmerinteressen massiv beschnitt und die Arbeitsbeziehungen autoritär umgestaltete. Demgegenüber besaßen die Arbeitgeber vor allem in der Großindustrie ungleich größere Spielräume für die Durchsetzung ihrer Interessen.

Der Weg des Lohnabbaus, den die von arbeitsintensiver Produktion geprägte italienische Wirtschaft zunehmend einschlug, war in Deutschland nicht möglich. Die institutionelle und organisatorische Struktur des deutschen Arbeitsmarktes, vor allem die aktive Rolle des Weimarer „Interventionsstaates“ in Arbeitsmarktfragen, bremste eine Durchlöcherung wesentlicher Bestandteile der Arbeitsmarktverfassung, wie es beispielsweise das Tarifwesen darstellte, an einem gewissen Punkt aus. Aber auch hier verwies die steigende Popularität der „Zwangsschlichtung“, die sich seit der Währungskonsolidierung abzeichnete, auf das wachsende Gewicht der staatlichen Lenkung im korporatistischen Interessenausgleich. Diese Entwicklung machte deutlich, wie auch in Deutschland angesichts des Krisendrucks der freie Ausgleich zwischen den beiden Arbeitsmarktparteien mehr und mehr überfordert war. Statt dessen begünstigten die korporatistischen Strukturen die Einflußnahme derjenigen Produktionszweige, die nicht mehr am Erhalt des institutionellen Status Quo interessiert waren, sondern seine Rückführung auf die Ausgangslage vor 1914 anstrebten. In einigen Branchen – z.B. im Steinkohlenbergbau und in der Stahlindustrie – hatte sich der industrielle Arbeitsmarkt zu einer Arena für ein Kräftemessen der Arbeitsmarktparteien entwickelt, die ohne staatliche Mitwirkung keine tragfähigen Kompromisse erzielten. Damit ließ das Geschehen auf einem solcherart „vermachteten Arbeitsmarkt“ (Homburg) eine zunehmende „Politisierung“ erkennen, die Arbeitsmarktfragen politisch auflud und dabei im Hinblick auf das gesamtgesellschaftliche Gleichgewicht seit Ende der 1920er Jahre potentiell destabilisierend wirken konnte.

An diesem Punkt wurde somit nicht nur augenfällig, daß arbeitsmarktbezogene Regelungen an den Kern von gesellschaftlichen Machtfragen rührten, sondern auch, daß ein wesentlicher Teil der Machtressourcen im Arbeitsmarktgeschehen selbst wurzelte. Ungeachtet des organisatorischen Potentials beider Arbeitsmarktparteien, das die Durchsetzungsfähigkeit ihrer Interessen beeinflußte, bestimmte die generelle Arbeitsmarktlage die jeweilige Verhandlungsposition in entscheidendem Maße mit. In beiden Ländern hatte sich diese Rahmenkonstellation für den Interessenausgleich zuungunsten der Arbeitnehmer entwickelt. In Italien wurden die Ressourcen, die der Arbeitsmarkt für die Interessenartikulation und Machtentfaltung bot, durch einen autoritären Staat zugunsten der Arbeitgeber systematisch umverteilt. Diese Umverteilung, für die Arbeitsmarkt-Arrangements die Verhandlungsmasse bildeten, stellte einen elementaren Bestandteil der Konsolidierungsbemühungen des faschistischen Regimes dar. Ab Mitte der 1920er Jahre zeigte sich daran die grundsätzliche Wesensverschiedenheit des Akteurs „Staat" im deutschen und italienischen Fallbeispiel. In Deutschland versuchte das Reichsarbeitsministerium durch seine Intervention, die Balance der Kräfte aufrechtzuerhalten, ohne dabei die Marktbedingungen außer acht zu lassen.

Die autoritäre Umgestaltung vieler institutioneller Regelsysteme des Arbeitsmarktes, die auf der italienischen Seite mit dem Ausbau des faschistischen Regimes allmählich erfolgt war, schien industriellen Vorstellungen in weiten Teilen zu entsprechen und wirkte darauf hin, Spannungen und Konfliktpotentiale des Arbeitsmarktes zu unterdrükken. So zeichneten sich in Deutschland und Italien zwei alternative Modelle der Krisenreaktion ab, die grundlegende Strukturmerkmale der beiden Volkswirtschaften und Charakteristika der industriellen Arbeitsmärkte widerspiegelten. In gewisser Hinsicht mochte die italienische Variante einige Facetten der Zielvorstellungen präfigurieren, die Teile der deutschen Unternehmerschaft – vor allem aus den Reihen der Schwerindustrie – im Hinblick auf die Neugestaltung der industriellen Arbeitswelt entwickelt hatten. Auch innerhalb von deutschen Arbeitgeberkreisen war die Haltung verbreitet, daß die „Spielregeln" des industriellen Arbeitsmarktes nunmehr einer autoritären Reform bedürften.

Die Politisierung des Arbeitsmarktgeschehens, die in Deutschland offen zutage trat, in Italien hingegen durch pseudo-korporatistische Strukturen sublimiert wurde, war ein deutliches Zeichen dafür, daß der auf dem Arbeitsmarkt greifbare Konflikt über genuin arbeitsmarktbezogene Angelegenheiten hinausgewachsen war. Aus der Arbeitsmarktperspektive ließ sich anschaulich fassen, daß verschiedene gesellschaftliche Interessengruppen und der Staat in einem Beziehungsgefüge zueinander standen, dessen Spannungen auf unterschiedliche Weise abgeleitet wurden. Sowohl in Deutschland als auch in Italien brachten die Stabilisierungskrisen des Arbeitsmarktes, die die verengten materiellen Verteilungsspielräume in aller Deutlichkeit anzeigten, auch ein politisches Destabilisierungspotential mit sich. Im italienischen Fallbeispiel hatte sich die Stabilisierung in mehreren Etappen vollzogen. Während der erste Stabilisierungsschritt noch im parlamentarisch-demokratisch verfassten Italien stattgefunden hatte und die sozioökonomischen Konfliktlinien tendenziell verschärfte, war das zweite Stabilisierungsmanöver überhaupt nur unter Regimebedingungen möglich. Demgegenüber erlitten in Deutschland staatliche Instanzen in dem Moment einen Legitimitätsverlust, als sich die politische Führung für Arrangements einsetzte, für deren Ausgestaltung die Arbeitsmarktparteien selbst keine Kompromißbereitschaft mehr demonstrierten. Dies ließ sich am Beispiel der Zwangsschlichtung deutlich erkennen.

Zugleich veranschaulicht diese Parallelisierung, wie komplex sich der Entwicklungsgang institutioneller Regelsysteme darstellte, den keineswegs nur ökonomische Triebfedern vorantrieben. Vielmehr konnte seit Mitte der 1920er Jahre die politische Logik eine Dynamik entfalten, die Effizienzargumente ausspielte und – basierend auf organisatorischen Ressourcen – Barrieren des institutionellen Wandels aufbaute.

Vor diesem Hintergrund hatten sich Arbeitsmarktfragen in beiden Ländern auf die eine oder andere Weise zum Spielball verschiedener gesellschaftlicher Interessen entwickelt. Weder in Deutschland noch in Italien konnten jedoch die Problemlagen auf dem Arbeitsmarkt, denen die steigenden Erwerbslosenziffern anschaulich Ausdruck verliehen, als überwunden gelten. Vielmehr hatte sich die Dringlichkeit von arbeitsmarktbezogenen Themen im Laufe der Jahre tendenziell zugespitzt, da hier wie dort die langfristige Dimension von Ungleichgewichten und krisenhaften Verzerrungen unübersehbar zutage getreten war. Hohe Erwerbslosenquoten konnten nicht nur externen Schocks oder einer verbesserten statistischen Erfassung von Arbeitsmarktprozessen zugeschrieben werden, sondern wiesen auf tiefergehende Probleme und strukturelle Inkongruenzen im Arbeitsmarktgefüge hin.

Gegenüber dieser schwierigen Problemstellung gestaltete sich die Arbeitsmarktpolitik allerdings in beiden Ländern überwiegend unausgewogen und widersprüchlich. So besaßen in Italien die vom faschistischen Regime geräuschvoll angekündigten Sozialreformen hauptsächlich programmatischen Charakter. Letztlich waren hier bis zum Ende der 1920er Jahre im Hinblick auf die arbeitsmarktpolitischen Handlungsfelder Arbeitslosenschutz, Arbeitsvermittlung und Arbeitsbeschaffung keine entscheidenden, neuartigen Impulse zu verzeichnen, die sichtlich über die Weichenstellung der Demobilmachungszeit hinausgewiesen hätten. Auch in Deutschland war die Entwicklung der anfänglich großzügig konzipierten Arbeitslosenunterstützung von kontinuierlichen Leistungskürzungen gekennzeichnet, so daß die arbeitsmarktpolitische Aufbruchsstimmung der unmittelbaren Nachkriegszeit recht bald im zähen wirtschafts- und sozialpolitischen Tagesgeschäft versandete. Immerhin experimentierte man hier, wenngleich ohne großen Erfolg, mit antizyklischen Arbeitsmarktinterventionen und schuf mit der Arbeitslosenversicherung sogar eine neue, richtungsweisende Arbeitsmarktinstitution. Diese hatte jedoch im Zuge ihrer schleppenden Vorgeschichte Leistungspotentiale verschenkt und ruhte auf einem relativ knapp bemessenen finanziellen Grundstock, was sich angesichts der zeitgenössischen Arbeitsmarktentwicklung als Fehler in der Basiskonstruktion deuten ließ.

Die arbeitsmarktpolitische Bilanz erscheint somit am Ende der 1920er Jahre in beiden Ländern ambivalent. Der institutionelle und strukturelle Wandel hatte sich sowohl in Deutschland als auch in Italien auf einem hohen Sockel an Arbeitslosigkeit vollzogen. Zu diesem Zeitpunkt stand den industriellen Arbeitsmärkten in beiden Ländern jedoch eine besonders schwere Bewährungsprobe noch bevor. Hier wie dort sollte die Weltwirtschaftskrise dramatische Beschäftigungseinbrüche nach sich ziehen und die Ungleichgewichte des Arbeitsmarktes in katastrophaler Weise steigern. Welcher der beiden industriellen Arbeitsmärkte am Ausgang der 1920er Jahre besser gerüstet war, um dieser massiven Krise entgegenzutreten, darüber läßt sich an dieser Stelle – ohne empirische Basis – zwar nur spekulieren. Mit Blick auf die Ergebnisse des Vergleichs für die Jahre bis zum Ausbruch der Weltwirtschaftskrise erscheint es jedoch plausibel, daß die am italienischen Fallbeispiel diagnostizierte höhere Durchlässigkeit des industriellen Arbeitsmarktes zu halbindustriellen und landwirtschaftlichen Erwerbsbereichen eine entscheidende Rolle bei der Bewältigung der Krisenfolgen spielen würde und vermutlich einen entscheidenden Unterschied im Vergleich mit Deutschland darstellte. Die höhere Bedeutung familialer Erwerbsformen und beruflicher „Mischexistenzen" verweist jedoch nicht nur auf die Möglichkeiten, den steigenden Problemdruck geräuschlos zu kanalisieren. Analog dazu macht gerade dieses Charakteristikum eine potentielle Kaschierung der Arbeitsmarktprobleme und eine statistische Verschleierung industrieller Erwerbslosigkeit ebenfalls wahrscheinlich. Dieser Befund würde auch zu dem in der älteren Forschung zeitweilig transportierten Diktum einer *depressione relativamente modesta*, also eines vergleichsweise „bescheidenen" Krisenverlaufs in Italien passen, das jedoch sicherlich mit einem Fragezeichen zu versehen wäre.[1] Demgegenüber brach in Deutschland angesichts des Krisendrucks die Arbeitslosenversicherung schon wenige Jahre nach ihrer Gründung zusammen. Die Beschäftigungseinbrüche, wie sie sich im Zuge der Weltwirtschaftkrise auf den deutschen Arbeitsmärkten realisierten – mit Erwerbslosenquoten von 30 Prozent und mehr – stellten ein unvorhergesehenes, kaum mehr versicherbares Risiko dar, das die Möglichkeiten einer Sozialversicherung überstieg. In Anbetracht der grundlegenden Konstruktionsdefekte ließ sich das rasche Erreichen der Leistungsgrenzen dennoch als institutionelles Versagen interpretieren.[2] Auch ein weniger dramatischer, konjunkturell bedingter Beschäftigungsrückgang hätte die Funktionsfähigkeit der neu geschaffenen Arbeitslosenversicherung überstrapaziert. Alles in allem sollte die Weltwirtschaftskrise jedoch einen massiven Problemdruck schaffen, der wohl alle industriellen Arbeitsmärkte im Hinblick auf die Leistungs- und Anpassungsfähigkeit ihrer Strukturen und institutionellen Regelsysteme überfordert hätte.

Blendet man diesen Extremfall wieder aus, so hat der Vergleich gleichwohl plastisch vor Augen geführt, wie sich im Untersuchungszeitraum sozioökonomische Problemlagen verdichteten, die ein modernes, wirtschafts-, arbeits-, und sozialpolitisches Krisenmanagement erforderten. Aus der Perspektive des Arbeitsmarktes wurden zugleich die charakteristischen Schwierigkeiten einer problemgerechten Krisenreaktion faßbar, die

1 Diese These hinterfragt kritisch Toniolo, L'economia, 139ff.

2 So Hertner, Arbeitsmarktinstitutionen, 43.

etwas mit der interessenpolitischen Schnittstellenfunktion des Arbeitsmarktes zu tun hatten. Diese arbeitsmarktspezifische Problematik konnte sich in einer Politisierung des Marktgeschehens und in gegenseitigen Blockaden der Handlungsmöglichkeiten durch die Akteure äußern. Damit traten also nicht nur die Historizität von Arbeitsmarktproblemen, sondern auch die typischen Hindernisse ihrer Überwindung in der vergleichenden Analyse anschaulich hervor. Zudem läßt sich aus der Arbeitsmarktgeschichte die historische Tiefenschärfe von einigen Arbeitsmarkteigenschaften herauslesen, die Teilbereiche beider Arbeitsmärkte in mancherlei Hinsicht bis heute geprägt haben. So besaß die vergleichsweise höhere Bedeutung familialer Netzwerke für die Absicherung erwerbsbezogener Risiken in Italien anscheinend eine lange Tradition. Demgegenüber hatte sich in Deutschland schon im Untersuchungszeitraum eine Struktur abgezeichnet, die dem Staat eine starke Stellung auf dem Arbeitsmarkt zuwies und administrativen Prozessen ein hohes Gewicht in der Arbeitsmarkt- und Arbeitslosenpolitik beimaß. Wann sich problemgerechte und funktionsfähige Institutionen herausbilden oder wann ihre Entfaltung verhindert wird – auf diese Schlüsselfrage der institutionenökonomisch inspirierten Wirtschaftsgeschichte kann es naturgemäß keine abschließende Antwort geben. So muß es bei dem Versuch bleiben, die doppelte Entwicklungslogik aus Effizienz- und Machtaspekten zu dechiffrieren. Die arbeitsmarkthistorische Perspektive bestätigt die Annahme, daß auch „gute" Spielregeln kein Selbstläufer sind, daß Pfadabhängigkeiten eine wichtige Rolle spielen und daß die Universalisierung von Regelsystemen bei unterschiedlichen Produktionsbedingungen ein mühsamer und langwieriger Prozeß sein kann. Zu Beginn des 20. Jahrhunderts hatte Gustav von Schmoller die Ausbildung von geeigneten „Institutionen" des Arbeitsverhältnisses als eine der wichtigsten Zukunftsaufgaben bezeichnet, der er eine gesellschaftspolitische Schlüsselfunktion zuschrieb. Rückblickend betrachtet, besaßen diese Ausführungen ungebrochene Aktualität: Sowohl im deutschen als auch im italienischen Fallbeispiel war zwar die gesellschaftspolitische Sprengkraft dieser „Aufgabe" deutlich hervorgetreten, ihre Lösung stellte sich jedoch unzureichend dar. So drückte sich die Krise einer unvollendeten gesellschaftliche Modernisierung[1] nicht zuletzt in unvollständig reformierten Arbeitsmarktinstitutionen, ihrer halbherzigen Pflege, in der fehlenden Akzeptanz und in gezielten Revisionsbemühungen arbeitsbezogener Regelsysteme aus. Weder hier noch dort war es den Akteuren gelungen, Arrangements zu schaffen und zu schützen, die dem kumulierten Problemdruck der ausgehenden 1920er Jahre standhielten.

1 Wolfgang Schieder verweist auf die Bedeutung der „Modernisierungskrise" für die Entstehung des deutschen und italienischen Faschismus, vgl. ders., Geburt.

VI. Tabellenanhang

Tabelle A. 1: Erwerbspersonen in Deutschland[1]

Jahr	Erwerbspersonen			Erwerbsquote		Geschlechtsspezifische Erwerbsquote[2]	
		davon Frauen				Frauen	Männer
	1000	1000	%	Reulecke[3]	Petzina[4]	%	%
1895	22 110	6 578	29,8	42,2			
1907	28 092	9 493	33,8	45,0	45,5	30,4	61,1
1925	32 009	11 478	35,8	50,9	51,3	35,6	68,0
1933	32 296	11 479	35,5	49,3	49,5	34,2	65,7

Tabelle A. 2: Sektorale Verteilung der Erwerbspersonen (Männer und Frauen) in Deutschland 1907-1933[5]

Jahr	Landwirtschaft	Industrie und Handwerk	Tertiärer Sektor			
			gesamt	Handel und Verkehr	öffentliche und private Dienstleistungen	häusliche Dienste
	%	%	%	%	%	%
1907	35,2	40,1	24,8	12,4	6,2	6,2
1925	30,5	42,1	27,4	16,4	6,6	4,4
1933	28,9	40,4	30,7	18,5	8,3	3,9

1 Zusammengestellt nach SGA II, 66 sowie SGA III, 54. Die Quoten für Deutschland und Italien wurden analog abgeleitet (Anteil der Erwerbspersonen an der Bevölkerung, nicht nur an der tragenden Bevölkerung zwischen 15-65 Jahre).

2 SGA III, 54.

3 Verstanden als Anteil der hauptberuflich Beschäftigten an der Bevölkerung des Deutschen Reiches, nach Reulecke, Veränderungen, 88.

4 Verstanden als Anteil der Erwerbspersonen an der Bevölkerung, SGA III, 54.

5 SGA III, 55.

Tabelle A. 3: Beschäftigte nach Wirtschaftsgruppen in Industrie und Handwerk (in %) in Deutschland[1]

Branche/Industriezweig	**1901/10**	**1911/13**	**1925/34**
Industrie der Steine und Erden	8,0	7,2	5,5
Metallerzeugung	3,6	4,0	} 21,7
Metallverarbeitung	15,4	16,9	
Chemie	2,2	2,5	3,3
Textilindustrie	11,0	10,3	10,4
Ledererzeugung	0,6	0,5	0,5
Bekleidungsindustrie und Lederverarbeitung	16,0	14,4	13,5
Holz- und Schnitzstoffe	9,0	8,7	8,3
Papiererzeugung und –verarbeit.	2,4	2,6	2,5
Nahrungs-und Genußmittelindustrie	12,7	12,7	13,9
Gas-, Wasser-, Elektrizitätsversorgung	0,7	0,9	1,5
Baugewerbe	14,7	15,6	14,6
graphisches Gewerbe	1,9	2,0	2,8
Industrie der Schmuckwaren, Spielwaren, Musikinstrumente	1,7	1,8	1,6
Industrie und Handwerk gesamt (in 1.000)	9.533	10.742	10.531

Tabelle A. 4: Die Entwicklung des Arbeitskräftepotentials in Italien 1881-1931[2]

Jahr	1881	1901	1911	1921	1931
Personen im erwerbsfähigen Alter absolut (in Tsd.)	17.840	19.346,7	20.573,4	23.436,8	25. 916,6
in % der Gesamtbevölkerung	62,69	59,57	59,34	61,72	62,94

1 SGA II, 76; Spalte 3: SGA III, 63.

2 Berechnet nach ISTAT, Sommario di Statistiche Storiche dell'Italia 1861-1975, Rom 1976, 12, Tabelle 5. Die Bevölkerung zwischen 15 und 65 Jahren gilt im gängigen Verständnis als die tragende, weil erwerbsfähige Gruppe einer Gesellschaft (vgl. die Ausführungen in Kapitel II, 2.1). Hier konnten jedoch aufgrund der vorgegebenen Klassifikation der vorhandenen Daten in 4-Jahres-Altersgruppen nur die Personen zwischen 15 und 64 (statt 65 Jahren) errechnet werden.

Tabelle A. 5: Erwerbsquote in Italien

Nach den Daten von	1881	1901	1911	1921	1931
Zamagni[1]	52,1	50,8	50,0	50,9	47,8
Vitali[2]	55,6	51,8	50,4	50,9	47,8

Tabelle A. 6: Erwerbstätige Bevölkerung nach Wirtschaftszweigen (Volkszählungsdaten) in Italien[3]

Wirtschaftszweig	1881	1901	1911	1921	1931
	%	%	%	%	%
Landwirtschaft	61,8	63,0	59,1	59,1	53,8
Bergbau	0,4	0,7	0,7	0,6	0,6
verarbeitende Industrie[4]	16,0	15,7	18,6	17,1	19,2
Baugewerbe	4,0	3,4	4,1	4,6	5,3
Elektrizität, Gas, Wasser	0,1	0,1	0,2	0,2	0,3
Handel und Tourismus	5,9	5,7	5,6	5,9	0,3
Transport und Kommunikation	2,5	2,9	3,4	3,8	6,9
Kredit und Versicherungen	0,2	0,2	0,3	0,4	3,8
Häusliche Dienste	7,2	6,3	6,0	5,8	0,6
öffentliche Verwaltung	1,9	2,0	2,0	2,5	6,3
Gesamt	100	100	100	100	100

1 „Aktive", d.h. erwerbstätige Bevölkerung in Prozent der Gesamtbevölkerung. Tabelle zusammengestellt nach den homogenisierten Daten von Zamagni, Century, 230. Zum Aggregat der „aktiven Bevölkerung" siehe Vitali, Aspetti, 5ff. und 50ff. Die „aktive Bevölkerung" schließt auch die Arbeitslosen ein; hingegen werden die Personen im erwerbsfähigen Alter nicht erfaßt, die aus diversen Gründen (z.B. kulturelle Wertvorstellungen, Bildungssystem, Krankheit etc.) keine Erwerbstätigkeit aufnehmen.

2 Nach Vitali, Aspetti, 145.

3 Zusammengestellt nach Zamagni, Century, S. 231.

4 Dazu gehören im einzelnen folgende Branchen: Nahrungs- und Genußmittelindustrie, Tabak, Leder/Schuhe, Textilindustrie, Bekleidungsindustrie, Möbelindustrie, Papierindustrie, Druck-, Photographie, Metallurgie, Maschinenbau, Ziegel/Glas, Chemie, Gummiindustrie, sonstige.

Tabelle A. 7: Die Erwerbstätigkeit in Italien (Industriezensus) – Detailübersicht[1]

Wirtschaftszweig	1911		1927
	%	%	%
	a	b	
Nahrungsmittel / Getränke	13,9	13,8	11,4
Tabak	1,0	0,9	0,9
Leder / Schuhe	5,9	7,6	7,5
Textil	24,8	22,9	23,0
Bekleidung	8,2	8,9	10,9
Möbel	10,8	11,9	10,1
Papier	1,8	1,6	1,6
Druck / Photographie	2,3	2,1	2,3
Metallurgie	2,1	1,9	3,2
Maschinenbau	16,9	16,7	18,0
Ziegel / Glas	8,9	8,5	6,1
Chemie	2,8	2,6	3,0
Gummi	0,1	0,1	0,5
Andere	0,5	0,5	1,5
Verarbeitende Industrie (Gesamt)	100	100	100
Verarbeitende Industrie	88,7	89,2	85,2
Bergbau	4,3	4,0	3,0
Baugewerbe	5,5	5,4	10,0
Elektrizität, Gas, Wasser	1,5	1,4	1,8
Industrie Gesamt	100		100
Industrie in % der aktiven Bevölkerung		*14,3*	*16,6*

1 Vgl. Zamagni, Changes, 252ff.

Tabelle A. 8: Betriebsgrößenstruktur der industriellen Erwerbstätigkeit in Italien (1911)[1]

	Betriebe mit maximal 10 Personen			Betriebe über 10 Personen			Gesamt		
in Tausend (gerundet)	Männer	Frauen	Σ	Männer	Frauen	Σ	Männer	Frauen	Σ
Gesamtzahl der Beschäftigten			779			1 526			2 305
Padroni, Capi, direttori	215	14		28	1		243	15	
Angestellte, die nicht zur Unter-nehmerfamilie gehören	-	-		63	9		63	9	
Mitglieder der Unternehmer-familie	115	34		9	3		124	37	
Arbeiter gesamt			401			1 413			1 814
unter 15 Jahre	65	10		58	96		123	106	
über 15 Jahre	287	39		810	448		1 097	487	

Tabelle A. 9: Sektorale Verteilung der Erwerbspersonen (Männer und Frauen) in Italien 1901-1936 in %[2]

Jahr	Landwirtschaft	Industrie	Dienstleistungen	Gesamt
1901	61,8	21,5	16,7	100
1911	58,6	24,2	17,2	100
1921	59,1	22,5	18,4	100
1931	53,8	25,4	20,8	100
1936	52,0	25,6	22,4	100

1 Zusammengestellt nach den Originalzensusdaten: Ministero di Agricoltura, Industria e Commercio, Direzione Generale della Statistica e del Lavoro, Ufficio del Censimento, Censimento degli opifici e delle imprese industriali al 10 giugno 1911. Bd. 5: Relazione. Rom 1916, 138f.

2 Zusammengestellt nach Vitali, Aspetti, 152.

Tabelle A. 10: Industrielle Erwerbstätigkeit in Italien (1911): Regionale Struktur, Stellung im Beruf, Alter und Betriebsgrößen[1]

Region	Betriebs-größe (Mit-arbeiter)	Gesamt	*Padroni, Capi, direttori*		Angestellte (keine Familienmitglie-der)		Familien-mitglieder des *Pa-drone*		Arbeiter				
			Männer	Frauen	Männer	Frauen	Männer	Frauen	Gesamt	Männer		Frauen	
										unter 15	über 15	unter 15	über 15
Piemont	bis max 10	82 328	22 204	1 668	-	-	11 439	4 569	42 448	5 562	30 633	1 247	5 007
	mehr als 10	260 026	4 599	163	9 708	1 564	1 535	470	241 987	9 174	125 633	17 333	89 847
	beide	342 354	26 803	1 831	9 708	1 564	12 974	5 039	284 435	14 735	156 266	18 580	94 854
Ligurien	bis max 10	36 360	9 612	1 058	-	-	3 901	1 729	20 060	2 838	13 458	790	2 974
	mehr als 10	96 244	1 555	89	4 248	254	465	85	89 548	2 714	69 346	2 539	14 949
	beide	132 604	11 167	1 147	4 248	254	4 366	1 814	109 608	5 552	82 804	3 329	17 923
Lombar-dei	bis max 10	128 162	33 990	1 813	-	-	20 103	6 303	65 953	9 678	47 697	1 583	6 995
	mehr als 10	529 691	8 107	455	18 633	4 451	2 489	1 149	494 407	20 110	218 395	51 663	204 239
	beide	657 853	42 097	2 268	18 633	4 451	22 592	7 452	560 360	29 788	266 092	53 246	211 234
Die Mar-ken	bis max. 10	23 769	6 708	508	-	-	3 834	1 188	11 531	1 920	7 883	328	1 400
	mehr als 10	25 854	514	56	1 088	125	163	45	23 863	887	13 194	1 322	8 460
	beide	49 623	7 222	564	1 088	125	3 997	1 233	35 394	2 807	21 077	1 650	9 860
Latium	bis max 10	32 842	8 520	837	-	-	4 258	1 409	17 818	2 137	12 774	320	2 587
	mehr als 10	39 524	973	35	2 403	202	321	95	35 495	1 312	28 822	351	5 010
	beide	72 366	9 493	872	2 403	202	4 579	1 504	53 313	3 449	41 596	671	7 597

1 Vgl. Tabelle A.8.

Tabelle A. 11: Sektorale Verteilung der Erwerbspersonen in Italien, weibliche Erwerbstätigkeit[1]

Jahr	LAWI	davon Frauen	in %	IND	davon Frauen	in %	DL	davon Frauen	in %	gesamt	davon Frauen	in %
1881	9 433	3 547	37,6	4 150	1 887	45,5	2 683	853	31,8	16 266	6 287	38,7
1901	10 681	4 111	38,5	3 711	1 241	33,4	2 889	862	29,8	17 281	6 214	36,0
1911	10 538	4 148	39,4	4 374	1 328	30,4	3 102	907	29,2	17 987	6 383	35,5
1921	11 244	4 236	37,7	4 285	1 160	27,1	3 498	957	27,4	19 027	6 353	33,4
1931	10 449	3 922	37,5	4 940	1 196	24,2	4 036	1 141	28,3	19 425	6 259	32,2

Tabelle A. 12: Beschäftigung erwachsener Arbeiterinnen im Deutschen Reich nach Industriezweigen 1914-1918 (März 1914 = 100)[2]

Branche	Sept. 1914	März 1915	März 1916	März 1917	März 1918
Industrie der Steine und Erden	67,2	67,4	74,6	82,8	87,0
Metallindustrie	58,3	117,4	492,4	745,5	846,7
Maschinenindustrie	83,2	309,8	1 414,8	3 381,7	3 520,4
Elektroindustrie	57,1	102,3	299,7	856,4	813,8
Chemische Industrie	84,9	92,7	171,8	314,0	436,2
Textilindustrie	89,0	108,1	66,9	66,9	62,6
Papierindustrie	53,8	78,9	101,3	136,7	149,8
Leder- und Gummiindustrie	67,7	57,3	57,8	89,1	96,8
Holz- und Schnitzstoffgewerbe	24,6	89,9	148,5	109,5	115,7
Nahrungs- u. Genußmittelindustrie	139,7	133,2	155,7	159,0	146,5
Bekleidungsgewerbe	66,3	74,7	83,4	58,1	55,5
Vervielfältigungsgewerbe	62,7	82,5	84,9	82,1	90,1

1 Vitali, Aspetti, 149.

2 Quelle: Bajohr, Hälfte, zitiert nach Rouette, Frauenarbeit, 104.

Tabelle A. 13: Gewerkschaftsmitglieder in Deutschland und Italien 1907-1923/31[1]

Jahr	Deutschland		Italien	
	(1) Freie	(2) total	(3) CGdL in 1000	(4) Total in 1000
1907	1 865 506	2 259 044	190	684
1908	1 831 731	2 198 131	262	934
1909	1 832 667	2 220 756	308	844
1910	2 017 298	2 455 984	350	817
1911	2 320 986	2 779 303	386	848
1912	2 530 390	2 990 545	310	861
1913	2 548 763	2 997 116	327	972
1914	1 502 811	1 798 757	321	962
1915	994 853	1 218 364	234	806
1916	944 575	1 181 311	201	717
1917	1 277 709	1 650 009	238	740
1918	2 866 012	3 518 363	249	-
1919	7 337 477	8 528 078	1 159	-
1920	8 032 057	9 363 949	2 220	-
1921	7 751 589	9 005 086	1 129	-
1922	7 821 558	9 085 678	401	-
1923	5 817 258	6 840 747	212	-
1924	4 023 867	4 784 099	-	-
1925	4 182 511	4 922 401	-	-
1926	3 932 935	4 739 894	-	-
1927	4 415 689	5 303 386	-	-
1928	4 866 926	5 799 495	-	-
1929	4 948 267	5 909 865	-	-
1930	4 716 569	5 658 734	-	-
1931	4 134 902	4 983 178	-	-

1 Spalten (1) und (2) bis einschließlich 1919 aus SGA II, 135 f.; ab 1920 aus SGA III, 111; Spalten (3) und (4) aus Bordogna/Cella/Provasi, Labor Conflicts, 225.

Tabelle A. 14 (Teil I): Arbeitslosigkeit in Deutschland (Gewerkschaftsstatistik), in Prozent der Gewerkschaftsmitglieder 1919-1929[1]

	Gesamt-quote	Männer	Frauen	Gesamt-quote	Männer	Frauen	Gesamt-quote	Männer	Frauen
Jahr Monat	1919			1920			1921		
Jan.	6,6	6,2	7,0	3,4	3,3	3,6	4,5	4,7	3,7
Feb.	6,0	5,5	8,0	2,9	2,7	3,6	4,7	4,9	4,1
März	3,9	3,6	4,8	1,9	1,9	2,1	3,7	3,7	3,7
April	5,2	4,8	6,8	1,9	1,9	2,2	3,9	3,8	4,4
Mai	3,8	3,5	5,0	2,7	2,4	3,8	3,7	3,5	4,4
Juni	2,5	2,1	3,8	4,0	3,5	5,9	3,0	2,9	3,4
Juli	3,1	2,8	4,2	6,0	5,0	10,0	2,6	2,5	2,8
Aug.	3,1	2,6	4,8	5,9	5,2	8,7	2,2	2,2	2,3
Sept.	2,3	1,7	4,0	4,5	4,1	5,9	1,4	1,4	1,4
Okt.	2,6	2,3	3,9	4,2	4,0	4,9	1,2	1,1	1,4
Nov.	2,9	2,7	3,8	3,9	3,9	3,8	1,4	1,4	1,2
Dez.	2,9	2,8	3,6	4,1	4,3	3,4	1,6	1,7	1,3
	1922			1923			1924		
Jan.	3,3	3,8	1,7	4,2	3,9	5,3	26,5	29,4	17,1
Feb.	2,7	8,1	1,7	5,2	4,8	6,4	25,1	28,6	13,3
März	1,1	1,2	0,9	5,6	5,1	7,2	16,6	19,0	7,9
April	0,9	0,9	0,8	7,0	6,6	8,5	10,4	11,7	6,0
Mai	0,7	0,6	0,8	6,2	5,9	7,3	8,6	9,4	5,6
Juni	0,6	0,5	1,0	4,1	3,6	5,3	10,5	11,1	8,1
Juli	0,6	0,5	0,8	3,5	3,1	4,7	12,5	12,9	11,3
Aug.	0,7	0,5	1,1	6,3	5,7	7,9	12,4	12,7	11,5
Sept.	0,8	0,6	1,4	9,9	9,6	10,8	10,5	10,7	9,8
Okt.	1,4	1,1	2,4	19,1	19,3	18,4	8,4	8,6	7,5
Nov.	2,0	1,6	3,4	23,4	24,4	20,1	7,3	7,6	5,9
Dez.	2,8	2,4	4,3	28,2	30,8	19,6	8,1	8,8	5,5

1 Quellen: zeitgenössische Statistik nach Woytinski, Arbeitsmarkt, Bd. 1, 121; für Oktober, November, Dezember 1929 und das ganze Jahr 1930 vgl. SDR 52, 1933, 307.

Tabelle A. 14 (Teil II): Arbeitslosigkeit in Deutschland (Gewerkschaftsstatistik), in Prozent der Gewerkschaftsmitglieder 1919-1929[1]

	1925			**1926**			**1927**		
Jan.	8,1	9.0	4,7	22,6	23,7	18,0	16,9	17,9	12,1
Feb.	7,3	8,1	4,6	22,1	22,7	19,6	15,9	17,0	10,9
März	5,8	6,2	4,6	21,6	22,0	19,9	11,8	12,3	9,3
April	4,3	4,5	3,9	18,7	18,7	19,0	9,0	9,3	7,9
Mai	3,6	3,5	3,8	18,3	18,1	18,9	7,1	7,2	6,6
Juni	3,5	3,4	4,1	18,3	18,1	18,9	6,4	6,4	6,6
Juli	3,7	3,5	4,2	17,9	17,6	19,0	5,6	5,4	6,1
Aug.	4,3	4,2	4,4	17,0	16,8	17,9	5,1	5,0	5,7
Sept.	4,5	4,6	4,5	15,6	15,6	15,6	4,7	4,5	5,2
Okt.	5,8	5,9	5,4	14,5	14,7	13,4	4,6	4,5	4,7
Nov.	10,7	11,4	7,7	14,5	15,0	12,2	7,6	8,0	5,3
Dez.	19,4	20,8	14,1	17,2	18,2	12,9	12,9	14,1	7,0
	1928			**1929**					
Jan.	11,4	12,3	6,9	19,4	21,0	11,6			
Feb.	10,5	11,3	6,6	22,3	24,2	12,6			
März	9,3	9,9	6,5	16,8	17,7	12,1			
April	6,9	7,0	6,7	11,1	11,2	10,8			
Mai	6,3	6,1	7,2	9,1	8,8	10,6			
Juni	6,2	5,9	7,8	8,6	8,2	10,6			
Juli	6,3	5,8	8,4	8,6	8,2	10,8			
Aug.	6,5	6,1	8,6	9,0	8,7	10,5			
Sept.	6,6	6,3	8,4	9,6	9,5	10,5			
Okt.	7,3	7,1	8,4	10,9	10,9	10,4			
Nov.	9,4	9,5	9,0	13,7	14,2	11,1			
Dez.	16,7	17,7	11,6	20,1	21,3	14,2			

1 Ebd.

Tabelle A. 15 (Teil I) : Erwerbslosigkeit in Italien gemäß den Angaben der Arbeitsnachweise (AN) 1919-1929[1]

Jahr	Datum	bei den AN registrierte Arbeitslose	Jahr	Datum	bei den AN registrierte Arbeitslose	Jahr	Datum	bei den AN registrierte Arbeitslose
1919	März	274 643		Aug.	317 986		Nov.	112 059
	April	398 598		Sept.	312 714		Dez.	122 200
	Mai	381 802		Okt.	321 011	**1927**	Jan.	225 346
	Juni	361 569		Nov.	354 238		Feb.	259 059
	Juli	331 781		Dez.	381 968		März	227 947
	Aug.	328 256		Jan.	391 974		April	215 316
	Sept.	312 145	**1923**	Feb.	327 892		Mai	216 441
	Okt.	302 947		März	280 701		Juni	(214 603)
1920	Jan.	270 487		April	270 214		Juli	263 091
	Feb.	261 947		Mai	243 928		Aug.	291 821
	März	235 486		Juni	216 287		Sept.	305 931
	April	202 002		Juli	183 144		Okt.	332 240
	Mai	115 098		Aug.	178 612	**1928**	Nov.	375 734
	Juni	105 831		Sept.	180 634		Dez.	414 283
	Juli	88 101		Okt.	199 694		Jan.	439 211
	Aug.	93 241		Nov.	225 093		Feb.	413 383
	Sept.	115 736		Dez.	258 580		März	411 785
	Okt.	100 758		Jan.	280 765		April	356 795
	Nov.	107 112	**1924**	Feb.	259 360		Mai	306 629
	Dez.	102 156		März	218 740		Juni	247 021
1921	Jan.	112 000		April	176 859		Juli	234 210
	Feb.	138 000		Mai	155 935		Aug.	248 100
	März	180 000		Juni	130 793		Sept.	268 883
	April	250 145		Juli	117 963		Okt.	282 379
	Mai	-		Aug.	118 955	**1929**	Nov.	321123
	Juni	388 744		Sept.	(115 590)		Dez.	363 551
	Juli	435 194		Okt.	117 051		Jan.	461 889
	Aug.	470 542		Nov.	135 785		Feb.	489 347
	Sept.	473 216		Dez.	150 449		März	293 277

1 Quellen: Annuario Statistico Italiano 1919-1929, Rom 1925-1929; Prato, Piemonte, 112; Agthe, Übersicht, 158; vgl. auch Rabl. 1923, n.a.T., Stat. Beil. Nr. 1; Rabl.1924, n.a. T., Stat. Beilagen, 3-27. Die in Klammern gesetzten Angaben sind *minimi*.

Tabelle A. 15 (Teil II) : Erwerbslosigkeit in Italien gemäß den Angaben der Arbeitsnachweise (AN) 1919-1929[1]

1921	Okt.	492 368	**1925**	Jan.	156 382	**1929**	April	257 603
	Nov.	512 260		Feb.	156 659		Mai	227 682
	Dez.	541 775		März	142 552		Juni	193 325
1922	Jan.	606 819		April	126 521		Juli	201 868
	Feb.	576 284		Mai	101 405		Aug.	216 666
	März	498 606		Juni	85 532		Sept.	228 831
	April	432 372		Juli	79 526		Okt.	297 382
	Mai	410 372		Aug.	(72 211)		Nov.	332 833
	Juni	372 001		Sept.	82 764		Dez.	408 748
	Juli	304 242		Okt.	85 769			

Tabelle A. 16: Industrielle Arbeitskämpfe in Deutschland 1918-1933[2]

Jahr	Anzahl der Streiks	Anzahl der Streikenden (in 1 000)	Verlorene Arbeitstage (in 1 000)	Anteil der mit vollem Erfolg der Arbeiter beendeten Streiks
1918	531	391	1 452	13
1919	3 682	2 100	32 464	22
1920	3 693	1 418	15 444	24
1921	4 093	1 415	22 696	17
1922	4 348	1 683	23 383	24
1923	1 878	1 507	11 014	15
1924	1 581	666	13 427	27
1925	1 490	509	11 259	19
1926	316	57	886	21
1927	733	228	2 869	33
1928	687	327	8 519	27
1929	431	151	1 852	29
1920	342	208	3 600	19
1931	458	136	1 569	11
1932	643	129	1 127	24
1933	66	6	70	25

1 Ebd.

2 Quelle: SGA III, 114.

Tabelle A. 17: Arbeitskämpfe in Italien 1918-1923[1]

Jahr	Anzahl der Streiks	Anzahl der Streikenden (in 1 000)	Anteil der verlorenen Arbeitstage (in 1 000)
1918	313	159	1 000
1919	1 871	1 555	22 325
1920	2 070	2 314	30 569
1921	1 134	724	8 180
1922	575	448	6 917
1923	201	66	296

Tabelle A. 18: Realwochenlöhne ausgewählter Berufsgruppen in Deutschland 1913-1923, Index 1913=100[2]

Jahr	Eisenbahnarbeiter		Buchdrucker	Bergarbeiter (Hauer und Schlepper, Ruhrgebiet)
	Gelernte	Ungelernte		
1913	100,0	100,0	100,0	100,0
1914	97,2	97,2	97,2	93,3
1915	79,7	80,8	77,3	81,3
1916	69,2	73,8	60,6	74,4
1917	63,9	74,2	49,4	62,7
1918	83,3	99,8	54,1	63,7
1919	92,2	119,8	72,3	82,4
1920	66,7	89,1	60,8	77,6
1921	74,5	100,0	68,9	89,1
1922	64,2	87,6	60,9	69,9
1923	50,9	69,1	54,2	70,1

1 Bordogna/Cella/Provasi, Labor Conflicts, 220.

2 Quelle: Holtfrerich, Inflation, 230f.

Tabelle A. 19: Durchschnittliche Nominaltageslöhne von Industriearbeitern in ausgewählten Branchen in Italien 1913-1928, Index 1913=100[1]

Jahr	Maschinenbau	Textilindustrie	Bauindustrie	Gewichteter Durchschnitt[2]
1913	100	100	100	100
1914	102	105	100	102
1915	107	129	100	110
1916	126	136	109	124
1917	171	164	172	166
1918	241	214	166	207
1919	302	325	262	293
1920	437	592	457	481
1921	565	683	544	576
1922	538	649	542	554
1925	630	821	606	646
1928	468	659	487	508

Tabelle A. 20: Durchschnittliche Realtageslöhne in Italien 1913-1928, Index 1913=100[3]

Jahr	Maschinenbau	Textilindustrie	Bauindustrie	Gewichteter Durchschnitt
1913	100	100	100	100
1914	102	105	100	102
1915	100	121	93	103
1916	94	101	81	92
1917	90	87	91	88
1918	91	81	63	79
1919	113	121	98	109
1920	124	168	130	137
1921	135	164	131	138
1922	130	157	131	134
1925	132	171	127	135
1928	107	150	111	116

1 Berechnet nach Zamagni, Wages and Workers' Protest, 140; Schollies/Zamagni, Labour's Reward, 231f.

2 Vgl. die Gewichtung für die Berechnung des Durchschnitts in Zamagni, Wages and Workers' Protest, 140, Tabelle 2, Spp. 2, 4, 6.

3 Spalte 1-3, berechnet nach Tabelle A.20 sowie Tabelle 11 im Text, Sp. 2 (Index der LHK); Spalte 4: Zamagni, Wages and Workers' Protest, 147.

VII. Quellen- und Literaturverzeichnis

1. Ungedruckte Quellen

Mannesmann-Archiv, Mülheim a. d. R.
- Bestand P Phoenix, Phoenix AG für Bergbau und Hüttenbetrieb
- Bestand M, Mannesmann-Röhrenwerke AG, Düsseldorf
- Bestand R, Deutsche Röhrenwerke AG, Düsseldorf

Historisches Archiv Krupp, Essen
- Bestand WA: Werksarchiv Krupp
- Bestand FAH: Familienarchiv Hügel

Fondazione Ansaldo, Genua (Archivio economico delle imprese liguri – ONLUS)
- Fondo Ansaldo, Miscellanea Personale
- Fondo Gamba
- Fondo Virgilio
- Fondo Sarli-Biandrà
- Archivio Perrone, Serie Scatole Rosse (SSR)
- Archivio Perrone, Serie Scatole Numerazione Blu (SSNB)

Fondazione Dalmine (Dalmine S.p.A.), Dalmine
- Fondo Dalmine

2. Gedruckte Quellen und Literatur

2.1. Biblioteca Nazionale Centrale Firenze (BNCF): Pubblicazioni Minori

- Ordnungsgruppe „Società“
- Collezione Regolamenti di Fabbrica

2.2. Zeitgenössische Periodika

Archiv für Sozialwissenschaft und Sozialpolitik
Bollettino del Comitato Centrale della Mobilitazione industriale
Bollettino del Lavoro e della Previdenza Sociale
Bollettino dell'Ufficio del Lavoro
Correspondenzblatt

Der Arbeitsmarkt
Der Arbeitgeber
Giornale degli Economisti e Rivista di Statistica
Informazioni Corporative
La Riforma Sociale
Reichsarbeitsblatt
Reichsgesetzblatt
Soziale Praxis
Statistisches Jahrbuch des Deutschen Reichs

2.3. Quellensammlungen

BERTA, G., (Hg.), Dall'occupazione delle fabbriche al fascismo. La crisi italiana del primo dopoguerra nei verbali della Lega industriale di Torino 1920-1923, Turin 1995
DEUERLEIN, E., (Hg.), Der Hitler-Putsch. Bayerische Dokumente zum 8./9. November 1923, Stuttgart 1962
MUSSOLINI, B., Scritti e Discorsi, Bd. 5-6, Mailand 1934
MUSSOLINI, B., Schriften und Reden, Bd. 2: 23. März 1919 – 31. Oktober 1922, Zürich/Leipzig 1937
MUSSOLINI, B., Opera Omnia, hg. von Edoardo und Duilio Susmel, Bd. 17, 19, 22, 23, Florenz 1955-1957, Bd. 40 (Appendice IV), Florenz 1980
PROGETTO ARCHIVIO STORICO FIAT (=PASF), I primi quindici anni della FIAT. Verbali dei Consigli di Amministrazione 1899-1915, 2 Bde., Mailand 1987
PROGETTO ARCHIVIO STORICO FIAT (=PASF), FIAT 1915-1930. Verbali del consiglio di amministrazione, 2 Bde., Mailand 1991
SCHÖNHOVEN, K. (Hg.), Die Gewerkschaften in Weltkrieg und Revolution 1914-1919, Köln 1985

2.4. Literatur und gedruckte Quellen bis 1945

AGTHE, A., Statistische Übersicht der Arbeitslosigkeit in der Welt, in: M. Saitzew (Hg.), Die Arbeitslosigkeit der Gegenwart, 3 Bde., Leipzig 1932/3, Bd. 1: Sachverhalt und Problemstellung, Leipzig 1932, 137-174
ANNUARIO STATISTICO DELLE CITTÀ ITALIANE, Anno VII, Rom 1929
APOLANT, H., Die wirtschaftsfriedliche Arbeitnehmerbewegung Deutschlands. Werden, Wesen und Wollen der gelben Organisationen, Berlin 1928
„ARBEITERSCHUTZGESETZGEBUNG", in: Handwörterbuch der Staatswissenschaften, Jena 1923[4], Spp. 401-585
AUSSCHUß ZUR UNTERSUCHUNG DER ERZEUGUNGS- UND ABSATZBEDINGUNGEN DER DEUTSCHEN WIRTSCHAFT (ENQUETE-AUSSCHUß), Die Untersuchung der deutschen Wirtschaft. Der Enquete-Ausschuß. Seine Aufgaben und seine Arbeitsmethode, Berlin 1927
AUSSCHUß ZUR UNTERSUCHUNG DER ERZEUGUNGS- UND ABSATZBEDINGUNGEN DER DEUTSCHEN WIRTSCHAFT (ENQUETE-AUSSCHUß), Verhandlungen und Berichte des Unterausschusses für Arbeitsleistung (IV. Unterausschuß), Bd. 4, Arbeitszeit, Arbeitslohn und Arbeitsleistung im Hochofenbetrieb, Berlin 1929
AUSSCHUß ZUR UNTERSUCHUNG DER ERZEUGUNGS- UND ABSATZBEDINGUNGEN DER DEUTSCHEN WIRTSCHAFT (ENQUETE-AUSSCHUß), Erzeugungs- und Absatzbedingungen der deutschen Wirtschaft auf Grund der Veröffentlichungen des Enquete-Ausschusses [=Gesamtbericht], zusammengestellt durch B. Dernburg, W. Hecht, K. Neu, Berlin 1931

AZIMONTI, C., Tempi passati. Un trentennio di vita sociale nella culla dell'industria tessile, Milano 1931

BACHI, R., L'Italia economica nell'anno 1914: annuario della vita commerciale, industriale, agraria, bancaria, finanziaria della politica economica, Città di Castello 1915

BACHI, R., Le fluttuazioni stagionali nella vita economica italiana, Rom 1919

BACHI, R., L'alimentazione e la politica annonaria in Italia, Bari 1926

BERNHARD, E., Die gesetzliche Regelung der Arbeitslosenversicherung im Ausland. Beilage zum Reichsarbeitsblatt n. F.1, n.a. T., Heft 11, Berlin 1920/21

BERNSTEIN, E., Die Internationale der Arbeiterklasse und der europäische Krieg, in: Archiv für Sozialwissenschaft und Sozialpolitik 40, 1915, 267-322

BLOCH, M., Für eine vergleichende Geschichtsbetrachtung der europäischen Gesellschaften (1928), in: M. Middell, S. Sammler, Alles Gewordene hat Geschichte. Die Schule der Annales in ihren Texten 1929-1992, Leipzig 1994, 121-167

BOSSELMANN, O., Die Entlöhnungsmethoden in der südwestdeutsch-luxemburgischen Eisenindustrie, Berlin 1906

BOTTAI, G., Grundprinzipien des korporativen Aufbaus in Italien, Köln 1933

BRAUER, TH., Art. Arbeiterschutz, in: Staatslexikon der Görres-Gesellschaft, Freiburg 1926^{5}, Bd. 1, Spp. 270ff.

BRESCIANI-TURRONI, C., La crisi della „stabilizzazione monetaria“, in: Giornale degli Economisti e Rivista di Statistica, Bd. 67, 1926, 1-48

BRESCIANI-TURRONI, C., The Economics of Inflation. A Study of Currency Depreciation in Post-War Germany, London 2003 (Reprint, 1. Aufl. 1937)

BRIEFS, G., Das gewerbliche Proletariat, in: Grundriß der Sozialökonomik IX, 1. Teil, Tübingen 1926, 142-240

BRIEFS, G., Bevölkerungsbewegung und Arbeitsmarktentwicklung, in: B. Harms (Hg.), Strukturwandlungen der deutschen Volkswirtschaft, 2 Bde., Berlin 1929^{2}, Bd. 1, 57-74

BRITSCHGI-SCHIMMER, I., Die wirtschaftliche und soziale Lage der italienischen Arbeiter in Deutschland. Ein Beitrag zur ausländischen Arbeiterfrage, Karlsruhe 1916

BUOZZI, B., La guerra, la mobilitazione industriale e la linea sindacale, in: ders., Scritti e discorsi, Rom 1975, 134-143

CABIATI, A., Il collocamento nell'immediato dopo-guerra, in: Riforma Sociale 29, 1918, 599-611

CABRINI, A., Gewerkschaftliche Auswandererpolitik. Die Propaganda für die auswandernden Italiener, in: Correspondenzblatt, 18, 1908, 176f.

CABRINI, A., La legislazione sociale 1859-1913, Rom 1914

CASSA NAZIONALE PER LE ASSICURAZIONI SOCIALI (Hg.), La disoccupazione e l'assicurazione contro la disoccupazione in Italia dal 1919 al 1924, Rom 1924

CENTRALVEREIN FÜR DAS WOHL DER ARBEITENDEN KLASSEN (KOMMISSION: G. SCHMOLLER, L. BERNHARD, V. BÖHMERT, E. FRANCKE, TH. HARMS, G. ZACHER) (Hg.), Untersuchungen über die Entlöhnungsmethoden in der deutschen Eisen- und Maschinenindustrie, Heft 1-9, Berlin 1906-1911

COMMISSARIATO GENERALE DELL'EMIGRAZIONE, Annuario Statistico dell'Emigrazione Italiana 1876-1925, Rom 1926

CONFEDERAZIONE GENERALE DELL'INDUSTRIA ITALIANA, Annuario, Rom 1922

CONFEDERAZIONE NAZIONALE SINDACATI FASCISTI DELL'INDUSTRIA, Carta del Lavoro, Rom 1932

DANIELI CAMOZZI, L., Die Auswanderung italienischer Frauen nach Deutschland und der Schweiz, Soziale Praxis, 18, 1909, Spp. 1284-1290

DE STEFANI, A., La legislazione economica della guerra, Bari/New Haven 1926

DELBRÜCK, H., Die Arbeitslosigkeit und das Recht auf Arbeit (1896) in: ders., Erinnerungen, Aufsätze und Reden, Berlin 1902, 369-385

DEUTSCHE SOZIALPOLITIK 1918-1928. Erinnerungsschrift des Reichsarbeitsministeriums, Berlin 1929

DIX, A., Wirtschaftskrieg und Kriegswirtschaft. Zur Geschichte des deutschen Zusammenbruchs, Berlin 1920

DÖNHOF, F., Das Arbeitsmarktproblem mit besonderer Rücksicht auf die schweizerischen Verhältnisse in Krieg und Nachkriegszeit, Zürich 1921

DÖRING, C., Die Bevölkerungsbewegung im Weltkrieg. Bullettin der Studiengesellschaft für soziale Folgen des Weltkriegs Nr.4, Teil 1: Deutschland, Kopenhagen 1919

DOPOLAVORO. Freizeitgestaltung in Italien, Rom 1935

EGGERT, W., Rationalisierung und Arbeiterschaft, Berlin 1927

EHLERT, M., Art. „Arbeitsnachweis" im Staatslexikon, hg. i. A. der Görres-Gesellschaft v. H. Sacher, Bd. 1, Freiburg 1926[5], Spp. 314-319

EINAUDI, L., Arbeiterversicherung in Italien, in: Handwörterbuch der Staatswissenschaften, Jena 1898[2], Bd. 1, 669-686

EINAUDI, L., Le lotte del lavoro, Turin 1924

EINAUDI, L., La condotta economica e gli effetti sociali della guerra, Bari/New Haven 1933

ELSENHANS, P., Berufsbüchlein. Auskunft über Bildungsgang, Kosten und Aussichten der Berufswege für Söhne und Töchter aller Stände, Berlin/Stuttgart/Leipzig 1906[2]

FEDERAZIONE INDUSTRIALE LOMBARDA, Il contratto di lavoro in Lombardia, Mailand 1921

FEDERAZIONE ITALIANA FRA I LAVORATORI DEL LIBRO, Contratto di lavoro, Padua 1914

FISCHER, J., H. ROHDE, Das Übereinkommen von Washington über den Achtstundentag 1919-1929. Unterlagen und Erläuterungen zu dem Internationalen Übereinkommen über die Begrenzung der Arbeitszeit auf 8 Stunden täglich und 48 Stunden wöchentlich vom 28. November 1919, Berlin 1929

FORD, H., Mein Leben und Werk, Leipzig 1923

FRANCHINI, V., Di alcuni elementi relativi alla maggiore utilizzazione delle maestranze durante il periodo bellico, Mailand 1928

FUCHS, R., Die Kriegsgewinne der verschiedenen Wirtschaftszweige in den einzelnen Staaten anhand statistischer Daten dargestellt, Diss. Zürich 1918

GALLETTI, G., La disoccupazione in Italia e quello che se ne sa, in: Giornale degli Economisti e Rivista di Statistica 66, 1926, 561-571

GARINO-CANINA, A., Le assicurazioni sociali in Italia nel periodo post-bellico, in: Riforma Sociale 32, 1921, 361-372

GASTEIGER, M., Die gelben Gewerkschaften. Ihr Werden und ihr Wesen, München 1909

GOBBATO, U., Organizzazione dei fattori della produzione, 2 Bde., Turin 1928/30

HARMS, B., Strukturwandlungen der deutschen Volkswirtschaft. Vorlesungen, gehalten in der Deutschen Vereinigung für staatswissenschaftliche Fortbildung, 2 Bde., Berlin 1929[2]

HEIß, C., Die Entlöhnungsmethoden in der Berliner Feinmechanik, Berlin 1909

HESSE, F., Die deutsche Wirtschaftslage von 1914 bis 1923. Krieg, Geldblähe und Wechsellagen, Jena 1938

HEYDE, L., Rationalisierung und Arbeiterschaft, in: B. Harms (Hg.), Strukturwandlungen der deutschen Volkswirtschaft, 2 Bde., Berlin 1929[2], Bd. 1, 287-302

HIRSCHBERG-NEUMEYER, M., Die italienischen Gewerkschaften, Jena 1928

IMBUSCH, H., Die Gelben in der deutschen Arbeiterbewegung, Essen 1912

INTERNATIONAL LABOUR OFFICE (ILO), The Bill to Establish Workers' Control in Italy, in: ILO, Studies and Reports, Series B, Nr. 7, 28. Februar 1921

INTERNATIONAL LABOUR OFFICE (ILO), Wage changes in various countries 1914-1925, Genf 1926

INTERNATIONAL LABOUR OFFICE (ILO), Studien über die Beziehungen zwischen Arbeitgebern und Arbeitnehmern II. Die Zeiss-Werke, Die FIAT-Werke, Die Philips-Werke, Die Sandvik-Stahlwerke, Genf 1932 (= Studien und Berichte, Reihe A, Nr. 35)

ISTITUTO CENTRALE DI STATISTICA DEL REGNO D'ITALIA, Annuario Statistico italiano, seconda serie, IX, Anni 1922-1925, Rom 1926

ISTITUTO CENTRALE DI STATISTICA DEL REGNO D'ITALIA, Annuario Statistico italiano, terza serie, I (1927) – II (1928), Rom 1927-1928

JEIDELS, O., Die Methoden der Arbeiterentlöhnung in der rheinisch-westfälischen Eisenindustrie, Berlin 1907

KARBE, A., Die Frauenlohnfrage und ihre Entwicklung in der Kriegs- und Nachkriegszeit, Rostock 1928

KESSLER, G., Die Arbeitsnachweise der Arbeitgeberverbände, Leipzig 1911

KRAUß, T. (Hg.), Verordnung über die Einstellung und Entlassung von Arbeitern und Angestellten während der Zeit der wirtschaftlichen Demobilmachung vom 3.September 1919, Berlin 1920

KUMPMANN, K., Die Reichsarbeitslosenversicherung. Zugleich ein Beitrag zur Arbeitslosenfrage überhaupt, Tübingen 1913

KUMPMANN, K., Die Arbeitslosigkeit und ihre Bekämpfung. Mit besonderer Rücksicht auf Arbeitsnachweis und Arbeitslosenversicherung im Deutschen Reich, Tübingen 1920

KUMPMANN, K., Art. Arbeitslosigkeit und Arbeitslosenversicherung, in: Handwörterbuch der Staatswissenschaften, Bd. 1, 1923[4], 791-824

LAMMERS, C., Art. „Arbeitgeberverbände", in: Staatslexikon, Freiburg 1926[5], Bd. 1, Sp. 290f.

LAVORANTI PASTICCERI ED AFFINI, Regolamento pel sussidio ai soci disoccupati, Mailand 1909

LEDERER, E., Die Lage des Arbeitsmarktes und die Aktionen der Interessenverbände zu Beginn des Krieges, in: Archiv für Sozialwissenschaft und Sozialpolitik 40, 1915, 147-195

LEDERER, E., Die sozialen Organisationen, Leipzig und Berlin 1922[2] (Erstauflage 1913)

LEDERER, E., J. MARSCHAK, Die Klassen auf dem Arbeitsmarkt und ihre Organisationen, in: Grundriß der Sozialökonomik IX, 2. Teil, Tübingen 1927, 106-367

LEHFELDT, B. (HG.), Die Freimachung von Arbeitsstellen während der Zeit der wirtschaftlichen Demobilmachung, Berlin 1919

LEHFELDT, B., Die Erwerbslosenfürsorge, Berlin 1925

LEUTERT, W., Unterbringung von Menschen in und nach der Demobilmachung, Diss. Jena 1923

LINDEMANN, H., Aufgaben und Tätigkeiten der Gemeinden im Kriege, in: Archiv für Sozialwissenschaft und Sozialpolitik, Bd. 40, 1915, 196-266

LINS, W., Art. Arbeitsmarkt und Arbeitsnachweis, in: Handwörterbuch der Staatswissenschaften, Bd. 1, Jena 1923[4], 824-839

LORENZ, C., Die gewerbliche Frauenarbeit während des Krieges, Veröffentlichungen der Carnegie-Stiftung für internationalen Frieden, Stuttgart/Berlin/Leipzig 1928

LUDENDORFF, E. (Hg.), Urkunden der Obersten Heeresleitung über ihre Tätigkeit 1916/18, Berlin 1920

LÜDERS, M.E., Die Entwicklung der gewerblichen Frauenarbeit im Kriege, in: Zeitschrift für Wirtschafts- und Sozialwissenschaften 1920, Heft 1, 241-267

MADIA, G., L'aumento dei salari dal 1914 al 1921, in: Giornale degli Economisti e Rivista di Statistica 61, 1921, 345-403

MICHALKE, O., Die Arbeitsnachweise der Gewerkschaften, Berlin 1912

MICHELS, R., Die wirtschaftlichen Wirkungen des Völkerkrieges auf Italien in den ersten Monaten, in: Archiv für Sozialwissenschaft und Sozialpolitik, 40, 1915, 592-619

MICHELS-LINDNER, G., Die italienischen Arbeiter in Deutschland, in: Der Arbeitsmarkt 14, 1910, Sp. 101-135

MINISTERO DELL'AGRICOLTURA, INDUSTRIA E COMMERCIO (MAIC), Direzione Generale della Statistica e del Lavoro, Ufficio del Censimento, Censimento della popolazione del Regno d'Italia al 10 febbraio 1901, Bd. 1, Rom 1902, Bd. 2, Rom 1903, Bd. 3, Rom 1904

MINISTERO DELL'AGRICOLTURA, INDUSTRIA E COMMERCIO (MAIC), Direzione Generale della Statistica e del Lavoro, Ufficio del Censimento, Censimento della popolazione del Regno d'Italia al 10 giugno 1911, Rom 1914

MINISTERO DELL'AGRICOLTURA, INDUSTRIA E COMMERCIO (MAIC), Direzione Generale della Statistica e del Lavoro, Ufficio del Censimento, Censimento degli opifici e delle imprese industriali al 10 giugno 1911, Bd. 5: Relazione, Rom 1916

MINISTERO DELL'AGRICOLTURA, INDUSTRIA E COMMERCIO (MAIC), Ufficio del Lavoro, L'ispezione del lavoro. Studi sull'organizzazione del servizio di vigilanza per l'applicazione delle leggi operaie, Rom 1904

MINISTERO DELL'AGRICOLTURA, INDUSTRIA E COMMERCIO (MAIC), Ufficio del Lavoro, La donna nell'industria italiana, Studi di demografia e di economia industriale, Pubblicazioni dell'ufficio del lavoro, serie B, n. 5, Rom 1905

MINISTERO DELL'AGRICOLTURA, INDUSTRIA E COMMERCIO (MAIC), Ufficio del Lavoro, Materiali per una legge sul riposo festivo. Inchiesta sul lavoro festivo in Italia e studi sulla legislazione estera, Rom 1906

MINISTERO DELL'AGRICOLTURA, INDUSTRIA E COMMERCIO (MAIC), Ufficio del Lavoro, Statistica degli scioperi in Italia avvenuti in Italia nell'anno 1905, Rom 1907

MINISTERO DELL'AGRICOLTURA, INDUSTRIA E COMMERCIO (MAIC), Ufficio del Lavoro, Notizie sulle variazioni dei salari e degli orari nell'industria serica italiana dal 1901 al 1907, Rom 1908

MINISTERO PER IL LAVORO E LA PREVIDENZA SOCIALE, Ufficio Centrale di Statistica, Popolazione censita al 1. dicembre 1921, Rom 1922

MOLITOR, E., Art. „Arbeitsrecht", in: Staatslexikon der Görres-Gesellschaft, Freiburg 1926[5], Bd. 1, Spp. 320ff.

MONTAGNANA, M., L'organizzazione scientifico del lavoro, in: Lo stato operaio, Bd. 3, 1929, 609-615

MONTAGNANA, M., Il sistema Bedaux e la classe operaia, in: Lo stato operaio, Bd. 7, 1933, 423-431

MONTEMARTINI, G., Collegi dei Probiviri nel periodo 1904-1912 col confronto degli anni precedenti, in: Bollettino dell'ufficio del lavoro, Bd. 21, 1914, H. 6.

MORTARA, G., La salute pubblica in Italia durante e dopo la guerra, Bari/New Haven 1925

MÜLLER, J., Die Regelung des Arbeitsmarktes in der Zeit der wirtschaftlichen Demobilmachung, Diss. Erlangen 1922

NITTI, F., L'opera compiuta dall'Ufficio e dal Consiglio superiore del lavoro del 1° luglio 1908 al 30 dic. 1912, relazione presentata alla Camera dei Deputati dall'on. F. Nitti, ministro d'Agricoltura, industria e commercio, Suppl. 18 al Bollettino dell'ufficio del lavoro, Rom 1913

OSTHOLD, P., Der Kampf um die Seele unseres Arbeiters, Düsseldorf 1925

PAGLIARI, F., L'opera dell'Umanitaria per i disoccupati e i rimpatriati nel 1914: l'assistenza ai profughi e ai disoccupati in Italia e nei paesi belligeranti nel 1914, Mailand 1915

PAPPERS, J., Cölner Berufsbüchlein. Ausgabe für Knaben, Köln 1914

PAPPERS, J., Cölner Berufsbüchlein für Mädchen, Köln 1914[6]

PENNACHIO, A., Lo stato corporativo fascista, Mailand 1928

PESTALOZZA, U., L'emigrazione italiana in Europa, in: Emigrazione e lavoro, Jg. 5, Heft 6, Juli 1921, 18-20

PINARDI, G., A. SCHIAVI, Die italienischen Arbeitskammern, Jena 1904 (= Schriften der Gesellschaft für Soziale Reform, Bd. 2, Heft 14)

POZZI, G.B., La prima occupazione operaia della fabbrica in Italia nelle battaglie di Dalmine. Storia documentata, Bergamo 1921

PRANGE, P., Die Demobilmachung des Arbeitsmarktes im Deutschen Reiche nach Beendigung des Weltkrieges 1914/18, Diss. Würzburg 1923

PRATO, G., Il Piemonte e gli effetti della guerra sulla vita economica e sociale, Bari/New Haven 1925

PUGLIESE, A., L'alimentazione popolare in provincia di Milano, se, e come si può migliorare. Brevi cenni sulle condizioni igieniche della provincia di Milano, con speciale riguardo all'alcoolismo e al nicotinismo negli adolescenti, Mailand 1920

QUANTE, P., Lohnpolitik und Lohnentwicklung im Kriege, in: Zeitschrift des Preußischen Statistischen Landesamtes 59, 1919, 323-384

REDENTI, E., Massimario della giurisprudenza dei probiviri, Rom 1906

REDENTI, E., Notizie sui salari nelle industrie „mobilitate", in: Bollettino del CCMI 10, April 1918, 117-124

REDENTI, E., Studi e notizie sui salari nelle industrie „mobilitate", in: BCCMI 16, Oktober 1918, 338-349

REICHELT, H., Die Arbeitsverhältnisse in einem Berliner Großbetrieb der Maschinenindustrie, Berlin 1906

REUTER, F. (Hg.), Handbuch der Rationalisierung, Berlin 1930

RIEBER, H., Die Entwicklung und Durchführung der Demobilmachung des Arbeitsmarktes: Die persönliche Demobilmachung. Diss. Freiburg o.J.

ROTONDI, M., Die italienische privatrechtliche Gesetzgebung während der Kriegs- und Nachkriegszeit (1915-1924), in: Rheinische Zeitschrift für Zivil- und Prozeßrecht des In- und Auslandes 1926, 315-393

SAITZEW, M., Eine lange Welle der Arbeitslosigkeit, in: ders. (Hg.), Die Arbeitslosigkeit der Gegenwart, 3 Bde., Leipzig 1932/33, Bd. 1, 3-96,

SBROJAVACCA, (Vorname k.A.), Arbeitszeit in Italien, in: Handbuch der Staatswissenschaften, Jena 1898[2], 1027-1029

SCHEFFBUCH, A., Der Einfluß der Rationalisierung auf den Arbeitslohn (Arbeitsmarkt), Stuttgart 1931

SCHMID, E., Die Arbeitgeberorganisationen in Italien, Zürich 1927

SCHMOLLER, G. VON, Grundriß der Allgemeinen Volkswirtschaftslehre, 2. Teil, 1904/1920, Leipzig 1904

SCHULTE, F., Die Entlöhnungsmethoden in der Berliner Maschinenindustrie, Berlin 1906

SERPIERI, A., Il contratto agrario e le condizioni dei contadini nell'alto Milanese, Mailand 1910

SICHLER, R., J. TIBURTIUS, Die Arbeiterfrage, eine Kernfrage des Weltkriegs. Ein Beitrag zur Erklärung des Kriegsausgangs, Berlin 1925

SOCIETÀ UMANITARIA, Contro la disoccupazione. Le casse di sussidio ai disoccupati e gli uffici di collocamento all'estero e in Italia, Mailand 1905

SOCIETÀ UMANITARIA, Origini, vicende e conquiste delle organizzazioni operaie aderenti alla Camera del lavoro di Milano, Mailand 1909

SOCIETÀ UMANITARIA, Gli uffici di collocamento, la cassa di sussidio alla disoccupazione e il loro contributo all'assistenza ai disoccupati per la guerra nel 1915, Mailand 1917

SOGEMEIER, M., Die Entwicklung und Regelung des Arbeitsmarktes im rheinisch-westfälischen Industriegebiet im Kriege und in der Nachkriegszeit. Ein Beitrag zur Weiterentwicklung des Arbeitsnachweiswesens, Jena 1922

STATISTISCHES REICHSAMT (Hg.), Zahlen zur Geldentwertung in Deutschland 1914 bis 1923, Berlin 1925

SUPINO, C., Storia della circolazione cartacea in Italia (dal 1860 al 1928), Rom 1929[2]

SYRUP, F., Der Altersaufbau der industriellen Arbeiterschaft, in: Archiv für exakte Wirtschaftsforschung (Thünen-Archiv), Bd. 6, 1915, 14-112

SYRUP, F., Die ausländischen Industriearbeiter, in: Archiv für exakte Wirtschaftsforschung (Thünen-Archiv), Bd. 9, 1922, 278-301

SYRUP, F., G. BILLERBECK (Hgg.), Einstellung und Entlassung von Arbeitern und Angestellten während der Zeit der wirtschaftlichen Demobilmachung, Berlin 1919

SYRUP, F., G. BILLERBECK (Hgg.), Einstellung und Entlassung von Arbeitern und Angestellten während der Zeit der wirtschaftlichen Demobilmachung. Unter Berücksichtigung des Betriebsrätegesetzes, Berlin 1920

DER TAG DER HEIMKEHR. Soziale Fragen der Übergangswirtschaft, Jena 1918 (= Schriften der Gesellschaft für Soziale Reform, Bd. 7, Heft 4)

UFFICIO STAMPA E PROPAGANDA DEL COMANDO GENERALE DELLA MILIZIA, Quaderni di cultura e propaganda, serie B, Rom 1933

UMBREIT, P., 25 Jahre Deutscher Gewerkschaftsbewegung 1890-1915. Erinnerungsschrift zum fünfundzwanzigjährigen Jubiläum der Begründung der Generalkommission der Gewerkschaften Deutschlands, Berlin 1915

UMBREIT, P., Arbeitsbeschaffung und Arbeitslosenunterstützung nach dem Kriege, in: Der Tag der Heimkehr. Soziale Fragen der Übergangswirtschaft, Jena 1918 (= Schriften der Gesellschaft für Soziale Reform, Bd. 7, Heft 4), 21-30

UMBREIT, P., Die deutschen Gewerkschaften im Kriege, Veröffentlichungen der Carnegie-Stiftung für internationalen Frieden, Stuttgart/Berlin/Leipzig 1928

UNIONE INDUSTRIALE FASCISTA DELLA PROVINCIA DI COMO, Condizioni salariali di lavoro per le maestranze addette alle aziende di tessitura serica. Sentenza della magistratura del lavoro di Milano, Mailand 1933

VERBAND DER FABRIKARBEITER DEUTSCHLANDS (Hg.), Das Rätsel der Bedaux-Wissenschaft, o.O., o.J. (1932)

VEREINIGUNG DER DEUTSCHEN ARBEITGEBERVERBÄNDE, Die Arbeitszeitfrage in Deutschland. Eine Denkschrift, verfaßt von der Vereinigung der deutschen Arbeitgeberverbände, Berlin 1924[2]

VEREINIGUNG DER DEUTSCHEN ARBEITGEBERVERBÄNDE, Die Lohnpolitik der deutschen Arbeitgeber, Berlin 1924

VEREINIGUNG DER DEUTSCHEN ARBEITGEBERVERBÄNDE, Geschäftsbericht 1925 und 1926, Berlin 1927

VEREINIGUNG DER DEUTSCHEN ARBEITGEBERVERBÄNDE, Geschäftsbericht 1927/1929, Berlin 1930

VERZI, E., I metallurgici nel loro sindacato, Rom 1907

VICENTINI, R., Sulle variazioni dei salari dal 1914 al 1924 in alcune industrie di Milano, in: Giornale degli Economisti e Rivista di Statistica 66, 1926, 148-161

VON WALTERSHAUSEN, S., Die italienischen Wanderarbeiter, Leipzig 1903

WEIGERT, O., Organisation des Arbeitsmarktes, in: B. Harms (Hg.), Strukturwandlungen der deutschen Volkswirtschaft, 2 Bde., Berlin 1929[2], Bd. 1, 490-502

WÖLBLING, P., Die Verordnung über das Schlichtungswesen vom 30. Oktober 1923, Berlin 1924

WOLDT, R., Die deutschen Gewerkschaften in der Nachkriegszeit, in: B. Harms (Hg.), Strukturwandlungen der deutschen Volkswirtschaft, 2 Bde., Berlin 1929[2], Bd.1, 503-524

WOYTINSKI, W., Der deutsche Arbeitsmarkt. Ergebnisse der gewerkschaftlichen Arbeitslosenstatistik 1919 bis 1929, 2 Bde., Berlin 1930

WUNDERLICH, F., Die Bekämpfung der Arbeitslosigkeit in Deutschland seit Beendigung des Krieges, Jena 1928 (= Schriften der Gesellschaft für Soziale Reform, Bd. 11, Heft 75)

ZAHN-HARNACK, A.VON, Die arbeitende Frau, Breslau 1924

ZIMMERMANN, W., Die gesunkene Kaufkraft des Lohnes und ihre Wiederherstellung, I. Die Bedeutung der Frage für die deutsche Volkswirtschaft und Sozialpolitik, Jena 1919 (= Schriften der Gesellschaft für soziale Reform, Bd. 9, Heft 65)

ZIMMERMANN, W., Die Veränderungen der Einkommens- und Lebensverhältnisse der deutschen Arbeiter durch den Krieg, Veröffentlichungen der Carnegie-Stiftung für internationalen Frieden, Stuttgart/Berlin/Leipzig 1932

ZWIEDINECK-SÜDENHORST, O. VON, Arbeiterschutz und Arbeiterversicherung, Leipzig 1912[2]

ZWIEDINECK-SÜDENHORST, O. VON, Arbeitskammern, Arbeiter und Wirtschaftsräte, in: Handwörterbuch der Staatswissenschaften, Bd. 1, Jena 1923[4], 746-790

2.5. Literatur ab 1945

ABELSHAUSER, W., Verelendung der Handarbeiter? Zur sozialen Lage der deutschen Arbeiter in der großen Inflation der frühen zwanziger Jahre, in: H. Mommsen, W. Schulze (Hgg.), Vom Elend der Handarbeit. Probleme historischer Unterschichtenforschung, Stuttgart 1981, 445-476

ABELSHAUSER, W. (Hg.), Die Weimarer Republik als Wohlfahrtsstaat. Zum Verhältnis von Wirtschafts- und Sozialpolitik in der Industriegesellschaft, Stuttgart 1987

ABELSHAUSER, W., Freiheitlicher Korporatismus im Kaiserreich und in der Weimarer Republik, in ders. (Hg.), Die Weimarer Republik als Wohlfahrtsstaat, Stuttgart 1987, 147-171

ABELSHAUSER, W. (Hg.), Konflikt und Kooperation. Strategien europäischer Gewerkschaften im 20. Jahrhundert, Essen 1988

ABELSHAUSER, W., Wirtschaft, Staat und Arbeitsmarkt 1914-1945, in: W. Köllmann, H. Korte, D. Petzina, W. Weber (Hgg.), Das Ruhrgebiet im Industriezeitalter, Geschichte und Entwicklung, 2 Bde., Düsseldorf 1990, Bd. 1, 435-489

ABELSHAUSER, W., R. HIMMELMANN (Hgg.), Revolution in Rheinland und Westfalen. Quellen zu Wirtschaft, Gesellschaft und Politik 1918-1923, Essen 1988

ABELSHAUSER, W., D. PETZINA, Zum Problem der relativen Stagnation der deutschen Wirtschaft in den zwanziger Jahren, in: H. Mommsen, D. Petzina, B. Weisbrod (Hgg.), Industrielles System und politische Entwicklung in der Weimarer Republik, Düsseldorf 1974, 57-76

ABELSHAUSER, W., D. PETZINA, Krise und Rekonstruktion. Zur Interpretation der gesamtwirtschaftlichen Entwicklung Deutschlands im 20. Jahrhundert, in: W. Schröder, R. Spree (Hgg.), Historische Konjunkturforschung, Stuttgart 1980, 75-114

ABRATE, M., La lotta sindacale nella industrializzazione in Italia, Turin 1967[2]

ADLER, F.H., Italian Industrialists from Liberalism to Fascism. The Political Development of the Industrial Bourgeoisie 1906-1934, Cambridge 1995

ALTVATER, E., Arbeitsmarkt und Krise, in: M. Bolle (Hg.), Arbeitsmarkttheorie und Arbeitsmarktpolitik, Opladen 1976, 48-67

AMATORI, F., Entrepreunerial Typologies in the History of Industrial Italy (1880-1960): A Review Article, in: Business History Review 54, 1980, 359-386

AMATORI, F., La grande impresa, in: ders. u.a. (Hgg.), Storia d'Italia. Annali 15: L'industria, Turin 1999, 691-756.

AMATORI, F., L'impresa. Una prospettiva storica, Mailand 2000

AMATORI, F., D. BIGAZZI, R. GIANNETTI, L. SEGRETO (Hgg.), Storia d'Italia. Annali 15: L'industria, Turin 1999

AMATORI, F., P. TONINELLI, Una introduzione alla storia d'impresa: storici e economisti a confronto, Mailand 1999

AMBROSIUS, G., Wirtschaftsordnungen, in: ders., D. Petzina, W. Plumpe (Hgg.), Moderne Wirtschaftgeschichte. Eine Einführung für Historiker und Ökonomen, München 1996, 339-353

AMBROSIUS, G., Von Kriegswirtschaft zu Kriegswirtschaft 1914-1945, in: M. North (Hg.), Deutsche Wirtschaftsgeschichte. Ein Jahrtausend im Überblick, München 2000, 282-350

AMBROSIUS, G., Agrarstaat oder Industriestaat – Industriegesellschaft oder Dienstleistungsgesellschaft? In: R. Spree (Hg.), Geschichte der deutschen Wirtschaft im 20. Jahrhundert, München 2001, 50-69

ANTONIOLI, M., Sindacato e progresso. La FIOM tra immagine e realtà (1901-1914), Mailand 1983

APOLTE, T., U. VOLLMER (Hgg.), Arbeitsmärkte und soziale Sicherungssysteme unter Reformdruck. Fehlentwicklungen und Lösungsansätze aus institutionenökonomischer Sicht, Stuttgart 2002

APOLTE, T., U. VOLLMER, Institutionenökonomik von Arbeitsmärkten und sozialen Sicherungssystemen, in: dies. (Hgg.), Arbeitsmärkte und soziale Sicherungssysteme unter Reformdruck. Fehlentwicklungen und Lösungsansätze aus institutionenökonomischer Sicht, Stuttgart 2002, 2-25

AQUARONE, A., L'organizzazione dello stato totalitario, Turin 1965

AUBIN, H., W. ZORN (Hgg.), Handbuch der deutschen Wirtschafts- und Sozialgeschichte, 2 Bde., Bd. 2: Das 19. und 20. Jahrhundert, Stuttgart 1976

BADE, K., ‚Preußengänger' und Abwehrpolitik. Ausländerbeschäftigung, Ausländerpolitik und Ausländerkontrolle auf dem Arbeitsmarkt in Preußen vor dem Ersten Weltkrieg, in: Archiv für Sozialgeschichte 24, 1984, 91-162

BADE, K., Transnationale Migration und Arbeitsmarkt im Kaiserreich: Vom Agrarstaat mit starker Industrie zum Industriestaat mit starker agrarischer Basis, in: T. Pierenkemper, R. Tilly (Hgg.), Historische Arbeitsmarktforschung. Entstehung, Entwicklung und Probleme der Vermarktung von Arbeitskraft, Göttingen 1982, 182-210

BADE, K., Vom Auswanderungsland zum Einwanderungsland? Deutschland 1880-1980, Berlin 1983

BADE, K., Vom Auswanderungsland zum „Arbeitseinfuhrland": kontinentale Zuwanderung und Ausländerbeschäftigung in Deutschland im späten 19. und frühen 20. Jahrhundert, in: ders., Auswanderer – Wanderarbeiter – Gastarbeiter. Arbeitsmarkt und Wanderung in Deutschland seit der Mitte des 19. Jahrhunderts, Ostfildern 1984, 433-485

BADE, K., Die deutsche überseeische Massenauswanderung im 19. und 20. Jahrhundert: Bestimmungsfaktoren und Entwicklungsbedingungen, in: ders., Auswanderer – Wanderarbeiter – Gastarbeiter. Arbeitsmarkt und Wanderung in Deutschland seit der Mitte des 19. Jahrhunderts, Ostfildern 1984, 259-299

BAGLIONI, G., Ideologia della borghesia industriale nell'Italia liberale, Turin 1974

BAGNASO, E., V. CASTRONOVO, G. DE ROSA, P. HERTNER, G. MORI (Hgg.), Storia dell'Ansaldo. 5 Bde., Rom/Bari 1996-1998

BÄHR, J., Sozialer Staat und Industrieller Konflikt. Das Schlichtungswesen zwischen Weimarer Republik und Weltwirtschaftskrise, in: W. Abelshauser (Hg.), Die Weimarer Republik als Wohlfahrtsstaat. Zum Verhältnis von Wirtschafts- und Sozialpolitik in der Industriegesellschaft, Stuttgart 1987, 185-203

BÄHR, J., Staatliche Schlichtung in der Weimarer Republik. Tarifpolitik, Korporatismus und industrieller Konflikt zwischen Inflation und Deflation 1919-1932, Berlin 1989

BAJOHR, S., Die Hälfte der Fabrik. Geschichte der Frauenarbeit in Deutschland 1914-1945, Marburg 1979

BALBONI, E., Il consiglio superiore del lavoro, laboratorio politico e parlamento tecnico, in: G. Vecchio (Hg.), Il consiglio superiore del lavoro (1903-1923), Mailand 1988, 29-55

BALDERSTON, T., The Origins and Course of the German Economic Crisis. November 1923 to May 1932, Berlin 1993

BALDERSTON, T., Economics and Politics in the Weimar Republic, Cambridge 2002

BALLESTRERO, M., Dalla tutela alla parità. La legislazione italiana sul lavoro delle donne, Bologna 1979

BALLESTRERO, M., Oltre la parità. Donne, lavoro e pari opportunità. Rom 1985

BALLESTRERO, M., La protezione concessa e l'eguaglianza negata, in: A. Groppi (Hg.), Il lavoro delle donne, Rom/Bari 1996, 445-469

BALZANI, P., La critica operaia dell'organizzazione del lavoro. La linea sindacale e politica del dopoguerra, in: Classe. Quaderni sulla condizione e sulla lotta operaia, Heft 9, 1974, 181ff.

BANDETTINI, P., The Employment of Women in Italy 1881-1951, in: Comparative Studies in Society and History II, 1959/60, 369-374

BARBADORO, I., Storia del sindacalismo italiano, Bd. II: La CGdL, Florenz 1973

BATTILOSSI, S., Annali, Rom/Bari 1999 (= P. Ciocca/G. Toniolo (Hgg.), Storia economica d'Italia, 4 Bde., Rom/Bari 1999ff., Bd. 2)

BAUDIS, D., H. NUSSBAUM, Wirtschaft und Staat in Deutschland vom Ende des 19. Jahrhunderts bis 1918/19, Vaduz 1978

BELLON, B., Mercedes in Peace and War. German Automobile Workers, 1903-1945, New York 1990

BENENATI, E., Americanism and Paternalism. Management and Workers in Twentieth-Century Italy, in: Working Class History 53, 1998, 5-26

BENENATI, E., Cento anni di paternalismo aziendale, in: S. Musso (Hg.), Tra fabbrica e società. Mondi operai nell'Italia del Novecento. Mailand 1999 (= Annali della Fondazione G. Feltrinelli 33, 1997), 43-81

BERGHAHN, V., Sarajewo. 28. Juni 1914. Der Untergang des alten Europa. München 1997

BERGHOFF, H., Unternehmenskultur und Herrschaftstechnik. Industrieller Paternalismus: Hohner 1857-1918, in: Geschichte und Gesellschaft 23, 1997, 167-204

BERTA, G., La cooperazione impossibile: la FIAT, Torino e il ‚biennio rosso', in: ders. (Hg.), FIAT 1899-1930. Storia e documenti, Mailand 1991, 205-248

BERTA, G. (Hg.), FIAT 1899-1930. Storia e documenti, Mailand 1991

BERTA, G., Turin, FIAT and Industrial Conflict between War and Fascism, in: C. Wrigley (Hg.), Challenges of Labour: Central and Western Europe 1917-1920, London/New York 1993, 105-124

BERTA, G., Conflitto industriale e struttura d'impresa alla FIAT 1919-1979, Bologna 1998

BERTA, G., Imprese e sindacati nella contrattazione collettiva, in: F. Amatori u.a. (Hgg.), Storia d'Italia. Annali 15: L'industria, Turin 1999, 997-1039

BESSEL, R., „Eine nicht allzu große Beunruhigung des Arbeitsmarktes." Frauenarbeit und Demobilmachung in Deutschland nach dem Ersten Weltkrieg, in: Geschichte und Gesellschaft 9, 1983, 211-229

BESSEL, R., Unemployment and Demobilization in Germany after the First World War, in: R.J. Evans, D. Geary (Hgg.), The German Unemployed. Experiences and Consequences of Mass Unemployment from the Weimar Republic to the Third Reich, Boston/London 1987, 23-43

BESSEL, R., Mobilization and Demobilization in Germany 1916-1919, in: J. Horne (Hg.), State, Society and Mobilization in Europe during the First World War, Cambridge 1997, 212-222

BETRI, M.L., A. Gigli Marchetti (Hgg.), Salute e classe lavoratrici in Italia dall'Unità al fascismo, Mailand 1982

BETTINI, M., Le relazioni industriali durante la prima guerra mondiale, in: Studi Storici, Jg. 34, 1993, 529-570

BETTINI, M., Fabbrica e salario. Stato, relazioni industriali e mercato del lavoro in Italia 1913-1927, Livorno 2002

BEZZA, B., La Mobilitazione industriale: nuova classe operaia e contrattazione collettiva, in: Storia della Società Italiana, Bd. 21, Mailand 1982, 71-102

BEZZA, B., Gli aspetti normativi nelle relazioni industriali del periodo bellico (1915-1918), in: G. Procacci (Hg.), Stato e classe operaia in Italia durante la prima guerra mondiale, Mailand 1983, 103-120

BIANCHI, B., Salute e intervento pubblico nella industria di guerra, in: G. Procacci (Hg.), Stato e classe operaia in Italia durante la prima guerra mondiale, Mailand 1983, 138-162

BIEBER, H.-J., Zwischen Kasernenhof und Rätesystem. Der schwierige Weg zu gesetzlichen Regelungen industrieller Mitbestimmung in Deutschland vom 19. Jahrhundert bis 1933, in: H. Nutzinger (Hg.), Perspektiven der Mitbestimmung. Historische Erfahrungen und moderne Entwicklungen vor europäischem und globalem Hintergrund, Marburg 1999, 11-125

BIGAZZI, D., Gli operai della catena di montaggio: la FIAT 1922-1943, in: Annali della Fondazione G. Feltrinelli 19, 1979/1980, Mailand 1981, 895-949

BIGAZZI, D., L'evoluzione del lavoro operaio nell'industria metalmeccanica (1840-1930), in: A. Martinelli (Hg.), Lavorare a Milano. L'evoluzione delle professioni nel capoluogo lombardo dalla prima metà dell'800 ad oggi, Mailand 1987, 97-116

BIGAZZI, D., Management Strategies in the Italian Car Industry 1906-1945: FIAT and Alfa Romeo, in: S. Tolliday, J. Zeitlin (Hgg.), The Automobile Industry and its Workers. Between Fordism and Flexibility, New York 1987, 76-96

BIGAZZI, D., Il portello. Operai, tecnici e imprenditori all'Alfa Romeo 1906-1926, Mailand 1988

BIGAZZI, D., La storia d'impresa in Italia: bilancio provvisorio e prospettive di ricerca, in: ders., La storia d'impresa in Italia. Saggio bibliografico 1980-1987, Mailand 1990, 7-54.

BIGAZZI, D., Les permanences du paternalisme: Les politiques sociales des entrepreneurs en Italie XIXe-XXe siècles, in: S. Schweitzer u.a. (Hgg.), Logiques d'entreprises et politiques sociales, Lyon 1993, 79-115

BIGAZZI, D., Le permanenze del paternalismo. Le politiche sociali degli imprenditori in Italia tra Ottocento e Novecento, in: M.L. Betri (Hg.), Ricerche di storia in onore di Franco della Peruta. Economia e società. 2 Bde., Mailand 1996, Bd. 2, 36-63

BIGAZZI, D., Modelli e pratiche organizzative nell'industrializzazione italiana, in: F. Amatori u.a. (Hgg.), Storia d'Italia, Annali 15: L'industria, Turin 1999, 897-994

BIGAZZI, D., La grande fabbrica. Organizzazione industriale e modello americano alla FIAT dal Lingotto a Mirafiori, Mailand 2000

BLAICH, F., Die Wirtschaftskrise 1925/26 und die Reichsregierung. Von der Erwerbslosenfürsorge zur Konjunkturpolitik, Kallmünz 1977

BÖNIG, J., Die Einführung von Fließbandarbeit in Deutschland bis 1933. Zur Geschichte einer Sozialinnovation, 2 Bde., Münster 1993

BOLL, F., Changing Forms of Labor Conflict: Secular Development or Strike Waves? In: L. Haimson, C. Tilly (Hgg.), Strikes, Wars and Revolutions in an International Perspective. Strike Waves in the late Nineteenth and Early Twentieth Centuries, Cambridge 1989, 47-78

BORCHARDT, K., Wirtschaftliches Wachstum und Wechsellagen 1800-1914, in: H. Aubin, W. Zorn (Hgg.), Handbuch der deutschen Wirtschafts- und Sozialgeschichte, Stuttgart 1976, 198-275

BORCHARDT, K., Wachstum und Wechsellagen 1914-1970, in: H. Aubin, W. Zorn (Hgg.), Handbuch der deutschen Wirtschafts- und Sozialgeschichte, Stuttgart 1976, Bd. 2, 685-740

BORCHARDT, K., Zwangslagen und Handlungsspielräume in der großen Wirtschaftskrise der frühen dreißiger Jahre: Zur Revision des überlieferten Geschichtsbildes, in: Bayerische Akademie der Wissenschaften, Jahrbuch 1979, München 1979, 85-132. Auch in: M. Stürmer (Hg.), Die Weimarer Republik. Belagerte Civitas. Königstein/Taunus 1980, 318-339

BORCHARDT, K., Das Gewicht der Inflationsangst in den wirtschaftspolitischen Entscheidungsprozessen während der Weltwirtschaftskrise, in G. Feldman (Hg.), Die Nachwirkungen der Inflation auf die deutsche Geschichte 1924-1933, München 1985, 233-260

BORCHARDT, K., A Decade of Debate about Brüning's Economic Policies, in: J. v. Kruedener (Hg.), Economic Crisis and Political Collapse: The Weimar Republic 1924-1933, New York 1990, 99-151

BORDOGNA, L., G.P. CELLA, G. PROVASI, Labor Conflicts in Italy before the Rise of Fascism, 1881-1923: A Quantitative Analysis, in: L. Haimson, C. Tilly (Hgg.), Strikes, Wars and Revolutions in an International Perspective. Strike Waves in the Late Nineteenth and Early Twentieth Centuries. Cambridge 1989, 217-246

BRAUN, H.-J., Automobilfertigung in den USA und Deutschland in den 20er Jahren – ein Vergleich. In: H. Pohl (Hg.), Traditionspflege in der Automobilindustrie, Stuttgart 1991, 183-200

BROWNE, P., M.H. BROWNE, A Century of Pay, London 1968

BRY, G., Wages in Germany 1871-1945, Princeton 1960

BUCHHEIM, C., The "Crisis Before the Crisis" - The Export Engine Out of Gear, in: H. James (Hg.), The Interwar Depression in an International Context, München 2002, 113-122

BURCHARDT, L., Zwischen Kriegsgewinnen und Kriegskosten. Krupp im Ersten Weltkrieg, in: Zeitschrift für Unternehmensgeschichte 32, Heft 2, 1987, 71ff.

CACCIARI, M., Ristrutturazione e lotte al Petrolchimico di Porto Marghera, in: Classe. Quaderni sulla condizione e sulla lotta operaia, Heft 7, 1972/73, 229ff.

CAFAGNA, L., Die Industrielle Revolution in Italien 1830-1914, in: C. Cipolla, M. Borchardt (Hgg.), Europäische Wirtschaftsgeschichte, Bd. 4: Die Entwicklung der industriellen Gesellschaften, Stuttgart/New York 1985, 309-341

CAFAGNA, L., Contro tre pregiudizi sulla storia dello sviluppo economico italiano, in: P. Ciocca/G. Toniolo (Hgg.), Storia economica d'Italia, Bd. 1: Interpretazioni, Rom/Bari 1999, 297-325

CAINELLI, G., M. Stampini, I censimenti industriali in Italia (1911-1991). Problemi di raccordo ed alcune evidenze empiriche a livello territoriale, in: Rivista di storia economica 18, n.s. 2, 2002, 217-242

CALANDRA, P., Storia dell'amministrazione pubblica in Italia, Bologna 1978

CAMARDA, A., S. Peli, L'altro esercito. La classe operaia durante la prima guerra mondiale, Mailand 1980

CARACCIOLO, A., Un convegno di rappresentanti operai e industriali del novembre 1918, in: L. De Rosa (Hg.), Ricerche Storiche ed Economiche in memoria di Corrado Barbagallo, 3 Bde., Neapel 1970, Bd. 3, 407ff.

CARACCIOLO, A., L'intervento statale sulle strutture economiche durante la prima guerra mondiale, in: I. Zanni Rosiello (Hg.), Gli apparati statali dall'Unità al fascismo, Bologna 1976, 243-255

CAROTTI, C., L'introduzione dell'organizzazione „scientifica" del lavoro in Italia e la prima lotta contro il cottimo, in: Classe. Quaderni sulla condizione e sulla lotta operaia, Heft 7, 1972/73, 277ff.

CARRUCCI, P., Funzioni e caratteri del Ministero per le Armi e Munizioni, in: G. Procacci (Hg.), Stato e classe operaia in Italia durante la prima guerra mondiale, Mailand 1983, 60-78

CARTER, S., S. CULLENBERG, Labor Economics and the Historian, in: T. Rawski, S.Carter, J. Cohen u.a., Economics and the Historian, Berkeley/Los Angeles/London 1996, 85-121

CARTIGLIA, C., Proletariato di fabbrica, associazionismo operaio, sindacati in Italia 1880-1925, Rivista di storia contemporanea 22, Heft 1, 1992, 248-296

CASTRONOVO, V., L'economia italiana dal periodo giolittiano alla crisi del 1929, Turin 1971

CASTRONOVO, V., Storia economica d'Italia. Dall'ottocento ai giorni nostri, Turin 1995²

CASTRONOVO, V., FIAT 1899-1999. Un secolo di storia italiana, Mailand 1999

CERRI, R., Disoccupazione e lavori pubblici nel primo dopoguerra. Smobilitazione e crisi del mercato del lavoro (1919-1920), in: P. Hertner, G. Mori (Hgg.), La transizione dall'economia di pace in Italia e in Germania dopo la prima guerra mondiale, Bologna 1983, 423-471

CHERUBINI, A., I. PIVA, Dalla libertà all'obbligo. La previdenza sociale fra Giolitti e Mussolini, Mailand 1998

CIOCCA, P., G. TONIOLO (Hgg.), Storia economica d'Italia, 4 Bde., Bd. 1: Interpretazioni, Rom/Bari 1999, Bd., 2: Annali, Rom/Bari 1999, Bd. 3: Industrie, mercati, istituzioni, 1. Le strutture dell'economia, Rom/Bari 2003

COHEN, J., La rivalutazione della lira del 1927, in: G. Toniolo (Hg.), L'economica italiana 1861-1940, Rom/Bari 1973, 313-336

CONZE, W., Sozialgeschichte 1850-1918, in: H. Aubin, W. Zorn (Hgg.), Handbuch der deutschen Wirtschafts- und Sozialgeschichte, Stuttgart 1976, 602-684

CORIASSO, R., Regolamenti di fabbrica e condizioni di lavoro nell'industria elettrica, in: Storia in Lombardia 1985, Bd. 4, Heft 3, 3-34

CORNER, P., G. PROCACCI, The Italian Experience of 'Total' Mobilization, in J. Horne (Hg.), State, Society and Mobilization in Europe during the First World War, Cambridge 1997, 223-240

CROUCH, C., Industrial Relations and European State Traditions, Oxford 1993

CURLI, B., Il lavoro femminile in Italia durante la prima guerra mondiale. Tesi di dottorato, Dipartimento di Storia e Civiltà, Istituto Universitario Europeo/Europäisches Hochschulinstitut, Florenz 1993

CURLI, B., Italiane al lavoro 1914-1920, Venedig 1998

CURLI, B., Gli operai della Pirelli Bicocca 1908-1919, in: S. Musso (Hg.), Tra fabbrica e società. Mondi operai nell'Italia del Novecento. Mailand 1999 (=Annali della Fondazione G. Feltrinelli 33, 1997), 431-483

CZADA, R., Konjunkturen des Korporatismus. Zur Geschichte eines Paradigmenwechsels in der Verbändeforschung, in: W. Streeck (Hg.), Staat und Verbände, Opladen 1995, 37-64

DALMINE S.P.A., La Dalmine durante cinquant'anni. 27 giugno 1906-27 giugno 1956, Turin 1956

DANIEL, U., Arbeiterfrauen in der Kriegsgesellschaft. Beruf, Familie und Politik im Ersten Weltkrieg, Göttingen 1989

DANIEL, U., Fiktionen, Friktionen, Fakten - Frauenlohnarbeit im Ersten Weltkrieg, in: W. Michalka (Hg.), Der Erste Weltkrieg. Wirkung, Wahrnehmung, Analyse. München/Zürich 1994, 530-562

DANIEL, U., Clio unter Kulturschock. Zu den aktuellen Debatten der Geschichtswissenschaft, GWU 48, 1997, 195-218 (Teil 1) und 259-278 (Teil 2)

DAUM, W., G. RIEDERER, H. VON SEGGERN, Fallobst und Steinschlag. Einleitende Überlegungen zum historischen Vergleich, in: H. Schnabel-Schüle (Hg.), Vergleichende Perspektiven – Perspektiven des Vergleichs. Studien zur europäischen Geschichte von der Spätantike bis ins 20. Jahrhundert, Mainz 1998, 1-21

DE CECCO, M., Central Bank-Cooperation in the Inter-War Period: A View from the Periphery, in: J. Reis (Hg.), International Monetary Systems in Historical Perspective, London u.a. 1995, 113-134

DE CLEMENTI, A., Appunti sulla formazione della classe operaia in Italia, Quaderni Storici, 1976, 684-728

DE FELICE, R., Mussolini il fascista, Bd. 2: L'organizzazione dello Stato fascista 1925-1929, Turin 1968

DE GRAZIA, V., Disciplina del lavoro e mediazione sociale sotto il regime fascista: le funzioni del dopolavoro nell'organizzazione del lavoro, in: G. Sapelli (Hg.), La classe operaia durante il fascismo, Mailand 1981 (=Annali Fondazione G. Feltrinelli 20, 1980), 169ff.

DE GRAZIA, V., The Culture of Consent. Mass Organization of Leisure in Fascist Italy, Cambridge 1981

DECLEVA, E., Giovanni Montemartini e gli esordi della Società Umanitaria, in: La cultura delle riforme in Italia fra Otto e Novecento. I Montemartini. Atti del seminario nazionale. Pavia 15 dic. 1984, Mailand 1986, 41-66

DEGL'INNOCENTI, M., Mercato del lavoro, occupazione giovanile e conflittualità sociale in Italia dalla fine dell'800 agli anni 70, in: D. Dowe (Hg.), Jugendprotest und Generationenkonflikt in Europa im 20. Jahrhundert. Deutschland, England, Frankreich und Italien im Vergleich, Bonn 1986, 83-109

DEL FABBRO, R., Emigrazione proletaria italiana in Germania all'inizio del XX secolo, in: J. Petersen (Hg.), L'emigrazione tra Italia e Germania, Manduria/Bari/Rom 1993, 27-44

DEL FABBRO, R., Transalpini. Italienische Arbeitswanderung nach Süddeutschland im Kaiserreich 1870-1918, Osnabrück 1996

DEL FABBRO, R., Von den Anfängen bis zur Krise der Weimarer Republik, in: Sozialgeschichte und soziale Bewegungen in Italien 1848-1998: Forschungen und Forschungsberichte. Mitteilungsblatt des Instituts zur Erforschung der europäischen Arbeiterbewegung (IGA), Heft 21, 1998, 84-94

DELLA ROCCA, G., Le gerarchie di fabbrica tra fordismo e postfordismo, in: S. Musso (Hg.), Tra fabbrica e società. Mondi operai nell'Italia del Novecento, Mailand 1999 (=Annali della Fondazione G. Feltrinelli 33, 1997), 83-107

DESAI, A., Real Wages in Germany 1871-1913, Oxford 1968

DEWERPE, A., Modi di retribuzione e organizzazione produttiva all'Ansaldo, in: Studi Storici 26, 1985, 29-52

DEWERPE, A., The Lost Paradigm: An Italian Metalworking Empire between Competing Models of Production 1900-1920, in: C. Sabel, J. Zeitlin (Hgg.), World of Possibilities. Flexibility and Mass Production in Western Industrialization, Cambridge 1997, 273-309

DI GIROLAMO, P., Dalla Colonia alla Fabbrica. La manodopera libica a Milano durante la Prima Guerra Mondiale, in: Studi Piacentini 17, 1995, 115-156

DINA, A., La lotta degli attrezzisti della Olivetti contro la dequalificazione di massa e l'uso capitalistico delle macchine, in: Classe. Quaderni sulla condizione e sulla lotta operaia, Heft 1, 1969, 135ff.

DIPPER, C., Italien und Deutschland seit 1800: Zwei Gesellschaften auf dem Weg in die Moderne, in: ders., L. Klinkhammer, A. Nützenadel (Hgg.), Europäische Sozialgeschichte, Berlin 2000, 485ff.

DIPPER, C., Ferne Nachbarn. Aspekte der Moderne in Deutschland und Italien. In: ders. (Hg.), Deutschland und Italien 1860-1960, München 2005, 1-28

DOMANSKY, E., The Rationalization of Class Struggle: Strikes and Strike Strategy of the German Metalworkers' Union 1891-1922, in: L. Haimson, C. Tilly (Hgg.), Strikes, Wars, and Revolutions in an International Perspective. Strike Waves in the Late Nineteenth and Early Twentieth Centuries. Cambridge 1989, 321-355

DORIA, M., La classe operaia a Genova, in: Italia Contemporanea 34, Heft 146/147, 1982, 93-119

DORIA, M., Ansaldo. Impresa e lo Stato, Mailand 1989

EGER, T., P. WEISE, Die Entstehung des Arbeitsrechts aus der Sicht der evolutorischen Ökonomik, in: H. Nutzinger (Hg.), Die Entstehung des Arbeitsrechts in Deutschland: eine aktuelle Problematik in historischer Perspektive, Marburg 1998, 273-305

ELWERT, G., J. KOCKA, W. RAMMERT, E. FRANCOIS, Vergleich und Interdisziplinarität im Graduiertenkolleg. Ein Gespräch, in: A. Triebel (Hg.), Die Pragmatik des Gesellschaftsvergleichs, Leipzig 1997, 239-254

ERKER, P., Das Bedaux-System. Neue Aspekte der historischen Rationalisierungsforschung, in: ZUG 41, 1996, 139-158

EVANS, R. J., D. GEARY (Hgg.), The German Unemployed. Experiences and Consequences of Mass Unemployment from the Weimar Republic to the Third Reich, London/Sydney 1987

FALCHERO, A.M., Il gruppo Ansaldo-Banca Italiana di Sconto e le vicende bancarie italiane nel primo dopoguerra, in: P. Hertner, G. Mori (Hgg.), La transizione dall'economia di pace in Italia e in Germania dopo la prima guerra mondiale, Bologna 1983, 543-571

FALCHERO, A.M., La Banca Italiana di Sconto 1914-1921. Sette anni di guerra, Mailand 1990

FALCHERO, A. M., La „Commissionissima". Gli industriali ed il primo dopoguerra, Mailand 1991

FALCO, G., M. STORACI, Fluttuazioni monetarie alla metà degli anni '20: Belgio, Francia e Italia, Studi Storici 1, 1975, 57-110

FAUST, A., Arbeitsmarktpolitik in Deutschland: Die Entstehung der öffentlichen Arbeitsvermittlung 1890-1927, in: T. Pierenkemper, R. Tilly (Hgg.), Historische Arbeitsmarktforschung, Göttingen 1982, 253-273

FAUST, A., Arbeitsmarktpolitik im deutschen Kaiserreich. Arbeitsvermittlung, Arbeitsbeschaffung und Arbeitslosenunterstützung 1890-1918, Stuttgart 1986

FAUST, A., Von der Fürsorge zur Arbeitsmarktpolitik: Die Errichtung der Arbeitslosenversicherung, in: W. Abelshauser (Hg.), Die Weimarer Republik als Wohlfahrtsstaat. Zum Verhältnis von Wirtschafts- und Sozialpolitik in der Industriegesellschaft, Stuttgart 1987, 147-171

FAUST, A., Das umstrittene Vermittlungsmonopol. Von der Reichsanstalt zur Bundesanstalt für Arbeit, in: ders. (Hg.), 100 Jahre Arbeitsmarktpolitik in Rheinland-Westfalen. Vom Ende des 19. Jahrhunderts bis zur Gegenwart, Essen 1997, 35-55

FEDERICO, G. (Hg.), The Economic Development of Italy since 1870, Cambridge 1994

FEDERICO, G., Italy 1850-1940. A Little Known Success Story, in: Economic History Review 49, Heft 4, 1996, 764-786

FEDERICO, G., The Growth of the Italian Economy 1820-1960, Cambridge 2001

FEDERICO, G., G. TONIOLO, Italy, in: R. Sylla, G. Toniolo (Hgg.), Patterns of European Industrialization: The Nineteenth Century, London 1991, 197-217

FEINSTEIN, C.H., P. TEMIN, G. TONIOLO, The European Economy Between the Wars, Oxford 1997

FELD, L., Institutioneller Wettbewerb und Arbeitsmarktinstitutionen in Europa, in: T. Apolte, U. Vollmer (Hgg.), Arbeitsmärkte und soziale Sicherungssysteme unter Reformdruck. Fehlentwicklungen und Lösungsansätze aus institutionenökonomischer Sicht, Stuttgart 2002, 289-317

FELDERER, B., S. Homburg, Makroökonomik und neue Makroökonomik, Berlin/Heidelberg/New York u.a. 1994[6]

FELDMAN, G., Socio-economic Structures in the Industrial Sector and Revolutionary Potentialities, 1917-22, in: C.L. Bertrand (Hg.), Revolutionary Situations in Europe, 1917-1922: Germany, Italy, Austria-Hungary, Québec 1977, 159-169

FELDMAN, G., Die Demobilmachung und die Sozialordnung der Zwischenkriegszeit in Europa, in: Geschichte und Gesellschaft 9, Heft 2, 1983, 156-177

FELDMAN, G., Armee, Industrie und Arbeiterschaft in Deutschland 1914-1918, Berlin/Bonn 1985

FELDMAN, G., Saxony, the Reich, and the Problem of Unemployment in the German Inflation, in: Archiv für Sozialgeschichte 27, 1987, 103-144

FELDMAN, G., The Great Disorder. Politics, Economics, and Society in the German Inflation, 1914-1924, Oxford 1993

FELDMAN, G., Hugo Stinnes. Biographie eines Industriellen 1870-1924, München 1998

FELDMAN, G., Vom Weltkrieg zur Weltwirtschaftskrise. Studien zur deutschen Wirtschafts- und Sozialgeschichte 1914-1932, Göttingen 1984

FELDMAN, G., Die Deutsche Bank und die Automobilindustrie, in: ZUG 44, 1999, 3-14

FELDMAN, G., H. HOMBURG (Hgg.), Industrie und Inflation. Studien und Dokumente zur Politik der deutschen Unternehmer 1916-1923, Hamburg 1977

FELDMAN, G., I. STEINISCH, Die Weimarer Republik zwischen Sozial- und Wirtschaftsstaat. Die Entscheidung gegen den Achtstundentag, in: Archiv für Sozialgeschichte 18, 1978, 353-439

FELDMAN, G., I. STEINISCH, Notwendigkeit und Grenzen sozialstaatlicher Intervention. Eine vergleichende Fallstudie des Ruhreisenstreits in Deutschland und des Generalstreiks in England, in: Archiv für Sozialgeschichte 20, 1980, 57-117

FELDMAN, G., I. STEINISCH (Hgg.), Industrie und Gewerkschaften 1918-1924: Die überforderte Zentralarbeitsgemeinschaft, Stuttgart 1985

FIEDLER, M., Betriebliche Sozialpolitik in der Zwischenkriegszeit. Wege der Interpretation und Probleme der Forschung im deutsch-französischen Vergleich, in: Geschichte und Gesellschaft 22, 1996, 350-375

FIEDLER, M., Carl Arnhold (1884-1970), in: W. Weber (Hg.), Ingenieure im Ruhrgebiet, Münster 1999, 318-343

FIEDLER, M., Vertrauen ist gut, Kontrolle ist teuer. Vertrauen als Schlüsselkategorie wirtschaftlichen Handelns, in: Geschichte und Gesellschaft 27, 2001, 576-592

FILONA, R., G. REY, B. SITZIA, Uno schema di analisi quantitativa dell'economia italiana durante il fascismo, in: P. Ciocca, G. Toniolo (Hgg.), L'economia italiana nel periodo fascista, Bologna 1976, 51-101

FISCHER, W., Bergbau, Industrie und Handwerk 1850-1914, in: H. Aubin, W. Zorn (Hgg.), Handbuch der deutschen Wirtschafts- und Sozialgeschichte, Stuttgart 1976, 527-562

FORBERG, M., Manodopera italiana e sindacati tedeschi nell'impero (1890-1916). Note su un rapporto precario, in: J. Petersen (Hg.), L'emigrazione tra Italia e Germania, Manduria/Bari/Rom 1993, 45-62

FORNACIARI, L., Aspetti strutturali e dinamici del lavoro femminile in Italia, in: Rivista internazionale di scienze sociali 27, 1956, 311-325

FORNACIARI, L., Osservazioni sull'andamento del lavoro femminile in Italia negli ultimi 50 anni, in: Rivista internazionale di scienze sociali 27, 1956, 222-240

FORSYTH, D., The Crisis of Liberal Italy. Monetary and Financial Policy 1914-1922, Cambridge 1993

FRANZ, W., Arbeitsmarktökonomik, Berlin/Heidelberg/New York 1999[4]

FRASCANI, P., Politica economica e finanza pubblica in Italia nel primo dopoguerra 1918-1922, Neapel 1975

FRATIANNI, M., F. SPINELLI, Storia monetaria d'Italia. L'evoluzione del sistema monetaria e bancario, Mailand 1991

FREIBURGHAUS, D., Zentrale Kontroversen der neueren Arbeitsmarkttheorie, in: M. Bolle (Hg.), Arbeitsmarkttheorie und Arbeitsmarktpolitik, Opladen 1976

FRERICH, J., M. FREY, Handbuch der Geschichte der Sozialpolitik in Deutschland, Bd. 1: Von der vorindustriellen Zeit bis zum Ende des Dritten Reiches, München/Wien 1993

FREUNDLICH, E., Der Kindermord in der Munitionsindustrie, in: F. Kürbisch, Der Arbeitsmann, er stirbt, verdirbt, wann steht er auf? Sozialreportagen 1880 bis 1918, Berlin/Bonn 1982, 155-157

FREYBERG, T. VON, Industrielle Rationalisierung in der Weimarer Republik. Untersucht an Beispielen aus dem Maschinenbau und der Elektroindustrie, Frankfurt a.M. 1989

FÜHRER, K.-C., Arbeitslosigkeit und die Entstehung der Arbeitslosenversicherung in Deutschland 1902-1927, Berlin 1990

FONTANA, G. (Hg.), Schio e Alessandro Rossi: imprenditorialità, cultura e paesaggi sociali nel secondo Ottocento, Rom 1985

GALL, L., Krupp. Der Aufstieg eines Industrieimperiums, Berlin 2000

GALL, L., (Hg.), Krupp im 20. Jahrhundert. Die Geschichte des Unternehmens vom Ersten Weltkrieg bis zur Gründung der Stiftung, Berlin 2002

GALLOTTA, V., Scienza economica e riformismo: Giovanni Montemartini e l'Ufficio del lavoro, in: La cultura delle riforme in Italia fra Otto e Novecento. I Montemartini. Atti del seminario nazionale. Pavia 15 dic. 1984, Mailand 1986, 67-106

GALLOTTA, V., „Lo sviluppo dell'industria e la stabilità del lavoro". La politica del lavoro di Giovanni Montemartini, in: ders. (Hg.), Cultura e lavoro nell'età giolittiana, Neapel 1989, 67-97

GEARY, D., Arbeiterprotest und Arbeiterbewegung in Europa 1848-1939, München 1983

GEARY, D., Arbeiter und Unternehmer im deutschen Kaiserreich, in: W. Abelshauser (Hg.), Konflikt und Kooperation. Strategien europäischer Gewerkschaften im 20. Jahrhundert, Essen 1988, 170-183

GENSIOR, S., B. KRAIS, Gesellschaftstheoretische Erklärungsmuster von Arbeitsmärkten, in M. Bolle (Hg.), Arbeitsmarkttheorie und Arbeitsmarktpolitik, Opladen 1976, 91-114

GERSCHENKRON, A., Economic Backwardness in Historical Perspective. A Book of Essays, Cambridge Mass. 1962

GERSDORFF, U. VON, Frauen im Kriegsdienst 1914-1945, Stuttgart 1969

GHISALBERTI, C., Il sistema politico italiano e la prima guerra mondiale, in: ders., Istituzioni e Risorgimento, Florenz 1991, 206-226

GIBELLI, A., Tecnici e operai. Percorsi professionali e identità sociale, in: G. De Rosa (Hg.), Storia dell'Ansaldo, Bd. 5: Dal crollo alla ricostruzione 1919-1929, Rom/Bari 1998, 161-181

GREBING, H., Arbeiterbewegung. Sozialer Protest und kollektive Interessenvertretung bis 1914, München 1987[2]

GRIBAUDI, M., Mondo operaio e mito operaio - spazi e percorsi sociali a Torino nel primo Novecento, Turin 1987

GROSSEKETTLER, H., Ursprünge und Entwicklungslinien sozialer Sicherungssysteme in Deutschland, in: T. Apolte, U. Vollmer (Hgg.), Arbeitsmärkte und soziale Sicherungssysteme unter Reformdruck, Stuttgart 2002, 48-81

GUIOTTO, L., La fabbrica totale. Paternalismo industriale e città sociali in Italia, Mailand 1979

GUSTAPANE, E., L'influenza tedesca sull'istituzione in Italia della Cassa di previdenza per l'invalidità e per la vecchiaia degli operai, in: Jahrbuch für europäische Verwaltungsgeschichte 5, 1993,179-214

HÄBERLE, E., Entstehung des modernen Arbeitsrechts, in: H. Nutzinger (Hg.), Die Entstehung des Arbeitsrechts in Deutschland. Eine aktuelle Problematik in historischer Perspektive, Marburg 1998, 145-182

HAERENDEL, U., Regierungen, Reichstag und Rentenversicherung: Der Gesetzgebungsprozeß zwischen 1887-1889, in dies. u. S. Fisch (Hgg.), Geschichte und Gegenwart der Rentenversicherung in Deutschland, Berlin 2000, 49-69

HAGEMANN, K., Alltäglicher Arbeitsplatzwechsel. Arbeitsmarktchancen, Arbeitserfahrung und Arbeitsmarktverhalten von Hamburger Arbeiterinnen in den 1920er Jahren, in: C. Sachse, S. Schweitzer

(Hgg.), Mobilität, Stabilität, Flexibilität. Arbeitsmarktstrategien von Unternehmen und Beschäftigten in Deutschland und Frankreich im 19. und 20. Jahrhundert, Essen 1996, 99-116

HARDACH, G., Der Erste Weltkrieg, München 1973

HARTEWIG, K., Das unberechenbare Jahrzehnt. Bergarbeiter und ihre Familien im Ruhrgebiet 1914-1924, München 1993

HARTWICH, H., Arbeitsmarkt, Verbände und Staat 1918-1933. Die öffentliche Bindung unternehmerischer Funktionen in der Weimarer Republik, Berlin 1967

HAUPT, H.-G., J. KOCKA (Hgg.) Geschichte und Vergleich. Ansätze und Ergebnisse international vergleichender Geschichtsschreibung., Frankfurt a.M./New York 1996

HEINZE, R., u.a. (Hgg.), Vom Wohlfahrtsstaat zum Wettbewerbsstaat, Opladen 1999

HEINZE, R., W. STREECK, Institutionelle Modernisierung und Öffnung des Arbeitsmarktes: Für eine neue Beschäftigungspolitik, in: J. Kocka, C. Offe (Hgg.), Geschichte und Zukunft der Arbeit, Frankfurt a.M. 2000, 234-261

HENNING, F.-W., Das industrialisierte Deutschland 1914-1992, Paderborn/München u.a. 1993[8]

HERRIGEL, G., Industrial Constructions: The Sources of German Industrial Power, Cambridge 1996

HERTNER, P., Deutsches Kapital in Italien. Die „Società Tubi Mannesmann“ in Dalmine bei Bergamo, 1906-1916, Teil 1: ZUG 22, Heft 1, 1977, 183-204, Teil 2: ZUG 23, Heft 1, 1978, 54-77

HERTNER, P., Italien 1850-1914, in: W. Fischer (Hg.), Handbuch der europäischen Wirtschafts- und Sozialgeschichte, Bd. 5: Europäische Wirtschafts- und Sozialgeschichte von der Mitte des 19. Jahrhunderts bis zum ersten Weltkrieg, Stuttgart 1985, 705-776

HERTNER, P., Italien 1915-1980, in: W. Fischer (Hg.), Handbuch der europäischen Wirtschafts- und Sozialgeschichte, Bd. 6, Stuttgart 1987, 998-1047

HERTNER, P., Entstehung und Wandel von Arbeitsmarktinstitutionen in Deutschland von der Mitte des 19. Jahrhunderts bis zur Weltwirtschaftskrise 1929/33, in: T. Apolte, U. Vollmer (Hgg.), Arbeitsmärkte und soziale Sicherungssysteme unter Reformdruck, Stuttgart 2002, 28-45

HERTZ-EICHENRODE, D., Wirtschaftskrise und Arbeitsbeschaffung. Konjunkturpolitik 1925/26 und die Grundlagen der Krisenpolitik Brünings, Frankfurt a.M./New York 1982

HINRICHS, P., Um die Seele des Arbeiters. Um die Seele des Arbeiters: Arbeitspsychologie, Industrie- und Betriebssoziologie in Deutschland 1871-1945, Köln 1981

HIRSCHMAN, A., Abwanderung und Widerspruch. Reaktionen auf Leistungsabfall bei Unternehmungen, Organisationen und Staaten, Tübingen 1974

HOFFMANN, W., F. GRUMBACH, H. HESSE, Das Wachstum der deutschen Wirtschaft seit der Mitte des 19. Jahrhunderts, Berlin 1965

HOHORST, G., J. KOCKA, G.A. RITTER, Sozialgeschichtliches Arbeitsbuch. Materialien zur Statistik des Kaiserreichs 1870-1914, München 1975

HOLTFRERICH, C.-L., Die deutsche Inflation 1914-1923, Berlin/New York 1980

HOLTFRERICH, C.-L., Moneta e credito in Italia e Germania dal 1914 al 1924, in: P. Hertner, G. Mori (Hgg.), La transizione dall'economia di pace in Italia e in Germania dopo la prima guerra mondiale, Bologna 1983, 665-689

HOLTFRERICH, C.-L., Zu hohe Löhne in der Weimarer Republik? Bemerkungen zur Borchardt-These, in: GuG 10, 1984, 122-141

HOLTFRERICH, C.-L., Was the Policy of Deflation in Germany Unavoidable? In: J. von Kruedener (Hg.), Economic Crisis and Politicial Collapse: The Weimar Republic 1924-1933, New York 1990, 63-80

HOMBURG, H., Rationalisierung und Industriearbeiterschaft. Arbeitsmarkt, Management, Arbeiterschaft im Siemens-Konzern 1900-1939, Berlin 1991

HUBERMAN, M., W. LEWCHUK, European Economic Integration and the Labour Compact, in: European Review of Economic History 7, 2003, 3-41

HUGHES, T., Die Erfindung Amerikas. Der technische Aufstieg der USA seit 1870, München 1991

HUNECKE, V., Die neuere Literatur zur Geschichte der italienischen Arbeiterbewegung, T. 1: Von den Anfängen bis zum Vorabend des Ersten Weltkriegs, in: Archiv für Sozialgeschichte 14, 1974, 543-592, Teil 2: Der erste Weltkrieg und die Nachkriegsjahre, in: Archiv für Sozialgeschichte 15, 1975, 409-451

HUNECKE, V., Arbeiterschaft und Industrielle Revolution in Mailand 1859-1892. Zur Entstehungsgeschichte der italienischen Industrie und Arbeiterbewegung, Göttingen 1978

ISNENGHI, M., La Grande Guerra, Florenz 1997

ISNENGHI, M., G. ROCHAT, La Grande Guerra 1914-1918, Mailand 2000

ISTITUTO CENTRALE DI STATISTICA (ISTAT), Il valore della lira nei primi cento anni dell'unità d'Italia, Rom 1961

ISTITUTO CENTRALE DI STATISTICA (ISTAT), Sommario di Statistiche Storiche dell'Italia, 1861-1975, Rom 1976

JAMES, H., The German Slump. Politics and Economics 1924-1936, Oxford 1986

JOCTEAU, J., Gino Olivetti, la Confindustria e il corporativismo, in: Annali di storia dell'impresa 8, 1992, 343-378

KAELBLE, H., Industrielle Interessenpolitik in der Wilhelminischen Gesellschaft. Centralverband Deutscher Industrieller 1895-1914, Berlin 1967

KAELBLE, H., Der historische Vergleich. Eine Einführung zum 19. und 20. Jahrhundert. Frankfurt a.M./New York 1999

KASSEL, B., Frauen in einer Männerwelt, Frauenerwerbsarbeit in der Metallindustrie und ihre Interessenvertretung durch den Deutschen Metallarbeiter-Verband (1891-1933), Köln 1997

KASSEL, B., Verdrängung von Männer- durch Frauenarbeit? Ein politisch wirkungsmächtiges Klischee auf dem Prüfstand der Reichsstatistik. Untersucht am Beispiel der Metallindustrie 1895-1933, in: Jahrbuch für Wirtschaftsgeschichte, 1998, Heft 1, 145-160

KERSHAW, I. (Hg.), Weimar: Why did German Democracy Fail? London 1990

KIELMANNSEGG, P. VON, Deutschland und der Erste Weltkrieg, Stuttgart 1980[2]

KIESEWETTER, H., Regionale Lohndisparitäten und innerdeutsche Wanderungen im Kaiserreich, in: J. Bergmann u.a. (Hgg.), Regionen im historischen Vergleich. Studien zu Deutschland im 19. und 20. Jahrhundert, Opladen 1989, 133-199

KLEINERT, U., Der Aufbau einer Arbeitsverwaltung in Rheinland-Westfalen 1897-1927. Vom ersten regionalen Arbeitsnachweisverband zur Mittelinstanz der Reichsanstalt für Arbeitsvermittlung und Arbeitslosenversicherung, in A. Faust (Hg.), 100 Jahre Arbeitsmarktpolitik in Rheinland-Westfalen. Vom Ende des 19. Jahrhunderts bis zur Gegenwart, Essen 1997, 9-33

KLEINSCHMIDT, C., Betriebliche Sozialpolitik als „Soziale Betriebspolitik". Reaktionen der Eisen- und Stahlindustrie auf den Weimarer Interventionsstaat, in: W. Plumpe, C. Kleinschmidt (Hgg.), Unternehmen zwischen Markt und Macht. Aspekte deutscher Unternehmens- und Industriegeschichte im 20. Jahrhundert, Essen 1992, 29-41

KLEINSCHMIDT, C., Rationalisierung als Unternehmensstrategie. Die Eisen- und Stahlindustrie des Ruhrgebietes zwischen Jahrhundertwende und Weltwirtschaftskrise, Essen 1993

KLEINSCHMIDT, C., T. WELSKOPP, Amerika aus deutscher Perspektive. Reiseeindrücke deutscher Ingenieure von Produktionstechnik und –kultur in der Eisen- und Stahlindustrie der USA, 1900-1930, in: ZUG 39, Heft 2, 1994, 73-103

KLEßMANN, C., Integration und Subkultur nationaler Minderheiten: das Beispiel der ‚Ruhrpolen', in: K. Bade (Hg.), Auswanderer – Wanderarbeiter – Gastarbeiter. Arbeitsmarkt und Wanderung in Deutschland seit der Mitte des 19. Jahrhunderts, Ostfildern 1984, 486-505

KLIMÓ, Á. VON, Staat und Klientel im 19. Jahrhundert. Administrative Eliten in Italien und Preußen im Vergleich 1860-1918, Vierow/Köln 1997

KNORTZ, H., Wirtschaftliche Demobilmachung 1918/22. Das Beispiel Rhein-Main-Gebiet, Frankfurt a.M. 1992

KNORTZ, H., Der Arbeitsmarkt in der frühen Weimarer Republik. Ein Beitrag zur „Vollbeschäftigungsthese" der Inflationsforschung, in: Jahrbuch für Wirtschaftsgeschichte 1997, 119-134

KOCKA, J., Klassengesellschaft im Krieg. Sozialgeschichte 1914-1918, Göttingen 1973

KOCKA, J., Organisierter Kapitalismus oder Staatsmonopolistischer Kapitalismus? Begriffliche Vorbemerkungen, in: H.A. Winkler (Hg.), Organisierter Kapitalismus. Voraussetzungen und Anfänge, Göttingen 1974, 19-35

KOCKA, J., New Trends in Labour Movement Historiography: A German Perspective, in: International Review of Social History 42, 1997, 67-78

KÖLLING, B., Familienwirtschaft und Klassenbildung. Landarbeiter im Arbeitskonflikt: Das ostelbische Pommern und die norditalienische Lomellina 1901-1921, Vierow/Greifswald 1996

KÖLLMANN, W., Bevölkerung in der industriellen Revolution, Göttingen 1974

KÖLLMANN, W., Bevölkerungsentwicklung in der Weimarer Republik, in: H. Mommsen, D. Petzina, B. Weisbrod (Hgg.), Industrielles System und politische Entwicklung in der Weimarer Republik, Düsseldorf 1974, 76-84

KÖLLMANN, W., Bevölkerungsgeschichte 1870-1970, in: H. Aubin, W. Zorn (Hgg.), Handbuch der deutschen Wirtschafts- und Sozialgeschichte, Bd. 2, Stuttgart 1976, 9-50

KRUSE, W., Gesellschaftspolitische Systementwicklung, in: ders. (Hg.), Eine Welt von Feinden. Der große Krieg 1914-1918, Frankfurt a.M. 1997, 55-91

KUCK, G., Sozialgesetzgebung und Fürsorgegesetzgebung im liberalen Italien bis zum Ersten Weltkrieg, in: Mitteilungsblatt des Instituts zur Erforschung der europäischen Arbeiterbewegung (IGA), Heft 21, 1998, 121-137

KUCZYNSKI, J., Die Geschichte der Lage der Arbeiter in Deutschland von 1789 bis zur Gegenwart, Bd. 3-4, Berlin (Ost) 1962 und 1967

KUGLER, A., Arbeitsorganisation und Produktionstechnologie der Adam Opel Werke (von 1900 bis 1929), Arbeitspapier der Veröffentlichungsreihe des Internationalen Instituts für Vergleichende Gesellschaftsforschung (IIVG)/Arbeitspolitik des Wissenschaftszentrums Berlin, pre 85-202, Berlin 1985

KUGLER, A., Von der Werkstatt zum Fließband. Etappen der frühen Automobilproduktion in Deutschland, in: Geschichte und Gesellschaft 13, 1987, 304-339

KÜLP, B., Artikel „Lohntheorie", in: Handwörterbuch der Wirtschaftswissenschaft, Stuttgart u.a. 1980, 74-85

LANGEWIESCHE, D., Wanderungen in der Hochindustrialisierungsperiode. Regionale, interstädtische und innerstädtische Mobilität in Deutschland, 1880-1914, in: Vierteljahrsschrift für Sozial- und Wirtschaftsgeschichte 64, 1977, 1-40

LANZALACO, L., Dall'impresa all'associazione. Le organizzazioni degli imprenditori: la Confindustria in prospettiva comparata. Mailand 1990

LAUFER, W., Kriegsgefangene im preußischen Saarbergbau, in: „Als der Krieg über uns gekommen war...". Die Saarregion und der Erste Weltkrieg. Katalog zur Ausstellung des Regionalgeschichtlichen Museums im Saarbrücker Schloß, hg. vom Stadtverband Saarbrücken, Saarbrücken 1993, 206-221

LAUSCHKE, K., T. WELSKOPP, (Hgg.), Mikropolitik im Unternehmen. Arbeitsbeziehungen und Machtstrukturen in industriellen Großbetrieben des 20. Jahrhunderts, Essen 1994

LEHMBRUCH, G., Der Beitrag der Korporatismusforschung zur Entwicklung der Steuerungstheorie, in: Politische Vierteljahrsschrift 34, 1996, 735-751

LEWANDOWSKI, J., Opel. Das Unternehmen. Die Automobile. Die Menschen, Bielefeld 2000

LEWEK, P., Arbeitslosigkeit und Arbeitslosenversicherung in der Weimarer Republik 1918-1927, Stuttgart 1992

LIEBSCHER, D., Organisierte Freizeit als Sozialpolitik. Die faschistische Opera Nazionale Dopolavoro und die NS-Gemeinschaft Kraft durch Freude 1925-1939, in: J. Petersen, W. Schieder (Hgg.), Faschismus und Gesellschaft in Italien. Staat – Wirtschaft – Kultur, Köln 1998, 67-90

LIEBSCHER, D., L'opera nazionale dopolavoro e la NS-Gemeinschaft Kraft durch Freude, Italia contemporanea, Heft 211, 1998, 307-322

LUNGONELLI, M., Una fonte per il mutamento di prospettiva: la classe operaia nei libri matricola, in: Archivi e imprese I, H. 1, 1990, 20-26

LYTTELTON, A., The Seizure of Power, London 1973

LYTTELTON, A., Revolution and Counter Revolution in Italy 1918-1922, in: C. Bertrand (Hg.), Revolutionary Situations in Europe 1917-1922. Germany, Italy, Austria-Hungary, Québec 1977, 63-82

MACCHIONE, P., L'oro e il ferro. Storia della Franco Tosi, Mailand 1987

MAI, G., (Hg.), Arbeiterschaft in Deutschland 1914-1918. Studien zu Arbeitskampf und Arbeitsmarkt im Ersten Weltkrieg, Düsseldorf 1985

MAI, G., Arbeitsmarktregulierung oder Sozialpolitik? Die personelle Demobilmachung in Deutschland 1918 bis 1920/24, in: G. Feldman u.a. (Hgg.), Die Anpassung an die Inflation, Berlin/New York 1986, 202- 236

MAI, G., Das Ende des Kaiserreichs. Politik und Kriegführung im Ersten Weltkrieg, München 1987

MAIER, C.S., Strukturen kapitalistischer Stabilität in den zwanziger Jahren: Errungenschaften und Defekte, in: H.A. Winkler (Hg.), Organisierter Kapitalismus. Voraussetzungen und Anfänge, Göttingen 1974, 195-213

MAIER, C.S., Recasting Bourgeois Europe. Stabilization in France, Germany, and Italy in the Decade after World War I, Princeton 1975

MALICH, U., Zur Entwicklung des Reallohns im ersten Weltkrieg, in: Jahrbuch für Wirtschaftsgeschichte 1980, II, 55-70

MANTELLI, B., La nascita del fascismo, Mailand 1994

MARUCCO, D., Politiques sociales et administration publique dans l'Italie liberale, in: Jahrbuch für europäische Verwaltungsgeschichte 5, 1993, 343-361

MASCOLINI, L., Il ministero per le armi e munizioni (1915-1918), in: Storia Contemporanea 11, 1980, 933-965

MASIERO, A., Ristrutturazione e scomposizione della forza-lavoro alla Lanerossi, in: Classe. Quaderni sulla condizione e sulla lotta operaia, Heft 7, 1972/73, 241ff.

MASON, T., Zur Entstehung des Gesetzes zur Ordnung der nationalen Arbeit vom 20. Januar 1934, in: H. Mommsen, D. Petzina, B. Weisbrod (Hgg.), Industrielles System und politische Entwicklung in der Weimarer Republik, Düsseldorf 1974, 303-321

MASON, T., Sozialpolitik im Dritten Reich, Arbeiterklasse und Volksgemeinschaft, Opladen 1977

MATTHEIER, K., Die Gelben. Nationale Arbeiter zwischen Wirtschaftsfrieden und Streik, Düsseldorf 1973

MAYER, A., Soziale Rationalisierung des Industriebetriebes, München/Düsseldorf 1951

MELIS, G., Storia dell'amministrazione italiana 1861-1993, Bologna 1996

MELOGRANI, P., Storia politica della Grande Guerra 1915-1918, Mailand 1998

MEYER, S., The Five Dollar Day: Labour Management and Social Control in the Ford Motor Company 1908-1921, Albany 1981

MICHALKA, W., Kriegsrohstoffbewirtschaftung, Walther Rathenau und die „kommende Wirtschaft", in: ders. (Hg.), Der Erste Weltkrieg. Wirkung, Wahrnehmung, Analyse. München/Zürich 1994, 485-505

MITCHELL, B.R., International Historical Statistics. Europe, 1750-1988, New York 1992

MÖLLER, H., Weimar. Die unvollendete Demokratie, München 1987²

MOMMSEN, H., Aufstieg und Untergang der Republik von WEimar 1918-1933, München 2004²

MOMMSEN, H., Das Scheitern des Systems der industriellen Arbeitsbeziehungen in der Weimarer Republik, in: H. Grebing, H.-O. Hemmer (Hgg.), Soziale Konflikte, Sozialstaat und Demokratie in Deutschland, Essen 1996, 28ff.

MOMMSEN, H., D. PETZINA, B. WEISBROD (Hgg.), Industrielles System und politische Entwicklung in der Weimarer Republik, Düsseldorf 1974

MOOSER, J., Arbeiterleben in Deutschland 1900-1970, Frankfurt a.M. 1984

MÜHLHAUSEN, W., Die Sozialdemokratie am Scheideweg - Burgfrieden, Parteikrise und Spaltung im Ersten Weltkrieg, in: W. Michalka (Hg.), Der Erste Weltkrieg. Wirkung, Wahrnehmung, Analyse. München/Zürich 1994, 649-671

MUSSO, S., Americanismo e politica salariale alla FIAT tra le due guerre, in: Classe. Rivista di analisi critica della società, Jg. 13, Heft 22, 1982, 127-173

MUSSO, S., La gestione della forza lavoro sotto il fascismo. Razionalizzazione e contrattazione collettiva nell'industria metallurgica torinese (1910-1940), Mailand 1987

MUSSO, S. (Hg.), Tra Fabbrica e Società. Mondi operai nell'Italia del Novecento, Mailand 1999 (= Annali della Fondazione G. Feltrinelli 33, 1997)

MUSSO, S., Gli operai nella storiografia contemporanea. Rapporti di lavoro e relazioni sociali, in: ders. (Hg.), Tra Fabbrica e Società, Mondi operai nell'Italia del Novecento, Mailand 1999, IX-XLVI

MUSSO, S., Production Methods and Industrial Relations at FIAT (1930-90), in: H. Shiomi, K. Wada (Hgg.), Fordism Transformed. The Development of Production Methods in the Automobile Industry, Oxford 1995, 243-268

MUSSO, S., Il sindacalismo italiano, Mailand 1995

NEUGEBAUER, A., „Frauen, welche ein Hauswesen zu versorgen haben, werden nicht angenommen." Frauenarbeit in den Opelwerken von 1880-1945, in: ZUG 44, 1999, 172-195

NOLTE, E., Die „herrschenden Klassen" und der Faschismus in Italien, in: W. Schieder (Hg.), Faschismus als soziale Bewegung. Deutschland und Italien im Vergleich, Hamburg 1976, 183-203

NORTH, D.C., Theorie des institutionellen Wandels. Eine neue Sicht der Wirtschaftsgeschichte, Tübingen 1988

NORTH, D.C., Institutionen, institutioneller Wandel und Wirtschaftsleistung, Tübingen 1993

NÜTZENADEL, A., Landwirtschaft, Staat und Autarkie. Agrarpolitik im faschistischen Italien (1922-1943), Tübingen 1997

NÜTZENADEL, A., Agrarpolitik, Marktordnung und Außenhandel im faschistischen Italien 1922-1940, in: J. Petersen, W. Schieder (Hgg.), Faschismus und Gesellschaft in Italien, Köln 1998, 281-305

NÜTZENADEL, A., Landarbeiter und Bauern im faschistischen Italien, in: Mitteilungsblatt des Institutes zur Erforschung der europäischen Arbeiterbewegung (IGA) 21, 1998, 68-83

NUTZINGER, H., Arbeitsrecht und Mitbestimmung in institutionenökonomischer Perspektive, in: ders. (Hg.), Die Entstehung des Arbeitsrechts in Deutschland. Eine aktuelle Problematik in historischer Perspektive, Marburg 1998, 307-349

OLMO, C., Il lingotto 1915-1939. L'architettura, l'immagine, il lavoro, Turin 1994

OPEL, F., Der deutsche Metallarbeiter-Verband während des Ersten Weltkrieges und der Revolution, Köln 1980

OSWALD, A. VON, Die deutsche Industrie auf dem italienischen Markt 1882-1945. Außenwirtschaftliche Strategien am Beispiel Mailands und Umgebung, Frankfurt a.M./Berlin u.a. 1996

PACI, M., Il mercato del lavoro e classi sociali in Italia. Ricerche sulla composizione del proletariato, Bologna 1973

PACI, M., l mutamento della struttura sociale in Italia, Bologna 1992

PEPE, A., Storia della CGdL dalla guerra di Libia all'intervento 1911-15, Bari 1971

PESCAROLO, A., Il lavoro e le risorse delle donne in età contemporanea, in: A. Groppi (Hg.), Il lavoro delle donne, Rom/Bari 1996, 299-344

PETERSEN, J., W. SCHIEDER (Hgg.), Faschismus und Gesellschaft in Italien. Staat – Wirtschaft – Kultur, Köln 1998

PETERSEN, J., W. SCHIEDER, Das faschistische Italien als Gegenstand der Forschung, in: dies. (Hgg.), Faschismus und Gesellschaft in Italien. Staat – Wirtschaft – Kultur, Köln 1998, 9-18

PETRI, R., Wirtschaftliche Führungskräfte und Regime, in: J. Petersen, W. Schieder (Hgg.), Faschismus und Gesellschaft in Italien. Staat, Wirtschaft, Kultur. Köln 1998, 199-223

PETRI, R., Storia economica d'Italia. Dalla Grande guerra al miracolo economico (1918-1963), Bologna 2002

PETZINA, D., Die deutsche Wirtschaft in der Zwischenkriegszeit, Wiesbaden 1977

PETZINA, D., Arbeitslosigkeit in der Weimarer Republik, in: W. Abelshauser, Die Weimarer Republik als Wohlfahrtsstaat. Zum Verhältnis von Wirtschafts- und Sozialpolitik in der Industriegesellschaft, Stuttgart 1987, 239-259

PETZINA, D., Wirtschaftsstruktur und Strukturwandel: Industrie und Handwerk, in: ders., G. Ambrosius, W. Plumpe (Hgg.), Moderne Wirtschaftsgeschichte. Eine Einführung für Historiker und Ökonomen, München 1996, 217-229

PETZINA, D., W. ABELSHAUSER, A. Faust, Sozialgeschichtliches Arbeitsbuch III: Materialien zur Statistik des Deutschen Reiches 1914-1945, München 1978

PEUKERT, D., Die Weimarer Republik, Frankfurt a.M. 1987

PIERENKEMPER, T., Interne Arbeitsmärkte in frühen Industrieunternehmen. Das Beispiel Krupp, in: Soziale Welt 32, Heft 1, 1981, 3-18

PIERENKEMPER, T., Der Arbeitsmarkt für Angestelltenberufe im Jahr 1880, in: ders./R.Tilly (Hgg.), Historische Arbeitsmarktforschung, Göttingen 1982, 121-151

PIERENKEMPER, T., Historische Arbeitsmarktforschung. Vorüberlegungen zu einem Forschungsprogramm, in: ders./R.Tilly (Hgg.), Historische Arbeitsmarktforschung. Entstehung, Entwicklung und Probleme der Vermarktung von Arbeitskraft, Göttingen 1982, 9-36

PIERENKEMPER, T., Jugendliche im Arbeitsmarkt. Deutschland seit dem Ende des 19. Jahrhunderts, in: D. Dowe (Hg.), Jugendprotest und Generationskonflikt in Europa im 20. Jahrhundert, Bonn 1986, 49-73

PIERENKEMPER, T., Arbeitsmarkt und Angestellte im Deutschen Kaiserreich 1880-1913, Interessen und Strategien als Elemente der Integration eines segmentierten Arbeitsmarktes, Wiesbaden/Stuttgart 1987

PIERENKEMPER, T., Beschäftigung und Arbeitsmarkt, in: G. Ambrosius, D. Petzina, W. Plumpe (Hgg.), Moderne Wirtschaftsgeschichte. Eine Einführung für Historiker und Ökonomen, München 1996, 243-263

PIERENKEMPER, T., Die Fried. Krupp AG von der Währungsstabilisierung bis zum Ende der Weimarer Republik 1924-1933, in: L. Gall (Hg.), Krupp im 20. Jahrhundert, Berlin 2002, 169-265

PIVA, F., Classe operaia e mobilità del lavoro in fabbrica, Studi Storici 27, Heft 1, 1986, 245-263

PIVA, F., G. TATTARA (Hgg.), I primi operai di Marghera. Mercato, reclutamento, occupazione 1917-1940, Venedig 1983

PIVA, F., G. TONIOLO, Sulla disoccupazione in Italia negli anni `30, in: Rivista di storia economica 4, 1987, Heft 3, 345-383

PLUMPE, G., Chemische Industrie und Hilfsdienstgesetz am Beispiel der Farbenfabriken, vorm. Bayer & Co., in: G. Mai (Hg.), Arbeiterschaft in Deutschland 1914-1918. Studien zu Arbeitskampf und Arbeitsmarkt im Ersten Weltkrieg, Düsseldorf 1985, 179-210

PLUMPE, W., Unternehmerverbände und industrielle Interessenpolitik seit 1870, in: W. Köllmann, H. Korte, D. Petzina, W. Weber (Hgg.), Das Ruhrgebiet im Industriezeitalter. Geschichte und Entwicklung, 2 Bde., Düsseldorf 1990, Bd. 1, 656-727

PLUMPE, W., Mikropolitik im Unternehmen: Die Reaktion der Farbenfabriken vorm. Bayer & Co. in Leverkusen auf die Novemberrevolution 1918/19, in: K. Lauschke, T. Welskopp (Hgg.), Mikropolitik im Unternehmen. Arbeitsbeziehungen und Machtstrukturen in industriellen Großbetrieben des 20. Jahrhunderts, Essen 1994, 123-160

PLUMPE, W., Industrielle Beziehungen, in: G. Ambrosius, D. Petzina, W. Plumpe (Hgg.), Moderne Wirtschaftsgeschichte. Eine Einführung für Historiker und Ökonomen, München 1996, 389-419

PLUMPE, W., Gustav von Schmoller und der Institutionalismus. Zur Bedeutung der Historischen Schule der Nationalökonomie für die moderne Wirtschaftsgeschichtsschreibung, in: Geschichte und Gesellschaft 25, 1999, 252-275

PLUMPE, W., Betriebliche Mitbestimmung in der Weimarer Republik. Fallstudien zum Ruhrbergbau und zur Chemischen Industrie, München 1999

PLUMPE, W., Kapital und Arbeit. Konzept und Praxis der industriellen Beziehungen im 20. Jahrhundert, in: R. Spree (Hg.), Geschichte der deutschen Wirtschaft im 20. Jahrhundert, München 2001, 178-199

PLUMPE, W., Tarifsystem und Leistungslohn: Betriebliche Lohnauseinandersetzungen in der Weimarer Republik am Beispiel der Leverkusener Farbenwerke (Teil 2), in: Akkumulation. Informationen des Arbeitskreises für kritische Unternehmens- und Industriegeschichte 15, 2001, 1-15

PLUMPE, W., C. KLEINSCHMIDT (Hgg.), Unternehmen zwischen Markt und Macht. Aspekte deutscher Unternehmens- und Industriegeschichte im 20. Jahrhundert, Essen 1992

PRELLER, L., Sozialpolitik in der Weimarer Republik, Stuttgart 1949

PROCACCI, G., La lotta di classe in Italia agli inizi del XX secolo, Rom 1970

PROCACCI, G., Repressione e dissenso nella prima guerra mondiale, in: Studi Storici 22, 1981, 119-150

PROCACCI, G., La legislazione repressiva e la sua applicazione, in: dies. (Hg.), Stato e classe operaia in Italia durante la prima guerra mondiale, Mailand 1983, 41- 59

PROCACCI, G., State Coercion and Worker Solidarity in Italy (1915-1918): The Moral and Political Content of Social Unrest, in: L. Haimson, G. Sapelli (Hgg.), Strikes, Social Conflict and the First World War. An International Perspective, Mailand 1992 (= Annali della Fondazione G. Feltrinelli 27, 1990/91), 145-177

PROCACCI, G., Die politischen und sozialen Folgen des Ersten Weltkrieges, in: H. Mommsen (Hg.), Der Erste Weltkrieg und die europäische Nachkriegsordnung. Sozialer Wandel und Formveränderung der Politik, Köln/Weimar/Wien 2000

PUHLE, H.-J., Agrarische Interessenpolitik und preußischer Konservativismus im Wilhelminischen Reich 1893-1914, Bonn 1975^2

PUHLE, H.-J., Historische Konzepte des entwickelten Industriekapitalismus. Organisierter Kapitalismus und Korporatismus, in: Geschichte und Gesellschaft 10, 1984, 165-184

PÜTZ-MAJER, G., Einrichtungen sozialer Betriebspolitik der Gutehoffnungshütte von den Anfängen bis zum zweiten Weltkrieg, Diss. Bremen 1994

PYTA, W., Landwirtschaftliche Interessenpolitik im Deutschen Kaiserreich, Stuttgart 1991

RABENSCHLAG-KRÄUẞLICH, J., Parität statt Klassenkampf? Zur Organisation des Arbeitsmarktes und Domestizierung des Arbeitskampfes in Deutschland und England 1900-1918, Frankfurt a.M. 1983

RAFALSKI, T., Italienischer Faschismus in der Weltwirtschaftskrise (1925-1936). Wirtschaft, Gesellschaft und Politik auf der Schwelle zur Moderne, Opladen 1984

RAFF, D., L. SUMMERS, Did Henry Ford Pay Efficiency Wages? In: Journal of Labour Economics 1987 (Suppl.) 5, 57-86

RAMELLA, F., Il problema della formazione della classe operaia in Italia, Classe. Quaderni sulla condizione e sulla lotta operaia, Heft 10, 1975, 107-125

RAMELLA, F., Economia familiare e mercato del lavoro nella prima industrializzazione in Italia, in: Cultura operaia e disciplina industriale. Annali della Fondazione Lelio e Lili Basso-Issoco, Bd. VI, 1983

RATZ, U., Zwischen Arbeitsgemeinschaft und Koalition. Bürgerliche Sozialreformer und Gewerkschaften im Ersten Weltkrieg, München u.a. 1994

RAUSCHER, A. (Hg.), Arbeitsgesellschaft im Umbruch. Ursachen, Tendenzen, Konsequenzen, Berlin 2002

REICHARDT, S. UND A. NOLZEN (Hgg.), Faschismus in Italien und Deutschland. Studien zu Transfer und Vergleich, Göttingen 2005

REIMANN, A., Von der Mentalität zur Spezialität? Neuere Forschungen zur Geschichte des Ersten Weltkriegs, in: Neue Politische Literatur 49, 2004, H. 2, 220-246

REULECKE, J., Veränderungen des Arbeitskräftepotentials im Deutschen Reich 1900-1933, in: H. Mommsen, D. Petzina, B. Weisbrod (Hgg.), Industrielles System und politische Entwicklung in der Weimarer Republik, Düsseldorf 1974

REY, G.M., Una sintesi dell'economia italiana durante il fascismo, in: G. Toniolo (Hg.), L'economia italiana 1861-1940, Rom/Bari 1973, 269-311

RICHTER, R., U. BINDSEIL, Neue Institutionenökonomik, WiST 1995, Heft 3, 132-140

RITSCHL, A., Reparation Transfers, the Borchardt Hypothesis and the Great Depression in Germany, 1929-32: A Guided Tour for Hard-Headed Keynesians, in: European Review of Economic History 2, 1998, 49-72

RITSCHL, A., Deutschlands Krise und Konjunktur 1924-1934. Binnenkonjunktur, Auslandsverschuldung und Reparationsproblem zwischen Dawes-Plan und Transfersperre, Berlin 2002

RITSCHL, A., The Pity of Peace. The German Economy at War, 1914-18 and Beyond, Working Paper Humboldt-Universität Berlin and CEPR 2003 (erscheint als: S. Broadberry/M. Harrison (Hgg.), The Economics of World War I, Cambridge 2005)

RITSCHL, A., Zu hohe Löhne in der Weimarer Republik? Eine Auseinandersetzung mit Holtfrerichs Berechnungen zur Lohnposition der Arbeiterschaft 1925-1932, in: GuG 16, 1990, 375ff.

RITTER, G.A., Sozialversicherung in Deutschland und England, München 1983

RITTER, G., K. TENFELDE, Arbeiter im deutschen Kaiserreich 1871-1914. Geschichte der Arbeiter und der Arbeiterbewegung in Deutschland seit dem Ende des 18. Jahrhunderts, Bd. 5, Bonn 1992

ROCHAT, G., L'esercito italiano in pace e in guerra. Studi di storia militare, Mailand 1991

ROCCUCCI, A., Roma capitale del nazionalismo (1908-1923), Rom 2001

ROTTENECKER, H., J. SCHNEIDER, Geschichte der Arbeitsverwaltung in Deutschland, Stuttgart/Berlin/Köln 1996

ROUETTE, S., Frauenerwerbsarbeit in Demobilmachung und Inflation 1918-1923. Struktur und Entwicklung des Arbeitsmarktes in Berlin, in: K. Tenfelde (Hg.), Arbeiter im 20. Jahrhundert, Stuttgart 1991, 32-65

ROUETTE, S., Die Realitäten der Zahlen. Arbeitsmarktstatistik und Politik zu Beginn der Weimarer Republik, in: Jahrbuch für Wirtschaftsgeschichte 1993, Heft 1, 133-153

ROUETTE, S., Sozialpolitik als Geschlechterpolitik. Die Regulierung der Frauenarbeit nach dem Ersten Weltkrieg, Frankfurt a.M./New York 1993

ROUETTE, S., Sozialpolitik und Strukturwandel des Arbeitsmarktes. Das Beispiel Berlin, in: C. Sachse, S. Schweitzer (Hgg.), Mobilität, Stabilität, Flexibilität. Arbeitsmarktstrategien von Unternehmen und Beschäftigten in Deutschland und Frankreich im 19. und 20. Jahrhundert, Essen 1996, 77-97

ROUETTE, S., Frauenarbeit, Geschlechterverhältnisse und staatliche Politik, in: W. Kruse (Hg.), Eine Welt von Feinden. Der Große Krieg 1914-1918, Frankfurt a.M. 1997, 92-126

RUGAFIORI, P., Uomini, macchine,capitali. L'Ansaldo durante il fascismo 1922-1945, Mailand 1981

RUGAFIORI, P., Occupazione e composizione operaia all'Ansaldo, in: G. Procacci (Hg.), Stato e classe operaia durante la prima guerra mondiale, Mailand 1983, 244-267

SACHSE, C., S. SCHWEITZER (Hgg.), Mobilität, Stabilität, Flexibilität. Arbeitsmarktstrategien von Unternehmen und Beschäftigten in Deutschland und Frankreich im 19. und 20. Jahrhundert, Essen 1996

SAIJA, M., I prefetti italiani nella crisi dello Stato liberale, Mailand 2001

SALVEMINI, G., Scritti sul fascismo, 3 Bde., hg. von R. Vivarelli, Bd. 1., Mailand 1963^2, Bd. 2-3, 1966-1974

SAPELLI, G., Organizzazione, lavoro e innovazione industriale nell'Italia tra le due guerre, Turin 1978

SARTI, R., Fascism and the Industrial Leadership in Italy. A Study in the Expansion of Private Power under Fascism. Berkeley/Los Angeles/London 1971

SARTOR, L., Wirtschaftsentwicklung und Arbeitsmarktpolitik rheinischer Großstädte von 1925 bis zur kommunalen Neugliederung 1929 im Vergleich, Diss. Köln 1991

SAUL, K., Staat, Industrie, Arbeiterbewegung im Kaiserreich. Zur Innen- und Sozialpolitik des Wilhelminischen Deutschland 1903-1914, Gütersloh 1974

SCALPELLI, A., Dalmine 1919. Storia e mito di uno sciopero "rivoluzionario". Rom 1973

SCHIEDER, W., Das italienische Experiment. Der Faschismus als Vorbild in der Krise der Weimarer Republik, in: HZ 262, 1996, 73-125

SCHIEDER, W., Faschismus, in: R. van Dülmen (Hg.), Fischer Lexikon Geschichte, aktualis. Neuauflage, Frankfurt/Main 2003, 199-221

SCHIEDER, W., Die Geburt des Faschismus aus der Krise der Moderne, in: C. Dipper (Hg.), Deutschland und Italien 1860-1960, München 2005, 159-179

SCHIEDER, W., Der Strukturwandel der faschistischen Partei Italiens in der Phase der Herrschaftsstabilisierung, in: ders. (Hg.), Faschismus als soziale Bewegung. Deutschland und Italien im Vergleich, Hamburg 1976, 69-96

SCHMID, G., Die neue institutionelle Ökonomie: Königsweg oder Holzweg zu einer Institutionentheorie des Arbeitsmarktes? In: Leviathan 1989, 386-408

SCHNEIDER, J. u.a. (Hgg.), Währungen der Welt II. Europäische und nordamerikanische Devisenkurse 1914-1951, Stuttgart 1997

SCHNEIDER, M., Aussperrung. Ihre Geschichte und Funktion vom Kaiserreich bis heute, Köln 1980

SCHNEIDER, M., Kleine Geschichte der Gewerkschaften. Ihre Entwicklung in Deutschland von den Anfängen bis heute, Bonn 2000

SCHOLLIERS, P., V. ZAMAGNI (Hgg.), Labour's Reward. Real Wages and Economic Change in 19th and 20th Century Europe, Aldershot 1995

SCHOLZ, R., Lohn und Beschäftigung als Indikatoren für die soziale Lage der Arbeiterschaft in der Inflation? In: G. Feldman (Hg.), Die Anpassung an die Inflation, Berlin/New York 1986, 278-320

SCHÖNHOVEN, K., Arbeitskonflikte in Konjunktur und Rezession. Gewerkschaftliche Streikpolitik und Streikverhalten der Arbeiterschaft vor 1914, in: K. Tenfelde, H. Volkmann (Hgg.), Streik. Zur Geschichte des Arbeitskampfes in Deutschland während der Industrialisierung, München 1981

SCHÖNHOVEN, K., Die deutschen Gewerkschaften, Frankfurt a.M. 1987

SCHÖNHOVEN, K., Die Gewerkschaften als Massenbewegung im Wilhelminischen Kaiserreich 1890-1918, in: K. Tenfelde u.a., Geschichte der deutschen Gewerkschaften. Von den Anfängen bis 1945, hg. von U. Borsdorf, Köln 1987

SCHÖNHOVEN, K., Die Kriegspolitik der Gewerkschaften, in: W. Michalka (Hg.), Der Erste Weltkrieg. Wirkung, Wahrnehmung, Analyse. München/Zürich 1994, 672-690

SCHULZ, G., Industrial Patriarchalism in Germany, in: E. Aerts, C. Beaud, J. Stengers (Hgg.), Liberalism and Paternalism in the 19th Century. Proceedings Tenth International Economic History Congress (Session B-13), Leuven 1990

SCHUMANN, J., Grundzüge der mikroökonomischen Theorie, Berlin, Heidelberg u.a. 1992[6]

SCHWARZ, E., Vom Krieg zum Frieden. Demobilmachung in Zeiten des politischen und sozialen Umbruchs im Ruhrgebiet, Frankfurt a.M. 1995

SCOTT, J., L. TILLY, Women's Work and the Family in Nineteenth Century Europe. In: Comparative Studies in Society and History 17, 1975, 36-64

SEGRETO, L., Pensioni operaie e previdenze sociali per il dopoguerra. Un confronto tra stato, industriali e classe operaia, in: G. Procacci (Hg.), Stato e classe operaia in Italia durante la prima guerra mondiale, Mailand 1983, 121-137

SEGRETO, L., Statalismo ed antistatalismo nell'economia bellica. Gli industriali e la Mobilitazione Industriale (195-1918), in: P. Hertner, G. Mori (Hgg.), La transizione dall'economia di guerra all'economia di pace in Italia e in Germania dopo la prima guerra mondiale, Bologna 1983, 301-334

SENGENBERGER, W., Der gespaltene Arbeitsmarkt. Probleme der Arbeitsmarktsegmentation, Frankfurt a.M. 1978

SHEARER, J.R., Talking about Efficiency: Politics and Industrial Rationalization Movement in the Weimar Republic, in: Central European History 28, 1995, 483-506

SHEARER, J.R., The Reichskuratorium für Wirtschaftlichkeit. Fordism and Organized Capitalism in Germany, 1918-1945, in: Business History Review 71, 1997, 569-602

SILEI, G., Lo Stato Sociale in Italia, Storia e documenti. Bd. 1: Dall'unità al fascismo 1861-1943, Manduria u.a. 2003

SONG, G., Die staatliche Arbeitsmarktpolitik in Deutschland zwischen der Revolution 1918/19 und der Währungsreform 1923/24, Hamburg 2003

SORI, E., Assetto e redistribuzione della popolazione italiana 1861-1961, in: G. Toniolo (Hg.), L'economia italiana 1861-1940, Rom/Bari 1973, 223-267

SORI, E., L'emigrazione italiana dall'unità alla seconda guerra mondiale, Bologna 1979

SPREE, R. (Hg.), Geschichte der deutschen Wirtschaft im 20. Jahrhundert, München 2001

SPRIANO, P., Socialismo e classe operaia a Torino dal 1892 al 1913, Turin 1958

SPRIANO, P., Torino operaia nella grande guerra, Turin 1960

SPRIANO, P., Storia di Torino operaia e socialista. Da De Amicis a Gramsci. Turin 1972[3]

STARBATTY, J., Art. Stabilisierungskrise, in: Vahlens großes Wirtschaftslexikon, hrsg. von E. Dichtl und O. Issing, München 1993[2]

STEEGMANS, C., Die finanziellen Folgen der Rheinland- und Ruhrbesetzung 1918-1930, Stuttgart 1999

STEGMANN, D., Die Silverberg-Kontroverse 1926. Unternehmerpolitik zwischen Reform und Restauration, in: H.-U. Wehler (Hg.), Sozialgeschichte Heute. Festschrift für Hans Rosenberg zum 70. Geburtstag, Göttingen 1974

STEINISCH, I., Arbeitszeitverkürzung und sozialer Wandel: Der Kampf um die Achtstundenschicht in der deutschen und amerikanischen Eisen- und Stahlindustrie 1880-1929, Berlin 1986

STRANDMANN, P. VON, Unternehmenspolitik und Unternehmensführung. Der Dialog zwischen Aufsichtsrat und Vorstand bei Mannesmann 1900-1919, Düsseldorf/Wien 1978

SUDATI, L., Terra, fabbrica e famiglia: mobilità e percorsi sociale intorno alle ferriere di Sesto San Giovanni nella prima metà del Novecento, in: S. Musso (Hg.), Tra Fabbrica e Società. Mondi operai nell'Italia del Novecento, Mailand 1999 (= Annali della Fondazione G. Feltrinelli 33, 1997), 485-547

TASCA, A., Glauben, gehorchen, kämpfen. Credere, obbedire, combattere. Der Aufstieg des Faschismus, Wien u.a. 1969

TATTARA, G., G. TONIOLO, L'industria manifatturiera: cicli, politiche e mutamenti di struttura (1921-37), in: P. Ciocca, G. Toniolo (Hgg.), L'economia italiana nel periodo fascista, Bologna 1976, 102-169

TENFELDE, K., Krupp in Krieg und Krisen. Unternehmensgeschichte der Fried. Krupp AG 1914 bis 1924/25, in: L. Gall (Hg.), Krupp im 20. Jahrhundert, Berlin 2002, 15-165

THOß, B., Der Erste Weltkrieg als Ereignis und Erlebnis. Paradigmenwechsel in der westdeutschen Weltkriegsforschung seit der Fischer-Kontroverse, in: W. Michalka (Hg.), Der Erste Weltkrieg. Wirkung, Wahrnehmung, Analyse. München/Zürich 1994, 1012-1044

THOß, B., Der Ludendorff-Kreis 1919-1923. München als Zentrum der mitteleuropäischen Gegenrevolution zwischen Revolution und Hitler-Putsch, München 1978

TILLY, CHARLES UND CHRIS TILLY, Work under Capitalism. Colorado/Oxford 1998

TILLY, L., Urban Growth, Industrialization, and Women's Employment in Milan, Italy, 1881-1911, in: Journal of Urban History 3, Heft 4, 1977, 467-484

TILLY, L.A., Politics and class in Milan 1881-1901, Oxford/New York 1992

TILLY, R., Vom Zollverein zum Industriestaat. Die wirtschaftlich-soziale Entwicklung Deutschlands 1834 bis 1914, München 1990

TOMASSINI, L., Intervento dello stato e politica salariale durante la prima guerra mondiale: esperimenti e studi per la determinazione di una „scala mobile“ delle retribuzioni operaie, in: Annali della Fondazione G. Feltrinelli 22, 1982, Mailand 1983, 87-183

TOMASSINI, L., Mobilitazione industriale e classe operaia, in: G. Procacci (Hg.), Stato e classe operaia in Italia durante la prima guerra mondiale, Mailand 1983, 79-102

TOMASSINI, L., Il mercato del lavoro in Italia fra Guerra e dopoguerra (1918-1919), in: Ricerche Storiche 18, 1988, 323-337

TOMASSINI, L., Industrial Mobilization and the Labour Market in Italy during the First World War, in: Social History 16, Heft 1, 1991, 59-87

TOMASSINI, L., Industrial Mobilization and State Intervention in Italy in the First World War: Effects on labor unrest, in: L. Haimson, G. Sapelli (Hgg.), Strikes, Social Conflict and the First World War. An International Perspective, Mailand 1992 (= Annali della Fondazione G. Feltrinelli 27, 1990/1991), 179-212

TOMASSINI, L., L'Italia nella grande guerra 1915-1918, Mailand 1995

TOMASSINI, L., L'Ansaldo e la Mobilitazione industriale, in: V. Castronovo (Hg.), Storia dell'Ansaldo, Bd. 4: L'Ansaldo e la grande guerra 1915-1918, Bari/Rom 1997, 37-68

TOMASSINI, L., L'associazionismo operaio: aspetti e problemi della diffusione del mutualismo nell'Italia liberale, in: S. Musso (Hg.), Tra fabbrica e società. Mondi operai nell'Italia del Novecento. Mailand 1999 (=Annali della Fondazione G. Feltrinelli 33, 1997), 3-41

TONIOLO, G. (Hg.), L'economia italiana 1861-1940, Rom/Bari 1973

TONIOLO, G., L'economia dell'Italia fascista, Rom/Bari 1980

TONIOLO, G., Storia economica dell'Italia liberale 1850-1918, Bologna 1988

TRANFAGLIA, N., La prima guerra mondiale e il fascismo, Turin 1995

TREVES, A., Le migrazioni interne nell'Italia fascista, Turin 1976

TSCHIRBS, R., Der Ruhrbergmann zwischen Privilegierung und Statusverlust: Lohnpolitik von der Inflation bis zur Rationalisierung (1919-1927), in: G. Feldman (Hg.), Die deutsche Inflation – eine Zwischenbilanz, Berlin/New York 1982, 308-345

ULLMANN, H.-P., Der Bund der Industriellen. Organisation, Einfluß und Politik klein- und mittelbetrieblicher Industrieller im Kaiserreich 1895-1914, Göttingen 1976

ULLMANN, H.-P., Tarifverträge und Tarifpolitik in Deutschland bis 1914. Entstehung und Entwicklung, interessenpolitische Bedingungen und Bedeutung des Tarifvertragswesens für die sozialistischen Gewerkschaften, Frankfurt a.M. 1977

ULLMANN, H.-P., Unternehmerschaft, Arbeitgeberverbände und Streikbewegung 1890-1914, in: K. Tenfelde, H. Volkmann (Hgg.), Streik. Zur Geschichte des Arbeitskampfes in Deutschland während der Industrialisierung, München 1981, 194-208

ULLMANN, H.–P., Interessenverbände in Deutschland, Frankfurt a.M. 1988

ULLMANN, H.-P., Das Deutsche Kaiserreich 1871-1918, Frankfurt a.M. 1995

VANNUTELLI, C., Occupazione e salari dal 1861 al 1961, in: L'economia italiana dal 1861 al 1961. Studi nel primo centenario dell'unità d'Italia, Mailand 1961, 560-596

VARIAN, H., Grundzüge der Mikroökonomik, München/Wien 1991

VECCHIO, G., La società italiana dal 1861 al 1939, Mailand 2000

VENTURINI, L., Il "bollettino periodico di informazioni agli uffici" del commissariato generale per le armi e munizioni, in: Ricerche Storiche 18, Heft 2, 1988, 341-388

VITALI, O., Aspetti dello sviluppo economico italiano alla luce della ricostruzione della popolazione attiva, Rom 1970

VIVARELLI, R., Storia delle origini del fascismo. L'Italia dalla grande guerra alla marcia su Roma, 2 Bde., Bologna 1991

VOLKMANN, H., Modernisierung des Arbeitskampfes? Zum Formwandel von Streik und Aussperrung in Deutschland 1864-1975, in: H. Kaelble u.a. (Hgg.), Probleme der Modernisierung in Deutschland, Opladen 1978, 110-170

VOLKMANN, H., Organisation und Konflikt. Gewerkschaften, Arbeitgeberverbände und die Entwicklung des Arbeitskonflikts im späten Kaiserreich, in: W. Conze, U. Engelhardt (Hgg.), Arbeiter im Industrialisierungsprozeß. Herkunft, Lage und Verhalten, Stuttgart 1979, 422-438

WAGNER, P., C. DIDRY, B. ZIMMERMANN (Hgg.), Arbeit und Nationalstaat. Frankreich und Deutschland in europäischer Perspektive, Frankfurt a.M./New York 2000

WATRIN, C., „Marktversagen" versus „Staatsversagen", in: Schweizerischer Handels- und Industrieverein, Schriftenreihe des Vororts 43, 1986, 3ff.

WEBER, W. (Hg.), Ingenieure im Ruhrgebiet, Münster 1999 (=Rheinisch-Westfälische Wirtschaftsbiographien, Bd. 17)

WEHLER, H.-U., Der Aufstieg des organisierten Kapitalismus und Interventionsstaates in Deutschland, in: H.A. Winkler (Hg.), Organisierter Kapitalismus. Voraussetzungen und Anfänge, Göttingen 1974, 36-57

WEHLER, H.-U., Das deutsche Kaiserreich 1871-1918, in: ders./R. Rürup/G. Schulz (Hgg.), Deutsche Geschichte, 3 Bde., Bd. 3: Das 19. und 20. Jahrhundert, Göttingen 1985, 203-394

WEHLER, H.-U., Deutsche Gesellschaftsgeschichte, Bd. 3: Von der „Deutschen Doppelrevolution" bis zum Beginn des Ersten Weltkrieges 1849-1914, München 1995

WEHLER, H.-U., Deutsche Gesellschaftsgeschichte, Bd. 4: Vom Beginn des Ersten Weltkriegs bis zur Gründung der beiden deutschen Staaten 1914-1949, München 2003

WEISBROD, B., Schwerindustrie in der Weimarer Republik, Wuppertal 1978

WEISBROD, B., Arbeitgeberpolitik und Arbeitsbeziehungen im Ruhrbergbau. Vom „Herr-im-Haus" zur Mitbestimmung, in: G. Feldman, K. Tenfelde (Hgg.), Arbeiter, Unternehmer und Staat im Bergbau: industrielle Beziehungen im internationalen Vergleich, München 1986, 107-162

WELSKOPP, T., Arbeit und Macht im Hüttenwerk. Arbeits- und industrielle Beziehungen in der deutsche und amerikanischen Eisen- und Stahlindustrie von den 1860er bis zu den 1930er Jahren, Bonn 1994

WELSKOPP, T., Betriebliche Sozialpolitik im 19. und frühen 20. Jahrhundert. Eine Diskussion neuerer Forschungen und Konzepte und eine Branchenanalyse der deutschen und amerikanischen Eisen- und Stahlindustrie von den 1870er bis zu den 1930er Jahren, in: Archiv für Sozialgeschichte 34, 1994, 333-374

WELSKOPP, T., Der Betrieb als soziales Handlungsfeld. Neuere Forschungsansätze in der Industrie- und Arbeitergeschichte, Geschichte und Gesellschaft 22, 1996, 118 –142

WENNEMANN, A., Arbeit im Norden. Italiener im Rheinland und Westfalen des späten 19. und frühen 20. Jahrhunderts, Osnabrück 1997

WESSEL, H.A., Kontinuität im Wandel. 100 Jahre Mannesmann 1890-1990, Gütersloh 1990

WETTE, W., Die militärische Demobilmachung in Deutschland 1918/9 unter besonderer Berücksichtigung der revolutionären Ostseestadt Kiel, in: Geschichte und Gesellschaft 12, 1986, 63ff.

WILLEKE, E., Artikel „Arbeitsmarkt", in: Handwörterbuch der Sozialwissenschaften, Tübingen 1956, 321-332

WILLKE, G., Die Zukunft unserer Arbeit, Bonn 1998

WILLMS, A., Grundzüge der Entwicklung der Frauenarbeit von 1880-1980, in: dies. u.a. (Hgg.), Strukturwandel der Frauenarbeit 1880-1980, Frankfurt a.M./New York 1983, 25-53

WILLMS, A., Segregation auf Dauer? Zur Entwicklung des Verhältnisses von Frauenarbeit und Männerarbeit in Deutschland 1882-1980, in: dies. u.a. (Hgg.), Strukturwandel der Frauenarbeit 1880-1980, Frankfurt a.M./New York 1983, 107-181

WILLMS, A., Die Entwicklung der Frauenerwerbstätigkeit im Deutschen Reich. Eine historisch-soziologische Studie, Nürnberg 1980

WINDZIO, M., Organisation, Strukturwandel und Arbeitsmarktmobilität, Wiesbaden 2003.

WINKLER, H.A. (Hg.), Organisierter Kapitalismus. Voraussetzungen und Anfänge, Göttingen 1974

WIPPERMANN, W., Faschismustheorien. Die Entwicklung der Diskussion von den Anfängen bis heute. Darmstadt 1997[7]

WISCHERMANN, C., Kooperation, Vertrauen und Kommunikation: Ein Rahmenmodell des Unternehmens auf institutionenökonomischer Grundlage, in: ders. u.a. (Hgg.), Unternehmenskommunikation deutscher Mittel-und Großunternehmen. Theorie und Praxis in historischer Perspektive, Dortmund 2003, 76-92

WISSENSCHAFTLICHER BEIRAT BEIM BUNDESMINISTERIUM FÜR WIRTSCHAFT UND TECHNOLOGIE, Aktuelle Formen des Korporatismus, Gutachten vom 26./27. BMWA Dokumentation 479, Juni 2000

ZAMAGNI, V., La dinamica dei salari nel settore industriale, in: P. Ciocca/G. Toniolo (Hgg.), L'economia italiana nel periodo fascista, Bologna 1976, 329-378

ZAMAGNI, V., Industrializzazione e squilibri regionali in Italia, Bilancio dell'età giolittiana, Bologna 1978

ZAMAGNI, V., Le alterazioni nella distribuzione del reddito in Italia nell'immediato dopoguerra (1919-1922), in: P. Hertner/G. Mori (Hgg.), La transizione dall'economia di guerra all'economia di pace in Italia ed in Germania dopo la prima guerra mondiale, Bologna 1983, 509-532

ZAMAGNI, V., I salari giornalieri degli operai dell'industria nell'età giolittiana (1898-1913), Rivista di Storia Economica I, 1984, 183-208

ZAMAGNI, V., The Daily Wages of Italian Industrial Workers in the Giolittian Period (1898-1913), Rivista di Storia Economica 1984, I, International Issue, 59-93

ZAMAGNI, V., Industrial Wages and Workers' Protest in Italy during the „Biennio Rosso“ (1919-1920), in: Journal of European Economic History 20, 1991, 137-153

ZAMAGNI, V., A Century of Change: Trends in the Composition of the Italian Labour Force 1881-1981, in: G. Federico (Hg.), The Economic Development of Italy since 1870, Cambridge 1994, 210-271

ZAMAGNI, V., An International Comparison of Real Industrial Wages 1890-1913. Methodological Issues and Results, in: G. Federico (Hg.), The Economic Development of Italy since 1870, Cambridge 1994, 407-439

ZAMAGNI, V., The Economic History of Italy 1860-1990. Recovery after Decline, Oxford 1997

ZIEGLER, D., Das Zeitalter der Industrialisierung (1815-1914), in: M. North (Hg.), Deutsche Wirtschaftsgeschichte. Ein Jahrtausend im Überblick, München 2000, 192-281

ZUNKEL, F., Die ausländischen Arbeiter in der deutschen Kriegswirtschaftspolitik des ersten Weltkrieges, in: G. Ritter (Hg.), Entstehung und Wandel der modernen Gesellschaft, 1970, 280–311

ZUNKEL, F., Industrie und Staatssozialismus. Der Kampf um die Wirtschaftsordnung in Deutschland 1914-18, Düsseldorf 1974

VIII. Abkürzungsverzeichnis

ABM	Arbeitsbeschaffungsmaßnahmen
AP	Archivio Perrone
a. T.	amtlicher Teil
AfS	Archiv für Sozialgeschichte
AVAVG	Arbeitsvermittlungs- und Arbeitslosenversicherungs-Gesetz
AZS	Abteilung für Zurückstellungswesen
b.	busta (Akte/Mappe)
BCCMI	Bollettino del Comitato Centrale della Mobilitazione Industriale
BIS	Banca Italiana di Sconto
BMWT	Bundesministerium für Wirtschaft und Technologie
BNCF	Biblioteca Nazionale Centrale Firenze
CCMI	Comitato Centrale della Mobilitazione Industriale
CDI	Centralverband Deutscher Industrieller
CGdL	Confederazione Generale del Lavoro
CIDI	Confederazione Italiana dell'Industria (Industriellenverband, Vorläuferorganisation der Confindustria)
Confindustria	Confederazione Generale (Fascista) dell'Industria
CRMI	Comitato Regionale della Mobilitazione Industriale
DAZ	Deutsche Arbeiter-Zentrale
Decr. lgt.	Decreto Luogotenenziale (Statthalterdekret)
DINTA	Deutsches Institut für technische Arbeitsschulung
DMV	Deutscher Metallarbeiterverband
DREW	Düsseldorfer Röhren- und Eisenwalzwerke
ENIOS	Ente Nazionale per l'Organizzazione Scientifica del Lavoro (Nationalverband für wissenschaftliche Arbeitsorganisation)
FA	Fondazione Ansaldo (Ansaldo-Archiv)
FAH	Familienarchiv Hügel
fasc.	fascicolo (Faszikel)
FAZ	Frauenarbeitszentrale
FD	Fondazione Dalmine (Unternehmensarchiv Dalmine)
FIOM	Federazione Italiana degli Operai Metallurgici (Italienischer Metallarbeiterverband)
GU	Gazzetta Ufficiale (Gesetzblatt)
HA	Historisches Archiv
ILO	International Labour Office/Internationales Arbeitsamt, Genf
INA	Istituto Nazionale delle Assicurazioni
ISTAT	Istituto Centrale di Statistica
KRA	Kriegsrohstoffabteilung
LHK	Lebenshaltungskosten

LIT	Lega Industriale di Torino (Industriellenverband)
MA	Mannesmann-Archiv
MAIC	Ministero dell'Agricoltura, Industria e Commercio
MI	Mobilitazione Industriale (Industrielle Mobilisierung)
Misc. Pers.	Miscellanea Personale
n. a. T.	nichtamtlicher Teil
n. F.	neue Fassung
n. s.	nuova serie (neue Reihe/Fassung)
OND	Opera Nazionale Dopolavoro (nationale Freizeitorganisation)
O. O.	Opera Omnia di Benito Mussolini
PASF	Progetto Archivio Storico FIAT
PNF	Partito Nazionale Fascista
Pub. Min.	Pubblicazioni Minori
Rabl.	Reichsarbeitsblatt
RAM	Reichsarbeitsministerium
R.D.	Regio Decreto (Dekret)
RdI	Reichsverband der Deutschen Industrie
R.D.L.	Regio Decreto Legge (Dekretgesetz)
REFA	Reichsausschuß für Arbeitszeitermittlung
RGbl.	Reichsgesetzblatt
RKW	Reichskuratorium für Wirtschaftlichkeit
RWM	Reichswirtschaftsministerium
Scat.	Scatola (Schachtel/Aktenmappe)
SDR	Statistisches Jahrbuch des Deutschen Reichs
SGA II	Sozialgeschichtliches Arbeitsbuch, Band 2
SGA III	Sozialgeschichtliches Arbeitsbuch, Band 3
SSNB	Serie Scatole Numerazione Blu
SSR	Serie Scatole Rosse
Tab.	Tabelle
Übers. d. V.	Übersetzung durch die Verfasserin
VdA	Vereinigung der Deutschen Arbeitgeberverbände
VDA	Vereinigung deutscher Arbeitgeberverbände
VdESI	Verein deutscher Eisen- und Stahlindustrieller
VO	Verordnung
VSWG	Vierteljahrsschrift für Sozial- und Wirtschaftsgeschichte
WA	Werksarchiv
ZAG	Zentralarbeitsgemeinschaft der gewerblichen Arbeitgeber und Arbeitnehmer Deutschlands
ZUG	Zeitschrift für Unternehmensgeschichte

IX. Index

Bislang sind in den Beiheften erschienen:

Band 1
Christian Kleinschmidt
Der produktive Blick
Wahrnehmung amerikanischer und japanischer
Management- und Produktionsmethoden durch deutsche Unternehmer 1950-1985

Band 2
Albrecht Ritschl
Deutschlands Krise und Konjunktur 1924-1934
Binnenkonjunktur, Auslandsverschuldung und Reparationsproblem
zwischen Dawes-Plan und Transfersperre

Band 3
Herman J. de Jong
Catching up twice
The nature of Dutch industrial growth during the 20th century
in a comparative perspective

Band 4
Jochen Streb
Staatliche Technologiepolitik und branchenübergreifender Wissenstransfer
Über die Ursachen der internationalen Innovationserfolge
der deutschen Kunststoffindustrie im 20. Jahrhundert

Band 5
Béla Tomka
Welfare in East and West
Hungarian Social Security in an International Comparsion 1918-1990

Band 6
Mark Spoerer
Steuerlast, Steuerinzidenz und Steuerwettbewerb
Verteilungswirkungen der Besteuerung in Preußen und Württemberg (1815–1913)

Band 7
Titus Kockel
Deutsche Ölpolitik 1928–1938

Band 8
Jaap Sleifer
Planning Ahead and Falling Behind
The East German Economy in Comparison with West Germany 1936-2002

www.ingramcontent.com/pod-product-compliance
Lightning Source LLC
LaVergne TN
LVHW081357011026
849161LV00013BA/2836
* 9 7 8 3 0 5 0 0 4 2 3 3 6 *